D1822624

सुधाकर अदीब

सुधाकर अदीब का जन्म 17 दिसम्बर, 1955 को अयोध्या, उत्तर प्रदेश में हुआ। उन्होंने हिन्दी साहित्य में एम.ए. किया और 'हिन्दी उपन्यासों में प्रशासन' विषय पर पी-एच.डी. की उपाधि प्राप्त की। उ.प्र. सिविल (प्रशासनिक) सेवा में कार्यरत रहे। 2015 में सेवानिवृत्त।

उनके चार काव्य-संग्रह, चार कहानी-संग्रह तथा आठ उपन्यास क्रमशः— *'अथ मूषक उवाच', 'चींटे के पर', 'हमारा क्षितिज', 'मम अरण्य', 'शाने तारीख़', 'रंग राची', 'कथा विराट', 'बर्फ़ और अंगारे'* प्रकाशित हैं।

उन्हें हिन्दी-कश्मीरी संगम, श्रीनगर द्वारा *शैव संत स्वामी लक्ष्मण जू मनीषी साहित्य सम्मान,* भारतीय पत्रकारिता संस्थान एवं मानव सेवा क्लब, बरेली द्वारा *विष्णु प्रभाकर साहित्य सम्मान,* लोक संस्कृति शोध संस्थान, लखनऊ द्वारा 'मीराबाई लोक साहित्य सृजन सम्मान', उ.प्र. हिन्दी संस्थान, लखनऊ द्वारा *साहित्य भूषण सम्मान,* भारतीय वांग्मय पीठ, कोलकाता द्वारा *साहित्य शिरोमणि सारस्वत सम्मान,* साहित्य अकादेमी मध्य प्रदेश संस्कृति परिषद, भोपाल द्वारा *वीर सिंह देव पुरस्कार, नागरी प्रचारणी सभा सम्मान,* उ.प्र. हिन्दी संस्थान, लखनऊ द्वारा *अमृतलाल नागर सर्जना पुरस्कार,* कथा, यू.के. लंदन द्वारा इंदु *शर्मा कथा सम्मान* तथा *साहित्य समर्था* पत्रिका, जयपुर द्वारा *अखिल भारतीय शिक्षाविद् पृथ्वीनाथ भान साहित्य सम्मान* समेत कई सम्मानों से सम्मानित किया गया है।

सम्प्रति : स्वतंत्र लेखन एवं स्वांतः सुखाय गायन।

ई-मेल : sudhakaradeeb@gmail.com

सुधाकर अदीब

महापथ

आदि शंकराचार्य की दिग्विजय

लोकभारती पेपरबैक्स

पहला पेपरबैक संस्करण : 2021
दूसरा संस्करण : 2024

लोकभारती पेपरबैक्स : उत्कृष्ट साहित्य के लोकप्रिय संस्करण

लोकभारती प्रकाशन
पहली मंजिल, दरबारी बिल्डिंग, महात्मा गाँधी मार्ग
प्रयागराज
शाखाएँ : 1-बी, नेताजी सुभाष मार्ग, दरियागंज, नई दिल्ली-110 002
अशोक राजपथ, साइंस कॉलेज के सामने पटना-800 006
1, अनमोल सोराबजी संतुक लेन, धोबी तलाव, मरीन लाइंस, मुम्बई-400 002
वेबसाइट : www.lokbhartiprakashan.com
ईमेल : info@lokbhartiprakashan.com

बी.के. ऑफसेट
नवीन शाहदरा, दिल्ली-110 032
द्वारा मुद्रित

रेखाचित्र : परमात्मा प्रसाद श्रीवास्तव

मूल्य : ₹499

MAHAAPATH
Sudhakar Adeeb

ISBN : 978-93-90625-81-9

सनातन धर्म संरक्षक
परम पूज्य जगद्गुरु
आदि शंकराचार्य महाराज
प्रातःस्मरणीय गुरुदेव
पं. रामकृष्ण पांडेय 'आमिल',
परम स्नेहमयी श्री श्रीमाँ ज्योतिर्मयी
प्रेरक साहित्य मनीषी
डॉ. नरेन्द्र कोहली एवं डॉ. योगेश प्रवीन
परम आत्मन् श्री सुरेन्द्र कुमार 'सनी जी'
एवं श्री परमात्मा प्रसाद श्रीवास्तव
को सादर समर्पित

'योग वासिष्ठ' में कहा गया है कि—''गुरु वही है जो अपने शिष्य में अपनी दृष्टि, स्पर्श, कथन या अनुग्रह से ईश-चेतना उत्पन्न करे।''—

दर्शनात्स्पर्शनाच्छाब्दात्कृपया शिष्यदेहके।
जनयेद्यः समावेशं शाम्भवम् सा हि देशिकः।।

अनंत विभूषित जगद्गुरु आदि शंकराचार्य इस संबंध में 'सद्गुरु' को इस प्रकार परिभाषित करते हैं—

''सच्चा गुरु वह है, जो वेदविद्या में पारंगत, निष्कलुष, निष्काम, उत्तम ब्रह्मज्ञानी, ब्रह्म में मग्न, भस्म हुई अग्नि के सदृश शांत, दया का अपार सागर और उन समस्त सज्जनों का सुहृद् हो जो उसके सन्मुख साष्टांग प्रणाम करते हैं।''

सद्गुरु तो बड़े भाग्य से मिलते हैं। हर किसी को मिलते भी नहीं। फिर मार्ग क्या है? इस पर 'महाभारत' में बहुत सुंदर समाधान दिया गया है—

तर्कोऽप्रतिष्ठः श्रुतयो विभिन्ना नैको ऋषिर्यस्य मतं प्रमाणं।
धर्मस्य तत्त्वं निहितं गुहायाम् महाजनो येन गतः स पन्थाः।।

अर्थात्—मार्ग सरल नहीं है। क्योंकि तर्क काम नहीं करता और वेदों, स्मृतियों तथा ऋषियों द्वारा सुझाए गए रास्तों में भिन्नता है। धर्म-तत्त्व वस्तुतः बहुत गूढ़ है। ऐसी स्थिति में मार्ग यही है कि 'महापुरुष' जिस पथ पर जाते हों उसी का अनुसरण किया जाए।

श्री आदि शंकराचार्य अपने युग की महानतम विभूति थे। प्रस्तुत उपन्यास 'महापथ' उन्हीं के असाधारण, अद्वितीय चरित्र और कृतित्व पर आधारित इस लेखक का एक विनम्र प्रयास है। उनके विषय में यह प्रसिद्ध है कि मात्र आठ वर्ष की आयु में उन्होंने चारों वेदों का अध्ययन कर लिया। बारह वर्ष तक सर्व शास्त्रवेत्ता बन गए। सोलह वर्ष में उन्होंने भाष्य रचना कर डाली। और बत्तीस वर्ष की आयु में उनका महाप्रयाण हुआ।—

अष्टवर्षे चतुर्वेदी द्वादशे सर्वशास्त्र वित्।
षोडशे कृतवान भाष्यम् द्वात्रिंसे मुनिर्भयते।।

आचार्य शंकर पर स्वामी विवेकानंद के विचार इस प्रकार थे—''...और इस बार प्राकट्य दक्षिण में हुआ। एक ब्राह्मण बालक उत्थित हुआ, जिसके विषय में कहा जाता है कि उसने सोलह वर्ष की आयु में अपना समस्त लेखन कार्य भाष्य रचना आदि सम्पूर्ण

कर लिया था। यह असाधारण बालक शंकराचार्य थे। इस सोलह वर्षीय बालक द्वारा लिखे गए ग्रंथ आधुनिक जगत् के लिए महान आश्चर्य हैं, और ऐसा ही था वह बालक। उसकी अभिलाषा यही थी कि भारतवर्ष में पुरातन पावन परंपराओं का पुनः स्थापन हो। विचार करने की बात है कि उस बालक के सन्मुख कितना महान् कार्य था।... आचार्य शंकर ने वेदों के सनातन धर्म की पूर्ण रक्षा की। अनेक अनुयायी उन्हें शिव का अवतार मानते हैं।...''

आदि शंकराचार्य के उस समय के सबसे प्रबल विरोधी प्रायः बौद्ध ही थे, जो वैदिक धर्म के समस्त रुपों का विरोध करते थे। यद्यपि देखा जाए तो बौद्ध धर्म का सार तत्त्वतः वेदांत दर्शन से भिन्न नहीं है। आचार्य शंकर ने अपनी दिव्य वाग्मिता से बौद्धों और अन्य वेद-विरोधी सम्प्रदायों के लोगों को पराभूत किया। उनमें से अधिकांश तो उनके अनुयायी बन गए।

अद्वैत वेदांत की महिमा और श्रेष्ठता प्रतिष्ठापित कर देने के बाद आचार्य शंकर ने भारत की चार दिशाओं में चार मठ स्थापित किए। उत्तर में हिमालय बदरिकाश्रम में ज्योतिर्मठ, दक्षिण में कर्नाटक राज्य के अंतर्गत श्रृंगेरी मठ, पश्चिम में द्वारका में शारदा मठ और पूर्व में जगन्नाथपुरी में गोवर्द्धन मठ। इन शांकर मठों में उन्होंने अपने चार प्रमुख शिष्यों को उनका पीठाधिपति नियुक्त किया।

आज भी आदि शंकराचार्य द्वारा स्थापित ये चारों मठ वैदिक विद्या के केंद्र हैं, जहाँ पर सहस्त्रों ज्ञानार्थी और जिज्ञासु आते-जाते रहते हैं। आदि शंकराचार्य ने संन्यासियों की दस सुविख्यात श्रेणियाँ भी स्थापित कीं जो—गिरी, पुरी, भारती, सरस्वती, तीर्थ, आश्रम, वन, अरण्य, पर्वत और सागर नाम से प्रसिद्ध हैं।

ब्रह्मसूत्र, ग्यारह प्रमुख उपनिषदों और भगवद्गीता पर भाष्य अर्थात्—सम्पूर्ण व्याख्यात्मक ग्रंथ लिखकर आचार्य शंकर अमर हो गए। आचार्य शंकर निर्विवाद रुप से वेदांत दर्शन के सबसे महान आचार्य हैं। उन्होंने अपनी उत्तर मीमांसा द्वारा वेदांत का सार लेकर उस अद्भुत अद्वैत तत्त्वज्ञान को प्रतिपादित किया जो उपनिषदों में निहित है। उन्होंने ब्रह्म विषयक परस्पर विरोधी व्याख्याओं में ऐक्य स्थापित कर यह दर्शाया कि चिरंतन सत्य केवल एक है। आचार्यश्री ने अनेक मौलिक आध्यात्मिक ग्रंथों की भी रचना की जो उनकी प्रखर मेधा और अगाध ज्ञान के परिचायक होने के साथ-साथ साधकों के लिए आवश्यक पथ-प्रदर्शक हैं।

आचार्यश्री यद्यपि पूर्णतया अद्वैतवादी थे, किंतु उनका अंतःकरण प्रगाढ़ भक्ति-भाव से आपूरित था। इस संबंध में विभिन्न देवी-देवताओं की स्तुतियों के रुप में उनके द्वारा रचे गए अद्वितीय स्तोत्र भक्ति एवं वैराग्य की भावना से इतने परिपूर्ण हैं कि उन्हें गाकर अथवा सुनकर पाषाण-हृदय व्यक्ति भी द्रवित हो उठे। आदि शंकराचार्य ने गृहस्थों के लिए 'पंचदेव' आराधन और 'पंच यज्ञ' कर्मों को भी मान्यता प्रदान की।

आचार्य शंकर के काल निर्धारण की जब बात आती है तो उनके जन्म और निर्वाण के समय में एक अच्छा ख़ासा मतभेद सामने आता है। अधिकांश पाश्चात्य लेखक और

उनके अनुयायी भारतीय इतिहासकार आद्य शंकराचार्य को सातवीं अथवा आठवीं शताब्दी ईस्वी का व्यक्तित्व मानते हैं। तदनुसार वे 1200 वर्ष पुराने इतिहास पुरुष हैं। जबकि व्यापक अनुसंधान और विस्तृत अध्ययन यह विनिश्चित करता है कि इस ऐतिहासिक विभूति का जन्म वास्तव में आज से लगभग 2500 वर्ष पूर्व हुआ था। इस उपन्यास 'महापथ' में इस तथ्य पर सम्यक विचार यथास्थान आया है।

उद्‌भट विद्वान और साहित्य मनीषी आचार्य उदयवीर शास्त्री अपने अनुसंधान परक ग्रंथ 'वेदांत दर्शन का इतिहास' में लिखते हैं–

"आचार्य शंकर के प्रादुर्भावकाल के विषय में आधुनिक इतिहास–लेखकों का ऐकमत्य नहीं है। मध्यकालिक जिन आचार्यों ने अपनी रचनाओं में रचनाकाल का निर्देश किया है, आधुनिक पाश्चात्य ईसाई लेखकों द्वारा उनके निर्देशों को भी संदिग्ध बनाए जाने का प्रयत्न हुआ है। अनेक भारतीय लेखकों ने अपनी परिस्थिति का ध्यान रखते हुए उन्हीं का अंधानुकरण किया। फिर जिन प्राचीन विद्वानों ने अपनी रचनाओं में अपने अथवा अपनी रचना आदि के काल का कोई निर्देश नहीं किया, उनके विषय में तो कहना ही क्या?"

मैंने आदि शंकराचार्य पर उपलब्ध अधिकाधिक साहित्य और अन्य सामग्री का यथासाध्य अध्ययन किया। चिंतन, मनन और विश्लेषण किया। आदि शंकर से संबंधित स्थलों में से अनेक स्थानों का समय-समय पर भ्रमण किया। भली-भाँति सोचने-समझने के बाद मैं इस निष्कर्ष पर पहुँचा हूँ कि आदि शंकर दक्षिण भारत के कालड़ी में 507 ई.पू. में जन्में और उत्तर भारत के केदारनाथ में 475 ई.पू. में ब्रह्मलीन हुए। मात्र 32 वर्ष की आयु में उन्होंने सम्पूर्ण भारत भूमि को अनेक बार अपनी लंबी–लंबी पदयात्राओं के द्वारा नाप डाला। अपनी उस अल्पायु में जगद्‌गुरु आदि शंकराचार्य ने इतने अधिक और महान कार्य किये, जितने कोई दूसरा व्यक्ति अनेक जन्मों में भी नहीं कर सकता। यह उपन्यास आचार्य शंकर की धर्म-दिग्विजय यात्रा और उनकी उपलब्धियों को विस्तार एवं रोचकता के साथ प्रस्तुत कर सका है अथवा नहीं? इसका निर्णय पाठकों के हाथ में है।

यहाँ मैं यह भी कहना चाहूँगा कि भारतीय मनीषा द्वारा रचित हमारे दो प्राचीनतम महाकाव्य 'रामायण' और 'महाभारत' और हमारे अनेक पुराण वस्तुतः हमारे प्राचीन इतिहास ग्रंथ ही हैं। इनपर सम्यक रुप से अनुसंधान और गवेषणात्मक कार्य अभी हुआ ही नहीं है। भारत का प्राचीन इतिहास अधिकतर विदेशी साम्राज्यवादियों के संरक्षण में विदेशी इतिहासकारों ने मनचाहे ढंग से रचा था, जिसे आयातित मानसिकता के भारतीय इतिहास लेखकों ने यथावत् स्वीकार कर लिया। इतना ही नहीं जहाँ आवश्यक समझा वहाँ तथ्यों की अनदेखी कर अपनी पूर्वाग्रही विचारधारा का तड़का भी लगा दिया।

यह इतिहास-विदित है कि विदेशी हमलावरों ने हमारे तक्षशिला, नालंदा जैसे अनेक समृद्ध ग्रंथागारों, पुस्तकालयों और ज्ञान-केंद्रों को नष्ट किया अथवा जला डाला। अनेक मठ मंदिरों और गुरुकुलों का विध्वंस किया। इनमें हमारे तमाम ऐतिहासिक, धार्मिक,

दार्शनिक ज्ञान-ग्रंथ, पुस्तकें और पांडुलिपियाँ स्वाहा हो गईं। अनेक को आक्रामक लुटेरे और साम्राज्यवादी तत्त्व उठा भी ले गए।

कालांतर में जो कुछ लिखित सामग्रियाँ और पंडुलिपियाँ इत्यादि इधर-उधर से प्राप्त हुईं, उनका प्रतिलिपिकरण और पुनरोद्धार परवर्ती लेखकों और मनीषियों ने किया। इस प्रक्रिया में उनमें दुर्भावना से अनेक क्षेपक आदि भी अनेक निहित स्वार्थी तत्त्वों द्वारा जोड़े गए। कतिपय राज्याश्रयी कवियों, नाटककारों और इतिहासकारों ने उनमें तत्कालीन राजाओं की वंशावलियाँ, विरुदावलियाँ आदि जोड़ दीं और अनेक संशोधन, परिवर्द्धन भी किये।

इसका परिणाम यह हुआ कि देश के मध्यकालीन और ब्रिटिशकालीन शासकों के समय में, उनके इतिहास-लेखकों को भारत के आधे-अधूरे प्राचीन इतिहास को मनचाहे ढंग से व्यक्त करने और उसके कालक्रम को भी अपनी सुविधानुसार गढ़ने में काफ़ी आसानी हो गई। फलतः हमारे राम, कृष्ण आदि युगपुरुष मिथकीय चरित्र मान लिए गए। अनेक प्रतापी हिन्दू शासकों के उल्लेखनीय कार्यों को उपेक्षित किया गया और उनकी विजयों, शासकीय उपलब्धियों और उच्च स्तरीय स्थापत्यों इत्यादि को वर्णन योग्य भी नहीं समझा गया।

सतर्क और तटस्थ अध्ययन के बाद यह ज़ाहिर हो जाता है कि प्राचीन भारतीय इतिहास के साथ पाश्चात्य और अनुसरणकर्ता विद्वानों ने ऐतिहासिक तथ्यों के अलावा उसके कालक्रम से भी काफ़ी छेड़-छाड़ की है और हैरत की बात है कि उसकी प्राचीनता को लगभग 1300 वर्ष आगे खींच लिया है।

यही कारण है कि ईसा पूर्व जन्में आदि शंकराचार्य को ईसा से सैंकड़ों वर्ष बाद का दिखाकर उनके महत्त्व को भी कम करके आँका गया है। कांची कामकोटि पीठ में आठवीं शताब्दी में अभिनव शंकर नामक एक शंकराचार्य हुए हैं जिनके जीवन-वृत्त के साथ, पाश्चात्य इतिहासविद् आद्य शंकराचार्य के विराट व्यक्तित्व का घालमेल करके उनके वास्तविक कालक्रम के संबंध में भी भ्रमित करने में विदेशी विचारक और उनके अनुयायी पर्याप्त सीमा तक सफल रहे हैं।

इन्हीं कारणों से भारतीय वांग्मय और पुराणादि के काल-निर्णय, उनकी विषय-वस्तु, उनमें अंतनिर्हित इतिहास पर गहन शोध और पुनर्विचार की आज नितांत आवश्यकता है। इस कार्य का दायित्व भारत की अगली पीढ़ियों पर निरंतर बना रहेगा।

किसी भी गंभीर सृजन में पूर्वज एवं समकालीन साहित्यकारों, बुद्धिजीवियों और सुहृदजन को पढ़े बिना अथवा उनके आशीर्वाद के बिना चिंतन और लेखन संभव नहीं होता। अतः जिन साहित्यिक विभूतियों का इस उपन्यास के सृजन क्रम में चिर ऋणी रहूँगा वे हैं—सर्वश्री दतिया पीठाधीश्वर राष्ट्रगुरु स्वामीजी महाराज, मेरे परम पूज्य गुरुदेव पं. रामकृष्ण पांडेय 'आमिल' जी, विश्वनाथ मुखर्जी, आचार्य उदयवीर शास्त्री, डॉ. सर्वेपल्लि राधाकृष्णन, सूर्यकांत त्रिपाठी 'निराला', रामधारी सिंह 'दिनकर', प्रो.

गोविंद चंद्र पाण्डे, प्रो. वंशीधर त्रिपाठी, नंदलाल दशोरा, ए.के. रामानुजन, डॉ. जगदीशचंद्र जैन, डॉ. बदरीनाथ कपूर, डॉ. सूर्यप्रसाद दीक्षित, प्रो. सदानन्द प्रसाद गुप्त, डॉ. विद्या विन्दु सिंह, ब्रजेंद्रकुमार सिंहल, कुमार गुंजन अग्रवाल, नरेन्द्रनाथ मिश्र, डॉ. विजय पाल सिंह, पं. दीनदयाल उपाध्याय, आनंद मिश्र 'अभय', जयराम मिश्र, पवन कुमार वर्मा, रामजी प्रसाद भैरव, स्वामी चिन्मयानंद, रॉय इयूगेन डेविस, एम. विंटरनिट्ज़ और पी.एन. ओक आदि।

इस उपन्यास 'महापथ' के लेखन को जिन मित्रों सहयोगियों और आत्मीयजन की प्रेरणा सुझावों अथवा योगदान द्वारा समय-समय पर शक्ति मिली उन सबका भी आभार व्यक्त करते हुए मैं नतमस्तक हूँ। उक्त क्रम में मैं सर्वश्री सुरेंद्र कुमार, पं. रामचंद्र शुक्ल, पं. रमाशंकर तिवारी, डॉ. संजय कुमार मालवीय, प्रमोदकान्त मिश्र, दयानंद पांडेय, विनय दास, पद्मकांत शर्मा 'प्रभात', आर्तिमान त्रिपाठी, परमात्मा प्रसाद श्रीवास्तव, रामजनम दिवाकर, डॉ. अर्चना बहादुर जुत्शी, श्रीमती शोभा कौल अदीब, श्रीमती हिमानी कौल उग्रा, यूनिवर्सल बुक सेंटर, कपूरथला, लखनऊ के व्यवस्थापक सुरेश पाल और लोकभारती प्रकाशन, प्रयागराज के संरक्षक रमेश ग्रोवर जी का विशेष कृतज्ञ हूँ।

अंत में, सर्वाधिक आभारी हूँ मैं अपने समस्त सुधी पाठकों, आलोचकों, समीक्षकों तथा उन असंख्य मित्रों का जिनके अगाध स्नेह और शुभकामनाओं के बल पर ही मेरी यह लेखन-यात्रा आज इस सोपान तक पहुँच सकी। श्रीगुरु कृपा प्रणीत मेरा यह नवम् उपन्यास आप सभी को सादर समर्पित।

—सुधाकर अदीब

लखनऊ
विनायक चतुर्थी, सोमवार
विक्रम संवत् 2078 तदनुसार
14 जून, 2021 ई.

यात्रा–क्रम

महापथ

अध्याय–एक

ॐ

सं गच्छध्वं सं वदध्वं, सं वो मनांसि जानताम्।
देवा भागं यथा पूर्वे, संजानाना उपासते।।

–हम सब साथ चलें, सब मिलकर बोलें, हमारे मन एक हों। प्राचीन समय में देवताओं का ऐसा आचरण रहा, इसी कारण वे वन्दनीय हैं।

(ऋग्वेद)

1

पूर्वज

आज से 2500 वर्ष पूर्व लगभग। भारत वर्ष के सुदूर दक्षिण भाग में एक असंभव व्यक्तित्व का जन्म... परन्तु पहले उसके पितामह और पिता...

आज के केरल के मालाबार क्षेत्र में एर्नाकुलम जिले में कालड़ी नामक एक छोटा-सा ग्राम। प्राकृतिक सुषमा से घिरे, इस प्रदेश में वर्तमान में जिसे 'पेरियार' नदी कहते हैं, उस समय वह निर्मल-पावन जल संयुक्त सलिला 'पूर्णा' के नाम से जानी जाती थी।

कहते हैं उस पूर्णा नदी के तट पर एक स्वयंभू शिवलिंग प्रकट हुआ जिसने केरल के तत्कालीन राजा राजशेखर को स्वप्न में दर्शन दिए। राजा उस स्थल का पता लगाकर अपने सभासदों के साथ पहुँचे और उन्होंने उस शिवलिंग के चतुर्दिक एक भव्य मंदिर का निर्माण कराया।

पूर्णा नदी के तट के उस शिव मंदिर के निकट ही था वह कालड़ी नामक ग्राम, जिसमें वेदपाठी नम्बूदरी ब्राह्मण बहुतायत में निवास करते थे।

उन ब्राह्मणों में पंडित विद्याधर जी की विद्वत्ता, शास्त्रज्ञान और श्रेष्ठ आचार-व्यवहार के कारण सर्वाधिक प्रतिष्ठा थी। अतएव उससे आकर्षित होकर राजा राजशेखर ने उस नव-निर्मित शिव मंदिर के प्रधान पुजारी का पद पंडित विद्याधर को ही सौंप दिया। साथ ही कुछ खेत और नारियल तथा केले के बाग-बगीचे भी उन्हें जीवन-यापन के लिए दक्षिणा में प्रदान किए।

पं. विद्याधर के सात्विक जीवन में वैभव का संचार हुआ। परन्तु इस आर्थिक उन्नति ने उन्हें धर्म-मार्ग से विरत नहीं किया। वे मंदिर में शिव पूजन के अपने नित्यकर्म के साथ-साथ कल्याणकारी यज्ञ-शास्त्र—अध्ययन-दान और सद्कर्मों में पूर्ववत् तल्लीन रहे।

वस्तुतः यह सब उस काल में घटित हुआ जब धर्मप्राण राजा राजशेखर अपनी युवावस्था में केरल राज्य के राजसिंहासन पर बैठे, उसके कुछ ही समय पश्चात कालड़ी ग्राम के पंडित विद्याधर को एक पुत्ररत्न की प्राप्ति हुई जिसका नाम उन्होंने शिवगुरु रखा।

इधर शिवगुरु बालक का जन्म हुआ उधर पूर्णा नदी के तट पर वह ज्योतिर्लिंग प्रकट हुआ और राजा राजशेखर को स्वप्न हुआ। मंदिर निर्माण हुआ... उसमें शिवगुरु के पिताश्री पंडित विद्याधर की प्रधान पुजारी पद पर राजा द्वारा नियुक्ति और उनके पारिवारिक जीवन में सम्पन्नता का वास...

बालक शिवगुरु शुक्ल पक्ष के चंद्रमा की भाँति बड़े होने लगे। उनके माता-पिता और वे। कुल तीन प्राणियों की गृहस्थी थी। जब उपनयन संस्कार के पश्चात माता-पिता ने बालक शिवगुरु को गुरुकुल में पढ़ने भेजा तो वे वहाँ एक अत्यंत मेधावी छात्र सिद्ध हुए।

उन्होंने वेदों, ब्राह्मणों, आरण्यकों और उपनिषदों के अध्ययन को बहुत आत्मीयता से ग्रहण किया। साथ ही गुरुकुल के नियमों का निष्ठापूर्वक पालन कर अपनी गुरुभक्ति से गुरु का हृदय भी जीत लिया। समिधा एकत्र करना। यज्ञादि में सहयोग करना। भिक्षाटन कर गुरुमाता की सेवा में प्रस्तुत करना।

जब ब्रह्मचर्य आश्रम के समापन का अवसर आया तो छात्र शिवगुरु गुरुकुल छोड़ने को तैयार न थे। उनके गुरु का भी मोह उनके प्रति यद्यपि बहुत था परन्तु उन्होंने उन्हें समझाया कि "वत्स! तुमने अत्यंत परिश्रम और कुशलता से अपना विद्याध्ययन पूर्ण कर लिया है। अब यह तुम्हारा अपने माता-पिता की सेवा में और गृहस्थ जीवन में लौटने का समय है। अतः तुम्हें अपने घर जाना ही होगा।"

इसपर शिवगुरु ने गुरुदेव से निवेदन किया कि—"सांसारिकता में मेरा मन नहीं है। ऐसा भी तो हो सकता है कि मैं ब्रह्मचर्य से सीधे संन्यास आश्रम में प्रवेश करूँ। इसी गुरुकुल में आपके चरणों में रहूँ।" गुरुदेव बोले—"फिर पितृऋण का क्या? जिन्होंने तुम्हे जन्म दिया। उनके मनोनुकूल आचरण के बिना पुत्र की मुक्ति आसान नहीं।"

उसी समय संयोग से शिवगुरु के पिता पंडित विद्याधर का गुरुकुल में आगमन हुआ और वे अपने इकलौते शास्त्रज्ञ पुत्र शिवगुरु को उनके शिक्षागुरु से आज्ञा लेकर अपने साथ लिवाकर घर वापस आ गए।

चलते समय शिक्षागुरु ने पिता के कान में कहा कि—"मेरी पाठशाला का यह सबसे मेधावी छात्र है। परन्तु ध्यान रखियेगा इसमें अभी से वैराग्य के लक्षण दिख रहे हैं।"

पुत्र की संन्यासोन्मुख प्रवृत्ति देखकर पंडित विद्याधर चिंतित हो उठे। उन्होंने पत्नी से सलाहकर उसके विवाह हेतु एक-दो जगह बात चलाई। ऐसी बात जो चलने पर कानोकान चल निकलती है। पंडित विद्याधर की सामाजिक प्रतिष्ठता और वैभव सम्पन्नता बहुश्रुत थी। अतएव अनेक स्थानों से युवक शिवगुरु के लिए रिश्ते आने लगे।

पंडित विद्याधर के घर अनेक सम्पन्न नंबूदरी ब्राह्मणों की कन्याओं के एक से एक प्रस्ताव आए। अति-सुंदरी कन्या। अति-गुणी कन्या। अति-विदुषी कन्या। उनमें से कुछ एक ब्राह्मणों ने पंडित विद्याधर के किसी निकट सम्बन्धी से उनपर दबाव भी डलवाया। किसी-किसी ने भारी दान-दहेज का भी प्रलोभन दिया। परन्तु सात्विक और स्थिर प्रकृति के पंडित विद्याधर ने विनम्रतापूर्वक सबसे हाथ जोड़ लिए।

वे पूर्णा नदी के तट पर भगवान चंद्रमौलीश्वर मंदिर में पूजा-अर्चना का अपना नित्य का पौरोहित्य-कर्म करते रहे और उनसे यही प्रार्थना करते रहे कि उन्हें उनके सुपुत्र शिवगुरु के लिए बस एक अत्यंत सुशील और संस्कारी कन्या मिल जाए जिसे पुत्रवधू के रूप में स्वीकार कर वे अपने पुत्र का भविष्य एवं गृहस्थ जीवन उज्ज्वल कर सकें।

एक दिन भगवान चंद्रमौलीश्वर ने उनकी सुन ली। वह भी प्रातःकाल मंदिर गए बग़ैर। उस दिन उनका स्वास्थ्य थोड़ा ढीला था। उन्होंने अपने सहायक पुरोहित को कहला भेजा था कि आज वे मंदिर की सेवा में नहीं पहुँच सकेंगे। अतः आज के अभिषेक-पूजन की व्यवस्था वह ही प्रातः से रात्रि तक संभाल ले।

पंडित विद्याधर अपने घर में ही विश्राम करते हुए अपने सुयोग्य पुत्र शिवगुरु के द्वारा प्रतिदिन प्रातःकाल किए जाने वाले यज्ञ कार्य को देखते रहे। शिवगुरु स्नान-ध्यान के उपरान्त नित्य की भाँति अत्यंत विधि-विधान से अपने यज्ञ कार्य को सम्पन्न कर रहा था। उसका मंत्रोच्चारण एकदम स्पष्ट था। वह देवों, ऋषियों, पितरों, मानवों और प्रकृति के निमित्त पंच महायज्ञ निष्पादित कर रहा था। उसका संस्कृत उच्चारण उतना ही सुमधुर था जितना वह अपनी मातृभाषा मलयालम में वार्तालाप कर लेता था।

इस समय शिवगुरु की आयु 28 वर्ष की होने को आई थी। विवाह तो उसका 25 वर्ष की वय में ही हो जाता। परन्तु एक आदर्श पुत्रवधू की कामना में विद्याधर जी ने तीन वर्ष व्यर्थ में गुज़ार दिए थे। इसका उन्हें अफसोस रहता था। अब विवाह प्रस्तावों के प्रति विद्याधर जी के महत्त्वाकांक्षी दृष्टिकोण को देखते हुए बिरादरी के लोगों ने उनसे सम्पर्क करना भी कम कर दिया था। शिवगुरु को तो वैसे भी विवाह की कोई जल्दी न थी।

उस दिन पिता-पुत्र स्वल्पाहार के लिए बैठे ही थे कि द्वार पर एक अतिथि पधारे। पंडित विद्याधर ने उनका स्वागत किया। अतिथि ने निवेदन किया—

"मैं पास के ही एक गाँव से आया हूँ। मेरा नाम मघ पंडित है। आपके सुपुत्र की विद्वत्ता की प्रशंसा सुनकर आया हूँ।..."

पं. विद्याधर समझ गए कि वे सुबह-सुबह उनके घर अपनी किसी पुत्री के विवाह का प्रस्ताव लेकर आए हैं। शिवगुरु ने अपने पिता की सहायता उन अतिथि के सत्कार में की। माता से जलपान लेकर उन्होंने मघ पंडित को भी अपने साथ में प्रातःकालीन स्वाल्पाहार कराया।

अतिथि ने उन्हें बताया कि उनके कोई पुत्र नहीं है। उनकी इकलौती कन्या का नाम आर्यम्बा है। परन्तु उन्होंने उसे एक पुत्र की भाँति पाला है। उसे उच्च शिक्षा दी है। वेद, उपनिषद, रामायण, महाभारत, समस्त शास्त्रादि की शिक्षा उन्होंने उसे स्वयं दी है। आर्यम्बा को उसकी माता ने गृहकार्यों की भी शिक्षा उतनी ही लगन के साथ दी है। शुभ संस्कारों और अनेक गुणों से सम्पन्न है उनकी कन्या।...

इस बात को मघ पंडित अपने मुख से कहें तो कैसे कहें? फिर भी वे अपनी पुत्री के प्रति आश्वस्त हैं। उनकी पत्नी ने तो अपनी सुंदर सुशील और हृदय की टुकड़ी इस कन्या के गुणों से प्रभावित होकर उसका बचपन का नाम आर्यम्बा से परिवर्तित कर विशिष्टा देवी रख दिया है। यह भी कहा कि–"चाहें तो पंडित विद्याधर जी स्वयं उसकी परीक्षा ले लें।..."

पंडित विद्याधर को ये बातें सुनकर मघ पंडित की सुपुत्री को स्वयं देखने की इच्छा जागृत हो गई। दो दिन बाद वे अपने सुपुत्र शिवगुरु को लेकर उनके घर पहुँच गए। जब उन्होंने उस कन्या विशिष्टा को देखा तो वास्तव में कुछ ही देर में उसे 'यथा नामः तथा गुणः' पाया। शिवगुरु को भी विशिष्टा सौंदर्य और वैदुष्य का एक अनुपम संयोग नज़र आई।

हुआ यों कि अतिथि-सत्कार के पश्चात पंडित विद्याधर ने पुत्री आर्यम्बा से कुछ प्रश्न किए। यथा–"बेटी! चारों वेदों ऋग्वेद, सामवेद, यजुर्वेद और अथर्वेद की भाषागत विशेषताओं पर कुछ हमें बताओ।"

इसपर आर्यम्बा कहने लगी–

"चारों वेद भारतवर्ष का प्राचीनतम साहित्य है... ये सहस्त्रों वर्ष पुराने हैं... वेदों की भाषा जैसी संस्कृत अब कहीं बोली नहीं जाती। यह एक साहित्यिक भाषा है जो ब्राह्मण समाज में पीढ़ी दर पीढ़ी वाचिक परंपरा में संक्रान्त हुई... लिखित रूप में तो वेद अभी कुछ शताब्दी पूर्व संहिताबद्ध हुए हैं..."

"और?"

"ध्वनि की दृष्टि से तो वैदिक संस्कृत और आज की लौकिक संस्कृत लगभग एक ही है। दोनों में भेद मात्र यह है कि वेदों की भाषा अत्यंत प्राचीन अपने शुद्धतम स्वरूप में है... उसमें शब्दों और धातुओं की व्याकरण सम्बन्धी रूप-समृद्धि बहुत अधिक है... पंडित विद्याधर सामने नतशीष बैठी कन्या आर्यम्बा के कथन से वात्सल्य से भर उठे। उनका एक मन किया कि वे वार्तालाप को यहीं समाप्त कर दें। पर दूसरा मन नहीं माना। थोड़ी परीक्षा और। बोले–"बेटी!... वैदिक संस्कृत और समकालीन व्यवहृत होने वाली संस्कृत में क्या अंतर है? कुछ हमें बता सकोगी..."

आर्यम्बा ने कहा–"कई उदाहरण इसके हो सकते हैं। जैसे कि–वेदों में 'लङ्' लकार है जो कि आज की संस्कृत में प्रायः विलुप्त ही हो गया है। वेद में 'लङ्' लकार के अनेक रूप है जो कि संस्कृत में उत्तरोत्तर कम होते गए हैं। इसी तरह संस्कृत में

केवल 'तुमुन्' प्रत्यय ही रह गया है, जबकि वेदों की भाषा में इस अर्थ को बताने वाले लगभग बारह प्रत्यय हैं। अब यदि हम विभक्तियों की बात करें तो...''

''बस-बस–'' शिवगुरु के पिता विद्याधर पंछित गदगद भाव से बोल पड़े–''बेटी आर्यम्बा! साधु-साधु... तुम सचमुच आज की सुयोग्यतम संतानों में से एक हो। योग्य पिता की योग्य सुपुत्री। तुम्हारा नाम विशिष्टा ही सार्थक है।''

युवक शिवगुरु यों तो विशिष्टा देवी के रूप सौंदर्य और उसके वैदुष्यपूर्ण वाणी विलास से मन ही मन मुग्ध थे किंतु जब पिता ने उनकी ओर देखा और कहा–''विशिष्टा से कुछ पूछना चाहोगे?''

तो शिवगुरु थोड़ा सकपका गए। हड़बड़ी में सन्मुख लज्जाशील 22 वर्षीय उस युवती से प्रश्न के लिए प्रश्न कर बैठे–

''अच्छा आर्या ये बताइए... आपने 'जल-प्लावन' की–धरती पर प्रलय की–कथा पढ़ी है।?''

आर्यम्बा बोली–''जी...'शतपथ ब्राह्मण' में जल-प्लावन की कथा वर्णित है...''

''क्या है वह?... संक्षेप में सुनाइए।''–कहते हुए युवा ब्रह्मचारी शिवगुरु के कान लाल हो गए।

अब प्रथम बार उस विदुषी कन्या ने एक बार आँख उठाकर शिवगुरु की ओर देखा। पुनः धरती की ओर देखते हुए बड़े आत्मविश्वास से वह कथा कहने लगी।–

''मनु महाराज प्रातःकाल मुँह-हाथ धो रहे थे। जिस जलपात्र से वे मुख प्रक्षालन कर रहे थे जब उसमें उनकी दृष्टि पड़ी तो देखा एक अत्यंत नन्हीं सी मछली उसमें तैर रही है। मनु ने उस नन्हें मत्स्य को अपनी अंजुरी में ले लिया। इस पर वह मत्स्य मनु महाराज से बोला–''मेरा पालन-पोषण कर। मैं तेरी रक्षा करूँगा।'' मनु बोले–''तू मेरी किससे रक्षा करेगा?'' मत्स्य बोला–''एक जल-प्लावन आएगा और संसार के समस्त प्राणियों को बहा ले जाएगा। मैं उस प्रलय से तेरी रक्षा करूँगा।''

''मुझे तेरा पालन-पोषण किस प्रकार करना होगा?'' मनु ने पूछा।

मत्स्य ने उत्तर दिया–''जब तक हम लघु होते हैं हमारा नाश ही नाश है। मत्स्य ही मत्स्य को निगल जाता है। इसलिए तू यह करना कि पहले मुझे एक घड़े में रखना। जब मैं उससे बढ़ जाऊँ तो एक गड्ढा खोदकर मुझे उसमें रखना। जब मैं उसमें भी आकार में बढ़ जाऊँ और समा न सकूँ तो तू मुझे समुद्र में ले जाना। क्योंकि तब कोई मेरा नाश नहीं कर सकेगा।''

भगवान विष्णु के 'मत्स्य-अवतार' की इस कथा में वह मत्स्य देखते ही देखते अल्पकाल में एक बड़ा मत्स्य बन गया। जब मनु ने उसे समुद्र में डाला तो देखा कि वह तो कुछ ही क्षणों में सब मत्स्यों में सबसे बड़ा मत्स्य बनकर उनके समक्ष प्रकट हुआ।

भगवान लक्ष्मीपति जनार्दन उस विशाल मछली के रूप में मनु महाराज से बोले—"अमुक वर्ष में जल-प्लावन आएगा। तू मेरे कथन का अनुसरण करके एक बृहद जलयान का निर्माण कर उस जलयान में बैठ जाना। मैं तुझे उस जल-प्लावन से बचा लूँगा।...

मनु ने मत्स्य को पाला-पोसा और इस प्रकार समुद्र में छोड़ा। जब जल-प्लावन आया तो मनु मत्स्य के कहे अनुसार स्व-निर्मित जलयान में बैठ गए। तब वह महामत्स्य सागर में तैरता जल-प्लावन के समय मनु तक पहुँचा। अपने सींग में उनके जलयान की रस्सी को बंधवाकर उस जलयान को खींचता वह शीघ्र ही उत्तर दिशा में हिमालय पर्वत के उत्तुंग शिखर तक जा पहुँचा।...

महा मत्स्य बोला—"वैवस्वत पुत्र मनु!... मैने तेरी रक्षा कर दी है। अब तू उस जलयान को एक वृक्ष के साथ बाँध दे। सावधान होकर पर्वत पर रहना कि तुझे जल-प्रलय बहाकर न ले जाए।... जब जल नीचे उतर जाए, तू भी धीरे-धीरे नीचे उतरते जाना।"

इस प्रकार जल-प्लावन ने सब प्राणियों को बहाकर नष्ट कर दिया। अकेला मनु बचा रहा।"...

यह कहकर आर्यम्बा चुप हो गई। संकोच ने उसे आगे की कथा कहने से रोक दिया। आर्यम्बा के पिता ने कहा—"सृष्टि के इस तरह विनाश के अनन्तर मनु के द्वारा मानव जाति का पुनुरुद्भव कैसे हुआ? यह भी तो बताओ पुत्री!"

आर्यम्बा ने पिता की ओर एक पल को देखा फिर शील-संकोच में नेत्र झुका लिए। आगे कुछ न बोली। निःशब्द... मौन...

इस पर शिवगुरु मुस्कुरा कर कहने लगा—"कथा इस प्रकार आगे चलती है कि मनु ने संतति की प्राप्ति के लिए यज्ञ किया। यज्ञ की अग्नि में से एक स्त्री निकली और उसके द्वारा मानव-जाति का आरम्भ हुआ।... मनु को मिली इस कन्या का नाम था—इड़ा।"

शिवगुरु के इस निष्कर्ष में कहे गए कथन के तुरंत बाद आर्यम्बा अर्थात् विशिष्टा एवं शिवगुरु के नेत्र परस्पर टकराए और दोनों रोमांचित हो दूसरी दिशाओं में देखने लगे।

मघ पंडित और उनकी भार्या को कालड़ी गाँव से पधारे विद्याधर जी ने बधाई देते हुए कहा—"आज से आपकी पुत्री मेरी भी पुत्री हुई... शीघ्र ही शुभ मुहूर्त निकालकर हम शिवगुरु और विशिष्टा का पाणि ग्रहण सम्पन्न करेंगे। ये दायित्व हम दोनों पिताओं के लिए अब औपचारिकता मात्र है।"—यह कह-सुनकर दोनों होने वाले समधी परस्पर प्रसन्नतापूर्वक गले मिले।

अनेक वर्ष बीते। इस मध्य शिवगुरु और विशिष्टा देवी का विवाह सम्पन्न हुआ। उनका दाम्पत्य जीवन सुखपूर्वक बीता। परन्तु अपने धान के खेतों और नारियल के सघन छायादार बगीचों के मध्य विचरते हुए, पूर्णा नदी के तट पर भगवान शंकर के मंदिर के दर्शन करते हुए, लोक-व्यवहार करते हुए, अपने निवास से प्रातः से सांय तक धर्मपूर्ण आचरण के साथ नित्य की दिनचर्या और माता-पिता की सेवा करते हुए दस वर्ष बीत चले। परन्तु सन्तान का अभाव शिवगुरु और विशिष्टा के जीवन का सबसे बड़ा अभाव बना रहा।

शिवगुरु के माता-पिता भी एक एक कर चल बसे बिना पौत्र अथवा पौत्री का मुख देखे। शिवगुरु ने इस दुःख की स्थिति में उस शिव मंदिर में अपने पिता पंडित विद्याधर के द्वारा रिक्त किया हुआ पुरोहित कर्म भी स्वीकार नहीं किया। यदि वे चाहते तो मंदिर का प्रधान पुरोहित पद उन्हें केरल नरेश की कृपा से सहज रूप से प्राप्त हो सकता था।

शिवगुरु अधिकतर घर ही में रहते। वेद-शास्त्रों के अध्ययन और गोविन्द के आराधन में किसी तरह मन लगाते। बहुत होता तो अपने पैतृक खेत-खलिहान की देखभाल कर लौट आते। हाट-बाजार से जीवनोपयोगी वस्तुएं क्रय कर घूम-टहल कर आ जाते। पत्नी विशिष्टा घर में प्रातः से सांय तक गृहस्थी के आवश्यक कार्य करतीं।

विशिष्टा का नित्य का नियम था। वे बहुत भोर में उठ जातीं। घर की साफ-सफाई अपने हाथों से कर पूर्णा नदी की ओर निकल जातीं। वहाँ बड़े-सवेरे ही स्नान कर पास के ही एक अन्य छोटे से श्रीकृष्ण मंदिर में थोड़ा पूजन करतीं। उन्हें श्रीविष्णु और उनके विविध स्वरूपों में बड़ी श्रद्धा थी।

नदी तट से लौटते समय वे एक कलश में पेयजल भरकर नित्य ही लौटतीं। रसोई तैयार करतीं। तब तक शिवगुरु भी स्नानादि से निवृत्त हो अपना यज्ञकार्य सम्पन्न करते। दोनों पति-पत्नी साथ में कलेवा करते और घर की दिनचर्या आगे बढ़ती।

इसी तरह बिना संतोनोत्पत्ति के पाँच वर्ष और व्यतीत हो गए। एक दिन घोर हताशा में शिवगुरु विशिष्टा देवी से कहने लगे—"कल्याणी! आप ही बताइये... हमारा आधा जीवन व्यतीत होने को आया और हम आज तक निःसन्तान है। न जाने हमारे कर्मों का वह कौन सा लेखा है जब धन-धान्य, गउवें, कृषि, फल-पुष्प सभी कुछ के रहते हमारा आज तक कोई पुत्र नहीं। इस निरर्थक जीवन का हम क्या करें? हमारे इतने स्नेहमय माता-पिता भी इसी दुःख के साथ एक-एक कर ब्रह्ममलोक को चले गए। अब तो लगता है यह जीवन ही व्यर्थ है। चलो हम तो इसे किसी भाँति सहन भी कर लें। पर सबसे बड़ा दुःख यह है कि निपूते मरने पर हम पितृऋण से मुक्त न हो सकेंगे। तुम्हीं बताओ हम क्या करें?"

-कहकर शिवगुरु उस दिन बच्चों की भाँति बिलखकर रोने लगे। पत्नी विशिष्टा देवी ने पति के कन्धों पर सान्त्वनापूर्ण हाथ फेरे और कहा—"हे प्रियतम!... आप इतने

निराश न हों। इतने ज्ञानवान, धैर्यवान और विवेकवान हैं आप। फिर भी ऐसी बातें आपके मुँह से शोभा नहीं देतीं।... आप कर्मों के लेखे को दोष नाहक देते हैं। उस सर्व समर्थ परमात्मा का स्मरण कीजिए जो कर्मफल के शुभाशुभ को भी बनाने और मेटने में समर्थ है जिसकी आप नित्य आराधना करते हैं।... हे स्वामी!... वह चाहे तो क्या नहीं दे सकता है। मेरी विनती मानिए तो एक बात कहूँ?''

''कहो प्रिये!... अवश्य कहो।''

''चलिए हम दोनों मिलकर भगवान अर्ध-नारीश्वर के चरणों में बैठकर पुत्र कामना से तप करते हैं। कुछ काल के लिए गृह त्याग कर। श्री वृषाद्रि पर्वत पर स्थित उस पावन शिवतीर्थ पर चलकर निवास करते हैं।''

शिवगुरु को विशिष्टा देवी का यह प्रस्ताव बहुत भाया। अगले ही दिन वे उस श्रीवृषादि पर्वत पर तपश्चर्या हेतु चले गए।

उस प्राकृतिक स्थल का वातावरण अत्यंत रमणीक था। वृक्षों, वनस्पतियों, पशु-पक्षियों, निर्मल-निर्झरों, जलाशयों से परिपूर्ण वह स्थान तपश्चर्या हेतु अत्यंत अनुकूल था। दोनों प्रौढ़ पति-पत्नी ने भगवान अर्ध-नारीश्वर शिव शंकर की उस भव्य प्रतिमा के दर्शन कर उनके समक्ष दण्डवत किया। वन्य पुष्पों, धूप-दीप-नैवेद्य से उनका अर्चन किया। पश्चात् एक एकान्त स्थल पर जाकर ध्यान लगाकर तपस्या रत हो गए।

प्रथम मास में उन्होंने अपना आहार धीरे-धीरे कम किया। द्वितीय मास में केवल कन्द-मूल-फल खाकर ही अपनी शुधा शांत की। तीसरे माह वह सब भी त्याग दिया। केवल जल पीकर ही शिव जी का जाप करते रहे। इस बीच उनकी काया क्षीण होती गई। परन्तु वे अपने संकल्प से विचलित न हुए।

अंततः तीन मास बीतते-बीतते एक रात्रि में पंडित शिवगुरु को चंद्रमौलीश्वर भगवान ने स्वप्न में दर्शन दिए। उन्हें अपने कालड़ी ग्राम के समीपस्थ स्थित भगवान शिव के उसी ज्योतिर्लिंग के दर्शन हुए। स्वप्न में उन्होंने देखा कि उनके उनके स्वर्गीय पिता पंडित विद्याधर उस शिवलिंग का जलाभिषेक कर रहे हैं। फिर वे शिवगुरु को मंदिर के गर्भगृह में संकेत से बुलाते हैं। उन्हें एक लोटे में केसर और मधुयुक्त दुग्ध देते हैं।...

शिवगुरु भगवान भोलेनाथ का उस दुग्ध से अभिषेक करने लगते हैं। उसी क्षण पिता अंतर्धान हो जाते हैं और उन्हें उस शिव मंदिर में देववाणी गूँजती सुनाई देती है।—

''वत्स शिवगुरु! जाओं तुम्हें पुत्र की प्राप्ति होगी। मगर यह बताओ कि हम तुम्हें अल्पायु वाला सर्वशास्त्र और सर्वगुण सम्पन्न सुपुत्र दें अथवा साधारण बुद्धि का लंबी आयु वाला कोई पुत्र प्रदान करें।'' शिवगुरु को लगा कि वे भगवान चंद्र मौलीश्वर ही बोल रहे हैं।...

उनके मुख से निकला कि—“प्रभु! कुल को तारने हेतु, पूर्वजों के नाम को उज्जवल करने के निमित्त एक गुणवान एवं सर्वज्ञ सुपुत्र मुझे अभीष्ट होगा।”

इस पर उस देवध्वनि ने पुनः कहा—“तथास्तु!—तब तो मुझे स्वयं ही अंशावतार लेकर तुम्हारे पुत्र के रूप में आना होगा।...”

इसके उपरान्त उस वन्य प्रान्तर में पंडित शिवगुरु की आँख ब्रह्म मुहूर्त में ही खुल गई। उन्होंने पत्नी विशिष्टा देवी को सोते से जगाया और शुभ स्वप्न का वृत्तांत सुनाया। विशिष्टा अत्यंत प्रसन्न हुईं। उन्होंने माता पार्वती को सर्वप्रथम धन्यवाद दिया। पश्चात मन ही मन कैलाशवासी शिव प्रभु को प्रणाम किया।

दोनों पति-पत्नी नित्य कार्यों से निवृत्त हो निकट के एक झरने में स्नान कर भगवान अर्ध-नारीश्वर के सन्मुख पहुँचे और उनके चरणों में गिरकर उनका आशीर्वाद लिया। साथ ही अपने गृह लौटने की अनुमति भी। औढर दानी भगवान शिवशंकर पंडित शिवगुरु और विशिष्ट के कठोर तप से वास्तव में बहुत प्रसन्न थे। यह उस वृषाद्रि पर्वत पर उसी क्षण बह निकली भीनी-भीनी सुगंध युक्त मंद-मंद समीर ने उन भक्त-दम्पति को जैसे जता दिया।

2

प्राकट्य

युधिष्ठिर संवत के वर्ष 2631 में वैशाख शुक्ल पंचमी के दिन शिवगुरु के घर विशिष्टा देवी ने एक अद्भुत तेजस्वी शिशु को जन्म दिया। यह वह समय था जबकि धरती पर न ही ईस्वी सन् के जन्माधार ईसा मसीह का जन्म हुआ था न ही इस्लाम मज़हब के पैग़म्बर मुहम्मद साहब का। ये थे सनातन धर्म उद्धारक श्री आदि शंकराचार्य। भगवान शंकर की तपस्या ने कृपा फल स्वरुप प्राप्त होने के कारण नामकरण संस्कार के समय, उनके माता-पिता ने उन्हें शंकर नाम ही दिया था।

शंकर नामक उस बालक का इस प्रकार जन्म 507 ईसा पूर्व केरल के कालड़ी ग्राम में होने के पश्चात नम्बूदरी ब्राह्मणों के परिवारों के लोग और शिवगुरु के परिचित ग्रामवासी उसे देखने यथासमय उनके घर आए। शिवगुरु और विशिष्टा देवी ने सभी आगंतुक स्वजन-स्नेहियों का यथासंभव आदर और सत्कार किया। पूरे ग्राम में नारियल और मेवों से बने मिष्ठान्न का वितरण किया।

शिशु शंकर प्रथम दिवस से ही पूरे घर में आनंद की अनुभूति कराने लगा। जैसे-जैसे वह विकसित होने लगा उसके व्यक्तित्व में और स्वभाव में दुर्लभ संकेत मिलने लगे।

सर्वप्रथम तो यह कि जब उसने पहली बार 'माँ' शब्द का उच्चारण किया तो विहँसकर ताली बजाते हुए शंकर ने उससे पूर्व ही 'ओम्' शब्द का उच्चारण किया।

माँ विशिष्टा तनिक चकित हुईं। किंतु पिता शवगुरु ने हँसकर कहा—"आख़िर है तो ये शिव जी का अंशभूत ना... प्रथम तो यह परमब्रह्म परमेश्वर को ही स्मरण करेगा... क्योंकि ब्रह्म ही इस चराचर जगत का 'अंतिम सत्य' है और 'ओंकार' उसी की प्रकट ध्वनि... इसी का स्वरुप।"

शंकर के माता-पिता उसके जन्म काल से उसे दूसरे शिशुओं से अलग पाते थे। जब वह डेढ़-एक वर्ष का हुआ तो घर के बाहरी बैठके में उनकी अध्ययन चौकी के पास एकाग्र बैठा बाहर के वृक्षों, पुष्पों, वनस्पतियों और पक्षियों को चुप-चाप निहारता रहता। या फिर पिता को वेदपाठ करते बड़े ध्यान से सुनता। उन्हें यज्ञ वेदी पर हवन करते भी चुपचाप किसी मूक दर्शक की भाँति देखता।

शंकर एक ऐसा शिशु था जो घर भर में घुटनों के बल बकैंया-बकैंया कम चलता। एक स्थान पर आलथी-पालथी मारकर किसी योगी-सा बैठा अधिक नजर आता। रोता कम था और मान-मनुहार भी माता-पिता से न के बराबर ही करवाता था।

पिता शवगुरु से, थोड़ा और बड़ा होने पर, पुत्र शंकर प्रश्न करने लगा। पर वे प्रश्न बाल-प्रश्न होते हुए भी अन्य बालकों के प्रश्नों से कुछ अलग होते। एक दिन एक चिड़िया को वृक्ष की डाल पर बैठा देखकर शंकर ने पिता से पूछा—

"वह क्या है?"

पिता ने उत्तर दिया—"एक पक्षी... इसे कोयल कहते हैं।"

"ये क्या करता है?"

"पिता ने कहा—"यह गाता है।"

"कब गाता है?"

"जब आम के वृक्षों पर आम्र-मंजरी आती है।"

"आम क्या होता है?"

"एक मीठा फल होता है।"

माँ आर्यम्बा ने पुत्र शंकर को एक कटोरी में चावल की मीठी खीर खाने को दी। उसे खाकर उसने धीरे से आँखें मटकाईं। पुनः पिता से प्रश्न किया—

"आम का फल भी क्या इसी खीर की भाँति मीठा होता है।"

पिता ने कहा—"हाँ परिपक्व हो जाने पर।"

शंकर बोला—"हम परिपक्व कब होते हैं?"

"ज्ञान का अर्जन करने पर"

"ज्ञान कैसे होता है?"

"अध्ययन और मनन करने पर।"

"जैसे आप नित्य प्रति करते हैं पिता जी?"

"हाँ बिल्कुल वैसे ही वत्स।"

और यह बातों का क्रम यूँ ही पिता-पुत्र के मध्य चलता रहता।...

एक दिन शंकर ने पिता से कहा—

"आपने कहा था कल कि हम सब ईश्वर के बनाए जीव हैं।"

"हाँ"

"मनुष्य-पशु-पक्षी-कीट-पतंग सभी?"

"हाँ पुत्र"

"तो यदि सभी जीव ईश्वर के बनाए हैं तो ये भिन्न-भिन्न क्यों दिखते हैं?"

"अपने-अपने पूर्व जन्मों के कर्मों के कारण।"

"क्या है वे कर्म? मुझे बताइये?"

"शंकर!... देखो यह विधि का विधान है। जो इस संसार में आया है, उसे एक दिन यहाँ से जाना भी होता है। जीवन के पश्चात मृत्यु। मृत्यु के पश्चात पुनर्जन्म। यह क्रम चलता ही रहता है। जो जीव इस जन्म में जैसे भी सत्कर्म अथवा दुष्कर्म करता है उसे उसका परिणाम तदनुसार भोगना पड़ता है। अगले जन्मों में उसी के अनुसार वह विभिन्न योनियों में जन्मता है।"

"योनियाँ क्या होती हैं?"

"यही... समझो जैसे जीवों की योनियाँ... कौआ, कोयल, तोता, मैना, बुलबुल इत्यादि पक्षी... अथवा बंदर, शूकर, हिरण, व्याघ्र, अश्व, गज जैसे पशु... अथवा सर्प, केंचुआ, मेंढक, मछली, कीट-पतंगादि जीवधारियों की विभिन्न श्रेणियाँ।"

"तो पिताश्री यह सारा कुछ इस धरा पर जन्म लेने और बार-बार आवागमन के कारण होता है?"

"हाँ"

"और यदि यह आवागमन ही समाप्त हो जाए तो?"

"तो आत्मा को मोक्ष प्राप्त हो जाएगा।"

—पिता शिवगुरु उस ढाई वर्ष के हो चले बालक को विस्मय से देखने लगते। एक दिन उन्हें लगा कि इतनी अल्पायु में इतनी प्रश्नाकुलता, इतनी जिज्ञासा, वह भी इतनी गंभीर प्रकार की। अब इसको अक्षरज्ञान कराना आवश्यक है। इस तरह वह विलक्षण शिशु शंकर बढ़ता गया।

तीन वर्ष का होते-होते शंकर के पिता ने उसका चूड़ाकर्म संस्कार कर उसे अक्षर ज्ञान करा दिया। शिवगुरु, उनके पिता, ही मुंडित शीष शंकर के प्रथम गुरु हुए। एक विद्वान के घर जन्मना भी अपने आप में एक सौभाग्य होता है। और जिसके माता और

पिता दोनों ही सुशिक्षित एवं विद्या के धनी हों वह संतान तो और भी सौभाग्यशाली होती है। उसपर से वरदानी संतान शंकर स्वयं। जन्मजात प्रतिभा के धनी।

अक्षर ज्ञान होते ही वे सुखासन में बैठकर, वर्णमाला से आगे बढ़कर, दो दिन बाद शब्द और शब्दयुग्म सीखने लगे। सीखने ही नहीं लगे, चौथे दिन से उनकी स्मृति-अनुसार बिना पुस्तक देखे क्रमबद्ध पुनरावृत्ति भी करने लगे। एक सप्ताह के पश्चात ही पिता उन्हें मातृभाषा मलयालम की व्याकरण से परिचित कराने लगे, जिसे उन्होंने मासांत तक चुटकियों में सीख लिया।

अपने शिशु की ग्रहणशीलता और अद्‌भुत स्मरण-क्षमता को देखकर शिवगुरु और आर्यम्बा दोनों चकित रह गए। अगले महीने में शिवगुरु ने शंकर को संस्कृत व्याकरण की शिक्षा दी। उसमें भी वह एक माह में ही पारंगत हो गया।

एक दिन शिवगुरु नदी में स्नान करने को गए। वहाँ से लौटकर उन्होंने देखा कि नन्हा शंकर उनके आसन पर जमा बैठा है और सामने चौकी पर रखे 'ऋग्वेद' की पुस्तक के पन्ने उलट-पलट कर देख रहा है। शंकर ने कतिपय श्लोकों पर उंगली फिराते हुए उनका लगभग सही-सही उच्चारण भी किया।

यह देखकर पिता की आँखें फटी की फटी रह गईं। पिता ने शिशु को गोद में उठाकर उसके गाल चूमे और उसे भीतर से रामायण की एक प्रति लाकर दी। कहा कि "प्रिय पुत्र! तुम अभी यह पढ़ो... प्रभु श्रीराम की जीवनगाथा। इसे महर्षि वाल्मीकि ने लिखा है। हम भरतवंशियों का एक अनुपम ग्रंथ।"

उन्होंने शंकर को अपने निकट एक ओर बैठाते हुए आगे कहा—"अभी तुम्हारा यज्ञोपवीत संस्कार होना शेष है। वेदपाठ के अधिकारी तुम तब बनोगे। शंकर रामायण पढ़ने लगा।

शंकर ने इस तरह तीन वर्ष की अवस्था से ही रामायण, महाभारत और भागवत् आदि का पाठ घर में ही पिता की देख-रेख में प्रारंभ कर दिया था। पिता मुग्ध थे अपनी इस असाधारण मेधावी संतान पर। आर्यम्बा अर्थात् विशिष्टा देवी की ममता भी शंकर पर दिनोदिन उमड़ी पड़ती थी।

परंतु विधि को कुछ और ही स्वीकार था। पिता शिवगुरु इस संतान-क्रीड़ा को अधिक दिनों तक देख न सके। अभी शंकर चार वर्ष के नहीं हो पाए थे कि पिता एक दिन अच्छे भले अचानक हृदयाघात से चल बसे। शंकर और उनकी माँ आर्यम्बा पर मानों दुःख का एक पहाड़ टूट पड़ा।

परन्तु कलेजे पर पत्थर रखकर थोड़े ही समय में माँ आर्यम्बा बालक शंकर की माता होने के साथ-साथ उसके पिता की भी भूमिका में आ गईं। पड़ोस की एक निर्धन स्त्री-चिनम्मा—जो पहले सुबह-शाम आर्यम्बा की सहायता हेतु सेवा में आया करती थी, अब शिवगुरु पंडित के देहावसान के बाद आर्यम्बा की स्थायी सेवा में रहने लगी।

आर्यम्बा घर को चिनम्मा की देख-रेख में खुला छोड़कर अपनी ज़मीनों पर कार्य कर रहे असामियों से मिलने, अपनी धान और नारियल की फसलों का हिसाब-किताब करने उधर भी चली जातीं। यद्यपि घर की सफाई, भोजन बनाने, उसके लिए नदी से स्वच्छ जल लाने का कार्य आर्यम्बा स्वयं ही करती थीं। परन्तु चिनम्मा सूप पछोरने, चक्की पीसने, बर्तन माँजने और गउओं की देखभाल में आर्यम्बा की विशेष सहायता करती। चिनम्मा ही आर्यम्बा की सेविका थी और उनकी सहेली भी जिससे आर्यम्बा अपने मन की हर बात कहकर हल्की हो लेती थीं।

घर के बाहर आर्यम्बा विशिष्टा देवी के नाम से विख्यात थीं और घर में वह आर्यम्बा के नाम से ही जानी जातीं। यहाँ तक कि यदि कोई अजनबी गाँव में शंकर से उनके नाम के बाद, उनकी माता-पिता का नाम पूछता तो वे उसे अपनी माता का नाम आर्यम्बा ही बताते। शंकर को इस नाम में माँ शब्द होने से उसमें अधिक आत्मीयता प्रतीत होती। घर की परिचारिका चिनम्मा में भी माँ शब्द अंतर्निहित था। शंकर उनका भी बहुत आदर करते। संयोग से चिनम्मा माता आर्यम्बा से लगभग दस वर्ष बड़ी थीं।

माँ आर्यम्बा ने पिता के पुस्तकालय में, वेद-वेदांग को छोड़कर, जितनी भी काव्य, कथा तथा अन्य ग्रंथों की पुस्तकें अथवा पोथियाँ थीं, सब बालक शंकर को पढ़ने को दीं। उन्हें अध्ययन के लिए निरंतर प्रोत्साहित किया।

शंकर प्रारंभ से ही एक अत्यंत आज्ञाकारी बालक थे। वे गृहकार्य में भी माता का अनेक बार हाथ बँटाते। अपने वस्त्र स्वयं धोते और घर के सभी धुले वस्त्रों को धूप में सुखाने को रस्सी पर डालते, कोई श्लोक आदि गुनगुनाते।

शंकर पहले पिता के पाँव दबाने की चेष्टा खेल-खेल में छुटपन से ही अक्सर करते थे। अब पिता के न रहने पर सोते समय माता के पाँव दबाते।

आर्यम्बा पुत्र से पूछतीं—''तू सारा समय घर में ही क्यों रहता है? बाहर दूसरे लड़कों के साथ खेलने क्यों नहीं जाता?''

शंकर कहते—''गया तो था माँ एक-दो बार। पर मेरा मन नहीं लगा उनके साथ।''

''क्यों बेटा?''

''सब के सब नटखट और चंचल हैं। उनके पास लगता है जैसे समय ही समय है।''

''अच्छा!... तो क्या तेरे पास समय का अभाव है?''

''बिल्कुल माँ! इतना ज्ञान भरा पड़ा है हमारी पुस्तकों में कि जिसके लिए एक ही जीवन पर्याप्त नहीं... और एक यहाँ के लड़के हैं, जिन्हें विद्या से मानो कुछ लेना-देना नहीं।''

''पर बेटा!... शरीर को स्वस्थ रखने के लिए खेल और व्यायाम भी तो आवश्यक है?''

इसपर शंकर हँस पड़े और लेटी हुई माता से कहने लगे—

''शरीर का क्या? शरीर तो नाशवान है। उसकी जगह हमें अपनी आत्मचेतना पर अधिक ध्यान देना चाहिए। जो आया है उसे एक दिन जाना है। इसलिए हमें अपनी आत्मा और परमेश्वर के मध्य जो संबंध है उसका चिंतन करना चाहिए।''

—यह सुनकर उस दिन माँ आर्यम्बा उठकर बैठ गईं। उन्होंने शंकर को अपने अंक में भर लिया। उनके नेत्र सजल हो आए। बोलीं—''कैसी बातें करता है इतनी छोटी-सी उम्र में मेरा बच्चा। अभी केवल 5 वर्ष का होने को आया और इसकी भाषा तो देखो कोई... ऋषि-मुनियों जैसी। अब लगता है तेरा उपनयन कराकर शीघ्र तुझे गुरुकुल भेजना ही पड़ेगा।... गुरुकुल में रहेगा तो सहपाठियों के साथ खेले-कूदेगा भी और विद्यार्जन करेगा ही।... चल शंकर तब तुझे गाँव के नटखट लड़कों से भी छुट्टी मिल जाएगी।'

3

गुरुकुल

जब बालक शंकर पाँच वर्ष के हुए तो उनका उपनयन संस्कार माँ आर्यम्बा ने ही करवाया। फिर उन्हें गुरुकुल में ले जाकर माता ने ही प्रवेश दिलवाया। गुरुकुल गाँव से चार कोस दूर एक जंगल में सरोवर के निकट स्थित था। वृक्षों की छाँव में घास-फूस की झोपड़ियों वाला गुरुकुल। वृक्षों के नीचे टाट-पट्टियों पर बैठकर विद्यार्थियों द्वारा शिक्षा ग्रहण करने वाला गुरुकुल। एक नियमित अनुशासित दिनचर्या वाला गुरुकुल। जहाँ गुरुजन और उनकी पत्नियाँ ही छात्रों के माता-पिता और संरक्षक होते। आस-पास के ग्रामों से भिक्षा माँगकर लाना, जंगल से लकड़ियाँ और औषधियाँ जुटाना, मनोयोग से ब्रह्मचर्य का पालन करते हुए शिक्षा ग्रहण करना ही गुरुकुल के छात्रों के प्राथमिक कर्त्तव्य थे।

शंकर जिस गुरुकुल में पढ़ने गए वहाँ के प्रधान आचार्य माधवाचार्य जी थे। वे एक सुविख्यात विद्वान थे। स्थानीय मलयालम भाषा की नव-विकसित व्याकरण और संस्कृत साहित्य के प्राचीन ग्रन्थों के अच्छे ज्ञाता थे। उनका वेदों और शास्त्रों का अध्ययन उच्चकोटि का था।

मलयालम भाषा में तो तब तक कोई विशेष साहित्य नहीं रचा गया था। भाषा अपने देशज रूप में थी। धीरे-धीरे संस्कृत के सम्पर्क में आकर परिष्कृत हो रही थी। केवल मलयालम की व्याकरण और लिपि के अच्छे जानकार तब थोड़ी बहुत काव्य रचना अथवा तुकबंदी कर लेते थे। मातृ भाषा को सँवारने का काम चल रहा था।

भाषाविदों में इस बात को लेकर थोड़ा मतभेद था। कुछ का कहना था कि मलयालम द्रविड़ भाषा परिवार की प्राचीन भाषा तमिल का ही एक स्थानीय रूप है। जबकि अनेक केरलवासियों का मानना था कि मलयालम उनकी अपनी मातृभाषा है जो उन्हें अपने पूर्वजों से लगभग एक हज़ार वर्ष से कुछ शताब्दियों पूर्व मिली है और यह उनकी मूल भाषा है।

संस्कृत उत्तर से दक्षिण तक और पूरब से पश्चिम तक सम्पूर्ण भारतवर्ष को जोड़ने वाली केंद्रीय सम्पर्क भाषा थी। उसका साहित्य पर्याप्त समृद्ध था। अतएव उसकी शिक्षा-दीक्षा उन दिनों अनिवार्य थी।

अब इस संस्कृत, मलयालम और तमिल के झगड़े में सबसे अधिक उस गुरुकुल में यदि कोई पिस रहा था तो वह था—मोटी बुद्धि का एक छात्र—उद्भ्रांत। वह गुरुकुल में दाखिले के बाद से विगत चार वर्षों से पहली कक्षा में ही लटक रहा था। कारण कि संस्कृत व्याकरण में बेहद कमज़ोर था। उसमें उद्भ्रांत लगातार चार वर्षों से अनुत्तीर्ण हो रहा था। इसलिए पहली कक्षा में प्रवेश लेने वाले छात्र थोड़े दिनों में ही उद्भ्रांत का उपहास करने लगते थे। बढ़ती आयु का उद्भ्रांत जितना सहपाठियों से बचने का प्रयास करता वे उसे और अधिक छेड़ते। ऊपर की कक्षाओं में निकल गए छात्र उसे उपेक्षा अथवा सहानुभूति के भाव से देखते।...

वस्तुतः उन दिनों प्रथम वर्ष में गुरुकुल के छात्रों को शिक्षक अक्षर ज्ञान कराते थे और संस्कृत तथा मलयालम भाषाओं की व्याकरण पढ़ाते थे।

दूसरे वर्ष से गणित की गणना सिखाई जाने लगती और रामायण, महाभारत, महाकाव्य और कुछ पुराण कथाएं पढ़ाई जातीं। उनमें सनातन सभ्यता का इतिहास था।

उसके बाद तीसरे, चौथे और पाँचवें वर्ष क्रमशः चारों वेद पढ़ाए जाते, योगाभ्यास कराया जाता। उसके बाद अन्य उच्च कक्षाओं में वेदों के आगे के शास्त्र—ब्राहमण, आरण्यक, उपनिषद् .... ज्योतिष और विज्ञान आदि की उच्च शिक्षा दी जाती।...

जब पाँच वर्ष के बालक शंकर गुरुकुल में प्रविष्ट हुए तो रामायण, महाभारत, भागवत पुराणादि उन्हें पूर्व से कण्ठस्थ थे। परन्तु माँ आर्यम्बा ने इस बात की कोई चर्चा प्रधानाचार्य माधव जी से नहीं की। वे चाहती थीं कि गुरुवर स्वयं अपने शिष्य का मूल्यांकन करें। वे उन्हें कक्षा प्रथम में प्रवेश दिलाकर चली गईं।

ब्रह्मचारी शंकर कक्षा प्रथम में शांतिपूर्वक बैठे। जब सभी बालकों को अक्षरज्ञान कराया गया, उन्होंने भी वर्णमाला के अक्षरों को दोहराया। अगले दिन अन्य छात्रों ने

अटक-अटक कर वर्णमाला पढ़ी। जबकि शंकर प्रथम अक्षर से ही अंतिम अक्षर तक सम्पूर्ण वर्णमाला फर्राटे के साथ बोल गए। अब कक्षा गुरु आचार्य कृष्णनकुट्टी का उनकी ओर ध्यानाकर्षण होना स्वाभाविक था। फिर उन्होंने व्याकरण संबंधी कुछ प्रश्न शंकर से पूछे। शंकर ने पूर्ण आत्मविश्वास और स्पष्टता के साथ उनके भी उत्तर दिए।

तीसरे दिन आचार्य कृष्णनकुट्टी अपनी प्रथम कक्षा की पाठशाला से प्रधानाचार्य जी के पास बालक शंकर को लेकर गए। उनको देखकर माधवाचार्य जी ने शंकर से कहा—"तुम्हारे बारे में सूचना मिली है कि तुम व्याकरण में मलयालम और संस्कृत दोनों में अग्रणी हो। कदाचित् रामायण और महाभारत भी तुम्हें कण्ठस्थ हैं। क्या यह सत्य है?"

शंकर ने कहा—"गुरुदेव! यह मैं कैसे कहूँ। यदि आप कुछ पूछें तो मैं यथामति उत्तर देने को प्रस्तुत हूँ।"

इस पर प्रधानाचार्य माधव जी ने नव-छात्र शंकर की परीक्षा का विचार किया। उन्होंने उनसे कहा कि—"क्या तुमने वाल्मीकि रामायण पूरी पढ़ी है।"

"जी गुरुदेव"—कहकर शंकर ने सिर हिलाया।

"उसके प्रसंग और श्लोक तुम्हें याद हैं?"

शंकर ने स्वीकारोक्ति में दोनों हाथ जोड़कर सिर हिलाया। बोले—"आप जो आज्ञा दें।"

माधवाचार्य ने कहा "जब श्रीरामचंद्र जी से सुग्रीव की प्रथम भेंट होती है तब सुग्रीव ने मित्रता के विषय में उनसे क्या कहा था?"

हाथ जोड़ गुरु सन्मुख खड़े शंकर ने कुछ पल के लिए अपने नेत्र मूँदें। उनके होंठ किंचित फड़फड़ाए। मानों किसी श्लोक को स्मरण कर बुदबुदा रहे हों। पुनः उसी मुद्रा में बालक शंकर ने गुरु के समक्ष अपने नेत्र धीरे से खोले और कहने लगे—

"किष्किन्धा काण्ड के अष्टम सर्ग के प्रारंभ में ही कहा गया है—

परितुष्टस्तु सुग्रीवस्तेन वाक्येन वानरः।
लक्ष्मणस्याग्रतो रामामिंद वचनमब्रवीत।।

अर्थात् श्रीरामचंद्र जी के वचनों से सन्तुष्ट होकर, वानर सुग्रीव ने लक्ष्मण के ज्येष्ठ भ्राता श्रीरामचंद्र से यह कहा—

"जब आप जैसे सर्वगुण सम्पन्न मेरे मित्र हो चुके तब मैं देवताओं का भी सब प्रकार से कृपा पात्र बन चुका।..."

शंकर आगे धाराप्रवाह बोलते गए—

सुग्रीव ने कहा कि—"हे राम! आपकी सहायता से तो मैं स्वर्ग का राज्य भी प्राप्त कर सकता हूँ। इस राज्य की गिनती ही क्या है?"...

शंकर क्रमशः श्लोक पर श्लोक बोलते गए। बीच-बीच में उनका अर्थ भी कहते गए। गुरु माधवाचार्य अवाक् उनका तेजोमय ललाट देखते रहे। अपलक। अभिभूत-से।

कहते-कहते शंकर ने उक्त प्रसंग का आठवाँ और नवाँ श्लोक भी सुभाषित किया। अर्थ कहते हुए कि—"चाहे धनी हो चाहे निर्धन, चाहे दुःखी हो चाहे सुखी, चाहे निर्दोष हो चाहे सदोष—मित्र, मित्र ही है।"

सुग्रीव ने कहा कि—"जो लोग आपस के स्नेह को ही देखते हैं उनके लिए अपने मित्र के पीछे धन का त्याग, सुख का त्याग अथवा देश तक का त्याग कोई बड़ी बात नहीं।"

गुरु माधवाचार्य रोमांचित हो उठे—"आ हा हा... वत्स शंकर! तुमने तो मन प्रसन्न कर दिया। इस अंतिम श्लोक को एक बार फिर से तो कहो।"

शंकर ने गुरुदेव के आगे बढ़कर चरण स्पर्श किए और हाथ जोड़कर पुनः बोले—

धनत्यागः सुखत्यागो देहत्यागोऽपि वा पुनः।
वयस्यार्थे प्रवर्तन्ते स्नेहं दृष्टवा तथाविधम।।

—शंकर इस समय बिल्कुल अपने पिता स्वर्गीय शिवगुरु की भाँति उन्हीं की तरह श्लोक को लयबद्ध ढंग से शब्द-शब्द प्रकट कर रहे थे। उनकी सुरीली वाणी श्रोता के कानों को बहुत सुख देती थी।

गुरु माधवाचार्य का मन हुआ कि वे उठकर इस अलौकिक-से बालक को अपने हृदय से लगा लें। परन्तु अपने मन की पूर्ण संतुष्टि के लिए उन्होंने स्वयं को संयत कर लिया। अभी इस अद्‌भुत शिष्य की एक परीक्षा और। माधवाचार्य जी शंकर से बोले—

"मुझे तनिक 'महाभारत' का भी एक-आध प्रसंग सुनाओ। प्रातः स्मरणीय व्यास जी महाराज द्वारा रचित इस महाकाव्य में एक जगह कहा गया है कि—महाभारत एक ऐसा ग्रंथ है कि संसार के जो भी विषय हैं वे इसमें समाहित है। जो इसमें नहीं है वे अन्य स्थानों पर भी नहीं मिलते।"

"जी गुरुदेव!—"कहकर शंकर ने पुनः सिर हिलाया सहमति में।

"वह कथन महाभारत में कहाँ मिलता है?"

"महाभारत के 'स्वर्गारोहण पर्व' में। यह इस प्रकार कहा गया है—

धर्मेचार्थे च कामे च मोक्षे च भरतर्षभ।
यदिहास्ति तदन्यत्र यन्नेहास्ति न तत्क्वचित्।।

अर्थात्—धर्म, अर्थ, काम एवं मोक्ष से सम्बन्धित भिन्न-भिन्न विषयों का समावेश 'महाभारत' में हुआ है, वे ही विषय अन्य ग्रंथों में प्राप्त होते हैं, और जो विषय इसमें नहीं हैं वे अन्यत्र भी उपलब्ध नहीं होते।"

“बहुत सुंदर... वत्स शंकर। ये बताओ कि स्वर्गारोहण पर्व महाभारत में कहाँ आया है?”

“एकदम अंत में गुरुदेव !... यह उसका अट्ठारवाँ पर्व है। कुल अट्ठारह पर्वों अर्थात खण्डों का महाग्रंथ है महाभारत महाकाव्य।”

“कौन-कौन से 18 पर्व हैं इसमें?”

“आदि पर्व, सभा पर्व, वन पर्व, विराट पर्व, उद्योग पर्व, भीष्म पर्व, द्रोण पर्व, कर्ण पर्व, शल्य पर्व, सौप्तिक पर्व, स्त्री पर्व, शांति पर्व, अनुशासन पर्व, अश्वमेध पर्व, आश्रमवासिक पर्व, मौषल पर्व, महाप्रस्थानिक पर्व तथा स्वर्गारोहण पर्व।”

“इनमें से अर्जुन-पुत्र अभिमन्यु की वीरता और चक्रव्यूह का प्रसंग किस पर्व में वर्णित है?”

“द्रोण पर्व में...” कहते हुए शंकर की आँखों में एक अतिरिक्त चमक आई। उसे अपने पिता शिवगुरु पंडित की याद अकस्मात् हो आई। बोले—“मेरे पिताश्री वीर अभिमन्यु की कथा और उस पर एक बहुत रोमांचक बात कहते थे। आज्ञा दें तो कहूँ गुरुदेव !”

माधवाचार्य सम्मोहन की-सी दशा में बोले—“कहो-कहो वत्स!”

शंकर कहने लगे—“पिता जी कहते थे—पाण्डवों में श्रेष्ठतम महारथी धनुर्धर अर्जुन और उनके महान सारथी भगवान श्रीकृष्ण के कुरुक्षेत्र के मैदान से त्रिगर्तों की शत्रु सेना के पीछे बहुत दूर तक चले जाने पर कौरवाधिपति दुर्योधन ने अठारह दिवसीय महायुद्ध के उस दिवस के अपने सेनापति द्रोणाचार्य से कहकर महा दुर्जेय चक्रव्यूह की रचना कुरुक्षेत्र में करवाई।...

दुर्योधन पाण्डव प्रमुख युधिष्ठिर को बंदी बनाकर महाभारत के अवशेष युद्ध को जीतना चाहता था, जिसमें वह विगत दिवस असफल रहा था। पाण्डवों की सेनाएं कौरवों पर भारी पड़ रही थीं। पितामह भीष्म को अर्जुन ने धराशायी कर शरशैय्या पर आसीन कर दिया था। सहस्त्रों अन्य महारथी, शूरवीर और लाखों सैनिक अब तक उस महायुद्ध में हताहत हो चुके थे।

ऐसे में अर्जुन और श्रीकृष्ण की अनुपस्थिति में कौरव पक्ष ने कूटनीति कर उस चक्रव्यूह की रचना कुरुक्षेत्र में एक दुर्निवार रणनीति के अंतर्गत की थी। उस सैन्य चक्रव्यूह, जिसमें सेनाएं एक खुले मुख वाले द्वार के बाद गोल-गोल घूमता हुआ घेरा बनाकर दोनों ओर से सैनिकों से घिरा एक कुंडलीयुक्त मार्ग बनाकर सात-द्वारों का क्रमशः एक व्यूह रचा जाता है और शत्रु सेना को उसमें घुसकर युद्ध करने की चुनौती दी जाती। जिसमें एक बार फँस कर बाहर आ पाना असंभव प्रायः होता।...

चक्रव्यूह को भेदकर बाहर आने का ज्ञान गुरु द्रोणाचार्य ने अपने शिष्यों में अर्जुन के सिवा किसी को नहीं दिया था। अतः अर्जुन के सिवा युधिष्ठिर, भीम, नकुल, सहदेव

कोई भी पाण्डव चक्रव्यूह के विषय में किंचित मात्र ज्ञान नहीं रखता था। मात्र अर्जुन-सुभद्रा का पुत्र अभिमन्यु ही चक्रव्यूह के भेदन का रहस्य जानता था जो उसने अपनी माता के गर्भ में रहते सुना था। वह भी छः द्वारों को भेदने तक। एक बार जब अभिमन्यु को जन्म देने हेतु माता सुभद्रा प्रसव-पीड़िता थीं और अर्जुन उनका कष्ट हरने को उन्हें युद्ध कौशलों में चक्रव्यूह भेदन रहस्य को कथारूप में सुनाने लगे थे।...

अभिमन्यु ने वह कथा छः द्वारों के भेदे जाने की युक्तियों तक गर्भ में रहते सुनी थी। उसके बाद उसका जन्म हो गया और वह सप्तम-द्वार को भेदने के रहस्य को जानने से वंचित रह गया था। यह बात अभिमन्यु ने अपने चिंतामग्न चारों काकाओं को बताई और चक्रव्यूह के युद्ध हेतु पिता अर्जुन की जगह स्वयं को प्रस्तुत किया।...

कौरवों की चुनौती स्वीकार कर उस दिन वीर बालक अभिमन्यु को उसके काकाओं ने पाण्डव सेना का नेतृत्व सौंपा। कहा कि तुम आगे-आगे बढ़कर चक्रव्यूह के द्वार ध्वस्त करोगे। हम तुम्हारे पीछे चलकर शत्रुओं का सामना करेंगे। सब मिलकर अंतिम सातवाँ द्वार भी विजय करेंगे।...

तब अभिमन्यु को आगे कर युधिष्ठिर, भीम, नकुल, सहदेव और उनके सहयोगी योद्धा—सात्यकि, धृष्टद्युम्न आदि कुरुक्षेत्र के मैदान में अपने शिविरों से निकलकर उस अबूझ और विशाल सैन्य व्यूह रचना-चक्रव्यूह-के निकट गए जिसका कोई मुँह या कोई ओर-छोर स्पष्ट नहीं था।...

बड़े-बड़े पाण्डव वीर उस व्यूह को देखकर स्तब्ध रह गए। कहाँ द्वार है, कैसे भीतर जाना, किस प्रकार लड़ना होगा? किसी की बुद्धि में नहीं सूझा। बालक अभिमन्यु ने ज्येष्ठ काका भीम से कहा कि ''तैयार रहिए आप सब। वह देखिये वह रहा चक्रव्यूह का पहला द्वार। द्वार पर द्वाररक्षक महारथी जयद्रथ है। मैं भेदन करता हूँ। मेरे साथ आइये।''...

कहते-कहते वीर अभिमन्यु ने जयद्रथ को लक्ष्य कर कई तीर मारे और उनके संभलते-संभलते अभिमन्यु का सारथी चक्रव्यूह के भीतर अभिमन्यु के रथ को प्रवेश करा ले गया।...

भीम का रथ अभिमन्यु के रथ के ठीक पीछे था। पर वह प्रथम द्वार के भीतर प्रविष्ट न हो सका। उसके आने तक जयद्रथ ने संभलकर उसे और अन्य पाण्डवादि शूरवीरों को वहीं रोक लिया। वह उनसे युद्ध करने लगा। जयद्रथ के सामने किसी की एक न चली और पाण्डव पक्ष का कोई योद्धा या सैनिक आगे जा न सका। अभिमन्यु अपने रथ पर आरूढ़ अपने सारथी सहित अकेला ही चक्रव्यूह के भीतर घोड़े दौड़ाता प्रविष्ट हो गया।...

अभिमन्यु अपने उत्कृष्ट रणकौशल से एक-एक कर दूसरा, तीसरा और चौथा द्वार भेदता चला गया। प्रथम द्वार पर वह जयद्रथ को हतप्रभ कर चकमा दे ही आया था। आगे के प्रत्येक द्वार पर एक से एक महारथी सन्नद्ध थे। दूसरे द्वार पर सेनानायक आचार्य द्रोण स्वयं। तीसरे द्वार पर महावीर कर्ण और चौथे द्वार पर द्रोण-पुत्र अश्वत्थामा मोर्चा संभाले थे।...

अभिमन्यु ने सभी को एक-एक कर हतप्रभ और आहत कर स्वयं को आगे बढ़ते देने के लिए विवश कर दिया। अभिमन्यु चौथा द्वार भी भेदकर आगे बढ़ गया।

कौरव दल में अभिमन्यु की वीरता देखकर हाहाकार मच गया। तब दुर्योधन और दुःशासन कर्ण को लेकर गुरु द्रोण के पास गए। उनसे मंत्रणा की कि अभिमन्यु की शूरवीरता के समक्ष कोई एक महारथी अथवा धुनर्धर अकेला टिक नहीं सकता। अतः समस्त सातों महारथियों द्वारा इसे घेरकर मारा जाए। अन्यथा इसके बचकर निकल जाने पर कौरव पक्ष के मनोबल की भारी हानि होगी।...

उसके बाद प्रथम द्वार पर जयद्रथ को लड़ता छोड़, अन्य सभी महारथी अपने द्वार छोड़ सातवें द्वार की ओर बढ़े और उन्होंने अभिमन्यु को घेर लिया। अभिमन्यु को घेरने की सलाह कर्ण ने दी थी, जिसे शेष महारथियों ने स्वीकारा था। नैतिक मानदण्ड उस समय उस महायुद्ध में एक बार पुनः आले पर रख दिए गए थे।...

तदनुसार सभी द्वारों के रथी सातवें द्वार पर आकर एकत्र हुए। उन्होंने वहीं पर अभिमन्यु को घेरा। परिस्थिति विषम देखकर अभिमन्यु के अनुभवी सारथी ने उसे सलाह दी कि—''कुमार !... यह अब अन्याय-युद्ध प्रारंभ हो गया है। द्रोण, कर्ण, अश्वत्थामा जैसे संसार-प्रसिद्ध धनुर्धर दुर्योधन सहित तुम्हारे विरुद्ध आज एकजुट हो अन्याय करने को तुल गए हैं। यह युद्ध अब तुम्हें नहीं लड़ना चाहिए।... उचित होगा कि कल तुम अपने पिता धनुर्धर अर्जुन के साथ आओ तब ये कायर कौरव उचित शिक्षा पाएंगे। मुझे आदेश दो कि मैं जिस मार्ग से आया हूँ वह मार्ग पहचानता हूँ। तुम्हारी आज्ञा मिलते ही मैं वायुवेग से इस रथ को वापस उड़ा ले चलूँगा। आज सातवाँ द्वार रहने दो।''...

तब वीर अभिमन्यु ने कहा—''मैं लौटकर अपनी माता से क्या कहूँगा?... नहीं कदापि नहीं... सारथी मेरा रथ पीछे न हटाना। मैं इन नीच शत्रुओं को पीठ न दिखाऊँगा। उन्हें कभी न भूलने वाले शौर्य का पाठ पढ़ाऊँगा। सन्मुख समर में प्राण दूँगा। इससे बड़ी भाग्यशाली बात और क्या होगी? यह निश्चय है कि इस युद्ध के वर्णन के लिए इस समय हमारे पक्ष का कोई भी हमारे साथ नहीं है। यह भी निश्चय है कि मैं और तुम कुछ काल बाद दोनों नहीं रहेंगे। परन्तु ये सूर्यदेव साक्षी हैं। साक्षी है ये आकाश, वायु, युग और ये कायर कौरव भी... हे सारथी! सत्य सैकड़ों मुखों से ध्वनित होगा। उसे कोई रोक नहीं सकता। तुम अश्वों की वल्गा संभालो और हमारे रथ को

शत्रुओं के सन्मुख चक्र की तरह घुमाओ। ये सप्तरथी आज इस पार्थ-पुत्र का भी समर देख लें।''

इसके बाद अभिमन्यु ने अकेले साठ महारथियों से विकट संग्राम किया और अन्त में सर्वोच्च प्राणोत्सर्ग कर सुभद्रा-नन्दन ने महाभारत में इतिहास रचा। अभिमन्यु ने सिखाया कि किसी अभियान में एक बार आगे बढ़ने पर पाँव पीछे खींचना राष्ट्रघाती होता है। हमें इस जीवन में अपनी भूमिका पूर्ण निष्ठा और दृढ़ संकल्प के साथ निभानी है। उसके आगे के कर्त्तव्यों का निष्पादन हमारे उत्तराधिकारियों का दायित्व है।–यही कहते थे मेरे पूज्य पिताश्री।''

–ऐसा कह शिष्य शंकर ने गुरु माधवाचार्य के सन्मुख यह प्रसंग और अपनी बात समाप्त की। तब माधवाचार्य ने शंकर के सिर पर हाथ फेरा और उठकर उन्हें अपने हृदय से लगा लिया। कक्षा-प्रथम के आचार्य कृषणनकुट्टी भी इन अभूतपूर्व पलों के एक विस्मित-साक्षी थे।

4
अतिथि आचार्य

अगले दिन सुबह-सुबह ही आचार्य कृष्णनकुट्टी को अपने एक सम्बन्धी से समाचार मिला कि उनकी माता का देहान्त हो गया है। वे प्रधान आचार्य माधव जी से दो सप्ताह का अवकाश लेकर तत्काल अपने गाँव-गृह को रवाना हो गए।

उधर कृष्णनकुट्टी गुरुकुल से क्या गए कि इधर उसी दिन उनकी कक्षा में हंगामा हो गया। कक्षा के कुछ उद्दंड छात्रों ने बड़ी आयु वाले छात्र उद्भ्रांत को छेड़ दिया। ऊँचे कद का अन्य छात्रों से आयु में छः-सात वर्ष बड़ा उद्भ्रांत दाँत पीसते हुए पूरी कक्षा में चीज़ें उलट-पुलट करने लगा। शंकर ने क्रोधोन्मत्त उद्भ्रांत को समझाना चाहा, परंतु उसके सिर पर तो जैसे भूत सवार था। उसने अनेक छात्रों की पठन-सामग्री इधर से उधर फेंक दी। टाट-पट्टियाँ उलट दीं। उस विद्यार्थी की लेखन-पट्टिका भी उठाकर धरती पर पटक दी जिसने उस पर 'एक गधे का सिर' बनाकर उसके नीचे ''उद्भ्रांत का नाम'' लिख दिया था और जो कक्षा-आचार्य की अनुपस्थिति में उसे अन्य सहपाठियों को दिखा-दिखाकर सबको हँसा रहा था। लेखन-पट्टिका के पटके जाने से वह टूट कर कई टुकड़ों में बिखर गई थी। तब वह उद्दंड विद्यार्थी विजयन छोटा होने के बावजूद उद्भ्रांत से भिड़ गया।

उद्भ्रांत ने तब उस लड़के को उठाकर इस तरह हवा में उछाल कर दीवाल पर दे मारा जैसे कोई सांड किसी खरगोश को सींग से उछाल कर दूर पटक दे। तब कक्षा

में सहपाठी उत्तेजित होकर इतना शोर करने लगे कि माधवाचार्य जी को स्वयं आना पड़ा। सदैव शांत रहने वाले माधवाचार्य अपने साथ कान पकड़ कर उद्भ्रांत और उस पिटने वाले लड़के विजयन दोनों को ले गए। कक्षा में तब काफ़ी देर तक नीरवता छा गई। कुछ देर बाद वह पिटा हुआ लड़का विजयन कक्षा में वापस आ गया। विजयन ने सहपाठियों को बताया कि उद्भ्रांत की कुटाई चल रही है। प्राचार्य जी ने इस शुभकार्य का दायित्व आचार्य ध्यानी जी, गणिताचार्य को सौंपा है। दे संटी... दे संटी...

मध्यांतर में माधवाचार्य जी ने शंकर को बुलाया। उससे प्रेमपूर्वक कहा कि—"वत्स! यद्यपि कक्षा-प्रथम तुम्हारे योग्य नहीं है। कक्षा-द्वितीय से भी आगे तुम्हारी प्रोन्नति होनी चाहिए। परन्तु दुःखद समाचार यह है कि तुम्हारे आचार्य कृष्णनकुट्टी जी की माताश्री का स्वर्गवास हो गया है। अब वे दो सप्ताह से पूर्व गुरुकुल लौट न सकेंगे। अतः तुम्हें एक दायित्व सौपना चाहता हूँ।"

शंकर ने कहा—"आज्ञा दें गुरुदेव।"

"आचार्य जी के लौटने तक तुम कक्षा-प्रथम को पढ़ाओ। एक अतिथि-आचार्य की भाँति।... अगले माह तुम्हें कक्षा-तृतीय में प्रोन्नत करके मुझे बहुत प्रसन्नता होगी।"

"ठीक है पूज्य गुरुवर।"

कहकर बालक शंकर कक्षा में चले गए। पीछे से गुरुवर माधवाचार्य ने आकर सभी छात्रों के सन्मुख घोषणा की—"शिवगुरु नन्दन शंकर आज से अगले आदेश तक तुम्हारे कक्षा-गुरु होंगे।"

शंकर ने सभी सहपाठियों को संस्कृत व्याकरण पढ़ानी शुरु की। सारे छात्र कुछ ही देर में शंकर के पढ़ाने के तरीके और उनकी वाणी के सम्मोहन में ऐसे डूब गए जैसे जलपात्र में शर्करा के कण घुल-मिल कर अपने अस्तित्व को विलीन कर देते हैं। वही व्याकरण जो आचार्य कृष्णनकुट्टी के द्वारा पढ़ाए जाने पर किसी दुर्गम पर्वत की चढ़ाई चढ़ने के समान लगती थी, शंकर आचार्य के श्रीमुख से सुनकर किसी समतल मार्ग पर आराम से चलने लायक घोड़ागाड़ी-सी प्रतीत होने लगी।

इस बीच शंकर को उस दिन उद्भ्रांत कहीं नहीं दिखा। वह दण्ड के लिए जब से ले जाया गया था, कक्षा में वापस नहीं लौटा था। गुरुकुल प्रांगण में भी वह कहीं दिख नहीं रहा था। छात्रावास में ढूँढा तो वहाँ भी नहीं मिला। शंकर को उसकी चिंता हो आई। वे गुरुकुल के मुख्य द्वार से उसे खोजने को निकल पड़े। सबसे पहले उनका मन किया कि उद्भ्रांत को चलकर निकट के सरोवर की ओर खोजें।

शंकर का अनुमान सही निकला। सरोवर के पूर्वी छोर पर नारियल वृक्षों के झुरमुट में घुटनों में मुँह दिए उद्भ्रांत उनको एकाकी बैठा हुआ मिल गया। उस धुर एकांत

में सरोवर के किनारे छिछले जल में टहलने वाले बगुलों के अतिरिक्त आस-पास कोई भी मनुष्य या अन्य जीव उन्हें नहीं दिखा।

शंकर उद्भ्रांत के निकट गए। उसके कंधे पर हाथ रखा। उद्भ्रांत ने मुँह उठाया तो उसे दिखा कि आँसू उसके दोनों गालों पर बहकर सूख चले थे। शंकर ने कहा—''मित्र!... इस तरह दुःखी नहीं होते। आओ मेरे साथ चलो।''

उद्भ्रांत को सान्त्वना देने के लिए शंकर ने उसकी दोनों हथेलियों को अपने हाथों में लिया। उसके दोनों करतल सूजे हुए थे। शंकर ने उद्भ्रांत की हथेलियाँ सहलाईं। शंकर की आत्मीयता पाकर वह अनाथ बालक पुनः रो पड़ा।

शंकर को उस दिन उद्भ्रांत की कहानी पता चल गई। उसके माता-पिता एक नौका दुर्घटना में तीन वर्ष पूर्व डूब गए थे। अब वह अपने मामा-मामी के संरक्षण में पल रहा था। गुरुकुल से उसे उसके संरक्षकों ने अलग नहीं किया था। उसके माता-पिता के केले के अनेक उद्यान अब मामा के कब्ज़े में थे। उनका कहना था कि वह पढ़े। घर की चिंता छोड़े। संस्कृत व्याकरण किंतु उद्भ्रांत के 'गले की फाँस' बनी हुई उसे अपमान के घूँट के घूँट पिलवा रही थी।

उद्भ्रांत को शंकर ने मित्रवत आश्वासन दिया कि वह उसे अलग से व्याकरण का अध्ययन कराएंगे। इसके बाद उसे और अधिक कठिन समय नहीं देखना पड़ेगा। अब कक्षा-प्रथम के आचार्य शंकर समस्त सहपाठियों को कक्षा में सहजता और सुयोग्यता से पढ़ाकर आनंदित करते और अपने विशिष्ट मित्र उद्भ्रांत को सांयकाल अलग से व्याकरण पढ़ाते और रामायण, महाभारत की कथाएं भी सुनाते।

इस तरह एक मेधावी प्रतिभा एक पिछड़े विद्यार्थी को वर्तमान कक्षा के साथ-साथ अगली कक्षा के लिए भी तैयार करने को उसके कल्याणार्थ अनन्य भाव से जुट गई थी।

डूबते को तो तिनके का ही सहारा पर्याप्त कहा जाता है। उद्भ्रांत के लिए तो शंकर उनसे बाढ़ में किसी तारक-गुरु के रूप में आन मिले थे। यह उसके लिए भाग्योदय का ही नहीं एक परम मोक्षकारक अवसर जैसा था। कमज़ोर छात्र उद्भ्रांत जिस विद्या को पूरे चार वर्ष घिसट-घिसट कर भी नहीं सीख पाया उसमें वह एक माह के भीतर ही प्रवीण हो गया। उधर प्रखरतम बुद्धिमान शंकर ने, तीन वर्ष में ही कक्षा एक से लेकर पाँच तक की छलांग लगाई। चारों वेद जिन्हें पढ़ने में और आत्मसात करने में व्यक्ति का सारा जीवन लग जाता है, उन्हें तीन वर्ष की अवधि में ही शंकर हृदयंगम कर गए। माधवाचार्य और गुरुकुल के अन्य समस्त आचार्य तथा छात्र शंकर की अद्वितीय स्मरणशक्ति, मेधा और विद्वता के आगे दंग थे। अनेक अवसरों पर गुरुकुल के विशेष सत्रों में कभी ऋग्वेद, कभी यजुर्वेद, कभी सामवेद तो कभी अथर्ववेद

पर सभी कक्षाओं को एक-साथ बैठाकर वाद-विवाद कराया जाता। शंकर सबसे आगे होते।

कभी शंकर का व्याख्यान भी विशेषाकर्षण के लिए सत्रान्त में रखा जाता जिसे सुनकर पूरा गुरुकुल परिसर चमत्कृत हो जाता।

वेदों की ऋचाओं का शंकर सस्वर पाठ करते ही। फिर उनका ऐसा सुललित भावार्थ बताते कि छात्रों को वेदों की महिमा का वास्तविक बोध होता। इतना ही नहीं हमारे ऋषि-मुनियों द्वारा सहस्त्रों वर्षों से सौंपी गई उस समृद्ध ज्ञान-निधि पर सभी को गर्व हो आता।

शंकर कुछ मुट्ठी भर छात्रों की ईर्ष्या का पात्र थे, तो अधिकांश सहपाठियों के लिए श्रद्धा का विषय। शीघ्र ही शंकर के वेद-शास्त्रों के ज्ञान की ख्याति उस गुरुकुल से निकलकर आस-पास के ग्रामों में, अन्य गुरुकुलों में भी फैल गई। लोग उनका व्याख्यान सुनने माधवाचार्य जी के गुरुकुल में आने लगे।

शंकर जब आठ वर्ष के हुए उनका वेदाध्ययन पूर्ण हो गया। माधवाचार्य जी स्वयं शंकर को लेकर उनकी माता के घर आए। विशिष्टा देवी बालक शंकर के साथ गुरुकुल के प्रधानाचार्य को आया देख आशंकित हो उठीं। बोलीं—

''अरे पूज्यवर! आप? क्या मेरे शंकर से कोई भूल हुई?''

माधवाचार्य बोले—''अरे नहीं देवी! आप कैसी बात करती हैं। आपका शंकर तो लाखों में एक है। इसके समकक्ष मेधावी तो कोई मुझे दूर-दूर तक दृष्टिगत ही नहीं होता।...''

विशिष्टा देवी माधव पंडित को आसन देकर शीघ्रता से कुछ जलपान लाने भीतर चली गईं। शंकर भी उनके पीछे गए।

गाय का दूध, कुछ मिष्ठान्न और घर के बने नमकीन के साथ माता-पुत्र बाहर आए। शंकर ने एक लोटे में जल लेकर पहले द्वार के बाहर गुरुदेव के हाथ-पैर धुलाए। फिर उन्हें जलपान अर्पण किया गया।

जलपान उपरान्त पंडित माधवाचार्य ने विशिष्टा देवी से कहा—''शंकर की विद्यालय-स्तरीय शिक्षा तो इसने तीन वर्ष की अवधि में ही सम्पूर्ण कर ली। अब इसकी असाधारण मेधा को देखते हुए महाविद्यालयी अध्ययन के लिए इसे हमारे गुरुकुल में रखना इसके साथ अन्याय होगा।''

''क्या मतलब?''—विशिष्टा देवी ने आश्चर्य से माधवाचार्य जी को देखते हुए कहा।

वे मुस्कुराकर बोले—''मैंने अपने हिसाब से इसकी शिक्षा-दीक्षा सम्पन्न कर दी है। अब यह मेरी गुरु दक्षिणा का समय है।''

"अरे गुरुवर! ऐसा कैसे हो सकता है? अभी तो इसको वेदांगों की शिक्षा, फिर वेदान्त शिक्षा... वह सब भी तो मिलनी है?"

"शिक्षा अभी शेष है। परंतु शंकर ने ब्राह्मणों, आरण्यकों और कतिपय उपनिषदों की भी शिक्षा ग्रहण कर ली है .... समग्र वेदान्त के लिए बालक शंकर की शिक्षा हेतु मेरा गुरुकुल सक्षम नहीं है।"—माधवाचार्य अधीरता से बोल पड़े—"क्षमा करें देवी ! आप मेरे वचनों को अन्यथा न लें। आपका बालक जिस उच्चकोटि के ज्ञान का अधिकारी है उसका कोई प्रबंध मेरी शैक्षिक संस्था में तो क्या इस पूरे केरल में कहीं नहीं है।"

इसके बाद जब माधवाचार्य जी जाने को हुए तो विशिष्टा देवी ने कहा—"प्राचार्य जी !... आपका उपकार हम कैसे चुका सकते हैं? शंकर की गुरु दक्षिणा तो आपको स्वीकारनी ही होगी।"

"अवश्य देवी ! इस बालक ने मुझे अपने जीवन का सर्वाधिक सम्मान दिया है। इसके जैसा शिष्य पाकर हम सब धन्य हुए। मैंने एक ऐसी गौरवानुभूति का अनुभव किया है जो कदाचित् अब कभी दोबारा न हो। अतः एक ही अनुरोध आपसे मैं गुरु दक्षिणा हेतु करता हूँ।"

"वह क्या?"

"आप शंकर को वेदान्त की सर्वोच्च शिक्षा के लिए इस समय के सर्वोच्च वेदान्त-गुरु पूज्यवर गोविन्दपाद के आश्रम में भेज दीजिए। क्योंकि सम्पूर्ण भारत में इस ज्ञानमूर्ति बालक के साथ केवल वे ही न्याय कर सकते हैं।"

"कहाँ हैं गुरु गोविंदपाद? कहाँ स्थित है उनका आश्रम?"

माधवाचार्य बोले—"कालड़ी से उत्तर दिशा में नर्मदा नदी के तट पर जहाँ ओंकारेश्वर ज्योतिर्लिंग विराजमान है, उसी के सन्निकट।"

"वही द्वादश ज्योतिर्लिंगों में एक ज्योतिर्लिंग?" जो यहाँ से कोसों दूर है...—विशिष्टा देवी ने पूछा।

"आप सही समझीं। अद्वैत वेदान्त के गोलोकवासी सुविख्यात विद्वान गौड़पाद जी महाराज के सुयोग्यतम शिष्य गुरुवर गोविन्दपाद उसी ओंकारेश्वर में निवास कर रहे हैं। आज से नहीं कई शत वर्षों से। कोई-कोई तो कहता है कि उनकी आयु एक सहस्त्र वर्ष की है।..."

विशिष्टा देवी मौन हो गईं। गुरुकुल के प्राचार्य माधवाचार्य ने शिष्य शंकर को अंक में भेंटा। मोहवश उनके नेत्र भर आए। माँ विशिष्टा देवी को उन्होंने प्रणाम किया। विशिष्टा देवी ने अंजुरी भर स्वर्ण मुद्राएं आचार्य माधव को देनी चाहीं। उन्होंने लेने से इन्कार कर दिया। बहुत अनुनय-विनय करने पर उसमें से एक स्वर्ण मुद्रा उन्होंने उठाई और कहा कि—"इसे बस दान स्वरूप ग्रहण करता हूँ। गुरुकुल के पुस्तकालय पर इसे व्यय करूँगा। परन्तु मेरी वास्तविक गुरु दक्षिणा तो शंकर के उज्ज्वल भविष्य का मेरा वह एकमात्र प्रस्ताव ही है।"

कहकर माधवाचार्य चले गए। संध्या घिर आई थी। माँ आर्यम्बा संध्या वंदन की तैयारी हेतु भीतर पूजा गृह में चली गईं। शंकर भी द्वार बंद करने को उठे ही थे कि सामने से सहपाठी मित्र उद्‌भ्रांत को आते देखा।

"अरे मित्र तुम?—" शंकर आह्लाद से उछल पड़े।

उद्‌भ्रांत सीढ़ी चढ़ कर सहन में आया। कहने लगा—"तेरा पीछा तो मैं गुरुकुल से निकलते ही करने लगा था शंकर। परन्तु प्राचार्य जी को साथ में देखकर साहस न जुटा पाया। बड़ी कठिनाई से छिपता-छिपाता तेरे पीछे आया हूँ।"

"क्यों? पढ़ाई छोड़कर क्यों आया?"—शंकर ने उद्‌भ्रांत से पूछा।

"कक्षा तीन तक पढ़ तो लिया। उतनी शिक्षा पर्याप्त है।"

"अरे परन्तु अधूरी शिक्षा का क्या औचित्य?"

"वह मैं नहीं जानता—" उद्‌भ्रांत मुँह बनाकर बोला।

"नहीं। तू ऐसा नहीं कर सकता। तुझे माध्यमिक शिक्षा तो कम से कम पूर्ण करनी ही होगी। अधूरा ज्ञान न स्वयं के लिए शुभ होता है न दूसरों के लिए हितकारी।"

"तो फिर शंकर! तुझे ही पूर्ण करना होगा मेरा ज्ञान।"

"मित्र उद्‌भ्रांत! ऐसा नहीं कहते। तू गुरुकुल को लौट जा। विद्याध्ययन पूर्ण करने के पश्चात् तुझे अपने स्वजनों के पास भी तो जाना होगा।"

"नहीं-नहीं शंकर !" कहकर उद्‌भ्रांत विक्षिप्तों की भाँति अचानक शंकर के चरणों में गिर पड़ा।—"मुझे अपने से दूर मत करो मित्र।... अब तुम्हीं मेरे सखा हो स्वजन हो और तुम्हीं मेरे गुरु।"

यह कहकर रोते-रोते उद्‌भ्रांत की हिचकियाँ बंध गईं। यह वह परम क्षण था जब बालक शंकर को जीवन पर्यन्त के एक आत्मिक-सखा की प्राप्ति हुई। एक ऐसी कृष्ण-सुदामा की अनकही-अनदेखी जोड़ी जिसे कभी भी बिछुड़ना नहीं था। अब निश्छल उद्‌भ्रांत यदि शरीर थे तो शंकर उनके प्राण। जबकि निर्मल हृदय शंकर के लिए उद्‌भ्रांत जड़-चेतन से भी परे एक विशुद्ध चैतन्य आत्मा थे। यह द्वैत से अद्वैत की ओर उनका एक प्रतीकात्मक प्रस्थान था।

5

जन्म कुंडली

बालक शंकर जब से गुरुकुल से निज गृह लौटे, गुम-सुम से रहने लगे। माता ने इस बात पर गौर किया। बोलता तो वह पहले भी कम था। शांत रहता था। जब कुछ कहता तो अपनी आयु के बालकों की अपेक्षा किन्हीं वयस्कों जैसी बातें करता। पाँच वर्ष का था

जब उसे माता आर्यम्बा ने चार कोस दूर के माधवाचार्य के सुप्रतिष्ठित गुरुकुल में प्रवेश कराया था। जो शिक्षा चारों वेदों को लेकर दूसरे छात्र प्रायः 16 वर्ष की आयु में भी पूर्ण नहीं करते, किसी-किसी को तो 20-11 वर्ष लग जाते हैं उसे वह 8 वर्ष की आयु में ही पूर्णतयः आत्मसात कर वापस घर आ गया।...

घर स्वयं नहीं आया प्रशस्ति-पत्र लेकर प्राचार्य जी स्वयं सम्मानपूर्वक उसे लेकर उनके पास आए। आगे की उच्च शिक्षा की किसी अधिवक्ता की तरह अनुरोध पूर्ण संस्तुति करके गए।...

अब बताओ अपने इक्लौते पुत्र को कोई माँ कैसे इतने शीघ्र पुनः दूर कर दे? इसे कोसों दूर एक अनजान प्रदेश में पढ़ने भेज दे? घर में आखिर किस वस्तु की कमी है? पूर्वजों के द्वारा दिया सब कुछ है। खेत हैं, उद्यान हैं, इतना बड़ा घर है। आस-पास का यह सुरम्य वातावरण है। शंकर के पिता के निधन के बाद से इस अकेली स्त्री का आखिर कौन सहारा है? कैसे कहीं जाने दूँ उसे? आर्यम्बा सोचतीं। वह एकान्त में रोकर अपने मत की व्यथा चिनम्मा से कहतीं तो वह कहती—''मत निराश हों। परमेश्वर ही सारे मार्ग निर्धारित करता है। वह है हमारे साथ और सदा रहेगा। कहीं नहीं जाएगा हमारा शंकर।...''

चिनम्मा माँ आर्यम्बा का आँसू पोछने का, उन्हें हर तरह से घर गृहस्थी में सहयोग देने का एक बड़ा सहारा बन गई थी।

इधर उन्हें तसल्ली देने को घर में एक और सदस्य जुड़ गया। शंकर का परम मित्र उद्भ्रांत। वह लड़का शंकर से छः वर्ष बड़ा था और बहुत सरल किशोर था। न जाने कहाँ से मूलधन में ब्याज की भाँति शंकर के साथ गुरुकुल से चला आया था? आर्यम्बा ने उद्भ्रांत को भी प्रसन्नता पूर्वक पुत्रवत अपना लिया था।...

वह लड़का था ही इतना अपना-सा और उनके शंकर की छाया-सा। शंकर तो बहुत कम बोलता। चाहे कितना कुरेदो अपने बारे में जल्दी कुछ बताता ही नहीं था। जब देखों शांत बैठा किसी योगी-सा क्षितिज के पार कुछ देखता रहता। शंकर के विगत तीन वर्षों के गुरुकुल के जीवन के किस्से उद्भ्रांत ही काकी आर्यम्बा को बताता। आर्यम्बा उससे अपने असाधारण पुत्र के बारे में प्रायः एकांत में पूछतीं जब बाल-शंकर इधर-उधर होते, सो रहे होते अथवा नारियल उद्यान में एकाकी टहल रहे होते।...

एक दिन उद्भ्रांत ने काकी आर्यम्बा को बताया कि गुरुकुल में अध्ययन करते समय बटुकों को भिक्षा माँगने पड़ोस की बस्तियों में जाना पड़ता था। यह प्रायः नित्य का नियम था। एक दिन शंकर एक ऐसे घर में भिक्षा माँगने पहुँचा जिसमें एक निर्धन वृद्धा रहती थी। भिक्षा के नाम पर उस अम्मा ने शंकर को मात्र एक आँवला देते हुए इससे कहा—''बेटा, मेरे घर में आज इस आँवले के अतिरिक्त और कुछ नहीं। मेरे घर अन्न का आज एक दाना नहीं है। ईश्वर जाने आज पेट कैसे भरेगा?''

उस अम्मा की ऐसी दयनीय स्थिति को सुनकर शंकर को अत्यंत क्लेश हुआ। यह सोचने लगा कि इस असहाय वृद्धा का कष्ट कैसे दूर करूँ? अंत में इसने उस अम्मा के, द्वार पर ही कुछ देर रुककर 'लक्ष्मी-स्तोत्र' का पाठ कर देवी माँ लक्ष्मी का आह्वान किया। थोड़ी देर बाद उस निर्धन अम्मा के पास से वापस जाते समय शंकर ने उससे कहा—"माँ ! आप दुःखी मत होइए। आपको शीघ्र धन की प्राप्ति होगी। तब उस धन से आप अन्य निर्धनों को भी दान देंगी।"

"ऐसा कहा?—" आर्यम्बा ने मुँह पर धोती का आँचल रखकर उद्भ्रांत से पूछा।

उद्भ्रांत ने अपनी आँखें बड़ी-बड़ी और गोल करते हुए बताया कि—

"हाँ काकी !... दूसरे दिन सुबह उठकर उस वृद्धा ने देखा कि उसके कमरे में चारों तरफ़ स्वर्ण के गोल-गोल अनेक आँवले बिखरे पड़े हैं। उसे यह समझते तब देर नहीं लगी कि कल जो द्वार पर ब्रह्मचारी बालक आया था यह चमत्कार उसकी प्रार्थना के कारण हुआ है।"

"सच?..." माँ आर्यम्बा ने विस्फारित नेत्रों से उद्भ्रांत को देखते हुए कहा—"लेकिन यह सब तुझे कैसे पता?"

उद्भ्रांत बोला—"संयोग से एक सप्ताह पश्चात मैं उसी गाँव में भिक्षा माँगने पहुँचा तो पाया कि इस बात की वहाँ घर-घर में चर्चा थी। एक साधारण से घर के सामने लोगों की भीड़ पंक्तिबद्ध खड़ी थी। किसी ने कहा यह वही अम्मा है जिसके घर लक्ष्मी माँ की छप्पर फाड़कर कृपा हुई है। मैंने देखा कि वह वृद्ध अम्मा खुशी-खुशी गाँव के उन निर्धनों को अनाज का दान दे रही थीं। मुझे भी अपने भिक्षा पात्र में उस दिन का अन्न दान उस अम्मा से ही मिला।... मैंने लौटकर शंकर से इस बात की चर्चा की, परन्तु उसने मुझे यह बात किसी से न कहने को सख्ती से मना कर दिया।..."

अगले दिन उद्भ्रांत कुछ दिन को अपने मामा-मामी से मिलने की कहकर अपने गाँव चला गया। शंकर ने उससे कहा था कि उसे अपने मामा से जाकर मिल आना चाहिए और उनसे अनुमति लेकर ही पुनः आना चाहिए। उद्भ्रांत चला गया।

वर्षाकाल के प्रारंभ होने में उस वर्ष पंद्रह-बीस दिन की देरी हो चुकी थी। यद्यपि केरल प्रांत में वर्षा खूब होती है और वर्षा ऋतु भारत के उत्तरी भागों की अपेक्षा केरल और उसके आस-पास के सामुद्रिक तटों पर काफ़ी पहले आती है। इस बार बादल तो घुमड़ते थे मगर लगता था उनमें बरसने की क्षमता नहीं है। गर्मी और उमस प्रचंड हो चली थी। हवाएं शांत थीं। नारियल के ऊँचे-ऊँचे पेड़ सूखे हुए दैत्यों के समान मुँह उठाए खड़े थे। कृषक उदास थे और जन-जीवन बेहाल।

माँ आर्यम्बा नित्य नदी में स्नान के पश्चात भगवान श्रीकृष्ण के मंदिर में दर्शन करने अवश्य जातीं। वापसी में घर के लिए एक कलश में जल भी भरकर लातीं। एक

दिन उनके घर लौटने में देरी हुई। बालक शंकर माँ की खोज में घर से निकले। कुछ दूर जाने पर देखा कि माँ तो मार्ग में बेहोश पड़ी हुई हैं। तुरंत उन्हें उठाकर घर ले आए और उनकी सेवा करने लगे। माँ को होश आ गया परंतु वह काफ़ी कमज़ोर दिखीं। संभवतः नदी दूर होने और गर्मी के प्रकोप से आर्यम्बा को शरीर में जलतत्व कम हो जाने के फलस्वरूप चक्कर आ गया था।...

शंकर सोच रहे थे। माँ की नित्य की आदत और परेशानी पर विचार कर उनके मन में आया कि यदि पूर्णा नदी घर के निकट होती तो माँ को उतने दूर उसके घाट तक चलकर जाने-आने में इतना कष्ट न सहना पड़ता। बालक शंकर ने जब से वेदों को हृदयंगम किया था वे अक्सर ध्यान करने लगे थे। ध्यान में कभी-कभी कुछ क्षण को उनकी आत्मा का ब्रह्म से साक्षात्कार-सा कुछ हो जाता।...

आज माँ की पीड़ा को देखकर शंकर द्रवीभूत हो गए। चिनम्मा, आर्यम्बा की देखभाल में जुट गई थीं। इधर बाहर के सहन में, स्वर्गीय पिता की बैठक वाले भाग में अकेले बैठे शंकर की कुछ देर के लिए समाधि लग गई। वे नेत्र मूँदकर परम ब्रह्म परमेश्वर से कुछ याचना करने लगे। उसी दिन सांयकाल से निष्क्रिय बादल अचानक सक्रिय हो उठे। सम्पूर्ण व्योम मेघाच्छादित हो उठा। देखते-ही-देखते जो वर्षा एक पक्ष से रुकी हुई थी, अनवरत रूप से प्रारंभ हो गई। तेज हवाएं चलीं। नारियल और दूसरे सारे वृक्ष झूम उठे। हवाएं धीमी पड़ीं तो तड़ित चालन के साथ घनघोर वर्षा होने लगी। तीन दिन तक इतनी अधिक वर्षा हुई जितनी केरलवासियों ने विगत बीसियों वर्षों में न देखी होगी।

उसके बाद ग्रामवासियों ने देखा कि पूर्णा नदी में इतनी बाढ़ उमड़ी कि उसने अपना मार्ग परिवर्तित कर दिया। अब उसकी एक धारा कालड़ी ग्राम में विशिष्टा देवी के घर के अत्यंत निकट से होकर बहने लगी।

वर्षा का वेग घटने पर अनेक लोग विशिष्टा देवी के घर के निकट आकर प्रकृति की यह सुखद लीला देखने लगे। कुछ लोगो ने विशिष्टा देवी को बधाई भी दी। वे तो शंकर की माँ आर्यम्बा थीं। उन्होंने शंकर के सिर पर हाथ फेरकर कहा—''ये सब मेरे इस शंकर की आराधना का ही फल है। सच्चे मन से यह जो माँग लेता है प्रभु इसकी ज़रुर सुनते हैं।''

पड़ोस के एक नम्बूदरी ब्राह्मण परिवार की एक बालिका आर्यम्बा को बड़ी प्यारी लगती। उन्होंने सोच रखा था कि इसे एक दिन अपनी पुत्रवधू बनाऊँगी। पूर्णा नदी की सुंदरता और चंचलता को अनेक लोग निहार रहे थे। वह कन्या भी अपनी माता की उंगली पकड़े खड़ी नदी को निहार रही थी। उसी समय विहँसकर आर्यम्बा ने शंकर से उस कन्या को संकेत कर अपने मन का प्रस्ताव रखा। शंकर ने कहा कि—''नहीं माँ! में विवाह नहीं करुँगा। आजन्म ब्रह्मचारी रहूँगा।''

आर्यम्बा मौन हो गईं। उन्होंने उस समय बालक के समक्ष कोई प्रतिवाद नहीं किया। सोचा कि इस समय इससे कुछ और कहना उचित नहीं होगा। जब समय आएगा इसे स्वयं अकल आ जाएगी। है भी तो कितना अजीब यह। जब देखो चिंतन-मनन में लगा रहता है। ध्यान योग करता है। एक दो बार इससे कहा कि तू अपने पिता की भाँति प्रातःकाल यज्ञादि क्यों नहीं करता? तो कहने लगा—"ब्रह्म की आराधना में कर्मकाण्ड का क्या काम? मेरा इन चीजों में विश्वास नहीं माँ।"—माँ क्या कहतीं? चुप रहीं यहाँ भी। पुत्र आध्यामिक है, आस्तिक है, संस्कारी है, सात्विक मनोवृत्ति का है। एक माँ के लिए यही क्या कम है?...

वर्षा थमते ही बालक शंकर के घर तीन साधु जाने कहाँ से पधारे। बातचीत के क्रम में उनमें सबसे वयोवृद्ध साधु ने आर्यम्बा से कहा कि—"देवी ! अपने पुत्र की जन्मकुंडली ज़रा दिखाएं।"

आर्यम्बा अपने पुत्र के स्वभाव को लेकर थोड़ा सशंकित तो रहती ही थीं। घर के भीतर से झट कुंडली लेकर आईं। उस जन्मपत्री को देखते ही सभी साधु चौंक गए। मुँह से बोले कुछ नहीं। बस परस्पर एक-दूसरे का मुख देखने लगे। यह देखकर आर्यम्बा घबराईं। पूछा कि—"मेरे शंकर की आयु कितनी है?"

आगंतुकों ने इस प्रश्न का उत्तर नहीं दिया जो आर्यम्बा की धारणा दृढ़ हो गई। उन्हें अपने पति द्वारा बताई गई स्वप्न की घटना याद आ गई।

आर्यम्बा ने कातर भाव से पूछा—"मेरे प्रश्न का आप उत्तर क्यों नहीं देते? कृपया बताइये कि शंकर के रहते मेरी मृत्यु हो जाएगी ना?"

साधुओं ने कहा—"हाँ देवी ! शंकर के निधन के पूर्व ही आपका निधन होगा। आप निश्चिंत रहें।"

माता ने तब पुत्र के विषय में झिझकते हुए पूछा—"कृपया शंकर के बारे में थोड़ा और स्पष्ट बताएं।"

साधु बोले—"शंकर सनातन धर्म का पुनरूद्धार करेगा। बौद्धों और वैदिक धर्म के नाना पंथों द्वारा फैलाए भ्रमजाल को तोड़कर मानवता के कल्याण के लिए अनेक शुभ कार्य करेगा। परंतु..."

"परंतु क्या महाराज?"

"शंकर की कुंडली के अनुसार इसके जीवन के 31वें और 33वें वर्ष में मारकेश का योग है।"

सुनकर आर्यम्बा को भीतर से बड़ा धक्का लगा। सारी बातें संयोग से शंकर के सामने ही हो रही थीं। अपनी अल्पायु के बारे में सुनकर उन्होंने विचार किया कि क्या उन्हें इस बीच ब्रह्मज्ञान की सिद्धि हो सकेगी? यदि मैं स्वाध्याय और धर्महित में संन्यास ले लूँ तो क्या माँ अपनी स्वीकृति देंगी?...

साधु दान-दक्षिणा लेकर चले गए। माँ आर्यम्बा विषाद में डूबी सोच रही थीं कि जब मेरे पुत्र की आयु इतनी कम है, दो-दो मारकेश इसके पीछे हैं तो उसे विवाह-बंधन के लिए तंग करने का क्या औचित्य है? प्रभु इसकी रक्षा करें और सदा स्वस्थ एवं सुखी रखे।...

6
संन्यास

शंकर पूर्णा नदी के तट पर शांत बैठे वर्षाकाल में तेजी से बहती सरिता की मटमैली जलराशि को देख रहे थे। बीच-बीच में उन्हें बहते हुए कुछ पेड़ और टूटी वनस्पतियाँ और पेड़ों की टहनियाँ भी बहती दिख जातीं। आकाश मेघाच्छादित था परंतु अभी बरस नहीं रहा था। जाने कब बरस पड़े। इसलिए माँ आर्यम्बा ने एक टोकरी और हाथछड़ी का बना छाता दे दिया था। शंकर उस छाते को पास के मंदिर के बरांडे में एक ओर रखकर नदी की ओर मुँह करके स्नान घाट की सीढ़ियों के निकट बैठे थे।

तभी किसी ने अचानक आकर उनके गले में स्नेह से बाँहें डाल उन्हें पीछे से जकड़ लिया। शंकर चौंक पड़े।—

"कौन?"

फिर चिर-परिचित खिल-खिलाहट सुनकर बोले—

"अरे मित्र तू !"

वे पलटकर खड़े हुए और उद्भ्रांत से लिपट गए। "कब आया तू?"

"बस अभी।"—उद्भ्रांत ने कहा—"आ तो मैं कल ही जाता मगर वर्षा ने रोक लिया। आकाश में बादल इस तरह बरसा था मेरे गाँव में कि लगता था जैसे पूरे गाँव को बहा ले जाएगा।"

"हाँ मित्र!... वास्तव में इधर भी यही हाल है। इस सरिता को ही देखो। विगत चार-पाँच दिनों में ही कितना उग्र रूप धारण कर लिया। वेग से बही चली जा रही है।"

"पता है। तेरे घर के निकट तो शंकर ये जैसे विशेषकर घूमकर चली आई है। अन्यथा काकी को यहाँ इस घाट तक चलकर स्नान करने आना पड़ता था।"

उद्भ्रांत की बात सुनकर शंकर हँस पड़े। उद्भ्रांत बोला—"हँसता क्या है रे शंकरा !... मुझे सब मालूम है।"

"क्या मालूम है?"

"काकी आर्यम्बा कह रही थीं कि शंकर ने ही कोई ऐसा मंत्र फूँका था कि पूर्णा मैया खुद चलकर घर के निकट आ गईं।"

शंकर ने कहा कि—"वह सब छोड़। तू यह बता कि तेरे घर पर सब कुशल है? तेरे मामा-मामी..."

-सुनकर उद्भ्रांत का खिला चेहरा छुईमुई-सा एकाएक मुरझा गया। शंकर ने मित्र को टटोला।

"क्या बात है? सब ठीक तो है ना?"

"क्या ठीक है। भाड़ में जाए ऐसा मामा... सब बर्बाद कर दिया उस आदमी ने।"

इसके बाद उद्भ्रांत ने अपने मित्र शंकर से खुल कर जो बताया उसका सार कुछ इस प्रकार था कि जब उद्भ्रांत दोपहर के समय अपने गाँव में पहुँचा तो कुछ मुर्गा-मुर्गी इधर-उधर डोल रहे थे। कुत्ते उसे देखकर मुँह उठाकर भौंकने लगे। पूरा गाँव दिन में साँय-साँय कर रहा था। लोग उस उमस भरी दोपहरी में अपने घरों में घुसे दरवाजे-खिड़कियाँ खोले विश्राम कर रहे थे। हाथ के पंखे से पसीना छोड़ती देह पर हवा कर रहे थे। अधिकतर घरों के दरवाजे खुले थे। अन्यथा उस कष्टप्रद वातावरण में लोगों को दम घुटता।...

जब उद्भ्रांत अपने घर पहुँचा उसने बैठके का दरवाजा भिड़ा हुआ पाया।...

उद्भ्रांत जैसे ही वह दरवाज़ा ठेलकर भीतर दाखिल हुआ। उसे उस कक्ष में एक अप्रत्याशित एवं विचित्र-सा दृश्य दिखाई दिया। एक ओर फर्श पर बिछी चटाई पर उसका मामा किसी पराई स्त्री के साथ नग्न अवस्था में गुंथा पड़ा था।...

उद्भ्रांत के प्रवेश करते ही दोनों विद्युत गति से अलग हुए। वह अनजान स्त्री शरीर पर चादर लपेटे घर के भीतर भाग गई। चौदह वर्षीय किशोर उद्भ्रांत को कुछ झटका-सा लगा और वह घर के बाहर निकल आया। पता चला कि मामा ने उसकी मामी को मार-पीटकर पंद्रह दिन पहले घर के बाहर निकाल दिया है। वह रोते हुए अपना सामान उठाकर मायके चली गई है।...

मामा इस स्त्री को कहीं से ले आया है और घर में डाल लिया है। अगले दिन से बरसात शुरु हो गई और गाँव में चहुँ ओर जल-थल हो गया। मामा ने मद्यपान कर उद्भ्रांत से भी, मामी और अपने ऊपर कटाक्ष को लेकर, तीखे बोल कहे। इसके बाद उसे भी घर से गालियाँ देकर निकाल दिया। यह कहा कि दफ़ा हो जा यहाँ से। कभी इधर दिखाई न देना अन्यथा वह उसकी टाँगे तोड़कर रख देगा।

अगले दो दिन उद्भ्रांत ने गाँव के भीतर के मंदिर में भूखा-प्यासा रहकर काटे। किसी दयालु पड़ोसी ने कभी कुछ खाने को दिया तो खा लिया। अब वह अपने मामा का घर हमेशा के लिए छोड़कर शंकर के पास आ गया था।

मित्र के आ जाने से शंकर के मुख की गंभीरता भी थोड़ी कम हो गई थी। उन्होंने मित्र उद्भ्रांत से अपने मन की बात एक दिन अकेले में कह डाली कि वे संन्यास लेना चाहते हैं। इस सांसारिकता में उनका मन बिल्कुल नहीं रमता है। शंकर से उद्भ्रांत ने इस पर कड़ा विरोध किया। समझाया कि उसके माता-पिता के ना होने और निर्दयी मामा द्वारा दुत्कार कर निकाले जाने से उसके पास तो संन्यासी होने का कारण भी है। परंतु शंकर के पास तो कोई औचित्यपूर्ण कारण नहीं है। उसकी माता है। बुढ़ापे में उनकी देखभाल कौन करेगा? घर और जमीनें हैं उनकी जिम्मेदारी कौन लेगा? अभी शंकर की आयु भी बहुत छोटी है। संन्यास लेना भी हो तो यह संन्यास की कोई उम्र नहीं। शंकर ने कहा कि वह गुरुवर गोविंदपाद जी से जाकर वेदांत की उच्च शिक्षा लेना चाहते हैं और उससे पूर्व उनसे संन्यास की दीक्षा भी।

उद्भ्रांत ने कहा कि वह यदि उनकी जगह होता तो संन्यास कभी न लेता। अभी-भी वर्तमान परिस्थितियों में वह एक ब्रह्मचारी के रूप में तो रह लेगा। चाहे सारा जीवन ऐसे ही रहे। परंतु संन्यास हरगिज़ न लेगा। शंकर इस पर सिर झटक कर किसी छोटे बच्चे की भाँति पुनः बोले—"मैं तो संन्यास ही लूँगा। तुझे जो उचित लगे तू कर। परंतु इस विषय में मुझसे आगे कुछ मत कह।"

उद्भ्रांत चुप। समझ गया। इस समय ये आचार्य महोदय के अवतार में आ गए हैं। गुरुकुल की कक्षा में भी जब कुछ दिन पढ़ाते थे तो ऐसी ही कठोर मुखमुद्रा कभी-कभी हो जाती थी इनकी। तब लगता था कि आचार्य कृष्णन कुट्टी के भी बाप हों।...

कुछ दिनों बाद बालक शंकर ने अनुभव किया कि आज माँ काफ़ी प्रसन्न है। उन्होंने धीरे से माँ से कहा—"माँ, मेरी इच्छा संन्यास लेने की है। इसके लिए मुझे अनुमति प्रदान करो।"

माता का मुख इस पर देखते ही देखते कड़ा हो गया। उन्होंने कहा—"कान खोलकर सुन लो शंकर !... मैं अपने जीवनकाल में तुम्हें संन्यासी बनने की अनुमति कभी नहीं दे सकती। तुम इस विषय में सोच भी कैसे सकते हो? भविष्य में ऐसी बात कभी मुझसे मत कहना।"

माँ आर्यम्बा की दृढ़ता देखकर शंकर शांत हो गए। समझ गए कि माता से सरलता से संन्यास की आज्ञा मिलना संभव नहीं।

आर्यम्बा उस दिन सारा समय अपना शयनकक्ष भीतर से बंद कर पड़ी रहीं। सायंकाल चिनम्मा ने बड़ी मुश्किल से कमरा खुलवा कर उन्हें एक पात्र में जल दिया। कुछ खाने को दिया। आर्यम्बा, चिनम्मा से लिपटकर खूब रोईं। बोलीं—"मैं भी कितनी हतभाग्य हूँ... पहले इस घर से इनके माता-पिता गए... फिर ये गए... अब यह कल

का लड़का भी मुझे छोड़कर जाने की बात कहता है।...'' रोती-बिलखती आर्यम्बा को किसी तरह संभाला बूढ़ी चिनम्मा ने।

शंकर भी माता के शोक से बहुत व्यथित हुए। पर मन ही मन गृहत्याग और संन्यास का संकल्प ले चुके थे। अद्वैत वेदांत के ज्ञानार्जन की आकांक्षा अब चारों पहर उनके मस्तिष्क में घूमती रहती थी। कुछ दिन अपने प्रस्ताव को टाल गए।

एक दिन शंकर अपनी माता के साथ प्रातःकाल नदी में स्नान करने को गए। पीछे-पीछे उद्भ्रांत भी आया। माँ नदी में स्नान करने के बाद किनारे आकर वस्त्र बदल रही थीं। ठीक उसी समय बीच नदी की ओर जाते हुए शंकर चिल्लाए—''अरे कोई बचाओ... मुझे एक मगर ने पकड़ लिया है। वह मुझे खींच रहा है।''

यह बात सुनते ही मित्र उद्भ्रांत पानी में कूद पड़ा। तैर कर उनकी ओर जाने लगा। परंतु शंकर बहकर कुछ और आगे बढ़ गए। शंकर तेज स्वर में चिल्लाए—''माँ !... अब तुम मुझे संन्यासी बनने की आज्ञा दो... लगता है तभी प्राण बचेंगे।''

माँ इस आकस्मिक घटना से बावली हो गई। रोते-रोते उसके मुख से निकला—''अच्छा जा बेटा मैं तुझे आज्ञा देती हूँ... मृत्यु से तो संन्यास भला।''

क्या कहती आखिर एक माँ उन परिस्थितियों में। नदी किनारे कुछ मछुआरे मछली पकड़ रहे थे। उन्होंने तुरंत एक जाल फेंका। जाल से लिपटकर मगरमच्छ ने शंकर को तो छोड़ दिया, परंतु वह स्वयं पकड़ा गया।

शंकर तैर कर बाहर आए। उनके पैरों पर दाँतों के कुछ घाव थे। उनसे खून रिस रहा था। उद्भ्रांत अपने मित्र को सहारा देकर घाट पर ले आए। लिटा दिया। फिर वैद्य बुलाकर घायल शंकर का उपचार कराया गया। पुत्र को सही-सलामत पाकर आर्यम्बा के प्राण लौट आए।

कुछ दिन बाद शंकर को गृहत्याग की तैयारी करते देख माता को अपार कष्ट हुआ। उन्होंने अंतिम प्रयास किया। कहने लगीं—कच्ची उम्र में संन्यासी नहीं बनते बेटा। फिर तेरे बिना मेरी सद्गति कैसे होगी?''

इस पर शंकर हाथ जोड़कर सजल नेत्रों से अत्यंत कोमलता के साथ बोले—''माँ! आप अपने लिए तनिक भी चिन्तित न हों। मैं सारी व्यवस्था करके जाऊँगा।... रहा आपके अंतिम संस्कारों का प्रश्न, मैं कहीं भी रहूँगा वहाँ से तत्काल आपके पास आ जाऊँगा।... शास्त्रों में लिखा है कि परदेस में स्थित पुत्र को जब माँ स्मरण करती है तब उसकी जीभ पर माँ के दूध का स्वाद आने लगता है।... मैं आपको वचन देता हूँ कि आपके अंतिम समय में आपके सन्निकट ही रहूँगा।''

इस पर आर्यम्बा ने पुत्र शंकर से एक वचन लिया कि—''मेरा अंतिम संस्कार तू अपने ही हाथों करेगा।''

शंकर ने भावुकता के उन चरम क्षणों में माता को वचन दिया कि—"एक संन्यासी हो जाने के बाद भी आपका यह पुत्र आपकी इस इच्छा को अवश्य पूर्ण करेगा।"

अगली प्रातः शंकर ने गाँव से नाई बुलवाकर अपना क्षौर कर्म करवाया। पूर्णा नदी पर जाकर शंकर ने स्नान किया। ग्राम कालड़ी में पहले कभी कोई संन्यासी नहीं हुआ था।

अतः मुंडित शीष शंकर अपने हिसाब से तैयार हुए। एक लंगोट पहनी। शरीर पर घर के चूल्हे से राख लेकर उसे भस्म की तरह अपने शरीर पर थोड़ा मला।

फिर पिता के बक्से से निकालकर एक भगवा रंग की धोती, जिसे वे विशेष पूजा के अवसरों पर पहनते थे, धारण की। जनेऊ शरीर पर था ही, गले में रूद्राक्ष की माला। ललाट पर चंदन का त्रिपुंड लगाया। उसके नीचे कुमकुम का एक छोटा-सा टीका।

माँ के चरण स्पर्श किए तो अश्रुपात करती माँ ने अपनी एक गेरुए रंग की चुनरी बालक शंकर के सिर पर डाल दी।

गाँव भर में हल्ला मच चुका था कि शिवगुरु और विशिष्टा का बालक संन्यासी बनकर गृहत्याग कर रहा है। अनेक स्त्री-पुरुष, बालक-बालिकाओं का समूह आर्यम्बा के घर के बाहर एकत्रित हो गया वह अनोखा, अनदेखा, अपरिचित दृश्य देखने के लिए। लोग आते जा रहे थे। भीड़ बढ़ती जा रही थी। आर्यम्बा और चिनम्मा अपनी धोतियों का आँचल मुँह से सटाए घुट-घुटकर रो रही थीं। बालक शंकर संन्यासी वेश में तैयार थे। केवल वह चिर-परिचित दण्ड उनके हाथ में न था जो कि उन्हें भविष्य में अपने गुरुदेव से संन्यास की विधिवत दीक्षा के उपरान्त मिलना था।

काकी आर्यम्बा से उद्भ्रांत ने भी शंकर के साथ जाने की आज्ञा पूर्व में ही ले ली थी। आर्यम्बा ने उससे पूछा था—"क्या तू भी संन्यासी बनेगा?"

उद्भ्रांत ने कहा—"नहीं काकी !... मुझे संन्यास-फन्यास नहीं लेना। मैं तो बस इस शंकर की छाया बनकर इसके साथ रहूँगा। आखिर ये मेरा मित्र भी है और आचार्य भी। काकी ! बस आप अपना ख्याल रखना।"

शंकर और उनके मित्र ने माँ आर्यम्बा को दण्डवत् प्रणाम किया। पश्चात वे बिना मुड़े घर से बाहर निकल पड़े। एक अज्ञात पथ पर। कालड़ी के ग्रामवासी उन्हें हैरत से देखते रहे। आठ वर्ष और कुछ माह का एक भगवाधारी सुंदर बाल-संन्यासी। उसके पीछे एक घुंघराले बालों वाला श्वेत वस्त्रधारी उससे लंबा और उम्र में कुछ बड़ा एक लड़का कंधे पर कुछ गठरी-झोला आदि संभाले।...

घर पीछे छूट गया... नारियल के बाग पीछे छूट गए... खेत-खलिहान पीछे छूट गए... रिश्ते-नाते छूट गए... सबसे पीछे छूट गई शंकर की जन्मदात्री माँ और शंकर की जन्मभूमि।

अध्याय–दो

ॐ

ईशावास्यमिदं सर्व यतकिंच जगत्यां जगत्।
तेन त्यक्तेन भुंजीथा मा गृधः कस्यस्विद्धनम्।।

—हे मनुष्य! जड़-चेतन प्राणियों वाला यह संसार परमात्मा से व्याप्त है। तू इसके पदार्थों का त्याग भाव से उपभोग कर, किंतु किसी भी वस्तु की अभिलाषा मत कर।

(यजुर्वेद)

1

पदयात्रा

शंकर और उनके सखा की पदयात्रा प्रारंभ हो चुकी थी। एक छोटे कद का तेजस्वी बालक भगवा वस्त्रों में आगे-आगे चला जा रहा था। तेज कदमों से। निर्विकार।...

एक उससे लम्बा बालक श्वेत वस्त्रों में उसके पीछे जा रहा था। कांधे पर थैला और एक गठरी लादे। कुछ कदम पीछे। इधर-उधर सिर घुमाता। कुछ-कुछ बेचैन-सा।...

दोनों पदयात्रियों को गाँव छोड़ने के कुछ देर बाद उत्तर दिशा को ले जाता वह मुख्य-मार्ग मिल गया था। मार्ग के दोनों ओर ऊँचे-ऊँचे छायादार वृक्ष देवदूतों जैसे दूर तक पंक्तिबद्ध हो बाल-संन्यासी शंकर की अगवानी में खड़े थे। आकाश आज निरभ्र था। शंकर ने दाहिनी ओर उन छायादार लंबे-लंबे प्रकृति-दूतों सम वृक्षों के उस पार देखा। भगवान भास्कर दूर-दूर तक फैले हरे-भरे खेतों के विस्तार पर अपनी आभा बिखेरते आकाश में निरंतर ऊपर की ओर उठ रहे थे।...

मार्ग में झुके वृक्षों द्वारा रात्रि की संचित शीतलता का अभी भी काफ़ी-कुछ संरक्षण हो रहा था। विगत दिनों हुई भारी वर्षा से दोनों ओर के डबरे और गहवर जल से लबालब भरे थे।...

सरोवर भरे थे। सरिताएं संतृप्त थीं। मयूर, पक्षी और कीट-पतंग सब मानो परमात्मा को धन्यवाद देते कलरव कर रहे थे। नृत्य कर रहे थे।...

शंकर अपने सखा के साथ उस अज्ञात मार्ग से निरंतर आगे बढ़े जा रहे थे। भरत खण्ड के दूर-दूर तक फैले धरातल को अपने वामन पगों से नापने। जीवन और जगत के रहस्यों को समझने। शंकर को तो केवल सृष्टि के कर्ता अथवा नियामक को जानने की जिज्ञासा थी। और किसी वस्तु की नहीं।...

क्योंकि वे 'एक मात्र सत्य' ब्रह्म को ही जानना चाहते थे। इस 'मिथ्या' जगत से उन्हें कोई लेना-देना नहीं था।...

क्षिप्र गति से चल रहे थे शंकर। उन्हें केवल इतना स्मरण था कि नर्मदा नदी के किनारे कहीं ओंकारेश्वर नाम का स्थान है। वहाँ द्वादश ज्योतिर्लिंगों में से एक भगवान शिव का कोई मंदिर है। उसके आस-पास पूज्यप्रवर महायोगी गोविन्दपाद रहते

हैं।... मुझे उनसे ही संन्यास की दीक्षा लेनी है और वे ही मेरे आध्यात्मिक गुरु होंगे। वे ही मुझे अद्वैत-वेदांत दर्शन की सर्वोच्च शिक्षा देंगे। वे ही मुझे समस्त मार्गदर्शन प्रदान करेंगे।...

गुरुकुल में अध्ययन करते समय गुरुदेव माधवाचार्य जी ने कृपा पूर्वक बताया था कि महायोगी गोविन्दपाद वास्तव में पतंजलि के अवतार गौड़पाद जी महाराज के शिष्य हैं। अपने योग-बल से वे नर्मदा नदी के तट पर कहीं सैंकड़ों वर्ष से समाधिस्थ हैं। शंकर उन्हीं योगी महाराज गोविंदपाद की खोज में निकल पड़े थे।...

शंकर अपने सखा के साथ चलते गए। चलते गए। वे नित्य प्रातः से सांयकाल-सूर्यास्त तक-चलते। फिर रात्रि विश्राम। पुनः सूर्योदय से पूर्व अपने विश्राम स्थल से उठ जाते। नित्य क्रिया से निवृत्त हो आस-पास के जलाशय या जो भी जलस्त्रोत उपलब्ध होता स्नान करते। नदी, नहर, कोई कुँआ इत्यादि। उसके बाद पद्मासन में किसी वृक्ष की छाया में अथवा किसी समुचित एकांत स्थान में बैठकर एक-दो घंटा ध्यान करते। उनका सखा उद्भ्रांत जो कुछ उन्हें खाने को देता उसे ग्रहण कर आगे की पदयात्रा पर चल पड़ते।

जिस दिन चले थे माँ आर्यम्बा ने कुछ रोटियाँ और सूखी सब्जी बांधकर दे दी थीं। मिष्ठान और कुछ फल इत्यादि भी साथ में। शंकर के सखा ने वे सब सहेज ली थीं। वह सब खाद्य सामग्री दो दिन में समाप्त हो गई। माँ ने चलते समय उद्भ्रांत को चुपके से कुछ सोने-चाँदी की मुद्राएँ भी एक पोटली में बांधकर दे दी थीं कि कभी काम आएंगी। आगे की यात्रा में काम आईं भी। किंतु शंकर को उनकी कुछ जानकारी न थी।

जब कभी दोपहर में थक कर शंकर विश्राम करते, उनका सखा आस-पास के हाट से आवश्यक आहार फल, च्यूड़ा, चना आदि क्रय कर लाता। लंबी यात्रा का ध्यान कर वह अपने लिए और शंकर के लिए दो धोतियाँ भी क्रमशः श्वेत और भगवा रंग की खरीद लाया था। स्नानोपरांत शरीर के वस्त्र सुखाने को पेड़ की डाल पर फैला दिए जाते, वैकल्पिक वस्त्र पहन लिये जाते।

पहली बार जब शंकर को उनके सखा ने हाट-बाजार से लाया आहार दिया तो उन्होंने ना-नुकुर किया। इसपर उनके सखा ने उन्हें अधिकार पूर्वक कड़े स्वर में कहा—"देखो आचार्य जी! यह तुम्हारी गुरुकुल की कक्षा नहीं है। न हीं ये तुम्हारा घर-द्वार।... तुम संन्यासी होगे संसार और दूसरों के लिए। पर मैं तुम्हारा मित्र हूँ। सखा हूँ और आयु में तुमसे बड़ा भी।... यहाँ तुम अपनी नहीं चला सकते। यहाँ मेरी चलेगी। चुपचाप जो देता हूँ उसे खाओ। आखिर तुम्हें अपने गुरु की खोज करनी है अथवा नहीं?"

शंकर मित्र के सामने परास्त हुए। चुपचाप उसका दिया लइया-चना खाने लगे। आगे से आहार के विषय में पूरी यात्रा में वे निज-सखा से कोई प्रतिवाद न करते।...

मार्ग में एक जगह कुछ लाठियाँ, बाँस और बेंत के सामान बिकते हुए दिखे। दो छोटी-छोटी लाठियाँ दोनों ने ले लीं। इससे मार्ग में चलने में थोड़ी सुगमता हो गई।

एक दिन उद्भ्रांत मार्ग में कड़ी-धूप के कारण बहुत थक गया। वह दोनों सुबह से भूखे-प्यासे थे। उन्हें उस लम्बे मार्ग में कल से कुछ खाने को नहीं मिला था।

दक्षिण भारत का वह भू-भाग कहीं समतल तो कहीं पहाड़ियों से घिरा होता। अतः मार्ग भी उसी तरह अपना स्वरूप बदलता रहता था। पहाड़ी रास्ता प्रारंभ होते ही पदयात्रियों की रफ़्तार घट जाती। कहीं-कहीं अधिक चढ़ाई होने पर थोड़ी साँस भी फूलने लगती।

जब अपेक्षाकृत समतल मार्ग किसी पहाड़ी से होकर साथ चलता तो राहत मिलती दोनों मित्र कुछ पल ठहरकर आस-पास के हरे-भरे प्राकृतिक सौंदर्य को निहारने लगते।

कहीं-कहीं उन्हें काले शरीर वाले बंदर मिलते। चट्टानों पर बैठे हुए। उन बंदरों के मुख के चहुँ ओर सफेद बालों का एक घेरा होता। बड़े विशिष्ट दिखते इससे वो। तरह-तरह की चिड़ियाँ, गिलहरियाँ, चीटिंयाँ और छोटे जानवर लोमड़ी आदि मार्ग में यदाकदा दिख जाते। तब थकान अचानक मिट जाती।...

पर यात्रा के सातवें दिन शंकर का वह सखा एक दुर्गम पर्वतीय रास्ते में थककर लेट गया। उस समय दोनों के पास पीने को पानी भी नहीं था। शंकर ने आस-पास नज़र दौड़ाई। उन्हें मार्ग में दूर-दूर तक कोई एक भी व्यक्ति दिखाई नहीं दिया। शंकर ने अपने सखा को एक वृक्ष की छाया में उसके तने का सहारा देकर बैठा दिया। कहा—

"तू बस बैठ... मैं अभी आता हूँ।" संन्यासी शंकर मार्ग में आगे अकेले ही बढ़े। कुछ दूर जाने पर उन्हें उस पहाड़ी के दाहिनी ओर एक दलान में कुछ झोपड़ियाँ बनी दिखीं। एक झोपड़ी से धुँआ उठ रहा था। उसके बाहर एक वृद्ध व्यक्ति एक छोटे शिशु से खेल रहा था। संभवतः वह उसका पितामह था।

शंकर उसके निकट गए। उस वृद्ध ने एक बाल-संन्यासी को आते देखा। म्लान मुख। कुछ लड़खड़ाते डग भरते। वह व्यक्ति उस शिशु को अपनी गोद में उठाकर खड़ा हो गया। उसके मुख से निकला—"आइए महाराज!... कहाँ से पधारे?"

शंकर ने कहा—"कालड़ी से।"

वृद्ध ने कहा—"आइए बैठिए"

उसने अपनी खाट की ओर संकेत किया।

शंकर बोले—"नहीं हम जल्दी में हैं। मेरा मित्र थोड़ी दूर पर किंचित अस्वस्थ है। थोड़ा जल मिलेगा।"

अभी लाया। कहकर झोपड़ी के भीतर गया। एक लोटे में जल लाया। शंकर ने मुँह पर पानी के दो बार छींटे मारे। अंजुरी में लेकर थोड़ा जल पिया। फिर कहा—"थोड़ा जल मेरे मित्र के लिए भी। और हो सके तो भिक्षा में कुछ थोड़ा भोजन।"

उस व्यक्ति ने शिशु को चारपायी पर लिटा दिया। भीतर अपनी बहुरिया को आवाज़ दी—"ए बेटी सुन जरा... छोटी बाल्टी में थोड़ा जल ले आ... और हाँ चार रोटी भी।"

भीतर से भोजन पकाती एक युवा स्त्री सिर पर आँचल दिए, घाघरा-चोली पहने, बाहर निकली। बाल्टी-लोटा लिए। फिर दोबारा एक बड़े से केले के पत्ते पर चार मोटी रोटियाँ और उन पर थोड़ा साग रख कर लाई।

उसने सामने खड़े एक गौर-वर्ण के संन्यासी बालक को देखा। ऐसा आठ-नौ वर्ष का सुंदर बालक उसने पहले कभी नहीं देखा था। वह भी गेरूए वस्त्रों में। उस स्त्री ने भोजन संन्यासी को देकर अपने शिशु को खाट से उठाकर उसका सिर कांधे पर ले लिया।

उसका श्वसुर हाथ में जल युक्त बाल्टी-लोटा लिए उस कच्ची ढलान की चढ़ाई चढ़ने लगा जो ऊपर मुख्य मार्ग को जाती थी। अब संन्यासी शंकर भिक्षा के भोजन के साथ उस वृद्ध के पीछे-पीछे।...

शंकर-सखा अशक्त-सा उस वृक्ष से पीठ दिए पूर्ववत बैठा था। गहरी निद्रा में। शंकर ने निकट पहुँचकर उसे जगाया। जलपात्र से कुछ जल लेकर उसका मुँह धुलाया। फिर जल पीने को दिया। उसके बाद दोनों रोटियाँ खाने लगे। वह अजनबी बूढ़ा व्यक्ति चला गया।

कुछ देर बाद उन्हें पीछे से एक बैलगाड़ी आती दिखी। शंकर ने गाड़ीवान से कहकर उद्भ्रांत को उस बैलगाड़ी में लिटा दिया। स्वयं नहीं बैठे। गाड़ीवान के कहने पर भी। बैलगाड़ी के पीछे-पीछे पैदल ही चलते रहे।...

बहुत देर तक उस पहाड़ी मार्ग पर यह बैलगाड़ी चलती रही। शंकर उसके पीछे पदयात्रा करते रहे। कभी उन्हें लगता कि वे उस अंतहीन मार्ग पर चले जा रहे हैं। कभी लगता कि वह मार्ग ही पीछे की ओर चल रहा है और वे उस पर आगे सरक रहे हैं।...

पर्वतीय रास्ता धीरे-धीरे ढलान युक्त हो चला। बैलगाड़ी की गति तेज़ हो गई। शंकर को भी अब तेज़ी से डग भरने पड़े। आरोह के बाद अवरोह तो आना ही था। यात्रीगण ढलान उतरते गए। उतरते गए। घाटी निकट आने लगी। अंततः वह पहाड़ी रास्ता मैदान में होकर गुजरने लगा। आगे वह गाड़ीवान बांई ओर के एक कच्चे मार्ग के पास गाड़ी रोककर बैलगाड़ी से कूदकर उतरा। उसने झुककर शंकर को प्रणाम किया। बोला—"स्वामी जी! मेरा गाँव उधर है। बस मुझे यहीं से आज्ञा दें।... और आप चाहें तो आज रात्रि मेरे घर विश्राम करें।"

शंकर बोले—"आपका अत्यंत आभार। हमें अभी बहुत आगे जाना है।"

उद्भ्रांत झटके से गाड़ी रुकने के कारण जाग गया था। गठरी-गुठरी समेट कर बैलगाड़ी से उतर पड़ा। दोनों पदयात्री पुनः उस मार्ग पर आगे चल पड़े। शंकर का वह आत्मीय-सखा कुछ शिकायत भरे अंदाज़ में उनसे कह रहा था—

“रे शंकरा!... तूने मुझे जगाया क्यों नहीं?... जाने कैसे-कैसे स्वप्न देखता पड़ा था मैं।... हवा ठंडी होने लगी थी। आकाश में मेघ घुमड़ने लगे थे। कुछ देर बाद संध्या का भी आगमन होना था।...

2
श्रृंगेरी तीर्थ

चलते-चलते 10 दिन बीत चुके थे। मार्ग में सामने से एक बैलगाड़ी आते हुई दिखी। उसमें दोनों बैलों को हाँक रहा आदमी शीघ्रता में था। वह रह-रहकर बैलों की पूँछ मरोड़ देता। जिससे बैल तेज़ी से आगे को भागने लगते।

बैलगाड़ी नज़दीक आने पर शंकर ने देखा उसपर एक छाजन तनी है। उसके नीचे कुछ स्त्रियाँ बैठी हैं। इस समय मार्ग का यह हिस्सा एक घने जंगल के बीच से गुजर रहा था। चंदन के पेड़ों की इस जंगल में भरमार थी।

गाड़ीवान काफ़ी कुछ घबराया हुआ था। मगर जब उसने दो बालकों को देखा-गेरुए ओर श्वेत वस्त्र में तो किंचित तनावमुक्त हुआ होगा। शंकर ने हाथ उठाकर गाड़ीवान को रोका।

उस व्यक्ति ने बैलों की रास खींच ली। शंकर ने पूछा—“भइया आप कहाँ से आ रहे हैं?”

गाड़ीवान ने उत्तर दिया—“श्रृंगेरी से?”

शंकर ने पुनः पूछा—“यह कौन जगह है?”

“श्रृंगेरी एक नगर है। तुंगा नदी के निकट वनों से घिरे एक सुंदर स्थान पर।”

“यहाँ से कितनी दूर है श्रृंगेरी?”

“यही कोई 8-10 कोस दूर समझें महाराज!...

अच्छा आज्ञा दें।”—कहकर उस व्यक्ति ने बैलगाड़ी हाँक दी।

उद्भ्रांत बैलगाड़ी में बैठे लोगों को लालायित दृष्टि से देख रहा था। दोनों मित्र जब आगे बढ़े तो उसने शंकर से कहा—“अरे शंकरा!... कितना सुखद है बैलगाड़ी अथवा घोड़ागाड़ी में यात्रा करना। और एक तू है कि मेरी बात मानता ही नहीं?”

शंकर ने मुस्कुराकर कहा—“तो तू बैठ लिया कर ना। कितनी बार तुझसे कहा है।”

“अरे आचार्य जी!... ऐसे अपने भाग्य कहाँ। अच्छा नहीं लगता।”

“क्या अच्छा नहीं लगता?”

“यही कि आचार्य जी पैदल चलें। पैर तोड़ें और चेला उनके सामने सवारी की मौज ले।”

-शंकर कुछ न बोले। चुपचाप चलते रहे। प्रातःकाल के पश्चात दिन का प्रथम प्रहर बीत चला था। अचानक वर्षा होने लगी। पहले धीमे-धीमे। दोनों पदयात्री चलते रहे। कुछ देर के पश्चात बरसात तेज़ हो गई। उन्होंने भागकर तब सड़क किनारे के एक घने वृक्ष की शरण ली। बहुत देर तक इंद्रदेव कृपालु रहे। जब वर्षा धीमी हुई तो उद्भ्रांत ने ही प्रस्ताव रखा कि–“आचार्य जी! भीग तो चुके ही हैं हम। इस वृक्ष की छाया भी हमें कोई विशेष लाभ पहुँचा न सकी। अतः आज्ञा हो तो अब निकल लिया जाए।”

दोनों चल पड़े। किंतु मुश्किल से एक कोस ही जा पाए होंगे कि आकाश से वर्षा जल इस बार और भी निर्गमता पूर्वक बरसने लगा। मगर इस बार पास ही उन्हें एक फूस की मढ़ैया दिख गई।

दोनों उस सड़क किनारे की मढ़ैया में जा घुसे। वहाँ एक वृद्धा एक तख़्त पर एक बेर-फलों की टोकरी सजाए बेर बेच रही थी। उद्भ्रांत ने उससे पूछा–“माई!... हम बैठ जाएं।”

वृद्धा बोली–“अरे आओ-आओ बालकों अवश्य बैठो।”

दोनों पदयात्री मित्र उस मढ़ैया में उस तख़्त पर एक सिरे पर बैठ गए। मढ़ैया के छप्पर से पानी की धाराएं गिरती रहीं।

शंकर बोले–“माई!... तुम कहाँ रहती हो?

वृद्धा ने कहा–“यहीं पास में ही हमारा बगीचा है फलों और बेरों का। गाँव थोड़ा पीछे दूर पर है। यहीं बैठकर थोड़ा बेच-बूंच लेती हूँ।”

उद्भ्रांत बोला–“भूखे बेर अघाते गन्ना।... माई ये बेर कैसे दिए?”

माई बोली–“अब तुम बालकों से भी क्या मोल चुकवाऊँगी। ये लो बेटा... खाओ?

-कहकर उस वृद्धा ने अंजुरी भर-भरके बेर शंकर और शंकर-सखा को दिए। दोनों उन्हें कृत्तज्ञता पूर्वक ग्रहण कर खाने लगे। थोड़ी देर में एक घोड़ागाड़ी शृंगेरी की तरफ़ से आई। उसमें से वृद्धा का पुत्र उतरा। उसने कहा–

“अम्मा! चलो बैठो... बरखा जानो आज नहीं रुकेगी।”

पुत्र ने बदरी फलों की टोकरी घोड़ागाड़ी में उठाकर रखी। फिर माता को हाथ पकड़कर घोड़ागाड़ी पर चढ़ाया और वे दोनों वहाँ से चले गए। आस-पास कोई रस्ता उनके गाँव को जाता होगा।

वर्षा वास्तव में नहीं रुकी। बेर खाकर दोनों मित्र तृप्त हुए काफी हद तक। सड़क पर मेंह निरंतर बरस रहा था। रिमझिम-रिमझिम। उसमें मार्ग पर चलने का अर्थ था दस कदम बाद ही शरीर का तर-बतर हो जाना।

अब उस मार्ग पर कोई भी व्यक्ति बड़ी देर से आ जा भी नहीं रहा था। यह फूस की मढ़ैया का आश्रय उन दोनों राहगीरों के लिए एक वरदान सरीखा था इस समय।

शंकर का सखा शंकर की मनोदशा समझता था। वह जानता था कि फालतू बातों का उत्तर शंकर जल्दी नहीं देते। अतः उसने उसका प्रिय विषय छेड़ा। बोला–

''अच्छा आचार्य जी! आप जो अपने सद्गुरु की खोज में जा रहे हैं वहाँ आपको क्या मिलेगा?''

आचार्य शंकर कुछ न बोले। बरसते मेंह के उस पार कहीं शून्य में ताकते रहे। वे एकदम स्थिर थे। चंदन-टीका तो कालड़ी से निकलने के अगले ही दिन स्नान करने पर माथे से मिट चुका था। बस भगवा वस्त्र ही उन्हें किसी संन्यासी सा दर्शाते थे। ऊपर से माँ आर्यम्बा की दी चुनरी वह मित्र के झोले से निकालकर ओढ़ लेते तब थोड़ा और विशिष्ट हो जाते। तब तक मुंडन के पश्चात सिर पर उग आए महीन-महीन बाल भी उस चुनरी के नीचे थोड़ा छिप जाते।

जब मित्र ने देखा कि आचार्य शंकर ने उसके प्रश्न को एक कान से सुनकर दूसरे कान से निकाल दिया तो उसकी बेचैनी थोड़ी बढ़ी। तखत पर बैठे-बैठे उसने पुनः दूसरा प्रश्न दागा। मगर इस बार थोड़ा संभल कर।–

''सद्गुरु किसे कहते हैं?''

शंकर बोल पड़े–

''जो अज्ञान रूपी अंधकार को निकाल दे। निकालने में समर्थ हो उसे सद्गुरु कहते हैं।''

''मतलब?–'' उद्भ्रांत ने कहा।

शंकर बोले–''गिरति अज्ञानं इति गुरुः... अर्थात् जो अज्ञान को हमारे भीतर से समाप्त कर दे उसे गुरु कहते हैं।''

''अच्छा तो आचार्य जी यह बताइये कि माधवाचार्य जी भी तो गुरु थे। क्या वे सद्गुरु नहीं थे?''

''ऐसी बात नहीं है मित्र।–'' अब शंकर सहज रूप से बतियाने लगे। कहने लगे–''वे हमारे शिक्षा-गुरु थे। उनसे शास्त्रीय ज्ञान हमें प्राप्त हुआ। पर एक होता है आध्यात्मिक ज्ञान। उसे सद्गुरु ही दे सकता है। दोनों में थोड़ा अंतर होता है।''

''तो सद्गुरु कौन-सा ज्ञान हमें प्रदान करता है।

इस पर शंकर ने मित्र से विहँस कर पुनः कहा–

''गृणाति ज्ञानं इति गुरुः''

"इसका क्या अर्थ हुआ?"

अब शंकर नेत्र मूंदकर विस्तार से बोलने लगे—

"अर्थ यह है कि जो दिव्य ज्ञान प्रदान करे वही सद्‌गुरु होता है। इस विषय में समझ लो कि शास्त्रों में बहुत कुछ कहा गया है। मुण्डक उपनिषद् का एक मंत्र ही हम ले लें—

परीक्ष्य लोकान् कर्मचितान्
ब्राह्मणो निर्वेद मायान्नास्त्यकृतः कृतेन।
तद्विज्ञानार्थं सा गुरुमेवाभिगच्छेत्
समित्पाणिः श्रोत्रियं ब्रह्मनिष्ठम्।।"

इस पर उद्‌भ्रांत ने हाथ जोड़कर कहा—"इसका अभिप्राय कृपया समझाइये।"

शंकर आचार्य बोले—"प्रिय सखा!... बड़े-बड़े योगियों ने, तपस्वियों ने अनेक प्रकार के साधन किए किंतु थक गए। न तो माया से मुक्ति मिली और न ही ब्रह्मानंद की प्राप्ति हुई। तब उन लोगों ने उस ब्रह्म को जानने के लिए, भगवान को पाने के लिए समझ लिया कि कोई अन्य साधन काम नहीं आएगा। केवल एक ही साधन है कि श्रोत्रिय ब्रह्मनिष्ठ महापुरुष की शरण में जाना होगा। 'श्रोत्रिय' और 'ब्रह्मनिष्ठ'—इस श्लोक में दो शब्द आए हैं। श्रोत्रिय माने वह व्यक्ति जिसको वेद-शास्त्रों का इतना ज्ञान हो जो हमको समझा सके।... ज्ञात रहे कि वेद-पुराण-उपनिषद आदि का उसका ज्ञान केवल उसके अपने लिए ही हो और उसे वह शिष्यों को समझाने में समर्थ न हो, ऐसा गुरु हमारे काम का नहीं। जो हमें भली-भाँति समझा सके कि ईश्वर क्या है? माया क्या है? मन क्या है? यह पंचभूत शरीर क्या है? आत्मा क्या है? इत्यादि। इन सारे रहस्यों का निराकरण कर सके, वही होता है श्रोत्रिय सद्‌गुरु।... और हाँ, उस श्रोत्रिय विद्वान को ब्रह्मनिष्ठ भी होना चाहिए।"

"ब्रह्मनिष्ठ का अर्थ क्या हुआ आचार्य जी?"

"ब्रह्मनिष्ठ का सीधा-सादा अर्थ यह है कि जिसे स्वयं भी ब्रह्म का साक्षात्कार हो चुका हो। जो जीते जी ब्रह्ममय हो चुका हो मतलब मित्र!... तुम बस यह समझो कि ब्रह्मनिष्ठ गुरु वह महा तपस्वी अथवा योगी होता है जिसने स्वयं भगवान के दर्शन किए हों अथवा उसे पा लिया हो। खाली शाब्दिक ज्ञान वाला कोई साधु-संत नहीं। वह महात्मा तो 'परमहंस' होना चाहिए।"

उद्‌भ्रांत ने अपने दोनों हाथ अपने मुख पर रखे। विस्फारित नेत्रों से आचार्य शंकर की ओर देखते हुए कहा—"अरे बाप रे बाप!... ऐसे सद्‌गुरु की खोज में निकले हैं आप?... किंतु आप तो स्वयं ही इतने ज्ञानी हैं आचार्य जी?"

"किसने कहा मित्र?—" शंकर बोले—"महामूर्ख हूँ मैं। पोथी-पुराण पढ़ लेने से कुछ नहीं होता। हज़ारों शंकाएं हैं मन में। उन सब का निदान तो 'सद्गुरु' के चरणों में बैठकर ही संभव है।"

तब तक वर्षा रुक चुकी थी। शंकर बोले—"कठोपनिषद् का एक सूत्र-वाक्य है—

उत्तिष्ठत जाग्रत प्राप्य वरानिन्नबोधत।...

अरे मनुष्यो! उठो, जागो, महापुरुष के पास जाकर शरणागत हो और उनके द्वारा ईश्वर का ज्ञान प्राप्त करो। ईश्वर को प्राप्त करो।..."

—और दोनों मित्र उठकर श्रृंगेरी नगर की ओर प्रस्थान कर गए। वह उनकी यात्रा का ग्यारवाँ दिवस था। संध्या होते-होते वे श्रृंगेरी पहुँच गए। दोनों मित्रों ने नगर के प्रारंभ में ही स्थित एक धर्मशाला में डेरा डाला।

उन दिनों धर्मशालाएं आज की भाँति सशुल्क नहीं होती थीं। धर्मप्राण व्यक्ति उन्हें साधु-संन्यासी और साधारण यात्रियों के ठहरने के लिए दान-धर्म हेतु बनवाते थे। किन्हीं-किन्हीं में तो मुफ़्त भोजन की व्यवस्था भी बारहों मास होती थी।

प्रातःकाल दोनों मित्र कुछ दूर पर स्थित तुंगा नदी के किनारे गए। तुंगा नदी कल-कल करती बहती घने जंगलों से घिरी एक ऐसा मनहर एवं सुंदर दृश्य प्रस्तुत करती थी कि वहाँ से हटने को मन नहीं करता था।

दोनों राहगीरों ने धर्मशाला में रात्रि-विश्राम के बाद सुबह जब इस निर्मल जलधार युक्त नदी को देखा तो वे बड़े पछताए कि वे कल संध्या-समय ही इस स्थान के दर्शन हेतु क्यों न आए? नाहक उन्होंने धर्मशाला के कूप से जल निकाल कर स्नान ध्यान किया।

तुंगा नदी में दोनों मित्रों ने जल-किलोल की और मन परम आहलाद से ओत-प्रोत हो उठा। स्नान के उपरान्त वे जिस वन क्षेत्र में कपड़े सुखाने लगे वहाँ आम और चंदन के अनेक वृक्ष थे।

साथ लाए भगवा वस्त्र पहनकर शंकर तो ध्यान मग्न हो गए। उद्भ्रांत घुटना मोड़कर प्रकृति के अनुपम स्वरुपों के दर्शन करने लगा। सच में एक व्यक्ति ब्रह्म और आत्मा के एकीकरण की अनुभूति करने का अभ्यास करता रहता था। दूसरा सांसारिक जीव था। वह निवृत्ति मार्ग के बजाए प्रवृत्ति मार्ग का पक्षधर था। जीवन में जो भी सुख मिल जाए, क्षणिक ही सही, उसका आनंद क्यों न ले लिया जाए।

उस प्रकृति की अलौकिक-सी गोद में शंकर का ध्यान ऐसा लगा कि दो घंटे से भी अधिक बीत गए। उद्भ्रांत के पेट में चूहे कुलबुलाने लगे। अब इन आचार्य जी का क्या करें। केवल शंकर मित्र होता तो उसे छोड़ कर कुछ देर कहीं चले भी जाते। मगर इस समय तो यह ब्रह्म-साक्षात्कार की प्रक्रिया में हैं। ऐसे में इन आचार्य जी को छोड़कर कहीं जाया भी तो नहीं जा सकता।...

आधा-पौना घंटा और बीता। शंकर ध्यान से बाहर आए। उसके बाद सूखे वस्त्र समेटकर दोनों मित्र धर्मशाला की ओर चले गए। प्रातःकालीन जलपान हेतु और क्षेत्र-भ्रमण हेतु। उद्भ्रांत ने वहाँ प्रस्ताव रखा कि नगर भ्रमण कर लिया जाए। शंकर ने प्रस्ताव निरस्त कर दिया। कहा कि प्रकृति के इस सुरम्य अंचल में आओ हम जंगलों का भ्रमण कर लें थोड़ा-बहुत। नगर में क्या देखना?

वे दोनों पुनः जंगल के मध्य विहरती तुंगा नदी के किनारे-किनारे चले जा रहे थे। आज कोई वर्षा काल न था। दोपहर होते-होते कड़ी धूप निकल आई थी। गर्मी चटक पड़ी। एक जगह नदी तट पर दोनों मित्र ठिठक गए। कुछ दूरी पर सामने उन्हें एक अद्भुत दृश्य दिखाई पड़ा। उसे देखकर वे चकित रह गए।

उन्होंने देखा कि नदी से अनेक मेंढक निकल-निकलकर किनारे स्थित पत्थरों की छोटी-छोटी चट्टानों पर आ बैठते हैं। परन्तु तपते हुए पत्थरों की गर्मी सहन न होने के कारण तुरंत पानी में कूद जाते हैं। उन मेंढकों के फुदक कर आने-जाने का क्रम काफ़ी देर तक जारी रहा। इस बीच शंकर अपने सखा के साथ नदी तट के एक वृक्ष के नीचे बैठ गए।

इन्होंने देखा कि इस बीच ना जाने कहाँ से एक बड़ा-सा साँप आया और नदी की ओर फन फैलाकर बैठ गया। इस बार वे नन्हें मेंढक नदी से बाहर निकले। वे सबके सब उस साँप के फन की छाया में सिमट कर विश्राम करने लगे। उस साँप के भय से मेंढकों का वह दल ना तो भागा और ना ही फन-काढ़े उस साँप ने उनमें से किसी मेंढक को अपना आहार बनाया।

-यह देखकर शंकर ने अपने मित्र से कहा कि यह कोई साधारण जगह नहीं। कोई अत्यंत पवित्र स्थल प्रतीत होता है। इस स्थान-विशेष का कोई न कोई अपना महत्त्व अवश्य है। वह रहस्य क्या है? इसे जानने हेतु शंकर व्यग्र हो उठे।

कुछ दूर आगे बढ़ने पर उन्हें पहाड़ की एक चोटी पर चढ़ने की सीढ़ियाँ दिखाई पड़ीं। पत्थर की सीढ़ियों पर पाँव रखते दोनों चढ़ने लगे। ऊपर चोटी से कुछ पहले उन्हें एक तपस्वी साधु दिखाई दिए जो एक गुफा के बाहर बैठे धूप सेंक रहे थे। क्योंकि वह स्थान अपेक्षाकृत काफ़ी ठंडा था। ऐसा प्राकृतिक कारणों से था? अथवा किसी अन्य कारण से? कह नहीं सकते।

शंकर ने उन साधु-बाबा को प्रणाम किया। अपना परिचय दिया। अपने मित्र का भी। उन्होंने उस स्थान का महत्त्व साधु-बाबा से जानना चाहा। इसपर उन्होंने बताया कि पहले यहाँ सहस्त्रों वर्ष पूर्व ऋष्य शृंग मुनि का आश्रम था। उन्होंने सुदीर्घकाल तक इसी गुफा के भीतर तपस्या की थी। उनके तपोबल का प्रभाव अब तक इस वन्य प्रक्षेत्र में है। उन्हीं के नाम पर इस स्थान का नाम शृंगेरी पड़ा है।

उसके बाद शंकर में उस पवित्र गुफा के दर्शन की अभिलाषा प्रकट की। बाबा शंकर को भीतर ले गए। भीतर कुछ दूर बाद अंधेरा था। आगे बढ़ने पर वहाँ का अंधकार और एकांत और बढ़ गया। वहाँ मात्र एक तेल का दीपक जल रहा था। बाहर से चिड़ियों का कलरव अथवा तुंगा नदी का भी कोई स्वर अब सुनाई नहीं दे रहा था। शंकर ने साधु बाबा से कुछ देर वहीं बैठकर ध्यान करने की अनुमति माँगी।

बाबा शंकर को भीतर छोड़कर पवित्र गुफा से बाहर आ गए। उद्भ्रांत उस पहाड़ी पर खड़ा दूर-दूर तक फैले उस हरे-भरे घने जंगलों के विस्तार और उनके बीच से नीले-सफेद जल वाली पत्थरों से टकराकर बहती उछलती तुंगा नदी की उसे धारा की मनोरम छवि को मंत्रमुग्ध-सा निहार रहा था।

साधु बाबा ने उसे बताया कि—''यहाँ चंदन के सघन-वनों की प्रचुरता है। नगर हाट में जाना तो यहाँ का सुप्रसिद्ध सफ़ेद-चंदन अवश्य लेना अपने शंकर के लिए। और हाँ एक डिब्बी कुमकुम और एक कमंडलु भी क्रय कर लेना मार्ग में शंकर द्वारा पेयजल ले जाने के लिए।... और हाँ, तुम लोग ओंकारेश्वर जा रहे हो ना—महात्मा गोविंदपाद से भेंट करने?''

कुछ देर बाद शंकर उस पवित्र गुफ़ा से बाहर आए। दोनों ने पुनः साधु-बाबा को प्रणाम किया। उस तपस्वी ने दोनों हाथ उठाकर उन्हें आशीर्वाद दिया।

पहाड़ी की प्रस्तर सारणी उतरते हुए आधे-रास्ते पर उद्भ्रांत ने शंकर से पूछा—''क्या तूने बाबा को बताया था कि तू ओंकारेश्वर जा रहा है?''

शंकर ने कहा—''नहीं तो ।''

''तो क्या यह भी नहीं कहा कि गोविंदपाद जी को गुरु बनाने जा रहा है?''

शंकर ने पुनः कहा—''नहीं। मैंने उनसे ऐसा कुछ नहीं कहा।''

इसपर उद्भ्रांत चकराया... तो फिर इन साधु-महाराज को वह सब कैसे पता चला?... वाकई यह स्थान बड़ा विचित्र है।...

3

गुरुगान

संन्यासोन्मुख शंकर एक दिन और शृंगेरी में रूके। अगली सुबह एक बार और पुण्य सलिला तुंगा नदी में स्नान करने को गए। उस दिन स्नानोपरान्त उनके सखा ने उनका क्षौरकर्म और शृंगार अपने हाथों से किया। शृंगेरी बाजार की दुकानों से उसने एक उस्तरा, एक छोटा फल काटने का चाकू, सफ़ेद चंदन, कुमकुम और स्वयं के लिए एक कंघी भी खरीदी थी। एक छोटा-सा दर्पण भी।

स्नान से पूर्व शंकर का एक नाई की भाँति मुंडन किया। स्नान के उपरान्त उनके माथे पर मोटा त्रिपुंड सफ़ेद सुगंधित चंदन से लगाया। उसके नीचे दोनों भवों के मध्य एक गोल बिंदी। पूजन-ध्यान के बाद वे आगे की पदयात्रा पर निकल पड़े।

उत्तर दिशा को जाता वह रास्ता अब यातायात के दृष्टिकोण से अपेक्षाकृत अधिक व्यस्त हो चला था। घोड़ागाड़ी, बैलगाड़ी, रथों की आवाजाही बढ़ गई थी।

शंकर के मन में अपने परम गुरु के दर्शन की ललक हर बीतते दिन के साथ बढ़ती जा रही थी। उनके पैदल सफ़र की यात्रा-गति भी बढ़ रही थी। ओंकारेश्वर, नर्मदा नदी, पूज्य-महात्मा गोविंदपाद के बारे में पूछते-पाछते वे निरंतर आगे बढ़ रहे थे।

उन्हें बस अब एक ही धुन सवार थी भगवान गोविंदपाद से संन्यास की दीक्षा और अद्वैत-वेदांत का दुर्लभतम ज्ञान... माया-मोह का त्याग और अपनी आत्मा का परमात्मा से सीधा जुड़ाव... इनसे सम्बन्धित समस्त रहस्यों को परम पूज्य गुरुदेव से प्राप्त कर परमानंद को प्राप्त करना।...

इस विचार के समक्ष शंकर को अब तक का अपना सब पढ़ा-लिखा तुच्छ प्रतीत होता। सचमुच जो ब्रह्मविद्या सद्गुरु के श्रीमुख से प्राप्त होती है उसका कोई मुकाबला नहीं। गुरु ही उद्धारक है। गुरु ही तारक है। यदि गुरु के श्रीचरणों में किसी शिष्य अथवा साधक का मन नहीं रमता तो उसमें चाहे सहस्त्र गुण हों, उसकी चाहे जो भी उपलब्धियाँ हों, उन सब का क्या लाभ?...

और कालड़ी से ओंकारेश्वर की अपनी इस यात्रा में गुरु की खोज में निकले परम ब्रह्म-जिज्ञासु शंकर अपने भावी गुरु की मूरत की कल्पना मन में करके उस महापथ पर चलते-चलते अचानक गा उठे—

"शरीरं सुरुपं सदा रोगमुक्तं
यशश्चारु चित्रं धनं मेरुतुल्यम्।
मनश्चेन्न लग्नं गुरोरंघ्रिपदमे
ततः किं ततः किं ततः किं ततः किम्।।"

-भले ही शरीर रुपवान हो और सदैव रोगमुक्त रहे। यश चारों दिशाओं में फैला हुआ हो और पर्वत जैसी अपार धन-संपदा हो, परंतु यदि गुरु के चरण कमल में मन नहीं रमता हो तो इन सब का क्या लाभ?

शंकर का गुरु भक्ति में सराबोर यह मार्मिक गान जैसे ही उनके सुमधुर कण्ठ से फूटा मानों दिग्दिगंत में गूँज उठा। उसे धरती-आकाश—मेध-पवन-सरिताएं जिस-जिस ने सुना, सब झूम उठे।

वृक्षों को रोमांच हो आया और वे इस बाल-संन्यासी पर पुष्पों की वर्षा करने लगे। साथ चलते उनके गुरुकुल के सखा को भी रोमांच हो आया।

स्वयं अपने उस अनदेखे गुरु-स्थान की ओर बढ़ते, पग-पग धरते, दोनों हाथ आकाश की ओर उठाए गाते हुए शंकर के नेत्रों से आँसू बह निकले। जो शंकर माता से बिछुड़ते हुए जी कड़ा किए रहे। अश्रु की एक बूँद भी बहने न दी, अब वही शंकर आर्तवाणी में गा भी रहे थे और जैसे अपने भावी गुरु को उनके आशीर्वाद से पहले ही अपना आभार भी व्यक्त किए दे रहे थे। गुरु के प्रति उनके इस सम्पूर्ण समर्पण के आवेग में जो श्लोक जो शब्द आकार ले रहे थे वे उनकी जाने-अनजाने एक मौलिक कृति 'गुर्वष्टकम्' की रचना स्वतः किए दे रहे थे।

शंकर की गुरु-स्तुति जारी थी। उनकी यात्रा जारी थी—

"षडंगादि वेदो मुखे शास्त्रविद्या
कवित्वादि गद्यं सुपद्यमं करोति।
मनश्चेन्न लग्नं गुरोरंघ्रिपद्मे
ततः किं ततः किं ततः किं ततः किम्।।"

—जिन्हें वेद और षट्वेदांग आदि शास्त्र पूर्णरूप से कण्ठस्थ हों, जिनमें सुंदर काव्य और गद्य रचना की प्रतिभा हो, परंतु यदि उनका गुरु के चरणकमल में मन नहीं रमता हो तो इन सब का क्या लाभ? कितने सरल शब्दों में कितने निश्छल और विनीत भावों से गुरु की शान में मात्र आठ श्लोकों की यह आचार्य शंकर की रचना हुई? राह चलता जो भी सुनता इस अद्भुत तेजस्वी बालक को प्रणाम किए बिना न रह पाता।

छोटा सा बालक और इतना दिव्य स्वरूप। गुरु की भक्ति में शंकर के इन हृदयोद्गारों ने उनका आगे का मार्ग स्वतः प्रशस्त कर दिया।

अब तो शंकर ओंकारेश्वर तीर्थ की ओर नहीं खिंच रहे थे, वह तीर्थ ही उन्हें तीव्रता से अपनी ओर खींच रहा था। दूर की मंज़िल मानो स्वतः पास आती जा रही थी।..

.

एक बाल-संन्यासी। मन से जन्मजात संन्यासी। तन से भी अब संन्यासी। शीघ्र ही गुरु दीक्षा के बाद औपचारिक रूप से चिर-संन्यास की ओर अग्रसर। संन्यासी का चोला। एक हाथ में साधारण दंड दूसरे हाथ में एक कमंडल भी। द्रुत गति से अपने लक्ष्य की ओर बढ़ते कदम।...

अब अधिकतर यात्रा मैदानी इलाकों में हो रही थी। दक्षिण भारत से मध्य भारत के बीच। शंकर के जीवन की पहली बड़ी यात्रा। वह भी पदयात्रा। आखिर वह संन्यासी जो थे। एक संकल्पबद्ध ऐसा बालक जिसने ब्रह्मचर्य आश्रम में ही संन्यास आश्रम का वरण कर लिया था। वह भी अपनी युवावस्था में नहीं। तरूणाई में भी नहीं। जीवन के नवें वर्ष में प्रवेश करते ही।...

जिस उम्र में दूसरे बालक गुल्ली-डंडा खेलते हैं, पतंग उड़ाते हैं, भागम-भाग अथवा छुपन-छुपइया के खेल खेलते हैं। जिस उम्र में अपने माता-पिता से ज़िद करते हैं।

अपने माता-पिता से खिलौनों और तरह-तरह की खाने-पीने की वस्तुओं की मांग करते हैं। परस्पर खेलते हैं, लड़ते हैं-झगड़ते हैं, शरारतें करते हैं, रोते हैं-हँसते हैं। रेत के घरौंदे बनाते हैं-बिगाड़ते हैं। बालिकाओं की चोटियाँ खींचते हैं। उनकी गुड़िया-गुड्डे छीनते हैं। तंग करते हैं। एक-दूसरे को चिढ़ाते हैं।...

उस आयु में बालक शंकर चारों वेदों, दोनों महाकाव्यों तथा अनेक अन्य ग्रन्थों के ज्ञाता बन अपने अध्यात्म-गुरु की खोज में गृहत्याग कर निकल पड़े थे।... जीवन के समस्त सांसारिक सुखों को ठेंगा दिखाकर।...

उस दिनों आज से 2500 वर्ष पूर्व जनसंख्या का घनत्व अत्यंत क्षीण था। नगर, ग्राम, छुटपुट आबादी में इधर-उधर दूर-दूर तक बिखरे हुए थे। मध्य भारत में तो आज भी दूसरे प्रदेशों की अपेक्षा जनसंख्या का घनत्व काफ़ी कम है। उस समय तो धरती पर दूर-दूर तक जंगल ही फैले हुए थे। मनुष्य जहाँ बसता था, कृषि योग्य भूमि का खुला विस्तार वहीं आस-पास दिखता था।...

दक्षिण से उत्तर को जाता वह मुख्य-पथ। बाँई ओर कुछ कोस यदि जाते तो महासागर मिल जाता। परंतु समुद्र को छोड़ उस महावन्य प्रक्षेत्र से गुज़रते उस मार्ग पर चले जा रहे थे शंकर। कभी-कभी राह में वन्य जीव-जन्तुओं से भी वास्ता पड़ जाता। हिरणों का झुंड... अथवा जंगली हाथियों का दल सड़क पार करता... सड़कें आज की तरह पक्की कोलतार की अथवा सीमेंटेड तो न थीं। कहीं पथरीली तो कहीं कच्ची ही हुआ करती थीं। रथों अथवा बैलगाड़ियों की लीक से भी संयुक्त कहीं-कहीं, जिनपर दोनों ओर घास उगी रहती। मार्ग हर जगह निरापद न होता।...

कहीं-कहीं तो बाघ, सिंह, चीते, भेड़िए, सियार जैसे हिंसक पशु भी मिल जाते। राहगीर लोग ठिठक जाते किंतु जंगली-जीव किसी को अनावश्यक हानि न पहुँचाते। वे स्वभाव से क्रूर एवं लुटेरे मनुष्यों से भी अधिक शांतिपूर्ण होते। शंकर डरे हुए उद्भ्रांत से कहते—"मित्र घबराओ मत। ये कुछ नहीं करेंगे।... तुम इन्हें अपनी राह जाने दो. .. ये तुम्हें तुम्हारी राह जाने देंगे।..."

वानरों और चिड़ियों की तो भरमार थी उन वन्यांचलों में। बन-मुर्गियाँ यत्र-तत्र निर्भय विचरती थीं। खरगोश और दूसरे छोटे जीवों को लोमड़ियों और श्रंगालों आदि के भय के अतिरिक्त मनुष्यों से कोई विशेष भय नहीं लगता था, जब तक कि वे आखेटक न हों। वन-जीवन और जन-जीवन में एक संतुलित तादात्म्य था उन दिनों। प्राकृतिक प्रदूषण तो नाम मात्र को भी न था।...

चलते-रुकते और पुनः चलते दो महीने बीत गए तब वह ओंकारेश्वर ज्योतिर्लिंग तीर्थ निकट आया। पहाड़ी इलाका पुनः शुरु हो गया। मार्ग सर्पीला हो गया। हरियाली और ऊँचाई युक्त एक सुरम्य वातावरण उन दोनों पद यात्रियों के सन्मुख सजीव हो उठा।...

चलते-चलते ऊँचाई से एक स्थान पर नीचे का अद्भुत दृश्य देखा शंकर और उनके प्रिय सखा ने।–

नर्मदा नदी और उसकी सहायक सरिता ने मिलकर एक शैल शिखर को घेर रखा है, प्रायः 'ॐ' के आकार में। शंकर आते-जाते पद यात्रियों से योगीराज गोविन्दपाद जी महाराज के बारे में पूछने लगे। अधिकतर लोगों ने उन्हें महा-शिव मंदिर का पता-ठिकाना तो बताया। उन महात्मा के बारे में किसी राहगीर से कुछ पता न चला।

सौभाग्य से एक सज्जन-से यात्री ने उन्हें सुझाव दिया कि–''उस पर्वत की तलहटी से जाएं। वहाँ कुछ साधु-संन्यासी रहते हैं। उनसे ज्ञात कीजिए। कदाचित् आपको कुछ जानकारी मिल सके।''

शंकर ने आँखों पर हाथ रखकर देखा। धूप तेज़ थी। सामने बहुत दूर पर लहराती-बलखाती नर्मदा के उस छोर पर एक पहाड़ी थी। जिसके शिखर से कुछ नीचे सफ़ेद चूने से पुता एक छोटा-सा मंदिर दिखा उन्हें जिसपर भगवा-ध्वज लहराता इतनी दूर से दिख रहा था। यदि पक्षी की भाँति एक उड़ान में वहाँ जाया जा सकता तो उड़ान के पश्चात पंखों में थोड़ी थकान अवश्य लगती।...

दोनों मित्र उन सज्जन द्वारा निर्दिष्ट स्थान पर पदयात्रा करते घूमते-घामते दो-ढाई घंटे बाद पहुँच ही गए। पहाड़ी की उस तलहटी में उन्हें साधु मिले। उनसे पूछा। एक वृद्ध संन्यासी ने उल्टे उनसे प्रश्न किया–''तुम कहाँ से आ रहे हो? योगी गोविन्दपाद का नाम तुमने कहाँ सुना?''

शंकर बोले–''मैं केरल देश से आ रहा हूँ। अपने शिक्षा गुरु के मुखारबिन्द से मैंने पूज्य गुरु महाराज का नाम सुना है। उन्हीं के आदेश अनुसार यहाँ आया हूँ।''

सागौन और दूसरे वृक्षों के पत्ते गर्मी से झुलसकर आस-पास गिर रहे थे। इस स्थल तक पहुँचने के लिए शंकर और उनके सखा को एक नाव द्वारा नर्मदा भी पार करनी पड़ी थी। उससे पूर्व उन्होंने नदी में स्नान कर स्वयं को पवित्र किया था। गर्मी और तेज़ धूप में गीले कपड़े भी पर्याप्त सीमा तक जल्दी ही सूख गए थे। उन्हें समेट कर गठरी में रखकर दोनों उस स्थान तक आए थे।

वहाँ सभी साधु बालक-शंकर के संन्यासी स्वरूप को आश्चर्य के साथ निहार रहे थे। सुदूर दक्षिण से आया एक असंभव-सा दिखता वैरागी बाल-व्यक्तित्व।

वयोवृद्ध साधु ने शंकर से कहा–''आप कुछ देर इस शिला पर विश्राम कीजिए। योगीराज गोविंद यहीं निवास करते हैं। सामने वह जो शिला-खण्ड देख रहे हैं न आप, उसके पीछे एक गुफा है। उसी गुफा के भीतर योगीराज समाधिस्थ हैं।''

''कब से तपस्यारत हैं वे?''–शंकर ने पूछा। वे बूढ़े साधु महाराज मुस्कुराए। उन्होंने किशोर उद्भ्रांत की ओर संकेत कर कहा–''जब मैं इसकी आयु का था तब

उनके दर्शन को आया था। योगीराज गोविंद कहते हैं उससे भी सौ-डेढ़ सौ वर्ष पूर्व इस गुफा में समाधि पर बैठे थे।''

उद्भ्रांत ने उजबक की भाँति पूछा—

''तो?''

एक अन्य साधु थोड़ा खिन्न मन से बोला—''तो क्या लड़के! ये महाराज जी अब स्वयं सौ वर्ष के होने को आए अब तक इन गोविंद महाराज के दर्शन न कर पाए हैं।''

वृद्ध साधु बोले—''नहीं ऐसा नहीं... दर्शन तो कई बार किये। गुरु-गुफ़ा में मौन-प्रवेश करके। परंतु उनसे आजतक वार्तालाप न कर पाए। जब भी कुछ देर को गए दूर से दर्शन किये। हरदम उन्हें समाधिस्थ ही पाया।''

शंकर ने तब बहुत सधे स्वर में कहा—''क्या में पूज्यपाद के दर्शन कर सकता हूँ?''

साधु बोले—''अभी तक सुदीर्घ काल से उनकी समाधि भंग नहीं हुई है। उस गुफ़ा के एकांत में हैं वे। गुफ़ा के भीतर घोर अंधकार है। हम सब भी उनकी समाधि भंग होने की प्रतीक्षा कर रहे हैं। क्या कहें?''

शंकर पुनः बोले—क्या मैं भीतर जा सकता हूँ?''

कुछ क्षण सब चुप रहे। फिर वह वृद्ध साधु बोले—''तुम संन्यासी दिखते हो। अतः अवश्य जा सकते हो। परंतु गुफ़ा के भीतर घोर अंधकार है। जाना तो बाहर रखा वह अखण्ड दीपक भीतर ले जाना।''

शंकर पत्थर की छोटी-छोटी सीढ़ियाँ चढ़ने लगे। उनके सखा उद्भ्रांत ने उनका अनुगमन करना चाहा। साधुओं ने संकेत से उसे रोक दिया।

शिलाखण्ड को थोड़ा सरकाकर शंकर भीतर गए। एक लंबा सँकरा-सा जिसमें एक समय में एक आदमी ही सीधा चल सकता था गलियारा पार किया। पर्वतीय प्राकृतिक चौड़ाई का, ऊबड़-खाबड़-सा। फिर आई वह अंधेरी गुफ़ा। शंकर भीतर प्रविष्ट हुए।

दीपक के प्रकाश में देखा—सामने कुछ दूर एक भारी जटा—जूटधारी कृष्काय तपस्वी, नेत्र मूंदे समाधि अवस्था में अविचल। मानो कोई जीवित मनुष्य न होकर किसी प्रस्तर-प्रतिमा जैसा। कुछ देर उन्हें एकटक निहारने के पश्चात शंकर वहीं उनके सन्मुख भूमि पर बैठ गए।

शंकर भाव-विभोर होकर वही सद्यःरचित गुरु-स्तुति का गान करने लगे—

''क्षमा मण्डले भूपभूपालवृन्दैः
सदासेवितं यस्य पादारविन्दम्।
मनश्चेन्न लग्नं गुरोरंघ्रिपद्मे
ततः किं ततः किं ततः किं ततः किम्।।

—भले ही आप पूरे ब्रह्मांड के सम्राट हों, पृथ्वी के समस्त शक्तिशाली राजा आपकी सेवा में तत्पर रहते हों, परंतु यदि गुरु के चरणकमल में मन नहीं रमता, तो इन सबका क्या लाभ?

शंकर ने पहले धीमें स्वर में स्तुति गान प्रारंभ किया था। फिर उत्तरोत्तर उनके स्वर का परिमाण बढ़ता गया। सिद्ध योगी गुरु गोविंद पाद की तपस्या स्थली वह पवित्र गुफ़ा बाल-शंकर के मार्मिक-स्तवन से गुंजायमान हो उठी।—

"अरण्ये न वा स्वस्य गेहे न कार्ये
न देहे मनो वर्तते मे त्वनर्घ्ये।
मनश्चेन्न लग्नं गुरोरंघ्रिपद्मे
ततः किं ततः किं ततः किं ततः किम्।।

—भले ही तुम वन को अपना घर मानकर रहने के लिए तैयार हो, अपने कामकाज या शरीर से या धन-धान्य से नहीं बंधे हो, परंतु अगर श्रीगुरु के चरणकमलों में तुम्हारा मन नहीं रमता हो तो इन सभी बातों का क्या लाभ?

बाहर जितने भी साधु-संन्यासी और शंकर-सखा इत्यादि बैठे थे, वे सब लोग धीरे-धीरे भीतर आ गए और स्तुति गान करते शंकर के पीछे चुपचाप खड़े हो गए।

देखते ही देखते उस सुमधुर गुरुगान के फलस्वरूप सामने की उस प्रस्तर-प्रतिमा सम मानव-देह में कम्पन हुआ। समाधि-पुरुष की आँखें खुलीं। उनकी आँखों से एक तेज-सा निकला जो बाल-शंकर के नेत्रों में समा गया। महापुरुष गोविंदपाद जी अपनी सुदीर्घ-समाधि से बाहर आ चुके थे। शंकर का आगमन वस्तुतः प्रतीक्षारत उन तमाम संन्यासियों के लिये भी वरदान सरीखा साबित हुआ।

गोविंद भगवतपाद के जाग्रत होते ही बाल-संन्यासी शंकर खड़े हुए। पुनः उनके सन्मुख साष्टांग दण्डवत की मुद्रा में लेट गए।

4

ओंकारेश्वर

गुरु गुफ़ा में एकत्रित साधु समाज जयकारा लगाने लगा—

बोलिये भगवान गोविंदपाद जी महाराज की... जय!...
परम गुरु गौड़पाद-शिष्य गोविंद परमाचार्य की जय!!....

महायोगी गोविन्दपाद जी महाराज वास्तव में अब पूर्णतः चैतन्य अवस्था में आ चुके थे। उन्होंने तपस्या का आसन त्यागा और अपनी लम्बी जर्जर काया, भारी जटाजूट और लंबी लटकती दाढ़ी के साथ पास आकर उस भूमिष्ठ बालक शंकर को देखा।

लड़खड़ाते हुए उसके और निकट आए। शंकर उठ बैठे। घुटनों के बल बैठकर गुरुवर गोविंद को देखने लगे। गोविंदपाद ने आपाद-मस्तक बालक शंकर को देखा। फिर उनके सिर पर हाथ फेरकर बोले—''तुम्हारी गुरु-वन्दना की स्वर लहरी ने मुझे अनंत व्यापी ब्रह्मलोक से खींचकर जगा दिया। न जाने कितनी अवधि बाद ? इतना ही नहीं तुमने मुझे मेरे गुरुदेव प्रभु गौड़पाद भगवान की भी स्नेहसिक्त स्मृति दिला दी... वे कहते थे एक दिन आएगा तेरा वह परम शिष्य, जो तेरी सारी तपस्या को सार्थक कर देगा। विश्व को वेदान्त का सच्चा पाठ पढ़ाएगा।...वत्स! कहीं तुम वही तो नहीं? कौन हो तुम?''

इस पर शंकर ने पूज्य गोविंद भगवतपाद के दोनों चरणों पर हाथ रखे, बिलखकर कहा—

''हे शेषावतार भगवन्!... आपने ही मुनिवर पतंजलि के रूप में योगशास्त्र' की रचना की और पाणिनी की अष्टाध्यायी' पर भाष्य रचा। आप अद्वैत वेदान्त के साक्षात् हस्ताक्षर और ब्रह्मज्ञान के परमाचार्य हैं। फिर अंतर्यामी होकर भी मुझ अकिंचन का परिचय पूछते हैं। अब मैं आपको क्या उत्तर दूँ कि मैं कौन हूँ ? आपका आदेश है तो स्व-परिचय में मात्र इतना ही कहूँगा—

मनोबुद्ध्य हंकार चितानि नाहं
न च श्रोतजिहवे न च घ्राण नेत्रे।
न च व्योम भूमिर्न तेजो न वायुश्च
चिदानन्द रूपः शिवोऽहं शिवोऽहम्।।

—मैं मन, बुद्धि अहंकार और स्मृति नहीं हूँ। न ही मैं कान, जीभ, नाक और न नेत्र हूँ। मैं शाश्वत आनंद और चैतन्य हूँ, मैं शिव हूँ, मैं शिव हूँ।''

इस प्रकार शंकर ने भगवत्पाद के समक्ष अपना प्रथम परिचय छः श्लोकों में दिया आगे चलकर यह उनकी निर्वाणषटकम्' नामक एक अमर रचना कहलाई।

गुरु गोविंदपाद शंकर के इन अद्वैत मूलक वचनों से अति प्रसन्न हुए। बोले—

''मैं जान गया कि तुम वही शंकर हो। शिवशंभु के अंशावतार। तुम्हें पाकर आज मैं धन्य हुआ। मेरी एक सर्व समर्थ सुपात्र शिष्य की हार्दिक आकांक्षा मेरे गुरुदेव की परम कृपा से आज पूर्ण हुई।... अब तुम जाओ। यहाँ आश्रम की अतिथि-कुटिया में जाकर विश्राम करो। संन्यास दीक्षा हेतु आए हो ? आज से तीसरे दिन तुम्हें मैं अभिजित मुहूर्त में बुलाऊँगा।''

शंकर गुरु गोविंदपाद को दण्डवत् कर परम आहलादित मन से गुफ़ा से बाहर आ गए। गोविंदपाद जी लंबी तपस्या एवं समाधि से उठे थे। अतः बेहद कमजोर हो गए थे। उन उपस्थित साधुओं में से कुछ उनकी सेवा-सुश्रुसा और औषधिक उपचारादि हेतु

उनके पास गुफ़ा में ही रह गए। शेष साधु बाहर आ गए। शंकर इतने खुश थे कि गुफ़ा से बाहर आते ही अपने मित्र उद्भ्रांत से कसकर लिपट गए।...

संध्या समय दोनों मित्रों ने एक बार पुनः नर्मदा नदी में सूर्यास्त से पूर्व स्नान किया और वे ओंकारेश्वर महादेव के पावन दर्शन हेतु उनके आदिकालीन मंदिर की ओर चल पड़े। मंदिर वहाँ से बहुत दूर न था।

ओंकारेश्वर मंदिर जो कि वर्तमान युग में बहुत भव्य स्वरूप में है उस समय एक गुफ़ा में प्रकटे ज्योतिर्लिंग-स्वरूप विद्यमान था। उसे स्वयंभू, स्वतः जन्मा, स्वयं शिव द्वारा स्थापित बारह ज्योतिर्लिंगों में से एक कहा जाता है। शिवलिंग के पीछे उस समय भगवान शिव की अर्द्धांगिनी माँ पार्वती की प्रतिमा नहीं थी, जब शंकर ने वहाँ दर्शन व पूजन किये थे। उसके उपरान्त जब शंकर उस शिव गुफ़ा में एक ओर दीवार से पीठ टिकाकर बैठे तो उनकी समाधि लग गई। ''ओम नमः शिवाय'' के निरंतर मंत्राच्चार के साथ कोई सेठ जी पुरोहितों की सहायता से ओंकारेश्वर शिवलिंग पर दुग्धाभिषेक कर रहे थे।

शंकर बहुत देर मौन, नेत्र मूंदे बैठे रहे। जब अभिषेक के उपरान्त शिवशंभु को पुष्प, भस्म, नैवेद्य, सुगंधादि के साथ हिरण्य दक्षिणा अर्पित की जाने लगी—शंकर अचानक चैतन्य हो गा उठे—उसी समय मन में प्रकटा उनका—'शिव पंचाक्षर स्तोत्र'। यह स्तोत्र बाल-संन्यासी शंकर के आशु कवित्व से जन्मा था। ''ओम नमः शिवाय'' के निरंतर श्रवण के साथ। 'नमः शिवाय' के पाँच अक्षरों न' म' श' व' और य' से निर्मित होकर। उनके मानस में प्रत्येक अक्षर से शिव-स्तुति से एक-एक श्लोक रचित होता चला गया।

ओंकारेश्वर के उस नर्मदा तट स्थित प्राचीन शिव मंदिर में सभी उपस्थित भक्तों और पुजारियों की दृष्टि दीवार से शरीर टिकाये नेत्र मूंदे उस छोटे से बालक की ओर घूम गई। वह सुंदर ब्रह्मचारी बालक कभी न सुनी गई एक अभूतपूर्व शिव-स्तुति का कुछ इस तरह गान कर रहा था मानो वह नर्मदा तीर बसे ओंकारेश्वर शिवालय में बैठा-बैठा, अपने पिता और गुरुजन से सुने मंदाकिनी तीर विराजित, केदारनाथ महादेव के चिर अभिलाषित दर्शन कर रहा हो।

''नागेन्द्रहाराय त्रिलोचनाय
भस्मांग रागाय महेश्वराय।
नित्याय शुद्धाय दिगम्बराय
तस्मै 'न' काराय नमः शिवाय।।1।।

मंदाकिनी सलिल चंदन चर्चिताय
नन्दीश्वर प्रमथनाथ महेश्वराय।

मन्दारमुख्य बहुपुष्पसु पूजिताय
तस्मै 'म' काराय नमः शिवाय।।2।।

शिवाय गौरी वदनाब्जवृन्द
सूर्याय दक्षाध्वर नाशकाय।
श्रीनीलकण्ठाय वृषभध्वजाय
तस्मै 'शि' काराय नमः शिवाय।।3।।

वशिष्ठ कुम्भोद्भव गौतमार्य
मुनीन्द्र देवार्चित शेखराय।
चन्द्रार्क वैश्वानर लोचनाय
तस्मै 'व' काराय नमः शिवाय।।4।।

यज्ञ स्वरूपाय जटाधराय
पिनाक हस्ताय सनातनाय।
दिव्याय देवाय दिगम्बराय
तस्मै 'य' काराय नमः शिवाय।।5।।

मंदिर के प्रधान पुजारी संस्कृत के सुविज्ञ पंडित थे। उन्होंने जब यह स्तुति शंकर के श्रीमुख से सुनी तो ठगे-से रह गए। शिव पंचाक्षर स्तोत्र' जितना सरल और लालित्यपूर्ण है, शिव की अनेक पौराणिक कथाओं एवं स्वरूपों को अपने भीतर शब्द-शब्द में समेटे है। अर्थ गांभीर्य एवं रचयिता के विशद अध्ययन का द्योतक।

प्रधान पुजारी ने हाथ जोड़कर बालक शंकर से पूछा—''कहाँ से पधारे महाराज ?''

शंकर ने केवल इतना कहा—''समीप के गुरुवर गोविंद प्रभुपाद के आश्रम से।''

—और वे मंदिर में माथा टेक कर बाहर आ गए। अगले दिन शंकर ने सखा सहित ओंकारेश्वर परिक्षेत्र का व्यापक भ्रमण किया। उन्हें गुरु आज्ञा याद थी। तीसरे दिन उनके समक्ष उपस्थित होने की।

सचमुच उस तीसरे दिन दोपहर से कुछ काल पूर्व गोविंदपाद-आश्रम में एक साधु शंकर को बुलाने आया। बोला—''गुरु गोविंद आपको याद कर रहे हैं।''

शंकर तो बड़े सवेरे से ही स्नान-ध्यान-सूर्य पूजन आदि करके तैयार थे। चटपट गुरुदेव की कुटिया में चले गए। वहाँ सन्मुख बैठे दो महानुभावों को गुरुदेव ने जाने की आज्ञा दी और शंकर को पास बुलाया। शंकर ने गुरुदेव के चरण स्पर्श किए। वे

बोले—"उधर... उस तरफ़ रखा वह अपना आसन ले लो। तुम्हारे लिए विशेषकर मंगवाया है। पूजन-ध्यानादि के समय अपना आसन अलग एवं शुद्ध होना चाहिए।"

शंकर ने गुरु आज्ञा का पालन किया और गुरुदेव गोविंद पादाचार्य जी के सन्मुख जिज्ञासु भाव से हाथ जोड़कर बैठ गए।

गुरुदेव बोले—

"समस्त चारों वेदों का सार उपनिषदों में संग्रहीत है। बड़े ही सुंदर रूप में।...

ऋग्वेद-यजुर्वेद-सामवेद-अथर्ववेद के तुम उच्चकोटि के ज्ञाता हो। मुझे विदित है...

वेद जिनका अर्थ है पवित्र ज्ञान अथवा विवेक... उन्हीं से उद्भूत है उनकी संहिताएं। इन चारों वैदिक संहिताओं के साथ विद्वानों ने तीन अन्य शास्त्रों अथवा हमारे सनातन धर्मग्रंथों को जोड़ा है।... वे हैं ब्राह्मण, आरण्यक और उपनिषद्... उनसे भी तुम कुछ-कुछ अवगत हो।...

ब्राह्मणों में पुरोहितों के लिए पूजा पद्धति की प्रथाओं का विस्तृत उल्लेख है। आरण्यकों का अर्थ ही है वन विषयक हमारे संन्यासियों का रहन-सहन...उनके अनुभवजन्य विचारों और चिंतन का सारांश।...

आरण्यकों से ही निकले हैं हमारे महान धार्मिक ग्रंथ-उपनिषद् जो अपने वैदिक ज्ञान की उच्चता के कारण हिन्दू दर्शन और अध्यात्म के सर्वाधिक महत्त्वपूर्ण और हमारे आधारभूत ग्रंथ हैं।... वस्तुतः इनमें सम्पूर्ण मनुष्य जगत और चराचर जगत के जीवधारियों के जीवन का चरम रहस्य अंतर्निहित है।...

यह सब गुरुवाणी शंकर स्थितिप्रज्ञ दशा में एकाग्रचित्त होकर सुन रहे थे। उस कुटिया में उस समय उन गुरु-शिष्य के अतिरिक्त कोई तीसरा नहीं था। परम एकांत था। इस समय किसी को भी गुरुधाम में आने की अनुमति नहीं थी।

गोविंदपाद जी महाराज ने तब अपने अनन्य शिष्य शंकर को संन्यास-धर्म की विधिवत दीक्षा दी। उन्हें कानों में 'गोपनीय-गुरुमंत्र' दिया। उन्हें एक कपड़ा सिला धर्मदण्ड दिया। एक जपमाला दी। कहा—"इसे दण्ड के ऊपरी सिरे पर निर्दिष्ट स्थान पर सुरक्षित रखो। नित्य ध्यान से पूर्व जपने हेतु।"

और भी कुछ निर्देश दिए जो कि संन्यासियों को कठोरता पूर्वक पालन करने होते हैं। उसके उपरान्त गोविन्दपाद गुरुदेव ने उन्हें 'शंकराचार्य' के नये नाम से विभूषित किया।

शंकराचार्य के परम गुरु गोविन्दपाद महाराज ने तब अचानक उनके मस्तक पर दोनों भवों के मध्य अपने दाहिने करतल का अंगूठा रख शक्तिपात किया। उसके स्पर्श मात्र से शंकराचार्य के पूरे शरीर में एक विद्युत का भारी झटका-सा लगा और वे कुछ क्षणों के लिए अचेत-से हो गए। फिर एक दिव्य प्रकाश उनके मस्तिष्क के भीतर कौंधा। उन्हें सम्पूर्ण ब्रह्माण्ड अपने भीतर नाचता हुआ अनुभूत हुआ। एक ऐसा

शब्दातीत अनुभव जिसे केवल वही महसूस कर सकता था जिस पर उसके गुरु भगवान की अलौकिक कृपा घटित हुई हो।

शंकराचार्य जब कुछ देर पश्चात होश में आए तो उन्हें लगा मानों वे युगों की नींद से जागे हों और इस नश्वर संसार में उनके लिए मानो सबकुछ बदल गया हो। एक आमूलचूल परिवर्तन। संसार में होते हुए भी न होने की अनिर्वचनीय अनुभूति। भूत-भविष्य-वर्तमान तीनों में विद्यमान होने की अद्‌भुत अद्वितीय क्षमता।

शंकराचार्य ओंकारेश्वर में गुरुदेव के सानिध्य में लगभग तीन वर्ष रहे। उनसे उन्होंने 'अद्वैत वेदांत' की सर्वोच्च शिक्षा ग्रहण की। गुरुदेव ने उन्हें योगाभ्यास, साहित्य-सृजन और कुछ तंत्र विद्याएं भी सिखाईं। उनमें आकाश मार्ग से गमन की अलौकिक विद्या भी सम्मिलित थी, जिसके साथ अपरिहार्य परिस्थितियों में उसके नगण्य उपयोग के निर्देश भी शामिल थे। शंकराचार्य समस्त शास्त्रों पर गुरु से विशेष ज्ञान प्राप्त कर उनमें पारंगत हुए।

जब शंकराचार्य की शिक्षा सम्पन्न होने का समय आया तो एक प्रातःकालीन विशेष सत्र में गुरु गोविंदपाद ने उनसे कहा–

"प्रिय आत्मन्!... ब्रह्म का साक्षात्कार कर लेने के पश्चात तुमने अपनी विनयशीलता और श्रेष्ठतम व्यवहार से मुझे अत्यधिक प्रसन्नता प्रदान की है। अतः मैं उपनिषदों के इन चार महावाक्यों को तुम्हारे सन्मुख पुनः दोहराता हूँ। इन्हें तुम अपने गुरु का 'ब्रह्म तत्त्व' का मूल उपदेश ही जानो।–

ऋग्वेद और ऐतरेय उपनिषद् कहता है–**"प्रज्ञानं ब्रह्म"**

–अर्थात् प्रज्ञारूप उपाधि वाला आत्मा ब्रह्म है।...

यजुर्वेद और बृहदारण्यक उपनिषद् कहता है–**"अहं ब्रह्मास्मि"**–अर्थात् मैं ब्रह्म हूँ।...

सामवेद और छान्दोन्य उपनिषद् का अभिकथन है–**"तत्त्वमसि"**–अर्थात् वह ब्रह्म तू है।

अथर्ववेद और माण्डूक्य उपनिषद् का अभिकथन है–**"अयमात्मा ब्रह्म"**–अर्थात् यह आत्मा ही ब्रह्म है।

ये आर्ष वाक्य, स्मरण रहे कि, आत्मा और परमात्मा के अभिन्न सम्बन्ध की सीधी स्पष्ट व्याख्या हैं। इस अद्वैत वेदांत का तुम्हें लोक कल्याण के निमित्त आजीवन प्रचार करना है। मुझे पूरा विश्वास है कि वैदिक धर्म, जो कि सत्य एवं सनातन है, उसमें विधर्मियों के द्वारा फैलाए भ्रमजाल को तो तुम तोड़ोगे ही। जो वैदिक धर्म में उसके भीतर ही रह रहे पाखण्डियों ने विविध मत-मतान्तर कालक्रम में उत्पन्न कर स्व-धर्म

के ह्रास का प्रबंध कर डाला है, तुम अपनी अद्वितीय मेधा से उस दुर्योग को भी निश्चय ही नष्ट करोगे।...

इसके लिए तुम्हें निरंतर स्वाध्याय, आत्मसाक्षात्कार, शास्त्रार्थ, साहित्य-सर्जना, भ्रमण और उपदेश आदि समस्त उपादानों का सदुपयोग करना होगा।...

प्रिय शंकर!... मुझे मालूम है कि तुम्हारे पास समय अत्यंत सीमित है। परंतु मेरा तुम्हें यह आशीर्वाद है कि उसके अनन्तर भी तुम वह सब कुछ प्रभूत मात्रा में कर सकोगे जो प्राणि मात्र के लिए कल्याणकारक और सत्य सनातन धर्म के लिए अनिवार्य है।''

गोविंद गुरुदेव के इन वचनों को हृदयंगम करने के उपरान्त आदि शंकराचार्य ने परम कृतज्ञ भाव से श्रीगुरु के चरण कमलों का विधिपूर्वक पूजन कर उनके चरणोदक का पान किया।

इस प्रकार अल्प समय में अब सच्चे संन्यासी बन चुके आचार्य शंकर ने अल्प समय में ही गुरु कृपा से 'ब्रह्म सूत्र' का भी ज्ञान प्राप्त कर लिया। तीन वर्ष पूरे होने को थे।

फिर वर्षाकाल पुनः आया। इस बार आसपास के क्षेत्रों में घनघोर वर्षा हुई। नदियाँ उफनाने लगीं। चारों ओर बाढ़ आ जाने से त्राहि-त्राहि मच गई। धीरे-धीरे ओंकारेश्वर में नर्मदा नदी का पानी भी गुरु गुफ़ा के पास आ गया। यह देखकर साधु-संन्यासियों का यह दल चिन्तित हो उठा। गुरुवर गोविंदपाद उस समय ध्यानमुद्रा में थे। शंकर नहीं चाहते थे कि पूज्य गुरुदेव का ध्यान भंग हो। बाहर घनघोर वर्षा हो रही थी। नर्मदा की उफनती धारा ऊपर उठते-उठते आश्रम की ऊपरी सीढ़ी तक आ गई थी। वह कभी भी उठकर गुरु गुफ़ा में प्रवेश कर सकती थी।

तभी शंकराचार्य कहीं से खोजकर एक मिट्टी का घड़ा ले आए और उसे गुफ़ा के मुहाने पर रख दिया। भीतर के आधार पर। इस प्रकार कि यदि नदी का जल भीतर आए तो वह घड़े के मुख से उसमें भी प्रवेश करे।

शंकराचार्य ने जप-रत साधकों से कहा—''आप लोग निश्चिंत रहकर अपनी साधना करते रहिए। बाढ़ का पानी गुफ़ा में नहीं आने पाएगा।''

शंकर का कथन वास्तव में सत्य सिद्ध हुआ। नर्मदा की बाढ़ का जल उस मृदघट में जैसे ही आकर भरा वह उसी में जैसे समाहित होता चला गया। जैसे कोई नदी सागर में समा जाती है।

एक चमत्कार और हुआ। उसी क्षण से बाहर वर्षा का प्रकोप भी थम गया। नर्मदा का जल स्तर घटने लगा। जो कि फिर अगले कुछ दिनों में घटता ही चला गया।

ध्यान से वापस आने पर योगीराज गोविंदपाद जी को जब अपने अन्य शिष्यों से शंकर के इस कृत्य की जानकारी हुई तब उन्होंने सबके सामने घोषणा की—

''शंकराचार्य अब पूर्ण योगी बन चुके हैं। इन्हें सिद्धि प्राप्त हो गई है। अब इन्हें कुछ भी सिखाना शेष नहीं है। भगवान शंकर का अवतार हैं ये। उन्हीं का महाअंश। अब मेरा कार्य समाप्त हो गया है। शंकर ही मेरे अधूरे कार्यों को पूरा करेंगे। अब मैं इस शरीर को त्यागकर परम धाम को जाता हूँ।''

भगवताचार्य गोविंदपाद का यह कथन सुनकर सभी शिष्य और उनके अनुयायी अश्रुपात करने लगे। साधु समाज को शोक संतप्त देखकर गोविंदपाद ने कहा—''तुम लोगों को चिंता करने की आवश्यकता नहीं है। अपनी जगह मैं शंकर को छोड़े जा रहा हूँ। उसमें मेरी समस्त आध्यात्मिक शक्तियाँ सन्निहित हैं। इनका अनुसरण करने पर तुम सभी को सत्य का वास्तविक मार्ग सुलभ हो जाएगा।''

गुरुदेव ने तब आचार्य शंकर से कहा कि—''वत्स! मेरे बाद तुम यहाँ से काशी चले जाना। मैं वस्तुतः तुम्हारे आगमन की प्रतीक्षा में अब तक इस धराधाम में रूका हुआ था।... अब से तुम जगद्गुरु शंकराचार्य हो। तुम्हारे माध्यम से इस कलियुग में अद्वैत ब्रह्म विज्ञान का प्रचार होगा जो भारत वर्ष की सनातन सभ्यता की नींव को सुदृढ़ करेगा।''

—गुरु-आदेश को शिरोधार्य करके उनके परम शिष्य शंकर ने फिर उन्हें गदगद भाव से साष्टांग प्रणाम किया।

उसके कुछ ही देर बाद गुरुदेव गोविंदपाद ने अपनी योगशक्ति से यह शरीर छोड़कर चिर-समाधि ले ली। सम्पूर्ण साधु समाज शोक-विह्वल हो उठा। उसके बाद वेद मंत्रों के पाठ के मध्य उन परम वीतरागी महान संत की पंचभूत काया का हज़ारों के जन-समुदाय के मध्य, सभी शिष्यों एवं अनुयायियों ने अपूर्व श्रद्धा के साथ नर्मदा की जलधारा में पुष्पार्पण कर जल-प्रवाह किया।

शंकर अपने सखा के कांधे पर सर रखकर रो पड़े। जगद्गुरु शंकराचार्य आखिर उस समय करते भी तो क्या? असहाय थे। गुरु विरह में टूटे हुए थे आचरण में कठोर थे। परंतु अंतस से अत्यंत कोमल।

उद्भ्रांत ने उनसे कहा—''चलो मित्र! हम काशी चलने की तैयारी करते हैं।''

अध्याय–तीन

⌘

ॐ तद्वो गाय सुते सचा पुरुहूताय सत्वेन।
शं यद्गवे न शाकिने।।

—हम सब मिलकर प्रभु का गायन करें। जिससे हममें निर्माण की, ना कि विध्वंस की, भावना जन्म ले। *(सामवेद)*

1

काशी यात्रा

अपने जीवन के 12 वर्ष पूर्ण करते-कराते आदि शंकराचार्य ओंकारेश्वर से चलकर मोक्षदायनी प्राचीन सप्तपुरियों में से एक काशी नगरी पहुँचे। वह वर्ष रहा होगा 495 ईसा पूर्व के आस-पास का। जब मध्य भारत के उस द्वादश-ज्योतिर्लिंग तीर्थों में से एक तीर्थ से जब शंकराचार्य चले तो उनके कुछ अनुयायी और कुछ ओंकारेश्वर के साधु-संन्यासी भी उनके साथ हो लिए।

बाल-संन्यासी का प्रकाण्ड-पांडित्य वाला तेजोमय-स्वरूप, उस पर से उनके गुरु का परम अनुग्रह, नर्मदा की बाढ़ की रोकथाम में उनकी सिद्धि का प्रताप देखते ही देखते ओंकारेश्वर में इतना चर्चित हुआ कि बहुत से धर्मप्राण व्यक्ति शंकराचार्य महाराज के अनुयायी बन गए।

शंकराचार्य जी काशी जा रहे हैं। बाबा विश्वनाथ की पावन नगरी काशी। अरे!. .. वह भी तो बारह ज्योतिर्लिंगों में से एक है। चलो हम भी उनके दर्शन कर आएं।. .. फिर अपने गुरु महाराज भी वहीं जा रहे हैं। गुरु के साथ-साथ किसी तीर्थ की यात्रा का सौभाग्य ही कुछ और है।... सुना है पूज्य गोविंदपाद आश्रम के कुछ संन्यासी भी अपने गुरु महाराज के साथ काशी जा रहे हैं। यदि हम भी चलें तो कितना आनंद रहेगा।...

यही सब सोचते-विचारते कोई 20-25 लोगों का एक तीर्थयात्री दल शंकराचार्य के पीछे चलने को तैयार हो गया।

शंकराचार्य जब ओंकारेश्वर से चले तो उनके नाम का जयकारा लगाता वह दल उनके साथ हो लिया। स्थानीय जन इन तीर्थयात्रियों पर फूल बरसाने लगे। वर्षा ऋतु के समाप्त हो जाने के पश्चात ही शंकराचार्य काशी यात्रा पर निकले थे। उनके बाल मित्र उद्भ्रांत उनके साथ, साए की तरह, इस यात्रा में भी संग चल रहे थे। परंतु उद्भ्रांत इस बार काफ़ी संयत थे। कारण कि शंकर के अनुयायियों और अन्य संतों की उपस्थिति में वह शंकर की गरिमा का पूरा लिहाज़ रख रहे थे। यात्रा का तौर-तरीका लगभग वही था जो कालड़ी से ओंकारेश्वर की यात्रा में रहा था। सूर्योदय से सूर्यास्त तक ही पदयात्रा। सांयकाल होते-होते किसी मंदिर अथवा धर्मशाला में रात्रि विश्राम।

यदि संयोग से यात्रा के दैनिक विराम के समय निर्जन अथवा वन्य स्थान ही मिला, कोई मंदिर कोई ऐसी परमार्थ-भवन की छत-सुलभ न हुई, तो वह रात्रि खुले मैदान, नदी-तालाब किनारे अथवा किसी बाग-बगीचे में काटी जाती।

अगले सूर्योदय से बहुत पहले ब्रह्म मुहूर्त में शंकराचार्य सदा की भाँति उठकर सर्वप्रथम अपने गुरु का ध्यान करते मन ही मन कुछ देर मंत्रजाप करते। फिर नित्य क्रिया, स्नानादि से निवृत्त हो ब्रह्माराधन में जुट जाते। उस समय उनके एकांत का अतिक्रमण करने की अनुमति किसी को न होती।

एक स्थान से दूसरे स्थान की यात्रा में यात्रियों को पेयजल प्रायः प्रदूषण-रहित ही मिलता था। क्योंकि उन दिनों स्वच्छता-बोध के साथ-साथ लोगों में परमार्थ और समाज सेवा का भाव पर्याप्त सीमा तक विद्यमान था। राजा-महाराजा-धनिक व्यक्ति तो कुँए और तालाब इत्यादि खुदवाते ही थे, कई ऐसे भी उदाहरण मिलते थे कि किसी साधारण गृहस्थ ने अथवा किसी विधवा ने कोई तालाब बनवाया अथवा सार्वजनिक-कूप या बावड़ी का निर्माण किया।

ऐसे लोगों को जन-साधारण भी बहुत आदर की दृष्टि से देखते थे। उन्हें महात्मा मानकर श्रद्धा से उनके दिवंगत होने पर वर्षों उन्हें याद रखते थे। एकदम रामायण और महाभारत काल के तालाबों की बात न भी करें तो उसके बाद, शताब्दियों के बीत जाने के बाद, आज तक नए तालाबों को बनवाने और पुराने तालाबों के जीर्णोद्धार का सिलसिला थमा नहीं था।

मार्ग के कष्टों को सहन करते शंकराचार्य एवं अन्य सभी ओंकारेश्वर से इंदौर, विदिशा, रींवा, विन्ध्याचल आदि होते हुए—''ओंकारेश्वर हर-हर शंभू... जय विश्वेश्वर काशीनाथ...'' गाते-गाते काशी की ओर बढ़ते गए।

काशी पहुँचने में यही कोई दो महीने का समय लगा होगा जगद्गुरु आदि शंकराचार्य को। यह उन परमहंस संत की दूसरी लंबी यात्रा थी। पहली यात्रा में वे केवल दो व्यक्ति थे। इस बार की यात्रा में दो दर्जन व्यक्तियों का उन्हें साथ था। आस्थावान लोगों का एक समुदाय शंकराचार्य महाराज के पदचिन्हों के पीछे-पीछे उनके साथ था इस बार। यह उनके लिए भी एक नया अनुभव था। कुछ अटपटा-सा भी लगता कभी-कभी। पर बालयोगी शंकर स्वयं को संयत करते किसी तरह।

उद्भ्रांत चलते-चलते जब उनके कान में धीरे से कहता—''ज्ञानवान आचार्य महोदय।... चलते-चलिए... यह मायालोक है आपका ब्रह्मलोक नहीं।''

इस पर लोगों से घिरे उत्तरोत्तर बढ़ते कद कामद के, शंकराचार्य अचानक हँस देते। इतनी निकटता से बात करने का साहस तो बस उनके इस अभिन्न मित्र के ही भीतर था। अन्य सह-यात्री अनुयायी गण तो सदैव उनसे दो-तीन फुट की दूरी बनाकर ही चलते और कोई सीधी बात करने से संकुचाते थे।

दो महीने बीतने के अनन्तर यह बड़ी-यात्रा सम्पन्न हुई। शंकर और उनका दल पतित-पावनी कलिमल-हारणी गंगा नदी के तट पर स्थित काशी, जिसे वाराणसी नाम से भी जाना जाता था वरूणा और अस्सी नदियों की भी वहाँ उपस्थिति के कारण, पहुँचकर अत्यंत प्रसन्न हुए।

शंकराचार्य महाभाग वाराणसी के सुप्रसिद्ध मणिकर्णिका घाट पर स्थित एक देवालय के अतिथि गृह में ठहरे। निकट के एक धर्मशाला में ठहरने वाले उनके अनुयाइयों ने ही आनन-फानन में उनके एकांत में ठहरने हेतु यह स्थान खोज निकाला था। उस अतिथि गृह में एक कक्ष में शंकर और दूसरे बाहरी कक्ष में उनके सहयोगी-सखा उद्भ्रांत ने अपना आसन जमाया।

मणिकर्णिका घाट से सामने बहने वाली देव सरिता गंगा का दृश्य अत्यधिक सुंदर और मन को अनोखी निर्मलता प्रदान करने वाला था। तब आज की तरह इस घाट पर शवदाह नहीं किया जाता था। अन्त्येष्टि स्थल यहाँ से काफ़ी दूर हटकर था। आज की तरह मनुष्यों की जनसंख्या भी इतनी अधिक और विकराल न थी।

मणिकर्णिका घाट को लेकर अनेक किंवदंतियाँ प्रचलित हैं। उनमें से शंकराचार्य के आगमन के समय भी दो किंवदंतियाँ लोकमत में प्रचलित थीं। पहली इस प्रकार कि—एक बार भगवान विष्णु ने भगवान शिव की तपस्या की। उस दौरान उन्होंने अपने सुदर्शन चक्र से इस गंगाघाट पर एक कुण्ड खोदा था। उस कुण्ड में विष्णु की दीर्घकालीन तपस्या के समय उनके शरीर से निकला हुआ स्वेद भर गया था। जब शिव वहाँ प्रसन्न होकर प्रकट हुए तो विष्णु उन्हें प्रणाम करने हेतु झुके। तब विष्णु के कान का एक मणिमय कुंडल उनके कान से छूटकर उस पसीने के कुंड में गिर गया। तब से इस स्थान का नाम मणिकर्णिका घाट पड़ा।

दूसरी जनश्रुति के अनुसार माता पार्वती का एक कर्णफूल यहाँ के एक कुण्ड में गिर गया था, जिसे ढूँढ़ने का काम भगवान शंकर के द्वारा किया गया। तब से यह स्थल मणिकर्णिका घाट के नाम से जाना जाता है।

बहरहाल जब आदि शंकराचार्य जी महाराज काशी में मणिकर्णिका घाट पर ठहरे तो वह एक विशुद्ध स्नानघाट था। शवदाह स्थल कहीं अन्यत्र था। यह अवश्य था कि उन दिनों भी इस घाट को मोक्ष अथवा मुक्ति का धाम माना जाता था और अपने परिजनों का अंतिम संस्कार करने के उपरान्त अधिकांश व्यक्ति मणिकर्णिका घाट में ही आकर स्नान करना पसंद करते थे।

शंकराचार्य जी महाराज के पधारने से यह घाट और भी चर्चित हो उठा। क्योंकि नित्य सायंकाल वे घाट के एक शांत भाग में विराजमान होकर अपने अनुयायियों के मध्य 'अद्वैत वेदांत' की चर्चा करते। इस ज्ञान वार्ता को सुनने के लिए काशी के उस घाट में दूर-दूर से आए श्रद्धालु भी उस ब्रह्म-सत्संग में आ जुटते। श्रवण लाभ करते।

वे आश्चर्य से तब भर जाते जब वे एक अत्यंत छोटी उम्र के संन्यासी को काषाय वस्त्र में धर्मदण्ड थामे उपस्थित जन-समुदाय के समक्ष अत्यंत गूढ़-गंभीर अध्यात्म चर्चा परम आत्मविश्वास के साथ करते देखते और सुनते।

इसका परिणाम यह हुआ कि शीघ्र ही कुछ ही दिनों में काशी में दूर-दूर तक यह बात फैल गई कि एक परम ज्ञानी बाल-संन्यासी दक्षिण भारत में किसी स्थान से पधारा है जिसके मुखारविन्द पर इतना तेज है कि उसपर आँखें नहीं टिकतीं। उसकी वाणी में ऐसा चुम्बकीय प्रभाव है कि एक बार उसे सुनने पर वहाँ से हटने का मन नहीं करता। ज्ञानवान और विद्वान तो ऐसा है कि सौ वर्ष का वेदाचार्य अथवा बहुपठित व्यक्ति भी उसके सामने पानी माँगे। यह सुनकर काशी के पंडितों में शंकराचार्य को देखने और उनकी परीक्षा लेने की होड़ मच गई।

प्रवचन काल में एक से एक विद्वान जुटने लगे। वे शंकराचार्य के प्रवचन के उपरान्त उनसे वेद-शास्त्रों में निहित ज्ञान को लेकर अनेक प्रश्न पूछने लगे। शंकराचार्य मुस्कुराकर सब प्रश्नों का सहज रूप से समाधान करते। किसी-किसी विद्वान ने उनसे शास्त्रार्थ की भी इच्छा जताई। शंकराचार्य महाराज ने उसकी वह इच्छा भी पूर्ण की। और उसे अपने तर्कों, दृष्टांतों और शास्त्रों के भीतर निहित प्रमाणों का उल्लेख कर पूर्णतः परास्त किया।

इस प्रक्रिया में काशी में एक-दो मास में ही शंकराचार्य के सैंकड़ों प्रशंसक और अनुयायी बन गए। उनमें कई ने उनका शिष्यत्व ग्रहण करने की भी अभिलाषा प्रकट की। शंकराचार्य ने उन्हें आशीर्वाद तो दिया परंतु गुरुदीक्षा की बात हँसकर टाल गए।

काशी वास के दौरान शंकराचार्य को अपने गोलोकवासी गुरुदेव का वह अभिकथन रह-रहकर स्मरण हो आता—"हे वत्स! तुम काशी विश्वनाथ की नगरी में जाओ। वहाँ तुम वेदांत-दर्शन का प्रचार-प्रसार करो। उसकी शिक्षा का संचार करो। जैन, बौद्ध और स्वयं वैदिक धर्म के भीतर उत्पन्न अनेक मत-मतान्तर और विचार हमारी सनातन संस्कृति की नींव को क्षतिग्रस्त करने में चेष्टारत हैं। कुछ को तो राज्याश्रय भी प्राप्त हो चला है। इसके कारण साधारण जन अनेक कष्टों का अनुभव कर रहे हैं। ऐसे में शंकर!... तुम जाओ और सांसारिक दावग्नि में दग्ध हो रहे मनुष्यों के सन्मुख तुम वेदों में वर्णित आध्यात्मिक तत्त्व का रहस्योद्घाटन करो और ब्रह्मसूत्र, भगवदगीता, उपनिषदों आदि में जो ज्ञान गंगा प्रवाहित है उसको सरलीकृत कर जन-जन में सुलभ कराओ।... आगे का मार्ग तुम्हें विश्वेश्वर भगवान शिव स्वयं सुझाएंगे।..."

काशी पहुँचते ही गंगा-स्नान कर प्रथम दिवस ही शंकराचार्य ने काशी विश्वनाथ के मंदिर में भगवान शिव के ज्योतिर्लिंग के पावन दर्शन कर उनका अभिषेक किया था। तदुपरांत माता-अन्नपूर्णा और अन्य मंदिरों के दर्शन किए। शंकराचार्य परम ब्रह्म परमेश्वर के निराकर प्रकाशमय स्वरूप में ही अकाट्य विश्वास रखते थे। परंतु श्रद्धालुओं के बहुदेववाद पूजन-अर्चन-विश्वास का समादर करते थे। जिस मंदिर में जाते जिस देवता के विग्रह को समक्ष पाते उसे करबद्ध नमन करते। उनके मन में कहीं न कहीं यह दृढ़ धारणा थी कि साकार ईश्वर की पूजा-अर्चना भी उस अंतिम सत्य-निराकर ब्रह्म तक पहुँचने की एक प्रारंभिक सीढ़ी है।...

उत्तर भारत में उन दिनों कड़ाके की ठंड पड़ रही थी। पौष मास में काशी में भी लोग शीत लहरी में कंपकपा रहे थे। नगर और गंगा घाटों पर रात्रि में जगह-जगह काशी-नरेश ने गृह विहीन और निर्धन व्यक्तियों के लिये अलाव जलवाने की व्यवस्था कर रखी थी। लोग रात-रात भर बैठकर अलाव तापते और बतकही कहकर समय निकालते। शीत लहरी उन्हें सोने नहीं देती और अग्नि की ज्वालाएं मरने नहीं देती। फिर भी अनेक व्यक्ति अकाल मृत्यु को प्राप्त हो ही जाते।

दशाश्वमेध घाट पर एक दिन सांयकाल साधु-संतों की एक सभा जुटी थी। उसका आयोजन वाराणसी के नगर श्रेष्ठि संगठन ने, एक भागवत् कथा सप्ताह के समापन के शुभ अवसर पर, दशाश्वमेध घाट पर आज किया था। प्रत्येक दिवस पर किसी न किसी संत का सातों दिन भागवत कथा के अंत में प्रवचन होता। शैव, शाक्त, वैष्णव, हठयोगियों, तांत्रिकों, कापालिकों, अवधूतों को उस साधु सम्मेलन में सांयकाल एक घंटे अपने मत पर विचार रखने की व्यवस्था नगर श्रेष्ठियों ने कर रखी थी। बड़े-बड़े सेठ-साहूकार, विद्वान, शिक्षाविद् और भगवत प्रेमी उस कार्यक्रम में विभिन्न मठावलंबियों को सुन रहे थे।

उस सर्वमत सम्मेलन में अंतिम दिन काशी में नव-प्रतिष्ठित बाल-संन्यासी शंकराचार्य जी को भी उन आयोजकों ने उनके अद्वैत-वेदांत के प्रवचन हेतु सादर आमंत्रित किया था।

शंकराचार्य उसमें गए। दशाश्वमेध घाट पर उस दिन संत-सम्मेलन स्थल पर भारी भीड़ थी। श्रोतागण उस अद्‌भुत बाल-संन्यासी को आज देखने और सुनने का दुर्लभ अवसर जानकर दूर-दूर से आए थे। काशी के आस-पास के क्षेत्रों से भी। जिस-जिस ने भी सुन रखा था कि एक बालक बहुत जोरदार ढंग से ब्रह्म चर्चा करता है, वेदों-शास्त्रों का प्रकाण्ड ज्ञाता है, अमुक दिन गंगा घाट पर बोलेगा, वह दशाश्वमेध घाट की सीढ़ियों पर घंटों पहले से आकर जम गया था।

पूज्यवर शंकराचार्य निर्धारित समय पर अपने अनुयायियों के साथ पधारे। दिन भर काशी में भटकने वाला उनका मित्र उद्भ्रांत भी इस समय विशेष रूप से उनके साथ था। मित्र के बजाय उनके एक अंगरक्षक जैसा।

मंच पर न्यास-सिंहासन पर आज शंकराचार्य अपने दण्ड-कमण्डलु सहित आरूढ़ हुए। कुछ क्षण नेत्र मूँद कर उन्होंने परम-ब्रह्म-परमेश्वर का चिंतन किया।...

उतनी देर उपस्थित श्रोता समुदाय साँस रोके शंकराचार्य महाराज के सम्बोधन की प्रतीक्षा करता रहा। शंकराचार्य नेत्र मूँदे सर्वप्रथम कुछ श्लोक उच्चारित करने लगे, जो आगे चलकर उनके एक ग्रंथ 'आत्म बोध' का सूत्रपात करने के निमित्त बने। शंकराचार्य कहने लगे–

''तपोभिः क्षीण पापानां शान्तानां वीतरागिणाम्।
मुमुक्षूणाम पेक्ष्योऽयमात्मबोधो विधीयते।।...

प्रिय आत्मन्!

यह जान लो कि मैं आत्मबोध अथवा आत्मज्ञान का यह उल्लेख उन व्यक्तियों के लिए कर रहा हूँ जिन्होंने आत्म संयम और तपस्या के माध्यम से स्वयं को शुद्ध कर लिया है, जो हृदय से शांत हैं, जो लालसा से दूर है और इच्छाओं से मुक्ति पा चुके हैं।...

यह भी समझने की चेष्टा करो कि जिस प्रकार भोजन के पकने का प्रत्यक्ष कारण अग्नि होती है, उसी प्रकार मोक्ष प्राप्ति का साधन केवल ज्ञान है अन्य कोई विद्या नहीं। क्योंकि ज्ञानमार्ग का अनुगमन किए बिना इस सांसारिक आवागमन के चक्र से मुक्ति पाना संभव नहीं।...

सत्संग में पधारे भक्तगण चकित भाव से उस ओजस्वी बाल-संन्यासी को देख-सुन रहे थे। उनकी वाणी में तो सम्मोहन था। व्यक्तित्व ऐसा सुंदर कि जो भी देखे देखता रह जाए। परंतु उसका उपदेश थोड़ा अबूझ-सा था। समझने में मस्तिष्क को थोड़ा कसरत कराने वाला।

सामान्य बुद्धि के श्रोता शंकराचार्य को सुन रहे थे और उन्हें लग रहा था कि ईश्वरीय ज्ञान जो यह दे रहा है भले ही कितना रहस्यमय हो, इसे उसकी गहराई का पूरा भान है। जो यह कह रहा है, ठीक ही कह रहा होगा।

जो विद्वान और कायदे से पढ़े-लिखे श्रोता थे वे बहुदेववाद और परंपरागत ईश्वर भक्ति, गीता के कर्मवाद की तुलना में मन ही मन उसे तर्क की कसौटी पर कसने का प्रयत्न कर रहे थे। पर अल्पायु के इन शंकराचार्य के अदम्य-आत्मविश्वास के आगे वे भी अभिभूत थे।

जगद्गुरु शंकराचार्य कह रहे थे–

"...यह संसार अनुरक्ति और विरक्ति से भरा हुआ है और यह किसी स्वप्न के समान है। यह राग-द्वेषों से परिपूर्ण है। यह तभी तक सत्य दिखता है जब तक कोई व्यक्ति अज्ञानी है। किंतु जब उसे ज्ञान प्राप्त हो जाता है तो ये सब मिथ्या दिखाई देने लगता है।"

शंकराचार्य उपस्थित जन-समुदाय पर चारों ओर कृपा-दृष्टि डालते हुए, एक स्मित-मुस्कान के साथ यह भी कह रहे थे—

"रज्जु सर्प वदात्मानं जीवं ज्ञात्वा भयं वहेत्।
नाहं जीवः परात्मेति ज्ञातंचेन्निर्भयो भवेत्।।

अर्थात्—जैसे मनुष्य रस्सी को सांप समझ लेता है, वैसे ही आत्मा डर के वशीभूत होकर स्वयं को जीव समझ लेता है। आत्मा इस भय से तब मुक्त होता है जब वो अनुभव कर लेता है कि वह जीव नहीं बल्कि परमात्मा है।"

शंकराचार्य अब धारा प्रवाह बोल रहे थे। विद्वानों को उनके सम्भाषण में रस आने लगा था। अनपढ़ पलकें झपका रहे थे। अधपढ़े श्रोता कुछ-कुछ आत्मविस्मृत होते जा रहे थे। जगद्गुरु कह रहे थे—

"नेति-नेति... ये ऐसा नहीं है—ये ऐसा नहीं है... इस शास्त्रीय वाक्य की सहायता से सभी उपाधियों का निषेध करते हुए वैदिक सूत्र के माध्यम से स्व-आत्मा और परम-आत्मा के बीच एकाकार होने का अनुभव होने लगता है।

सोचो, एकांत साधना करो, ध्यान करो कि—मैं वस्तुतः परम ब्रह्म हूँ जो शाश्वत है। निर्मल है। मुक्त है। जो एक ही है, अविभाज्य है और अद्वैत है। जिसकी प्रकृति परमानंद, सत्य, ज्ञान और अनंत है।

ऐसा नित्य चिंतन करने से कि—मैं ही ब्रह्म हूँ—यह अभ्यास फिर तुम्हारे भटकाव का, तुम्हारे भीतर की अज्ञानता का अंत कर देता है। तब तुम्हें उस ब्रह्म की... उस विशुद्ध आनंद की दुर्लभ प्राप्ति का अनुभव हो जाता है। ब्रह्म विद्या को समझना थोड़ा कठिन अवश्य है। परंतु यह अभ्यास से जाना जा सकता है।

प्रबुद्ध श्रोतागण।... यह सत्य है कि ब्रह्मविद्या में बहुत गहराई तक उतरना पड़ता है और मनोराज्य की देहरी पार करके जाना पड़ता है। परंतु जो आत्मबोध इस अनुभव के फलस्वरूप हमें प्राप्त होता है उसे अपने चित्त में अंकित कर जगत की समस्त आत्माओं को बाँटना हमारा परम कर्त्तव्य है।

इसी से मैं कहता हूँ कि—प्रिय साधको!... तुम्हें ब्रह्म साधना करनी है। तुम चाहे जिस देवी-देवता को मानो, परंतु अपनी उस पूजा के साथ ही परमब्रह्म परमेश्वर को सदा याद रखो। अंततः उसी की साधना से तुम्हें सिद्धि की ओर बढ़ना है।"

—और इसी के साथ शंकराचार्य महाराज ने अपनी वाणी को विराम दे दिया। सर्वमत सम्मेलन के आयोजकों ने पहले उनके आगमन पर उनका स्वागत किया था।

महाराज जी के बोलने के बाद उनका आभार व्यक्त करते हुए उनके प्रति श्रद्धायुक्त वचन कहे। सम्मेलन समाप्त हुआ।

दशाश्वमेध घाट की सीढ़ियाँ चढ़ जब शंकराचार्य सम्मेलन स्थल से जाने लगे तो एक युवक हाथ जोड़कर उनके सन्मुख विनीत भाव से खड़ा हो गया। शंकराचार्य ने पूछा—

"कौन हो तुम वत्स?"

युवक बोला—"भगवन् मेरा नाम सनंदन है। मैं जाति से ब्राह्मण हूँ। दक्षिण भारत के चोल राज्य का निवासी हूँ, जहाँ कावेरी नदी प्रवाहित होता है। महात्माओं के पावन दर्शन की अभिलाषा से अभी कुछ ही दिन हुए काशी आया हूँ। सच्चे ज्ञान की पिपासा में इधर-उधर भटक रहा हूँ। मन को कहीं संतोष नहीं हुआ। कई दिन मैं बौद्ध श्रमणों के बीच भी रहा। परंतु आज आपको सुना। मैं कह नहीं सकता क्या कहूँ? मुझे लगता है कि मेरे गुरुदेव की खोज जैसे आपके दर्शन एवं श्रवण मात्र से पूर्ण हो गई है। पूज्यवर!... आपकी शरण आना चाहता हूँ। क्या आप मुझे अपने शिष्य रूप में स्वीकारेंगे भगवन्?"

—शंकराचार्य ने उस व्यग्र युवक को धैर्यपूर्वक सुना। फिर मात्र इतना कहा—

"कल प्रातः मणिकर्णिका घाट पर आ जाना।"

2

पद्मपादाचार्य

सूर्य का लाल गोला, गंगा की पावन निर्मल झमाझम बहती धारा पर, दूर क्षितिज से उठते हुए, अपनी अनेक स्वर्ण-रश्मियाँ बिखेर रहा था।

आदि शंकराचार्य सद्यः स्नानोपरांत उस घाट पर गंगा की ओर मुख किए अपने कुश-आसन पर ध्यान मग्न थे। वे कदाचित मन ही मन अपने गुरु के दिए हुए गोपनीय मंत्र का जाप कर रहे थे।

थोड़ी दूर पर खड़ा उद्भ्रांत मुखशुद्धि हेतु दातून कर रहा था। साथ ही वह शंकराचार्य तथा उनके चबूतरे के आस-पास सतर्क दृष्टि भी रख रहा था।

उसी समय कल सायंकाल उनसे मिल चुका दक्षिण भारत का वह सुदर्शन-सा युवक सनंदन वहाँ आया। उसने जब शंकराचार्य को साधनारत देखा तो कुछ दूर पर स्थित एक पीपल वृक्ष के नीचे चुपचाप उकड़ू बैठ गया। लगभग एक घंटे बाद जब शंकराचार्य अपनी योगसमाधि से बाहर आए तो उनकी सनंदन से भेंट हुई। सनंदन ने उन्हें भूमिष्ठ हो दण्डवत् किया।

शंकराचार्य उससे कृपा पूर्वक वार्तालाप करने लगे। सामान्यतः सद्‌गुरु सुपात्र को ही अपना शिष्य बनाते हैं। उसकी पात्रता को परख कर उसको दीक्षा देते हैं। शंकराचार्य यद्यपि अपनी योगसिद्धि से त्रिकालदर्शी हो चले थे, तथापि उन्होंने सनंदन की परीक्षा ली। उससे पूछा कि—

"तुमने अपने शिक्षालय में वेदों का अध्ययन तो किया ही होगा?"

सनंदन बोला—"जी भगवन्!"

"वेदों से निकले अन्य शास्त्र भी पढ़े ही होंगे?"

"जी प्रभु!"

"उपनिषद् से क्या तात्पर्य है?"

"उपनिषद् का अर्थ है 'उप' अर्थात् निकट और 'निषद' अर्थात बैठना। इस प्रकार पंडित लोग उपनिषद् का अर्थ 'पास बैठना' बताते हैं। इससे यह अनुमान होता है कि गुरु के समीप बैठकर ही वेदों में वर्णित उस परम तत्त्व को समझा जा सकता है।...."

"सही कहा वत्स!... उपनिषदों की संख्या कितनी है?"

"भगवन्! प्रमुख उपनिषद् तो 12 कहे गए हैं किंतु सुनते हैं कि बहुतेरे अभी भी निरंतर लिखे जा रहे हैं। अब तक बढ़ते-बढ़ते इनकी संख्या 200 के लगभग पहुँच चुकी है।"—सनंदन ने कहा।

शंकराचार्य हँसे और बोले—

"इसमें भ्रमित होने की आवश्यकता नहीं है। विभिन्न सम्प्रदायों के अधिपतियों ने अपने-अपने मत की महानता सिद्ध करने के लिए अपने हिसाब से अपने स्वयं के उपनिषद् गढ़ लिए हैं। राष्ट्र का दुर्भाग्य है कि वैदिक धर्म, जो अनादि काल से चला आ रहा है, उसमें ही आज असंख्य मत-मतांतर हो गए हैं। मुण्डे-मुण्डे मतिर्भिन्ना। शैव-शाक्त—वैष्णवादि... देखा जाए तो ये सब प्रपंच उस एकमात्र परम सत्ता के ज्ञान से ही उद्‌भूत हैं। इनके कारण अद्वैत-वेदांत में भी द्वैत की बीमारी लग गई है। भाव के कुभाव हो चले हैं।... सही अर्थों में मानों तो 12 उपनिषद ही वास्तविक हैं जिनमें वेदांत के सिद्धांत अंतर्निहित हैं।"

"कौन-कौन से भगवन्?"

"12 उपनिषद इस प्रकार हैं—(1) ईश (2) केन (3) कठ (4) प्रश्न (5) मुण्डक (6) माण्डूक्य (7) तैत्तिरीय (8) ऐतरेय (9) छान्दोग्य (10) बृहदारण्यक (11) श्वेताश्वतर (12) नृसिंहपूर्वतापनी... इनमें से भी तुम प्रथम 11 उपनिषदों को ही प्रधान महत्त्व का जानो।"

"जी प्रभु!—" सनंदन ने दोनों हाथ जोड़कर कृतज्ञ भाव से कहा।

शंकराचार्य बोले—"प्रिय सनंदन!... तुम यह भी जानते होगे कि मनुष्य के चारित्रिक उत्थान के लिए इन उपनिषदों ने अनेक सुभाषित रचे हैं। जिन्हें सूक्तियाँ कहा जाता हैं। कुछ सूक्तियाँ मुझे बताओगे? सनंदन प्रणाम निवेदन कर अब शंकराचार्य के चरणों में देखने लगा। फिर कुछ सोचकर बोला—

"पूज्यवर! एक हों तो कहूँ। एक से एक सूक्तियाँ मनुष्यों का मार्गदर्शन करने को लिखी गई है।... उदाहरण के लिए—कठोपनिषद् में कहा गया है कि—

ऊँ सह नाववतु। सह नौ भुनक्तु। सह वीर्यं करवावहै।
तेजस्विनावधीतमस्तु। मा विद्विषाव हे।...

अर्थात्—हे परमात्मन्! आप हम गुरु-शिष्य दोनों की साथ-साथ रक्षा करें। पालन करें। हम दोनों साथ-साथ बल प्राप्त करें। हम दोनों की अध्ययन की हुई विद्या तेजपूर्ण हो। हमारे अंदर कभी द्वेष न हो।"

शंकराचार्य इस पर विहँस कर बोले—"सचमुच... ऐसा ही हो। और?..."

सनन्दन ने आगे कहा—"तैत्तिरीयोपनिषद् में इसी प्रकार कहा गया है—

सह नौ यशः। सः नौ ब्रह्म वर्चसम्।"

यह सुनकर शंकराचार्य बहुत प्रसन्न हुए और बोले—

"प्रिय सनन्दन! तुम वास्तव में अत्यंत बुद्धिमान हो। साथ ही चतुर भी। तुमने इस अवसर पर बहुत प्रासंगिक सूक्तियाँ प्रस्तुत की हैं।...

जिस प्रकार किसी शिष्य को सद्गुरु की चाह होती है वैसे ही सद्गुरु को भी सुयोग्य शिष्य की प्रतीक्षा रहती है। अपने गुरु-भगवान गोविंदपाद और अपने दादा गुरु-परम पूज्य गौड़पाद जी महाराज की अहैतुकी कृपा से आज मैं तुम्हें अपने प्रथम शिष्य के रूप में स्वीकार कर स्वयं को धन्य समझूँगा।"

इसके पश्चात आदि-शंकराचार्य ने उसी दिन शिष्य सनन्दन को संन्यास धर्म की विधिवत् दीक्षा दी और उन्हें संन्यासी नाम दिया—'पदमपादाचार्य'। पद्मपाद गुरुदेव के श्रीचरणों में आनंद के अश्रुओं को गिराते हुए गिर पड़े।

शंकराचार्य अपने प्रथम शिष्य पद्मपाद से बोले कि—"हमें गर्व है कि हमारे सनातन हिन्दू धर्म को अब तक कोई भी नष्ट नहीं कर पाया। यहीं पास ही सारनाथ है जहाँ एक दिन महात्मा बुद्ध ने धर्मचक्र-प्रवर्तन की घोषणा की थी। हमारी प्राचीन सनातन परंपरा की उपेक्षा कर उन्होंने अपने नवीन धर्म की स्थापना की। उनके अनुयायियों ने इस उपेक्षा को हिन्दू धर्म के विरोध में रूपान्तरित कर दिया। फलतः जो देशी शासक इसके अनुयायी बने उन्होंने तो प्रचार-प्रसार में सहयोग किया ही शक, हूण, कुषाण आदि अनेक आक्रमणकारी विदेशियों ने भी इस विरोध का लाभ उठाकर इसे अपनाया और हमारे अनेक प्राचीन धर्म स्थलों पर आघात करके हमें नष्ट करने का प्रयास किया। इधर हमारे सनातन धर्म में भी अनेक मत मतांतर उत्पन्न हो चले

हैं जो उसकी नींव को क्षीण कर रहे हैं। हमें इन सबसे भी जूझना है और इनमें यथासंभव समन्वय स्थापित करना है। स्वधर्म को पुनः सुद्धढ़ करना है। अब से यही हमारा परम लक्ष्य होगा।''

अब शंकराचार्य के दो मुख्य पार्षद हो गए। उद्भ्रांत और पद्मपाद। दोनों युवा थे। हम उम्र थे। पद्मपाद उद्भ्रांत से दो वर्ष बड़े थे। परंतु शास्त्रीय ज्ञान में तो बहुत ही बड़े। काशी-वास करते शंकराचार्य जी महाराज की छाया-सम दोनों उनके साथ चलते, उनके अमृत वचनों को सुनते। थोड़े ही दिनों में दोनों नवयुवकों में बहुत घनिष्टता हो गई। जब तक शंकराचार्य जागते रहते दोनों उनका ध्यान रखते। सचेत रहकर सक्रिय सहयोग में सचेष्ट रहते। आदि शंकराचार्य के सो जाने पर ही वे उनके पास से हटते।...

एक दिन मध्यरात्रि का समय था। मणिकर्णिका घाट पर सन्नाटा पसरा था। सामने घाट की सीढ़ियों को स्पर्श करती गंगा मैया भी उस अंधकार में खामोशी से गुजरती हुई प्रतीत हो रही थीं।

घाट से कई फर्लांग दूर जलती हुई चिताएं जीवन का उपहास करती और मृत्यु से गलबहियाँ डाले थिरकती-सी दिखती थीं।

मंदिर के अतिथि विश्राम गृह से टहलते हुए पद्मपाद और उद्भ्रांत वहाँ से दूर निकल आए।

दोनों को उस रात्रि में नींद नहीं आ रही थी। गुरुदेव तो ब्रह्ममुहूर्त में जाग जाते थे, अतः रात्रि में जल्दी सो भी जाते। परंतु दोनों नए मित्र परस्पर देर रात्रि तक बाहर खुले आकाश में दुनिया भर की बातें करते। एक-दूसरे से अपने अनुभव और मनोद्गार साझा करते।...

उस नीरव रात्रि के मध्य दोनों उस श्मशान के और निकट जाकर एक चबूतरे पर बैठ गए। पद्मपाद कई चिताओं पर शवदाह होते देख दार्शनिक की मुद्रा में आ गया। उसके भीतर का वेदपाठी ब्राह्मण अचानक बाहर आ गया।

सामान्यतः उन दिनों आज की तरह चौबीसों घंटे शवदाह नहीं होता था। जनसंख्या भी कम थी और सूर्योदय से सूर्यास्त के मध्य ही मुर्दे को आग दी जाती थी। परंतु विशेष परिस्थितियों में कुछ लोग सूर्यास्त के बाद भी दाह-संस्कार कर देते। मान्यता यही थी कि काशी में मरने और जलाए जाने पर मोक्ष ही मिलता है। फिर क्या दिन और क्या रात।...

पद्मपाद कह रहे थे—''ऋग्वेद में एक स्थल पर दाह-संस्कार का भी विवरण आता है।... इसके एक सूक्त में कहा गया है। जब चिता तैयार कर ली जाती है, उस पर शव रखा जाता है और अग्नि प्रज्ज्वलित की जाती है तो जब ज्वालाएं उठकर परस्पर मिलती हैं, पुरोहित कहता है—

अग्ने! दग्ध इसे मत करना
बिल्कुल भस्मसात मत करना।
मत बिखेरना इसकी त्वक् को
शरीर को रख प्रेम सतत।।
इसको कर ले जब परिपक्व
और पूत कालुष्य रहित।
तब पितरों के पास इसे तू
प्रिय कर देना सस्नेह प्रहित।।

इस प्रकार हिन्दुओं के अग्नि-संस्कार में जीवात्मा को कालुष्य-रहित पाप-रहित करके पितृधाम में सौंपे जाने का विचार है'' पद्मपाद उद्भ्रांत को बता रहे थे कि–

''इन अन्त्येष्टि-मंत्रों में हमें मृत्यु के उपरांत जीवन के विषय में तथा आत्मा की भावी गति के विषय में दार्शनिक सिद्धांत दृष्टिगोचर होते हैं।...

इन सिद्धांतों में अग्नि और पूर्वजों के विषय में पुराण-गाथा-विचार भी मिश्रित हैं।...

ऋग्वेद हमारी सभ्यता का सबसे प्रधान आधार है। यह मानव सभ्यता का प्राचीनतम ग्रंथ है। यह सारा आधुनिक ज्ञान-विज्ञान इसके बाद ही हमारी बौद्धिक मनीषा ने रचा है।...

तो बंधु! ऋग्वेद केवल दार्शनिक विचारों का संकेत मात्र नहीं है। इसमें लगभग 12 ऐसे सूत्र हैं जिन्हें दार्शनिक सूक्तों के रूप में गिना जा सकता है।...''

उद्भ्रांत इस नये बुद्धिजीवी के संसर्ग में भी अब बहुत कुछ नया जानने लगा था। उसने पूछा–''क्या है उन दार्शनिक सूक्तों में?''

पद्मपाद ने कहा–''इन सूक्तों में विश्व और उसकी उत्पत्ति के बारे में अनुमान और कल्पनाएँ तो हैं ही, उसके साथ 'सर्वेश्वरवाद' का वह महान विचार भी है, जिसके अनुसार–'एक विश्व व्यापी आत्मा है और सम्पूर्ण विश्व उसी का रूप है।... यह अद्वैतवाद का विचार इन विशिष्ट सूक्तों में प्रतिपादित है जो कि सम्पूर्ण वेदोत्तर भारतीय दर्शन में समाहित है।''...

3

दिव्य–दर्शन

भगवान विश्वेश्वर की नगरी काशी। काशी विश्वनाथ के नाम से जाने जाना वाला भारत का एक प्राचीनतम नगर। कहते हैं कि इस नगरी को कभी भगवान शिव ने ही स्वयं बनाया था। आज से 2500 वर्ष पूर्व यही स्थान श्री आदि शंकराचार्य को भी संस्कार देने

वाला सिद्ध हुआ। जगदम्बा और जगदीश्वर दोनों ने उस युग में जगद्गुरु को काशी में ही अपना आशीर्वाद दिया। उन्हें अद्वैत-वेदांत के दर्शन के मध्य यह भी सिखाया कि मनुष्यों की आस्था सर्वोच्च है। आस्था होगी तभी वे परम सत्य तक पहुँच सकेंगे। साथ ही सृष्टि के आदि पुरूष आदि नारी के बिना अधूरे हैं। शक्ति के बिना शिव शव मात्र है।

वरूणा, अस्सी, गंगा के द्वारा दुलारे जाने वाले वाराणसी नगर की महिमा अपार है जो आस्थावानों को गढ़ता है, नास्तिकों को भी नमन करता है। साथ ही एक से एक विद्वानों और मनीषियों को उत्पन्न करता है। जो जगत और जगद्गुरुओं को भी प्रेरणा देता है।

सनातन धर्म के पुनरुद्धारक जगद्गुरु श्री आदि शंकराचार्य को फिर काशी कैसे गले न लगाती। बाल-संन्यासी शंकर अब 12 वर्ष की आयु वाले हो चले थे और वे लगभग तीन माह काशी में रह चुके थे। अंततः दो बड़ी विलक्षण घटनाएं काशी में उनके जीवन में घटीं। एक ने उनकी सोच बदली। दूसरी ने उन्हें एक तपस्वी से संत में परिवर्तित कर दिया।

एक बार प्रातःकाल जब वे काशी की किसी गली में से होकर जा रहे थे उन्हें एक विलाप करती हुई स्त्री दिखाई दी। वह स्त्री भूमि पर बैठी बीच रास्ते में रो रही थी। विशेष बात यह कि उसके पति की आकस्मिक मृत्यु हो चुकी थी और वह अपने पति का शव लिये रो रही थी। शव का सिर उसकी गोद में था। उस अभागिन नारी के कारण रास्ता अवरुद्ध था।

शंकराचार्य और उनके अनुयायी सब सकते में थे। क्या कहें? क्या करें? आख़िर शंकराचार्य स्वयं बोले—

"माँ!... हमें रास्ता दो, ताकि हम निकल सकें।" वह विलाप करती स्त्री इतनी बेहाल थी कि उसने संन्यासी शंकर की बात पर कोई ध्यान नहीं दिया। शंकराचार्य ने उससे पुनः शव को बीच मार्ग से हटाने का अनुरोध किया।

इस पर उस स्त्री ने रोषपूर्वक सिर उठाकर शंकराचार्य को देखा। कहा—"महात्मन्! आप शव से ही क्यों नहीं कहते कि वह हट जाए?" शंकर चकराकर बोले—

"भला शव कहीं हट सकता है? वह तो प्राणविहीन है। उसमें हटने की शक्ति कहाँ रही?"

इस पर वह स्त्री रुदन छोड़ अट्टहास कर बोली—"क्यों शंकर!... तुम्हारे मतानुसार तो शक्ति से निरपेक्ष ब्रह्म ही जगत का कर्ता-धर्ता है। फिर शक्ति के बिना शव क्यों नहीं हट सकता?"

यह सुनकर शंकराचार्य विचारमग्न हो गए और उधर वह स्त्री और शव दोनों अचानक उनके सामने से अदृश्य हो गए।

शंकर समझ गए कि आद्याशक्ति स्वरुपा माँ जगदम्बा स्वयं उनके प्रबोधन हेतु उस स्त्री के रुप में इस मृत्युलोक में लीला हेतु उपस्थित हुई थीं। इस प्रबोधन ने शंकर की सोच में एक क्रांतिकारी-परिवर्तन का सूत्रपात किया। उन्हें अनुभव हुआ कि भगवान शिव की शक्ति भगवती पार्वती ही इस जगत की सृष्टि, स्थिति और प्रलय का कारण हैं।

परम ब्रह्म भले ही अंतिम सत्य हों और ब्रह्मा, विष्णु, महेश उनके अंशभूत। किंतु शक्ति के बिना वे त्रिदेव भी श्रीहीन हैं। शक्ति संयुक्त होकर ही वे इस सृष्टि को उत्पन्न करने, उसका पालन करने और उसका संहार करने में समर्थ हो सके हैं।...

शंकराचार्य को इस अलौकिक अनुभव ने उनकी सुप्रसिद्ध रचना 'सौंदर्य लहरी' के सृजन की प्रेरणा दी जो कि शक्ति स्वरूपा देवी के प्रति उनकी आस्था को प्रदर्शित करती है। इसमें शिव की पत्नी पार्वती के रुप में देवी माँ के शारीरिक सौंदर्य का तो वर्णन है ही। उसमें उनके महायोगी गुरुदेव द्वारा उन्हें सिखाई गई योग साधना की प्रक्रिया और परिणामों का भी संकेतिक वर्णन मिलता है।

शंकराचार्य 'सौंदर्य लहरी' के प्रथम श्लोक में ही कहते हैं– *''शिवः शक्त्या युक्तो यदि भवति शक्तः प्रभवितुं न चेदवं देवो न खलु कुशलः स्पन्दितुमपि।*

अतस्त्वामाराध्यां हरिहरविरंच्यादिभिरपि प्रणन्तुं स्तोतुं वा कथमकृतपुण्यः प्रभवति।।''

–अर्थात् ईश्वर जब शक्ति-संयुक्त होते हैं तभी संसार की रचना होती है। शक्ति को धारण किए बिना स्पंदन तक होना संभव नहीं है। सृष्टि के रचयिता, पालनकर्ता, संहारक ब्रह्मा-विष्णु-महेश तीनों जिसको प्रणाम करते हैं उसकी पूजा (मुझ जैसा) गुणहीन व्यक्ति भला कैसे कर सकता था? दूसरे शब्दों में शंकराचार्य यह कहकर देवी माँ के समक्ष अब तक उनकी उपेक्षा करने के लिये पश्चाताप व्यक्त करते हैं।

इस रचना के आगे के श्लोकों में बहुत भावमय विवरण हैं। कुंडलिनी जागृत करने वाले ध्यान-योग के अनुभवों के भी सूक्ष्म संकेत विद्यमान हैं। यथा–

''मूधाधार में पृथ्वी, मणिपुर में जल, स्वाधिष्ठान में अग्नि, अनाहत में वायु, विशुद्ध में आकाश और भौंहों के मध्य में मन स्थित है। हज़ार पुष्पदल वाले कमल में आप अपने पति के साथ विहार करती हैं।''

इसी क्रम में शंकराचार्य ने 'सौंदर्य लहरी' में लिखा कि–

''अमृत धाराओं की वर्षा से, जो आपके दोनों चरणों से टपकती है, चक्रदार ऊँचाई से आप अपनी भूमि पर उतरती हैं। आप स्वयं को सर्पिणी के सदृश आकृति में करके कमल के मूल के सूक्ष्म छिद्र में सोती हैं।''...

आगे चलकर आदि-शंकराचार्य के कार्यों में शक्तिपीठों की आराधना अथवा उनकी स्थापना का भी लक्ष्य जुड़ गया। आद्यशक्ति की प्रेरणा से यह तो होना ही था।

इसके आगे कुछ ही दिनों बाद आदि-शंकराचार्य महाराज को और बड़ा अनुभव हुआ जिसने उनके ब्राह्मण-संस्कारों में निहित भेदभाव जनित-दर्प का दमन कर उन्हें एक समदर्शी संत के रूप में रूपायित कर दिया।

संन्यासी शंकर उस दिन अपने शिष्य पद्मपाद और सखा उद्भ्रांत के साथ मध्याह्न समय में गंगा जी की ओर एक संकरे मार्ग से जा रहे थे। सामने से उन्हें शवदाह स्थल का एक चाण्डाल आता दिखा। साथ में उसके चार खूंखार कुत्ते भी चल रहे थे। वह चाण्डाल बड़ा लंबा-तड़ंगा और भयावह था। बड़े-बड़े कांधों तक बिखरे हुए बाल। बेतरतीब अनेक दिनों की बढ़ी हुई दाढ़ी-मूँछ। लाल आँखें। माथे पर त्रिपुंड। नंगा शरीर। कमर से बंधा एक मैला-कुचला सा उत्तरीय। दिन में ही मद्यपान किये। लहराता-झूमता एक विचित्र-सा धूल-धूसरित व्यक्ति।

उसे देखते ही पद्मपाद चिल्लाया—"दूर हटो, दूर हटो।"

परंतु यह सुनकर भी वह चाण्डाल रुका नहीं। पास आता गया। उसी तरह बेपरवाह। अपनी मस्ती में झूमता-लहराता। जब वह अपने कुत्तों सहित शंकराचार्य महाराज के अति निकट आ गया तो स्वयं महाराज जी से भी नहीं रहा गया। अस्पृश्यता-बोध उनमें से अब तक गया नहीं था, जो कि जातिगत भेदभाव का चरम होता है।

शंकराचार्य भी हाथ हिलाकर चाण्डाल से बोले—"हट परे को..."

चाण्डाल तुरंत बोला—"किसे परे हटाना चाहते हो आचार्य शंकर! इस शरीर को अथवा इसके भीतर की आत्मा को?... क्या तुम्हारे भीतर का और मेरे भीतर का आत्मतत्त्व दोनों भिन्न हैं?... तुम तो शास्त्रज्ञ संन्यासी हो। अब तो गुणी जन और साधु समाज से भी पूजित और प्रशंसित हो। फिर भी तुममें मिथ्या जाति अभिमान और ये पवित्रता बोध?... ये भेदभाव मूलक प्रवृत्ति अभी भी तुममें शेष है?..."

—यह कहकर वह चाण्डाल आकाश की ओर मुँह उठाकर हँसा और पुनः झूमता हुआ उसी तरह आगे को चल दिया। शंकराचार्य, पद्मपाद, उद्भ्रांत सभी एक ओर को स्वयं हट गए।

आदि-शंकराचार्य ने देखा कि—वे चार कुत्ते तो आगे चले गए थे। मगर वह विचित्र चाण्डाल अपने भारी भरकम डग भरती अभी भी चला जा रहा था।

शंकर की अंतश्चेतना ने त्वरित प्रतिक्रिया की। उन्हें अहसास दिलाया कि चारों वेद के प्रतीक थे वे चारों कुत्ते। शंकर लज्जित हुए कि दर्पजनित क्रोध का अंश अब भी जाने कैसे उनमें शेष था? जबकि काम-लोभ-मोह आदि विकार तो कब के तिरोहित हो चुके थे।... यह चाण्डाल भी साक्षात् भगवान शिव ही हैं और आज कुछ प्रबोधन देने उनके सामने प्रकट हुए हैं।... कदाचित् उनके संन्यासी हो जाने के बावजूद उनकी उस विभेद मूलक दृष्टि को इंगित करने हेतु जो मानव को मानव से पृथक करती है?

शंकराचार्य उस चाण्डाल के पीछे दौड़े। पुकारते हुए आर्त स्वर में—"हे प्रभु!... तनिक रुकिये।"

चाण्डाल रुका और पलटकर शंकराचार्य को देखकर मुस्कुराया। बोला—

"हाँ... कहो वत्स!"

शंकर के नेत्रों से आँसू बहने लगे। बोले—

"मुझसे बड़ी भूल हो गई... मुझे क्षमा कर दें हे विश्वेश्वर!... आप जो इस अकिंचन को अपना दिव्य-दर्शन देने यहाँ चाण्डाल रुप में पधारे हैं। अब मैं भली-भाँति समझ गया हूँ कि—

जो चेतना जाग्रत, स्वप्न, सुषुप्ति तीनों अवस्थाओं के ज्ञान को प्रकट करती है, जो चेतना आप चैतन्य विष्णु, शिव आदि देवताओं में स्फुरित होती है वही चेतना चींटी इत्यादि क्षुद्र जीवधारियों तक में स्फुरित है।... जिस दृढ़ प्रज्ञावान पुरुष की दृष्टि में समस्त विश्व आत्मरुप से प्रकाशित हो रहा है, वह चाण्डाल हो अथवा द्विज हो, वह मेरा गुरु है। अब से यह मेरा दृढ़ विश्वास है।"

—ऐसा कहते हुए शंकराचार्य की रचना 'मनीषा पंचकम' का बीजवपन हो गया। तब शंकराचार्य को बाघंबर लपेटे त्रिशूलधारी चंद्रमा, सर्पहार इत्यादि से सुसज्जित भगवान शंकर के साक्षात् दर्शन हुए। जबकि कुछ दूर पर खड़े पद्मपाद और उद्भ्रांत को वह व्यक्ति चाण्डाल ही दिखा। वे कुछ समझ न सके कि गुरुदेव को अचानक ये हो क्या गया? काहे वे उस उद्दण्ड व्यक्ति के सामने हाथ जोड़े गिड़गिड़ा रहे हैं?...

अगले कुछ ही क्षणों में शिवशंकर भोलेनाथ अपने अंशभूत शंकराचार्य को यह निर्देश देकर अंतर्धान हो गए कि—

"वत्स शंकर!... तुम अब हिमालय स्थित बदरीनाथ धाम को शीघ्र प्रस्थान करो। वह पवित्र स्थान जहाँ व्यासावतार महर्षि बादरायण ने सामस्त वैदिक मंत्रों का शोधन कर 'ब्रह्मसूत्र' की रचना की थी। उस ब्रह्मसूत्र में उन्होंने कणाद, सांख्य, जैन, बौद्ध आदि वेद-विरुद्ध मतों का समूल खण्डन किया है। चारों वेदों में प्रवाहित ज्ञान की अजस्त्र धारा के विरुद्ध अथवा उसी में से कुछ तत्त्व छानकर अनेक मूढ़ों ने अपने-अपने संकुचित मत और पंथ चला दिए है। जिनके द्वारा आस्थावानों को भ्रमित किया जा रहा है। अनेक आस्थावानों को धर्म-च्युत करने अथवा उन्हें विधर्मी अथवा नास्तिक

बनाने के प्रपंच भी भविष्य में रचे जाएंगे। अतः वैदिक धर्म की रक्षा का दायित्व अब व्यास के बाद मैं तुम्हें सौंपता हूँ। तुम बदरी-तीर्थ के एकांत में व्यास गुफ़ा में बैठ ब्रह्मसूत्र पर भाष्य रचो। उपनिषदों और भगवतगीता पर भी भाष्य की रचना करो। लोकहित में समस्त कार्य करो। तुम्हारा कल्याण हो!''

शंकराचार्य अपने ठहरने के स्थान मणिकर्णिका घाट पर वापस लौटे। उनके शिष्य और मित्र उनके साथ थे। ओंकारेश्वर से उनके साथ तीन माह पूर्व आए उनके अधिकांश अनुयायी तो कुछ दिन काशीवास कर विश्वनाथ मंदिर, गंगा स्नान आदि कर कुछ ही दिन में, पहले ही, लौट गए थे। उनमें से दो-तीन व्यक्ति ही बचे थे।

अगले दिन काशी से प्रस्थान की तैयारी करते समय पड़ोस के घर से सुबह-सुबह एक विद्यार्थी का ज़ोर-ज़ोर से आता स्वर शंकराचार्य के कानों में पड़ा। वह लड़का व्याकरण रटने के चक्कर में बड़ा हल्ला करता था। अनेक बार उसके शोर से शंकराचार्य जी का ध्यान भंग हो जाता। वे झल्ला जाते।

आज जब फिर वह व्याकरण रटने लगा तो शंकराचार्य को क्रोध नहीं आया। उस रट्टू तोते लड़के पर हँसी आ गई। उस विनोद की अनुभूति में ही उनसे अनायास ही 'भज गोविंदम्' की रचना हो गई। जिसे 'चर्पटपंजरिकास्तोत्रम्' भी कहा जाता है।

यह रचना उन व्यक्तियों को हैरान कर सकती है जो श्री आदि-शंकराचार्य को केवल ज्ञान मार्ग का ही प्रवर्त्तक मानते हैं। यह सही है कि शंकराचार्य निराकार, निर्गुण अद्वैत ब्रह्म को मानते थे। आत्मा और परमात्मा की अभिन्नता में विश्वास रखते थे। यह भी मानते थे कि ईश्वर तक पहुँचने और मोक्ष की प्राप्ति के लिए ज्ञान मार्ग सर्वाधिक प्रभावशाली है। परंतु साथ ही यह भी उल्लेखनीय है कि उन्होंने ईश्वर की भक्ति और समर्पण, उसकी प्रार्थना या किसी भी पूजा-पद्धति के लिए मना नहीं किया। शंकर अनावश्यक कर्मकाण्डों को अवश्य नहीं मानते थे। परंतु निष्काम कर्म अथवा भक्ति को ब्रहम की आराधना की राह में प्रस्थान बिंदु मानने में उन्हें कोई संकोच न था।

वैसे तो 'चर्पट पंजरिका' के समस्त स्तोत्रम् मनुष्य मात्र के लिए आँख-खोलने वाले उद्‌बोधक उपदेश हैं। परंतु उनमें से कुछ बहुत सहज और लोकप्रिय हैं। इन्हें अनेक कविगण ने भी कालांतर में अपने शब्दों में दोहराया है। यथा—''बाल्यावस्था में मनुष्य

खेलों में खोया रहता है। युवावस्था में प्रेमियों में उसका मन रमा रहता है और वृद्धावस्था में उसे चिंताएं आ घेरती हैं। किंतु परम ब्रह्म परमात्मा से उसे कोई प्रेम नहीं हो पाता।

इसलिए हे मूढ़ बुद्धि! तू गोविंद भज, गोविंद भज, गोविंद का भजन कर। क्योंकि अंतिम समय आने पर व्याकरण के नियम तेरी रक्षा नहीं कर सकेंगे।''

—शंकराचार्य गा रहे थे। उनके विश्राम कक्ष के बाहर बैठे पद्मपाद और उद्भ्रांत सुन-सुनकर हँस रहे थे। आज गुरु महाराज अपने आचार्य प्रवर देखो तो कितनी मस्ती में हैं। गाए जा रहे हैं हम मूढ़मति लोगों के निमित्त—

''मनुष्य जन्म लेता है। उसकी मृत्यु होती है। दोबारा उसका माँ के गर्भ में आना होता है। यह आवागमन का चक्र निरंतर चलता-रहता है। लेकिन ईश्वर की भक्ति मनुष्य को इस जन्म-मृत्यु के चक्कर से मुक्ति दिला सकती है।

इसलिए हे मूढ़बुद्धि मनुष्य! तू गोविंद भज, गोविंद भज, भजनकर गोविंद का। क्योंकि अंतिम समय आने पर व्याकरण के नियम तेरी रक्षा नहीं कर सकेंगे।''—

पुनरपि जननं पुनरपि मरणं पुनरपि जननी जठरे शयनम्।
इह संसारे बहुदुस्तारे कृपयापारे पाहि मुरारे।।
भज गोविंदं भज गोविंदं गोविंदं भज मूढ़मते।
संप्राप्ते सन्निहते काले न हि न हि रक्षति डुकृंकरणे।।

4
हिमालय यात्रा

युधिष्ठिर संवत् का वर्ष 2644 (ईसा से 494 वर्ष पूर्व)। यह वह काल था जब भारतीय इतिहास से छेड़छाड़ करने वाले अथवा उसकी अस्मिता को मिटाने का प्रयास करने वाले लोग धरती पर जन्मे न थे। शंकराचार्य से लगभग 1300 वर्ष पूर्व जन्मे थे गौतम बुद्ध और वर्धमान महावीर। क्रमशः बौद्ध और जैन धर्म के प्रवर्त्तक। इन धर्मों को राज्याश्रय भी प्राप्त हुआ था।

मगध में नंद वंश, मौर्य वंश और उनमें जन्मे चन्द्रगुप्त मौर्य, बिंदुसार, अशोक जैसे प्रतापी सम्राटों का शासन समाप्त हो चुका था। आदि शंकराचार्य से पूर्व। कनिष्क, शुंग, कण्व राजवंश के राजा भी राज कर जा चुके थे। अब आदि शंकराचार्य के समय में मगध पर आंध्र राजवंश का शासन था। उनके बाद भारत में स्वर्ण युग के संवाहक गुप्त राजवंश को आना था। पश्चात हर्षवर्धन जैसे अंतिम हिन्दू सम्राट का शासन उत्तर भारत में होना था।

उसी उत्तर भारत में 494 ई.पू. में श्री आदि शंकराचार्य बारह-तेरह वर्ष की अवस्था में काशी से हिमालय की ओर चल पड़े।

पद्मपाद, उद्भ्रांत और कुछ थोड़े से अनुयायी भी उनके साथ चले। बद्री, केदार, गंगोत्री आदि तीर्थ स्थानों के दर्शन की लालसा सबके मन में थी। परंतु उस समय शंकराचार्य महाराज के मन में वेदों में निहित अद्वैत ब्रह्म विषयक सिद्धांत के स्पष्टीकरण और उससे सम्बन्धित ग्रंथों 'ब्रहमसूत्र' आदि पर भाष्य लिखने का लक्ष्य सर्वोपरि हो चुका था। काशी में इसके लिए उन्हें दिव्य-निर्देश हो चुका था और उनके गुरुदेव गोविन्दपाद जी का आशीर्वाद वे ओंकारेश्वर में पहले ही प्राप्त कर चुके थे।

उन परिस्थितियों में सनातन हिन्दू धर्म के उत्थान का बीड़ा आदि शंकर ने अपने कंधों पर उठाया। और वे उसी क्रम में हिमालय की ओर बढ़े। गंगा-यमुना के मैदान से होते हुए।

लंबी यात्रा थी। वह भी हमेशा की तरह एक संन्यासी की पदयात्रा। यात्रा में शंकर ने गंगा का किनारा पकड़ा। शंकर काशी से गंगा के किनारे-किनारे चलते हुए क्रमशः प्रयाग, कान्यकुब्ज, गढ़ मुक्तेश्वर, हस्तिनापुर होते हुए हरिद्वार पहुँचे।

मार्ग में अनेक पड़ाव डालते, मंदिरों के दर्शन करते, लोगों को चकित करते, उन्हें ब्रह्मचर्चा के माध्यम से वैदिक अध्यात्म से पुनः परिचित कराते, जीवन में सन्मार्ग पर चलने का उपदेश देते शंकर माँ गंगा के सुप्रसिद्ध तीर्थ स्थल हरिद्वार लगभग दो माह में पहुँचे।

आगे ऋषिकेश, ज्योतिर्धाम होकर बद्रीनाथ की कठिन पर्वतीय चढ़ाई वाली यात्रा अभी शेष थी। शंकर उस पर्वतारोहण अभियान के लिए अदम्य उत्साह से भरे थे।

हरिद्वार में उन्होंने सहयात्रियों सहित स्नान किया। गंगा का तीव्र गति से प्रवाहमान निर्मल जल हरिद्वार में अन्य मैदानी भागों में स्थित गंगा तटों की तुलना में बहुत ठंडा था। एकदम बर्फ़ जैसा ठंडा। गंगाजल में प्रथम डुबकी लगाते ही सारा शरीर झनझना गया। परंतु देर तक स्नान करने पर वही जल पर्याप्त सुखद भी हो गया।

आदि-शंकर ने प्रथम दिवस पर हरिद्वार में गंगा-स्नान के उपरान्त विभिन्न मंदिरों के दर्शन किए। वे सभी प्रमुख मंदिर जो उस समय वहाँ स्थित थे। गंगा मंदिर, शिव मंदिर, विष्णु मंदिर, चंडी देवी मंदिर इत्यादि।

आदि-शंकराचार्य जब हरिद्वार से सटे नील पर्वत के शिखर पर स्थित चंडी देवी के मंदिर पर गए तब उसकी मान्यता तो बहुत थी परंतु मंदिर काफ़ी छोटा था। देवी का कोई विग्रह भी वहाँ नहीं था। केवल एक पिंडी रूप में ही देवी के दर्शन सुलभ थे। शुंभ-निशुंभ राक्षसों का वध करने वाली चामुण्डा का वर्णन आज हम दुर्गा शप्तशती में पढ़ते हैं। आदि-शंकराचार्य ने कुछ दिन हरिद्वार में वास किया। गंगा तट पर नित्य सायंकाल श्रद्धालुओं के सन्मुख उपदेश दिए। उन्होंने उनसे कहा कि देवी माँ चंडी देवी

के मंदिर के जीर्णोद्धार के लिए सक्षम व्यक्ति कृपया आगे आएं। धर्म कार्य में सन्नद्ध हों। शंकराचार्य ने उन्हीं दिनों एक मूर्तिकार की बनाई सुंदर मूर्ति को पसंद किया। उसे और तराशने और संवारने के निर्देश दिए।

लगभग दस दिन हरिद्वार में रहकर उस मूर्ति की उन्होंने पुनः नील पर्वत पर जाकर उसकी वहाँ स्थापना एवं प्राण प्रतिष्ठा की। तत्पश्चात—ग्यारहवें दिन शंकराचार्य महाराज हरिद्वार से ऋषिकेश को रवाना हुए। अधिक दूर न था वह तीर्थ स्थल भी। उत्तराखण्ड की चढ़ाई वहीं से प्रारंभ होने लगती है।

शंकराचार्य को ऋषिकेश और अधिक भाया। वहाँ की मनोहर प्राकृतिक सुषमा, हरी-भरी वनाच्छादित पहाड़ियाँ, बीच से बहती वेगवती देव सरिता गंगा, गंगा की स्फटिक सम-पारदर्शी स्वच्छ शीतल जलधारा। शंकर कई दिन ऋषिकेश में ठहरे। ऋषि-मुनियों की तप-स्थली। यह एक प्रकार से कैलाश, मानसरोवर, केदारनाथ के हिमाच्छादित प्रदेशों में वर्षानुवर्ष तपस्या करने वाले ऋषियों की शीतकालीन राजधानी जैसा एक तीर्थ है। जिन चार-छः महीनों में हिमालय में शीत का प्रकोप असह्य हो जाता वहाँ के अनेक साधु-साधक नीचे उतर कर ऋषिकेश में अपना अड्डा जमाते हरि भजन और साधना करते आए हैं।

आचार्य शंकर और उनके अनुयायी प्रायः प्रतिदिन नित्य क्रिया, स्नानादि के बाद ऋषिकेश के वन्य-क्षेत्रों और आस-पास की पहाड़ियों में भ्रमण करते और किसी एकांत में बैठकर साधना करते।

शंकर ने वहाँ कई गांजा-चिलम पीने वाले साधुओं को भी देखा और कई वीतरागी साधु भी उन्हें दिखाई दिए। एक-दो कंदराओं में उन्होंने कुछ तपस्वियों को भी देखा जो वयोवृद्ध थे। उनकी आयु का सहज अनुमान लगा पाना कठिन था। शंकर ने एकांत में उनसे भगवद् चर्चा भी की। उनके अनुभव सुने।

ऋषिकेश सचमुच एक ऐसी अध्यात्म-नगरी थी जहाँ परम शांति थी। तीर्थ यात्रियों का वैसा जमावड़ा नहीं था जैसा कि हरिद्वार में देखने को मिला। शंकर ने ऋषिकेश में लगभग दो सप्ताह बिताए। उसके पश्चात वे वहाँ से आगे की पर्वतीय यात्रा के लिए प्रस्थान कर गए।

आचार्य शंकर जब काशी में थे तो उनकी ख्याति सुनकर एक नम्बूदरी ब्राह्मणों का परिवार उनके दर्शन को आया था। वह परिवार मूलतः था तो केरल देश का, परंतु विगत तीन पीढ़ियों से काशी में एक दक्षिण भारतीय मंदिर में रहकर पुरोहितों का कार्य कर रहा था।

पूजा-पाठ से ही उस परिवार की जीविका चलती थी। पितामह, पुत्र और पौत्र तथा उनकी पत्नियाँ। उन सबने जब जाना कि उनके देश का एक अत्यंत विद्वान बाल-संन्यासी इन दिनों काशी आकर अपने ब्रह्मज्ञान का लोहा मनवा रहा है, तो वे शंकराचार्य महाराज को देखने और सुनने आए। दशाश्वमेध घाट पर उन्होंने उन्हें सुना भी और दो दिन बाद उनसे भेंट भी की। अपना परिचय दिया और उनके चरण स्पर्श किए। उसके बाद पितामह तो मंदिर की देख-रेख में व्यस्त रहे। उनके पुत्र और पौत्र दोनों निरंतर आचार्य शंकर के नित्य संध्या-प्रवचनों में श्रद्धा पूर्वक आते रहे। वे दोनों पिता-पुत्र नम्बूदरी ब्राह्मण—धर्मकीर्ति और सोमदेव उनसे प्रभावित होकर उनके अनुयायी बन गए।

अतः जब आचार्य शंकर काशी से चले तो उनके साथ चलने वाले आठ अनुयायियों में से ये दोनों नम्बूदरी ब्राह्मण भी थे। उन्हें मिलाकर पद्मपाद और उद्भ्रांत के अतिरिक्त शंकराचार्य सहित बदरीनाथ जा रहे दक्षिण भारतीय आस्थावानों की संख्या पांच हो चुकी थी। जबकि छः तीर्थयात्री उत्तर और मध्य भारत से थे। ग्यारह सदस्यीय पदयात्रियों का यह दल ऋषिकेश से बदरीनाथ की उस दुर्गम यात्रा पर निकला था।

दुर्गम इसलिए कि पहाड़ों की यात्रा हज़ारों वर्ष पहले आज की तरह सुगम नहीं थी। न तो आज की तरह आधुनिक पक्की सड़कें और पुल थे। न आज की तरह यंत्रचालित वाहन। न ही इस प्रकार के सुख-सविधा सम्पन्न होटल, रेस्टोरेंट और रिज़ार्ट्स। होते भी तो आदि शंकराचार्य उनका उपयोग करते, इसमें संदेह है।

पतले-संकरे-पथरीले मार्गों पर यह यात्री दल उस प्राचीन काल में अपने दम-खम पर पैदल आगे बढ़ा जा रहा था। घुमावदार रास्ते लम्बे थे। अतः जहाँ कहीं उन्हें वैकल्पिक छोटे मार्ग, पत्थर की सीढ़ियाँ आदि मिल जाते तो यह पदयात्री उनका अवश्य उपयोग करते, भले ही उनको कितनी भी खड़ी चढ़ाई चढ़नी पड़े।

शंकराचार्य तो आयु में सबसे छोटे थे। सभी बालकों जैसी चपलता और स्फूर्ति थी उनके शरीर में। अतः जब वे ऐसे संक्षिप्त मार्ग पर तेजी से आगे बढ़ते तो उनके पीछे यात्री दलके अन्य सदस्यों को भी हाँफते हुए दौड़ना पड़ता। कभी-कभी तो घिसटना पड़ता।

आचार्य शंकर के साथ ओंकारेश्वर से आए हुए तीन साधु भी थे। एक वृद्ध दो जवान। वे जहाँ तक होता संक्षिप्त रास्तों पर शंकराचार्य, पद्मपाद आदि का साथ देते। मगर जब थक जाते तो वे लंबा घुमावदार मार्ग ही पकड़कर धीरे-धीरे चलते।

ऐसे में जब अन्य अनुयायी शंकराचार्य महाराज के साथ अगले पड़ाव पर विश्राम कर रहे होते, ये तीनों साधु पीछे से आकर पुनः यात्रीदल में शामिल हो जाते।

यात्रा का क्रम वही था। सुबह से सूर्यास्त तक पर्वतारोहण सूर्यास्त के बाद कहीं पड़ाव डालकर किसी मंदिर, धर्मशाला अथवा आश्रम अथवा जंगल जो मिल जाए वहाँ रात्रि विश्राम। पूरी पर्वतीय यात्रा में कहीं गंगा तो कहीं अलकनंदा नदियाँ निरंतर कुछ

दूरी पर साथ-साथ चलतीं पहाड़ों की ओर से, पेड़ों के झुरमुट की ओर से, ऊँचाई से गहराई के धरातल में कल-कल करती उछलती कूदती-बहती हुई रह-रहकर दर्शन देती रहतीं। वे देव सरिताएं यात्रियों की यात्रा की थकान अपने चित्ताकर्षक दर्शनों से पल-पल में हर लेतीं।

पर्वतों के उन रास्तों में चलते हुए नीला-नीला आकाश, ऊँचे-ऊँचे वृक्ष, वनस्पतियाँ, झाड़ियाँ भीनी-भीनी सुगंध से मन में मादकता का संचार करतीं। लँगूरी बंदरों के समूह यत्र-तत्र क्रीड़ा करते, चहचहाते हुए पक्षी, उड़ती हुई तितलियाँ, कभी मंद-मंद तो कभी तेज बहती समीर यह सब पदयात्रियों के अंतःकरण में पग-पग पर अनिर्वचनीय—आनंद का संचार करते-रहते।

ऋषिकेश से चले तो शिवपुरी नामक एक जगह आई। कुछ देर वहाँ वृक्षों की छाया में बैठकर विश्राम किया। साथ लाया कुछ फलाहार किया।...

शिवपुरी से चले तो गंगा मैया रास्ते के कुछ दूर सहयात्रा कर रही थीं। शंकराचार्य पर्वतों की चढ़ाई चढ़ रहे थे तो गंगा मैया भक्तों को तारने नीचे मैदानी भागों की ओर अग्रसर थीं।...

रास्ते में एक जगह आई जहाँ एक छोटी-सी गुमटीनुमा दुकान थी। दुकान में एक पहाड़ी व्यक्ति नींबू-पानी, जलजीरा, केले और खीरा आदि बेंच रहा था। उद्भ्रांत उससे लेकर एक खीरा-खाने लगा। पद्मपाद से पूछा। उन्होंने मना कर दिया। आचार्य शंकर वैसे भी रास्ते चलते जल्दी कुछ खाते नहीं। कुछ सह-यात्रियों ने दुकानदार से नींबू-पानी खरीदकर पिया।

दुकानदार ने संकेत से बताया कि—''उधर कुछ दूर पर प्रसिद्ध वसिष्ठ गुफ़ा है। वहाँ भगवान राम के गुरु वशिष्ठ जी ने वर्षों रहकर तपस्या की थी।''—यात्री दल ने वशिष्ठ गुफ़ा में जाकर दर्शन किए और अपने श्रद्धा सुमन अर्पित किए। गुफ़ा में तब सन्नाटा था। इस तीर्थ यात्री दल के अतिरिक्त संयोग से कोई भी अन्य व्यक्ति वहाँ आता-जाता नहीं दिखा।

गुफ़ा में जाकर शंकराचार्य भगवान तो बैठ गए, शेष यात्रीगण उन्हें एकांत में छोड़कर बाहर आ गए। शंकराचार्य की उस गुफ़ा में समाधि लग गई।

जब लगभग एक घंटा बीतने को आया शंकराचार्य के शिष्य पद्मपाद वशिष्ठ गुफ़ा के भीतर गए। उनके निकट बैठकर ''ओम नमः शिवाय'' ''श्री गुरुदेवाय नमः'' आदि मंत्रों के जाप धीमे-स्वर में करने लगे।

कुछ ही देर में शंकर ध्यानावस्था से बाहर आए। उनकी दृष्टि सामने कुछ दूर पर बैठे शिष्य पद्मपाद पर पड़ी। एक लंबी सांस खींचते हुए बोले—''सचमुच यह एक

तपःसिद्ध स्थान है।... कोई आश्चर्य नहीं यदि भगवान वशिष्ठ कभी यहाँ कुछ काल रहे हों।"

उस दिन पदयात्रा करते सूर्यास्त होते-होते शंकराचार्य और उनका यात्री दल अपने प्रथम पड़ाव देव प्रयाग पहुँचा। प्रकृति की अपरिचित शोभा से संयुक्त वह देव-स्थान एक अत्यंत रमणीक स्थल था। नेत्रों को सर्वाधिक सुख देने वाला एक दृश्य। देव प्रयाग में आकर मिलने वाली भागीरथी और अलकनंदा का पवित्र संगम।

छोटे-बड़े मंदिरों के उस तीर्थ में एक तरफ से भगीरथ के तप से स्वर्ग से उतरी भागीरथी गंगा पहाड़ों से उतर कर वेग से दौड़ती हुई। दूसरी ओर से आती हुई अलकनंदा अपने अस्तित्व को उसमें विलीन करती हुई। अद्भुत नज़ारा था।

इस तरह देव प्रयाग से आगे जो पवित्र जलधारा ऋषिकेश-हरिद्वार की दिशा में प्रवाहित हाती है वह एकमात्र विशुद्ध उदार आह्लादमयी जगतारणी सुर-सरिता माँ गंगा ही होती हैं।

5

देव प्रयाग

ग्यारह व्यक्ति। सब के सब पदयात्री। उनमें दो संन्यासी, छः आस्थावान नागरिक, तीन साधु। इन ग्यारह में एक दण्डीस्वामी परमाचार्य सबसे छोटी उम्र का। शेष सभी अनुयायी उससे उम्र में बड़े। परंतु ज्ञान और मेधा में बहुत छोटे। इसके बावजूद अपने बारहवें वर्ष में चल रहे उस परमाचार्य के संग साथ को लेकर सब के सब गदगद। शिष्य पद्मपाद तो गुरुदेव शंकराचार्य की अब प्रतिच्छाया-सा हो चला था। जिस दिन से उनका शिष्य बना था, वह भी प्रथम दीक्षित शिष्य, स्वयं के भाग्य को मन ही मन सरहते नहीं थकता था।

अब पद्मपाद ही आचार्य शंकर के सोने-जागने, स्नान-ध्यान और दूसरी आवश्यकताओं में उनका ध्यान रखता। उन्हें कोई असुविधा न हो, उसके लिए चिन्तित रहता। गुरुदेव सदैव प्रसन्न रहें। उनके लिए समय से कुछ सात्विक आहार का प्रबंध हो जाए। इसकी भी चिंता करता। पद्मपाद के आचार्य शंकर से जुड़ जाने से शंकर-सखा भी अब काफ़ी निश्चिंत हो चले थे। वे पास और दूर रहकर आचार्य शंकर के अंगरक्षक बने रहते। साथ ही पर्यटन का आनंद भी लेते।

अगली सुबह जिस धर्मशाला में शंकराचार्य और अन्य 10 सहयात्री रात्रि विश्राम कर रहे थे उनमें गुरुदेव शंकर ही ब्रह्म मुहुर्त में जागे। गुरुदेव ने अपनी शैय्या से उठकर,

दोनों हाथ जोड़कर नेत्र मूंदे हुए 'परम ब्रह्म' को मन ही मन स्मरण किया। कुछ मंत्र अस्फुट शब्दों में दोहराए फिर शैय्या त्याग दी। तांबे की लुटिया में रखा जल पिया। उसे तख़्त के पास ही बंद खिड़की से हटाकर तख़्त के बांए सिरहाने एक ओर रखा और वह खिड़की खोल दी।

देवदार की लकड़ी से बनी वह खिड़की खुलते ही ठंडी हवा का एक तेज़ झोंका उस कक्ष में किसी भटके हुए पक्षी-सा झपटकर भीतर आ घुसा। साथ ही भीतर प्रविष्ट हुई भागीरथी-अलकनंदा के संगम के प्रबल-प्रवाह की वह ज़ोरदार ध्वनि, जो अब तक बहुत धीमें स्वर में रातभर सनसन करती रही थी। खट-पट की आवाज सुनकर बाहर के प्रार्थना कक्ष में सो रहे लोगों में से पद्मपाद भी जाग गया।

गुरुदेव जाग चुके हैं। यह सोचकर बाहर एक खूँटी पर लटक रहे उस विशेष दीपरक्षक को उतार कर उसकी लौ को थोड़ा बढ़ा दिया। उसे हाथ में लेकर पद्मपाद गुरुदेव के विश्राम कक्ष में पहुँचा। उनके चरण स्पर्श किये।

उत्तम धर्मशाला थी वह। उसमें यात्रियों की सुविधा के सारे प्रबंध थे। एक छोटा-सा शिवाला। एक बड़ा-सा प्रार्थना कक्ष जो रात्रि में यात्रियों के शयन और दिन में उपासना और भोजन ग्रहण के काम आता। यात्रियों की सुख-सुविधा के लिए उस अज्ञात-धर्मज्ञ और धनवान व्यक्ति ने रसोइये समेत तीन सेवक भी वहाँ रख छोड़े थे। बाहर धर्मशाला के प्रांगण में उनके भी निवास हेतु दो कक्ष बने थे और एक रसोई घर। दूसरे पार्श्व में यात्रियों के प्रसाधन हेतु कुछ शौचालयों और स्नानागारों की व्यवस्था थी।...

जिस पहाड़ी पर यह धर्मशाला बनी थी वहाँ से ढलान उतर कर सड़क पर आते। उस ऊबड़-खाबड़ सड़क से आगे और नीचे उतर कर देव प्रयाग के संगम तक पहुँचने का रास्ता था।

आगे नीचे अलकनंदा और भागीरथी की जलधारा के मिलन स्थल पर एक बड़ा-सा स्नान घाट बना था। जिसे ज्योतिर्धाम के राजा ने बनवाया था। परंतु स्नान घाट की सीढ़ियों से जलधारा में उतरना खतरनाक था। जल का वेग अत्यंत तीव्र था जो दर्जनों हाथियों को भी पल भर में बहा ले जाए। अतः सीढ़ियों पर ही बैठकर जलपात्र से सावधानी पूर्वक नहाने की अनुमति थी। अनुमति क्या उसे राजाज्ञा ही कहें जो कि एक ओर दीवार पर अंकित थी। उन दिनों सभी तीर्थ यात्री और सामान्य जन राजाज्ञाओं का अनुशासन पूर्वक स्वतः पालन करते थे। न करते तो उस प्रचंड जलधारा में आत्महत्या का विकल्प स्वतः खुला था।

परमाचार्य के साथ उनके अनुयायियों का दल उस संगम तट की सीढ़ियों पर बड़े सवेरे पहुँच गया। कुछ अन्य तीर्थ यात्री भी उन्हें दिखे जो बाल्टियों में पवित्र संगम का जल भरकर सीढ़ियाँ चढ़कर लोटे से हिमशीत-तापमान के उस जल से लोटा भर-भर कर स्नान कर रहे थे। कंपकपाते चीखते चिल्लाते आमोद के स्वर में।

अनेक बाल्टियाँ उस स्नान घाट के प्रबंधक ने वहाँ रख छोड़ी थीं। साथ में कुछ लोटे भी। पद्मपाद सीढ़ियाँ उतरकर एक बाल्टी में जल भरकर गुरुदेव के लिए ऊपर के स्नान भाग में ले आया। गुरुदेव नहाने लगे। पद्मपाद दूसरी बाल्टी लेकर सीढ़ियाँ उतरा। अन्य अनुयायी भी स्नान हेतु तत्पर हुए।...

पद्मपाद ने एक पैर पत्थर की अंतिम सीढ़ी पर रखा। सावधानी पूर्व देव प्रयाग के संगम तीर्थ का जल उसमें भरा। फिर उसके ऊपर की सीढ़ी में वहीं बैठकर उस शीतल जल से स्नान करने लगा। इस प्रक्रिया में उसने तीन बार बाल्टियाँ भरीं और अपने सिर से पूरे शरीर पर छोड़ीं—"हर हर गंगे!... कलिमल हरिणी!... जय माँ पावन अलकनंदिनी!... शरीर की झुरझुरी को मिटाने को वह उच्च स्वर में गाता हुआ-सा बोला।

पद्मपाद ने देखा कि उस संगम में उसकी दाहिनी ओर से धानी हरे रंग की भागीरथी और बांए ओर से गहरे हरे रंग की अलकनंदा नदियाँ दोनों बलखाती-इठलाती चली आ रही थीं जो कि परस्पर गलबाहियाँ कर पतित-पावनी गंगा बनकर समस्त जीवों का कल्याण करने आगे ऋषिकेश की दिशा में बह रही थीं।

पद्मपाद ने यह भी देखा कि सीढ़ियों के निकट कुछ मछलियाँ उस जलधारा में इस प्रकार ठहरी-ठहरी सी हिल-डुलकर तिर रही थीं मानो उनपर उस धारा के वेग का कोई असर ही न हो। उसे लगा वे मछलियाँ जैसे कुछ खाने को उससे माँग रही हों। साथ में दाना-लैय्या इत्यादि कुछ लाया न था। अतः दोनों हाथ जोड़कर उसने उन मछलियों से क्षमा माँगी। फिर वह बाल्टी संभाल कर उस स्नानघाट की सीढ़ियाँ चढ़ने लगा।...

तीर्थ यात्रियों ने लौटकर धर्मशाला में अपने गीले वस्त्र फैलाए सुखाए। कुछ जलपान किया। उसके बाद आद्य शंकराचार्य को आगे कर सब थोड़ी दूर स्थित रघुनाथ जी के मंदिर गए। वहाँ से लौटकर सबने धर्मशाला स्थित शिवाले के सन्मुख माथा टेका और सामान, गठरी-गुठरी समेटे आगे की यात्रा पर बढ़ गए।

आचार्य शंकर और उनके अनुयायी बदरीनाथ की यात्रा पर आगे बढ़े। वे देव प्रयाग से अलकनंदा नदी के किनारे का मार्ग पकड़ कर पर्वतों-वृक्षों की छाँव में दिन के प्रकाश में आगे ही आगे बढ़ते गए। सामने मार्ग। मार्ग के एक ओर पहाड़ी-चट्टानें। सामने से आते इक्का-दुक्का अश्व-संचालित रथ, पदयात्रियों के कुछ समूह। दूसरी तरफ नीचे खाई में बहती हरित वर्णी श्वेत फेनिल झाग कहीं-कहीं प्रकटाती अलकनंदा। मानो कह रही हों—"चलते-चलो मेरे बच्चो!... मैं भी निरंतर चलती रहूँगी... तुम्हें सारे रास्ते इसी तरह दर्शन देती मिलूँगी।... आगे भगवान विष्णु और अनेक देवगण तुम्हारी प्रतीक्षा में... तुम्हें अपने दिव्य दर्शन देने को कब से वे वहाँ खड़े हैं।"

मार्ग में एक चट्टान पर रुककर शंकराचार्य बैठ गए। उन्होंने पद्मासन की मुद्रा में अलकनंदा की ओर देखते हुए, अपने दण्ड में बंधी माला निकालकर गुरुमंत्र का जाप करना प्रारंभ कर दिया।

पद्मपाद, उद्भ्रांत अन्य सभी उस पर्वतीय मार्ग पर दूर-दूर बैठ गए। सभी मन ही मन अपने इष्ट को याद करने लगे।...

कुछ देर बाद यात्रियों का यह समूह आगे बढ़ा। पूर्व की भाँति। आचार्य शंकर आगे-आगे। बाकी सब उनके पीछे-पीछे। उस पर्वतांचल में ऊँचाई की ओर बढ़ते मार्ग पर एक-दूसरे के आगे-पीछे।...

श्रीनगर नामक ग्राम के निकट पहुँचे। अलकनंदा वहाँ भी दर्शन दे रही थीं। काली मंदिर में जाकर सबने दर्शन किए। कुछ पाथेय निकालकर खाया-पिया।

सब फिर से चलने लगे।

आगे एक स्थान पर मार्ग में उन्होंने एक घुमावदार खाली स्थान पर एक झोंपड़ी देखी। झोंपड़ी के बाहर एक पत्थर के अंगीठीनुमा चूल्हे पर मिट्टी के पात्र में एक युवा साधु कुछ पका रहा था। वह उस चूल्हे के नीचे की लकड़ियों को एक फुँकनी से फूँककर उसकी आँच तेज़ कर रहा था। एक उससे अधिक अधेड़ आयु का साधु सामने खड़ा था। उस साधु ने इस आते हुए यात्रीदल को देखा।

एक बाल-संन्यासी सबसे आगे। बड़ा स्फूर्तिवान। तेजस्वी और सुंदर-सा। बाकी सब उस बाल-संन्यासी के पीछे तेज़ कदमों से बढ़ते। उनमें तीन साधु भी सबसे पीछे किंचित मंथर गति से आते दिखते थे।

आदि शंकराचार्य को निकट आने पर उस साधु ने हाथ जोड़कर विनम्र भाव से प्रणाम किया। कहा—"जय सियाराम प्रभु!... कहाँ से पधारे?"

शंकर ठिठक गए। बोले—"ऋषिकेश से आ रहे। बदरी तीर्थ को जा रहे।..."

साधु बोला—"तनिक कुछ देर हमारी कुटिया पर भी विश्राम कर लें प्रभु!... कुछ सेवा का अवसर हमें भी मिले।"

आचार्य शंकर उस झोपड़ी के निकट बिछी एक लकड़ी की तिपाई पर जाकर बैठ गए। धूप खिली हुई थी। शरीर को स्पर्श करती सुखद शीतल समीर बह रही थी। वहाँ कुछ तिपाइयाँ और एक अर्धवृत्त में उस खुले स्थान में बिछी थीं। पीछे से आकर अन्य यात्री भी उनपर बैठकर सुस्ताने लगे।

साधु बोला—"भगवन्! यदि अनुमति हो तो यह दास यहाँ की स्थानीय जड़ी-बूटियों और विशुद्ध गुड़ से बना एक काढ़ा बनाता है।... गर्मागर्म और स्वादिष्ट।... आप सबको उसका पान कराऊँ।"

उद्भ्रांत तपाक से बोला—

"हाँ हाँ क्यों नहीं?"

पद्मपाद ने उद्भ्रांत को हल्के से आँख दिखाई। उद्भ्रांत ने कसमसाकर आचार्य शंकर की ओर देखा। मानो वह उनसे मनुहार कर रहा हो। शंकर मुस्कुराए। वे स्वयं ही बोले—"हाँ महाराज!... अवश्य।"

इसके बाद चूल्हे पर खदबदाते काढ़े को उन दोनों साधुओं ने मिट्टी के कुल्हड़ों में ढाला और शंकराचार्य को प्रस्तुत करने के बाद सबको एक-एक कुल्हड़ दिया।

पिया तो वाकई बड़ा स्वादिष्ट लगा। शरीर की थकान एकाएक दूर हो गई। उस साधू ने संकेत से बताया—"उधर थोड़ा आगे घाटी में उतरने का वह मार्ग देख रहे हैं आप?... उससे उतर कर दूर पर वह देखिए अलकनंदा के तट के निकट स्थित वह एक मात्र मंदिर जिसपर लाल रंग की पताका लहरा रही है?"

पद्मपाद ने कहा—"हाँ दिख तो रहा है। किन देवता का मंदिर है वह?"

साधु बोला—"नरसिंह भगवान का... यहाँ का सुप्रसिद्ध मंदिर।"

पद्मपाद के चेहरे की रंगत, यह सुनते ही देखने योग्य थी। वह बालकों की भाँति उछल पड़ा। शंकराचार्य महाराज के निकट जाकर उनके चरणों में बैठ गया। बोला—

"पूज्य गुरुदेव! क्या बताऊँ मैं... नरसिंह भगवान तो मेरे इष्ट देव हैं... उन्हीं का स्वप्न देख कर ही तो मेरे मन में वैराग्य भाव उत्पन्न हुआ था। भक्त प्रहलाद की कथा ने मुझमें नरसिंह-भक्ति के संस्कार दिए।"

आचार्य शंकर बोले—"यह तो बहुत सुंदर बात है। उन भक्त वत्सल के दर्शन करना चाहोगे?"

"जी गुरुदेव!... यदि आज्ञा दें तो।"

"अवश्य प्रिय आत्मन्! तुम दर्शन करो। मैं यही तुम्हारी प्रतीक्षा करुँगा।... और भी जो जो जाना चाहे।"

परमाचार्य की आज्ञा मिलने पर पद्मपाद और अधिकांश लोग चले गए। केवल एक सबसे वयोवृद्ध ओंकारेश्वर का साधु नहीं गया और उद्भ्रांत भी नहीं गया। आचार्य शंकर ने कहा—

"तुम भी जाओ प्रिय सखा!..."

उद्भ्रांत बोला—"मैं आपके पास ही रुकूँगा।... मेरे तो गोविंद भी आप हैं आचार्य जी और..." शंकर मुस्कुराए। विनोद पूर्ण मुद्रा में बोले—"और?"

"और नरसिंह भगवान भी आप।"

शंकर जोर से हँस पड़े। कहने लगे—"वो सब तो ठीक है। मगर मित्र! आज ये तुझे मुझमें गोविंद कहाँ से दिखाई देने लगे?"

उद्भ्रांत बोला—"भूल गए आचार्य जी! आपने काशी में ही तो उस मूढ़मते विद्यार्थी के व्याकरण पाठ से चिढ़कर 'भज गोविन्दम्' गाया था?..."

तब तो शंकराचार्य किसी छोटे-बच्चे की भाँति किलकारी मारकर हँसने लगे। हँसते गए। हँसते गए। इतना हँसे कि उनके साथ हँसते हुए उद्भ्रांत के पेट में भी बल पड़ गए।

कुछ देर बाद वह अधेड़ आयु का साधु कहने लगा—"पूज्य भगवन्! आप को क्या बताना। फिर भी... यहाँ इस हिमालय क्षेत्र में भी भारत के उत्तरी मैदान में बसी प्राचीन काशी नगरी की भाँति एक काशी है जिसे 'उत्तरकाशी' कहते हैं। मान्यता है कि भगवान वेद व्यास जी का उत्तरकाशी में आज भी सूक्ष्म शरीर से वास है। इसी तरह मैदान में स्थित प्रयाग नगरी के गंगा-यमुना-सरस्वती संगम की भाँति यहाँ भी अनेक नदियों के संगम तीर्थ मार्गभर में आपको मिलेंगे जिन्हें 'पंच प्रयाग' कहा जाता है। क्रमशः देव प्रयाग, रुद्र प्रयाग, कर्ण प्रयाग, नंद प्रयाग और विष्णु प्रयाग के नामों से जाना जाता है..."

आचार्य शंकर बोले—"जी महाराज जी... हमारा सौभाग्य कि इस बार हमें इन सबके पावन दर्शन होने हैं। देव प्रयाग के तो हो ही चुके हैं। आगे परमात्मा की कृपा से अन्य के भी होंगे।'

6
रुद्र प्रयाग

पद्मपाद आदि जब नरसिंह मंदिर से वापस आए तो सभी लोग आगे की यात्रा पर एक साथ बढ़ चले। अब उनकी अगली मंजिल रुद्र प्रयाग थी जहाँ वे सांयकाल तक पहुँचना चाहते थे। किंतु मार्ग की दुर्गमता के कारण यह एक कठिन कार्य प्रतीत होता था।

जगह-जगह भूस्खलन के छोटे-मोटे चिन्ह उस रास्ते पर दिखाई देने लगे थे। पहाड़ों से लुढ़क कर गिरे छोटे-छोटे पत्थर और उनका मलबा अब कई स्थलों पर दिखाई दिया। रास्ते पर उनसे पैर बचाकर चलना पड़ा।...

सांझ ढलते वे एक ऐसे स्थल पर पहुँचे जहाँ एक छोटा-सा प्रपात पहाड़ से नीचे झर रहा था। उसका जल उस मार्ग से होता हुआ नीचे खाईं में गिर रहा था। उसे देखते

ही यात्री-दल आनंदित हो उठा। आगे चल रहे आदि-शंकराचार्य ने अपना मुँह धोया। फिर हाथ के कमंडल में जल भरकर चुल्लू में आचमन भी किया। उसके बाद अन्य यात्रियों में प्रपात से जल पीने और हाथ-पैर धोने की होड़ मच गई।

तभी तीनों साधु एक ओर नीचे को जा रही पगडंडी की तरफ भागे। उद्भ्रांत ने पूछा—

''किधर महाराज?''

एक साधु सबसे वयोवृद्ध साधु-बाबा की ओर इशारा कर बोला—''बड़ी देर से परेशान थे दादा जी... ज़रा इन्हें डोल-डाल के लिए ले जाते हैं।''

वास्तव में सूर्यास्त होने में कुछ ही पल की देरी थी। बाकी यात्री आगे बढ़े। आगे कुछ दूर चले होंगे कि एक जगह भारी भूस्खलन हुआ पड़ा था। भारी-भारी तीन-चार पत्थर और पहाड़ का मलबा चोटी से लुढ़क कर आधी से अधिक सड़क घेरे था।

चार श्रमिक उस स्थल पर इस समय तक भी कार्यरत थे। दो श्रमिक भारी हथौड़ों से बड़ी चट्टान को तोड़ने में लगे थे। जबकि दो श्रमिक पत्थरों की गिट्टियाँ एक बैलगाड़ी में भर रहे थे।

पद्मपाद ने उन श्रमिकों से पूछा—

''ये कब हुआ?''

जवाब मिला—''आज सुबह ही स्वामी जी!''

''अच्छा भइया ये बताइये रुद्र प्रयाग यहाँ से कितनी दूर है। उस श्रमिक ने कहा—

''बस ज़रा दूर और।''

श्रमिक का बताया ''ज़रा दूर'' इन लोगों को तब समझ में आ गया जब उस राह पर चलते-चलते दो घंटे बीत गए। रात हो गई मगर रुद्र प्रयाग का कोई पता ठिकाना नहीं था।...

आचार्य शंकर ने निर्णय लिया कि रुद्र प्रयाग पहुँचे बिना वे कहीं बीच मार्ग पर पड़ाव नहीं डालेंगे। संयोग से शुक्ल पक्ष की रात्रि थी। भगवान चंद्र देव सहायक थे। पेड़ों के काले सायों के नीचे यत्र-तत्र आगे का मार्ग कुछ दूर तक सुझाई दे रहा था। इसलिए थके-हारे यात्री फिर भी आगे ही आगे चलते गए।

अब सामने से कोई भी सवारी अथवा मनुष्य आता दिखाई नहीं देता था। परंतु ये ग्यारह तीर्थ यात्री पैर घसीटते चले जा रहे थे।...

अंततः ये लोग रुद्र प्रयाग के निकट जा पहुँचे। आबादी थोड़ा दूर थी। दीपकों की टिमटिमाहट से अपनी उपस्थिति दर्शा रही थी। एक मंदिर उस मार्ग में इन्हें दिख गया। रात्रि के नौ बजने को होंगे। मंदिर का पुजारी मंदिर का मुख्य द्वार बंद कर रहा था। भीतर ही उसका निवास था। खा-पीकर अब सोने चला था।

पद्मपाद उसके पास गए। गुरुदेव शंकराचार्य और काशी से आ रहे साथी यात्रियों के विषय बताया। रात्रि में मंदिर में आश्रय का अनुरोध किया। पुजारी ने द्वार खोल दिया। सबके सब भीतर प्रविष्ट हुए।

मंदिर के मण्डप में बिछे बिछावन पर सब यों ही पसर गए। पद्मपाद पुजारी से मांग कर एक स्वच्छ चादर लाया। उसे एक कोने में गुरुदेव के शयन हेतु बिछा दिया। फिर सबके-सब उसी दशा में भूखे-प्यासे सो गए।

रुद्र प्रयाग एक सुंदर पहाड़ी नगर है। यह अलकनंदा और मंदाकिनी नदियों का संगम स्थल है। इसका नाम भगवान शिव के नाम पर पड़ा। मान्यता है कि रुद्र प्रयाग में संगीताचार्य नारद मुनि ने भगवान शिव की उपासना की। शिव जी ने नारद को आशीर्वाद देने के लिए ताण्डव नृत्य करते हुए रौद्र रुप धारण किया और उनके समक्ष प्रकट हुए। इसी से यह स्थान रुद्र प्रयाग कहलाया।

आचार्य शंकर और उनके अनुयायियों ने अगली प्रातः रुद्र प्रयाग के संगम तट पर जाकर स्नान किया। फिर वे वहाँ के सुप्रसिद्ध शिव मंदिर और जगदम्बा मंदिरों में जाकर दर्शन करने गए। शिव मंदिर में भंडारा चल रहा था। सभी ने वहाँ भोजन पाया। उसके बाद आगे की यात्रा पर निकल पड़े।

आगे सात-आठ घंटे की यात्रा थी। तब जाकर यात्रीगण कर्ण प्रयाग पहुँच पाते। रुद्र प्रयाग में लोगों ने उन्हें बताया कि आगे का मार्ग अच्छा और ठीक-ठाक है। जोशीमठ के राजा ने अभी हाल ही में उसका जीर्णोद्धार कराया है। आचार्य शंकर ने साथी यात्रियों को निर्देश दिए कि—''आज हमें अपनी पदयात्रा में शिथिल नहीं होना है। द्रुतगति से चलना है। छोटा वैकल्पिक मार्ग या चढ़ाई जहाँ मिले, उसका भी अवलम्बन लेना है। परंतु साधु-समाज के साथ जो दादा जी हैं उनका खयाल रखकर उनके साथी मुख्य मार्ग से धीरे-धीरे आ सकते हैं।... कर्ण प्रयाग के निकट पहुँचकर हम सब यात्री तीनों साधु-बाबाओं की प्रतीक्षा करेंगे। उनके आ जाने पर ही नगर में प्रवेश करेंगे।...''

सभी ने एक स्वर में कहा—''जी गुरुदेव!''

और सब चल पड़े।... चलते रहे।... तीसरा पर्वत-यात्रा पड़ाव इस प्रकार कर्ण प्रयाग में पड़ा।

7

कर्ण प्रयाग

कर्ण प्रयाग जहाँ अलकनंदा और पिंडर नदियों का संगम है। पिंडर का एक नाम कर्णगंगा भी है। इसके कारण ही इस तीर्थ-संगम का नाम कर्ण प्रयाग पड़ा। यहाँ के

उमा मंदिर और कर्ण मंदिर दर्शनीय है। प्रत्येक तीर्थ से कोई न कोई मान्यता जुड़ी होती है। कर्ण प्रयाग के साथ भी कई कथाएं जुड़ीं हैं। आज जहाँ कर्ण मंदिर बना है वह स्थान कभी जल के भीतर था। वहाँ केवल एक पत्थर की चट्टान ही बाहर निकली हुई थी। जिसपर बैठकर कहा जाता है कि महाभारत कालीन महायोद्धा कर्ण अपने पिता सूर्य की आराधना किया करता था। यह भी कहते हैं कि यहीं पर कर्ण को भगवान शिव के दर्शन हुए थे।

जब आदि शंकराचार्य कर्ण प्रयाग में घूमे तो उन्हें यह स्थान बहुत भाया। वे उस क्षेत्र में घूमें। संगम में स्नान किया। मंदिरों के दर्शन किये। कर्ण का मंदिर तब न था। केवल उसकी तपस्या स्थली वह जलधारा के मध्य की शिला ही दिखती थी। जगदम्बा देवी का मंदिर भी न था। शंकराचार्य कर्ण प्रयाग में तीन दिन रुके। एक मंदिर के सभागार में बैठकर तीनों दिन सांयकाल उन्होंने ब्रह्मचर्चा की, लोगों को उपदेश दिए। बड़ी संख्या में लोग उन्हें सुनने और उनका दर्शन करने पहले दिन के बाद ही आने लगे।...

दूसरे दिन जन-सामान्य की भीड़ दुगनी हो गई। तीसरे दिन जोशीमठ के नरेश ने शंकराचार्य महाराज की ख्याति सुनी। संयोग से वे उसी दिन कर्ण प्रयाग अपने शासकीय-भ्रमण में पधारे हुए थे। असल में जोशीमठ को उन दिनों ज्योतिर्धाम नाम से जाना जाता था। जिसे आगे चलकर आदि-शंकराचार्य द्वारा स्थापित होने वाले 'ज्योतिर्मठ' के नाम से अपभ्रंश होकर आज का जोशीमठ कहलाना था। समय चक्र स्थानों के नामों में भी अनेक परिवर्तन लाता है।

राजा को जब पता चला कि दक्षिण भारत के एक परम विद्वान, ब्रह्म-विद्या के महान ज्ञानी कर्ण प्रयाग पधारे हुए हैं जिनकी आयु मात्र 12-13 वर्ष की है जो अपनी अद्भुत आभा से लोक को चकित कर रहे हैं तो वे उनका दर्शन किए बिना रह न सके। शाम को उस मंदिर प्रांगण में पधारे। अपने कुछ मंत्रीगण के साथ। मंदिर के प्रबंधकों ने उनके अलग से बैठने की विशिष्ट व्यवस्था की।

श्री आदि शंकराचार्य भगवान का व्याख्यान चल रहा था। व्यास गद्दी पर बैठे वे अत्यंत सहजता से गूढ़ गंभीर विषयों पर बोल रहे थे—

''हमारे ऋषियों ने तपश्चर्या, चिंतन और मनन के कठिन अनुभवों से वर्षों उस परम सत्य का अनुसंधान किया। ब्रह्म विज्ञान की खोज की। जीवन-मृत्यु-मोक्ष के रहस्यों को जाना।...

उन परमहंसों ने तब यह जाना कि ब्रह्माण्ड ब्रह्म से निकलता है और ब्रह्म में ही लौट जाता है। वस्तुतः इस दृश्यमान जगत में जो कुछ भी दिखता है वह सब कुछ ब्रह्म है।...

'कठ उपनिषद्' कहता है कि—इंद्रियों से श्रेष्ठ है मन। मन से श्रेष्ठ है बुद्धि। उससे श्रेष्ठ है अहम् और अहम् से श्रेष्ठ है अव्यक्त कारण।... और उससे परे है ब्रह्म, जो सर्वव्यापी है, गुणातीत है। ब्रह्म का अनुभव करने पर व्यक्ति जन्म और मृत्यु के चक्र से मुक्त हो जाता है।''

शंकराचार्य ने ब्रह्म के विषय में और जीवात्मा के विषय में व्यावहारिक ज्ञान देने के लिए 'छांदोग्य उपनिषद' में वर्णित श्वेतकेतु की कथा श्रोताओं को सुनाई—

''श्वेतकेतु ऋषिवर उद्दालक के सुपुत्र आरुणि ऋषि का पुत्र था। उसे हरदम क्रीड़ा मगन देखकर एक दिन पिता आरुणि ने कहा कि—''हे वत्स श्वेतकेतु!... तू किसी योग्य गुरु के पास जा और वेदाध्यायी शिष्य बनकर ब्रह्मचारी होकर वहाँ निवास कर। क्योंकि हे सोम्य (प्रिय)!... हमारे कुल में यह प्रथा नहीं है कि कोई केवल नाम का ही ब्राह्मण हो और वेदों का अध्ययन न करे।... तुझे वेदों का अध्ययन करके ब्रह्म की प्राप्ति करनी ही चाहिए।...''

इस प्रकार 12 वर्ष की आयु में श्वेतकेतु शिष्य के रुप में दीक्षित हुआ और जब वह 24 वर्ष का हो गया तो गुरुकुल से अपने घर लौटा।

विद्यार्जन के बाद उसे स्वयं पर बहुत अभिमान हो गया था। यहाँ तक कि इतने वर्षों बाद गुरुकुल से लौटने के पश्चात उसने अपने पिता के चरण तक स्पर्श नहीं किये। हुआ यह कि श्वेतकेतु अपने आपको वेदाध्ययन के उपरांत बहुत बड़ा विद्वान समझने लगा था और यह भी समझने लगा था कि वह बहुत बड़ा प्रवचनकर्ता है।.
..

तब उसके पिता ने उसकी यह मनःस्थिति भाँपकर कहा कि—''हे श्वेतकेतु!... बहुत बड़ा विचारक है तू? बड़ा अभिमानी और अविनीत भी जो स्वयं को महान विद्वान समझने लगा है। अच्छा तो तू यह बता कि क्या तूने उस सिद्धांत की जिज्ञासा की है जिससे किसी एक वस्तु के ज्ञान से अश्रुत-श्रुत, अमत-मत तथा अविज्ञात-विज्ञात हो जाता है?''

श्वेतकेतु इस पर विस्मय से अपने पिता आरुणि का मुख देखते हुए बोला—''पिताश्री!... उस सिद्धांत का स्वरूप क्या है?''

तब पिता कहने लगे—''हे सोम्य!... जैसे मिट्टी के एक पिंड को जानकर हम मिट्टी से बनी सभी वस्तुओं को जान जाते हैं कि वे केवल नाम और रुप में ही भिन्न हैं, जबकि वे जिस वस्तु से बनी है वो मिट्टी ही है।...

''जैसे स्वर्ण की एक डली को जानकर हम सोने से बनी सभी वस्तुओं को जान जाते हैं कि वे केवल नाम और रूप में ही भिन्न हैं, जबकि जिस वस्तु से वो बनी है वह स्वर्ण है...

''जैसे हम लोहे से बने एक औज़ार को जानकर लोहे से बनी सभी वस्तुओं को जान जाते हैं कि वो केवल नाम और रुप में भिन्न होती है, जबकि जिस वस्तु से वो बनी है वह लोहा है।...

''हे सोम्य!... इसी प्रकार वह अद्वैत सिद्धांत है। उस आध्यात्मिक ज्ञान के माध्यम से हम जान जाते हैं कि सभी जीवात्मा एक हैं।...''

इतना सुनने के बाद श्वेतकेतु का सारा गर्व जाता रहा और वह अपने पिता ऋषि आरुणि के चरणों में गिर पड़ा। हाथ जोड़कर बोला—''निश्चय ही मेरे सम्माननीय गुरुजन इस सिद्धांत को नहीं जानते थे। क्योंकि यदि वे इसे जानते होते तो मुझे क्यों नहीं बताते? तो भगवन्! आप ही मुझे इसका ज्ञान दीजिए।''

पिता ने कहा—''ऐसा ही होगा।... हे सोम्य! प्रारंभ में केवल वो ही था, कोई दूसरा नहीं... एक मात्र सत्य... उस 'सत्य' ने अपने में से तेज को उत्पन्न किया, तेज ने जल को और, जल ने अन्न को उत्पन्न किया।... उस 'सत्य' अर्थात 'ब्रह्म' ने तीनों तत्त्वों में व्याप्त होकर अपने में से इस भौतिक संसार को विकसित किया—निद्रा, भूख और प्यास अस्तित्व में आए।...

ऋषि आरुणि ने पुत्र श्वेतकेतु को जीवन रहस्यों की विस्तृत व्याख्या करते हुए बताया कि—''प्रत्येक वस्तु तीन तत्त्वों—तेज, जल और अन्न—में समाहित हो जाती है। अथवा हम कह सकते हैं कि अग्नि, जल और पृथ्वी ये तीनों तत्त्व 'सत्य' पर आश्रित हैं। क्योंकि यह सत्य अपनी आत्मा के साथ समस्त भूतों में व्याप्त है। हम में भी आत्मा रुप में है यह। अतः जब किसी मनुष्य की मृत्यु हो जाती है वह फिर वही हो जाता है जो मूल रुप में था। वह पुनः 'सत्य' अर्थात् 'ब्रह्म' से एकाकार हो जाता है... जिससे वह उत्पन्न हुआ था।...

ब्रह्म प्रत्येक वस्तु का निकटस्थ केंद्र है। वह सत्य है। वह स्वयंभू श्रेष्ठ है। और तुम भी वही हो। हे श्वेतकेतु! हे सोम्य!!... तत्त्वमसि... वही तुम हो... वो ही हो तुम।''

शंकराचार्य अपना धर्मदण्ड थामे उस मंदिर के सभागार में 'अद्वैत ब्रह्म' पर अत्यंत आत्मीयता से बोल रहे थे। उन्होंने जब अपनी वाणी को विराम दिया तो श्रद्धालु उन्हें दण्डवत् करके एक-एक कर जाने लगे। मंदिर प्रबंधकों ने सभी श्रद्धालुओं को प्रसाद वितरण भी सुनिश्चित किया।

अंत में भीड़-भाड़ छँटने पर ज्योतिर्धाम के राजा ने आगे बढ़कर शंकराचार्य महाराज को प्रणाम किया। शंकराचार्य को अपना परिचय दिया। ''पूज्य भगवन्! मेरा नाम सोमदत्त सुधर्मा है। मुझे ज्योतिर्धाम के राजा के रूप में जाना जाता है।'' उन्हें आसन देकर आचार्य शंकर ने उनकी कुशल क्षेम पूछी। फिर उनसे कहा कि—''आपकी धार्मिक मनोवृत्ति मैंने देव प्रयाग में ही देख ली थी। आपके द्वारा निर्मित स्नान घाट पर

हमने वहाँ कुछ दिवस पूर्व स्नान किया था।... आज आपको साक्षात देखने का लाभ मिला।''

राजा सोमदत्त बोले—''पूज्य भगवन्! यह तो मेरा परम सौभाग्य है जिसे आज अचानक आप ऋषि तुल्य संत के दर्शन हो रहे हैं। मेरे योग्य जो भी सेवा हो कृपया आदेश करें।''

आचार्य शंकर ने कहा—''कर्ण प्रयाग एक बहुत विशिष्ट तीर्थ है। यहाँ सूर्य पुत्र कर्ण का मंदिर है। अनेक मंदिर हैं—शिव, राम, हनुमान, आदि के। परंतु देवी भगवती का कोई मंदिर नहीं। जबकि हिमालय-पुत्री उमा देवी तो इस क्षेत्र की अधिष्ठात्री हैं।... मैं चाहता हूँ कि एक उनका भी मंदिर निर्माण कराकर आप परम पृण्य के भागी बनें।''

राजा ज्योतिर्धाम ने कहा—''जो आज्ञा''—किंतु भगवन्! आप तो बद्रीनाथ विराजने जा रहे हैं। रास्ते में मेरी राजधानी ज्योतिर्धाम पड़ेगी। यदि आपकी मेरे निवास पर चरण रज गिरे तो महती कृपा होगी। आप यदि चाहें तो आपके लिए कल ही मैं रथों का प्रबंध करुँ।''

आद्यशंकर हँसकर बोले—''राजन! क्यों संन्यासी को उसकी मर्यादा भुलाएँगे? संन्यासी के तो हाथ-पाँव ही उसके रथ हैं और पाँचों इंद्रियाँ उसमें जुते हुए अश्व... आप जिस राजकीय प्रयोजन से भ्रमण पर निकले हैं कृपया उसे पूर्ण कीजिए।... आज से तीन दिन बाद हम आपकी राजधानी भी अवश्य आएंगे। तब किसी सुंदर मंदिर अथवा धर्मशाला में इसी तरह 'ब्रह्मचर्चा' का सुअवसर आप हमें प्रदान कीजिएगा।''

इस पर निकट खड़ा उद्भ्रांत चहक कर बोल पड़ा—''और महाराज!... हम आपके राजमहल भले ही न जाएं परंतु राजमहल से आया भिक्षा स्वरूप प्रसाद अवश्य ग्रहण करेंगे।''

—यह सुनकर आचार्य शंकर को छोड़ वहाँ उपस्थित सभीजन हँस पड़े। शंकराचार्य महाराज विश्राम हेतु अपने कक्ष में चले गए। उन्हें कल सूर्योदय से बहुत पहले उठना था। सदा की भाँति।

8

नंद प्रयाग

ऋषिकेश से बद्रीनाथ तक पहाड़ों और नदियों का साथ उसी तरह कभी नहीं छूटता जैसे भारतीय संस्कृति में एक पुरुष और स्त्री जब एक दूसरे का वरण करते हैं तो उनका वह गठबंधन युक्त साथ जन्म-जन्मांतरों का माना जाता है। एक हिन्दू परिवार में

वैदिक रीति-रिवाजों से होने वाले विवाह संबंध को कम से कम सात जन्मों का माना जाता है।...

पहाड़, पहाड़ी रास्ता, पहाड़ से मैदानों की ओर उतरती अनेक मनोहर नदियाँ। उन नदियों के जल स्त्रोत में अपना योगदान देते अनेक झरने, कुंड, चश्मे और ग्लेशियर्स। बर्फ़ के विशाल भंडार, ग्लेशियर न भी कहें तो पर्वतों की उच्च चोटियों पर श्वेत दुग्ध सम लदे हुए हिमखंड।...

और जहाँ-जहाँ से मातृतुल्य यह नदियाँ गुजरती वहीं-वहीं उनकी संतानों सरीखे मनुष्य अपनी बस्तियाँ बना लेते। पहाड़, नदी, जन-जीवन सब उस नयनाभिराम प्राकृतिक सौंदर्य के मध्य उसकी मोहक माया के अंग थे। उसकी माया के जिसने, 'एकोऽहम बहुस्यामि' के विचार से, किसी दिन इस सम्पूर्ण ब्रह्माण्ड की रचना की होगी। जिसने केवल सृष्टि ही नहीं रची। उस सृष्टि में अपने भीतर से करोड़ों अंशों में जीवात्माएं भी रचीं। उन जीवात्माओं में भी सर्वोच्च श्रेणी का जीवधारी विकसित किया मनुष्य! मनुष्य जो उसके उत्पन्न किए हुए ईश्वरों, देवों, यक्ष, किन्नर, गंधर्वों, ऋषि-मुनियों आदि की पूजा कर सके। प्रकृति के एक-एक अंगों-उपांगों की सराहना कर सके। या फिर उससे खिलवाड़ कर सके। द्रोह कर सके।...

मनुष्य का प्रकृति से द्रोह जब-जब सीमा लांघने को होता है धरती पर प्रलय का आह्वान करती है प्रकृति। यही नदियाँ जो मातृ स्वरुपा बन कर जन-जीवन-जीवों को जीवनदान देती रहती हैं वही रणचण्डी बन उनका निर्मम संहार करने वाली प्रलयकारिणी भी बन जाती हैं। तब वह अपने आस-पास के पर्वतों, वृक्षों, भवनों, मंदिरों को ढहाती हुई सबकुछ तहस-नहस कर डालती हैं। ऐसा सौ-दौ सौ वर्षों में एक-दो बार अवश्य होता है। नदियों का पर्वतों का विकराल रुप शांत होने पर नष्ट हुआ जन-जीवन नए स्थानों पर नए सिरों से धीरे-धीरे पुनः प्रारंभ होता है। उजड़ी हुई बस्तियाँ फिर से बसती हैं। शिशु फिर से जन्म लेते हैं। फिर से वे बड़े होते हैं। स्त्री-पुरुष बनकर जनजीवन को आगे बढ़ाते हैं। फिर से सृजन और विनाश के खेल में जुटते हैं। हल अथवा कुल्हाड़े हाथों में लेकर।

उत्तरांचल की इन पहाड़ियों में भी पहाड़, नदी, वृक्ष-वनस्पति, नर-नारियों का जीवन, वन्य-जीवों का जीवन, शरीर में जीवन का स्पंदन, उसकी कारक आत्मा का वास, आत्माओं के नियामक उस परम ब्रह्म परमेश्वर का आदि-अनादि-अनंत-अगोचर अस्तित्व का परस्पर अविच्छिन्न संबंध कितना रहस्यमय और प्रश्नाकुलता जगाने वाला है। चेतना को मथने वाला है।...

यही सब सोच रहा था मध्य रात्रि बीत जाने के बाद भी पद्‌मपाद। उसे नींद नहीं आ रही थी। रात्रि में गुरुदेव शंकराचार्य के सोने से पहले उसने सुझाव रखा था—"लोग

बताते हैं कि कर्ण प्रयाग से नंद प्रयाग अधिक दूर नहीं। पद यात्रियों के लिए यही कोई पाँच-छः घंटों का रास्ता है। अतः यदि हम कल सुबह मुंह-अंधेरे से पूर्व निकल लें तो नंद प्रयाग में ही क्यों न वहाँ के संगम में स्नान करें?''

गुरुदेव ने इसकी सहर्ष अनुमति दे दी थी और पद्मपाद ने साथी दल में घोषणा कर दी थी कि कल ब्रह्म मुहुर्त में सभी को उठना है और सूर्योदय से पूर्व प्रस्थान करना है। अगला पड़ाव और स्नान-ध्यान भोजन-भजन सब कल पूर्वाह्न में नंद प्रयाग में ही होगा।

मुंह-अंधेरे ही अगली सुबह की पौ फटने की प्रतीक्षा किए बिना सब ग्यारह जीवधारी कर्ण प्रयाग से चल पड़े। एक ऐसा तीर्थ यात्री दल जिसके लिए एक बाल-संन्यासी का आदेश सर्वोपरि था। तीर्थ यात्रा के कष्ट कोई अर्थ नहीं रखते थे। तीर्थों के दर्शन का आनंद लेना अधिक महत्त्वपूर्ण था और उससे भी महत्त्वपूर्ण था भगवान विष्णु के परमधाम बद्रीनाथ और फिर उसके भी आगे कभी न कभी भगवान शंकर के परमधाम केदारनाथ के मंदिर के दिव्य-दर्शन।

ये यात्रीगण आचार्य शंकर के पीछे-पीछे चलते हुए आज के समयानुसार 10:00 बजे के लगभग पूर्वाह्न में ही नंद प्रयाग जा पहुँचे। भगवान श्रीकृष्ण के पालक-पिता नंद बाबा की तपस्थली नंद प्रयाग।

द्वापर युग में नंदाकिनी और मंदाकिनी नदियों के संगम स्थल पर स्थित इस तपोभूमि पर वर्षों रहकर पुत्र प्राप्ति हेतु भगवान विष्णु को स्मरण कर एकाग्रचित्त होकर नंद बाबा ने समाधिस्थ हो तपस्या की थी। क्योंकि बहुत आयु हो जाने पर भी उन्हें और उनकी पत्नी यशोदा को कोई संतान न थी।

अंततः मान्यता है कि भगवान विष्णु नंद बाबा के तप से प्रसन्न होकर प्रकट हुए। उन्हें आशीर्वाद दिया कि अब तो मुझे ही आपका पुत्र बनकर आना होगा। और इस तरह वे नंद को लीलाधर कृष्ण रूप में प्राप्त हुए। इतना ही नहीं विष्णु सेवक शेषनाग भी कृष्ण के भाई बलराम के रूप में उन्हें प्राप्त हुए।

नंदाकिनी नदी का नाम तपस्वी नंद बाबा के नाम पर पड़ा। यह नदी जहाँ मंदाकिनी से मिलती है, वहाँ एक पौराणिक मंदिर है।

आज उसी पौराणिक मंदिर में जाने हेतु कलियुग के महर्षि आधशंकराचार्य राजमार्ग से सीढ़ियाँ उतर कर नंद प्रयाग तीर्थ का ऐसा ही कुछ महातम कहते हुए उसकी घाटी में उतर रहे थे। मंदिर परिसर में पहुँचकर सारी रात का जागा पद्मपाद, घंटों सबके साथ यात्रा करके आया, अब बहुत थक चुका था। अतः मंदिर पहुँचकर उसके एक कोने में गिरकर पद्मपाद गहरी नींद में सो गया।

इसलिए शंकराचार्य के स्नान-ध्यान और उनकी देखभाल का पुराना दायित्व अब शंकर-सखा पर पुनः आ गया। उद्भ्रांत अपने आचार्य शंकर की देखभाल करने लगा। आहार का भी प्रबंध करना था। उद्भ्रांत सोच रहा था कि इन पहाड़ों के निवासी कितने सीधे-सादे और ईमानदार हैं। नगर-ग्रामों की दुकानों पर दूध, दही, मावा, पेड़े इत्यादि सब मिल जाते हैं। वे भी कितने अच्छे और सस्ते। दुकानदार स्त्री-पुरुष भी कितने स्नेहशील और भले स्वभाव के होते हैं। सह-यात्रियों में से उद्भ्रांत ने काशी से आए पिता-पुत्र उन दो नम्बूदरी ब्राह्मणों को संकेत से अपने पास बुलाया।

धर्मकीर्ति और सोमदेव निकट आए। उद्भ्रांत ने उनसे कहा कि—"आचार्य जी और अन्य महात्माओं के अल्पाहार की व्यवस्था करनी है। आप दोनों स्नानोपरांत निकट के किसी भोजनालय से क्रय करके शीघ्र आओ।..."

माँ आर्यम्बा की दी हुई कुछ मुद्राएं अभी भी उद्भ्रांत ने सहेज कर रखी हुई थी। उसने एक रजत मुद्रा उन पिता-पुत्र को देनी चाहीं। उन्होंने हाथ जोड़कर लेने से मना किया। धर्मकीर्ति बोले—"कभी तो हमें भी सेवा का अवसर दें महाराज!"

कहकर धर्मकीर्ति और सोमदेव चले गए। तीर्थ यात्रियों ने स्नान किया। उद्भ्रांत ने भी स्नान कर लिया। तत्पश्चात वह उस स्नान घाट पर पानी में पैर जमाकर आचार्य शंकर को स्नान हेतु उतारने के लिए उन्हें हाथ पकड़ाकर सहारा देने लगा।...

उद्भ्रांत जैसे बहुत से भाग्यवान लोग महापुरुषों की संगत में आते हैं। भले ही वे स्वयं बेनाम रह जाएं। परंतु उनका उद्धार तो हो ही जाता है।...

स्नान-ध्यान के पश्चात सभी तीर्थ यात्री पास की एक धर्मशाला में जाकर रात्रि विश्राम हेतु टिक गए। पद्मपाद दो-ढ़ाई घंटे की नींद लेकर स्वस्थचित्त हो चुका था। उसने फिर नंद प्रयाग के उस संगम में शीतल-सुखद धारा में उतरकर स्नान किया। फिर उस धर्मशाला में पहुँचकर सबके साथ वहाँ भोजन पाया।...

वह पूरी अपराह्न, संध्या और रात्रि शंकर और उनके अनुयायिओं ने नंद प्रयाग में ही बिताई। सायंकाल वहाँ के सुप्रसिद्ध गोपाल जी के मंदिर के भी सबने पावन दर्शन किए। शंकर-सखा तब उस मंदिर में तन्मय होकर आचार्य शंकर रचित 'भज गोविंदम्' का गायन करने लगा।

नंद प्रयाग के पड़ाव के बाद यात्री-दल के लिए अगला पड़ाव ज्योतिर्धाम नामक नगर था। राजा सोमदत्त सुधर्मा की तत्कालीन राजधानी।

प्रातःकाल सभी यात्री सदा की भाँति तैयार हुए। कुछ जलपान लिया और आगे की यात्रा के लिए निकल पड़े। विगत सांयकाल राजा का एक घुड़सवार गुप्तचर उस धर्मशाला में आया था। धर्मशाला के प्रबंधक से शंकराचार्य महाराज के और उनके सह-यात्री दल की कुशल क्षेम जानकर वह वहाँ से चुपचाप ज्योतिर्धाम वापस चला गया

था। प्रबंधक को जानकारी थी कि यात्री दल को प्रातः आगे की यात्रा पर निकलना है।

नंद प्रयाग थी तो छोटी सी जगह। परंतु आने-जाने वाले श्रद्धालुओं के लिए सभी आवश्यक सुख-सुविधाओं से सम्पन्न। सबसे अच्छी बात थी—यहाँ से ज्योतिर्धाम को जाने वाला उत्तम राजमार्ग। राजा ने वैसे तो कर्ण प्रयाग से ही यह राजमार्ग न केवल ज्योतिर्धाम तक, बल्कि आगे बद्रीनाथ तक और उसके आगे माणा गाँव तक यह राजमार्ग काफ़ी चौड़ा-पक्का और निरापद बनवा छोड़ा था।

लोगों ने यात्री दल को बताया कि—"आपको आगे मार्ग जनित कोई असुविधा नहीं मिलेगी। हाँ, भूस्खलन के आकस्मिक-खतरों के विषय में कुछ कहा नहीं जा सकता। पद यात्रा करते समय कृपया .सदैव सावधान और सतर्क रहें।"...

अब तक की पद यात्रा में आचार्य शंकर और उनके शिष्य पद्मपादाचार्य सहित अन्य पद यात्रियों ने ऊँचे-नीचे पहाड़ों, घाटियों, जंगलों, मंदिरों, स्नान घाटों आदि के विविध अनुभव प्राप्त किए थे। दोनों तरफ की पहाड़ियाँ भी कहीं-कहीं दूर-दूर तो कहीं पास-पास थीं। कहीं खड़ी चढ़ाई थी, कहीं समतल तो कहीं फिर से चढ़ाई। घुमावदार रास्ता, सीधा-रास्ता, अच्छा रास्ता, खराब रास्ता।...

ऋषिकेश से देव प्रयाग फिर देव प्रयाग से रुद्र प्रयाग और फिर कर्ण प्रयाग तक के सारे स्थल उत्तरोत्तर ऊँचाई वाले पहाड़ी तीर्थ थे। किंतु कर्ण प्रयाग से नंद प्रयाग का रास्ता उतार वाला रास्ता था। पहाड़ से घाटी में जाने का अहसास दिलाता हुआ। सब जगह पहाड़ी रास्तों के मध्य नीचे कोई न कोई नदी बहती हुई दिखती थी। मनुष्यों की जिजीविषा को कायम रखती हुई। प्रकृति के एक सुंदर एवं स्थायी उपादान सरीखी।...

शंकर और उनके अनुयायी जब नंद प्रयाग से आगे चले तो रास्ता तो उत्तम था परंतु आगे कठिन चढ़ाई वाला था। आज की माप के हिसाब से कहें तो इन यात्रियों को उस ज्योतिर्धाम पहुँचना था, जिसकी समुद्रतल से ऊँचाई लगभग 5900 फिट थी। यात्रीगण नंद प्रयाग के निचले पहाड़ी धरातल से चले थे जो उस गंतव्य से लगभग 3000 फिट नीचे स्थित था। अतः नंद प्रयाग से ज्योतिर्धाम की आरोही पदयात्रा काफ़ी थकाने वाला और कहीं-कहीं तो हँफाने वाली थी।...

मार्ग में पहाड़, अनेक पहाड़, अनेक पहाड़ों से घूमता-घामता ऊपर चढ़ता सर्पीला रास्ता। एक स्थान से नीचे देखने पर वह सर्पीला रास्ता वृक्षों, झुरुमुठों से इसी तरफ दौड़ा आता दिखता था। कई पहाड़ों पर सीढ़ी नुमा खेत दूर से दिखते बड़े भले लगते थे। इन सीढ़ी दर सीढ़ी छोटे-छोटे भूखण्डों में पहाड़ी कृषक-स्त्री-पुरुष अत्यंत श्रमपूर्वक अनाज और सब्ज़ियाँ उगाते थे। पहाड़ों का जीवन जितना सरल-सुंदर-स्वास्थ्य वर्द्धक होता है, उतना ही कठिन भी।...

नंद प्रयाग से सुबह चले थे। शाम होने को आई। मार्ग में रुकते-रुकते सुस्ताते आठ घंटे बीत गए थे। कोई गाँव निकट आता दिखा। यात्रीगण चलते गए। मौसम खराब था। रास्ते में दो जगह हल्की बारिश भी मिली। कोई आसरा नहीं दिखा तब। किसी तरह वृक्षों के नीचे खड़े होकर भीगने से बचने का वे सभी असफल प्रयत्न करने लगे। वर्षा रुकने पर ठिठुरते हुए आगे को फिर चल पड़े।

पीपलकोटी नामक एक गाँव आया। छोटा-सा गाँव। चंद दुकानें। चंद मकान। कुछ पक्के कुछ झोपड़े नुमा। एक फल की दुकान पर पद्मपाद ने पूछा—''यहाँ कोई रात में ठहरने को मंदिर या धर्मशाला है?''

दुकानदार ने आगे की तरफ संकेत किया। यात्री दल को आगे जाने पर एक धर्मशाला मिल ही गई। वहाँ उन्हें मुख्य द्वार पर दो संतरी खड़े मिले। आचार्य शंकर के मुख्य द्वार में प्रवेश करते ही सामने से दो सज्जन हाथ जोड़कर आते दिखे। उन्होंने शंकराचार्य महाराज को झुक कर प्रणाम किया। बोले—''प्रभु पधारिए! हम दोनों इस गाँव के मुखिया और पंचायत प्रमुख हैं। ज्योतिर्धाम के राज महल से आपके आगमन की शुभ सूचना पर हम सेवा में प्रस्तुत हैं।...''

पद्मपाद ने आगे बढ़कर शंकराचार्य महाराज के विश्राम हेतु सज्ज धर्मशाला के प्रथम कक्ष में व्यवस्था बनाई।...

तभी तेज़ वर्षा फिर से आरंभ हो गई। सभी यात्री सदस्यों ने संतोष की साँस ली। धर्मशाला के दो बड़े कक्षों में सब एक साथ ठहरे। उद्भ्रांत प्रसाधन की व्यवस्था देखने प्रांगण में निकल गया।

प्रातःकाल ज्योतिर्धाम से राजा द्वारा भेजे दो प्रतिनिधि एक रथ पर कुछ मिष्ठान, फलाहार सहित उपस्थित हुए। वे बड़े विनम्र भाव से इन यात्रियों से मिले। अपने राजा का प्रणाम निवेदन सहित संदेश कहा कि—''ज्योतिर्धाम नरेश परम पूज्य भगवान शंकराचार्य प्रभु की प्रतीक्षा में है। उनसे सीधे राजमहल के अतिथिगृह में पधारने की प्रार्थना है।''

पद्मपाद बोले—''पूज्य गुरुदेव संन्यासी हैं और संन्यासी राजमहल में प्रवेश न कर सकेंगे।'' इसपर राज प्रतिनिधियों ने पुनः निवेदन किया कि—''राजमहल के दो अतिथि गृह हैं। एक राज महल के भीतर जिसमें राजनयिक और राज परिवार के मित्र आदि ठहरते हैं। दूसरा राजमहल से बाहर कुछ दूर एकांत में, जिसमें साधु-संन्यासी गण इत्यादि के विश्राम का प्रबंध है।... पूज्य महाराज जी के दर्शनार्थ हमारे अन्नदाता वहाँ स्वयं पधारेंगे।''

साथ आए ओंकारेश्वर के वयोवृद्ध साधु की इस लंबी पदयात्रा में अब हालत बहुत खराब हो चली थी। पेट खराब था। डोल-डाल की रास्ते भर कठिनाई थी। शरीर काफ़ी

क्षीण हो चला था। उन्हें चलने-फिरने में बहुत कठिनाई थी। उनके साथ के दोनों युवा-साधु यदि कसरती बदन के न होते तो दादा जी को बिना सहारा ले चल पाना दूभर हो जाता।

अतः उन वृद्ध साधु बाबा को सुबह-सवेरे ही ज्योतिर्धाम से आए उस रथ में बिठाकर एक राज प्रतिनिधि के साथ पीपलकोटी से रवाना कर दिया गया। उनके दोनो सहायक साधुगण भी उसी रथ में दादा जी की देखभाल हेतु साथ चले गए। कुछ देर बाद आचार्य शंकर अब अवशेष 07 अनुयायियों सहित ज्योतिर्धाम के लिए स्वस्थ चित्त-मन से और स्फूर्ति युक्त-शरीर के साथ पूर्व की भाँति पैदल यात्रा पर तीव्र गति से निकल पड़े। आत्मनिष्ठ ब्रह्म की उपासना करते हुए।...

आगे का मार्ग निरंतर चढ़ाई वाला था। कहीं सुगम तो कहीं दुर्गम। परंतु रास्ता बहुत उत्तम कोटि का था। वास्तव में वह किसी राजमार्ग सरीखा दिखता था। चौड़ा और एकसार। किनारे-किनारे पत्थर के चबूतरे जो चूने से पुते थे। रास्ते के पर्वतीय सिरे पर जगह-जगह ''जय बद्री विशाल'' ''जय माँ लक्ष्मी'' ''जय नरसिंह प्रभु'' ''सीता-राम'' ''राधे कृष्ण'' ''ओम नमः शिवाय'' आदि चूना और गेरु से लिखा दिखता था।

उस राजमार्ग को देखकर ही स्थानीय नरेश और जन-सामान्य की हिन्दू धर्म में आस्था की प्रतीति और ईश्वर भक्ति का स्पष्ट आभास मिल जाता था।

9
ज्योतिर्धाम

सूर्यास्त के कुछ पहले भगवान आदि शंकराचार्य, पद्मपादाचार्य आदि जोशीमठ के प्रक्षेत्र में प्रवेश कर गए। आज के जोशीमठ, तत्कालीन ज्योतिर्धाम, के निवासियों ने मार्ग के दोनों ओर ''भगवान शंकराचार्य महाराज की जय'' के नारे लगाते हुए उनपर फूलों की पंखुड़ियाँ बरसाकर स्थान-स्थान पर स्वागत किया।

मुख्य नगर से होता हुआ वह रास्ता उन्हें आगे और आगे बहुत दूर तक एक अलग पहाड़ी रास्ते पर तनिक ऊपर तक ले गया। वह स्थान वनाच्छादित कुछ एकांत में था। सामान्य बस्ती से कुछ अलग।

आचार्य शंकर उस राज अतिथि-गृह में सह-यात्रियों सहित मुख्य फाटक से भीतर गए। सामने एक पक्के भवन की छतरी के नीचे अनेक व्यक्ति प्रतीक्षारत खड़े थे। साथ में पहले ही आ चुके ओंकारेश्वर के तीनों साधु भी उन्हें उस जनसमूह में दिखाई दिए। अनेक सभ्रांत नागरिक, नर-नारी।

सबसे आगे खड़े थे ज्योतिर्धाम के नरेश राजा सोमदत्त सुधर्मा स्वयं। हाथ में एक बड़ा-सा पुष्पहार लिये। उन्होंने आगे बढ़कर वह पुष्पहार शंकराचार्य महाराज के गले में पहना दिया और झुककर उनके चरण स्पर्श किये।

उसके बाद उपस्थित समस्त नर-नारियों में आचार्य प्रभुपाद के पाँव छूने की होड़ लग गई।...

अगले दिन आचार्य शंकर ने नगर भ्रमण और वहाँ के पवित्र स्थानों के दर्शन की इच्छा प्रकट की। प्रातः स्वल्पाहार के समय ही राजा स्वयं अपने चार पार्षदों सहित अतिथिगृह में पधारे। आचार्य शंकर के साथ आज वे भी पदयात्रा पर निकले। आज वे नगर के मंदिरों का दर्शन कराने हेतु आचार्य शंकर के लिए एक मार्गदर्शक की भूमिका में थे।

सभी यात्रियों के साथ शंकराचार्य जब अपने संन्यासी वेष में दण्ड-कमंडलु लिए स्मित-मुस्कान के साथ आगे चले तो राजा उनके बराबर उन्हें मार्ग दिखाते चलने लगे। अपने राजा को एक परम तेजस्वी बाल-संन्यासी के साथ इस तरह झुककर पैदल चलते देख पूरा ज्योतिर्धाम नगर आश्चर्य चकित हो उठा। राजा को इस तरह सार्वजनिक रास्तों पर पदयात्रा करते अनेक व्यक्तियों ने उस दिन अपने जीवन में पहली बार देखा होगा।...

भगवान श्री आदि शंकराचार्य ज्योतिर्धाम नगर क्षेत्र में चार दिन रहे। उन्होंने प्रथम दिवस वहाँ के राजा के साथ प्रमुख मंदिरों का दर्शन किया। जिनमें वृद्ध बदरी मंदिर, माता भवानी का मंदिर और हिरणाकश्यपु-संहारक नरसिंह भगवान का भव्य मंदिर प्रमुख थे। पद्मपाद ने अपने गुरुदेव से प्रार्थना की कि अगले दिवस वे नरसिंह मंदिर के बड़े प्रांगण में ही अपना कृपा प्रसाद स्वरुप ब्रह्मज्ञान विषयक उपदेश ज्योतिर्धाम के श्रद्धालुओं के समक्ष देने पर विचार करें।

गुरुदेव शंकराचार्य ने राजा सोमदत्त की ओर देखा। उन्होंने हाथ जोड़कर कहा–

''भगवन्! आपकी बड़ी कृपा होगी यदि हमारे सौभाग्य से अपने वचनामृत आप हम नगरवासियों को देना चाहेंगे।... यहाँ सारे प्रबंध हो जाएंगे।''

अगले दिन सायंकाल नरसिंह मंदिर का तोरण द्वार सजा। एक सुंदर पंडाल मंदिर प्रांगण में भगवान श्री आदि-शंकराचार्य के प्रवचन हेतु दिन भर में बनकर तैयार हुआ। फिर वह पूरा मंदिर परिसर सायं 4:00 बजे ही खचाखच भर गया। शंकराचार्य महाराज अपने अनुयायियों सहित कुछ ही देर बाद पधारे। किसी प्रकार के स्वागत-सत्कार अथवा औपचारिकता का उन्होंने पहले ही निषेध कर दिया था।

फिर भी ज्योतिर्धाम नरेश ने उनके स्वागत में दो शब्द कहकर पूज्य शंकराचार्य जी महाराज की उपस्थिति मात्र को अपना अहोभाग्य बतलाया। उस पर्वत प्रदेश के

निवासियों को प्रथमतः एक पौराणिक कथा सुनाने के अनन्तर आदि-शंकर कहने लगे—

"प्रिय आत्मन्!... ज्योतिर्धाम के निवासियो!!... उपनिषदों में हमारे वेदों का सार निहित है। इस जीवन और जगत से परे जो कुछ भी रहस्य है, वो उपनिषदों के ज्ञान के उपरान्त उसी प्रकार समाप्त हो जाता है जिस प्रकार घने मेघों से ढके सामने के जो हिमवान पर्वत शिखर हैं, वे मेघों के हटते ही दृश्यमान हो उठते हैं।...

अनंत कोटि ब्रह्माण्डों के एकमात्र कारण परम ब्रह्म परमेश्वर ही सृष्टि का एकमात्र सत्य हैं।...

शरीर नाशवान है। वह मृत्यु के द्वारा नष्ट कर दिया जाता है। तो भी यह शरीर उस शरीर-रहित आत्मा का अधिष्ठान है। शरीर से युक्त आत्मा प्रिय और अप्रिय के बोध से संयुक्त रहता है। जब यही अनश्वर आत्मा शरीर से रहित हो जाता है तो यह प्रिय और अप्रिय से परे हो जाता है।...

इस प्रकार प्रिय आत्मन!... तुम बस इतना जान लो कि जब तक जीव में देहात्म बोध रहता है तब तक सुख-दुःख से छुटकारा नहीं मिलता। किंतु वेद-विज्ञान से जिसका देहात्म बोध नष्ट हो गया है उस व्यक्ति को निःसंदेह सुख-दुःख स्पर्श नहीं कर सकते।...

ऐसे में जो यह जानता है कि मैं आत्मा हूँ मैं यह श्रवण करूँ, उसके श्रवण हेतु कान हैं। जो इस प्रकार जानता है कि मैं आत्मा हूँ, उसके मनन के लिए मन दिव्य चक्षु है। वह इस दिव्य चक्षु रूप मन से उन सब कामों अर्थात भोग्य पदार्थों को देखता हुआ रमण करता है।...

जो ये ब्रह्मलोक में सुर अथवा देव हैं, वे इसी आत्मा की उपासना करते हैं। इसलिए उन्हें सब लोक और सब काम सुलभ हैं, प्राप्त हैं।... और जो देहात्म बोध में ही उलझे हैं, वे ही असुर अथवा दानव हैं।

वेदों में वर्णित ज्ञान को समझ कर जीवन मुक्त होने का मार्ग प्राप्त किया जा सकता है। मोक्ष को प्राप्त किया जा सकता है।... 'अथातो ब्रह्म जिज्ञासा' अध्यात्म की चरम अवस्था तक पहुँचने का सही मार्ग है।"

ऐसा गंभीर प्रवचन ज्योतिर्धाम के नगरवासियों ने पहले कभी नहीं सुना था। भजन-कीर्तन और भक्ति से भगवान को स्मरण करने वाले लोग 'कर्म ही पूजा है' इसे अपने पूर्वजों से सदा सुनते आए लोग, आज ज्ञान-साधना के मार्ग की चर्चा सुनकर कुछ-कुछ चिंतन-मनन की मुद्रा में अपने-अपने घरों को लौटे।

तब राजा सोमदत्त शंकराचार्य महाराज के संन्निकट आकर बोले—"आपकी अपार कृपा हे प्रभु!... आज हम कृत कृत्य हुए।"

आदि-शंकराचार्य मुस्कुराए। बोले—“अभी नहीं... अभी आपको धर्महित में बहुत से कार्य करने हैं।”

“आज्ञा दें भगवन्!”

“कल आपको मुझे यहाँ के तपोवन में ले चलना है। मैंने सुना है कि वहाँ एक सहस्त्रों वर्ष पुराना कल्पवृक्ष भी है।”

-और अगले दिन सब लोग वह कल्पवृक्ष देखने गए। भगवान शंकराचार्य जब उस कल्पवृक्ष के नीचे योग मुद्रा में विराजमान हुए तो वहाँ उनकी समाधि लग गई। वे घंटों ध्यान मुद्रा में चले गए। शंकराचार्य प्रभुपाद को वह स्थल अत्यंत पवित्र और शांत लगा।

ध्यान की चरम अवस्था से धीरे-धीरे बाहर आने पर आनंद विभोर शंकर ने ज्योतिर्धाम नरेश से कहा—

“क्या एक छोटा-सा आश्रम यहाँ बनाने को इस कल्पवृक्ष सहित इस तपोभूमि की कुछ ज़मीन हमें मिल सकेगी?”

राजन बोले—“भगवन्!... यहाँ का कण-कण आपका है। आप आदेश करें।”

शंकर बोले—“आदेश नहीं। इस संन्यासी को भिक्षा।”

राजन ने कहा—“क्यों लज्जित करते हैं प्रभु!”

—इसके बाद वहीं तय हुआ कि उसी स्थल पर एक शंकराचार्य आश्रम स्थापित होगा। उसका नाम होगा—शंकराचार्य आश्रम, बदरिकाश्रम, हिमालय।

राजा ज्योतिर्धाम बोले—“अहो भाग्य!... तब तो यह ज्योतिर्धाम एक परम पावन धाम बन जाएगा।”

अगले ही दिन शुभ मुहुर्त में आदि-शंकराचार्य के हाथों प्रकारांतर से उनके प्रथम शांकर मठ का शिलान्यास उन्हीं के कर कमलों से हुआ, जिसे आगे चलकर ज्योतिर्मठ के नाम से विख्यात होना था। जिसके कारण वह ज्योतिर्धाम भविष्य में ज्योतिर्मठ और कालान्तर में जोशीमठ के नाम से लोक विश्रुत होना था।

आदि-शंकर ने अपने प्रथम शिष्य संन्यासी पद्मपाद को उस अवसर पर यह दायित्व सौंपा कि वे उनके बद्रीनाथ क्षेत्र में प्रवास के अनंतर इस ज्योतिर्धाम में आते-जाते रहेंगे और आश्रम के निर्माण की प्रगति का पर्यवेक्षण करते रहेंगे।

राजा ज्योतिर्धाम ने इस शांकर आश्रम के निर्माण में पूर्ण सहयोग का वचन दिया और प्रभु आदि शंकराचार्य से उन्हें अपना शिष्य बनाने की विनम्र प्रार्थना भी की।

शंकराचार्य ने उन्हें न केवल अपना आशीर्वाद दिया, वरन किसी सद्गृहस्थ को प्रथम बार अपने शिष्य रुप में दीक्षित किया। इस प्रकार ज्योतिर्धाम नरेश सोमदत्त सुधर्मा आदि शंकराचार्य के एक कट्टर अनुयायी बने। वे कर्म से राजा और एक गृहस्थ ही रहे। परंतु मन से एक संन्यासी हो गए।

शंकराचार्य महाराज ने तब भगवान बद्रीनाथ के दर्शन लाभ हेतु वहाँ से विष्णु प्रयाग का मार्ग पकड़ा। सारे रास्ते मिलने वाले चीड़ और देवदार के वृक्ष तीर्थ यात्रियों का मन हर लेते थे।... ऊपर नीले आकाश में राज हंसों से तैरते धवल-बादल समूचे पर्वतीय परिदृश्य को स्वर्ग तुल्य बनाते चलते थे।... मार्ग में मिलने वाले अनेक मनोरम झरने मार्ग की सारी थकान हर लेते।...

10
विष्णु प्रयाग

विष्णु प्रयाग जैसा एक शांत और सुंदर तीर्थ जल्दी देखने को नहीं मिलता। अलकनंदा और धौली गंगा नदियों के शांत-निर्मल जल का संगम और अनुपम प्राकृतिक सौंदर्य सम्पन्न भगवान विष्णु का आराधना स्थल। और क्यों न हो? भगवान बदरी विशाल धाम को जाने वाले मार्ग पर अंतिम पड़ाव सरीखा उन्हीं के मूलनाम पर आधारित एक सिंहद्वार जैसा तीर्थ स्थल।...

मुख्य राजमार्ग और संगम स्थल के समानांतर दोनों ओर की पर्वत श्रृंखलाएं पर्याप्त सन्निकट हैं विष्णु प्रयाग में। यही इसकी विशेषता है। लगता है भगवान विष्णु अपने दोनों करतलों के मध्य इस तीर्थ को सहेजे भक्तों पर अपनी कृपा दृष्टि बरसा रहे हों।...

दोनों ओर परस्पर सटे-सटे से ऊँचे-ऊँचे पहाड़। उनके मध्य एक लकड़ी का पुल मुख्य मार्ग को सामने की पर्वत श्रृंखला से जोड़ता हुआ। उसके नीचे गहराई में बहती हुई बद्रीनाथ की दिशा से आती अलकनंदा नदी। अपने भीतर नीली-नीली तथा पर्वतों की हरीतिमा युक्त आभा को समेटती। आगे ऋषिकेश की दिशा में बहती। अंततः देव प्रयाग में जाकर अपना अस्तित्व भागीरथी गंगा में विलीन करने को अग्रसर। पर यहां विष्णु प्रयाग में अन्य सरिता धौली गंगा इधर उसी अलकनंदा में अपने अस्तित्व को विलीन करती हुई।

इसी तरह मानव-सभ्यता का भी क्रम पीढ़ी-दर पीढ़ी-दर पीढ़ी चलता है। एक पीढ़ी दूसरी पीढ़ी में अपना नाम छोड़कर समाप्त होती है। दूसरी पीढ़ी तीसरी पीढ़ी में अपना नाम छोड़ अतीत का विषय बन जाती है। बस यही परंपरा चलती हुई भूत-वर्तमान-भविष्य की कड़ियों को जोड़ती सतत प्रवाहमान रहती है।...

हिमालय स्थित पंच प्रयाग में से एक विष्णु प्रयाग। आज की भाषा में कहें तो समुद्र तल से लगभग 4500 फिट की ऊँचाई पर स्थित एक धरती का लघु-स्वर्ग। इस

पवित्र तीर्थ पर पहुँचकर शंकराचार्य महाराज और उनके शिष्यों एवं अनुयायियों ने संगम घाट में स्नानोपरांत वहाँ स्थित भगवान विष्णु के प्राचीन मंदिर के दर्शन किए।

यहाँ माना जाता है कि महर्षि नारद की तपस्या से प्रसन्न होकर भगवान विष्णु ने उन्हें दर्शन दिए थे। इसी से इस स्थान का नाम विष्णु प्रयाग पड़ा।

जोशीमठ से प्रातः चले शंकराचार्य महाराज को विष्णु प्रयाग पहुँचने में आज लगभग दो घंटा लगा। यद्यपि इस स्थान की दूरी अधिक नहीं। आज की भाषा में कहें तो मात्र 12 किलोमीटर। परंतु यात्रा में चलते-चलते गुरुदेव का मार्ग में ही ध्यान लग जाता और वे अर्द्ध-चैतन्य अवस्था को प्राप्त हो जाते। ऐसे में उनके शिष्य पद्मपादाचार्य को उन्हें अपनी बाहों का सहारा देना पड़ता। फलतः पीछे चल रहे समस्त तीर्थ यात्रियों की गति भी धीमी पड़ जाती।

जोशीमठ में अनेक श्रद्धालु जिन्होंने उस दिन गुरुदेव शंकराचार्य को सुना उनके श्रद्धालु और उनके अनुयायी बन गए। अतः आज इस पदयात्रा में 10-12 व्यक्ति जोशीमठ अर्थात तत्कालीन ज्योतिर्धाम के भी सम्मिलित हो चले थे। आखिर इतने बड़े संत-संन्यासी के साथ भगवान बद्रीनाथ के दर्शन करना और भी पुण्यफल प्राप्त करने का एक विशेष-सुअवसर जो ठहरा।...

दोपहर बाद तीर्थ यात्री रुके नहीं अब शीघ्र बद्रीनाथ धाम की ओर चलें यह प्रायः सभी यात्रीगण की इच्छा थी। परंतु आज प्रातः से ब्रह्मानंद का रह-रहकर अनुभव कर रहे शंकराचार्य प्रभु के आगे सब लोग विवश थे। अतः सबको उस दिन विष्णु प्रयाग में ही रुकना पड़ा। रात्रि विश्राम वहीं हुआ।

बद्रीनाथ धाम आज की भाषा में कहें तो 10,280 फिट की ऊँचाई पर है समुद्र तल से। इसलिए आगे लगभग 5800 फिट की और ऊँचाई पर पहुँचना था। उसके लिए काफ़ी खड़ी चढ़ाई वाला घुमावदार रास्ता था। पदयात्रियों के लिए एक दुःसाध्य लक्ष्य। साथ आए ओंकारेश्वर के साधु दादा जी के प्राण हलक में अटके थे। उनके साथ के दोनों युवा साधु ही इस समय उनकी बैसाखी सरीखे संघर्ष-दण्ड थे।

वे दोनों साधु सोच रहे थे कि दादा जी किसी तरह भगवान बद्री विशाल के दर्शन कर लेते। उसके बाद चाहे जो होता। जब राजा ज्योतिर्मठ को यह सूचना मिली कि गुरुदेव शंकर आज विष्णु प्रयाग में ही रुक गए हैं तो उन्होंने पीछे से अपने दो पार्षदों को एक रथ पर उनकी सुधि लेने के लिए भेजा। साथ में कुछ फलाहार आदि भी समस्त तीर्थ यात्रियों के लिए।...

अगले दिन शंकराचार्य और उनके यात्रीदल ने बद्रीनाथ के लिए प्रातःकाल 7:00 बजे ही प्रस्थान कर दिया।

आज की ही भाषा में पुनः कहें तो विष्णु प्रयाग से बद्रीनाथ की दूरी यद्यपि थी तो 32 किलोमीटर मात्र परंतु खड़ी चढ़ाई होने के कारण एक रथ को वहाँ पहुँचने में 2 से 3 घंटे लगते और पदयात्रियों को 8 से 10 घंटे कम से कम।

वयोवृद्ध साधु महाराज सहित तीनों साधुओं को एक पार्षद महोदय अपने साथ उस रथ पर बैठाकर पहले ही बद्रीनाथ के लिए रवाना हो गए। उन पर आगे बद्रीनाथ धाम में गुरुदेव शंकर को दर्शन कराने हेतु आवश्यक व्यवस्थाएं बनाने का विशेष दायित्व जोशीमठ के राजा ने सौंप रखा था। अतः दूसरे पार्षद महोदय गुरुदेव की देखभाल हेतु उनके साथ ही जुड़कर विष्णु प्रयाग से आगे की पदयात्रा करने लगे।

''जय-जय-जय बद्री विशाल'' ''जय नारायण जय शिव शंभू'' का नारा लगाते साथ में पूज्य प्रभु शंकराचार्य जी की जय का भी उद्घोष करता यह विशिष्ट तीर्थयात्री दल बद्री बाबा के दर्शनार्थ उत्साह पूर्वक आगे बढ़ता चलता चला गया।... स्वयं को धन्य मानता।...

मार्ग में संघर्ष करता। प्रकृति के विविध स्वरुपों के दर्शन करता।...

पर्वतों के नीचे गहरी खाई में बहती अलकनंदा की पतली क्षीण सी दिखती किंतु गरजती हुई जलधारा को बीच-बीच में निहारता।...

मार्ग में पड़ने वाले प्रपातों और स्वच्छ जल स्त्रोतों से अपनी पिपासा को शांत करता।...

कठिन श्रम का परिहार करता। अपने भाग्य को सराहता। आगे चल रहे एक महान बाल-संन्यासी को मन ही मन श्रद्धा भाव से पूजता। उनसे ऊर्जा ग्रहण करता हुआ।...

आदि शंकराचार्य महाराज के पीछे वे दोनों नम्बूदरी ब्राह्मण भी चले जा रहे थे। उन्हें यह नहीं पता था कि बद्रीनाथ में उनका भाग्योदय भी उनकी प्रतीक्षा कर रहा है।...

बद्रीनाथ का मार्ग आगे गोविंद घाट के बाद और संकरा और दुर्गम होता चला गया। कहीं-कहीं तो मार्ग में मिलने वाली पहाड़ियाँ नीचे को झुकी हुई यात्रियों को भयभीत कर देतीं कि इनके नीचे से गुजरेंगे तो कहीं ये हम पर ढह न जाएं।... यात्री गण हनुमान चट्टी होकर आगे बढ़े।...

मार्ग अनेक-स्थानों पर टूटा-फूटा भी मिलता। भूस्खलन के मलबों से जर्जर। नंगे पैर चलने वालो को कंकड़ों पर पाँव रखते बड़ा कष्ट होता। संन्यासी तो नंगे पाँव ही चलते। शंकराचार्य और उनके शिष्य पद्मपादाचार्य नंगे पाँव ही पदयात्रा कर रहे थे। उनके पाँव छिलने लगे।...

आगे एक झरने से जल लेकर पद्मपाद ने पहले आचार्य शंकर के पाँव धोए। पश्चात अपने पैर के घावों पर लगी मिट्टी और रक्त कणों को धोया।...

यह यात्रा इसके बाद इसी प्रकार जारी रही। ... कहीं-कहीं मार्ग में विचरती गउओं के बीच यह यात्री दल आगे बढ़ता गया।...

सूर्यास्त के कुछ देर बाद आखीरकार आचार्य शंकर और सभी पदयात्री बद्रीनाथ धाम में प्रवेश कर गए। मंदिर वहाँ से कुछ दूर था। सांझ तेजी से घिर रही थी। सभी यात्री इस समय बुरी तरह थक चुके थे। यात्री दल के साथ चलकर आए ज्योतिर्धाम के पार्षद उन्हें एक साफ़-सुथरी और बड़ी धर्मशाला में ठहराने ले गए।

उस धर्मशाला में उन पार्षद महोदय के दूसरे पार्षद साथी और पहले से पहुँचे हुए वे तीनों साधुगण भी उनसे मिले। सभी तीर्थ यात्रियों ने अपने-अपने कक्षों में जाकर रात्रि विश्राम किया। सबके मन में अगली सुबह बद्री विशाल भगवान के चिर प्रतीक्षित दर्शनों की तीव्र उत्कंठा थी। जोशीमठ की ठंड से बद्रीनाथ धाम की ठंड कहीं अधिक थी।

अध्याय-चार

सहृदयं सांमनस्यमविद्वेषं कृणोमि वः।
अन्यो अन्यभिहर्यत वत्सं जातमिवाघन्या।।

—मैं तुम्हारे लिए सहृदयता अर्थात् प्रेमपूर्ण हृदय, शुभ विचारों से परिपूर्ण मन और निर्वैरता करता हूँ। तुममे से प्रत्येक एक-दूसरे से प्रीत करने वाला हो, जैसे गौमाता उत्पन्न हुए बछड़े के प्रति प्रेम करती है।

(अथर्ववेद)

1

बद्रीनाथ दर्शन

भगवान बद्री विशाल के उस पावन धाम का महात्म्य अनिर्वचनीय है। उसके विषय में स्कंद पुराण से लेकर अनेक लोक कथाएं, मान्यताएं और विश्वास जुड़े हैं। आस्थावान मनुष्य बद्रीनाथ तीर्थ के दर्शन से पापों से अर्थात् अपने जाने-अनजाने में किए दुष्कर्मों से मुक्ति पाने और भगवत् भक्ति का मार्ग अपनाकर मोक्ष की दिशा में स्वयं को अग्रसर होता अनुभूत करता है।...

हिन्दू धर्म में चार धामों अर्थात रामेश्वरम्, पुरी, द्वारिका, बद्रिकाश्रम में से एक के रुप में हिमालय की गोद में विराजमान है—यह मुक्ति धाम और परम तीर्थ। नर-नारायण नामक दो विशाल पर्वतों में नारायण पर्वत के चरणों में स्थित है भगवान बदरी नारायण का वह सुप्रसिद्ध मंदिर, जो कि अलकनंदा नदी के किनारे बसे इस धरती पर स्थित भगवान विष्णु के बैकुण्ठधाम में शताब्दियों से स्थित और पूजित है। यहाँ मान्यता है कि भगवान विष्णु बद्रीनाथ जी के रुप में आज भी निरंतर तप कर रहे हैं। इसलिए असंख्य नर-नारी वर्ष में छः माह इस मंदिर में उनकी मूर्ति के पावन दर्शनों के लिए अपने मन में आस्था का दीप जलाए उनके अनुग्रह की कामना से यहाँ देश के कोने-कोने से आते हैं।...

कहा जाता है कि भगवान विष्णु ने सहस्त्रों वर्ष विराजमान होकर बद्रीनाथ धाम में अलकनंदा नदी के किनारे तपस्या की थी। अपने पति की कठोर तपस्या को देखकर, जो उन्होंने परम ब्रह्म परमेश्वर का आभार प्रकट करने हेतु श्रम पूर्वक साध रखी थी, उसकी बढ़ती अवधि को देख माता लक्ष्मी ने उनके श्रम में थोड़ी राहत देने के लिए उनपर एक बदरी अर्थात बेर का एक पेड़ बनकर अपनी छांह प्रदान की थी। उन दिनों इस वन्य प्रक्षेत्र में बेर के पेड़ों की भरमार कही जाती है।

भगवान विष्णु जब अपने तप से विरत हुए तब अपनी शक्ति स्वरूपा पत्नी लक्ष्मी के इस स्नेह और सेवा से वे बहुत प्रसन्न हुए और उन्होंने कहा—"हे लक्ष्मी! यहाँ जो मेरा मंदिर बनेगा वह तुम्हारे इस नाम-स्वरूप से भी जाना जाएगा। उसको लक्ष्मी-नारायण अथवा लक्ष्मीनाथ मंदिर की जगह बद्रीनाथ मंदिर नाम प्राप्त होगा।...

अगले दिन नित्यक्रिया से निवृत्त हो सभी जन आदि-शंकराचार्य गुरुदेव के पीछे बद्रीनाथ मंदिर की ओर चले। उन्होंने एक स्थान पर अलकनंदा नदी को एक लकड़ी के सुदृढ़ पुल से चलकर पार किया। राज प्रतिनिधि दोनों पार्षद उनके साथ थे। एक स्थानीय विद्वान ब्राह्मण को उस तीर्थ के विषय में बताने हेतु साथ ले लिया गया था। वह मार्गदर्शन करता आगे-आगे चला। दोनों पार्षद भी आगे व्यवस्था बनाते साथ चले। आचार्य शंकर ने सब देखा-सुना। पूर्णतः मौन भाव से।

उन्होंने नर-नारायण पर्वतों के दर्शन किए। उनके बारे में क्रमशः मान्यता है कि नर पर्वत महाभारत कालीन अर्जुन का प्रतीक है। जबकि नारायण पर्वत श्रीकृष्ण भगवान का प्रतीक है।–

इसके पीछे भी एक पौराणिक जनश्रुति इस प्रकार है। ब्रह्मा जी के दो बेटे थे। उनमें से एक का नाम था दक्ष। दक्ष की सोलह बेटियाँ थीं। उनमें से एक श्रीमूर्ति के दो बेटे थे नर और नारायण। दोनों बहुत सज्जन और सुशील थे। एक-दूसरे से अत्यंत प्रेम करते थे। भाई ही नहीं अभिन्न मित्र सरीखे। एक दिन अपनी माता से दोनों भाइयों ने तपस्या करने की आज्ञा माँगी। नर छोटे थे। नारायण बड़े। माँ ने दोनों को भारी मन से तप करने की अनुमति प्रदान की।...

दोनों भाई तप करने चल दिये। वे सारे देश भर के वनों में घूमे। उन्हें कहीं तप हेतु उपयुक्त और मन चाहा एकांत स्थल नहीं मिला। अंत में वे घूमते-घूमते हिमालय पर्वत के इन वनों में पहुँचे। अलकनंदा नदी, जो हिमालय की गोद में स्थित कुबेर की राजधानी रही अलकापुरी से निकली कही गई हैं, उसके इस तट के निकट इन दो पर्वतों को उन देवी श्रीमूर्ति के इन सुपुत्रों ने देखा। यह स्थान उनके मन को बहुत भाया।.
..

तब दाहिनी ओर वाले पहाड़ पर बड़े भाई नारायण तप करने लगे। बांई ओर वाले पर नर। तब से आज भी इन दोनों पहाड़ों के यही नाम हैं। इन पहाड़ों पर बैठकर दोनों ने भारी तप किया, इतना कि देवलोक का राजा इन्द्र भयग्रस्त हो गया। उसने दोनों भाइयों नर और नारायण के तप को भंग करने की बड़ी चेष्टाएं कीं, परंतु असफल रहा। तब उसे समझ आया कि नर-नारायण कोई साधारण मुनी नहीं हैं। भगवान विष्णु के अंशावतार हैं। उसने उन्हें प्रणाम कर स्वर्गलोक को गमन किया।...

कहते हैं कि द्वापर युग आने तक दोनों भाई उसी प्रकार से सहस्त्रों वर्ष तपस्या करते रहे। आखिर जब द्वापर आने का समय हुआ तब से अर्जुन और कृष्ण का अवतार लेने के लिए इस बदरी वन से चले गए। उनको जाता देखकर वहाँ के अनेक मुनिजन दुःखी हो गए। उस समय जाते-जाते नारायण ने उन मुनियों से कहा–"हमारे मूल स्वरूप लक्ष्मीप्रिय विष्णु का ध्यान करो। हम अब इस रूप में यहाँ नहीं रहेंगे। नारद शिला के नीचे तपस्यारत भगवान विष्णु की एक मूर्ति है। उसे वहाँ से निकालकर यहाँ

उनका एक मंदिर बनाओ जो बद्रीनाथ नाम से विख्यात होगा और भक्तों के पापों को हरेगा। तुम सब उसी की पूजा करना।...''

नारद ने भगवान विष्णु की जिस शिला पर बैठकर यहाँ वर्षों तपस्या की वह शिला भी मौजूद है। उनके नाम पर एक नारद कुण्ड भी है यहाँ।... इसी तरह नरसिंह शिला भी है। प्रहलाद के असुर पिता हिरणाकश्यपु का वध कर जब नरसिंह भगवान क्रोधावेश में भरे फिर रहे थे तब उनका आवेश पूरी तरह यहीं बैठकर शांत हुआ था। इसी तरह मार्कण्डेय मुनी की शिला भी बद्रीनाथ धाम में मौजूद है, जिसपर उन्होंने तपस्या की थी।... इस बद्री तीर्थ में... श्रद्धालु पिंडदान भी करते हैं।...

उस ब्राह्मण ने कहा—''ऐसी अनंत कथाएं हैं इस प्राचीन पवित्र बदरी तीर्थ से जुड़ी हैं। आइए आपको हम तप्तकुण्ड लिए चलते हैं जहाँ का चमत्कार सरीखा गर्म पानी इस घनघोर शीत में भी सदैव ऊष्ण रहता है। नीचे गहराई में बहती बर्फीले जल-सी शीतल अलकनंदा और ऊपर भगवान बद्री विशाल जी के मंदिर के सन्निकट यह रहा वह तप्तकुण्ड। महाराज!... आप सब पहले यहीं स्नान कर पवित्र हो लें... पश्चात हम आपको भगवान बद्रीनाथ के दर्शन कराएंगे।''

परमाचार्य आदि शंकर ने सर्वप्रथम उस तप्त कुण्ड में स्नान किया। उनके बाद उनके सभी अनुयायी उसमें नहाए। स्नानोपरांत शंकराचार्य ने बद्रीनाथ के दर्शन हेतु मंदिर में प्रवेश किया। बद्रीनाथ मंदिर में जब वे गए तो उन्हें पदमासन में विराजमान तपरत भगवान की उस मूर्ति के दर्शन नहीं हुए, जो ब्रदी विशाल के विग्रह के रूप में शताब्दियों से विख्यात थी। उसकी जगह उन्होंने एक बड़े से शालिग्राम पत्थर की वहाँ पूजा होते देखी।

आदि शंकराचार्य महाराज ने पुजारियों से पूछा कि बद्री भगवान की असली मूर्ति कहाँ है? यहाँ से वह कैसे गायब है? तब वहाँ के प्रधान पुजारी कृष्णानंद दास ने बताया कि—''अब से अनेक वर्ष पूर्व उस मूर्ति को चीनी बौद्ध मतावलंबी आक्रांताओं के भय से नारद कुण्ड में छिपा दिया गया था। तब से उस मूर्ति की अब तक काफ़ी खोज हो चुकी है परंतु भगवान बद्रीनाथ की वह मूर्ति किसी को नहीं मिली। स्थानीय गोताखोरों ने खोजा। कई अन्य श्रद्धालुओं ने भी प्रयास किया। परंतु वह मूर्ति किसी को न मिली।''

इस पर शंकराचार्य ने मंदिर में बैठकर कुछ देर ध्यान किया। फिर वे पुजारियों से बोले—''यदि मैं उस मूर्ति को खोज दूँ तो क्या आप लोग उसकी पूजा अर्चना करोगे?''

प्रधान पुजारी कृष्णानंद दास बोले—''अवश्य भगवन्!... आपकी आज्ञा शिरोधार्य होगी।''

तब दोनों राज प्रतिनिधि पार्षद, कृष्णानंद दास की अगवानी में अपने अनुयायियों से घिरे परमाचार्य आदि शंकर नारद कुण्ड तक गए। उस कुण्ड के अंतिम सिरे पर एक स्थान पर संकेत कर शंकराचार्य ने कहा–"वह मूर्ति यहीं है। उसके बाद वे स्वयं उस कुण्ड में उतर पड़े।"

प्रधान पुजारी चिल्लाया–"अरे महाराज! आप रहने दें। कुण्ड बहुत गहरा है। यह आगे अलकनंदा से संयुक्त है। इसका जल आपको नदी में खींच ले जाएगा।..."

पद्मपादाचार्य और उद्भ्रांत आदि सभी घबराकर शंकराचार्य महाराज से कुण्ड से बाहर आने की गुहार लगाने लगे। शंकर बोले–"मेरी चिंता न करिए। मुझे कुछ न होगा।"

इतना कहकर शंकर नारद कुण्ड की गहराई में गोता लगा गए। जब वे कुछ देर तक बाहर नहीं आए सभी उपस्थित मनुष्यों की साँसें अटक गईं। उद्भ्रांत कूदने को हुए। पद्मपाद ने उन्हें खींचकर रोक लिया। दृढ़ स्वर में बोले–"कुछ नहीं होगा गुरुदेव को। उन्हें ऊपर आने दो।"

–और कुछ देर बाद आदि शंकराचार्य वास्तव में नारद कुण्ड की उस झिलमिल करती जलराशि की सतह पर विजयी भाव से उभरे। उनके हाथों में काले प्रस्तर की ध्यानमुद्रा वाली एक विष्णु प्रतिमा थी। जिसे उन्होंने प्रधान पुजारी सहित वहाँ एकत्र लोगों को दिखाया। अनेक स्थानीय वृद्धजन और साधु-संन्यासी तब एक स्वर में चिल्लाए–"यही हैं... यही हैं हमारे बदरी विशाल।"

सर्वत्र प्रसन्नता की लहर दौड़ गई। वह मूर्ति थोड़ी खंडित थी। उसके एक हाथ की कुछ उंगलियाँ टूटी थीं। कुछ स्थानों पर जल में पड़ी-पड़ी वह प्रतिमा घिसकर कुछ अनगढ़-सी भी दिखने लगी थी। कहते हैं कि तब कुछ लोगों को आकाशवाणी सुनाई दी कि–"इस मूर्ति की पुनः प्राण प्रतिष्ठा करो। मेरी इसी मूर्ति की अब से पूजा होगी।"

इसे सुनने वाले शंकर और पद्मपाद के अतिरिक्त प्रधान पुजारी भी थे और ज्योतिर्धाम के राजा भी जो उस समय तक नारद कुण्ड पर पधार चुके थे।

तब उसी दिन उस जल से खोजे गए उस भगवत् विग्रह की आदि शंकराचार्य महाराज द्वारा विधि-विधान से बद्रीनाथ मंदिर में स्थापना हुई। उनका नए सिरे से पूजन-अर्चन प्रारंभ हुआ।

राजा से कहकर आदि शंकर ने व्यवस्था बनाई कि भगवान बद्रीनाथ की इस मूर्ति की अर्चना का अधिकार वेदपाठी नंबूदरी ब्राह्मणों के हाथों में दिया जाए। प्रधान अर्चक के पद पर ऐसा एक सुयोग्य नंबूदरी ब्राह्मण नियुक्त हो। उसको 'रावल' की उपाधि दी जाए। तब साथ आए नंबूदरी ब्राह्मणों में से वरिष्ठ धर्मकीर्ति को उन्होंने बद्रीनाथ मंदिर के प्रथम रावल के रूप में नियुक्त करवाया। शेष सभी पुजारी पूर्व की भाँति मंदिर की

अन्य व्यवस्थाओं में रहे। वयोवृद्ध प्रधान पुजारी कृष्णानंद के मन में किसी प्रकार का असंतोष न हो, इसके लिए उन्हें राजा सोमदत्त सुधर्मा अपने साथ ज्योतिर्धाम ले गए। उन्हें वहाँ काफ़ी कुछ खेती की ज़मीनें और अनेक गायों का दान दिया। दान स्वरुप स्वर्ण मुद्राएं भी दीं। सभी अन्य पुजारियों को भी हर्षपूर्वक दान और मान दिया गया।

तब से नंबूदरी ब्राह्मणों द्वारा ही बद्री विशाल भगवान को स्पर्श करने उन्हें स्नान-वस्त्र-भोग आदि से पूजित करने की परंपरा कायम हुई। तब से छः माह मंदिर के कपाट खुले रहते रावल पद का नंबूदरी ब्राह्मण बद्रीनाथ मंदिर में रहकर, उनकी नित्य सेवा करता है। जब छः माह के लिए कपाट बंद होते हैं तभी वह अपने जन्म स्थान केरल को जा सकता है।

2
भाष्य रचना

उस ऐतिहासिक दिन धर्मशाला लौटे सभी लोग जगद्गुरु शंकराचार्य के जीवट, उनके दुःसाहस और उनके ध्यान योग की शक्ति का प्रत्यक्ष दर्शन कर आश्चर्य चकित थे।

एक ही दिन में सब ने दो बार बद्री नारायण भगवान के अर्वाचीन और प्राचीन विग्रहों के दर्शन, पूजन, अर्चना का अभूतपूर्व अनुभव किया। अपने पूज्य गुरुदेव के चमत्कार से। उनके प्रताप से। आदि-शंकर अब उनके लिए वास्तव में शिवशंकर भगवान का ही अवतार थे। इसमें किसी के मन में संदेह की कोई गुंजाइश नहीं रह गई थी।

गुरुदेव की सेवा के उपरांत आज सायं उनके शीघ्र सो जाने पर पद्मपाद और उद्भ्रांत धर्मशाला की सीढ़ियों पर एक कोने में पास-पास बैठे परस्पर धीमें स्वर में वार्तालाप कर रहे थे—

उद्भ्रांत कह रहा था कि—''पद्मपाद!... जब मैं आचार्य जी के पीछे उस कुण्ड में कूदने जा रहा था तो तुमने मेरा हाथ क्यों पकड़ा?... अगर उन्हें कुछ हो जाता तो...''

''कैसे हो जाता? यदि दो-चार क्षण और बीतते तो मैं जाता न गुरुदेव के पीछे...''

''यह अच्छी कही। तू जाता तो उन्हें बचा लेता। मैं जाता तो डूब जाता?''

"नहीं यह बात नहीं है। गुरुदेव जब पानी में उतरे तो घबराया तो मैं भी था। परंतु मेरी अंतर्रात्मा ने कहा कि बद्रीनाथ अवश्य उनपर कृपा करेंगे।... उन्हें ध्यान में दिखे हैं। अतः अनहोनी तो निश्चित है। परंतु दुःखद नहीं सुखद..."

इस पर उद्भ्रांत ने कहा—"हाँ हुआ तो वही। पर मैं शंकर को इतना दुःसाहसी नहीं समझता था।... फिर याद आया पूर्णा नदी में भी तो एक बाद ग्राह को चकमा देकर आ गये थे वह।"

पद्मपाद बोले—"अच्छा मित्र! अब मैं तुमसे एक प्रश्न पूछूं?"

"पूछो..." उद्भ्रांत ने कहा।

"ये बद्रीनाथ जी महाराज के सद्यः खोजे विलुप्त विग्रह के नित्य पूजन आदि का दायित्व गुरुदेव ने अचानक दक्षिण भारत के एक नंबूदरी को क्यों सौंप दिया?"

"वही तो मैं भी सोच रहा था। हमारे शंकर भी नंबूदरी ब्राह्मण। ये धर्मकीर्ति भी नंबूदरी ब्राह्मण। और मूलतः केरल का। इसे मंदिर में प्रधान-अर्चक के पद पर राजा से नियुक्त कराते समय इन्होंने जरा भी संकोच नहीं किया?"

"संकोच किस बात का? क्या इस ब्राह्मण में शास्त्र ज्ञान अथवा उसकी विद्वत्ता अथवा शुचिता में कोई कमी है?"

"नही।... पर यही कि लोग क्या कहेंगे? अपने ही सजातीय को बद्रीनाथ की मुख्य सेवा में लगा दिया और एक नयी परंपरा कायम की उन्होंने?"

"प्रश्न सजातीय अथवा विजातीय का नहीं—" पद्मपाद बोले—"संन्यासी की कोई जाति नहीं होती। उसके मन में धर्म पालन का भाव ही सर्वोपरि होता है। और फिर हमारे परम पूज्य गुरुदेव का तो दृष्टिकोण और भी महान है। धर्म रक्षा का। वैदिक सनातन धर्म के पुनरुत्थान का। यह राष्ट्रीय-एकीकरण के महाभाव के बिना संभव नहीं। गुरुदेव अत्यंत दूरदर्शी हैं।..."

"वह कैसे?"

"वह ऐसे कि आज उन्होंने केरल के एक ब्राह्मण को उत्तरांचल के इस प्रमुख वैष्णव तीर्थ में बैठाकर उत्तर और दक्षिण भारत के हिन्दू जन-मानस को एक कर दिया है।"

"सो तो है।" उद्भ्रांत ने कहा।

उसी रात एक अनहोनी घटित हो गई। वयोवृद्ध साधु महाराज दादाजी का हृदयगति रुक जाने से देहांत हो गया। बीमार तो कई दिन से थे। लंबी यात्रा की थकान ने उन्हें तोड़ दिया था। साथ के दोनों युवा साधु रामदेव और कृष्णदेव यदि उन्हें सहारा न दिये होते तो बद्रीनाथ भगवान के दर्शनों की चिर अभिलाषा भी उनकी अधूरी रह जाती। संतोष की बात यह थी कि साधु महाराज ने जगत्गुरु शंकराचार्य जी की कृपा

से बद्रीनाथ भगवान के दर्शन लाभ के साथ उनके धाम में ही शरीर छोड़ा। दादाजी की अन्त्येष्टि अगले दिन निकट के श्मशान घाट पर कर दी गई।

आचार्य शंकर बदरी विशाल के उस धाम में कुछ दिन रहे। जितने दिन रहे नित्य स्नानादि के उपरांत उनके मंदिर में जाकर उनकी स्वयं भी आरती करते। मंदिर के एक कोने में बैठ जाते। भगवान लक्ष्मी नारायण और अपने गुरुमंत्र का जाप करते। अंततः 'ब्रह्म' का एकाग्र चित्त होकर ध्यान करते। घंटा ध्वनि और मनुष्यों का कोलाहल उनकी चेतना से दूर हो जाता और शंकर देखते ही देखते गहन समाधि में डूब जाते। बद्रीनाथ मंदिर उन दिनों उनके लिए परम आनंद का स्थान था। उनके द्वारा खोजी बद्रीनाथ जी की वह प्राचीन मूल्यवान मूर्ति अब रावल जी द्वारा सज-संवर कर सैकड़ों श्रद्धालुओं और भक्तों को नित्य प्रति अपने दिव्य-दर्शन दे रही थी।

एक दिन अपने बद्रीनाथ धाम के प्रवास के दौरान आचार्य शंकर ने राजा सोमदत्त सुधर्मा को उपदेश दिया—

''राजन!... मैं आपकी धर्मनिष्ठा को देखकर बहुत प्रसन्न हूँ। वास्तव में हमारे वेद ही हमें अपना इहलोक संवारने और परलोक में भी अत्मोन्नयन के विषय में सही शिक्षा देते हैं।...

मनुष्य के लिए वेदों में 'पुरुषार्थ चतुष्टय' की व्यवस्था दी गई है। तदनुसार चार पुरुषार्थों के नाम इस प्रकार हैं—धर्म, अर्थ, काम और मोक्ष।...

भारतीय संस्कृति में इन चार पुरुषार्थों का विशिष्ट स्थान है। इनको प्राप्त करना और इनमें संतुलन बनाए रखकर अपने जीवन का संचालन करना ही मानव का लक्ष्य होना चाहिए।...

वस्तुतः इन चार पुरुषार्थों—धर्म, अर्थ, काम, मोक्ष के साधने से ही मानव जीवन में भौतिकता के साथ आध्यात्मिकता का अद्‌भुत समन्वय स्थापित होता है।...

एक संन्यासी के लिए तो इन चारों में केवल धर्म और मोक्ष के पुरुषार्थ ही अभीष्ट हैं। परंतु एक गृहस्थ को तो इन चारों का ही, सामना करना पड़ता है। इसलिए 'परम सत्य' की प्राप्ति का मार्ग गृहस्थ के लिए सरल नहीं है। और कठिन है। मोक्ष की प्राप्ति हेतु उसे धर्म, अर्थ और काम तीनों को अच्छी तरह साधना होता है।...

हे राजन!... प्राचीनकाल से ही हमारे मनीषियों ने 'धर्म' को वैज्ञानिक ढंग से समझने का प्रयास किया था। चार पुरुषार्थों में धर्म ही सबसे प्रधान लक्ष्य होता है। महर्षि कणाद ने अपने 'वैशेषिक सूत्र' में समझाया है कि धर्म वह है जिससे 'अभ्युदय' और 'निःश्रेयस' की सिद्धि हो—

यतो अभ्युदयनि श्रेयससिद्धिः स धर्मः।

अभ्युदय से लौकिक उन्नति का तथा निःश्रेयस से पारलौकिक उन्नति एवं कल्याण का बोध होता है। इस प्रकार 'धर्म' की महत्ता जीवन के दौरान तो है ही, जीवन के बाद भी बनी रहती है।...

धर्म के बाद दूसरा स्थान अर्थ का है। जो भी विचार और क्रियाएं भौतिक जीवन से संबंधित है उन्हें अर्थ की संज्ञा दी गई है। कौटिल्य ने अपने 'अर्थशास्त्र' में लिखा है—

मनुष्याणां वृत्तिः अर्थः।

'अर्थ'—अर्थात्—धन के बिना संसार का कार्य-व्यापार चल नहीं सकता। जीवन की भौतिक प्रगति का आधार धन ही है। कृषि-व्यापार-उद्योग आदि समस्त कार्यों के लिए धन की आवश्यकता सुविदित है। यही नहीं विभिन्न धार्मिक अनुष्ठान, प्रचार, दान आदि भी अर्थ के आधार पर ही सम्पादित होते हैं। इसमें कोई संदेह नहीं।

अब अर्थोपार्जन में व्यक्तियों की महत्त्वाकांक्षाएं और उनके दृष्टिकोण भिन्न-भिन्न हो सकते हैं।... राजन! इस 'पुरुषार्थ चतुष्टय' के अनुभवों को आपसे अच्छा और कौन जान सकता है? इतनी बड़ी शासन व्यवस्था और अपने राज्य की देखभाल का दायित्व जो आपके ऊपर है।...

इस विषय में तब भी इतना जानना आवश्यक होगा कि अर्थोपार्जन में भी धर्माचरण का ठोस आधार आवश्यक है। धर्म विमुख मनुष्य अर्थ लाभ हेतु प्राकृतिक संपदा का विवेकहीन दोहन करता है। संसार के पर्यावरण संतुलन को नष्ट करता है। मानवता के लिए रोगों, कष्टों और दैवीय आपदाओं को आमंत्रित करता है। ऐसे में धर्म ही हमें यह सिखाता है कि अर्थलाभ के लिए हम जितना प्रकृति और समाज से लें, उससे कहीं अधिक उसे वापस भी करें।...

अब यदि हम 'काम पर विचार करें। उसे गृहस्थ ही समुचित व्याख्यायित कर सकते हैं। इसके व्यावहारिक ज्ञान का एक संन्यासी से क्या संबंध?... शास्त्रीय ज्ञान के आधार पर कहा जाए तो—आत्मा से संयुक्त मन से अधिष्ठित त्वचा, चक्षु, जिह्वा तथा घ्राणेन्द्रि आदि के साथ अपने-अपने विषय यथा—शब्द, स्पर्श, रुप, रस, गंध में अनुकूल रुप से प्रवृत्ति 'काम' है।... विषयों के भोग को 'काम' के अंतर्गत विचार किया जाता है। परंतु इसमें भी धर्म का हस्तक्षेप नैतिकता के रुप में होता है। अनैतिक उच्छृंखल 'काम' पुरुषार्थी व्यक्ति को पतित करता है।..

पुरुषार्थ-चतुष्टय में 'मोक्ष' सर्वोच्च लक्ष्य है। आत्मा अजर-अमर और नित्य है। यह बंधन और मुक्त दोनों अवस्थाओं में रहती है। बद्ध अवस्था में आत्मा को अपने कर्मों के अनुसार इसी जन्म में अथवा अगले जन्मों में कर्मफल भोगने पड़ते हैं। किंतु

एक योगी अपने सद्गुरु के मार्गदर्शन में 'विकर्म' द्वारा अपने शुभ-अशुभ कर्मों से ऊपर उठ जाता है और शरीर रहते ही परमात्मा की प्राप्ति कर लेता है। उसे ही योग कहते हैं।... ऐसी अवस्था में वह अकर्म की स्थिति में है और इस शरीर में प्राप्त प्रारब्ध भोग को समाप्त कर लेने के बाद आवागमन के चक्र से मुक्त हो जाता है। मोक्ष को प्राप्त कर लेता है। मानव जीवन की यही सबसे बड़ी उपलब्धि है।–

अतः हे राजन! तुम्हारा भविष्य उज्ज्वल है। क्योंकि मैंने तुम्हारे नाम के अनुरुप ही तुम्हारा आचरण देखा है।... प्रिय सुधर्मा!!... तुम इसी प्रकार चारों पुरुषार्थों में संतुलन बनाकर चलते रहो। एक दिन तुम निश्चय ही ब्रह्म साक्षात्कार के अधिकारी बनोगे। तुम्हारा कल्याण हो।"

–राजा सुधर्मा ने गुरुदेव शंकराचार्य के चरणों में शीष नवाया। वे उनके आशीर्वाद की इस अहैतुकी कृपा से अभिसिंचित हो कहने लगे–"पूज्य गुरुदेव!... आपकी अनन्य कृपा। मेरे लिए जो आज्ञा आप दें मैं सदैव अनुपालन हेतु प्रस्तुत हूँ। आपकी आगे के यात्रा कार्यक्रम आदि?..."

शंकराचार्य ने कहा–"बद्री तीर्थ के आस-पास कहीं भगवान वेदव्यास की कोई तपःपूत गुफ़ा है। मैं उसके दर्शन कर कुछ समय उसमें व्यतीत करना चाहता हूँ। क्या आप मुझे वहाँ ले चलेंगे?"

सुधर्मा बोले–"भगवन्! अवश्य.... उसके अतिरिक्त इस हिमालय क्षेत्र में आप जहाँ-जहाँ भी पधारेंगे, आपका यह अकिंचन शिष्य आपके चरणों का अनुगमन करेगा।"

बद्रीनाथ मंदिर से लगभग चार किलोमीटर की दूरी पर स्थित है माणा गाँव। भारतीय सीमा का यह अंतिम गाँव माना जाता है। वहीं से श्रीव्यास गुफ़ा के लिए जाया जाता है। वहीं पर आस-पास स्थित हैं गणेश गुफ़ा, श्रीव्यास गुफ़ा, भीम पुल, वसुधारा प्रपात और सतोपंथ।

यह वह सुप्रसिद्ध क्षेत्र है जहाँ महर्षि वेद व्यास ने एक गुफ़ा में बैठकर अपने अनेक कालजयी धर्मग्रंथों की रचना की थी। उन्होंने उस गुफ़ा में साधना रत रहकर सम्पूर्ण महाभारत, श्रीमद्भागवत्, एवं अन्यान्य ग्रंथों की रचना की थी। कालान्तर में इसी गुफ़ा में ऋषि बादरायण ने 'ब्रहम सूत्र' नामक सुप्रसिद्ध ग्रंथ की रचना की।

वेद तो अपौरुषेय कहे गए हैं। उन्हें ईश्वरीय कृति माना गया है। लेकिन विषयानुसार चारों वेदों का विभाजन कर वेद के संहिता भाग का सम्पादन स्वयं महर्षि वेद व्यास ने ही किया था। जबकि वेदों में निहित सिद्धांतों को ऋषिवर बादरायण ने एकत्र एवं सूत्रबद्ध कर अपना ब्रहमज्ञान विषयक ग्रंथ 'ब्रहम सूत्र' रचा था।

यह भी कहा जाता है कि वेद व्यास जी के लिपिक गणेश जी थे।

आदि शंकर और उनके सहयात्री पदयात्रा कर अगले दिन ही व्यास गुफ़ा की ओर निकल पड़े। मार्ग में अलकनंदा की संगीतमयी धुन उनके मन में अलौकिक आनंद की सृष्टि कर रही थी। अलकनंदा का उद्गम-स्थल यहाँ से बहुत अधिक दूर नहीं था। उसका निकास अलकापुरी का शुभ्र-श्वेत ग्लेशियर था। वह बर्फ़ का प्रचुर भंडार पर्वत शिखरों को आच्छादित किए हुए। अलकापुरी को कुबेर की नगरी कहा जाता है। अलकापुरी से निकलने के कारण इस प्राणदायनी नदी को अलकनंदा कहा जाता है।...

अलकनंदा का जल सफ़ेद है। दूसरी ओर से कल-कल छल-छल करती और कही-कहीं गरजती हुई एक और नदी चली आती थी। एक अलग रंग की नेत्रों को सुख देने वाली सरस्वती नदी। सरस्वती और अलकनंदा का दिव्य संगम होता दिखा उन्हें माणा गाँव के निकट। क्या ही अद्‌भुत दृश्य था। इस संगम-स्थल को केशव प्रयाग कहते हैं।... इसे लेकर भी एक जनश्रुति है।—

इस पर्वतांचल में ऋषिकेश के बाद से अनेक प्रयाग बद्रीनाथ तक की यात्रा में पड़ते हैं। हर प्रयाग में किन्हीं दो नदियों का संगम होता है और देव प्रयाग, रुद्र प्रयाग, कर्ण प्रयाग, नंद प्रयाग, विष्णु प्रयाग सभी संगमों का तीर्थों के रूप में पूजन होता है।

केवल केशव प्रयाग ही ऐसा संगम है, जिसकी व्यास मुनि के श्राप के कारण, पूजा नहीं होती। कहा जाता है कि व्यास गुफ़ा में बैठकर मुनिवर वेद व्यास गणेश जी को 'महाभारत' लिखा रहे थे। सरस्वती नदी की घोर ध्वनि से उनका ध्यान रह-रहकर भंग हो जाता। उन्होंने कई बार सरस्वती से शांत हो जाने को कहा। पर वेगमती सरस्वती पर व्यास मुनि की बात का कोई असर न हुआ। कहते हैं कि इससे क्रोधित होकर व्यास जी ने सरस्वती को श्राप दिया कि तुम पातालगामी हो जाओ। सरस्वती श्रापित हुईं। फलतः केशव प्रयाग का वह संगम भी श्रापग्रस्त हो गया। अब वहाँ पूजा-आरती-पुष्पार्पण इत्यादि कौन करे?...

शंकराचार्य बोले कि—''पहले हम 'सत्य-पथ' पर कुछ दूर हो लें। जिस रास्ते से महाभारत के बाद राजकाज करके अंत में पाँचों पाण्डव द्रौपदी सहित अपनी अंतिम यात्रा पर गए थे।''

सब लोग गुरुदेव शंकराचार्य के पीछे सत्य-पथ को देखने के लिए आगे बढ़े। यहाँ से 10-15 कि.मी. दूर कुबेर की नगरी अलकापुरी के पास सत्य-पथ नामक सरोवर है। इस सरोवर को अब 'सतोपंथ' कहा जाता था। शंकराचार्य सतोपंथ की ओर पग धरते मित्र उद्‌भ्रांत को एक कथा सुनाने लगे। उसके कंधे पर हाथ रखे परमाचार्य कह रहे

थे—"महाभारत के महाप्रस्थानिक पर्व में पाण्डवों की इस अंतिम हिमालय-यात्रा का उल्लेख है।...

श्रीकृष्ण के महाप्रयाण के उपरांत पाण्डव निस्तेज हो गए। पाण्डवों को बार-बार याद आने लगा कि कैसे सारा यदुवंश बात ही बात में आपस में सरपत की मार से समूल नष्ट हो गया। कैसे श्रीकृष्ण की बसाई हुई वैभवशाली द्वारकापुरी समुद्र के गर्भ में समा गई। कृष्ण की गोपिकाओं को डाकू लूट ले गए और महारथी अर्जुन कुछ नहीं कर सके। गाण्डीव उनसे उठा नहीं और वे हाथ मलते रह गए। महाराज युधिष्ठिर के मन में तब वैराग्य की प्रबल भावना उठी। उन्होंने निश्चय किया कि अब राजपाट का त्याग कर वे हिमालय गमन करेंगे।

इसके बाद उन्होंने अभिमन्यु के पुत्र परीक्षित को राजगद्दी दी। युयुत्सु और कृपाचार्य को राज्य की रक्षा का दायित्व सौंपा। फिर सुभद्रा को बुलाकर युधिष्ठिर ने उनसे कहा—"भद्रे!... अब हम वनवास को जाते हैं। इन्द्रप्रस्थ के सिंहासन पर कृष्ण का पौत्र वज्र आसीन है, और हस्तिनापुर के सिंहासन पर तुम्हारा पौत्र परीक्षित। याद रहे कि तुम कृष्ण की बहन और अर्जुन की पत्नी हो। अपने कुल की मर्यादा का ध्यान रखना। ऐसी व्यवस्था रखना कि दोनों वंशों का राज्य-शासन अच्छी प्रकार से चले।"

इसके बाद धर्मराज युधिष्ठिर अपने चारों भाइयों और द्रौपदी सहित वनगमन हेतु राजधानी से चले। हस्तिनापुर के नागरिक पाण्डवों से प्रेम करते थे। वे भी साथ हो लिए। बहुत दूर तक वे पाण्डवों और पांचाली के पीछे-पीछे गए। लेकिन एक स्थान पर युधिष्ठिर ने रोते-बिलखते सभी नागरिकों को समझा-बुझाकर वापस कर दिया। उसके बाद वे भीम, अर्जुन, नकुल, सहदेव और द्रौपदी सहित पूर्व दिशा की ओर गए। पूर्व के समुद्र का दर्शन कर पश्चिम की ओर मुड़े। पदयात्रा करते बहुत दिनों बाद द्वारका पहुँचे।

देखा कि महानगरी द्वारका समुद्र में डूबी हुई है। समुद्र की लहरें दौड़ रहीं है उस पर। इस प्रकार समस्त भारत की परिक्रमा कर पाण्डव काशी होते हुए हिमालय की ओर चले। कुछ आगे बढ़े तो अग्निदेव आकर मिले। उन्होंने अर्जुन से कहा—"हमारा गाण्डीव और अक्षय तूणीर दे दो।" अर्जुन ने उन्हें अपने वे अस्त्र-शस्त्र लौटा दिये।

धर्मराज युधिष्ठिर जब वन यात्रा पर निकले थे तब एक कुत्ता भी उनके साथ-साथ पीछे चला। जहाँ-जहाँ गए वह पीछे लगा रहा। हिमालय की यात्रा प्रारंभ की, तब भी वह कुत्ता साथ चलता रहा।

इस सत्य-पथ पर आगे काफ़ी दूर जाने पर वर्षा होने लगी, जिससे पाण्डवों की गति धीमी पड़ने लगी। फिर भी वे बिना रुके चलते गए। कुछ दूर और चलने पर पथरीली भूमि पर गिरकर द्रौपदी की देह शून्य हो गई। उसके गिरने पर भीम ने ज्येष्ठ भ्राता

युधिष्ठिर से पूछा–''महाराज!... द्रौपदी तो सती थी। कभी अपने पतियों का साथ नहीं छोड़ा। सदा इसका चित्त सत्कर्मों में ही लगा रहा। फिर यह गिरी क्यों?''

युधिष्ठिर बोले–''प्रिय भीम!... द्रौपदी सभी पतियों पर सम-दृष्टि नहीं रख सकीं। वे अर्जुन को अधिक चाहती थीं।''

कुछ दूर और चलने पर नकुल गिरे और उनका प्राणान्त हो गया। भीम के पूछने पर धर्मराज ने उत्तर दिया–''नकुल को अपने रूप का गर्व था।''

सदेह स्वर्गारोहण की अभिलाषा लिए पाण्डव आगे चलते गए। कुछ देर बाद सहस्रधारा के प्रपातों के निकट सहदेव भी उसी तरह गिरे और उनका भी शरीर शांत हो गया। तब भीम ने फिर पूछा। युधिष्ठिर ने कहा–''सहदेव को अपनी विद्वत्ता का अभिमान था।''

कुछ ही देर बाद उस मार्ग आगे आने वाले 'चक्र तीर्थ' के मैदान में शूरवरी अर्जुन भी गिर पड़े। भीम ने भारी मन से कहा–''पूज्य अग्रज!... अर्जुन जैसे दिग्विजयी योद्धा की यह गति किस पाप के कारण हुई?''

युधिष्ठिर ने कहा–''भाई!... अर्जुन को अपनी सर्वोत्कृष्ट धनुर्विद्या का अभिमान था।''

अब युधिष्ठिर, भीम और वह कुत्ता एक के पीछे एक उस बर्फ़ के पहाड़ की ओर चढ़ाई चढ़ते चले गए। दुर्गम पर्वतों को पार कर नीचे उतरने पर एक जगह आया वह पावन-स्वच्छ सरोवर जिसको 'सतोपंथ' कहा जाता है। यहीं इसी सरोवर के किनारे पहुँचकर महाबली भीम भी अशक्त हो गए। तब उन्होंने पीछे से धर्मराज को पुकारा। कहा कि–''महाराज!... अब मैं भी गिरता हूँ। कृपया मुझे मेरा पाप बताइए...''

युधिष्ठिर बोले–

''तुम्हें भी अनुज! अपने बल पर बहुत घमंड था। तुम समझते थे कि तुम्हारे जैसा महाबली संसार में दूसरा कोई नहीं।'' भीम सतोपंथ सरोवर से आगे नहीं जा सके और यहीं पर उन्होंने अपने प्राण तज दिए। महाराज युधिष्ठिर पूर्व की भाँति आगे स्वर्गारोहिणी तक चलते गए। वह कुत्ता भी उनके पीछे लगा रहा। कुछ देर बाद। स्वर्ग से एक विमान उतरा। देवराज इन्द्र उसमें से उतर कर उस सात बर्फ़ीली सीढ़ियों वाले पवित्र स्थल 'स्वर्गारोहिणी' पर स्वयं आए। उन्होंने कहा–''धर्मराज युधिष्ठिर!... आप धन्य हैं। सदेह स्वर्ग चल सकते हैं।''

युधिष्ठिर ने कहा–''यह कुत्ता भी मेरे साथ जाएगा।''

इन्द्र बोले–''नहीं! इसे आपको यहीं छोड़ देना होगा। यह साथ नहीं जा सकेगा।''

तब युधिष्ठिर बोले–''यह बेचारा श्वान मेरे साथ बराबर चलता आया है। जबकि मेरी पत्नी और सभी भाइयों ने एक-एक कर मेरा साथ इस यात्रा में छोड़ दिया। मैं इसे छोड़कर स्वर्ग जाना नहीं चाहूँगा।''

तब वह कुत्ता एक दिव्य देह में परिवर्तित हो गया। क्योंकि वे साक्षात 'धर्म देव' थे। उन्होंने प्रकट हो धर्मराज युधिष्ठिर को धन्यवाद और आशीर्वाद दिया। उसके बाद युधिष्ठिर ने उस दिव्य विमान पर बैठ सशरीर स्वर्गारोहण किया।''

इधर यह कथा समाप्त हुई और आदि-शंकराचार्य और अन्य पदयात्रियों ने एक स्थान पर ठिठक कर देखा। वह मार्ग दूर तक एक मैदान से होता हुआ सामने बर्फ़ीली चोटियों से जा मिला है। किसी ने कहा—''वह देखिए भगवन्!... सामने दूर पर चला जा रहा वह सत्य-पथ जो पाण्डवों की अंतिम यात्रा का साक्षी है।''

शंकराचार्य कुछ देर उधर निर्निमेष देख रहे फिर जिस ओर से आए थे उधर ही लौट चले। उसके बाद सबने गणेश गुफ़ा, भीम पुल इत्यादि स्थानों का भ्रमण किया।

अंत में शंकराचार्य महाराज ने श्रीव्यास गुफ़ा को जाने का मार्ग देखा और उस ओर दोनों हाथ जोड़कर प्रणाम किया।

अब शंकराचार्य धीरे-धीरे सधे कदमों से व्यास गुफ़ा की चढ़ाई चढ़ने लगे। मानों एक-एक पग धरते वे किसी पवित्र मंत्र का जाप कर रहे हों। व्यास गुफ़ा के सामने एक चबूतरा है। अधिकतर लोग थककर वहीं बैठ गए।

केवल पद्मपाद और उद्भ्रांत ही आदि शंकर के साथ व्यास गुफ़ा के भीतर गए। गुफ़ा के भीतर दिन में भी अंधेरा था। सामने एक शिला थी। उस पर कुछ ब्राह्मीलिपि में लिखा था, जिसे शंकराचार्य ने पढ़ने का प्रयास किया। फिर वे वहीं भूमि पर प्राणायाम की योगमुद्रा में बैठ गए। यह स्थान अब उनके लिए एक लम्बा पड़ाव था।

द्वापर में वेद व्यास जी महाराज ने इसी गुफ़ा में बैठकर महाभारत और भागवत महापुराण की रचना की थी। कालांतर में कहते हैं कि व्यास जी ही महर्षि बारदायण के रुप में अवतरित हुए और तब उन्होंने गूढ़ज्ञान-संयुक्त समस्त वेदों का सार इसी गुफ़ा में बैठकर अपने 'ब्रह्म-सूत्र' नामक ग्रंथ में संग्रहीत किया था। अब उसी ग्रंथ को लोक के लिए और सहज करने के लिए कलियुग में आज जगद्गुरु आदि-शंकराचार्य इस व्यास गुफ़ा में पधारे थे। उसी 'ब्रह्म-सूत्र' पर भाष्य लिखने के महान उद्देश्य के साथ।

इसके बाद आदि शंकर ने भारतीय मनीषा परंपरा में इस व्यास गुफ़ा में लगभग तीन वर्ष कठिन साधना की और ब्रह्म-सूत्रों पर, भगवद्गीता पर और 11 उपनिषदों पर अथक परिश्रम और अपने अद्वैत-ब्रह्मज्ञान के बल पर भाष्यों की रचना की। 'प्रस्थान त्रयी' के रूप से विख्यात ब्रह्म-विज्ञान पर शंकराचार्य भगवान रचे गए तीनों ग्रंथों द्वारा

ढाई हजार वर्ष पूर्व रचे गए भाष्य ही आज अद्वैत-वेदांत दर्शन के सर्वाधिक मान्य आधार हैं।

जब जगद्गुरु शंकराचार्य व्यास गुफ़ा में विराजमान रहकर इन महान भाष्यों को लिख रहे थे तो मात्र उनके प्रथम शिष्य पद्मपादाचार्य, बाल-सखा उद्भ्रांत और ओंकारेश्वर से चलकर साथ आए वे दो युवा-साधु रामदेव एवं कृष्णदेव ही उन तीन वर्षों में उस गुफ़ा के भीतर बाहर श्रीगुरुदेव की सेवा में संलग्न रहे।

अवशेष सभी तीर्थयात्री जो काशी से आए थे केदारनाथ की यात्रा पर निकल गए। उन्हें अपने-अपने गृहों को वापस लौटने की जल्दी थी। उधर जो बद्रीनाथ जी के मंदिर में नंबूदरी ब्राह्मण धर्मकीर्ति सेवा हेतु नियुक्त हो गए थे उनका युवा पुत्र सोमदेव भी उन काशीवासियों के ही साथ चला गया। उसे हिमालय की यात्रा पूरी कर शीघ्र ही काशी पहुँचकर पिता के बद्रीनाथ मंदिर के प्रधान अर्चक बनने का सुसमाचार देना था।

ज्योतिर्धाम के राजा ने पूज्य गुरुदेव के व्यास गुफ़ा में प्रवास के दौरान समस्त आवश्यक प्रबंध करवा दिए थे। उन्होंने अपने कुछ आदमी वहीं शिविर लगवाकर गुफ़ा के बाहर कुछ दूर पर तैनात करा दिए थे। भोजन, औषधि, दूध और फलाहार आदि की व्यवस्था...

तीन वर्षों की अवधि लम्बी थी। गुरुदेव भीमपुल के पास की सरस्वती नदी से अथवा अन्य जल स्रोतों से लाए जल से स्नान करते। शिष्यादि उनके स्नान हेतु जल बाल्टियों में भरकर गुफ़ा में ही उपलब्ध करा देते। उनके वस्त्र धोते-धूप में फैलाते सुखाते। दीपक और अग्नि-संधान करते। भोजपत्र और लेखनी इत्यादि उपलब्ध कराते। गुरुदेव के पेयजल, आहार, शयन की चिंता करते। गुफ़ा की साफ़-सफाई करते। यह सब पद्मपाद अथवा उद्भ्रांत ही स्वयं सुनिश्चित करते। रामदेव और कृष्णदेव गुफ़ा के बाहर रहकर अन्य व्यवस्थाएं देखते।

उद्भ्रांत और पद्मपाद दोनों में से एक व्यक्ति सदैव सृजनरत, साधनारत और कभी-कभी समाधिरत पूज्य गुरुदेव के आस-पास चुपचाप उस गुफ़ा में निरंतर बना रहता। बिना कोई खट-पट किये।

इस बीच दो-तीन बार कुछ दिन को पद्मपादाचार्य ज्योतिर्धाम में शंकराचार्य महाराज के निर्माणाधीन आश्रम की प्रगति भी देखने गए। तब उन दिनों उद्भ्रांत के दायित्व और भी कड़े हो गए।

पद्मपाद के लौटने पर उद्भ्रांत भी कुछ दिन को आस-पास के क्षेत्र में मन बहलाने को निकल जाते। कभी वसुधारा, सहस्त्र धारा तक, कभी उससे भी आगे। कभी सतोपंथ, कभी-कभी अन्यत्र। प्रायः तो वे बद्रीनाथ मंदिर के दर्शन को चले जाते। था ही कितना दूर? यहाँ से मात्र 4 किलोमीटर ही तो।

ओंकारेश्वर के दोनों साधु पूज्य आदि शंकर की गुफा की चौकीदारी में बहुत सहायक सिद्ध हुए। सहस्त्रों वर्षों से सूनी पड़ी व्यास गुफ़ा, जो अब तक केवल पर्यटकों की झांक-ताक का विषय बनी हुई थी, वह अब दूर से अनेक अवरोधकों से घिरी थी। राजाज्ञा द्वारा किसी का भी वहाँ बिना अनुमति प्रवेश प्रतिबंधित था।

अनुमति देने का विशेषाधिकार केवल पद्मपादाचार्य, प्रमुख शिष्य श्री श्री आदि-शंकराचार्य जी महाराज के ही पास सुरक्षित था।

एक वर्ष बीता...

फिर दूसरा वर्ष...

फिर तीसरा...

आदि शंकराचार्य की प्रातः मध्याह्न संध्या रात्रि सब उस गुफ़ा में ही बीत रही थी। गूढ़ गंभीर सूत्रों, श्लोकों के अध्ययन, अनुवाद और उनकी यथासंभव सरल शब्दों की व्याख्या में ही आदि शंकर का सारा ध्यान केंद्रित था। उनकी सारी ज्ञानेन्द्रियां और कर्मेन्द्रियों के परम केंद्र थे 'प्रस्थान त्रयी' के वे महाग्रंथ।

गुरुदेव कभी किसी दिन कुछ देर को व्यास गुफ़ा से बाहर आते। कुछ देर इधर-उधर टहलते और गुफ़ा में पुनः भीतर लौट जाते। एक अदृश्य महायज्ञ-सरीखा महाभियान जारी था उन दिनों।

3

प्रथम आश्रम

राजा सुधर्मा आकर जगद्गुरु शंकराचार्य की अपने साथ ज्योतिर्धाम (जोशीमठ) ले गए। वर्षों से उन भाष्यों की व्यास गुफ़ा में रचना करते अल्प निद्रा और अल्प आहार लेते गुरुदेव की इकहरी काया पर्याप्त क्षीण हो चली थी। वह न तो ठीक से कुछ खाते थे, न ही समुचित मात्रा में जल पीते थे। निद्रा की तो बात ही छोड़िए। निद्रा भी उन पर नाम मात्र की कृपा करती। मस्तिष्क में सोते-जागते संस्कृत के वे असंख्य सूत्र और श्लोक शब्द-शब्द टूट कर किन्हीं परकटे पंछियों की भाँति यत्र-तत्र फड़फड़ाते-फुदकते रहते आए थे।...

राजा सुधर्मा के उस रथ पर जगद्गुरु को बड़ी मुश्किल से सहारा देकर चढ़ाया गया। उद्भ्रांत भी उनके साथ रथ पर चढ़ा। गुरुदेव के साथ ही सामने की गद्दी पर बैठा। राजा सुधर्मा उनके सामने की गद्दी पर एक ओर बैठ गए। अश्व संचालक की ओर पीठ करके।

उद्भ्रांत ने गुरुदेव की पोथियों की गठरी गोद में रख नीचे खड़े पद्मपाद की ओर हाथ बढ़ाया। पद्मपाद बोले–

"आप लोग चलें। मैं पैदल ही आऊँगा।"

उद्भ्रांत ने कहा–"क्यों?"

"संन्यासी हूँ न..."

"और गुरुदेव?–" उद्भ्रांत ने किंचित त्योरी चढ़ाकर कहा।

"वे तो परम संन्यासी हैं। परंतु आपातकाल में यह सब नहीं देखा जाता।..."

"तो वही तो मैं भी कह रहा हूँ आचार्य जी!"–उद्भ्रांत तनिक झल्ला कर बोला।

–पद्मपाद ने तब तनिक विचार किया। फिर वे भी रथ में सवार हो गए। ओंकारेश्वर के दोनों साधु भी तब पीछे वाले रथ में बैठ गए।

आगे व्यास गुफ़ा से बदरी विशाल क्षेत्र से होकर ज्योतिर्धाम की अवरोही यात्रा थी। सबने तब शंकराचार्य भगवत्पाद के सन्निधान में सर्वप्रथम एक बार और भगवान बद्री नारायण का दर्शन-पूजन किया। तत्पश्चात सबको उस मंदिर से लेकर वे दोनों रथ नीचे-नीचे-और नीचे मार्ग पर उतरते गए। उन रथों में जुते अश्वों की जोड़ियों को दोनों रथवान बहुत नियंत्रित करके हाँक रहे थे।... अधिक उतार पर अतिरिक्त सावधानी बरतनी पड़ती थी।...

जगद्गुरु को लेकर वह संक्षिप्त यात्रीदल आसानी से गति पकड़ता-छोड़ता देखते ही देखते ज्योतिर्धाम जा पहुँचा। सबके सब आज नवनिर्मित शंकराचार्य आश्रम पहुँचे।

आश्रम क्या था। पर्वतांचल में एक सात्विक स्वर्ग जैसा। बाग-बगीचों, फूल-पौधों के मध्य एक तपोवन जैसा ही। ऐसा तपोवन जहाँ झोपड़ियों की जगह छोटे-छोटे कुछ पक्के भवन बने थे। हाँ... पक्के भवन। जोशीमठ में सर्दियों के महीनों में बर्फ़ भी गिरती है और प्रायः मध्यम और तीव्र वर्षा भी होती है। अतः राजा ज्योतिर्धाम ने छोटे और नीची छत के वे थोड़े से और सादे से भवन बनवाए थे पद्मपादाचार्य के परामर्श से।

उन भवनों में एक भवन शंकराचार्य महाराज के अवस्थान हेतु थोड़ा एकान्त में था। उसमें बस एक छोटा विश्राम कक्ष था और उसी से जुड़ा एक कुछ बड़ा प्रार्थना कक्ष। प्रार्थना कक्ष में एक चौकी पर किसी कलाकार का बनाया एक आपाद मस्तक तैल चित्र रखा था। आदि शंकर के पूज्य गुरुदेव अनंत विभूषित प्रभु गोविंदपाद का एक काल्पनिक चित्र। इसे भी पद्मपाद ने गुरुदेव शंकर के श्रीमुख से सुने उनके गुरुदेव के व्यक्तित्व पर उस कलाकार को निर्देश देकर बनवाया था। गुरु गोविंदपाद जी के उस तैल चित्र के पास श्वेत संगमरमर पत्थर से बनी एक छोटी-सी प्रतिमा उनके

श्रीचरणों के निकट ही उस पवित्र चौकी पर विराजमान थी। जिस चौकी पर एक शंख और धूप-दीप-पुष्प आदि रखे थे।

पद्मपाद और उद्भ्रांत ने आश्चर्य से देखा। सबने देखा उस छोटी-सी प्रतिमा को। अरे!... यह तो अपने परम पूज्य गुरुदेव शंकर की ही प्रतिमा है। सबने हाथ जोड़े और पीछे खड़े राजा सुधर्मा को देखा। वे भी हाथ जोड़े अपनी जगह खड़े उन सभी को देखकर मंद-मंद मुस्कुराए। जगद्गुरु अब तक अपने विश्राम कक्ष में शैय्या पर लेटकर गहन निद्रा में आ चुके थे।...

पद्मपाद ने उसके बाद अपने गुरु शंकर की ज्योतिर्धाम आश्रम में बड़ी सेवा की। वह रोज प्रातः उनके शरीर की मालिश करता, जड़ी-बूटियों का लेप करता, उन्हें सूर्य के प्रकाश में धूप-स्नान कराता, अपने हाथों से शिशुवत् नहलाता, उनके लिए सात्विक किंतु पुष्टिवर्धक भोजन का प्रबंध करता। गुरुदेव को पर्याप्त निद्रा और विश्राम मिले, इसका सर्वाधिक ध्यान रखता।

शिष्य, पद्मपाद की एक निष्ठ सेवा से शंकर कुछ ही दिनों में पूर्ण स्वस्थ हो गए। अब वे ध्यान योग और अपने लिखे भाष्यों के निरीक्षण-परीक्षण-संशोधन में व्यस्त रहने लगे। ज्योतिर्धाम के राजा ने दो लिपिकों की उनकी सहायता हेतु व्यवस्था कर दी। वे कुशल लिपिक गुरुदेव शंकर के द्वारा रचित भाष्यों की प्रतिलिपि कर उनसे जंचवाने लगे। इसी सब में दो माह बीत गए। अब तक शंकराचार्य आश्रम का नाम ज्योतिर्मठ पड़ चुका था। उसी से ज्योतिर्धाम भी धीरे-धीरे ज्योतिर्मठ के नाम से विख्यात हो चला था।

दूर-दूर से श्रद्धालु ज्योतिर्मठ में जगद्गुरु शंकराचार्य के दर्शन करने आने लगे। बदरिकाश्रम में उनकी तपस्या और लम्बे प्रवास ने, विशेषकर बद्री विशाल की विलुप्त प्रतिमा को खोजने और उसकी वहाँ पुनर्स्थापना से जुड़े चमत्कार ने उन्हें सम्पूर्ण हिमालय में ही नहीं हिमालय की तराई में भी विख्यात कर दिया था।

शंकराचार्य सुबह शाम अपने आश्रम में भक्तों को दर्शन देते। उन्हें वेदों से जुड़ने और सदाचारी जीवन जीने के उपदेश देते। साथ ही शंकराचार्य का अपना नित्य का जप, ध्यान, स्वाध्याय और चिंतन-मनन जारी रहता।

एक दिन आश्रम के प्रार्थना कक्ष में शंकराचार्य अपनी चौकी पर विराजमान थे। नीचे फर्श पर बिछे कम्बलों पर राजा सुधर्मा, पद्मपाद सहित कुछ थोड़े से लोग ही वहाँ बैठे थे। राजा सोमदत्त सुधर्मा कई दिनों के अंतराल के बाद अपने राजकाज के दायित्वों से उबरकर उनके दर्शन हेतु आज उपस्थित हो सके थे।

तब जगद्गुरु के शिष्य पद्मपाद ने उनसे कहा—"पूज्य गुरुदेव!... आपने 'ब्रह्म-सूत्र' पर जो इतना श्रमसाध्य भाष्य रचा है कृपया उसके बारे में आज हमें कुछ बताएं।"

शंकराचार्य कृपापूर्वक बोले—"ब्रह्म-सूत्र वेदांत दर्शन का आधारभूत ग्रंथ है। इसके रचयिता महर्षि बादरायण महाराज हैं जो कि स्वयं परमपूज्य कृष्ण दैपायन वेद व्यास जी ही थे। विश्वास करो तो वेदव्यास भगवान हम सबके मध्य आज भी विद्यमान हैं और इस हिमालय परिक्षेत्र में परिभ्रमण करते-रहते हैं।..."

पद्मपाद ने कहा—"जी गुरुदेव!"

ऐसा कहते हुए उसे चिंता हो आई कि कहीं गुरुदेव भावुक होकर 'ब्रह्म-सूत्र' विषय को टाल न दें। उसने पुनः कहा—

"आपने अपने भाष्य में जो वेदांतदर्शन को प्रख्यापित किया है वह क्या है भगवन्?"

आदि-शंकराचार्य बोले—"श्रुतियों के तात्पर्य का जो निर्णय महर्षि व्यास ने अपने 'ब्रह्मसूत्र' में किया वस्तुतः वही वेदांत दर्शन है। मैंने तो अपने भाष्य द्वारा केवल उसके सरलीकरण का यथा साध्य प्रयत्न किया है। उन संक्षिप्त सूत्रों को गुरुकृपा से गद्य रूप में व्याख्यायित करके ताकि ब्रह्मज्ञान का यह अमूल्य ग्रंथ जिज्ञासुओं के लिए और सहज और अधिक बोधगम्य हो सके।"

"ब्रह्मज्ञान तो वास्तव में बड़ा कठिन ज्ञान है गुरुदेव!—" बीच में राजा सुधर्मा हाथ जोड़कर बोले।

यह सुनकर जगद्गुरु हँसे और कहने लगे—"राजन!... ऐसा नहीं है। ब्रह्मसूत्र हमारा दार्शनिक प्रस्थान है। इसी तरह भगवद्गीता और उपनिषदों में अंतर्निहित ब्रह्मज्ञान भी हिन्दू धर्म के दार्शनिक प्रस्थान हैं। कहा जाए तो इस चराचर जगत में निवास कर रहे प्राणियों के लिए यह एक समझने योग्य जीवन-दर्शन है। हमारे मानव धर्म का प्राण।..." यह कहकर गुरुदेव कुछ क्षण को रुके। उन्होंने कमण्डलु को ऊँचा कर थोड़ा जल पिया। फिर बोले—"प्रिय आत्मन्! तुम सब इतना निश्चय जानो कि यह कठिन नहीं सबसे सरल दर्शन है। क्योंकि यह सत्य है। यदि यह कठिन लगता हो तो उसका कारण है। ये जो माया है, जो दांव-पेंच युक्त जगत व्यवहार है वस्तुतः उसमें हमने अपनी बुद्धि को लगा रखा है। ऐसे में सत्य हमको कठिन लगने लगता है। कैसी विचित्र बात है यह?...

जितनी समस्याएं हैं वे सब 'माया' में हैं। 'ब्रह्म' में कोई समस्या नहीं। वह तो निर्भ्रांत, अबाध, अनादि, अनंत और एक अकाट्य सत्य है। उसे कठिन नहीं मानना चाहिए।...

केवल न जानने के अज्ञान के कारण उससे हमारे आत्म तत्त्व की दूरी है। द्वैत का आभास होता है। वास्तव में कोई दूरी जबकि है ही नहीं। ज्ञान होने पर माया का आवरण विलुप्त हो जाता है। ऐसा होते ही जीवात्मा और ब्रह्म के मध्य वह द्वैत का भाव भी मिट जाता है। अद्वैत की अनुभूति स्पष्ट हो जाती है।..."

इसके बाद शंकर कुछ क्षण मौन हुए। उन्होंने अपने सुयोग्य शिष्य पद्मपाद से कहा कि वे 'प्रस्थान त्रयी' के विषय में श्रोताओं को आगे बताएं। पद्मपादाचार्य तब उपस्थित श्रोताओं को बताने लगे कि—''वेदांत के तीन मुख्य स्तम्भ माने जाते हैं—उपनिषद, गीता और ब्रह्मसूत्र। इन तीनों को भारतीय दर्शन के अंतर्गत 'प्रस्थान त्रयी' कहा जाता है। इनमें उपनिषदों को श्रुति प्रस्थान, गीता को स्मृति प्रस्थान, और ब्रह्मसूत्र को न्याय प्रस्थान कहा जाता है। 'ब्रह्मसूत्र' को न्याय प्रस्थान इसलिए कहते हैं क्योंकि ये वेदांत को पूर्णतः तर्कसंगत ढंग से प्रस्तुत करता है। न्याय का अर्थ ही तर्कसंगत निर्णय होता है।''

अब गुरुदेव शंकराचार्य पुनः बोले—''मैंने महर्षि व्यास रचित 'ब्रह्म सूत्र' का भाष्य लिखने के दौरान उस परम सत्ता के विषय में उस परम ग्रंथ में बहुत कुछ पाया। मेरे भी मन की अनेक उलझनों का समाधान उसमें हुआ और अद्वैत की मेरी अवधारणा उससे और पुष्ट हुई।...

ब्रह्मसूत्र में चार अध्याय हैं जिनके नाम हैं—समन्वय, अविरोध, साधन और फल। इन अध्यायों में कुल मिलाकर महर्षि व्यास रचित 555 सूत्र हैं, जिनमें ब्रह्मज्ञान सारगर्भित रुप से व्यक्त हुआ है।...

ब्रह्मसूत्र में प्रारंभ में ही निर्दिष्ट है कि मोक्षार्थी पुरुष को वेदान्त वाक्यों में अद्वैत आत्मा का विचार करना चाहिए। इस काम्य नियमविधि से वैदिक पुरुषों की आत्मभेद प्रतिपादक शास्त्रों में प्रवृत्ति तथा पुराण आदि के प्राधान्य का अर्थतः निरसन किया जाता है।...

इस जन्म में अथवा पूर्व जन्म में यज्ञ आदि करने से जिसका चित्त अत्यंत निर्मल हो चुका हो, उस व्यक्ति को जिज्ञासा होती है कि इस श्रवणविधि का विषय क्या है? फल क्या है? अधिकारी कौन है? और संबंध क्या है? उक्त जिज्ञासु की जिज्ञासा शांत करने के लिए भगवान व्यासदेव जी ने श्रवणात्मक शास्त्र में प्रवृत्ति कराने के कारण चार अनुबंधों का न्यायपूर्वक निर्णय करने के लिए 'अथातो ब्रह्मजिज्ञासा' इस सूत्र की रचना की है।...

गुणीजन!... इतना जान लो कि जैसे इस लोक में खेती से उत्पन्न हुए अन्न आदि भोग्य पदार्थ नष्ट हो जाते हैं, वैसे ही परलोक में पुण्य से सम्पादित लोक भी नष्ट हो जाता है। ब्रह्मसूत्र हमें बताता है कि जो जो कर्म से निष्पादित होते हैं, वे सब अनित्य है।...

यह भी जान लो, और मैंने अपने भाष्य में इसे स्पष्ट कर दिया है कि—जिसको नित्यज्ञान अर्थात् ब्रह्मज्ञान हो जाता है, वह विद्वान न तो जन्म लेता है और न मरता है। जो आत्मा है वह अमर है। उससे भिन्न सब विनाशी है। कर्म से प्राप्त किये हुए

लोक अनित्य है। कर्म से मोक्ष नहीं होता, ऐसा निश्चय करके ब्राह्मण कर्म के प्रति वैराग्य करे।...

अतः शांत, चित्तनिग्रहयुक्त, इन्द्रियनिग्रहयुक्त, संन्यासी, क्षमाशील, समाधिस्थ और श्रद्धा सम्पन्न होकर बुद्धि में ही आत्मा का दर्शन करो।...

ध्यान रहे कि विचार तर्करुप होता है। अतः वह आत्म साक्षात्कार में स्वतः प्रमाण नही होता। किंतु वेदांत वाक्य रुप शब्द का सहकारी होकर परमपरया प्रमाण है। इस उपनिषद् गम्य आत्मा को और जिन्होंने वेदांत के ज्ञान से तत्त्वज्ञान प्राप्त कर लिया है, व्यास रचित 'ब्रह्मसूत्र' में निहित इन श्रुति वाक्यों से सिद्ध है कि, अद्वैत-आत्मा में वेदांत ही प्रमाण है। 'तत्त्वमसि' 'अहं ब्रह्मास्मि' इत्यादि, श्रुतियों के वाक्यों से आत्मा और ब्रह्म का ऐक्य उपनिषद्–प्रमाण है।...

उस दिन देर शाम तक आदि-शंकर के प्रार्थना कक्ष में थोड़े से व्यक्तियों के बीच इस प्रकार ब्रह्मचर्चा चली। भगवत्पाद शंकराचार्य महाभाग अपने शिष्यों और उपस्थित श्रद्धालुओं के समक्ष हाल ही में लिखकर पूर्ण हुए 'ब्रह्मसूत्र' के भाष्य पर इस प्रकार चर्चा करते रहे।–

अंत में गुरुदेव ने पुनः कहा कि–''मैंने बताया था कि 'ब्रह्मसूत्र' में चार अध्याय हैं। चारों एक व्यवस्थित वैचारिक क्रम में भगवान बादरायण व्यास ने रखे हैं।...

इनमें सबसे पहला अध्याय है–'समन्वय'। इसका उद्देश्य है कि अलग-अलग उपनिषदों में किसी विषय-वस्तु को लेकर भिन्न कथन मिलते हैं। उनमें परस्पर समन्वय कर उनका एकमात्र विवाद रहित संदेश जिज्ञासु को समझाना कि–ब्रह्म ही एकमात्र सर्वव्यापी और सर्वश्रेष्ठ सत्य है, जिसकी विशेषता है–सत् चिद् आनंद अथवा आत्मा, ज्ञान और सुख।...

दूसरे अध्याय का शीर्षक है–''अविरोध'। किसी भी विचार अथवा दर्शन के सामने बहुत से विरोध आपत्तियाँ और चुनौतियाँ आती हैं। वेदों में ब्रह्म की स्थिति को लेकर, अद्वैत-वेदांत के दर्शन के समक्ष आई आपत्तियों और समानान्तर विरोधी दावों यथा–बौद्ध धर्म, जैन धर्म, हिन्दू धर्म में उत्पन्न हो चुके विभिन्न मत-मतान्तरों को इस अध्याय में शामिल किया गया है। उनसे संवाद और असहमति को इसमें स्थान दिया गया है।

तीसरा अध्याय है–साधन। इसमें मोक्ष प्राप्ति के साधनों पर विचार हुआ है। इस संबंध में ब्रह्मसूत्र में उल्लिखित है कि–अज्ञान के कारण, बिल्कुल उस प्रकाश के समान जिसका कोई रूप नहीं है, लेकिन वो वही रूप लेता हुआ प्रतीत होता है जिस वस्तु को वह प्रकाशित करता है। वह ब्रह्म, जिसका कोई गुण नहीं है फिर भी जैसे वह गुणों से सम्पन्न हो ऐसा प्रतीत होता है।...

चर्चा लंबी है। उस दिन शंकराचार्य महाराज ने यह कह कर अपनी वाणी को विराम दिया कि–''वेदों का आधारभूत दर्शन यही है कि–

'ब्रह्म सत्यं जगन्मिथ्या जीवो ब्रह्मेव नाऽपरः'—अर्थात् ब्रह्म ही सत्य है। यह जगत मिथ्या है। जीव ब्रह्म ही है। और जीव और ब्रह्म में कोई भेद नहीं है।''

प्रथम दिवस पर तो उस प्रार्थना कक्ष से आदि शंकर का प्रवचन सुनने को गिनती के पाँच-छः लोग थे। परंतु अगले दिन जब शंकर उपनिषदों पर लिखे अपने भाष्य की चर्चा करने को हुए तो वह कक्ष श्रोताओं से खचाखच भर गया था। बाहर बरांडे तक लोग खड़े हुए थे जो शंकराचार्य जी को सुनने के लिए आए थे।

दूसरे दिन शंकर कह रहे थे—''उपनिषदों में वेदों के ज्ञान को और भी सरल कर विभिन्न दृष्टांतों और कथाओं के माध्यम से व्यक्त किया गया है। मैंने 11 प्रमुख उपनिषदों पर सम्यक विचार कर उनपर अपने भाष्यों की रचना की है। जिन्हें मैंने सर्वाधिक उपादेय पाया।

आत्मा, ब्रह्म, माया, ईश्वर, जीव, जगत इत्यादि को लेकर विभिन्न उपनिषद उनकी सुचिंतित व्याख्याएं करते हैं। इनपर मनन कर इनमें निहित विचारों में केंद्रीभूत स्थापना को मैंने अपने भाष्यों में स्पष्ट करने का यथामति कार्य श्रीगुरुदेव की कृपा से किया है। भाष्य काफ़ी विस्तृत हैं। समयाभाव में यहाँ मैं तुम सबके सामने उन उपनिषदों की स्थापनाओं को एक-दो पंक्तियों में ही संकेत करूँगा।

जैसे—आत्मा के स्वरूप पर चिंतन करते हुए 'ऐतरेय उपनिषद' हमें बताता है कि—नित्य आत्मा ज्ञान स्वरूप है, इसमें रंचमात्र भी संशय नहीं।...

जैसे—'तैत्तिरीय उपनिषद' में कहा गया है कि—ज्ञान आत्मा का स्वरूप है तथा नित्य है। इसका अभिप्राय यह है कि ज्ञानेन्द्रियों से समझी जाने वाली बुद्धि विभिन्न विषयों यथा शब्द, स्पर्श, रूप, रस और गंध आदि को ग्रहण करती है। यह सारी प्रतीतियाँ और अनुभूतियाँ आत्मज्ञान सापेक्ष हैं।...

जैसे—'छान्दोग्य उपनिषद' से विदित होता है कि—जगत के समस्त पदार्थ केवल सन्मूलक नहीं हैं, अपितु स्थिति काल में भी वे सत्य रूप ब्रह्म के ऊपर आश्रित रहते हैं। इससे यह स्पष्ट होता है कि जगत के पदार्थ कार्यरूप हैं, जिनका कारण स्वयं ब्रह्म है।

इसी प्रकार से 'प्रश्न उपनिषद' भी कहता है कि—ब्रह्म की सत्ता से जगत के सभी नामरुपात्मक पदार्थों की सत्ता है। जगत की कलाएं उत्पत्ति स्थिति तथा लय तीनों ही दशाओं में चैतन्य अर्थात् ब्रह्म से पृथक नहीं रह सकतीं।

प्रिय आत्मन्!... जब हम वेदों की बात करते हैं तो सनातन की बात करते हैं। ब्रह्म सनातन है जिसका न कोई आदि है न अंत है। चारों वेद—ऋक्, यजु, साम और अथर्व वे भी ब्रह्म से ही उपजे हैं। समस्त ब्रह्माण्ड, ऋषि-मुनि, हमारे पूर्वज, जीव-जंतु और हम-सब आत्म रुप में उसी परमात्मा का अंश हैं। अंश क्या उसी का स्वरूप हैं। यदि हम अपनी अंतर्दृष्टि से देख पाएं कि ब्रह्म में हम हैं और हमीं में वह अजन्मा अनश्वर निराकार ब्रह्म है। अतः वेद और उपनिषद हमारे आत्म स्वरूप को इंगित कर हमें यह अनुभूति करने का निर्देश देते हैं कि—मैं ही ब्रह्म हूँ—'अहं ब्रह्मास्मि'।

वस्तुतः यह चारों वेद जिन्हें 'अपौरुषेय' कहा जाता है पहले तो लाखों वर्षों तक आर्ष परंपरा से 'श्रुतियों' के रुप में हमारे उच्चतम स्तर के ज्ञान के संवाहक थे। गुरुकुलों में गुरु-शिष्य परंपरा से मंत्र रुप में पीढ़ी दर पीढ़ी इन्होंने अतीत से अपने भविष्य का मार्ग तय किया।

फिर भगवान वेद व्यास ने इन्हें संहिताबद्ध किया आज से हज़ारों वर्ष पूर्व तब ये चार वेद ग्रंथ रुप में मानवता को उपलब्ध हुए। फिर इनकी व्याख्याओं और सरलीकरण का कार्य हुआ। उक्त क्रम में उपनिषदों की भूमिका अत्यंत उपादेय एवं मनोहारी है। वेदों के ज्ञान को सरस ढंग से समझाते हैं हमारे उपनिषद।

व्यास देव के गोपनीय स्वरूप महर्षि बादरायण ने कालांतर में अत्यंत विस्तृत वेद मंत्रों को केवल 555 श्लोकों में सूत्रबद्ध कर उनका संक्षिप्तीकरण किया। मेरे परम पूज्य गुरु की प्रेरणा मुझे इसपर भाष्य लिखकर उन श्लोकों को विद्वतजन के समक्ष यथासंभव सरल कर उन्हें व्याख्यायित करने की हुई।

उपनिषदों की और ब्रह्मसूत्रों की भाँति भगवान श्रीकृष्ण द्वारा अपने सखा से कुरुक्षेत्र के मैदान में उपदेशामृत के रुप मे व्यक्त श्रीमद्भागवत् गीता भी ब्रह्मज्ञान का एक उत्कृष्ट ग्रंथ है, जो कि 'महाभारत' महाकाव्य का ही एक अंग है। गीता में लौकिक और अलौकिक दोनों प्रकार के अनुशासन अत्यंत सुंदर ढंग से श्रीकृष्ण ने दिए हैं। कुल 700 श्लोक इसके 18 अध्यायों में एक प्रकार से सम्पूर्ण जीवन दर्शन और पालौकिक रहस्यों को जगत के सन्मुख उद्घाटित करते हैं।

उपनिषदों की तरह गीता भी इस बात को समझाती है कि व्यक्ति की आत्मा ब्रह्म की लौकिक ऊर्जा के समान है। गीता में श्रीकृष्ण अर्जुन के सारथी बने उसे मार्गदर्शन देते हैं कि—तुम्हारे संदेह और दुःख निरर्थक हैं। क्योंकि ब्रह्म के अंश के रुप में तुम्हारी वास्तविक प्रकृति जीवन और मृत्यु से परे है। केवल यह नाशवान शरीर नष्ट होता है, मरता है, जबकि तुम स्वयं शाश्वत और सनातन हो। क्योंकि तुम एक विशुद्ध चैतन्य आत्मा हो।..."

आदि शंकर ने उस दिन अपना प्रवचन यहीं पर सम्पन्न किया और उपस्थित आस्थावान श्रोताओं के सन्मुख यह विनम्र घोषणा की कि अब से एक सप्ताह बाद वे

स्वयं द्वारा रचित 'गीता के भाष्य' को लेकर सार्वजनिक चर्चा करेंगे। सत्संग यहीं विसर्जित हुआ।

4

प्रवचन

जोशीमठ में आदि शंकराचार्य का प्रथम आश्रम अस्तित्व में आ चुका था। ज्योर्तिधाम नरेश के धर्म-निवेश के फलस्वरुप उस एकांत स्थल में जगद्गुरु शंकर का विश्राम कक्ष एवं प्रार्थना कक्ष बनाया गया था। एक धर्मशाला भी आगंतुक श्रद्धालुओं एवं अनुयायियों के निमित्त बनाई गई थी। थोड़ा हटकर एक छोटा-सा विद्यालय एवं छात्रावास भी निर्मित हुआ था, जहाँ वेद और शास्त्रों पर आधारित वटुकों को शिक्षा भविष्य में दी जानी थी।

उस कल्पवृक्ष को एक पक्के गोल चबूतरे से घेरा गया था, जिसपर गुरुवर शंकर की पिछली बार आगमन पर घंटों तक ध्यान समाधि लग गई थी।

जिन दिनों बदरीनाथ धाम के निकट गुरुदेव शंकर उस गुफ़ा में साधना रत रहे और भाष्यों की रचना करते रहे उन दिनों अनेक बार उनके शिष्य पद्मपाद जोशीमठ जाते-आते रहे। वहाँ उन्होंने शंकराचार्य आश्रम का निर्माण कई-कई दिन ठहर कर अपने मार्गदर्शन में कराया था।

अब जब से शंकराचार्य महाराज आकर अपने आश्रम में आसीन हुए थे तब से ज्योर्तिधाम के लोग इसे आचार्य शंकर का मठ... शंकराचार्य मठ... आदि नामों से पुकारने लगे थे।

उद्भ्रांत ने एक दिन शंकर को अकेले में इस बारे में अवगत कराया कि पूरी ज्योर्तिधाम नगरी आजकल उनकी जय-जयकार कर रही है और इस आश्रम को शंकर मठ-शंकर मठ कहकर पुकार रही है।

इस पर आदि शंकर हंसे थे और बोले थे कि—''कैसा मठ और कैसी माया?... संन्यासी कितने दिन कहाँ रुकता है?... आज यहाँ तो कल वहाँ।... जोगी तो नदी का बहता पानी है... हः हः हः।''

इसपर पद्मपाद ने कहा—''आपके लिए तो यह पूरा संसार एक तपस्थली है गुरुदेव! आपकी सतत-तीर्थयात्रा की भूमि। किंतु जिस प्रकार बौद्ध और जैन धर्मों ने देश में अपने पाँव पसारे हैं और हमारे आस्थावान वैदिक धर्म को आघात पहुँचाया है,

उसका परिहार भी तो होना है। उनके तो अनेक विहार और स्तूप आदि चतुर्दिक हैं। यदि वेदों की स्थिरता के लिए और हमारी सुदीर्घ सांस्कृतिक परंपरा के संरक्षण के लिए, सनातन धर्म के पुनरुद्धार के लिए आप आज अपने कुछ स्थायी संस्थान स्थापित नहीं करेंगे तो आपकी शिक्षाओं और आपके मार्गदर्शनों का लोकहित में संग्रह भला कैसे होगा? आपका जो यह हिन्दू धर्म के उत्थान का महा अभियान है, इसे बौद्ध विहारों और विविध सम्प्रदायवादियों के गढ़ों की भाँति यदि आपके शुभनाम से कोई भी मठ-मंदिर इत्यादि न होगा, तो आपके इतने मूल्यवान उपदेश और संदेश कैसे संरक्षित हो सकेंगे? और वे कहाँ संग्रहीत होंगे?... इसके लिए कोई न कोई व्यवस्था तो आपको देनी होगी न प्रभु!... कृपया मुझे मेरे बड़े बोलों के लिए क्षमा करें गुरुदेव!!''

आचार्य शंकर सोच-विचार में पड़ गए। कालड़ी से चले थे। ओंकारेश्वर आए। ओकारेश्वर से चले तो काशी आए। काशी से निकले तो बदरीनाथ धाम पहुँचे। बदरीनाथ से पुनः जोशीमठ। अब यहाँ उनका एक स्थायी आश्रम भी बन गया था। चार धामों में इस उत्तर दिशा के बदरी धाम के निकट। अब तीन दिशाएं बाकी हैं।...

वैदिक धर्म पर वैचारिक आक्रमण हर ओर से जारी हैं। उधर भारत राष्ट्र पर भी बाह्य आक्रमणकारियों और लुटेरों की कुदृष्टि लगी ही रहती है। अभी कुछ ही वर्ष पूर्व ईरानियों का आक्रमण उत्तरी-पश्चिमी सीमा की ओर से हो चुका है, जिसमें भारत का गान्धार क्षेत्र उस विदेशी शक्ति के आधिपत्य में आ गया है। आगे भी ऐसे आक्रमणों की संभावनाओं से इंकार नहीं किया जा सकता।...

चार वेद हैं। देश में चार धाम हैं—बदरी, द्वारका, पुरी और रामेश्वरम्। उनमें प्रथम तीन में क्यों न एक-एक वेद के पठन-पाठन की व्यवस्था कर मठ स्थापित किए जाएं? चौथा पावन धाम रामेश्वरम् बहुत दूर है... एकदम सागर तट पर सिंहल द्वीप के नज़दीक... उसकी अपेक्षा ऋष्य ऋंग द्वारा तप से जागृत वह एकांतिक स्थल, प्रकृति की गोद में बसा वह मनोहर तीर्थ श्रृंगेरी फिर क्यों न दक्षिण भारत का चौथा शांकर मठ बने?... जैसी पूज्य गुरुदेव की इच्छा।...

इस प्रकार जगद्गुरु के मन में चार शांकर मठों की स्थापना का विचार एक बीज रुप में स्थापित हो गया, जिसकी रुप-रेखा अभी अस्पष्ट थी। उन्हीं दिनों शंकराचार्य ने अपने इस आश्रम में एक पारदर्शी स्फटिक शिवलिंग की स्थापना की।

जोशीमठ में चहल-पहल अचानक बढ़ गई। कानों-कान पर्वतीय नगरों और तीर्थों से होता हुआ यह समाचार जन-सामान्य में तैर गया था कि वे महात्मा, जिन्होंने बद्रीनाथ में भगवान की हज़ारों साल प्राचीन प्रतिमा खोजकर उसको पुनः स्थापित किया

है, आजकल ज्योतिर्मठ में विराजमान हैं। वहाँ अपने आश्रम में रोज भगवत् चर्चा करते हैं। उनकी आयु अधिक नहीं है। यही कोई 16-17 वर्ष के होंगे परंतु उनके ज्ञान की कोई सीमा नहीं।...

इसके साथ ही लोगों में यह भी प्रचारित हो गया था कि उन महात्मा जी ने भगवान श्रीकृष्ण की लिखी गीता पर भी टीका लिखी है। उसे वे अमुक दिन अपने ज्योतिर्मठ में बाँचेंगे।...

अतः बदरीनाथ, कर्ण प्रयाग, रुद्र प्रयाग, ऋषिकेश आदि स्थानों से भी अनेक श्रद्धालु दो दिन पहले से ही जोशीमठ आने लगे थे और वहाँ की धर्मशालाओं में ठहरने लगे थे। उधर राज परिवार से जुड़े कई नाते-शितेदारों ने राजमहल के मुख्य अतिथि गृह और दूसरे अतिथि गृह में डेरा डाल दिया था।

ज्योतिर्मठ की शंकराचार्य पीठ की नवनिर्मित धर्मशाला भी अनेक साधु-संन्यासियों से भर चुकी थी। राजा सुधर्मा ने नगर पंचायत को आदेश देकर उस आदि-शंकराचार्य पीठ, बदरिकाश्रम, जोशीमठ में एक रिक्त खुले स्थान पर बड़ा पंडाल लगवा दिया, दरी चादर बिछवाकर मंच आदि का सुंदर प्रबंध भी करा दिया और प्रसाद और पेयजल आदि की भी समुचित व्यवस्थाएं कराईं।

निश्चित दिवस पर खचाखच भरे उस धार्मिक प्रवचन समारोह में जगद्गुरु शंकराचार्य का आगमन हुआ। राजा ज्योतिर्धाम स्वयं महाराजश्री को लेकर आयोजन स्थल पर पधारे। आते ही उन्होंने गुरुदेव को व्यास गद्दी पर विराजमान कराया। उन्हें माल्यार्पण किया। तत्पश्चात उनकी आरती उतारी। संक्षिप्त-सा भाषण दिया फिर उस मंच पर राजा सुधर्मा एक ओर गाव तकिए का सहारा लेकर अपने आसन पर बैठे। श्रोता समुदाय के बीच जयघोष हुआ "बोलिए जगद्गुरु महात्मा शंकराचार्य जी की—जय!!!"

इसके बाद उस पंडाल में पूर्ण शांति स्थापित हो गई। उन दिनों आजकल की तरह प्रवचन—संभाषण के किसी कार्यक्रम में वक्ताओं के बोलने पर उसे स्पष्ट श्रवण हेतु कोई माइक या लाउडस्पीकर तो होता नहीं था। वक्ता को उच्च स्वर में बोलना होता था। श्रोताओं पर घर-गृहस्थी की चर्चाएं घर छोड़कर आना और एक दम मूक होकर श्रवण करना एवं दूसरों को भी श्रवण लाभ कराने का तिहरा दायित्व होता था।

जगद्गुरु शंकराचार्य ने मन ही मन अपने पूज्य गुरुदेव गोविंदपाद जी महाराज को स्मरण कर उपस्थित जन-समुदाय को उपदेश करना शुरु किया—

"प्रिय आत्मन्!...

महाभारत का युद्ध कुरुक्षेत्र के मैदान में शताब्दियों पूर्व लड़ा गया। यह राज्याधिकार का युद्ध था जो कौरवों और पाण्डवों के मध्य, भाई-भाई के विरुद्ध लड़ा गया था, जिसमें भारी जन-धन की हानि हुई और नैतिक मूल्यों के उत्थान-पतन की अनेक स्थितियों से मानव समाज परिचित हुआ।...

यह लड़ाई थी हस्तिनापुर के राज्य पर अपने अधिकारों को प्राप्त करने की। जब 100 कौरवों के दृष्टिहीन पिता राजा धृतराष्ट्र ने अपना सिंहासन अपने ज्येष्ठ पुत्र दुर्योधन को न देकर अपने भाई पाण्डु के ज्येष्ठ पुत्र धर्मराज युधिष्ठिर को देने का निश्चय किया, तब दुर्योधन ने चतुराई और छल से पाण्डवों से वह राज-सिंहासन हथिया लिया और युधिष्ठिर तथा उसके चार भाइयों भीम, अर्जुन, नकुल, सहदेव को मार डालने का प्रयत्न किया।

यादवों के नेता श्रीकृष्ण ने कौरवों और पाण्डवों में समझौता कराने की कोशिश की। जब सब प्रयत्न विफल रहे तथा महाभारत का युद्ध अवश्यंभावी हो गया। श्रीकृष्ण ने प्रस्ताव रखा कि वह और उनकी सेना दोनों अलग-अलग सैन्य-पक्षों में रहेंगे। उन्होंने यह चुनाव कौरव और पाण्डव दोनों ही पक्ष पर छोड़ दिया। दुर्योधन ने कृष्ण की सेना को चुना। और कृष्ण पाण्डवों के पक्ष में आए। वे महारथी अर्जुन के रथ के सारथी बने।...

कुरुक्षेत्र के युद्धक्षेत्र में दोनों शक्तिशाली सेनाएं जब उस महायुद्ध के लिए आमने-सामने आकर डट गईं तब अर्जुन ने अपने सखा एवं सारथी श्रीकृष्ण से एक बार अपना रथ दोनों सेनाओं के मध्य ले चलने को कहा।

श्रीकृष्ण रथ को जब दोनों पक्षों के मध्य लेकर गए तो अर्जुन ने दोनों ओर अनेक बंधु-बांधवों गुरुजनों और मित्रों को एक-दूसरे का रक्तपात करने हेतु खड़ा देखा। ऐसा देखकर अर्जुन के मन में वैराग्य हो आया। उसने श्रीकृष्ण से कहा कि वह ऐसा राज्य नहीं चाहता जो अपने ही सगे-संबंधियों का रक्त बहाकर प्राप्त किया जाए।

अर्जुन दुःखी हताश और कुंठित हो अपने अस्त्र-शस्त्र नीचे रखके, रथ के पृष्ठ मार्ग में जाकर बैठ गया। तब श्रीकृष्ण ने अर्जुन को बहु-विधि समझाया। उसे सकारात्मक प्रबोधन दिया और फिर से युद्ध करने हेतु प्रेरित किया। साथ ही आत्म तत्त्व का ज्ञान भी दिया।

गीता में श्रीकृष्ण द्वारा दिया गया वह सारा ज्ञान आध्यात्मिक और सांसारिक पक्षों का श्रेष्ठतम दार्शनिक ज्ञान है, जो कि अपनी अर्थवत्ता में अतुलनीय है।

इस पर आगे चर्चा करने से पहले मैं इसपर भाष्य रचने में अपने अनुभवों का भी थोड़ा-सा उल्लेख गुणीजनों के समक्ष करना चाहूँगा।...

उपनिषद्, ब्रह्मसूत्र और गीता तीनों ब्रह्मज्ञान के रहस्यों को खोलने वाले ग्रंथ हैं। परंतु तीनों के आस्वाद और उनकी अभिव्यक्ति में अंतर हैं। 'उपनिषदों' में ब्रह्म, जीव, आत्मा, माया, सृष्टि, जन्म-मरण आदि को बड़े विस्तार से समझाया गया है। वे ज्ञान का, विशेषकर पारलौकिक ज्ञान का अद्भुत खुला खजाना हैं।...

'ब्रह्मसूत्र' में वेद विज्ञान के विस्तार को समेट कर उन्हें सूत्रों में निबद्ध कर एक कठिन ताले में रखी अत्यंत मूल्यवान वस्तु-सा सूत्रकार ने बना दिया है। अत्यंत सामासिक है ब्रह्मसूत्र का एक-एक सूत्र।

यह ऐसा कठिन ताला है जिसकी चाभी के गुच्छे सही चाभी से मेधा और धैर्य के प्रयोग के साथ ही खोला जा सकता है। सही चाभी मिल जाने पर उसके सूत्र खुलते जाते हैं। परंतु कठिन विषय अथवा प्रश्न को हल करने में खतरा यह भी होता है कि उसका अर्थग्रहण करने में विविधता की गुंजाइश होती है।

मैंने वेदों में व्यक्त मोक्ष के मार्ग को ज्ञानमार्ग के रुप में जाना समझा और व्यक्त किया है। हो सकता हैं कुछ विद्वान वेदों में निहित कर्मकाण्डीय मार्ग को अधिक सहज अथवा उपादेय मानें और इस ब्रह्मसूत्र की व्याख्या अपने ढंग से करें। पर मेरा यह मानना है कि ब्रह्म तक पहुँचने के लिए जीव की उसके सतत चिंतन, योग द्वारा ध्यान, ध्यान में कुंडलिनी जागृत कर ब्रह्मानंद की प्राप्ति का प्रयास सीधा-सच्चा मार्ग है।

दूसरे लोगों को यह जटिल लग सकता है। वे नाना प्रकार के कर्मों और वैदिक कर्मकाण्ड का मार्ग अपनाकर मुक्ति के मार्ग को सरल बता सकते हैं, पर वह मार्ग लंबा और भ्रमित करने वाला है।...

इन सब ज्ञान ग्रंथों में भगवत् गीता अपेक्षाकृत अपने अर्थ ग्रहण में अत्यंत सरल और रोचक है। इसे समझना सबसे सरल है परंतु गुणीजनों यह भी जान लें कि सरल सहज मार्ग में उन व्यक्तियों के लिए कठिनाई अधिक होती है जो उसका वर्णन करने में वाक्चातुर्य का प्रयोग कर बाद में आने वाले यात्रियों को अपने ढंग से उलझाकर उनका मार्गदर्शक बनना चाहते हों।

मेरा यह कहना है कि गीता के मार्ग पर अर्जुन श्रीकृष्ण के कथोपकथनों के माध्यम से आदि ग्रंथकार महर्षि वेदव्यास ने लौकिक पारलौकिक ज्ञान का अर्थ ग्रहण करने की ऐसी सुंदर व्यवस्था दी है कि यात्री यदि चाहे तो आराम से उसपर अपने जीवन की यात्रा कर सकता है। उसके अर्थ ग्रहण में कोई दुरुहता, कोई उलझाव कोई भटकाव नहीं है।

यदि आप आस्थावान हैं तो गीता को जितनी बार पढ़ेंगे कुछ न कुछ समाधान अपने प्रश्नों का आपको मिलेगा। गीता का ज्ञान नीरस बिल्कुल नहीं है, फिर भी यह समझने योग्य तो है ही।...

प्रिय आत्मन्! गूढ़ ज्ञान को सद्गुरु की सहायता के बिना समझना कठिन है। जबकि सरल ज्ञान को भी सहज रुप से समझ पाने के लिए एक मार्गदर्शक का संकेत तो चाहिए ही। यहाँ भी गुरु की कृपा का अत्यंत महत्त्व है। क्योंकि गुरु शिक्षक भी है, आपका मार्गदर्शक भी है और एक सच्चा मित्र भी।...

गीता में निष्काम कर्म के सिद्धांत का प्रतिपादन किया गया है। ऐसा कर्म जो निस्वार्थ भाव और समर्पण की भावना से किया जाए।...

गीता के अट्ठारवें अध्याय में तीन प्रकार के कर्मों का उल्लेख मिलता है—(1) सात्विक कर्म (2) राजसिक कर्म (3) तामसिक कर्म।

उक्त क्रम में श्रीकृष्ण अर्जुन से कहते हैं कि—वह कर्म जिसे करना आवश्यक है, जिसे आसक्ति के बिना किया जाता है और जिसे राग-द्वेष से शून्य होकर फल की इच्छा से रहित व्यक्ति द्वारा किया जाता है, सात्विक कर्म कहते हैं।—

नियतं संगरहितमरागद्वेषतः कृतम्।
अफलप्रेप्सुना कर्म यत्तत्सात्त्विकमुच्यते।।

परंतु जो कर्म फल की प्राप्ति की इच्छा रखने वाले व्यक्ति द्वारा बड़े परिश्रमपूर्वक या अहंकार की भावना से प्रेरित होकर किया जाता है, वह राजसिक ढंग का कर्म कहलाता है।—

यत्तु कामेप्सुना कर्म साहंकारेण वा पुनः।
क्रियते बहुलायासं तद्राजसमुदाहृतम्।।

जबकि इन सबसे पृथक यदि हम तामसिक कर्म की बात करें तो—जो कर्म अज्ञान के कारण हानि या हिंसा का विचार किए बिना और अपनी मानवीय क्षमता का विचार किए बिना किया जाता है, वह तामसिक कर्म होता है।—

अनुबन्धं क्षयं हिंसामनवेक्ष्य च पौरुषम्।
मोहादारभ्यते कर्म यत्तत्तामसमुच्यते।।

भगवद्गीता हिन्दू धर्म के दर्शन का प्रमुख ग्रंथ है। इसे पढ़ने से मानव को जीवन के दार्शनिक पक्ष की प्रतीति और अनुभूति होती है। इसके समस्त 18 अध्याय अत्यंत महत्त्वपूर्ण हैं। सभी अध्याय किसी न किसी विषय अथवा विचार पर केंद्रित है। यदि संक्षेप में इन्हें देखें तो—गीता का प्रथम अध्याय अर्जुन की दुविधा और विषाद विषयक है। गीता के द्वितीय अध्याय में श्रीकृष्ण द्वारा अर्जुन की क्लीवता पर श्रीकृष्ण उसकी भर्त्सना करते हैं और उसे वीर बनने के लिए प्रोत्साहन देते हैं। इसी अध्याय में श्री कृष्ण अर्जुन को धर्म-युद्ध के लिए प्रेरित करते हुए उसे समझाते हैं कि—

हतो वा प्राप्स्यसि स्वर्गं जित्वा वा भोक्ष्यसे महीम्।
तस्मादुत्तिष्ठ कौन्तेय युद्धाय कृतनिश्चयः।।

अर्थात् यदि तू युद्ध में मारा गया तो तू स्वर्ग पहुँचेगा यदि तू विजयी हुआ तो तू पृथ्वी का उपभोग करेगा। इसलिए हे कुंतीपुत्र! तू लड़ने का निश्चय करके खड़ा हो।

श्रीकृष्ण अर्जुन को यह भी समझाते हैं कि युद्ध को समबुद्धि से करने से पाप नहीं लगता। वे कहते हैं—

सुखदुःखे समे कृत्वा लाभालाभौ जयाजयौ।
ततो युद्धाय युज्यस्व नैवं पापभवाप्स्यसि।।

अर्थात्—सुख और दुःख को, लाभ और हानि को, जय और पराजय को समान समझ और युद्ध के लिए तैयार हो जा, तब तुझे पाप नहीं लगेगा। गीता पर भाष्य लिखते समय इसके द्वितीय अध्याय पर विचार करने पर मैंने पाया कि—"द्विप्रकारं च वितं मानुषं दैवं च, तत्र मानुषं वित्तं कर्मरूपं पितृलोक प्राप्तिसाधनम्, विद्या च दैवं वित्तं देवलोकप्राप्तिसाधनम्।"—अर्थात्—जो लोग कर्म के फलों की इच्छा से कर्म करते हैं, वे पूर्वजों या पितरों के लोक में जाते हैं। और जो ज्ञान की खोज करते हैं, वे देवताओं के लोक में जाते हैं।

इसी अध्याय से हमें एक स्थान पर विदित होता है कि—वे ज्ञानीजन जिन्होंने अपनी बुद्धि को ब्रह्म से मिलाकर एक कर दिया है और कर्मों से प्राप्त होने वाले फलों का त्याग कर दिया है, जन्म के बंधन से मुक्त होकर दुःखहीन दशा को प्राप्त होते हैं—

कर्मजं बुद्धियुक्ता हि फलं त्यक्त्वा मनीषिणः।
जन्मबन्धविनिर्मुक्ताः पदं गच्छन्त्यनामयम्।।

—इसे ही मैंने अपनी व्याख्या में कुछ यों कहा है कि—"जीवन्त एव जन्मबन्धविनिर्मुक्ताः सन्तः पदं परमं विष्णोः ऽ मोक्षाख्यं गच्छन्त्यामयं सर्वोपद्ररहितम्।"—अर्थात् जीवित रहते हुए भी वे जन्म के बन्धन से मुक्त हो जाते हैं और विष्णु के उच्चतम पद को प्राप्त होते हैं, जिसे मोक्ष या मुक्ति कहा जाता है और जो सब प्रकार की बुराइयों से रहित है।...

प्रिय आत्मन्!...

गीता के तृतीय अध्याय में कर्मयोग की शिक्षा दी गई है। इसमें इस प्रकार से कर्म करने को प्रेरित किया गया है जो दूसरों के लिए भी उदाहरण उपस्थित करे।... जनक तथा अन्य लोग कर्म द्वारा ही पूर्णता को प्राप्त हुए थे। तुझे लोक संग्रह अर्थात् संसार को बनाए रखने के लिए भी कर्म करना है।—

कर्मणैव हि संसिद्धमास्थिता जनकादयः।
लोकसंग्रहमेवापि संपश्यन्कर्तुमर्हसि।।

प्रिय आत्मन्!

'रामायण' की कथानुसार जनक मिथला के राजा थे। वे श्रीराम की पत्नी सीता के पिता थे। राजा जनक कर्त्तव्य की वैयक्तिक भावना को त्यागकर शासन करते थे। वह अपने कर्त्तव्यों का निर्लिप्त भाव से पालन करते थे और संसार की घटनाओं से क्षुब्ध नहीं होते थे। 'महाभारत' के शान्ति पर्व में भी जनक के इस कथन का उल्लेख हुआ है कि—"सचमुच मेरी ये सम्पत्ति असीम है, जिसमें मेरा कुछ भी नहीं। यदि मिथिला जलकर राख हो जाए, तो भी मेरा कुछ भी नहीं जलेगा।"—अनन्तं वत् मे वित्तं यस्य मे नास्ति किंचन।

मिथिलायां प्रदीप्तायां न मे किंचित् प्रदाह्यते।।

संसार में जो भी पुरूषोत्तम है वह इस संसार में फँसे बिना इसकी समस्त संभावनाओं में तालमेल बिठाता है। वह कर्मों का करने वाला होकर भी करने वाला नहीं होता, कर्तारम् अकर्तारम्।

'अध्यात्म रामायण' में श्रीराम लक्ष्मण से कहते हैं—"जो व्यक्ति इस संसार की धारा में गिर पड़ता है, वह अदूषित रहता है, भले ही बाह्य रुप से वह सब प्रकार के कर्म करता भी रहे।"—

प्रवाहपतितः कार्य कुर्वन्नपि न लिप्यते।
वाह्ये सर्वत्र कर्तृत्वमावहन्नपि राघव।।

गीता के चतुर्थ अध्याय में ज्ञान मार्ग की विस्तृत चर्चा हुई है। उसी में लोक विश्रुत-भगवान के अवतार और उसके उद्देश्य परक-श्लोकों की निष्पत्ति हुई है—

यदा यदा हि धर्मस्य ग्लानिर्भवति भारत।
अभ्युत्थानमधर्मस्य तदात्मानं सृजाम्यहम्।।

श्रीकृष्ण कहते हैं—"जब भी कभी धर्म का ह्रास होता है और अधर्म की वृद्धि होती है, हे भारत (अर्जुन), तभी मैं (अवतार रुप में) जन्म लेता हूँ।"

श्रीकृष्ण यह भी कहते हैं कि—

परित्राणाय साधूनां विनाशाय च दुष्कृताम्।
धर्म संस्थापनार्थाय सम्भवामि युगे युगे।।

-सज्जनों की रक्षा के लिए और दुष्टों के विनाश के लिए और धर्म की स्थापना के लिए मैं समय-समय पर जन्म धारण करता रहता हूँ।...

बस... आज इतना ही।"—यह कहकर जगद्गुरु शंकराचार्य ने अपना आज का प्रवचन समाप्त किया।

शंकराचार्य जी के ज्योतिर्मठ में आयोजित हुई श्रोताओं की वह विशाल सभा विसर्जित हुई। तब पद्मपाद ने उद्भ्रांत के कान में धीरे से कहा—"और तुम्हें क्या लगता है? हमारे गुरुदेव भी तो यही कर रहे हैं... धर्म की स्थापना का कार्य... हिन्दू धर्म की रक्षा का कार्य।"

उद्भ्रांत ने कहा—"मुझे पता है कि मेरा शंकर एक अवतारी पुरुष है। और मुझे गर्व है कि मैं उसका मित्र हूँ।"

5
आध्यात्मिक चर्चा

कल प्रवचन का दूसरा और अंतिम दिन था। आचार्य शंकर पहले ही कह चुके थे कि अब उन्हें ज्योतिर्मठ से आगे केदारनाथ धाम और गंगोत्री के दर्शन पर जाना है। उसके बाद हिमालय-भ्रमण पूर्ण होने पर वे वापस भारत के मैदानी क्षेत्रों के भ्रमण हेतु निकलेंगे।

ज्योतिर्मठ में राजा सुधर्मा ने गुरुदेव शंकर से निवेदन किया कि वे उन्हें भी हिमालय यात्रा में साथ चलने की अनुमति प्रदान करें। गुरुदेव बोले कि एक संन्यासी के साथ यात्रा करने में उन्हें बड़ा कष्ट होगा। वह भी एक अनवरत पदयात्रा। अल्प विश्राम वाली। सादे सरल आहार वाली।

राजा सुधर्मा ने उन्हें आश्वस्त किया कि वे पूरे समय गुरुदेव के साथ पदयात्रा करना और उनके पीछे खड़े होकर तीर्थों के दर्शन करना अपना परम सौभाग्य मानेंगे। यह भी बताया कि आगे केदारनाथ तक पहाड़ी रास्ते काफ़ी खराब हैं। उनकी मरम्मत और देखभाल आवश्यक होती है। अतः उन्होंने अपना एक राजकीय अभियांत्रिकी दल पहले ही मार्ग व्यवस्था दुरुस्त करने के लिए भेज दिया है।

तब आदि-शंकर ने राजा सुधर्मा को साथ आने की अनुमति सहर्ष प्रदान कर दी। पद्मपाद, उद्भ्रांत दोनों ओंकारेश्वर के साधु रामदेव और कृष्णदेव अपने वस्त्रादि धोकर सामान समेटने लगे। साथ ही गुरुदेव शंकर के भी वस्त्र, दण्ड, कमण्डलु, माला, चंदन, कुमकुम, आसन, बिछावन, कंबल आदि भी इनके द्वारा सहेजे जाने लगे। गुरुदेव के लिखे भाष्यों की पोथियाँ सर्वाधिक मूल्यवान सामग्री थीं, जिसकी पोटली की सुरक्षा का दायित्व पद्मपाद उठाते थे। गुरुदेव ने मात्र दो दिन पूर्व ही चलने का संकेत दिया था। आगे की यात्रा और कठिन थी। ये सभी मठवासी जानते थे। पर मन में आश्वस्त थे

के जब ज्योतिर्धाम के नरेश स्वयं उनके साथ इस बार चल रहे हैं तो अधिक कोई दिक्कत आने वाली नहीं। यदि मौसम ने साथ दिया तो।...

अगले दिन प्रवचन पंडाल में भारी भीड़ फिर जुटी। अग्रिम पंक्ति में कुछ पुराने श्रोता जो बाहर से आए थे, जा चुके थे। कुछ बाहर से नए श्रोताओं के चेहरे उनकी जगह आज दिखाई दे रहे थे।

ज्योतिर्धाम के स्थानीय श्रद्धालु आज, कल से भी अधिक संख्या में विद्यमान थे। उनमें से अधिकतर जगद्गुरु शंकराचार्य के दर्शन करने इसलिए भी आए थे कि पता चला था महात्मा जी अब केदारनाथ धाम के लिए प्रस्थान करने वाले हैं। अतः अब ये निराला बाल-संन्यासी वह भी इतना जोरदार उपदेशक भला जीवन में दोबारा देखने को कभी मिले न मिले।...

नियत समय पर श्रोता सभा के मध्य जगद्गुरु का सम्बोधन प्रारंभ हुआ। उन्होंने गीता पर लिखे अपने भाष्य के संदर्भ में कल छोड़ी हुई वार्ता पुनः आरंभ की। शंकराचार्य कहने लगे—

''सज्जनो, माताओ और मेरे सभी प्रिय आत्मन्!..

कल हमने भगवत् गीता के 18 अध्यायों में से प्रारंभिक 4 पर विचार किया था। आज उसके आगे की चर्चा करेंगे।

भगवान श्रीकृष्ण कुरुक्षेत्र के मैदान में अपने रथ पर अपने अश्वों की तरफ पीठ किए आरुढ़ हैं। अर्जुन उनके चरणों में किंकर्त्तव्यविमूढ़ हुआ बैठा है। दोनों सेनाओं के महारथी, अधिरथी, अश्वारोही और हाथियों पर सवार योद्धा उस अद्भुत दृश्य को देख रहे हैं। लाखों पदाति सैनिक भाला, फरसा, तलवार इत्यादि लिए पंक्तिबद्ध हो अनुशासित खड़े हैं। सबको महाभारत का संग्राम छिड़ने की प्रतीक्षा है। सब मृत्यु से दो-दो हाथ करने को युद्ध के मैदान में आए हैं। अट्ठारह दिवसीय युद्ध होना है यह। भयंकर विनाश और रक्तपात ...... ज्योतिषीगण पहले ही गणना करके बता चुके हैं। आज युद्ध का यह पहला दिन है।...

इस प्रथम दिवस पर ही विश्व का सबसे बड़ा धनुर्धर विश्व के सबसे महान कूटनीतिज्ञ से अपनी शंकाओं का, भावुकता में बहकर, इसी समय समाधान चाह रहा है।... श्रीकृष्ण युग पुरुष हैं। उनका सम्मान कौरव और पांडव तथा दूर-दूर से दोनों पक्षों का साथ देने आए राजा-महाराजा भी करते हैं। पितामह भीष्म, आचार्य द्रोण जैसे वयोवृद्ध महारथी भी जिनके सामने हाथ जोड़कर शीष झुकाते हैं। दुर्योधन, दुःशासन, कर्ण आदि भी, भले ही दिखावे के लिए ही सही, श्रीकृष्ण को नमस्कार अवश्य करते हैं।...

उधर हस्तिनापुर में महाराजा धृतराष्ट्र अपने सचिव संजय, जिसे दिव्य दृष्टि प्राप्त है, से पूछ-पूछ कर प्रतिपल कुरुक्षेत्र का हाल जानने को बेचैन हैं। युद्ध अभी थमा हुआ है। गीता में श्रीकृष्ण का उपदेश अभी जारी है...

गीता के पांचवे अध्याय में सच्चे संन्यास की बात कही गई है। संन्यास जिसका अर्थ है—त्याग। एक संन्यासी जो मेरे जैसा होता है। यह... भगवा वस्त्रधारी दण्डी स्वामी... आचार-व्रत-नियम का कठोरता से पालन करना... शरीर धारण किए रहने के लिए अनिवार्य वस्तुओं के अतिरिक्त सर्वत्यागी होना... गृह-रिश्ते-नाते-मोह-माया सर्वस्व का त्याग...

या फिर गृहस्थ रहते हुए भी तन-मन-धन से वैराग्य की भावना मन में लिये निस्पृह भाव से अपने कर्त्तव्यों का निर्वाह करना। आप में भी अनेक गृहस्थों में छुपा होता है ऐसा कोई संन्यासी... उसका कार्य और भी कठिन है। तो अर्जुन कृष्ण से पूछता है—

हे कृष्ण! आप कर्मों के त्याग की प्रशंसा करते हैं और फिर निःस्वार्थ कर्म की भी प्रशंसा करते हैं। अब मुझे सुनिश्चित रुप से यह बताएं कि इन दोनों में से कौन अधिक अच्छा है?

—अब गुणीजनो! यहाँ पर मेरा कहना है कि यहाँ जो प्रश्न उठाया गया है वह अज्ञानी मनुष्यों के लिए उठाया गया है, क्योंकि जिन्होंने आत्मज्ञान को प्राप्त कर लिया है उनके लिए प्राप्त करने योग्य कुछ भी शेष नहीं रहता। मेरा दृढ़ मत है कि अज्ञानियों के लिए संन्यास की अपेक्षा निःस्वार्थ कर्म ही श्रेयस्कर है। क्योंकि ऐसा आचरण कर्मों से मुक्ति की ओर व्यक्ति को ले जाता है। और अंततः वह कर्मफल के बोझ से मुक्त होते-होते एक दिन ज्ञान की ओर उन्मुख होता है। तब ब्रह्मज्ञान की दिशा में प्रवृत्त व्यक्ति ही मोक्ष का अधिकारी बन जाता है।...

इस पाँचवे अध्याय में एक और महत्त्वपूर्ण श्लोक है जो प्रबुद्ध आत्मा के बारे में प्रकाश डालता है कि—शरीरधारी आत्मा, जिसने मन द्वारा आन्तरिक रुप से सब कर्मों का त्याग करके अपनी प्रकृति को वश में कर लिया है, न कोई कर्म करता हुआ न कोई कर्म करवाता हुआ नौ द्वारों वाले नगर में सुख से निवास करता है।..."

इस पर श्रोताओं में से एक जिज्ञासु सज्जन खड़े हुए। उन्होंने शंकराचार्य से प्रश्न किया—

"यह नौ द्वार क्या होते हैं महाराज?"

शंकराचार्य बोले—"नौ द्वार ये होते हैं—हमारे दो कान, दो आँखें, दो नथुने, एक यह मुँह तथा मलमूत्र-विसर्जन की दो इन्द्रियाँ।"

इस पर एक अन्य सज्जन जैसे आधी नींद से जगे। खड़े हुए और बोले—''और महाराज ये नौ द्वारों वाला नगर कौन-सा होता है?''

शंकराचार्य बोले—''जिसमें यह नौ द्वार होते हैं। अर्थात् हमारा शरीर...'' इसके बाद शंकराचार्य मुस्कुराए और उन सज्जन से बोले—''हे प्रभु!... अब ये न पूछना कोई कि यह शरीर क्या होता है?...''

—यह सुनकर उस पंडाल में बैठे सब लोग ज़ोर से हँस पड़े।

जब प्रवचन-पंडाल में लोगों की हँसी थमी तो शंकराचार्य महाराज फिर से गंभीर हो गए। बोले—

''हास्य-विनोद की बात और है। यदि तुम प्रत्यक्ष रुप से अस्थि-मज्जा-वसा-माँस और रक्त संयुक्त इस स्थूल शरीर की रचना की वास्तविकता जानना चाहो तो हमारे शास्त्र हमें बहुत कुछ बताते हैं।...

प्रिय आत्मन्!... देखो हमारा शरीर तीन स्वरुपों वाला है—'कारण शरीर' सूक्ष्म शरीर' और 'स्थूल शरीर' जिसकी रचना माता के गर्भ से ही विधाता प्रारंभ कर देता है।...

इस शरीर रचना प्रक्रिया में सर्वप्रथम हमारे 'कारण शरीर' की रचना होती है। जिसे 'जीव' कहा जाता है। इसी कारण शरीर से सूक्ष्म शरीर और लिंग शरीर बनता है। यह कारण शरीर पाँच सूक्ष्म भूत पदार्थों—आकाश, वायु, अग्नि, जल और पृथ्वी—के बिना मिले, सत्रह अवयवों में सर्वप्रथम प्रकट होता है। यह पाँच ज्ञानेन्द्रियाँ, पाँच कर्मेन्द्रियाँ, पाँच प्राण और मन व बुद्धि से मिलकर निर्मित होता है। ये ही सत्रह तत्त्व हमारी जीवात्मा के भोग के साधन है। इनके बिना जीव संसार का भोग नहीं कर सकता।...

'कारण शरीर' की रचना के बाद भोगों के साधन हेतु इसी कारण शरीर का विकास होकर 'सूक्ष्म शरीर' का निर्माण होता है। इस सूक्ष्म शरीर में पाँच ज्ञानेन्द्रियाँ—कान, त्वचा, आँख, जिह्वा तथा नासिका की रचना होती है। पाँच कर्मेन्द्रियों—मुख, हाथ, पैर, गुदा एवं लिंग की रचना होती है। साथ ही पाँच प्राण—प्राण, अपान, व्यान, उदान व समान उत्पन्न होते हैं तथा मन व बुद्धि मिलाकर इन सत्रह तत्त्वों वाला 'सूक्ष्म शरीर' बनता है।...

तो महाराज!... ये जो पाँच भूत पदार्थ हैं—आकाश, वायु, अग्नि, जल और पृथ्वी. .. ये भी तीन गुणों वाले—सतोगुण, रजोगुण और तमोगुण वाले होते हैं जिनसे भिन्न-भिन्न अंगों की रचना होती है।...

आकाश के सत्त्वगुण से श्रोत्र इन्द्रिय, वायु से त्वचा, अग्नि से नेत्र, जल से रसना तथा पृथ्वी से घ्राण इन्द्रिय अर्थात् नासिका उत्पन्न होती है।...

सत्त्वगुण ज्ञान प्रधान है, अतः ये पाँचों ज्ञानेन्द्रियाँ इन सूक्ष्म भूतों को ग्रहण करती है। इन्हीं से पाँचों भूतों का ज्ञान होता है।...

अब बस यह जान लो कि—पाँचों ज्ञानेन्द्रियाँ—कान, त्वचा, आँख, जिह्वा या रसना तथा नाक या नासिका... जो तुम कहो... की रचना का कारण अन्तःकरण है। पाँचों ज्ञानेन्द्रियों की रचना पंचभूतों के अलग-अलग सात्विक गुणों से होती है, किंतु इन चारों के सम्मिलित सात्त्विक गुणों से हमारे 'अन्तःकरण' की रचना होती है, जो वास्तव में 'कारण शरीर' है। यही शरीर का बीज है, जिससे 'सूक्ष्म' और 'स्थूल शरीर' बनते हैं।...

आ हा हा महाराज! आप लोग भी बस इस दास को क्षण भर में कहाँ से कहाँ पहुँचा देते हैं?'' कहकर शंकराचार्य ने धीरे से अपने मस्तक को दाहिने करतल से धुना।

—यह सुनकर राजा सुधर्मा, पद्मपाद और अन्य अनेक प्रबुद्ध जन पुनः हँस पड़े। सामान्य श्रोता समुदाय शंकराचार्य भगवद्पाद को पलकें झपकाता देखता और सुनता मात्र रहा।

अब शंकराचार्य शीघ्रता पूर्वक बोलने लगे—''अध्याय छः योग विषयक है। सातवाँ अध्याय ईश्वर और जगत् के बारे में है। आठवाँ विश्व के विकास क्रम को बताता है। नवाँ यह स्पष्ट करने का प्रयास करता है कि—परमेश्वर अपने सृष्टि से कहीं अधिक बड़ा है। गीता के दसवें अध्याय में श्रीकृष्ण अर्जुन को परमात्मा की अंतर्यामिता और लोकातीतता के विषय में ज्ञान देते हैं।...

गीता के ग्यारहवें अध्याय में श्रीकृष्ण अर्जुन को भगवान के विराट एवं दिव्य स्वरुप का दर्शन कराते हैं।...

गीता के बारहवें अध्याय में भक्ति और ध्यान के विषय में बताया गया है। श्रीकृष्ण ने सच्चे भक्त को इसमें अनेक प्रकार से परिभाषित किया है।

गीता का तेरहवाँ अध्याय 'शरीर' और 'आत्मा' के अन्तर को बताता है। चौदहवें अध्याय में श्रीकृष्ण 'ब्रह्म' के सवोच्च ज्ञान को व्यक्त करते हैं। वे कहते हैं—हे अर्जुन! अच्छाई अर्थात् सतोगुण मनुष्य को आनंद में और रजोगुण उसे कर्म में लगाता है, किंतु तमोगुण बुद्धि को ढककर प्रमाद की ओर लगाता है।...

चौदहवें अध्याय के अंतिम श्लोक में भगवान श्रीकृष्ण कहते हैं—

ब्रह्मणो हि प्रतिष्ठाहममृ तस्याव्ययस्य च।
शाश्वतस्य च धर्मस्य सुखस्यैकान्तिकस्य च।।

अर्थात्—मैं अमर और अनश्वर ब्रह्म का, शाश्वत धर्म और परम आनंद का निवास स्थान हूँ।...

अभी शंकर आगे कुछ कहते कि श्रोता समूह में से एक कर्मकाण्डी ब्राह्मण उठ खड़ा हुआ। वह आद्य-शंकराचार्य से तर्क करने लगा। बोला—

''महाराज!... यहाँ आप भी गीता का उपदेश देने वाले श्रीकृष्ण को भगवान कह रहे हैं। भगवान अर्थात् वैयक्तिक ईश्वर...''

शंकर बोले—''हाँ''

वह बोला—''तो आप श्रीकृष्ण को त्रिदेव अर्थात् ब्रह्मा-विष्णु-महेश में से विष्णु का अवतार भी मानते होंगे?''

''मैं ही क्या वेदव्यास जी महाराज भी ऐसा मानते थे।''

''अच्छा तो महाराज!''—वह ब्राह्मण पुनः बोला—

''प्रस्तुत श्लोक में श्रीकृष्ण अर्थात् वैयक्तिक ईश्वर स्वयं को परमब्रह्म का आधार बता रहे हैं। आपका क्या मानना है कि 'ब्रह्म' से 'त्रिदेव' हैं, अथवा त्रिदेव में उस परमब्रह्म का निवास क्या उनमें से किसी वैयक्तिक ईश्वर में है?''

इस प्रकार शंकराचार्य के समक्ष आज तर्क-वितर्क की यह पहली चुनौती सार्वजनिक रुप से उपस्थित हुई थी। शंकर जिन्हें अभी ऐसी अनेक परीक्षाओं और प्रतिवादी-परिस्थितियों से आजीवन जूझना था।

शंकर ने इस चुनौती का सकुशल सामना किया। उस ब्राह्मण को शांत स्वर में उत्तर दिया—

''ईश्वर अथवा विष्णु अथवा उनके अवतार मधुसूदन कृष्ण, यदि आपको उनमें विश्वास है, तो इस अर्थ में ब्रह्म हैं कि वह ब्रह्म का व्यक्त स्वरुप हैं। परम ब्रह्म परमेश्वर अपने भक्तों पर अपनी करुणा ईश्वर-शक्ति के द्वारा दिखाता है और ईश्वर उसकी व्यक्त शक्ति है और इसलिए वह स्वयं ब्रह्म ही है।... आपको स्मरण होगा उपनिषद में व्यक्त वह अद्वैत मूलक विचार—'अहं ब्रह्मास्मि'?... यदि हम ब्रह्म, ईश्वर या ब्रह्म और आत्मा को पृथक-पृथक दृष्टि से देखते हैं तो वे द्वैत दृष्टि का परिचायक है, जो कि नितांत एक दोषपूर्ण दृष्टिकोण है।...

अतः मैंने गीता के इस प्रश्नगत श्लोक की व्याख्या, उसपर भाष्य रचते समय, इस प्रकार की है—ब्रह्म वैयक्तिक ईश्वर भी है। इस दृष्टि से इस श्लोक का अर्थ है—''मैं जो कि अनिर्देश्य और अनिर्वचनीय हूँ, उस निर्दिष्ट ब्रह्म का निवास स्थान हूँ, जो कि अमर और अविनाशी है।''

वह ब्राह्मण शंकराचार्य के इस उत्तर के पश्चात संतुष्ट होकर उन्हें प्रणाम कर, अपने स्थान पर बैठ गया।

इसी प्रकार शंकराचार्य ने अपने प्रवचन में गीता के अध्याय 15, 16, 17, 18 में वर्णित 'अध्यात्म' के विभिन्न पहलुओं पर संक्षिप्त चर्चा की। कहा कि—"यह सभी अध्याय प्रत्येक आस्थावान व्यक्ति को स्वयं पढ़ने चाहिए। वस्तुतः सम्पूर्ण भगवत्गीता एक बार नहीं, बार-बार पढ़ने योग्य ग्रंथ है। यह व्यक्ति को संस्कारित करती है, उसके अज्ञान को दूर करती है और जीवन-जगत लोक-परलोक और उस परमात्म सत्ता के रहस्य को जानने में बहुत सहायता करती है। इसे पढ़कर व्यक्ति उत्तमोत्तम चरित्र को विकसित करता है।...

अगला दिन शंकराचार्य महाराज की हिमालय की गोद में आगे की यात्रा आरंभ का दिन था।

अध्याय–पाँच

⌘

सर्वे वेदा यत्पदमामनन्ति
तपांसि सर्वाणि च यद्वदन्ति।
यदिच्छन्तो ब्रहमचर्यं चरन्ति
तत्ते पदं संग्रहेण ब्रवीम्योमित्येतत्।।

—सारे वेद जिस पद का वर्णन करते हैं, समस्त तपों को भी जिसके लिए कहते हैं। जिसकी इच्छा से मुमुक्षुजन ब्रहमचर्य का पालन करते हैं, उस पद को मैं तुमसे संक्षेप में कहता हूँ—'ॐ' यही वह पद है।

(कठोपनिषद) '

1

केदारनाथ यात्रा

जगद्‌गुरु शंकराचार्य की पदयात्रा अब पहले की तरह 11 व्यक्तियों की सीधी-सरल तीर्थयात्रा न थी, जो कभी काशी से चली थी और नगर, ग्राम, वन, निर्जन, नदी, नालों, पर्वतों, घाटियों, सारिता-संगमों, निर्झरों, मंदिरों, धर्मशालाओं और गुफ़ाओं से गुजरती हुई अंततः पुनः ज्योतिर्धाम में आकर कुछ सप्ताह टिकी थी।

जो बद्री विशाल में भगवान विष्णु का प्राचीन वैभव आदि-शंकर के हाथों लौटवा कर वहाँ नित्य उपासना के लिए एक नवीन परंपरा का सूत्रपात करा चुकी थी।

जो वैदिक-वाङ्मय के पितामह महर्षि व्यास द्वारा रचित ग्रंथों को आने वाले युग के मनुष्यों की समझ के अनुकूल बनाने के लिए, उन पर भाष्यों की रचना कर, उनकी आकाशी-दुरुहता को अभिनव-बोधगम्यता के धरातल पर उतारने हेतु जीवन के चार-बहुमूल्य वर्ष आदि-शंकर से एक गुफ़ावास में व्यतीत करा चुकी थी।

जो एक अंतर्मुखी स्वभाव के एक 17 वर्ष के हो चले किशोर-संन्यासी को अब सांसारिक प्राणियों की बैठकों और छोटी-बड़ी सभाओं में, उनसे बहिर्मुख हो, ज्ञानोपदेश करवाने लगी थी।...

अब वह पदयात्रा वह तीर्थयात्रा वह ज्ञान-यात्रा एक ऐसी अध्यात्म-यात्रा में परिवर्तित हो चुकी थी जिसमें जगद्‌गुरु के पीछे-पीछे अब 10 नहीं पूरे 110 व्यक्ति चल रहे थे। वे 1100 व्यक्ति भी हो सकते थे यदि ज्योतिर्धाम के नरेश सुधर्मा का राजदण्ड उनके पीछे न होता। राजकीय अनुशासन इस यात्रीदल के साथ आगे-पीछे न चलता। राजा की अनन्य-निष्ठा गुरुदेव आदि-शंकर के चरणों का अनुगमन न कर रही होती।

जगद्‌गुरु के चाहते न चाहते राजा सुधर्मा की व्यवस्थाएँ उनकी काया की छाया के आगे-पीछे, एक अदृश्य दूरी बनाए रखते हुए, उस असाधारण पहाड़ी यात्रा में अब उनकी सहयात्री थीं।...

ज्योतिर्धाम से केदारनाथ धाम की इस पदयात्रा में सैंकड़ों नागरिक शंकराचार्य आश्रम से उनके साथ-साथ चलने के लिए अधीर थे। परंतु वही भाग्यशाली इस अध्यात्म यात्रा में साथ चल सके जिन्हें राजा सोमदत्त सुधर्मा ने इस सामूहिक प्रयाण में चलने की अनुमति प्रदान की। क्योंकि उनके गुरुदेव शंकर ने पहले ही कह दिया था कि वे आगे की हिमालय यात्रा में अधिक भीड़-भाड़ नहीं चाहते।

अतः राजा और उनके पचास एक सहकर्मियों के अतिरिक्त, पचास श्रद्धालु पद यात्रियों का ही एक विशिष्ट यात्री-समूह उनसे रो-गाकर-अनुरोध कर साथ हो सका था। सबके सब पर्वतपुत्र। जबकि भारत के मैदानों से आए शंकर के अनुयायियों में अब गिनती के चार व्यक्ति ही उनके निजी पार्षदों की तरह, साथ चल रहे थे।...

मित्र उद्भ्रांत, शिष्य पद्मपाद, ओंकारेश्वर के दो युवा साधु रामदेव और कृष्णदेव... राजा सुधर्मा अब पाँचवें प्रमुख पार्षद थे जगद्गुरु के, जो ज्योतिर्धाम से उनके एक अनन्य शिष्य की भाँति उनसे एक पदयात्री की भाँति जुड़ चुके थे।...

"बोलो बाबा केदारनाथ की... जय!... जय!!... जय!!!" का बम-बम-घोष कर चली यह पदयात्रा जोशीमठ से प्रातः चलकर उसी सायं सूर्यास्त के आस-पास पीपलकोटी पहुँची। पीपलकोटी में इस यात्रा का पहला पड़ाव पड़ा।

शंकर और उनके पाँच पार्षद उसी धर्मशाला में ठहरे जिसमें ऋषिकेश से आते समय ठहरे थे। राजा के सेवकों ने शेष यात्रीदल के लिए धर्मशाला के निकट एक खुले भू-भाग में तंबुओं को लगवाकर एक आवासीय शिविर की व्यवस्था पहले से ही तैयार करा रखी थी। भोजन-पानी की भी। उस राजकीय व्यवस्था में पहुँचकर सभी थके-मांदे तीर्थयात्री प्रफुल्लित हो गए। उधर गुरुदेव शंकर और उनके सभी साथी भी अनावश्यक शोर-शराबे से बच गए। राजा सुधर्मा की व्यवस्था में आनंद भी था और अनुशासन भी। सबने खा-पीकर शीघ्र ही निद्रा देवी की कृपा को प्राप्त किया।...

दूसरे दिन पूर्वाह्न में यात्रा पीपलकोटी से पुनः आरंभ हुई। इस बार सब सूर्यास्त से पूर्व ही गोपेश्वर पहुँच गए। सबका यह दूसरा यात्रा पड़ाव था। गोपेश्वर तब भी आज के उत्तराखण्ड की भाँति एक प्रमुख नगर हुआ करता था। चमोली गढ़वाल प्रक्षेत्र का। शेष गढ़वाल की भाँति यह भी राजा सुधर्मा के अधिकार क्षेत्र का एक ठीक-ठाक जनसंख्या वाला नगर था। जब उस पर्वतांचल के शासक स्वयं इस तीर्थयात्री दल के साथ थे तब वहाँ किसी को क्या कमी या असुविधा हो सकती थी? गोपेश्वर में शंकराचार्य उनके सहयोगी तथा राजा सुधर्मा वहाँ के राजकीय अतिथि ग्रह में ठहरे। शेष यात्रीगण के लिए दो धर्मशालाओं में ठहरने की व्यवस्था पहले ही बन चुकी थी।...

एक पर्वत शिखर पर बालसाती नामक नदी के किनारे बसा एक शांत-सा शहर गोपेश्वर उसमें सभी तीर्थ यात्रियों ने उस रात्रि में भजन-भोजन-कीर्तन कर विश्राम किया। अगली सुबह सब नहा-धोकर स्फूर्तियुक्त एवं ऊर्जावान हुए। जलपान कर फिर से सभी जन जगद्गुदेव शंकर के साथ आगे की यात्रा पर निकले।...

गोपेश्वर में राजा सुधर्मा ने गुरुदेव शंकर को बताया था कि—"भगवन्!... हम अब भगवान शिव के परम पावन धाम केदारनाथ की पुण्यमयी यात्रा में हैं। इस पर्वतांचल

में भगवान शिव की बड़ी कृपा है।... हिन्दुओं के पाँच शिव मंदिरों का सामूहिक नाम है—पंच केदार। ये पंच केदार पांडवों द्वारा स्थापित शिव मंदिरों के रुप में आज अनेकों श्रद्धालुओं द्वारा पूजित-अर्चित है। इनके नाम हैं—क्रमशः... केदारनाथ, तुंगनाथ, रुद्रनाथ, मध्यमहेश्वर और कल्पेश्वर।

यह सभी पांडव कालीन शिव मंदिर हैं जो कि विभिन्न पहाड़ी स्थानों पर स्थित हैं।... लंबी यात्रा है... सब जगह जाने का आपके पास समय नहीं है। अन्यथा मैं आपको सभी स्थानों के दर्शन कराता।

आगे की हमारी यात्रा में एक जगह आएगी ऊखीमठ। वहाँ पैदल यात्रा में पहुँचने में हमें तीन दिन तो लग ही जाएंगे... गुरुदेव आप रथ पर तो बैठेंगे नहीं अन्यथा एक दिन में आप ऊखीमठ पहुँच जाते।

कोई बात नहीं। ऊखीमठ पंचकेदारों में भगवान केदारनाथ, तुंगनाथ और मध्यमहेश्वर के शीतकालीन प्रवास का स्थान है। यहाँ जब छः माह जोरदार हिमपात होता है... हिमाच्छादित काल रहता है... केदारनाथ, तुंगनाथ और मध्यमहेश्वर की डोलियाँ उनके चल-विग्रह मूर्तियों को लेकर पुजारियों और श्रद्धालुओं द्वारा गाजे-बाजे के साथ लाई जाती हैं और उस ऊखीमठ के सुप्रसिद्ध ओमकारेश्वर मंदिर के गर्भगृह में पधराई जाती हैं। तब छः माह यह तीनों महादेव ऊखीमठ में ही वहाँ के ओमकारेश्वर शिव भगवान के साथ ही शरदकाल में पूजे जाते हैं।

उन ओंकारेश्वर भगवान के दर्शन तो हम तीन दिन बाद कर सकेंगे। किंतु कल प्रातः गोपेश्वर से प्रस्थान करने से पूर्व आपकी सौभाग्य प्रदायक उपस्थिति में हम इस नगर के प्रमुख देवता भगवान गोपीनाथ महादेव के मंदिर का दर्शन लाभ करेंगे।..."

गुरुदेव शंकराचार्य ने राजा सुधर्मा से कहा—"अवश्य।"—यह सुनकर पद्मपाद, उद्भ्रांत, रामदेव और कृष्णदेव बड़े प्रसन्न हुए। उसके बाद उस रात्रि में सभी ने गोपेश्वर के उस अतिथि गृह में शयन लाभ किया।...

अगली सुबह सभी यात्रियों ने पत्थर की चट्टानों से निर्मित उस भव्य गोपीनाथ महादेव के मंदिर के पावन दर्शन किए। मान्यता है कि यह मंदिर स्थान कभी भगवान शिव की तपस्थली हुआ करता था। यहीं उनकी तपस्या भंग करने को देवराज इंद्र के भेजे हुए कामदेव को भगवान शिव ने अपना तीसरा नेत्र खोलकर भस्म किया था।

गोपीनाथ मंदिर ही वह महत्त्वपूर्ण स्थल है जहाँ पंचकेदारों में से एक रुद्रनाथ महादेव की शीतकालीन डोली छः माह के लिये उन्हें प्रवास कराने को लायी जाती है।

तब छः माह तक भगवान गोपीनाथ के साथ भगवान रुद्रनाथ भी भक्तों द्वारा यहाँ पूजित-अर्चित होते हैं।

दूर-दूर से श्रद्धालु गोपेश्वर में गोपीनाथ के मंदिर के दर्शन करने आते हैं। आज आदि-शंकर अपने अनुयायियों के साथ यहाँ पधारे थे। दर्शन से पूर्व सबने निकट के वैतरणी नामक जलकुंड में स्नान किया। पश्चात बाबा गोपीनाथ महाराज का जलाभिषेक और उन्हें दण्डवत् कर यह यात्रीदल आगे की पदयात्रा पर निकल पड़ा।...

मार्ग में पहाड़ों के साथ एक ओर से चलता वह सर्पीला जंगली मार्ग देखकर जगद्गुरु शंकर ने सुधर्मा जी से पूछा—''इन वनों में कौन-कौन सी वन्य जीव प्रजातियाँ पाई जाती हैं?''

राजा ने कहा—''गुरुदेव! नाना प्रकार के जंगली जानवर यहाँ पाए जाते हैं। उनमें कस्तूरी मृग इस क्षेत्र का सबसे प्रमुख प्राणी है। इन वनों में तेंदुओं ओर भालुओं की भी भरमार है। थोड़े-बहुत बाघ भी यहाँ पाए जाते हैं। पहले लोग आए दिन वनों में आखेट करते थे। मैंने अपने इस शासनकाल में आखेट पर रोक लगा दी है।''

''अच्छा किया—'' शंकर चलते-चलते बोले—''तुम जैसा धर्मज्ञ शासक ही ऐसा सोच सकता है। वास्तव में इस चराचर जगत में सभी जीवों को जीने का अधिकार है।.. और वह अधिकार उन्हें मिलना ही चाहिए।''

''जी गुरुदेव!... इसीलिए मैंने यहाँ के वन रक्षकों को एक शर्त के साथ शिकार करने का विशेष अधिकार दिया है।...''

''वह क्या?''

''केवल उन्हीं परिस्थितियों में किसी तेंदुए इत्यादि को मारा जाएगा यदि वह नरभक्षी हो जाए अथवा ग्रामों में आए दिन मवेशियों आदि को हानि पहुँचाने लगे।''

''शंकर ने कहा—सही नीति है आपकी राजन!... मैं मार्ग में चलते हुए इधर यह भी अनुभव कर रहा हूँ कि अन्य पहाड़ी वृक्षों के साथ इधर बांस और बुरांस के पेड़ भी बहुतायत में दिख रहे हैं, जो कुल मिलाकर इस पर्वतांचल को और भी सुंदरता एवं विशिष्टता प्रदान कर रहे हैं।''

सुधर्मा जी ने कहा—''जी गुरुदेव! और यहाँ किसी पर्वत में ऊँचाई पर सुंदर ब्रह्म कमल भी पाए जाते हैं।''

—और वह पदयात्रा आगे बढ़ती गई। दूर-दूर फैले पहाड़। उनमें सीढ़ीदार धान के खेत। पीछे से झांकती हिमालय की हिमाच्छादित शुभ्र-धवल शिखर-श्रृंखला। इन बर्फीली चोटियों पर जब सुबह-सुबह सूर्य की किरणें पड़ती तो वे चोटियाँ देर तक स्वर्ण खण्डों सी दीप्तमान हो उठतीं। बिल्कुल ऐसा प्रतीत होता कि वे शिलाखण्ड सफेद बर्फ़ से ढके न होकर सोने के शिखरों में परिवर्तित हो चले हैं। नीचे गहराई में बहती

मन्दाकिनी नदी। उस मार्ग में ये सब मिलकर नयनाभिराम प्राकृतिक दृश्यावली की सृष्टि करते थे।...

यात्री दल ने गोपेश्वर से ऊखीमठ की पदयात्रा के मध्य संध्या काल में दो स्थानों पर क्रमशः पड़ाव डाले। इस बीच कोई धर्मशाला या आबादी-विशेष न होने से राजा के बहुत आगे दिन-रात चले जा रहे अधीनस्थ कर्मचारियों ने अस्थायी शिविर लगाए थे।

खुले स्थानों में 100 से अधिक यात्री दल के लिए तंबुओं में इस बार गुरुदेव शंकर ने भी दो रात्रि विश्राम बिताए थे।

तीसरे दिन सांयकाल सभी यात्री ऊखीमठ पहुँच गए। एक छोटा-सा बज़ार, जिसमें फल-हरी सब्जियाँ, अनाज, वस्त्र और जीवनोपयोगी प्रायः सभी आवश्यक वस्तुएं दुकानों पर सुलभ दिखीं। आस-पास की पहाड़ियों में दूर-दूर तक फैले छुट-पुट मानव आवास। सीढ़ीदार खेतों पर से नीचे तक दृष्टि उतारने पर कल-कल करती बहती स्वच्छ मन्दाकिनी की धारा ने सबका मन हर लिया। ऊखीमठ के उस चर्चित महादेव मंदिर के कल सुबह दर्शन करने का विचार निश्चित कर सभी थके हारे यात्रियों ने धर्मशालाओं में स्थान ग्रहण किया। कुछ लोग बाहर के एक छोटे अस्थायी शिविर में भी ठहरे।...

प्रातःकाल यात्रीगण ऊखीमठ के सुप्रसिद्ध ओमकारेश्वर मंदिर गए। राजा ज्योतिर्धाम के साथ पधारे उनके गुरुदेव शंकराचार्य जी का मंदिर के पुजारियों ने विशेष स्वागत किया। ढोल-नगाड़ों के बीच आदि-शंकर से शास्त्रीय पद्धति से ओमकारेश्वर मंदिर महादेव का अभिषेक और पूजन करवाया। मंदिर में उस दिन विशेष प्रसाद वितरण की व्यवस्था थी। प्रसाद प्राप्त कर मंदिर प्रांगण में सब यात्रियों ने मंदिर की सात परिक्रमा की, जैसा कि वहाँ का विधान है। जब शरदकाल में तुंगनाथ और मध्यमहेश्वर की उत्सव डोलियाँ यहाँ छः माह के अवस्थान हेतु लाई जाती हैं तो गाजे-बाजे के साथ उन डोलियों में चल-विग्रह के रुप में विराजमान शिव और उनके भक्त आदि ओमकारेश्वर मंदिर की प्रदक्षिणा करते हैं। साथ में वे डोलियाँ भी प्रदक्षिणा करती हैं। उसके बाद ही उन मूर्तियों को मंदिर के गर्भ गृह में विराजित किया जाता है। इस मंदिर में आकर सचमुच परम शांति और शुचिता का अनुभव होता है।

अब ऊखीमठ से आगे गुप्तकाशी की यात्रा आरंभ हुई। इस पदयात्रा में पाँच-छः घंटे लगने थे। क्योंकि वह पहाड़ी मार्ग काफ़ी संकरा कहीं-कहीं से उसका सिरा कटकर नीचे गिर

जाने से वह और संकरा तथा खतरनाक भी हो चला था। पहाड़ी रास्ते आज की तरह बहुत बढ़िया और सीमेंटेड तो वैसे भी नहीं होते थे। पहाड़ियों से भू-स्खलनों के कारण उनकी दशा अनेक स्थानों पर और भी खराब हो जाती थी। बहुत संभल कर और सावधानी से चलना पड़ता था।

कहीं-कहीं राजाज्ञाएं पहाड़ पर चूने-सुर्खी से अंकित थीं। जैसे कि—सावधान रहें। आगे पहाड़ गिरने का भय।

—उद्भ्रांत ऐसे आलेखों को देखकर पद्मपाद से कान में कहता—''सावधान रहके क्या होगा? जब कोई पहाड़ मूँड़ पर अचानक गिर ही जाएगा तो क्या बचेगा कोई?... उसके नीचे पिच ही जाएगा।''

पद्मपाद कहते—''क्या अनर्गल बोलते हो?... शुभ-शुभ बोलो।''

और तीर्थ यात्रियों की यात्रा जारी रहती। सभी यात्रियों के साथ ये दोनों मित्र पीछे चलते रहते। आचार्य शंकर के अनन्य शिष्य राजा सुधर्मा ही अब अधिकतर गुरुदेव के साथ चलते। उन्हें देश के उस उत्तराखण्ड की अनेक जानकारियाँ देते। उनसे बतियाते। अतः दोनों मित्रों को परस्पर बातचीत करने का अलग से काफ़ी अवसर मिल जाता। उधर ओमकारेश्वर के दोनों युवा साधु भी परस्पर वार्तालाप करने को अब स्वतंत्र थे। वृद्ध दादा साधु अब इस संसार में नहीं थे। अतः उनकी देखभाल का दायित्व भी समाप्त हो गया था। रामदेव और कृष्णदेव इन दिनों उत्तराखण्ड अथवा इस उत्तरांचल की हरियाली का आनंद लेते और जब-तब हरि भजन करते।

रामदेव से कृष्णदेव इस समय कह रहे थे—''पिछले शिविर में तुमने वह सिंह की गर्जना सुनी थी?''

''हाँ सुनी थी... लगता है मध्यरात्रि के बाद वह सिंह हमारे शिविर के काफ़ी निकट आ गया था।...'' रामदेव ने कहा।

''तो वह शिविर में आक्रमण हेतु क्यों नहीं आया?''—कृष्णदेव बोले।

''शिविर रक्षकों ने इतनी आग के अलाव जो चारों ओर जला रखे थे।... सिंह, व्याघ्र आदि अग्नि के निकट नहीं आते।''

''मानों कि उनमें से कोई आ ही जाता। नरभक्षी होता तो क्या वो मानता?—'' कृष्णदेव ने रामदेव से ठिठोली करनी चाही।

रामदेव ने पहले की तरह गंभीर मुख-मुद्रा में ही कहा—

''तब हम देवी माँ से ही प्रार्थना करते कि हे मातेश्वरी! अपने वाहन को संभालिये।''

—इसके साथ ही रामदेव और कृष्णदेव दोनों एक-साथ हँस पड़े।...

सायंकाल ठीक सूर्यास्त के समय 110 सदस्यीय यात्रीदल पदयात्रा करते-करते गुप्तकाशी पहुँच गया। राजा सुधर्मा के पार्षदों ने दो-तीन धर्मशालाओं में गुप्तकाशी में ठहरने की व्यवस्था पहले से करा रखी थी।

प्रातःकाल सब पदयात्रियों ने स्नानादि के पश्चात गुप्तकाशी स्थित शिवमंदिर के दर्शन किए। यह मंदिर केदारनाथ के मार्ग पर मन्दाकिनी नदी के किनारे स्थित है। गुप्तकाशी का मुख्य मंदिर जिस परिसर में स्थित है, उसी में उसके बांई तरफ एक छोटा मंदिर और है जो बाबा काशी-विश्वनाथ को समर्पित है। मंदिरों के सामने एक छोटा-सा कुंड है जिसमें हर समय दो पतली-सी धाराएं गिरती-रहती हैं जिन्हें गंगा और यमुना की धाराएं कहा जाता है। इस कुंड को मणिकर्णिका कुंड कहा जाता है।

एक मान्यता यह कि गुप्तकाशी मंदिर उस स्थान पर है जहाँ भगवान शिव ने देवी पार्वती से विवाह का प्रस्ताव रखा था।

दूसरी मान्यता एक लोक कथा पर आधारित है। इसके अनुसार कुरुक्षेत्र में युद्ध के पश्चात पांडवों से कुरुक्षेत्र में उनके अनैतिक कार्यों के कारण भगवान शिव अप्रसन्न थे। पांडव अपने हिमालय गमन से पूर्व भगवान शिव के दर्शन कर उनसे क्षमा माँगना चाहते थे। वे जब हिमालय यात्रा पर आए तो शिव उनसे मिलना नहीं चाहते थे। इसलिए वे पांडवों से बचते हुए इस स्थान पर गुप्त रुप से रहने लगे, इस कारण से इसका नाम 'गुप्तकाशी' पड़ा।

लोक कथा यह भी कहती है कि गुप्तकाशी में पांडवों के पहुँचने पर शिव ने उनसे बचने के लिए नंदी वृषभ का रुप धारण कर लिया। और गायों के एक झुंड में शामिल हो गए। पांडवों में भीम ने उन्हें पहचान लिया कि शिव जी वृषभ भेष धरे इस तरह से उनसे बचकर भाग रहे हैं। तब भीम ने उन्हें पकड़ने हेतु दौड़ लगाई। शिव तब भीम से बचने हेतु गुप्तकाशी में इसी जगह जमीन के भीतर घुस गए।

यहाँ गुप्तकाशी में जब शिव भूमिगत हुए, उनके वृषभ रुपी शरीर के विभिन्न हिस्से केदारनाथ, रुद्रनाथ, तुंगनाथ, मध्यमहेश्वर और कल्पेश्वर में जाकर बाहर निकले। वे सभी पाँच स्थान शिव तीर्थ बन गए, जिन्हें आज 'पंचकेदार' के नाम से जाना जाता है। उन पाँचों स्थानों पर प्रायश्चित स्वरुप घूम-घूमकर तब पांडवों ने एक-एक शिव मंदिर की स्थापना की, जहाँ आज शिव भक्त बड़ी श्रद्धा के साथ पूजा करते हैं।

गुप्तकाशी के शिव मंदिर में इन तीर्थ यात्रियों ने भी भक्ति भाव से पूजा-अर्चना की। जगद्गुरु शंकराचार्य ने गुप्तकाशी के उस मंदिर में एक कोने में बैठकर शिव आराधना के साथ ब्रह्माराधन किया। उसके बाद आगे की यात्रा आरंभ हुई।

2

सोन प्रयाग

गुप्तकाशी से सोन प्रयाग मार्ग पर सभी यात्री बिना रुके लगभग चार घंटे चले। रास्ते में एक जगह आई जिसका नाम था फाटा। यात्री दल वहाँ एक घंटा विश्राम हेतु रुका। मार्ग श्रम का परिहार करने को। कुछ खाया-पिया और जिसे जहाँ उस हरियाली में, पड़ोस के बगीचे में जगह मिली वृक्षों के नीचे अथवा घास पर लेटकर कमर सीधी की।

अभी वे लोग चलने ही वाले थे कि एक घुड़सवार आगे से वहाँ आया। उसने आते ही राजा सुधर्मा को प्रणाम किया। उन्हें बताया कि आगे लगभग एक कोस दूर पर आज सुबह एक स्थान पर पहाड़ से भारी भू-स्खलन हुआ है। बड़ी-बड़ी चट्टानों और मिट्टी ने गिरकर पूरी सड़क घेर ली है। आवागमन पूरी तरह ठप है।. .. सड़क पर मार्ग रक्षक दल जुटकर कार्य कर रहा है। आज पूरी रात कार्य चलेगा तभी पूरा रास्ता साफ़ हो सकेगा।

मजबूरी दर्जे सबको फाटा में ही उस दिन डेरा डालना पड़ा। आगे भू-स्खलन हुआ पड़ा था। अतः राजा का भेजा हुआ सहायता दल भी इधर नहीं आ सकता था। आ पाता तो तंबू गाड़कर यहीं रात्रि कालीन अस्थायी शिविर का प्रबंध हो जाता। अतः फाटा में ही वह रात्रि खुले आकाश की छाँव में लोगों को बितानी पड़ी।

राजा का प्रतीक चिन्ह वाला ध्वज लहराता उनका चार अश्वों से जुता राज-रथ यात्रीदल के पीछे चलता था। किसी आकस्मिकता के लिए। राजा की उपस्थिति दर्शाने और सुरक्षा की दृष्टि से छः सशस्त्र सैनिक भी उस रथ के पीछे पैदल चलते थे।...

उस राज-रथ में सिंहासन के नीचे रखी चार मशालें सांयकाल में निकाल ली गईं। उन्हें जलाकर उस सूनसान मार्ग को प्रकाशित कर दिया गया। राजा के साथ के दो पार्षदों ने गाँव के मुखिया को बुला भेजा। यात्रीगण के लिए गाँव में दाल-चावल-आलू की भाजी पकवाने की व्यवस्था बनवाई गई। सभी ने रात्रि में उदरपूर्ति की। शंकराचार्य ने किंतु भोजन से लंघन किया। सभी थककर उस खुले स्थान में सो गए। शंकराचार्य ने पास की एक चट्टान पर बैठकर सारी रात ध्यान मग्न होकर व्यतीत कर दी।

ब्रह्म मुहुर्त में किसी ने जगद्गुरु को दैनिक क्रिया से निवृत्त हो पास के एक झरने पर जाकर स्नान करते न तो देखा, न ही जाना। सूर्य की किरणें जब पहाड़ों की चोटियों के पीछे उदीयमान होते भगवान भास्कर के आगमन की घोषणा

करने लगीं। पक्षियों का कलरव मुखर हुआ। तब सारा यात्री दल एक-एक कर जागा।...

लगभग 11:00 बजे दिन में वही घुड़सवार वहाँ फिर आया। उसने आकर सूचना दी कि आगे भू-स्खलन क्षेत्र को लगभग आधा साफ़ कर दिया गया है। पदयात्री रास्ते को पार कर सकें इतना भर मार्ग उस हिस्से में भी निकाल दिया गया है जहाँ से मलबा अभी पूरी तरह हटाया नहीं जा सका है। रात भर श्रमिकों ने काम किया है। आज संध्या तक लगे रहेंगे तभी तक रास्ता पूरी तरह से आवागमन के योग्य हो सकेगा।

राजा सुधर्मा ने शंकराचार्य प्रभु से प्रस्थान के लिए निवेदन किया। तब यात्री दल उत्साहपूर्वक पुनः समूहबद्ध होकर चल पड़ा।...

सभी लोग भू-स्खलन क्षेत्र में पहुँचे। वहाँ वे दृश्य को देखकर सभी स्तब्ध रह गए। कई यात्रियों ने कल्पना में सोचा जब यह पत्थर की चट्टानें, मिट्टी और पेड़ ऊपर से गिर रहे होंगे अगर वे तब उधर से गुज़र रहे होते तब उनका क्या हाल हुआ होता?... हे राम!... शिव-शिव-शिव...

लोगों ने वह लगभग एक फर्लांग का पहाड़ी रास्ता फिर राम-राम करते ही पार किया। बीच में एक जगह 100 गज का रास्ता तो अभी भी अवरुद्ध था जिसमें से गुजरने के लिए एक पतला गलियारा श्रमिकों ने निकाल दिया था।

सभी यात्रियों ने एक पंक्ति बनाकर एक-दूसरे के पीछे चलकर वह गलियारा पार किया। राजा को अपना पीछे आता हुआ राजसी रथ वहीं पीछे छोड़ना पड़ा इस निर्देश के साथ कि जब मार्ग रथ निकलने भर लायक हो जाए तब उसका सारथी उसे वहाँ से लेकर चले और उसे सोन प्रयाग अथवा उससे पूर्व, यात्री दल जहाँ भी कहीं हो, आकर फिर से सम्मिलित हो।...

बम...बम...बम... बमबम... जय भोले नाथ... जय केदारनाथ के जयकारे लगाती यह पदयात्रा उस दिन तब निर्बाध रुप से आगे बढ़ी।...

सायंकाल 4:00 बजे के आस-पास सभी यात्रीगण ने उस दिन सोन प्रयाग पहुँचकर चैन की साँस ली। वहाँ एक उपयुक्त स्थल पर राजकर्मियों ने शिविर की व्यवस्था पहले से कर रखी थी। शंकर और उनके शिष्यादि भी वहीं ठहरे।

सोन प्रयाग में सबने एक झरने में स्नान किया फिर कुछ जलपान कर सभी थोड़ा नीचे उतर कर मंदाकिनी नदी के निकट गए। पत्थरों की चट्टानों को स्पर्श करती उनपर कूदती मचलती शोर करती मंदाकिनी की धारा में किनारे पर झुककर लोगों ने उसके स्वच्छ शीतल जल को हाथों से स्पर्श किया। उस जल को सिर और माथे से लगाया। कुछ देर आस-पास की पत्थर की चट्टानों पर बैठे अथवा खड़े रहे पहाड़ों, जंगलों और उस जलधारा के मिश्रित सौंदर्य को अपने नश्वर नेत्रों से निहारते रहे। आकाश यद्यपि स्वच्छ था, पर उसमें कहीं-कहीं राजहंसों-से श्वेत बादल के टुकड़े तैरते दिखाई देते थे।...

3

गौरी कुंड

यात्रीगण तब हर-हर-महादेव... जय बाबा केदारनाथ का नारा लगाकर सोन प्रयाग से गौरी कुंड के लिए चल पड़े। सोन प्रयाग से आगे तक इधर मार्ग पर आते-जाते खच्चर, पालकी वाले, श्रमिक इत्यादि दिखने लगे थे। परंतु शंकराचार्य महाराज के साथ चलने वाले दल में किसी ने श्रमिक अथवा पिट्ठू नहीं लिया। एक-दो प्रौढ़ व्यक्तियों के मन में आया कि पालकी वगैरा ले लें। परंतु यह सोचकर कि जब महात्मा जी के साथ राजा ज्योतिर्मठ स्वयं पैदल चल रहे हैं तो वैसा सोचना भी मूर्खता होगी और धृष्टता भी।...

सभी यात्री इस पहाड़ों, झरनों, जंगलों से घिरे दुर्गम मार्ग पर पदयात्रा करते हुए ऊपर की दिशा में धीरे-धीरे चलते गए। क्योंकि तेज चलने पर दम फूलता और लड़खड़ाकर गिरने का खतरा रहता। सोन प्रयाग से सभी ने एक-एक हाथडंडी खरीद ली थी, जिसे रास्ते में टिकाकर चलने में अधिक सुविधा हो रही थी।...

सोन प्रयाग में मंदाकिनी और वासुकी गंगा का संगम मिलता है। वासुकी गंगा सोन प्रयाग के संगम में मंदाकिनी, जो केदारनाथ की तरफ़ से चली आती है, उनमें अपना अस्तित्व यहीं विलीन कर देती हैं। फिर यही मंदाकिनी आगे अनेक पर्वत श्रंखलाओं और घाटियों को पार करती हुई आगे नीचे की तरफ बहुत दूर जाकर रुद्र प्रयाग में अलकनंदा से मिलकर अपना अस्तित्व उसमें विलीन करती हैं।...

प्रकृति के खेल निराले हैं... उसकी सृष्टि करने वाले ब्रह्मा जी, पालन करने वाले विष्णु जी और संहार करने वाले ताण्डव नृत्यकर्ता महादेव शिव शंभु की भी लीलाएं न्यारी हैं... और इन सब देवों को भी ईश्वर सम जन्म देने वाले उस परमेश्वर-ब्रह्म का तो फिर कहना ही क्या?...

यही सब सोचते हुए शंकराचार्य के शिष्य पद्मपाद अपने गुरुदेव के पीछे-पीछे चले जा रहे थे। राजा सुधर्मा, उद्भ्रांत, रामदेव, कृष्णदेव और अन्य सभी यात्रीगण उस केदारनाथ धाम की यात्रा में मार्ग के कष्टों और आनंद का अनुभव लेते सामूहिक रुप से साथ-साथ बढ़ रहे थे। उनमें से तीन व्यक्ति ऐसे थे जिन्हें यह पदयात्रा अब बड़ी भारी लग रही थी। बेचारे इस दुर्गम पथ पर खच्चर अथवा श्रमिक-पालकी लेना चाहते थे। जेब में पैसे भी थे। लेकिन महात्मा जी और ज्योतिर्मठ के महाराजा के साथ आने से मजबूर थे। काफी पीछे वे भी हाँफते-काँपते हाथडंडी ऊबड़-खाबड़ रास्ते पर टिकाते किसी तरह चले आते थे।..

लगभग एक घंटे की यात्रा के बाद सब के सब पग-पग धरते गौरी कुंड पहुँच ही गए। यहाँ पदयात्रियों ने कुछ देर रुककर अल्प-विश्राम किया। आस-पास के प्राकृतिक सौंदर्य का आनंद लिया।...

गौरी कुंड, माता पार्वती के स्नान-ध्यान-पूजा-तप का स्थान। भगवान भोलेनाथ की अर्द्धांगिनी जगत माता का पवित्र स्थान। दोनों ओर ऊँचे-ऊँचे हरे-भरे पहाड़ों के नीचे गहरी हरीतिमा लिए मंदाकिनी नदी की अविरल धारा के यहाँ भी दर्शन मन को बहुत सुख शांति प्रदान करते हैं।

गौरी कुंड वह स्थल है जिसके बारे में कहा जाता है कि यहीं पर माता पार्वती ने भगवान शिव को प्रसन्न करने के लिए वर्षों घोर तपस्या की थी। गौरी कुंड में एक स्थान पर गर्म पानी का एक निर्मल कुंड है। इस कुंड में स्नान करके यात्रीगण आगे की केदारनाथ यात्रा पर प्रस्थान करते हैं। शंकर और उनके अनुयायियों ने भी राजा सुधर्मा सहित उस गौरी कुंड में स्नान किया। पश्चात् अन्य यात्री भी क्रमशः नहाए।

पीछे आ रहे तीन ढीले-ढाले यात्रियों ने उस तप्तकुंड ने नहाने में कोई रुचि नहीं दिखाई। वे एक नींबू-पानी वाले दुकानदार की बेंचों पर जा पसरे। वहीं कुछ खाते-पीते आपस में बड़बड़ करते रहे।...

अद्‌भुत दृश्य था गौरी कुंड के उस पहाड़ी भू-भाग में। एक ओर बर्फ़ जैसे ठंडे पानी से संयुक्त बहती हुई मंदाकिनी सरिता, वहीं पास ही में एक गर्म पानी का यह स्नान हेतु कुंड। यह कुंड निश्चय ही माँ गौरी देवी... माता पार्वती की कृपा का प्रसाद जैसा है वहाँ तीर्थ यात्रियों को माँ के वात्सल्य, उनके आँचल की गर्मी और शीतलता दोनों की अनुभूति कराता हुआ।...

भगवत्पाद् भगवान आदि शंकराचार्य की छत्रछाया में उनके अनुयायियों का दल इस प्रकार गौरी कुंड में एक घंटा रुककर वहाँ से रामबाड़ा की कठिन पदयात्रा पर आगे बढ़ा। गौरी कुंड से ही केदारनाथ की लगभग 15 किलोमीटर की चढ़ाई शुरु होनी थी आज की भाषा में कहें यदि तो, और इस यात्रा में कम से कम 8-10 घंटे तो लगने ही थे, आज की भाषा में बोले तो। परंतु शंकर और उनके सभी अनुयायी दृढ़ संकल्प के साथ आगे चढ़ाई पर चलते गए।

पीछे चले आ रहे उन कच्चे हृदय वाले यात्रियों की तिकड़ी किंतु ऊँची चढ़ाई को देखकर बड़ी निराश हुई। एक तरह से कहें तो उनके घोड़े खुल गए। वे मन ही मन विचारने लगे कि नाहक आए इस युवा महात्मा और अपने महाराज के साथ।...

अरे आना था तो अलग से आते... कुछ मौज मस्ती करते... आराम से चलते... घोड़ा-खच्चर-पालकी पकड़ते... और बिना कष्ट के कर लेते केदारनाथ दर्शन...

सबके सब ये पागल मूर्ख दौड़े चले जा रहे हैं एक युवा-संन्यासी के पीछे-पीछे... हमारे सुधर्मा महाराजा भी देखो तो कितने सम्मोहित हैं... इस संन्यासी के साथ कितने

विनीत भाव से किसी दास-सरीखे इसके भगवा पल्लू से बँधे-बँधे चले जा रहे हैं... चले जा रहे हैं।...

4

रामबाड़ा

गौरी कुंड से लगभग चार घंटे चलने के बाद रामबाड़ा चट्टी पहुँचे सब।

वह मार्ग उन दिनों और भी दुर्गम था। यद्यपि हरियाली, जल और मार्ग में प्रपातों का कोई अभाव न था। आस-पास की बर्फ़ीली चोटियाँ और हरे-भरे वनाच्छादित पर्वत भी आज की तरह ही सुखद थे। किंतु केदारनाथ की चढ़ाई वाला वह मार्ग कहीं समतल तो कहीं बहुत ऊबड़-खाबड़ एवं कष्टप्रद था। अतः सब लोग रामबाड़ा में जाकर रुके। वहाँ एक विश्राम स्थल पर राजा के भंडारियों ने यात्रियों के लिए खिचड़ी और कुछ फलाहार इत्यादि का प्रबंध पहले से कर रखा था।

तब उसदिन शंकराचार्य महाराज ने पत्तलों में खिचड़ी-प्रसाद ले-लेकर अपने हाथों से एक-एक सहयात्री को दिया। यात्रीगण गदगद हो गए। पद्मपाद और उद्भ्रांत ने गुरुदेव की इस कार्य में सहायता की। सबको खिलाकर अंत में शंकराचार्य महाराज ने उस दिन का अपना फलाहार लिया। बाबा केदार के दर्शन से पूर्व आचार्य शंकर ने व्रत कर रखा था।

—उधर वे अभागे-तीन यात्री—एक संत के हाथों भोजन प्रसाद ग्रहण करने का अनुभव प्राप्त न कर सके। लगभग आधे घंटे बाद काँखते-कूँखते जब तीनों ढिलजंगरे रामबाड़ा के इस विश्राम स्थल पर पहुँचे तो भंडारियों ने उन्हें बचा-खुचा भोजन परोसा। इस-संसार में समस्त पदार्थ सुलभ हैं। परंतु कर्महीन मनुष्य उन्हें नहीं पा सकते हैं।...

सूर्यास्त हो रहा था। आज रात्रि में सबको रामबाड़ा में ही रुकना था। क्योंकि आगे लगभग तीन घंटे का पहाड़ी रास्ता केदारनाथ धाम तक पहुँचने को शेष था। अंधेरे में उस दुर्गम पथ पर आगे बढ़ना आत्म हत्या समान होता।

रामबाड़ा में रात्रि विश्राम का निर्णय उन तीन प्रमादी यात्रा-मित्रों के लिए सर्वाधिक सुखद बात थी। अब वे आज रात्रि यहीं मौज-मस्ती करेंगे यह सोचकर उनमें से प्रत्येक ने राहत की सांस ली। वे तीनों उस विश्राम स्थल से सांझ ढलते ही चुपचाप सरक लिए। मंदाकिनी नदी पर कुछ दूर पर एक लकड़ी का पुल था। उस पुल को तीनों ने पार किया और उधर नदी के उस किनारे पर एक एकांत स्थल पर जा बैठे।

उनमें से एक आदमी ने तब एक थैले से चोरी से एक मिट्टी का सुरापात्र निकाला। उसकी सुराहीनुमा मुँह मिट्‌टी के ही ढक्कन और एक कपड़े से मोटी डोरी से कसकर बंद था।

वह सुरापात्र खोला गया। उसके बाद उन तीनों मित्रों ने बारी-बारी से उसकी मदिरा को हलक में गटकने का उपक्रम शुरु कर दिया। वस्तुतः राजा सुधर्मा से ही इन सहयात्रियों के चयन में यह एक बड़ी भूल हुई थी जो वे इन तीन लंपटों का भी वे इस तीर्थयात्रा दल के सदस्यों की सूची में चयन कर बैठे थे। ऐसे व्यक्ति तीर्थयात्रा को भी मौज मनोरंजन की विषय-वस्तु समझते हैं और पवित्र स्थानों की पवित्रता भंग करते हैं। ऐसा करते समय उनके सामने पाप-पुण्य का कोई भी बोध रत्ती भर को नहीं होता।

थकान मिटाने के लिए और परस्पर आनंदित होने के लिए तीनों लंपटों ने वहाँ मंदाकिनी तट पर उस नीरवता में न केवल मदिरा पान किया बल्कि एक-दूसरे से कुछ अपने अश्लील अनुभव भी साझा किए। कुछ देर बाद लड़खड़ाते हुए उस पुल से तीनों वापस लौटे। मदिरा पात्र खाली होने पर उसे उन्होंने पुल से उछालकर मंदाकिनी की उस पवित्र जलधारा में फेंक दिया। ऐसा करते समय पुल से गुजरते राजा के दो सैनिकों ने उन्हें देख लिया। उन सैनिकों ने अपने मुखिया से जाकर इन तीनों आदमियों के इस आपत्तिजनक आचरण की शिकायत कर दी।

प्रातःकाल सैन्य मुखिया ने भी राजा ज्योतिर्मठ के पास जाकर उनसे थोड़ा झिझकते हुए इन दुष्ट सहयात्रियों की तिकड़ी की शिकायत की। राजा सुधर्मा आग बबूला हो गए। उन्होंने उसी क्षण उन दुष्टों को बुलवाकर फटकारा और उन्हें यात्री दल से अलग कर दिया। कहा कि–''वापस जाओ तुम तीनों अभी यहाँ से। यदि पूरी यात्रा के दौरान दोबारा मुझे कहीं दिखे तो तुम्हारी खालें खिचवा लूँगा।'' तीनों लंपट तब मुँह लटकाए रामबाड़ा से गौरी कुंड की ओर चलते नजर आए। पहले धीरे-धीरे चले। राजा ने तब अपने दो घुड़सवारों को इशारा किया और उनके पीछे घोड़े दौड़वा दिये। अब तीनों के तीनों वहाँ से सिर पर पैर रखके भाग खड़े हुए। तीनों में जो पीछे रह गया दौड़ में उसपर चाबुकों की मार पड़ी और वह भी गिरता-पड़ता फिर तेज़ निकल भागा।

यह सब शोर और राजा का उग्ररुप अन्य तीर्थयात्रियों ने भी देखा। सबके सब अपने उस विश्राम घर के बाहर एकत्र हो ज्योतिर्मठ से आए उन तीनों दुष्ट-नागरिकों की तीव्र भर्त्सना करने लगे।

छोटा-सा वह विश्राम कक्ष दो मंजिला था। उसकी ऊपरी मंजिल में गुरुदेव शंकर और उनके पाँचों पार्षदों शिष्य आदि ठहरे थे। निचली मंजिल के हाल में शेष सभी यात्री किसी भाँति रात्रि में सोए थे। राजा ज्योतिर्मठ के कर्मचारी बाहर की छोलदारियों में टिके थे।

विश्राम घर के उस ऊपरी कक्ष के बरांडे में शंकराचार्य महाराज अपनी प्रातःकालीन साधना में रत थे। सामने नीचे थोड़ा गहराई में मंदाकिनी नदी प्रवाहमान थी।...

चलने के समय प्रातःकाल लगभग 8:00 बजे शंकराचार्य महाराज ने सभी सह-यात्रियों को बुलवाया। उस विश्राम कक्ष में सभी एक-एक कर सीढ़ियाँ चढ़कर एकत्र हुए। कक्ष में अधिक स्थान नहीं था। अतः आधे लोग बैठे तो आधे दीवारों से टिके खड़े रहे। राजा सुधर्मा की उपस्थिति में शंकराचार्य बोले। मात्र इतना ही कठोर स्वर में बोले–

''मुझे अभी उस दुर्भाग्यपूर्ण घटना की जानकारी मिली है... प्रत्येक स्थान की अपनी मर्यादा होती है... तीर्थ स्थानों की तो और भी... यदि कुछ व्यक्ति मूढ़ता वश ऐसे देव स्थानों की पवित्रता भंग करते हैं तो यह पाप होता है।... यदि जान-बूझकर वे ऐसा पाप कर्म करते हैं तो देवता तो भले ही उन्हें क्षमा कर दें प्रकृति उन्हें कभी क्षमा नहीं करती...

इस रामबाड़ा में केदारनाथ धाम की यात्रा में मुझे ऐसा कुछ घटित होने की आशा न थी... जो हुआ उसके लिए अब स्वयं मुझे प्रायश्चित करना पड़ेगा... क्योंकि आप सब मेरे साथ आए हैं... वे तीन-महाशय भी हमारे साथ यहाँ तक आए थे।... उन्होंने कल सायंकाल इस रामबाड़ा स्थल को ही नहीं बाबा केदार के चरणों को स्पर्श कर बहने वाली मंदाकिनी पुण्य सलिला की भी पवित्रता भंग कर दी...

दुःखद है यह... घोर दुःखद... रामबाड़ा से बहकर गौरी कुंड की ओर जाती मंदाकिनी माँ भी कोई कम विक्षुब्ध न हुई होंगी ऐसे निम्न कृत्य से... ध्यान रहे ऐसी कोई भी भूल-चूक हममें से किसी से भी किसी तीर्थस्थल पर कदापि नहीं होनी चाहिए...

मैं देख रहा हूँ कि मानव मूल्यों का पतन और मानव-चरित्र में गिरावट आगे आने वाले दो-ढाई हज़ार वर्षों में इतनी अधिक बढ़ जाएगी कि बाबा केदार के इस पुण्य क्षेत्र की प्रकृति को और इसी मंदाकिनी माँ को भी अपना उग्र रुप एक न एक दिन धारण करना पड़ जाएगा... और यदि ऐसा हुआ तो वह किसी प्रलय से कम न होगा।फिर कई-कई बार ये होगा। क्योंकि प्रकृति स्वयं को संतुलित करना भलीभाँति जानती है। अच्छा तो अब चलिए... भगवान केदारनाथ के दर्शन हेतु प्रस्थान किया जाए।''...

5

केदारनाथ महातीर्थ

भगवान शिव शंकर के बारह ज्योतिर्लिंगों में से एक सर्वप्रमुख महातीर्थ हिमालय के उत्तराखण्ड प्रदेश में केदारनाथ धाम के नाम से जग विख्यात है। हिमालय की इस देवभूमि में भगवान महादेव के इस मंदिर के दर्शन वर्ष में केवल छः माह ही हो सकते हैं। वैशाख

से लेकर अश्विन महीने तक इस महातीर्थ की यात्रा श्रद्धालु लोग सुगमता से कर सकते हैं। तभी बाबा केदारनाथ उन्हें प्रसन्नता पूर्वक अपने दर्शनों का लाभ देते हैं।

शेष छः महीनों में केदारनाथ मंदिर और उसके आस-पास के क्षेत्र में इतनी बर्फ़ गिरती है कि वहाँ जन-जीवन की उपस्थिति असंभव प्रायः हो जाती है। तब भगवान केदारनाथ की चलायमान मूर्ति को स्थानीय भक्तगण और उनके पुजारी एक डोली में बिठाकर केदारनाथ से लंबी पदयात्रा करते गाजे-बाजे सहित ऊखीमठ के शिव मंदिर में ले जाते हैं। वहाँ उन्हें श्रद्धापूर्वक विराजमान कराते है और तब उन छः माहों में वहीं उनकी पूजा होती है।...

केदारनाथ मंदिर समुद्र तल से 11750 फिट की ऊँचाई पर स्थित एक अत्यंत ठंडा स्थान। बर्फ़ीली चोटियों से घिरा। गौरी कुंड से 16 किलोमीटर की दूरी पर मंदाकिनी नदी की घाटी में आगे चलकर दिखाई देता है यह दिव्य मंदिर। इस मंदिर में भगवान शिव की मूर्ति अथवा लिंग नहीं है। केवल एक त्रिकोण के आकार का शिलाखण्ड जैसा कुछ है। इसे यहाँ वृषभ का पृष्ठ भाग बताया जाता है। इससे महाभारत कालीन एक अनोखी लोक कथा जुड़ी हुई है।–

कौरव-पांडवों के युद्ध में अपने ही लोगों की, सगोत्रियों की, अपनों द्वारा हत्या हुई। पापमोचन के लिए पांडव तीर्थस्थान काशी पहुँचे। परंतु भगवान विश्वेश्वर उस समय हिमालय में केदार क्षेत्र में गए हुए थे, यह सूचना पांडवों को काशी में मिली। इसे सुन द्रौपदी सहित पाँचों पांडव काशी से निकलकर हरिद्वार होते हुए हिमालय की गोद में पहुँचे। वहाँ एक स्थान पर दूर से ही उन्हें भगवान शंकर दिखाई दिए। परंतु शंकर पांडवों से मिलना नहीं चाहते थे। वे उनसे सगोत्रियों की हत्या कर राज्यारोहण के कारण बहुत नाराज़ थे। अतः पांडवों को वहाँ आया देख शिव शंकर वहाँ से लुप्त हो गए। फिर पांडव गुप्तकाशी से आगे निकलकर हिमालय के गौरी कुंड प्रक्षेत्र में घूमते रहे और भगवान शंकर को ढूँढ़ते रहे।

इतने में नकुल-सहदेव को एक नंदी वृषभ दिखाई दिया। उसका अनोखा आकार-प्रकार देखकर धर्मराज युधिष्ठिर ने कहा–''लगता है भगवान शंकर ने ही यह वृषभ का रुप धारण किया हुआ है, वे हमारी परीक्षा ले रहे हैं।''

फिर क्या था। गदाधारी भीम उस नंदी बैल के पीछे पड़ गए। नंदी उछल पड़ा। वह भीम के हाथ नहीं लगा। अंततः भीम उसके पीछे दौड़ते-दौड़ते थक गए। फिर भीम ने उस वृषभ को अपनी गदा प्रहार से घायल कर दिया। तब वह घायल पशु धरती में मुँह दबाकर बैठ गया। भीम ने उसकी पूँछ पकड़कर खीचा। पशु का मुँह इस आपस की खींचतान से सीधा नेपाल जा पहुँचा। जबकि उसका पार्श्व भाग केदारनाथ में रहा। इसीलिए नेपाल में काठमांडु का शिव मंदिर पशुपतिनाथ के नाम से प्रसिद्ध है।

केदार पर्वत की तलहटी में स्थित इस भू-भाग में जहाँ वृषभ रुपी शिव का पार्श्व भाग रह गया था, वहीं से भगवान शंकर प्रकट हुए। उन्होंने पांडवों को दर्शन दिया जिससे उनके पापों का क्षय हुआ। तब उन महादेव ने पांडवों से कहा कि—"मैं अब इसी त्रिकोणाकार में ज्योतिर्लिंग स्वरुप सदैव रहकर जन-कल्याण करुँगा।"

क्योंकि भीम ने शिव जी की खोज में उस वृषभ की पीठ पर गदा प्रहार किया था इसलिए भीम को बड़ा पछतावा हुआ। प्रायश्चित स्वरुप वह भगवान महेश के शरीर पर थी मलने लगे। उस स्मृति के रुप में केदारनाथ मंदिर के उस त्रिकोणाकार प्रस्तर विग्रह में भक्तगण उसकी घी से मालिश करते हैं। पानी और बेल पत्तों से यहाँ बाबा केदारनाथ का अभिषेक नहीं किया जाता फूल भी नहीं चढ़ाते हैं। यहाँ की पूजा इसी तरह होती है।

वास्तव में केदारनाथ के ज्योतिर्लिंग के दर्शन हेतु अति कठिन और दुर्गम पैदल मार्ग से होकर यात्रियों को गुजरना होता है। दृढ़ निश्चय, श्रद्धा और भक्ति के बल पर तीर्थ यात्री इस पावन पथ पर पग-पग धरते हुए ठिठुरते ठंडे वातावरण में भगवान शिव शंकर के इस परम धाम में पहुँचते हैं। केदारनाथ का वह सुप्रसिद्ध मंदिर, जहाँ हर वर्ष देश के कोने-कोने से लाखों शिव भक्त और हिन्दू धर्म में आस्थावान श्रद्धालु आते-जाते और शीष नवाते हैं।...

आज से ढाई हज़ार वर्ष पूर्व आदि-शंकराचार्य और उनके साथ आए श्रद्धालुओं ने भी इस दिन केदारनाथ महातीर्थ के दर्शन किए। रामबाड़ा से जब सारे पदयात्री चले तो प्रातः साढ़े 8:00 बजे का अनुमानित समय रहा होगा। घड़ी, मोबाइल आदि तो तब होते न थे। सूर्योदय से सूर्यास्त तक अनेक विधियों से धरती पर पड़ने वाली मनुष्यों, वृक्षों, पर्वतों और विभिन्न वस्तुओं की छायाओं से, पशु-पक्षियों, जीव-जंतुओं की बोलियों से, अपने नित्य के सतत अभ्यास से, झींगुरों के स्वर से, वायु की सरसराहट से, नाना प्रकार से लोग बीतते समय का अनुमान लगाते थे। और वह अनुमान प्रायः सटीक होता था।...

रामबाड़ा के बाद से ऊँचा-नीचा वह पैदल रास्ता अधिकतर उतार वाला था। आगे लिंचौली के आस-पास रास्ते पर दोनों ओर बर्फ़ मिलनी कहीं-कहीं शुरु हुई।...

बर्फ़ीले केदार पर्वत के चरणों में बसी केदार घाटी... शंकराचार्य और यात्रीगण 'ऊँ नमः शिवाय' का जाप उस पथ पर करते हुए नीचे और नीचे पदयात्रा करते गए। चढ़ाई से उतराई उतरते गए।... केदारनाथ मंदिर दूर से नज़र आता निकट आता गया।...

और निकट पहुँचे तो मंदिर के पृष्ठ भाग में एक ओर मंदाकिनी ग्लेशियर से रिसती बर्फ़ मंदाकिनी नदी के निर्मल जल में परिवर्तित होती कुछ दूरी पर देखी जा सकती थी।

मंदिर के पीछे दूर पर पृष्ठ भाग में ही था ऊँचा केदार पर्वत। उस पर्वत के शिखर से चरणों तक लदी हुई शुभ्र धवल हिम उस केदार घाटी में केदारनाथ के सुप्रसिद्ध पांडवकालीन शिव मंदिर को अद्भुत दिव्यता, शोभा और भव्यता प्रदान करती हुई दिखी आद्य-शंकराचार्य महाराज को।...

वे किंचित लड़खड़ाए। राजा सुधर्मा और पद्मपादाचार्य दोनों ने दोनों कंधों से संभाला पूज्य गुरुदेव को। यह उनके समाधि की अवस्था की ओर बढ़ने का एक सहज लक्षण था।...

ऐतिहासिक शिवधाम केदारनाथ के मंदिर के निकट पहुँचते-पहुँचते यात्रीदल के कदम धीमे होते गए। आद्य-शंकराचार्य अर्ध-समाधि अवस्था में पहुँच चुके थे। मंदिर के निकट पहुँचकर एक जगह पद्मपाद ने उनका आसन, जो वे साथ लेकर चले थे, भूमि पर ही बिछा दिया। फिर शंकराचार्य को उस पर बिठाया गया। गुरुदेव की अर्ध-समाधि पूर्ण समाधि में परिवति हो गई। मध्य काल का समय था। अभी मंदिर दर्शनों हेतु एक-डेढ़ घंटे और खुला था। फिर कुछ घंटों के लिए उसके पट बंद हो जाने थे।...

सभी यात्रियों ने "जय भोलेनाथ, जय केदारनाथ" के जयघोष के साथ मंदिर के भीतर दर्शन किए। पूजा-अर्चना की। राजा सुधर्मा, पद्मपाद उद्भ्रांत और साधुद्वय रामदेव-कृष्णदेव ध्यान में डूबे शंकराचार्य महाराज के पीछे हाथ बांधे खड़े रहे। उन्हें परम पूज्य गुरुदेव के पावन सानिध्य में ही केदारनाथ भगवान के दर्शन करने थे।... और वे दुर्लभतम दर्शन उन्हें लगभग एक घंटे बाद उसी दिन सुलभ हुए। केदार धाम निवासी शिव शंकर के मंदिर के गर्भगृह में आदि शंकराचार्य स्वयं... उन्हीं के अंशभूत एक महात्मा... न भूतो न भविष्यति...

मंदिर के पुजारी तो कब से उन क्षणों के लिए प्रतीक्षारत थे। आज राजा स्वयं चलकर आया था। उसी राज्य का राजा एक भिक्षुक संन्यासी के पीछे। उसे स्वयं अपने राज्य के इस परमतीर्थ के दर्शन कराने।...

मंदिर के अनेक सेवकों ने पहले ही इन लोगों की मंदिर के विशाल खुले प्रांगण में प्रवेश करते हुए उस अति-विशिष्ट यात्री दल की अगवानी करनी चाही थी। किंतु राजा सुधर्मा ने उन्हें दूर से हाथ का संकेत कर रोक दिया था। उसके बाद मुख पर एक उंगली रख सबको मौन रहने के संकेत दिए थे। अपने आसन पर विराजे गुरुदेव शंकर तो कब से नेत्र बंद किए मौन थे।... ॐ...ॐ... की ओंकार-ध्वनि उनके अंतर्तम में कदाचित् गूंज रही थी।

आदि शंकराचार्य और अन्य तीर्थ यात्रियों को राजा ज्योतिर्मठ ने एक बड़े से धर्मशाला में केदारनाथ मंदिर से कुछ दूर ठहराया। धर्मशाला अभी दो वर्ष पूर्व ही उन्होंने अपने दिवंगत पिता राज राजेश्वर की पावन स्मृति में निर्मित कराया था जिसमें भोजन,

शयन, बिस्तर-कंबल, प्रसाधन संबंधी समस्त सुख-सुविधाएं उन दिनों भी विद्यमान थीं।...

शंकराचार्य केदारनाथ धाम में पूरे नौ दिन तक ठहरे और उन्होंने सुबह-शाम दोनों समय आरती के समय बाबा केदार के... उन बर्फ़ानी बाबा के... शिव-शुभु-त्रिपुरारी के निकट दर्शनों की अनिर्वचनीय अनुभूतियाँ प्राप्त कीं।

इसी दौरान आदि-शंकर ने राजा ज्योतिर्धाम को प्रेरणा दी कि "केदारनाथ का यह प्राचीन मंदिर अब बड़ी सीमा तक जीर्णशीर्ण हो चला है। अतः हे राजन! आप श्रद्धालुओं के हित में इसका यथाशीघ्र जीर्णोद्धार कराकर पुण्य के भागी बनें।" राजा ने अपने गुरुदेव की वह आज्ञा सहर्ष स्वीकार की।

साथ आया तीर्थ यात्रियों का दल तो दो दिन बाद ही दर्शन लाभ कर उस असहनीय शीत में अपने ज्योतिर्धाम नगर के लिए लौट गया। परन्तु आदि शंकर और उनके पाँचों पार्षद जमे रहे। साथ ही जमे रहे राजा के कुछ राजकर्मी और कुछ घुड़सवार सैनिक...।

दोपहर में शंकराचार्य केदारनाथ मंदिर परिसर के आस-पास के गम्य क्षेत्रों में घूमते। तब उनके साथ कोई न कोई दो शिष्य अथवा अनुयायी अवश्य साथ चलते। पूरी केदार घाटी धरती पर एक ऐसा पर्वतों से घिरा अनोखा स्थान था जिसे देखकर लगता था कि ब्रह्मा ने इसे बहुत मन से गढ़ा है। जितना शुचितापूर्ण वातावरण उतना ही सादा-सरल-अद्वितीय साधना स्थल... चिर विश्रांति का एक अनुपम संसार... वैराग्य न भी हो आपके मन में तो भी यहाँ रहते वैराग्य हो जाए। भारतवासियों के लिए यहीं काशी भी है और यहीं कैलाश भी। यहीं मंदाकिनी रुपी गंगा भी। अपने मानस में महादेव की छवि के दर्शन करो तो वही उनका प्रिय मान सरोवर भी...

शिव भक्ति को पूर्णता प्रदान करता एक परम आनंदकारी विश्व तीर्थ। मंदाकिनी नदी के तट पर कई बार गए शंकराचार्य। वे पांडवों के बनाए एक अन्य छोटे मंदिर और तप्तकुंड और आस-पास पर्वतों में स्थित अनेक गुफ़ाओं में गए। गुफ़ाओं में बैठकर घंटों ध्यान-साधना करना आदि गुरु शंकराचार्य का सर्वाधिक प्रिय कार्य विशेष हुआ करता था। उन एकांतिक साधना के क्षणों में उनके शिष्यगण उन्हें पूरी तरह अकेला छोड़ देते। गुरुदेव के स्वयं गुफ़ा से बाहर आने की प्रतीक्षा करते। आस-पास बैठकर वार्तालाप करते। दूर-दूर बर्फ़ की चोटियों को निहारते। नीचे केदार घाटी में बीचोंबीच विराजमान केदारनाथ मंदिर पर दृष्टिदात करते।

पद्मपाद मित्र उद्भ्रांत से कहता कि—इन पहाड़ों में आप जहाँ भी जाएं अधिकतर शिव मंदिर इस केदारनाथ मंदिर के ही प्रतिरुप के मिलेंगे। वही शिल्प, भवन का वही आकार-प्रकार। प्रस्तर युक्त एक ऊँचा गर्भ गृह वाला शिखर। उसके सामने एक दोनों ओर ढालदार छतों वाला प्रवेश द्वार संयुक्त प्रस्तर निर्मित भवन। प्रवेश द्वार की सामने की दीवार पर ऊपर की ओर एक गोल-गोल शिव के उग्र स्वरुप का भैरव का मुखमंडल। पीछे मंदिर के शिखर पर लकड़ी की छत... का एक ढांचा, कुछ-कुछ बौद्ध-पैगोडानुमा सर्वोच्च शिखर।...

पद्मपाद यह भी कहता—''पता नहीं ये लकड़ी की शीर्ष की बनावट शैवों ने बौद्धों से ली है? अथवा बौद्धों ने शैवों से? इसे तो कोई स्थापत्य शिल्प विज्ञानी ही बता सकता है।''...

—नवें दिन शंकराचार्य जी ने अपने परम शिष्य राजा सुधर्मा से गंगोत्री जाने की इच्छा प्रकट की।

उस दिन उद्भ्रांत की ठंड लगने से हालत बहुत बिगड़ गई थी। धर्मशाला के क्रेंदीय कक्ष में उसे अग्नि के आले के पास लिटाकर सभी लोग उसे घेरे रहे।

कंबलों का अम्बार उस पर लगा दिया गया। फिर भी उसकी कँपकपी शांत होने को नहीं आती थी।

जड़ी-बूटी युक्त गर्म काढ़ा उसे कई बार पिलाया गया। तब जाकर वह कुछ-कुछ सामान्य हुआ। फिर भी उद्भ्रांत काफ़ी कमज़ोर हो गया। विगत चौबीस घंटों से केदारनाथ में भारी हिमपात शुरु हो गया था।...

—दसवें दिन उद्भ्रांत, शंकर का वह बचपन का मित्र उनींदा, अशक्त-सा एक खुली पालकी में लिटाया गया। अच्छी तरह कंबलों से ढंका गया। तब केदारनाथ मंदिर के प्रातःकालीन दर्शन उपरांत वापसी यात्रा पर उसे ले जाया गया।

मित्र उद्भ्रांत की पालकी अब आगे-आगे थी। उनके परम मित्र महायोगी शंकर पीछे-पीछे। उनके भी पीछे पग धरते अन्य मुट्ठी भर सहयात्री... राजा के कुछ घुड़सवार अंगरक्षक सबसे पीछे-पीछे। वापसी में भी वही रास्ता। केदारनाथ से रामबाड़ा। रामबाड़ा से गौरी कुंड। गौरी कुंड से सोन प्रयाग।...

आते समय जिस रास्ते पर पूरे डेढ़ दिन से अधिक लगे थे। अब आज आधे दिन की पदयात्रा में दोपहर तक सभी जन सोन प्रयाग पहुँच गए। कारण की वापसी यात्रा अधिकतर उतार वाली यात्रा थी। चढ़ाई तो कहीं-कहीं ही पड़ी होगी। पर अधिकतर मार्ग उतराई वाला और सुखद हो चला था।...

सोन प्रयाग में उद्भ्रांत की पालकी उतारी गई। उसे सहारा देकर एक धर्मशाला में ले जाया गया। शंकर और सभी यात्रियों ने वहाँ भोजन और उस दिन रात्रि विश्राम भी किया।

राजा सुधर्मा ने गुरुदेव से कहा—''भगवन्! आपसे एक प्रार्थना है। देखिए इस बार मना मत करिएगा।...''

शंकर बोले—''कहिये क्या कहना चाहते हैं राजन!''

सुधर्मा ने हाथ जोड़कर कहा कि—''आप ने स्वयं देखा कि हिमपात शुरु हो चुका है। कहा नहीं जा सकता कि यह कितने दिन चले। पर्वतीय क्षेत्रों में वर्षा के भी आसार हैं। यहाँ वर्षा जब तीव्र होती है तब पर्वत शिखरों से भू-स्खलन का भी संकट गंभीर हो जाता है। इसलिये...

''इसलिए क्या?''

''इसलिए आपको यहाँ से उत्तरकाशी और उसके आगे गंगोत्री तक पदयात्रा का विचार त्यागना होगा।... प्रभु आगे का पर्वतीय मार्ग अच्छा नहीं है। इस मौसम में पदयात्रा आत्मघाती होगी। कम से कम 10-15 दिन लग जाएंगे वहाँ तक पहुँचते-पहुँचते। मार्ग अवरुद्ध मिले तो महीना भर भी लग जाए। कहा नहीं जा सकता।...''

''तो फिर विकल्प क्या है?''

''विकल्प है इस बार-रथ यात्रा का''

''उसमें कितनी अवधि लगेगी इस सोन प्रयाग से गंगोत्री तक?...'' गुरुदेव ने पूछा।

राजन बोले—''अधिक से अधिक हम चार-पाँच दिन में रथों द्वारा गंगोत्री पहुँच जाएंगे। पूज्य गुरुदेव बस इस बार आप इस शिष्य की बात मान लें।''

शंकराचार्य कुछ देर सोचते रहे। उनके मन में भविष्य की अनेक योजनाएं तो वे ही जानें। पर इस समय परम सखा उद्भ्रांत की अस्वस्थता उसकी शारीरिक क्षीणता उनकी चिंता का मुख्य विषय था। ऊपर से बिगड़ता पर्वतीय मौसम। शंकर ने तब विशेष परिस्थितियों में रथ यात्रा हेतु अपनी सहमति दे दी।

सभी के चेहरों पर प्रसन्नता और सुख के भाव उभरे। उन्होंने परस्पर आँखों ही आँखों में देखा। परंतु परमाचार्य के सन्मुख कोई उत्तेजित प्रक्रिया प्रदर्शित न होने दी। क्या पता कब आदि-शंकराचार्य का विचार बदल जाए?

अध्याय–छः

⌘

ऋग्भिरेतं यजुर्भिरन्तरिक्षं
सामभिर्यत्तत्कवयो वेदयन्ते।
तमोंकारेणैवायतनेनान्वेति विद्वान्
यत्तच्छान्तमजरममृतमभयं परं चेति।।

—साधक ऋग्वेद द्वारा इस लोक को, यजुर्वेद द्वारा अन्तरिक्ष को और सामवेद द्वारा उस लोक को प्राप्त होता है, जिसे विज्ञजन जानते हैं। उस ओंकार रूप आलम्बन के द्वारा ही विद्वान उस लोक को प्राप्त होता है जो शांत अजर अमर अभय एवं सबसे श्रेष्ठ है।

(प्रश्नोपनिषद्)

1

गंगोत्री

आदि शंकराचार्य, राजा ज्योतिर्मठ, शिष्य पद्मपाद, सखा उद्भ्रांत, साधु द्वय रामदेव और कृष्णदेव सभी दो रथों पर आरुढ़ हो सोन प्रयाग से अगले दिन बड़े सवेरे चल पड़े।

ये लोग रथयात्रा करते हुए गुप्तकाशी होते हुए ऊखीमठ आए। वहाँ उन्होंने कुछ जलपान किया। राजा ने ऊखीमठ में कुछ रसद सामग्री इत्यादि के साथ कुछ पाक कर्मचारी तथा सैनिक आदि भी बुलवा लिए थे जो दो अन्य रथों में संवार उन्हें वहाँ प्रतीक्षा करते मिल गए थे।

वहाँ से चारों रथ चले तो दोपहर तक सब यात्रीगण भगवान शंकराचार्य के सानिध्य में चंद्रपुरी जा पहुँचे। चंद्रपुरी का प्राकृतिक दृश्य अत्यंत सुंदर-सम्मोहक है। मंदाकिनी नंदी के किनारे बसा यह छोटा-सा गाँव अपनी पहाड़ियों, हरे-भरे वनों, चहचहाते पक्षियों और यहाँ के सीधे-सादे ग्रामीण निवासियों के कारण एक अलग-सी जगह है। इसे चंद्रपुरी कहें अथवा कोई परीलोक, एक ही बात है। मध्याह्न भोजन के पश्चात यात्री दल आगे बढ़ा।

दो-तीन घंटे बाद रथों में जुते अश्वों को भी विश्राम और कुछ दाना-पानी देना अनिवार्य होता था। उन्हें भी मनुष्यों की भाँति भूख-प्यास और थकान लगती थी। यह और बात है कि अश्व शक्ति मानव-शक्ति से कहीं अधिक होती है। परंतु एक साथ एक भारी रथ, उसपर रथारुढ़ पाँच-छः मनुष्यों का भार ढोना काफ़ी श्रमसाध्य कार्य होता है, जो आज के यंत्रचालित वाहनों की जगह, तब घोड़े और खच्चर आदि ही किया करते थे।...

प्रथम दिवस की यह यात्रा, जो गंगोत्री दर्शन के लिए केदार घाटी के निकट से प्रारंभ हुई थी, शाम ढलते समय मायली ग्राम में जाकर समाप्त हुई। यह इस तीर्थ यात्रा का पहला रात्रि विश्राम स्थल था।...

द्वितीय दिवस यात्रा आरंभ हुई। प्रातः स्वाल्पाहार लेकर सब चले। दोपहर में मायली से चलकर घनसाली पहुँचे। वहाँ कुछ देर अल्प विश्राम किया। कुछ खाया-पिया। फिर बिना रुके सब जाकर टेहरी पहुँचे। टेहरी का परिदृश्य इतना सुंदर था कि गुरुदेव

शंकर ने आज वहीं रुकने की इच्छा प्रकट की जिसपर राजा सुधर्मा ने सादर अनुपालन सुनिश्चित किया।

टेहरी उन दिनों एक बहुत छोटा-सा गाँव होता था। परंतु अपने आस-पास के विस्तृत प्राकृतिक परिवेश के कारण उत्तरकाशी और गंगोत्री जाने वालों के लिए एक प्रबल आकर्षण का केंद्र था। क्योंकि तब यह गणेश प्रयाग नाम से जाना जाता था। आदि-शंकराचार्य जब यहाँ आए तो यह गणेश प्रयाग नाम से ही विख्यात था। क्योंकि यहाँ गंगा का प्रारंभिक स्वरुप, राजा भागीरथ द्वारा अपने तप से स्वर्ग से लाई गई गंगा नदी, अर्थात् भागीरथी का दुलार इस क्षेत्र को प्राप्त था। यहीं गणेश प्रयाग में भीलांगना नामक एक दूसरी पहाड़ी नदी भागीरथी में आकर मिलती थी। यहीं से गणेश प्रयाग के संगम में भीलांगना को स्वयं में जोड़कर भागीरथी आगे देव प्रयाग संगम तीर्थ की ओर बढ़ जाती थी। टेहरी गाँव वह पवित्र स्थल था जहाँ की मान्यता थी कि उसका पुराना नाम त्रेहरी अर्थात त्रिविध पापों को हरने वाला स्थान था। एक ऐसा पवित्र स्थल जहां वर्षों ब्रह्मा जी ने बैठकर हिमालय के इस क्षेत्र में तपस्या की थी। अतः ब्रह्मा के तप से जागृत इस स्थल की विशेषता यहाँ की मान्यतानुसार यह थी कि यहाँ आने वाले व्यक्ति के शाब्दिक, कायिक और मानसिक—तीनों तरह के पाप प्रायश्चित स्नान-पूजन आदि से कट जाते थे।...

अगली प्रातः सभी यात्री तैयार हो आद्य-शंकर महाराज के चरण स्पर्श कर उनके साथ त्रेहरी-गणेश प्रयाग से धरासू नामक ग्राम को चल दिए। चारों रथों के अश्व उस रमणीक वातावरण में तीर्थ यात्रियों और राजकीय सेवकों समेत देखते ही देखते हवा से बातें करने लगे। मार्ग इधर उत्तम था और काफ़ी कुछ एकसार भी।

त्रेहरी से धरासू तक सारे रास्ते बराबर में भागीरथी अत्यंत मनोहर दर्शन देती यात्रियों के साथ ही जैसे चल रही थीं। एक-से-एक दृश्य देखने को मार्ग में मिल रहे थे।

एक जगह ऐसी भी आई जहाँ उन दिनों भागीरथी नदी के चौड़े पाट को पार करने को आज की भाँति कोई पुल न था। नावों से ही भागीरथी को पार करना पड़ता था। स्थानीय मल्लाहों की दो विशाल नौंकाओं की सहारा चारों-रथों को पार कराने में लिया गया। शंकराचार्य और उनके अनुयायी एक मझोली नाव से मल्लाहों द्वारा पार उतारे गए।...

धरासू गाँव जैसे-जैसे पास आता गया प्राकृतिक सुषमा कई गुनी होती गई। दूर-दूर तक फैले हुए सीढ़ीदार खेत नीचे तक जाकर सड़क से एक मनोरम हरी-भरी घाटी का विहंगम दृश्य उपस्थित कर रहे थे।

धरासू निकट आता गया। मार्ग नीचे ढलानदार होता गया। आगे भागीरथी गंगा का पाट कम चौड़ा था। उस पर लकड़ी का एक पुल बना था। पुल पर से चारों रथ आराम से भागीरथी को पार कर गए।

धरासू पहुँचते-पहुँचते तीन घंटों से अधिक बीत गए। अब मनुष्यों के बजाय रथों के घोड़ों ने जवाब दे दिया। आठों घोड़े इतने धीमे चलने लगे मानो कह रहे हों कि अब हमें खाने को कुछ दो, अन्यथा हम आगे नहीं बढ़ेंगे।

धरासू ग्राम ने, इस प्रकार, शंकराचार्य महाराज की इस गंगोत्री यात्रा का तीसरा पड़ाव बनने का सौभाग्य प्राप्त किया। आज के स्थानीय लोग शायद इस तथ्य को जानते भी न हों। परंतु यह सच है कि जिस-जिस भू-भाग पर संतों के चरण पड़ते हैं वहाँ के पुण्यात्मा मनुष्यों के भाग्य जाग जाते हैं, और पापियों का तो खैर बंटाधार ही निश्चित होता है। संयोग से उन दिनों धरासू सहित अधिकतर हिमालय क्षेत्र के नर-नारी बहुत धार्मिक मनोवृत्ति के और निष्पाप हुआ करते थे। आज भी पर्वतांचलों के निवासी अपेक्षाकृत काफ़ी सीधे और सज्जन मनुष्य हुआ करते हैं। पुरुषों की अपेक्षा पहाड़ी स्त्रियाँ तो और भी कर्मठ और सरल हृदया होती हैं।...

अगले दिन सुबह खराब होते मौसम को देख सब बड़े सवेरे लगभग छः बजे ही धरासू के उस मंदिर से निकल लिए, जिसमें वे विगत सायंकाल से ठहरे हुए थे। आकाश में बादल घिर रहे थे। कुछ बादल तो नीचे घाटी में भी तैरने लगे थे। भागीरथी के किनारे बसा यह गाँव वैसे तो बहुत सुंदर था। आबादी भी अधिक घनी न थी। पर सड़क मार्ग से सटे पहाड़ की कच्ची मिट्टी बरसात में अक्सर ढहकर राहगीरों की राह रोक लेती। भू-स्खलन कहीं-कहीं बहुत खतरनाक भी हो सकता था।

अतः चारों रथ सूर्योदय के तुरंत बाद धरासू से उत्तरकाशी के लिए रवाना हो गए। रास्ते में कहीं-कहीं हल्की वर्षा का सामना भी करना पड़ा किंतु दोपहर होते-होते सभी यात्रीगण उत्तरकाशी शहर में सकुशल प्रवेश कर गए।

उत्तरकाशी की एक साफ-सुथरी धर्मशाला में सब रुके। सात्विक भोजन किया। फिर सभी विश्राम करने लगे। बाहर तेज बारिश सायंकाल से जो प्रारंभ हुई तो पूरी रात न रुकी। सुबह भी मेघ बरसता रहा। किंतु रिमझिम-रिमझिम। अतः उस दिन गंगोत्री के लिए निकल पाना असंभव था। शंकराचार्य ने राजा सुधर्मा की सलाह पर उस दिन की प्रस्तावित यात्रा स्थगित कर दी।

दोपहर में एक बार दो घंटे तेज बारिश हुई। उसके बाद आसमान में तैरते बादल अचानक छंट गए। राजा सोमदत्त ने कहा—"गुरुदेव!... यहाँ उत्तरकाशी का मौसम वर्षा के विषय में बड़ा अनिश्चित रहता है। इसकी कोई भविष्यवाणी नहीं हो सकती। बारिश

होने लगती है तो आकाश कभी-कभी तीन-तीन चार-चार दिन नहीं खुलता। खुलना होगा तो एकाएक खुल जाएगा।''

शंकर बोले—''इस समय आपको क्या लग रहा है? क्या यहाँ उत्तरकाशी के शिव मंदिर तक जाया जा सकता है?''

''अभी तो ठीक लग रहा है सब। मगर मंदिर के पट अभी बंद होंगे। सायंकाल 4:00 बजे खुलेंगे।''

''आपने तो पहले भी दर्शन किए होंगे राजन?''

''जी भगवन्!... बचपन से अब तक अनेक बार। इस बार यह मेरा चौथा अथवा पाँचवा अवसर होगा।''

उसके बाद ज्योतिर्मठ नरेश ने बताया कि नगर के मध्य में ही स्थित है उत्तरकाशी का यह विश्वनाथ मंदिर। काफ़ी प्राचीन है। भागीरथी से जल लेकर यहाँ शिवलिंग का जलाभिषेक करने की परंपरा है। जलाभिषेक के बाद रुद्राष्टक आदि का जाप भक्तगण करते हैं। देश के कोने-कोने से तीर्थयात्री आते हैं। गंगोत्री-गोमुख जाने वाले श्रद्धालु जब उत्तरकाशी रुकते हैं तो इस शिव मंदिर के दर्शन अवश्य करते हैं। नगर से गुजरने वाले अनेक भक्त विश्वनाथ जी के मंदिर पर एक-बार माथा अवश्य टेकते हैं। इस मंदिर में एक बहुत प्राचीन कालीन त्रिशूल स्थापित है। कहा जाता है इस त्रिशूल से भगवान शिव ने वक्रासुर का वध किया था। इस त्रिशूल की ऊँचाई 26 फिट है।

सायंकाल शंकर एवं उनके पाँचों अनुयायियों ने उत्तरकाशी के शंकर भगवान के दर्शन किए। अगले दिन मौसम सही होने पर सवेरे यथाशीघ्र गंगोत्री प्रस्थान का निर्णय लिया गया।

छठे दिन शंकराचार्य बड़े सवेरे उत्तरकाशी से गंगोत्री के लिए चल दिए। आज की भाषा में कहें तो लगभग 100 किलोमीटर दूर है उत्तरकाशी से गंगोत्री। आदि-शंकर राजा सुधर्मा के आग्रह पर रथ यात्रा द्वारा वहाँ गए। मार्ग में आधे रास्ते किसी आश्रम में सबने एक पड़ाव डाला। जंगलों के बीच देवदार के वृक्षों से घिरे उस आश्रम में संध्या के समय सूर्यास्त के पहाड़ी दृश्य देखे। भागीरथी नदी का कल-कल मिश्रित शोर सुनते वह रात्रि उस आश्रम में बिताई। खिचड़ी प्रसाद पाया। रामदेव और कृष्णदेव नामक साधु बाबाओं के भजनों का आनंद लिया।...

प्रातःकाल नित्यक्रिया से निवृत्त हो, भागीरथी में स्नान कर सब पुनः गंगोत्री के लिए रवाना हुए। आलू की भाजी और मोटी-मोटी रोटियाँ देसी घी में स्पर्शित प्रातः के आहार में खाकर और थोड़ा गुड़ भी पाकर सभी यात्री तृप्त हुए। अब आगे की चार-पाँच घंटों की रथ यात्रा बेखटके की जा सकती थी।

परंतु शंकराचार्य भला पैदल चले बिना कहाँ मान सकते थे। दो घंटे की यात्रा के बाद एक जगह आई हर्षिल। हरियाली के मध्य अनगिनत ऊँचे-ऊँचे सुंदर झरनों की

एक दृश्यावली जो यात्रियों को वहाँ रुकने को देर तक विवश किये रहती। ऊपर शिखरों से गिरने वाली वह स्वच्छ पावन जलधाराएं राह चलतों को रोमांचित और अवाक कर देती थीं।

हर्षिल से आगे चलकर जब यह यात्रीदल भैरव घाटी पहुँचा तो आचार्य शंकर ने भैरव जी के मंदिर के दर्शन के उपरांत रथ को वहीं छोड़कर पैदल गंगोत्री की ओर बढ़ना आरंभ कर दिया। यदि रथ पर चलते तो कुछ ही देर में सब गंगोत्री पहुँच सकते थे।

परंतु नंगे पाँव माँ भागीरथी गंगा के उद्‌गम स्थल चलने की भावना से जब आदि-शंकर आगे बढ़े तो उनके अनन्य अनुयायियों को भी उस मार्ग पर अपने गुरु महाराज का अनुसरण करना पड़ा। चलते-चलते भैरव घाटी से गंगोत्री पहुँचने में सभी को दो घंटे लग गए। शाम घिर चुकी थी जब यह पाँच यात्रियों का दल गंगोत्री धाम में प्रविष्ट हुआ। पाँच यात्रियों के पीछे धीरे-धीरे रेंगते दो रथ। शेष दो रथों को उत्तरकाशी में ही छोड़ दिया गया था।...

गंगोत्री। पर्वतों वनों के मध्य से प्रवाहित होती भागीरथी तट पर बसा एक छोटा-सा सुरम्य तीर्थ। गंगोत्री जहाँ के वनों में देवदार-चीड़ आदि वृक्षों में पाए जाते थे भोजपत्र के भी अनेक वृक्ष। वे भोजपत्र जो उन दिनों कागजों की जगह लेखन कार्य में प्रयोग हुआ करते थे। विद्या के वाहक थे जो पवित्र भोजपत्र।

उन दिनों गंगोत्री में केवल वह भागीरथ-शिला थी भागीरथी के घाट पर जो कभी राजा भगीरथ की वर्षों तपस्थली रही थी। जिनके आह्‌वान पर स्वर्ग से गंगावतरण हुआ था, भगवान शंकर ने जिनके वेग को अपनी खुली जटाओं में समेट लिया था। जैसी की लोक मान्यता है।

वास्तविकता जो भी रही हो। आज की वैज्ञानिक दृष्टि और तर्क की भूमि पर भी यदि इसे देखें तो किसी पर्वत शिखर पर स्थित ग्लेशियर्स के जल को मनोनुकूल दिशा में लाने में लगे किसी कुशलतम सिंचाई अभियंता सदृश हो सकता था कोई तत्कालीन जिद्दी राजा। पर्यावरण के संतुलन को साधते हुए उस जलधारा को प्रलयंकारी रुप धारण कराने से नियंत्रित करने वाला कोई बांध उस युग में भी बनाने वाला कोई उससे भी बड़ा फक्कड़ महा-मनीषी सेतु अभियंता उसकी सहायता को इन निर्जन वनों में मिला होगा उसे। भागीरथ और शंकर यदि तपस्वी और महायोगी महामानव और महादेव न होते तो भागीरथी गंगा का स्वर्ग-सम इस पर्वतांचल से घाटियों, मैदानों और फिर महासागर तक निर्बाध संचरण कैसे संभव होता?...

न जाने कितनी युगीन वास्तविकताएं काल के थपेड़ों को सहती, अपभ्रंश होती, किंवदंतियां बनती चली जाती हैं। चमत्कार का रुप ले लेती हैं। और फिर वे कथाएं नाना प्रकार की जनश्रुतियों में भटक कर उस युगीन वास्तविकता को एक दिन सदा-सर्वदा के लिए अपने में निगल लेती हैं।...

12313 फिट समुद्र तल से ऊँचाई पर स्थित उस अति-शीतयुक्त उच्च स्थल-गंगोत्री तीर्थ में जब शंकराचार्य पहुँचे तो उन्होंने पाया कि वहाँ भागीरथी गंगा में नहाकर श्रद्धालु उस भागीरथ-शिला का ही पूजन करते थे। वहाँ देवी गंगा की कोई प्रतिमा अथवा उनका मंदिर नहीं था। यहाँ तब एक छोटा-सा मंदिर अवश्य था जिसमें एक शिवलिंग पहले से था, जिसका लोग गंगा स्नान उपरान्त उसी के पवित्र जल से जलाभिषेक करते थे।

तब शंरकाचार्य महाराज ने राज सुधर्मा से कहा कि—''एक सुंदर-सी छोटी ही सही श्वेत प्रस्तर की गंगा-प्रतिमा बनवाओ। उनकी मंदिर में स्थापना करो ताकि जो लोग गंगोत्री से आगे गोमुख के दुर्गम पथ पर चलकर न जा सकें उस हिमखण्ड से निकलने वाली भागीरथी गंगा की धारा का दर्शन न कर सकें, वे यहीं गंगोत्री में गंगा जी के विग्रह के दर्शन कर गोमुख के भी दर्शन के बराबर पुण्यलाभ कर सकें।...

बल्कि मैं तो यह भी कहूँगा कि शीघ्र ही तुम यहाँ यमुना जी की भी एक मूर्ति स्थापित करना और इस मंदिर को यथासंभव भव्य स्वरुप प्रदान करना। ताकि जो श्रद्धालु अपने सीमित समय में केवल गंगोत्री तीर्थ तक ही पहुँच सकें तो, उन्हें इस परम पावन गंगोत्री धाम में ही त्रिधाम-अर्थात्-गंगोत्री-गोमुख और यमुनोत्री-तीनों के पुण्यों के लाभ की अनुभूति हो सके।...'

2

गोमुख

आदि शंकराचार्य गंगोत्री से आगे गोमुख जाने वाले मार्ग पर अभी विगत तीन दिन पूर्व पदयात्रा करके आए थे। वे पद्मपाद और उन दोनों युवा साधुओं के साथ उस कठिन मार्ग पर गए थे। लगभग 18-19 किलोमीटर की दूरी पर स्थित है गोमुख।

शंकर तथा वे तीन पदयात्री गंगोत्री से चीड़ बासा पहुँचे जहाँ के पेड़ बहुतायत में थे। फिर भोजवासा होकर गोमुख ओर फिर गोमुख से भी आगे तपोवन तक गए। बर्फ़ पर नंगे पाँव रखते। तपोवन की एक गुफ़ा में रात्रि में ठहरे।

वहाँ से लौटने में भी उन्हें पूरा एक दिन लगा। पैर सूज गए। तलुए सुन्न हो गए। उनमें एक साधु की तो नाक से रक्त भी बहने लगा। परंतु जीवट के आदमी थे भगवान आदि शंकराचार्य। उसी तरह भगवा वस्त्र और मात्र शरीर पर एक भगवा अंचला डाले उस दुर्गम प्रदेश में तीन दिन विचर कर आए।

जबकि अन्य पदयात्री गर्म कंबल लपेटे हुए भी शीत से ठिठुरते रहे। संन्यासी पद्मपाद तो फिर भी स्वयं को संभाले रहे। परंतु दोनों साधुओं रामदेव और कृष्णदेव

के गोमुख और तपोवन के आस-पास न जाने कितनी बार दांत किटकिटाए होंगे और शरीर ने कंपकपी से कष्ट झेला होगा।...

गुरुदेव ने गोमुख से लौटकर गंगा प्रतिमा के निर्माण का राजा को आदेश क्या दिया कि उन्होंने एक मूर्तिकार को कह 10 दिन में एक छोटी-सी प्रतिमा का निर्माण करा दिया।

इस मध्य शंकराचार्य ने गंगोत्री के ही निकट एक गुफ़ा में कई दिन निवास कर उसमें एकांत साधना की। उस गुफ़ा को पांडव-गुफ़ा कहा जाता था। तीर्थ यात्री उस गुफ़ा में आज बहुत जाते हैं। उन दिनों कम जाते थे।...

उद्भ्रांत अभी भी ठंड से आक्रांत था। अतः वह गोमुख नहीं गया था। उसे वैसे भी गुरुदेव के भाष्य ग्रंथों की सुरक्षा की विशेष देखभाल करनी थी। पद्मपाद की अनुपस्थिति में। वह सुधर्मा नरेश के साथ उस धर्मशाला में ही रहा जो कि भागीरथी स्नानघाट से अधिक दूरी पर नहीं थी।

जो यात्री उन दिनों उत्तरकाशी से आते उन्हें एक-दो दिन गंगोत्री में ठहरना ही पड़ता था। इसलिए छोटी-छोटी ही सही दो धर्मशालाएं तब भी थीं।

गंगोत्री के आस-पास दो-तीन महात्माओं के आश्रम भी थे। छः माह के दर्शनकाल में जब गंगोत्री में भीड़ बढ़ती तो वे आश्रम भी तीर्थाटन करने आए नर-नारियों की शरण स्थली बन जाते।...

गंगा देवी की सुंदर मूर्ति बनकर आई। पवित्र भागीरथी के जल में अपने हाथों स्नान कराकर उसे शिव मंदिर में शंकराचार्य प्रभुपाद ने ही स्थापित किया। तत्पश्चात गंगा देवी की श्वेतवर्णी प्रतिमा में ...... विधिवत प्राण प्रतिष्ठा की।

इस अवसर पर आदि-शंकराचार्य ने प्रसन्न वदन होकर माँ गंगा का स्तवन किया। उसी अवसर पर उनके श्रीमुख से 'गंगा स्तोत्र' ने आशु-अभिव्यक्ति पाई–

''देवि सुरेश्वरि भगवति गंगे
त्रिभुवन तारिणी तरल तरंगे।
शंकरमौलि विहारिणि विमले
मम मतिरास्तां तव पदकमले।।

भागीरथि सुखदायिनि मातस्
तवजलमहिमा निगमे ख्यातः।
नाहं जाने तव महिमानं
त्राहि कृपामयि मामज्ञानम्।।...

हरिपद पद्म तरंगिणी गंगे
हिमविधुमुक्ता धवल तरंगे।

दूरीकुरु मम दृष्कृतिभारं
कुरु कृपया भवसागरपारम्।।

तव जलममलं येन निपीतं
परमपदं खलु तेन गृहीतम्।
मातर्गंगे त्वयि यो भक्तः
किल तं द्रष्टुं न यमः शक्तः।।... '

3

उत्तरकाशी

गंगोत्री प्रवास के उपरांत शंकराचार्य लौटकर पुनः उत्तरकाशी आए। ज्योतिर्धाम नरेश सोमदत्त सुधर्मा को राजधानी और राजकाज से दूर रहते एक सुदीर्घ अवधि बीत चली थी। अब उत्तरकाशी में कुछ काल विश्राम कर आदि-शंकराचार्य को पहाड़ों से मैदानों की दिशा में अवरोही यात्रा ही करनी थी। अतः राजा सुधर्मा ने पूज्य गुरुदेव से ज्योतिर्धाम लौटने की अनुमति चाही।

गुरुदेव शंकर ने उनके सिर पर आशीर्वाद का हाथ रख आज्ञा दे दी। राजा सुधर्मा गुरु चरणों में मस्तक रख उत्तरकाशी से अपनी राजधानी ज्योतिर्मठ को चले गए।...

उद्भ्रांत के लिए उत्तरकाशी एक सुखद पहाड़ी स्थल था। क्योंकि अन्य पहाड़ी स्थलों की भाँति यहाँ सर्दी नाममात्र को थी। यह नगर बिल्कुल सामान्य मैदानी नगरों जैसा लगा उसे। उत्तरकाशी नगर के चारों ओर पहाड़ियाँ। बीच में बसा नगर। इसका नाम भी एक प्रकार से उत्तरकाशी एकदम ठीक था।

उद्भ्रांत पद्मपाद के साथ धर्मशाला से निकलकर टहलते समय उससे कहता कि—

"देखो तो काशी की भाँति यहाँ भी भागीरथी गंगा जी का कितना चौड़ा ओर वेगमय पाट है। पाट पर बने सुंदर घाट हैं। विश्वनाथ जी का मंदिर भी है। दिन में गर्मी होती नहीं। कभी-कभी तो धूप में पसीना भी आ जाता है। रात्रि में सर्दी ऐसी होती है कि एक हल्के कंबल में भी काम चल जाए। यहाँ बड़ा आराम है।..."

शंकराचार्य जी की नित्य दिनचर्या पूर्व की भाँति पूर्ण अनुशासन और आत्मनिग्रह के साथ उत्तरकाशी में भी चलती। प्रातः ध्यान-साधना उपरांत धर्मशाला के केंद्रीय कक्ष में आदि शंकर अपने शिष्यों को स्व-रचित भाष्य सुनाते। उन्हें ब्रह्म साधना के विषय

में उपदेश देते। जो भी श्रद्धालु उक्त अवसर पर उपस्थित होते, वे भी आदि-शंकर के वचनामृतों का पान कर लाभान्वित होते।...

संध्या समय एक बार गंगा तट पर अथवा किन्हीं वन्यांचल में विचरण के उपरांत आचार्य शंकर उत्तरकाशी के विश्वनाथ मंदिर में अवश्य जाते और संध्या आरती में तो अवश्य उपस्थित होते।

उन दिनों विद्युत नामक कोई सुख-सुविधा तो थी नहीं। रात्रि घिरने पर बस दीपकों और मशालों का ही सहारा रहता था। लोग खा-पीकर जल्दी सो जाते थे। अतः ऐसे में मंदिरों में पुजारीगण देवी-देवताओं को भी उनकी संध्या आरती के बाद शयन जल्दी ही करा देते थे।...

एक दिन दोपहर का समय था। आदि-शंकराचार्य अपने शिष्यों के बीच बैठे सत्संग कर रहे थे। तभी एक लंबा-सा वयोवृद्ध साधु वहाँ अपनी खंड़ाऊँ से खट-पट करता अचानक आया।

पद्मपाद ने उठकर उसे एक आसन देना चाहा। साधु नहीं बैठा। खड़ा रहा। तब पद्मपाद ने पास की एक काष्ठ चौकी उठाकर उसके निकट रखी। कहा कि—"महाराज! विराजें"।

वह अज्ञात साधु फिर भी नहीं बैठा। खड़ा रहा। अपने स्थान पर ही खड़े-खड़े उसने एक नंगे तखत पर विराजमान शंकराचार्य से कहा—"हे महात्मन्!... क्या तुम्हीं वह विद्वान पुरुष हो जिसने वेदव्यास रचित 'ब्रह्मसूत्र' पर भाष्य लिखा है?" शंकर ने उन साधु मजाराज को हाथ जोड़कर पद्मासन की मुद्रा में पूर्ववत् बैठे-बैठे प्रणाम किया। बोले—"यतिवर!... लिखा क्या है?... लिखने का प्रयास किया है। पूज्यपाद आदिगुरु महर्षि वेद व्यास की लेखनी को भला कौन कितना पकड़ सकता है?"

फिर वह साधु बोला कि—"मैंने सुना है तुमने उपनिषदों पर भी भाष्य रचे हैं?. .."

पद्मपाद ने तब बीच में उस साधु से कहा—"जी महाराज!... और हमारे पूज्य गुरुदेव ने भगवत् गीता पर भी भाष्य रचना कर ब्रह्मज्ञान का अनावरण किया है।"

तब उस साधु ने किंचित मुस्कान के साथ कहा—"अच्छा... तब तो बहुत सुंदर बात है।..." कुछ क्षण विचार कर बूढ़ा साधु फिर बोला—"अच्छा तो शंकर!... ये बताओं कि गीता में एक जगह यह कहा गया है कि—

आपूर्यमाणमचल प्रतिष्ठं
समुद्रमापः प्रविशन्ति यद्वत्।
तद्वत्कामा यं प्रविशन्ति सर्वे
स शान्तिमाप्नोति न कामकामी।।

—मुझे इस श्लोक का अर्थ बताओ?''

शंकर ने तब उन साधु महाराज से निवेदन किया कि पहले वे विराजें। साधु ने तब उस चौकी पर बैठकर अपना काष्ठ निर्मित कमंडलु भी धीरे से अपने बराबर में रख लिया। तब शंकर बोले—

जिस व्यक्ति की इच्छाएं उसके भीतर ऐसे समा जाती हैं, जैसे जल समुद्र में समा जाता है—जो समुद्र सदा भरता रहने पर भी कभी मर्यादा को नहीं लांघता—वह शांति को प्राप्त करता है। और जो व्यक्ति इच्छाओं के पीछे भागता है, उसे शांति प्राप्त नहीं होती।''

तब वह साधु पुनः बोला—''अच्छा तो शंकर!... तुम यह बतलाओ कि तुमने इस पर अपने भाष्य में क्या व्याख्यायित किया है?''

वह वृद्ध साधु जो अचानक बिना बुलाए आया था और जो कदाचित् पहले कभी शंकराचार्य गुरुवर से कभी नहीं मिला था, उसके इस तरह गुरुवर शंकर को उनके नाम से संबोधित करना और ''तुम-तुम'' कहना उद्भ्रांत और रामदेव-कृष्णदेव साधुओं को नहीं भाया। वे उठकर उस वार्ता कक्ष से बाहर चले गए। किंतु पद्मपाद वहीं गुरुदेव के निकट अपने आसन पर जमा रहा।

तब शंकराचार्य दोनों हाथ जोड़कर उत्यंत विनीत भाव से बोले—''पूज्य यतिवर! आप जो कोई भी हों, आपको देखकर न जाने क्यों मेरा मन भीतर से बहुत आनंद विभोर हो रहा है।... मैंने यथामति अपने भाष्य में प्रस्तुत श्लोक पर इस प्रकार भावार्थ किया है कि—

सागर में सब दिशाओं से जल आकर गिरता है, किंतु सागर की अवस्था एक-सी रहती है। उसमें कोई परिवर्तन नहीं होता। वैसे ही ज्ञानी पुरुष के पास सब ओर से इच्छाओं का सागर हिलोर मारता रहता है, किंतु उस पर उनका कोई प्रभाव नहीं पड़ता है। क्योंकि ज्ञानी यह जानता है कि किस वस्तु का पारायण करना है और किसका त्याग करना है। यही कारण है कि ज्ञानियों को मोक्ष रुपी परम शांति प्राप्त होती है, लेकिन उन्हें नहीं जो बाहरी वस्तुओं के लोभ में पड़े रहते हैं।''

तब वह साधु महाराज बोले—''अहा!... बहुत सुंदर। अच्छा... अब क्या मैं तुम्हारे लिखे ब्रह्मसूत्र के भाष्य पर भी एक दृष्टि डाल सकता हूँ?...

शंकर ने कहा—''क्यों नहीं?''

संयोग से 'ब्रह्मसूत्र पर भाष्य' की पांडुलिपि उनके सामने ही रखी थी। उन साधु पुरुष के आने से पूर्व आज वे उसी पर चर्चा कर रहे थे। पांडुलिपि शंकर ने हाथों में ले साधु की ओर बढ़ाई।

पद्मपाद ने झट उठकर उसे लेकर साधु महाराज को सौंप दिया। पांडुलिपि हाथ में आते ही वे उसे बहुत तेज़ी से पन्ने हटाकर देखने-पढ़ने लगे। उस समय वृद्ध साधु

के मुखारविंद पर आने-जाने वाले अनगिनत भाव देखने योग्य थे। शंकराचार्य पूर्व की भाँति शांत थे। पद्मपाद दम साधे साधु की ओर इस तरह एकटक देख रहा था मानो परीक्षा उसके गुरुदेव की नहीं स्वयं उसी की हो रही हो। पता नहीं ये यतिवर अभी क्या परिणाम सुनाएंगे?...

उस प्रार्थना अथवा प्रवचन कक्ष में इस समय उन तीनों के सिवा इस समय और कोई नहीं था। एक 17 वर्षीय संन्यासी सामने तखत पर विराजमान। उसके समक्ष एक ओर भूमि पर अपने आसन पर बैठा उसका 25 वर्षीय संन्यासी शिष्य। दूसरी ओर एक काष्ठ निर्मित चौकी पर बैठा एक अजनबी बूढ़ा साधु, जिसकी आयु का कोई अनुमान लगाना संभव ही नहीं था। वह साधु देर तक शंकर रचित उस भाष्य को उलटता-पलटता रहा।

फिर अचानक वह शंकर की ओर देखकर कहने लगा—"तुमने इसमें ठीक ही संकेत दिया है वत्स!..."

शंकर बोले—"कैसा संकेत पूज्यवर?"

साधु बोले—"यही कि... वेदांत शास्त्र में सृष्टि की किसी अवस्था में जीव की उत्पत्ति का प्रसंग नहीं आया हैं उसे अनादि सत्तावान् माना गया है, जिसका अभिप्राय यही है कि जीव आगंतुक नहीं है अपितु एक सनातन सत्ता है, जिसकी व्याख्या उद्भव के रुप में नहीं की जा सकती।"

शंकर ने सहमति सूचक सिर हिलाकर कहा—"जी पूज्यवर... जीवस्य ह्यनुत्पत्तिराख्याता... मैंने ऐसा लिखा है।"

"हाँ... तुमने यह भी लिखा है कि—अयं जीवरामर्शो न जीवस्वरुपपर्यवसायी, किं तर्हि? परमेश्वर स्वरुप पर्यवसायी।... ऐसा क्यों?"

शंकर बोले—"क्योंकि यतिवर!... मैं इसे विनम्र भाव से स्वीकार करता हूँ कि जीव के स्वरुप की इस मीमांसा का तात्पर्य जीव के स्वरुप का निरुपण करना नहीं है, वरन् परमेश्वर के स्वरुप निरुपण में ही इसका पर्यावसान है।"

साधु अब पहली बार मुस्कुराया। कोमल नेत्रों से शंकराचार्य को देखता हुआ बोला—

"सत्य वचन... वेदांत का चरम प्रयोजन हमारी सीमित जीवसत्ता के अंतर्भूत चरम सत्य के रुप में इस निःसीम और चिरंतन अध्यात्म-तत्त्व की प्रतिष्ठा और इसके साक्षात्कार का जीवन के परम निःश्रेयस के रुप में प्रतिपादन है। यह छोटा-सा जीव-तत्त्व तथापि इस अखिल-व्यापक अध्यात्म-तत्त्व से भिन्न नहीं है। यह उसका अंतर्निहित सत्य है और एक तीव्र अनुभव की अवस्था में उसका साक्षात्कार संभव है। जीव के व्यावहारिक स्वरुप और अनंत ब्रह्म के स्वरुप का भेद, व्यवहार और अनुभव

का एक साधारण तथ्य हैं तुमने लिखा भी है अपने इस भाष्य में—स्वभावप्राप्तस्तु भेदोऽनूद्यते।...

शंकर ने दोनों हाथ जोड़कर पुनः स्वीकारोक्ति में सिर हिलाया और कहा—"जीव और ब्रह्म में यह भेद आत्यन्तिक भेद नहीं माना जा सकता है। क्योंकि—आत्मानौ हि तावभावपि चेतनौ समान स्वभावौ... जीव और ब्रह्म के चैतन्य स्वरुप की समानता तो ज्ञातव्य ही है पूज्यवर!..."

"ठीक कहते हो शंकर!... और तुमने दो चेतन तत्त्वों की संभावना का स्पष्ट निषेध कर वेदांत में अद्वैत-दर्शन को प्रमाणित किया है। बता सकते हो कहाँ और किस प्रकार व्यक्त किया है तुमने इसे?"

इस पर शंकराचार्य ने अत्यंत विनम्र भाव से उन साधु महाराज से कहा—"हे यतिवर! आप जैसे महामनीषी से क्या कहूँ... मैंने ब्रह्मसूत्र के अपने भाष्य 2-3-30 में इस बारे में स्पष्ट कर दिया है—न हि नित्यमुक्तस्वरुपात् सर्वज्ञादीश्वरादन्यश्चेतनो धातुर्द्वितीयो वेदान्तर्थनिरुपणयामुपलभ्यते।... क्योंकि अंत में केवल एक ही परम चैतन्य तत्त्व है जो अनंत और सर्वव्यापक है।"

—इतना सुनते ही वे साधु महाराज अपने स्थान से उठकर खड़े हो गए। अपने दोनों लंबे कर उठाकर आदि-शंकराचार्य से आशीर्वाद की मुद्रा में बोले—"साधु... साधु... प्रिय वत्स शंकर!... तुम्हारा कल्याण हो।"

—शंकर भी उठकर खड़े हो गए। दोनों हाथ जोड़े-जोड़े उस अज्ञात साधु से बोले—

"भगवन्!... कहीं आप स्वयं आदि गुरुदेव कृष्ण द्वैपायन वेद व्यास जी महाराज तो नहीं?"

साधु महाराज बोले—"तुमने ठीक पहचाना जगद्गुरु शंकर!... मैं व्यास ही हूँ। इस हिमालय में निरंतर विचरण करता सहस्त्रों वर्षों से तुम्हारी प्रतीक्षा कर रहा था। आज जाकर मिले हो तुम इस कलिकाल में।... शिव शंभु! शिव शंभु!!—" तब उन्होंने वहाँ अपने वास्तविक स्वरूप के दर्शन दिए।

स्वयं वेद व्यास को प्रकटा जान आद्य-शंकराचार्य उन आदि गुरु के श्रीचरणों में गिर पड़े। पद्मपाद ने भी उन मुनिवर को साष्टांग दण्डवत् किया। तब एक अलौकिक सुगंध उस कक्ष के सम्पूर्ण वातावरण में छा गई।... कुछ पल यों ही बीते तब...

तीन मूर्तियाँ वहाँ खड़ी थीं। भगवान वेद व्यास एक ओर उनके समक्ष श्री आदि शंकराचार्य। उनके काफ़ी पीछे हटकर उनके करबद्ध शिष्य पद्मपादाचार्य। कमरे में अब महामौन परिव्याप्त था। अद्भुत दुर्लभ क्षण थे वे। थोड़ा चिंतन-मनन कर व्यास जी ने श्री शंकर से कहा—

"हे वत्स! मेरे ब्रह्मज्ञान विषयक ये सूत्र अति लघु, संक्षिप्त और दुर्ज्ञेय हैं और एक प्रकार से कूटरचित हैं। तुमने इनकी अत्यंत सुंदर एवं सारगर्भित व्याख्या की है। यह

असंभवप्रायः कार्य कोई शिवशंभु का अंशावतार ही कर सकता था, जो तुमने कर दिखाया है।... तुम वास्तव में शंकर ही हो।''

सुनकर शंकर मौन हो गए। कुछ न बोले। उनके नेत्रों से कृतज्ञता और परमानंद से सिक्त आँसू बहने लगे। क्यों न बहें? आज साक्षात् वेदों, पुराणों, महाभारत, भागवत् जैसे विशाल सनातन संस्कृत वांग्मय के रचयिता भगवान वेद व्यास साक्षात् उनके सामने खड़े उन्हें आशीष दे रहे थे।

व्यास जी कह रहे थे—''तुम्हारे गुरु गोविंदपाद और उनके गुरु गौड़पाद आदि मेरी ही शिष्य परंपरा से हैं। गौड़पाद ने पूर्व जन्म में मेरे पुत्र शुकदेव से शिक्षा ग्रहण की थी।... अब प्रिय शंकर!... इन गूढ़ ज्ञान सम्पन्न भाष्यों की रचना कर तुमने बहुत बड़ा लोकोपकारी कार्य सम्पन्न किया है।... किंतु अभी तुम्हारा कार्य पूर्ण नहीं हुआ है।

भारत में वेद विरुद्ध कुचक्र अभी चतुर्दिक व्याप्त है। उसे अपने इस विशद ज्ञान के अतिरिक्त शास्त्रार्थ और हर संभव उपाय द्वारा तुम्हें पराभूत करना है।...

हे पुत्र! विधाता ने तुम्हें मात्र आठ वर्ष की आयु प्रदान कर इस धरती पर भेजा था। महादेव की और तुम्हारे गुरु की कृपा से तुम्हें आठ वर्ष की आयु और मिली। सोलह वर्ष की आयु में तुमने जिस दुष्कर रचनात्मक-कार्य को सम्पन्न किया है, उसका परिशीलन मैंने अभी किया।...

मुझे विदित है कि तुम्हारे जीवन-दीप में अब मात्र कुछ ही दिनों का चेतना-घृत शेष है। परंतु अभी तुम्हारा कार्य पूरा नहीं हुआ है। इसलिए मैं-वेद-व्यास अपने तपजन्य आत्मबल से सोलह वर्ष और तुम्हारी आयु में जोड़ता हूँ।

महान कर्मकाण्डी विद्वान कुमारिल भट्ट अपने प्रकाण्ड पांडित्य के लिए इस समय वेदांतियों और बौद्धों में समान रुप विख्यात हैं। बल्कि यह कहना अन्यथा न होगा कि पूरे भारत में इस समय उनके शास्त्रज्ञान का आतंक है। उन्हें पराजित करना तुम्हारा अब पहला काम है। अद्वैत-वेदांत की दिग्विजय तो बाद में तुम सुनिश्चित करोगे ही। इस हेतु मेरी समस्त शुभकामनाएं तुम्हारे साथ हैं।''

—यह कहकर महर्षि वेद व्यास जी महाराज अंतर्धान हो गए। उनके पीछे रह गई वह भीनी-भीनी अलौकिक सुगंध जो उनके प्रकट होने के पश्चात उस वातावरण में एकाएक व्याप्त हो गई थी।

पद्मपाद जब तक संभलता उसने देखा कि उन दिव्य विभूति के अप्रकट होते ही गुरुदेव शंकराचार्य उसी स्थान पर बैठकर, वहाँ की धूल अपने मस्तक पर लगाकर गहन समाधि में चले गए हैं।

पद्मपाद ने कक्ष के द्वार से बाहर दूर खड़े उद्भ्रांत, रामदेव और कृष्णदेव को आवाज़ दी। तीनों भीतर आए। उन्होंने पूछा—

"वे साधु बाबा कहाँ गए?"

पद्मपाद बोले—"चले गए। आओ पहले हम पूज्य गुरुदेव को संभालें।"

उद्भ्रांत ने पूछा—"पर वे थे कौन?" पद्मपाद ने बिना किसी लाग-लपेट के कहा—

"महर्षि वेद व्यास जी महाराज!"

—यह सुनकर उन तीनों का मुख खुला का खुला रह गया। किसी को अपने कानों पर विश्वास न हुआ।...

4
अवरोही यात्रा

शंकर और उनके चार सह-यात्री उत्तरकाशी से पदयात्रा करते हुए कुरुक्षेत्र आये। यह पहाड़ों से मैदानों की ओर उनका कूच था। उतार वाली यात्रा थी। शंकर को इस यात्रा में चार-पाँच दिन लगे। वे उत्तरकाशी से मंसूरी-देहरादून होते हुए यमुना नगर आए। यमुना नगर से चलते-चलते कुरुक्षेत्र पहुँचे।...

कुरुक्षेत्र में उन्होंने वहाँ के तत्कालीन मंदिरों के दर्शन किए। पवित्र सरोवर में स्नान किया। उन दिनों एक मंदिर ऐसा था जिसमें धनुर्धारी अर्जुन को गीता का उपदेश देते रथारुढ़ श्रीकृष्ण की एक जीवंत मूर्ति थी। जिस कलाकार ने भी वह सुंदर मूर्ति बनाई थी उसके लिए शंकर और पद्मपाद दोनों के मुख से सराहना का स्वर एक साथ उच्चारित हुआ।

शंकर कुरुक्षेत्र में दो दिन रुके। एक दिन उस गीता-मंदिर में उन्होंने श्रद्धालुओं के मध्य उपदेश भी दिया। कहा कि—"जब श्रीकृष्ण अपने श्रीमुख से स्वयं को ब्रह्म होने की घोषणा करते हैं तो उसे उसी रुप में ग्रहण करना चाहिए। वे निराकार ब्रह्म का ही साकार स्वरुप थे। अव्यक्त का व्यक्त में एक रुपांतर। एक ही परमात्मा हम सब में निवास करता है और हम सब उसमें। इसमें किसी भेद दृष्टि की गुंजाइश ही नहीं है। जो लोग जीव, जीवन, जगत और परम ब्रह्म परमेश्वर को अलग-अलग मानते हैं, माया के आवरण के कारण; ज्ञानी को ऐसी मूढ़ता व्याप्त नहीं हो सकती।

कृष्ण यदि निष्काम कर्म में विश्वस रखते थे तो वह कर्म ज्ञानमार्ग की प्रारंभिक सरणी ही था। वह सरणी वह सीढ़ी हमें परमेश्वर तक ले जाने का एक प्रारंभिक साधन ही है। कर्म फल के त्याग में ब्रह्म साक्षात्कार का मर्म छिपा है। यह अनुभव से समझ में आता है। वेदों और शास्त्रों के अध्ययन से हममें यह समझ तेज़ी से विकसित होती

है। इसलिए जीवन में सद्ग्रंथों का पारायण करते चलना चाहिए।...''

कुरुक्षेत्र से चले तो इन्द्रप्रस्थ तीन दिन में पहुँचे। प्रत्येक दिन 9-10 घंटे की पदयात्रा के बाद मार्ग में किसी मंदिर, धर्मशाला अथवा खुले स्थान में रात्रि विश्राम। अगले दिन कुछ देर स्नान-ध्यान रुखा-सूखा आहार और पुनः प्रस्थान।

एक दिन मार्ग में चलते-चलते पद्मपादाचार्य ने उद्भ्रांत को बताया कि—''महर्षि व्यास और मुनि बादरायण दोनों एक ही हैं।... एक बार जब व्यास बद्रीनाथ जी का दर्शन करने उस क्षेत्र में गए तो उन्हें प्रेरणा हुई कि वेदों का ज्ञान और आकार-प्रकार विस्तृत है। उसके संरक्षण हेतु इसे सूत्रबद्ध कर एक ही ग्रंथ में संक्षिप्त करो।... तब व्यास जी ने उस गुफ़ा में बैठकर 'ब्रह्मसूत्र' ग्रंथ रचा। बद्रीनाथ धाम के निकट लोग उन्हें तंग न करें इस कारण वे बादरायण मुनि के छद्मनाम से उन दिनों वहाँ रहे।''

—इसपर उद्भ्रांत ने पूछा—''तुम्हें कैसे पता?''

—पद्मपाद ने कहा—''मेरे इष्टदेव नरसिंह भगवान ने स्वप्न में मुझसे बताया यह।''

दो संन्यासी, दो साधु, एक ब्रह्मचारी। पाँच पदयात्री बड़े साहस और जीवट के साथ अब उत्तर भारत के मैदानों की यात्रा पर थे। वर्तमान दिल्ली का प्राचीन नाम था—इंद्रप्रस्थ।

इंद्रप्रस्थ यात्रियों का अगला पड़ाव था। यमुना के किनारे बसी महाभारत कालीन एक सुंदर नगरी। कभी द्यूतक्रीड़ा में कौरव भ्राता दुर्योधन के हाथों-हाथों हारी गई यह इंद्रप्रस्थ-नगरी पांडवों द्वारा बड़े मन से बनवाई गई थी। काकाश्री धृतराष्ट्र महाराज ने जब आधा हस्तिनापुर साम्राज्य अपने अनुज पांडु के पाँच पुत्रों में बाँटा था तब पांडवों में ज्येष्ठ भ्राता महाराज युधिष्ठिर ने इंद्रप्रस्थ की स्थापना कर उसे अपने राज्य की राजधानी का दर्जा दिया था।

शंकर और चारों सह-यात्रियों ने दो दिन इंद्रप्रस्थ में भी रुक कर उस राजधानी के ऐतिहासिक भवनों और मंदिरों आदि को देखा। इसके पश्चात वे आगे की यात्रा में यमुना के किनारे-किनारे का मार्ग पकड़कर आगे श्रीकृष्ण की लीला-स्थली वृंदावन-मथुरा की ओर बढ़े।...

तीन दिन इंद्रप्रस्थ से वृंदावन पहुँचने में लगे इस यात्रीदल को। वृंदावन उन दिनों पूरी तरह वनाच्छादित था। पक्षियों के कलरव से कूजित। नृत्य करते मयूरों और कुलांचे भरते हिरणों से सुशोभित। उनमें होकर गोधन को लिए-दिए गोप-समुदाय के बाल-वृंद विचरते तब भी दिख जाते थे कहीं-कहीं। मंदिर बहुत थोड़े से थे। किंतु प्राकृतिक सुषमा अपार थी। वृंदावन की हरियाली के बीच बहती थी कालिंदी नदी, अर्थात्—यमुना।

कालिंदी का वह तट जहाँ कभी बाल-कृष्ण ने यमुना बीच उतर कर नाथा था कालिया नाग को। कालिया नामक जीवधारी कोई नाग था? अथवा दुष्ट मनुष्य? जो

यमुना जी के जल को किसी प्रकार से प्रदूषित कर रहा था। आज के हिसाब से देखा जाय तो आज अर्थलाभ के लिए अनेक धनपशु कालिया नाग की भाँति नदियों को अपने विषैले औद्योगिक कचरे से निरंतर विषाक्त कर रहे हैं। कराहती हुई नदियों को स्वयं यमुना को भी आज प्रतिपल जैसे किसी मुक्तिदाता कृष्ण की आतुर प्रतीक्षा है।...

वृंदावन का मुख्य पूजनीय-भूभाग उन दिनों कृष्ण लीला का विशिष्ट ऐतिहासिक स्थल गोवर्धन पर्वत ही हुआ करता था। जब आस-पास के क्षेत्र में अतिवृष्टि और फलस्वरुप यमुना की त्रासदायक बाढ़ से गोप-गोपियों अर्थात् जन-जीवन को गोवर्धन पर्वत पर पहुँचवा कर श्रीकृष्ण ने उनकी रक्षा की थी। इस कार्य में कृष्ण की उनके सखाओं ने, ब्रज मंडल के ग्वाल-बालों ने भी बड़ी सहायता की थी।...

शंकर अपने बाल सखा उद्भ्रांत और अन्य अनुयायियों को लेकर जब वृंदावन पहुँचे तो उन्होंने सर्वप्रथम गोवर्धन पर्वत स्थित श्रीकृष्ण भगवान के मंदिर के पावन दर्शन किए। गोवर्धन पर्वत की एक प्रदक्षिणा भी की। वनाच्छादित वृंदावन में विचरे। फिर प्रदूषण रहित कालिंदी तट पर पहुँचे। वहाँ उन्होंने यमुना जी में स्नान किया। कुछ साधु-महात्माओं के आश्रम में दो-तीन दिन व्यतीत कर अपने मार्गश्रम का परिहार भी किया और आनंदपूर्वक ब्रह्माराधन किया।

इन कुछ परम आनंदकारी दिनों में पद्मपाद गुरु-सेवा में लगे रहे।

दोनों भजनानंदी साधु रामदेव और कृष्णदेव वृंदावन में उद्भ्रांत भइया के साथ यत्र-तत्र विचरते हुए राधा-कृष्ण के संकीर्तन में मस्त रहे।

इस वृंदावन के प्रवास में किसी का भी यहाँ से शीघ्र प्रस्थान का मन नहीं करता था। परंतु सबके जीवन की डोर तो गुरुदेव शंकराचार्य के हाथ बंधी थी। आगे की यात्रा का कार्यक्रम सदैव वे ही निर्धारित करते थे। सभी अनुयायी उनके उस कार्यक्रम का निष्ठापूर्वक अनुपालन करते थे।

गुरुदेव को किसी आश्रमवासी महात्मा ने बातचीत के दौरान अवगत कराया कि सुप्रसिद्ध विद्वान कुमारिल भट्ट इन दिनों प्रयागराज में हैं। वे नालंदा से अपने ब्रह्मज्ञान का डंका बजाते भारत भ्रमण उपरांत आकर प्रयागराज में कुछ ही दिनों पूर्व ठहरे हैं।

इसके बाद शंकराचार्य महाराज के मन में शीघ्र से शीघ्र प्रयागराज पहुँचने की हुड़क मच गई। वे उसी दिन वृंदावन से समीप्तस्थ मथुरा नगरी के लिए रवाना हो गए आखिर श्रीकृष्ण जन्मभूमि के दर्शन किए बिना आगे कहीं जाया जा भी कैसे सकता था?

शंकर ने मथुरा जाकर श्रीकृष्ण जन्मभूमि मंदिर के भी पावन दर्शन किए। पश्चात यमुना तट पर जाकर यमुना जी के मंदिर के दर्शन किए। उसके बाद उद्भ्रांत की सलाह पर वहीं से सबने मिलके नाव द्वारा आगे की यात्रा हेतु परमाचार्य शंकर को राज़ी किया।

उद्भ्रांत ने एकांत में शंकर से कहा—''माँ आर्यम्बा ने भिक्षा में मुझे कुछ स्वर्ण मुद्राएं चलते समय दी थीं।... तुझे उससे क्या?... तेरे लिए तो वह सब मिट्टी है... परंतु यह 'माटी का मानव' जो तेरा मित्र है, उसकी तू उपेक्षा नहीं कर सकता... इस नौका-यात्रा का उत्तरदायित्व मेरा है... तू बस चुपचाप मथुरा से इस नौका में प्रयागराज को चल।''

आदि-शंकर अपने अभिन्न मित्र की किसी आदेशात्मक सलाह को शुरु से नहीं टालते थे। उन दिनों भारत में नौकाओं द्वारा भी नदी-मार्ग से यातायात और माल-परिवहन होता था। शंकर मान गए। इस समय वैसे भी कुमारिल भट्ट से यथाशीघ्र भेंट करना उनके मन में 'सर्वोच्च प्राथमिकता' थी।...

एक बड़ी मालवाहक नौका जब उस दिन दोपहर के समय इंद्रप्रस्थ की ओर से आकर मथुरा के उस नौका तट पर व्यापारियों का माल चढ़ाने-उतारने लगी तो उद्भ्रांत ने उस नौका के मालिक से वार्ता की।

नौका आगे अग्रवन, कालपी, राजापुर होकर प्रयागराज तक ही जा रही थी। उद्भ्रांत ने अपने पाँच यात्रियों के लिए उस नौका-यात्रा का किराया-भाड़ा तय किया। एक स्वर्ण मुद्रा में बात बन गई। और कोई सेठनुमा यात्रा होते तो नौका-मालिक दो स्वर्ण मुद्राओं से कम न लेता। परंतु इन साधु-संतों को देखकर आधे में ही शुल्क तय हो गया।...

मथुरा से यदि पदयात्रा करते तो प्रयागराज पहुँचने में 10-12 दिन से कम लगते, परंतु शंकर और उनके साथी केवल दो दिन में ही यमुना के उस जल-मार्ग से मथुरा से प्रयागराज के त्रिवेणी संगम तक जा पहुँचे।

नदी मार्ग अपेक्षाकृत काफ़ी सुखद था। नदी की यह यात्रा भी जल प्रवाह की दृष्टि से एक अवरोही यात्रा ही थी। नदी की प्रवाहमान धारा तीव्रता से उस जलमार्ग पर उस विशाल नौका को बहाए लिए जा रही थी। नाविकों को केवल सजग रहना पड़ता था और कहीं-कहीं बांस के बड़े लग्गे का प्रयोग उस नौका को आगे तीव्रता से नियंत्रित करने और बहाने में करना पड़ता था।

नौकाएं इस तरह दिन-रात गंगा-यमुना जैसी लबालब जलराशियों वाली नदियों की चौड़ी छाती को चीरती आगे-आगे बढ़तीं। दो मल्लाह यदि सोते तो दो निरंतर उसपर जगे रहते। नौका खेते रहते। नाविक मुख्य-मुख्य पड़ावों पर, माल चढ़ाने-उतारने को ही रुकते। अन्यथा सुबह शाम किन्हीं निर्जन प्रदेशों में लघु-दीर्घ शंका इत्यादि के लिए नौका ठहराते।...

इस नौका यात्रा का प्रथम मुख्य पड़ाव अग्रवन पड़ा। आज के आगरा को तब महाभारत काल से ही अग्रवन कहा जाता था। ब्रजक्षेत्र का विस्तार इधर वृंदावन से अग्रवन तक और उसके भी आगे कुछ दूर तक था। अग्रवन में व्यापारिक-माल

चढ़ा-उतार करने और भोजन करने की प्रक्रिया में चार घंटे व्यतीत हुए होगे। तब नौका आगे को चली। शंकर आदि की तरह सात-आठ यात्री गण और उस विशाल नौका में सवार थे।

अग्रवन के बाद बमरौली, बटेश्वर होती हुई यह नौका उस रात कालपी पहुँची। वहाँ भी माल की चढ़ाई-उतराई हुई। नाविकों और यात्रियों ने कालपी में भोजन-पानी किया। फिर वहीं रात्रि विश्राम भी हुआ। कारण कि—सबके-सब नाविक बहुत थक चुके थे। यद्यपि चाँदनी रात थी। यदि चाहते तो चल पड़ते। परंतु श्रम अधिक हो जाने के कारण उस रात सभी लोग खा-पीकर कालपी के तट पर ही सोए।...

प्रातःकाल बड़े सवेरे नाव फिर चल दी। दोपहर बाद नौका चिल्लाघाट, किशनपुर होती हुई यमुना मैया की कृपा से चित्रकूट के निकट राजापुर पहुँची। वहाँ तीन-चार घंटे नौका रुकी रही। विभिन्न व्यापारियों का सामान लादा-उतारा गया। सभी यात्रियों ने वहाँ दोपहर का भोजन लिया। फिर सब उस जलमार्ग से आगे को अग्रसर हुए।...

उस दिन सूर्यास्त से पूर्व सभी नौका यात्री नैनी होते सकुशल प्रयागराज पहुँच गए गंगा-यमुना-सरस्वती के संगम-तट के निकट एक उपयुक्त घाट पर वह बड़ी परिवहन नौका रुकी। तीर्थ यात्री और अन्य सभी नौका से नीचे उतर पड़े।

शंकर और उनके साथी पहले तो प्रयागराज के संगम में नहाए। फिर उन्होंने कुछ ही दूर पर स्थित अक्षयवट के दर्शन किए। मान्यता है कि विगत प्रलय के समय समस्त सृष्टि के नष्ट हो जाने पर हिमालय के अतिरिक्त प्रयागराज स्थित इस अक्षय वट का भी अस्तित्व इसी तरह बना रहा था और उस समय अजर अमर मार्कण्डेय ऋषि ने इसी अक्षयवट पर आश्रम लिया था। आदि शंकर और उनके अनुयायी इसके पश्चात रेत में पग-पग धरते लोगों से पूँछते-पाँछते प्रयागराज नगर में स्थित श्रीराम के वनगमन इतिहास से जुड़े सुविख्यात 'भारद्वाज आश्रम' को चल दिए।

आज रात्रि श्रीशंकराचर्य को वहीं रात्रिविश्राम करना था। अगले दिन कुमारिल भट्ट वेद-विशारद और बौद्ध धर्म ग्रंथों के भी परम ज्ञाता, की खोज-खबर लेकर उनसे भेंट करनी थी।...

भारद्वाज आश्रम पहुँचकर गुरुदेव शंकराचार्य विचार कर रहे थे कि वेदों और उसमें भी कर्मकाण्ड पर अधिक विश्वास रखने वाले, साथ ही धर्म परिवर्तन कर बौद्धमत में कुछ वर्ष रहने के उपरांत पुनः सनातन धर्म में वापिस लौटे हुए आचार्य कुमारिल भट्ट से ज्ञानमार्ग पर चर्चा कैसी होगी? उनकी प्रतिक्रिया क्या होगी?... जैसी उनकी ख्याति है, यदि मेरे ब्रह्मसूत्र पर रचित 'भाष्य' को देखकर उनकी अनुकूल-सम्मति हो सके तो उनसे उसपर क्यों न एक 'कारिका' लिखवा ली जाय? परंतु क्या ऐसा संभव हो सकेगा?...

शिष्य पद्मपाद यह विचार कर रहा था कि कुमारिल भट्ट के बारे में जो सुना गया है वे आज के युग के एक बहुत बड़े विद्वान हैं। किंतु अस्थिर बुद्धि के व्यक्ति भी प्रतीत होते हैं। वे ठहरे कर्मकाण्डी ब्राह्मण, जबकि अपने गुरुदेव पक्के ज्ञानमार्गी। यद्यपि वेदों से ही दोनों मार्ग निकले हैं किंतु हैं तो दोनों विरोधाभासी। बिना उनसे शास्त्रार्थ किए कोई बात बनने वाली नहीं कदाचित्।

उधर सरल हृदय उद्भ्रांत सोच रहा था। यह नौका-यात्रा भी कितनी आह्लादकारी थी। हमारे नाविकों को तो कोई विशेष श्रम नहीं करना पड़ा रहा था। परंतु जो नौकाएं उधर से इधर विपरीत धारा में आ रही थीं, उनकी गति कितनी धीमी थी? और हाड़ तोड़ श्रम उनके नाविकों के मानो प्राण हरे लेता था।... जबकि वे दोनों साधु कुछ नहीं सोच रहे थे। वे तो गहरी नींद का आनंद ले रहे थे।...

अध्याय–सात

⌘

वेदान्तविज्ञान सुनिश्चितार्थाः
संन्यासयोगाद्यतयः शुद्धसत्वाः।
ते ब्रहमलोकेषु परान्तकाले
परामृताः परिमुच्यन्ति सर्वे।।

–जिन्होंने वेदान्तजनित विज्ञान से ज्ञेय अर्थ का अच्छी तरह निश्चय कर लिया है, वे संन्यासयोग से यत्न करने वाले समस्त शुद्धचित्त पुरुष ब्रहमलोक में देहत्याग के समय, परम अमर भाव को प्राप्त कर, सब ओर से मुक्त हो जाते हैं।

(मुण्डकोपनिषद्)

1

प्रयागराज

प्रयागराज का भारद्वाज-आश्रम त्रिवेणी-संगम से बहुत दूर नहीं था। प्रातःकाल जब स्नान-ध्यान से निवृत्त हो शंकराचार्य अपने शिष्य पद्मपाद के साथ संगम तट से वापस आए तो भारद्वाज-आश्रम में भी जगार हो गई थी। उस वृक्षों-फुलवारियों और छोटे-छोटे मंदिरों और घास-फूस की कुटियों वाले दिव्य स्थल में अब चहल-पहल मची थी।

भारद्वाज-आश्रम के मध्य उन दिनों एक काष्ठ निर्मित हवादार और तीन तरफ से खुला सभा कक्ष था। उसमें आधे भाग में एक यज्ञ-वेदी बनी हुई थी, जिसतें नित्य प्रातः आश्रम के आचार्य अपने उच्च शिक्षा में निमग्न शिष्यों के साथ हवन करते थे। सभाकक्ष का आधा भाग कथा-प्रवचन ध्यान योग आदि के लिए रिक्त रहता था। उसमें यज्ञोपरांत कुछ अवधि के लिए नित्य भगवत् चर्चा होती थी। रामायण, महाभारत, भागवत् आदि के प्रसंगों पर प्रवचन का लाभ आश्रमवासी प्राप्त करते रहते थे।

आदि शंकराचार्य जब संगम से लौटे तो भारद्वाज-आश्रम के तत्कालीन आचार्य ने उनसे कहा कि आज वे कृपया उनके छात्रों को कुछ वेद आधारित ज्ञानामृत का पान कराएं। शंकर ने आचार्य का अनुरोध स्वीकार किया।

यज्ञ कार्य कुछ देर पूर्व ही वहाँ सम्पन्न हो चुका था। अतः यज्ञ वेदी की हवियों से निकलता सुगंधित धूम्र उस खुले हुए कक्ष को भी सुवासित करता बाहर आकाश की ओर पलायित हो रहा था। उस खुले कक्ष में जहाँ अब से कुछ देर पूर्व वेद मंत्रों के स्वर गूँजते यज्ञ-कार्य को सम्पन्न कर रहे थे, वहीं अब भगवान शंकराचार्य के मुखारविंद से ब्रह्म-चर्चा का सूत्रपात हुआ।...

सारे युवा छात्र अपने बीच एक किशोर एवं तेजस्वी संन्यासी को पाकर आश्चर्य चकित थे। कौन है यह? हमारे बीच ये क्या अध्यात्म चर्चा करेगा?... आयु में तो हममें से अधिकतर लड़कों से छोटा दिख रहा है। परंतु इसका नाम शंकराचार्य बताया है गुरु जी ने।... क्या यह वही शंकराचार्य है? वही जिसके नाम और ज्ञान की चर्चा ओंकारेश्वर, काशी, ब्रदीनाथ धाम और इधर प्रयागराज तक में बहुत दिनों से चल रही है?...

आदि शंकर ने बोलना शुरु किया—

''इस गुरुकुल एवं आश्रम के विद्वान आचार्य प्रवर! और प्रिय छात्र मनीषियो!!...

मुझे आदेश हुआ है आप सबके बीच कुछ वेद आधारित चर्चा करने का। आप जानते हैं कि वेदों से ही हमारे विभिन्न शास्त्रों की निष्पत्ति हुई है। क्या उपनिषद् और क्या पुराणादि।...

'श्रीमद्भागवत' उनमें से एक है। प्रातःस्मरणीय महर्षि वेद व्यास जी द्वारा रचित अनेक महाग्रंथों में यह एक ऐसा महापुराण है कि यदि केवल इसी एक महाग्रंथ का मनुष्य आधोपांत एक बार अपने जीवन में अध्ययन कर ले तो ज्ञान, कर्म और भक्ति-अध्यात्म के त्रिगुणात्मक महा मार्गों और महाभावों का रस उसे एक जगह प्राप्त हो सकता है।

जो अध्ययनशील मनुष्य एकाधिक बार श्रीमद्भागवत् का गंभीरता से पारायण करेगा, उसे तो हर बार ज्ञानानंद की गहन-अनुभूति होगी। वस्तुतः चारों वेदों का सार सन्निहित है श्रीमद्भागवत् महापुराण में। देखा जाए तो वेद व्यास महाराज ने इसे गृहस्थों के कल्याणार्थ ही रचा है। विशेषकर सद्गृहस्थों के लिए। जो देखा जाए तो किन्हीं अर्थों में योगियों अथवा संन्यासियों से कम नहीं होते। बस इस मायालोक में प्रवृत्त होने के कारण अपने मूल स्वरुप को भूले रहते हैं। श्रीमद्भागवत् पग-पग पर उन्हें योगेश्वर श्रीकृष्ण के भगवद्स्वरुप की याद दिलाती है और इस भौतिक जगत की निद्रा से जगाने का प्रयास करती है।...

'श्रीमद्भागवत्' के सप्तम स्कंध के पंद्रहवें अध्याय में ''गृहस्थों के लिए मोक्षधर्म'' का वर्णन है। प्रिय छात्रो!... आप सब इस समय ब्रह्मचर्य आश्रम की उच्च-कक्षाओं में अध्ययनरत हैं। कुछ काल पश्चात् आप में से अधिकांश युवक गृहस्थ आश्रम में प्रविष्ट हो सांसारिक दायित्वों का निर्वहन करेंगे। भागवत् को ही यदि स्मरण रखेंगे तो आपके द्वारा सद्कर्मों का विस्तार होगा और जगत् का कल्याण। कालांतर में क्रमशः वानप्रस्थ और संन्यास आश्रम में आते-आते ज्ञानमार्ग के रहस्य भी आप जानने लगेंगे, जो कि 'मोक्ष' का सच्चा मार्ग है।...

अब मैं संक्षेप में भागवत् के उक्त प्रसंग के कुछ अंश आपके सामने रखूँगा। सम्पूर्ण भागवत् का श्रवण और अध्ययन तो हर दृष्टि से हितकारी है ही।

यहाँ मुनिवर नारद जी युधिष्ठिर को गृहस्थों के लिए मोक्षधर्म की शिक्षा दे रहे हैं। एक स्थान पर वे उससे कहते हैं—

वैदिक कर्म दो प्रकार के होते हैं—एक तो वे जो हमारी चित्तवृत्तियों को उनके विषयों की ओर ले जाते हैं—प्रवृत्तिपरक। दूसरे प्रकार के कर्म वे होते हैं जो वृत्तियों को

उनके विषयों की ओर से लौटाकर शांत और आत्म साक्षात्कार के योग्य बना देते हैं—निवृत्तिपरक।

प्रवृत्तिपरक कर्ममार्ग से बार-बार जन्म-मृत्यु की प्राप्ति होती है और निवृत्तिपरक भक्तिमार्ग या ज्ञानमार्ग के द्वारा परमात्मा की प्राप्ति होती है।

श्येनयागादि हिंसामय कर्म, अग्निहोत्र, दर्श, पूर्णमास, चातुर्मास्य, पशुयाग, सोमयाग, वैश्वदेव, बलिहरण आदि द्रव्यमय कर्म 'इष्ट कर्म' कहलाते हैं और देवालय, बगीचा, कुँआ आदि बनवाना तथा प्याऊ आदि लगाना 'पूर्तकर्म' हैं। ये सभी प्रवृत्तिपरक कर्म हैं और सकाम भाव से संयुक्त होने पर अशांति के ही कारण बनते हैं।

प्रवृत्तिपरायण पुरुष मरने पर चरु-पुरोडाशादि यज्ञ संबंधी द्रव्यों के सूक्ष्म भाग से बना हुआ शरीर धारण कर धूमाभिमानी देवताओं के पास जाता है। फिर क्रमशः रात्रि, कृष्णपक्ष और दक्षिणायन के अभिमानी देवताओं के पास जाकर चंद्रलोक में पहुँचता हैं वहाँ से भोग समाप्त होने पर अमावस्या के चन्द्रमा के समान क्षीण होकर वृष्टि द्वारा क्रमशः ओषधि, लता, अन्न और वीर्य के रुप में परिणत होकर 'पितृयान मार्ग' से पुनः संसार में ही जन्म लेता है। नारद जी कहते हैं—हे युधिष्ठिर!... गर्भाधान से लेकर अन्त्येष्टि पर्यन्त सम्पूर्ण संस्कार जिनके होते हैं, उनको 'द्विज' कहते हैं।

उनमें से कुछ तो पूर्ववत प्रवृत्तिमार्ग का अनुष्ठान करते हैं और कुछ आगे कहे जाने वाले निवृत्तिमार्ग का।..."

आश्रम के छात्र समुदाय के ठीक पीछे बैठे थे शंकर-शिष्य पद्मपाद। तभी शंकर-सखा उद्भ्रांत भी आकर उनके निकट बैठ गया और शंकराचार्य के प्रवचन को सुनने लगा। पद्मपाद ने उद्भ्रांत के कान में खुसफुसाकर कहा।—

"कुमारिल भट्ट तो प्रवृत्तिमार्ग के मीमांसक हैं। यज्ञादि अनुष्ठानों के समर्थक..."

उद्भ्रांत ने पूछा—"और अपने आचार्य?"

"निवृत्तिमार्ग के। कर्मकाण्डों से विरत..."

इस समय शंकराचार्य कह रहे थे—"भागवत् कहती है कि निवृत्तिपारायण पुरुष इष्ट, पूर्त आदि कर्मों से होने वाले समस्त यज्ञों को, विषयों का ज्ञान कराने वाली इन्द्रियों में, हवन कर देता है। इन्द्रियों को दर्शनादि-संकल्परुप मन में, विकारयुक्त मन को परा वाणी में और परा वाणी को वर्ण समुदाय में, वर्ण समुदाय को 'अ उ म' इन तीन स्वरों के रुप में रहने वाले ओंकार में, ओंकार को बिन्दु में, बिन्दु को नाद में, नाद को सूत्रात्मारुप प्राण में तथा प्राण को ब्रह्म में लीन कर देता है।

वह निवृत्तिनिष्ठ ज्ञानी क्रमशः अग्नि, सूर्य, दिन, सायंकाल, शुक्ल पक्ष, पूर्णमासी और उत्तरायण के अभिमानी देवताओं के पास जाकर ब्रह्मलोक में पहुँचता है और वहाँ

के भोग समाप्त होने पर वह स्थूलोपाधिक विश्व अपनी स्थूल उपाधि को सूक्ष्म में लीन करके सूक्ष्मोपाधिक 'तैजस' हो जाता है। फिर सूक्ष्म उपाधि को कारण में लय करके कारणोपाधिक 'प्राज्ञ' रुप में स्थित होता है। फिर सबके साक्षी रुप से सर्वत्र अनुगत होने के कारण साक्षी के ही स्वरुप में कारण उपाधि का लय करके 'तुरीय' रुप से स्थित होता है। इस प्रकार दृश्यों का लय हो जाने पर वह शुद्ध आत्मा रह जाता है। यही मोक्ष पद है।

इसे 'देव यान मार्ग' कहते हैं। इस मार्ग से जाने वाला आत्मोपासक संसार की ओर से निवृत्त होकर क्रमशः एक से दूसरे देवता के पास से होता हुआ ब्रह्मलोक में जाकर आपने स्वरुप में स्थित हो जाता है। वह प्रवृत्तिमार्गी के समान फिर जन्म-मृत्यु के चक्कर में नहीं पड़ता।

ये पितृयान और देवयान दोनों ही वेदोक्त मार्ग हैं। जो शास्त्रीय दृष्टि से इन्हें तत्त्वतः जान लेता है वह शरीर में स्थित रहता हुआ भी मोहित नहीं होता।...

प्रिय आत्मन्! तुम इतना जान लो कि दर्पण आदि में दिख पड़ने वाला हमारा प्रतिबिम्ब विचार और युक्ति से बाधित है, उसका उनमें अस्तित्व है नहीं। फिर भी वस्तु के रुप में तो वह दिखता ही है। वैसे ही इंद्रियों द्वारा दिखने वाला वस्तुओं का भेद-भाव भी विचार, युक्ति और आत्मानुभव से असंभव होने के कारण वस्तुतः न होने पर भी सत्य-सा प्रतीत होता है।...

नारद जी युधिष्ठिर से कहते हैं—जो विचारशील पुरुष स्वानुभूति से आत्मा के त्रिविध अद्वैत का साक्षात्कार करते हैं—वे जाग्रत्, स्वप्न, सुषुप्ति और द्रष्टा, दर्शन तथा दृश्य के भेदरुप स्वप्न को मिटा देते हैं। ये अद्वैत तीन प्रकार के होते हैं—भावाद्वैत, क्रियाद्वैत और द्रव्याद्वैत।

जैसे वस्त्र सूतरुप ही होता है, वैसे ही कार्य भी कारणमात्र ही है। क्योंकि भेद तो वास्तव में है ही नहीं। इस प्रकार सबकी एकता का विचार 'भावाद्वैत' है।

मन, वाणी और शरीर से होने वाले सब कर्म स्वयं परमब्रह्म परमात्मा में ही हो रहे हैं, उसी में अध्यस्त हैं—इस भाव से समस्त कर्मों को समर्पित कर देना 'क्रियाद्वैत' है।

स्त्री-पुत्रादि सगे-संबंधी एवं संसार के अन्य समस्त प्राणियों के तथा अपने स्वार्थ और भोग एक ही हैं, उनमें अपने और पराये का भेद नहीं है—इस प्रकार का विचार 'द्रव्याद्वैत' है।

जिस पुरुष के लिए जिस द्रव्य को जिस समय जिस उपाय से जिससे ग्रहण करना शास्त्राज्ञा के विरुद्ध न हो, उसे उसी से अपने सब कार्य सम्पन्न करने चाहिये; आपत्तिकाल को छोड़कर इससे अन्यथा नहीं करना चाहिये।...

तो महाराज! भगवद्भक्त मनुष्य वेद में कहे हुए इन कर्मों के तथा अन्यान्य स्वकर्मों के अनुष्ठान से घर में रहते हुए भी श्रीकृष्ण की गति को प्राप्त कर लेता है।...''

अभी यह सत्संग चल ही रहा था कि भारद्वाज-आश्रम के बाहर एक कोलाहल सा मचा। सभी श्रोता ध्यान भंग होने पर गर्दनें घुमाकर बाहर को देखने लगे। शंकराचार्य ने भी अपनी वाणी को रोक दिया।

तभी एक व्यक्ति बाहर से भागा-भागा भीतर आया। वह आश्रम के आचार्य प्रवर से बोला—''नगर के काफ़ी लोग कोलाहल करते हुए गंगातट की ओर जा रहे हैं पूज्य गुरुवर!...''

आचार्य प्रवर ने पूछा—''क्यों?''

उस उत्तेजित व्यक्ति ने कहा—''पता चला है कि भट्टपाद कुमारिल भट्ट गुरुवध अपराध के कारण वहाँ संगम के निकट तूषानल में प्रवेश करने जा रहे हैं। सभी लोग उस दृश्य को देखने के लिए ही उधर भागे चले जा रहे हैं।''

यह सुनते ही आदि शंकराचार्य ने वह सत्संग चर्चा उसी क्षण स्थगित कर दी। गुरुकुल के आचार्य जी ने अपने छात्रों से कहा—''तुम सब जाओ अब...''

इसके पश्चात् वे शंकराचार्य से कहने लगे—''पूज्यवर!... आप तो इन कुमारिल भट्ट के विषय में जानते ही होंगे?''

शंकराचार्य बोले—''अधिक नहीं... आप बताएं।'' तब आचार्य जी ने कहा—''जितना मैंने सुना है उसके अनुसार कुमारिल भट्ट का जन्म कहाँ हुआ? यह कोई प्रमाणिक रुप से बता नहीं पाता। कोई उन्हें दक्षिण भारत के चोल राज्य का ब्राह्मण बताता है। कोई कहता है कि वे कामरुप असम की ओर के हैं तो कोई उन्हें मधुबनी अथवा मिथिला का बताता है।...

जो भी हो वे आज के एक महान वेदज्ञ हैं। कर्मकाण्ड के समर्थक एक उद्भट विद्वान हैं। कहते हैं कि भारत भूमि में परिव्याप्त बौद्ध धर्म के वर्चस्व को समाप्त करने के लिए उन्होंने एक गोपनीय संकल्प लिया। यह नीति अपनायी कि सशक्त विरोधी को उसके गढ़ में घुसकर छद्मवेश में रहकर उसकी कमजोरियों को जानो फिर अवसर आने पर उसे नष्ट करो।...

एक बार अपने एक संबंधी के मित्र धर्मकीर्ति से भेंट होने पर कुमारिल की उससे ब्रह्म चर्चा छिड़ गई। धर्मकीर्ति नालंदा के बौद्ध स्थविर विद्वान धर्मपाल जी का शिष्य था। दोनों के मध्य वैदिक धर्म और बौद्ध मत की विशेषताओं को लेकर शास्त्रार्थ होने

लगा। कुमारिल भट्ट जानबूझ कर धर्मकीर्ति से हार गए। कहा कि अब वे क्योंकि पराजित हो चुके हैं, अतः बौद्ध धर्म स्वीकारना चाहते हैं। बौद्ध गुरु धर्मपाल जी से उन्हें मिलवा दिया जाए। भन्ते धर्मकीर्ति ने तब नालंदा के बौद्ध मठ ले जाकर कुमारिल भट्ट की स्थविर धर्मपाल जी से भेंट कराई। कुमारिल तब बौद्ध मत में दीक्षित हुए।...

गुरु सानिध्य में रहकर बौद्ध धर्म के भीतर तोड़-फोड़ करने के लिए उन्होंने बहुत मन लगाकर अपने गुरु के चरणों में बैठकर समस्त बौद्ध ग्रंथों, त्रिपटकों और जातक कथाओं आदि का गहन अध्ययन किया।...

एक दिन बौद्ध सभा में बैठे वे गुरु धर्मपाल जी के व्याख्यान को सुन रहे थे कि अचानक वे बौद्ध मत की उच्चता को सिद्ध करते-करते अपने अनीश्वरवादी दर्शन के साथ-साथ सनातन धर्मियों की आस्था के मूल ग्रंथों अर्थात् वेदों की निंदा करने लगे।

यह सुनकर कुमारिल भट्ट का 'ब्रह्मज्ञान' उनके ब्राह्मणत्व को मन ही मन धिक्कारने लगा। परिणामतः बौद्ध भन्ते के रुप में अन्य सह-पाठियों के साथ में उस धर्म सभा सत्र में बैठे कुमारिल भट्ट गुरु धर्मपाल महाभाग के विरुद्ध कुछ बोल तो नहीं सके, परंतु उनके नेत्रों से टप-टप आँसू गिरने लगे। अगल-बगल बैठे कुछ बौद्ध भिक्षुओं ने यह देख लिया। इस पर एक भिक्षु दूसरे से खुसफुसा कर बोला—"देखों तो ये कैसे आँसू बहा रहा है। वेद विरुद्ध व्याख्यान सुनकर।"

दूसरा बोला—"मुझे तो बहुत पहले से इस धूर्त पर संदेह था। जब कभी इससे—'धम्म' को लेकर चर्चा करो यह कहीं न कहीं से किसी 'वेद ऋचा' को बीच में ले आता था।"

तीसरा बोला—"मुझे तो लगता है कि यह आस्तीन का साँप है। मठ में घुसकर हमारे 'धम्म' को क्षति पहुँचाने आ घुसा है। हमें गुरुदेव धर्मपाल महाभाग से इसकी शिकायत करनी चाहिए।"

—और तब उस व्याख्यान सत्र के बाद उन बौद्ध भिक्षुओं ने धर्मपाल जी से कुमारिल भट्ट की शिकायत कर अपनी आशंकाओं पर जोर दिया।

धर्मपाल ने कुमारिल भट्ट से पूछा कि "तुम्हारे संताप का क्या कारण है?"

अब कुमारिल भट्ट से गुरु सन्मुख असत्य न कहा जा सका। बोले—"आप उस वेद ऋचा का गलत अर्थ बता रहे थे जिसके कारण वेदों की गर्हित छवि उभरती देखी मैंने।"

इस पर स्थविर धर्मपाल बिगड़ गए। बोले—"तो तुम फिर यहाँ क्या कर रहे हो? तुम्हारा इस बौद्ध-विहार में क्या काम?... ले जाओ इस धम्म-द्रोही को और इस भवन की छत से नीचे गिरा दो।"

बस फिर वे सभी बौद्ध कुमारिल भट्ट को बाहुपाशों में जकड़कर उस भवन की ऊँची छत पर उठा ले गए। छत के पीछे की ओर गहरी खाई थी, काँटेदार जंगल थे। वे कुमारिल भट्ट को उठाकर नीचे फेंकने को उद्यत हुए तो वे बोले—

''यदि प्रमाणं श्रुतियो भवन्ति...

—यदि वेद प्रमाणित है तो मुझे कुछ न होगा। तुम मुझे मार न सकोगे। तब तुम्हें मुझे शास्त्रार्थ द्वारा ही पराजित करना होगा।...''

कुमारिल भट्ट को बौद्धों ने नीचे गिरा दिया। परंतु उनका प्राणांत न हुआ। उनके शरीर को भी कोई विशेष क्षति न पहुँची। केवल एक आँख अवश्य जाती रही।''

'' वो इसलिए कि वेद तो प्रमाणित हैं ही। अपने उस अभिकथन में 'यदि' लगाकर कुमारिल ने जो संदेह किया।''—शंकर ने आचार्य जी को बीच में टोका।

आचार्य पुनः कहने लगे—''नालंदा के इस बौद्ध-विहार से निष्काषित हो उस प्राणघातक घटना से उबर कर कुमारिल भट्ट नालंदा के नगर में आए।

अनेक व्यक्तियों और उनके परिचितों ने उनकी कुशलक्षेम पूछी। अगले ही दिन वेदज्ञ कुमारिल भट्ट ने बौद्ध मत को तिलांजली देते हुए अपने उन बौद्ध गुरुदेव धर्मपाल को शास्त्रार्थ की चुनौती दी। संदेश वाहक गए। धर्मपाल स्थविर ने वह चुनौती स्वीकार की।''

इतना सुनकर शंकर उठ खड़े हुए। उन्होंने आचार्य जी से कहा कि—''आप अपना कथन कहते रहें। हमें भी पूज्यपाद कुमारिल भट्ट को देखने तुरंत चलना चाहिए। कहीं अनर्थ न हो जाए।'' आचार्य और आदि-शंकर के शिष्य तेज कदमों से तब उनके साथ उस ओर बढ़ चले, जिधर लोग कुमारिल का आत्मदाह घटित होता देखने को चले जा रहे थे। इधर आचार्य प्रवर कुमारिल भट्ट की पूर्व कथा अभी भी कह रहे थे।—

''नियत दिन और समय पर नालंदा में वह शास्त्रार्थ हुआ। जिसमें यह शर्त थी कि अंत में दोनों विद्वानों में जो भी पराजित होगा उसे अपने विरोधी का धर्म स्वीकार करना होगा, अन्यथा जीवित रहते आत्मदाह करना होगा।

धर्मपाल और कुमारिल के मध्य एक सार्वजनिक मंच पर बौद्ध और वैदिक धर्मों की श्रेष्ठता और प्रामाणिकता को लेकर गंभीर और लंबा शास्त्रार्थ हुआ जिसमें अपने शिष्य से बौद्ध गुरु पराजित हो गए।

धर्मपाल अपने विजयी प्रतिद्वन्दी कुमारिल के सन्मुख और सम्पूर्ण नालंदावासियों के मध्य ग्लानि से भर उठे। उन्होंने वैदिक धर्म तो स्वीकार नहीं किया, परंतु यह स्पष्ट घोषणा की कि—''यद्यपि मैं शास्त्रार्थ में पराजित हो गया हूँ फिर भी मेरी आस्था बौद्ध धर्म में बनी हुई है। अतः मैं शर्त के अनुसार आज ही तूषानल में प्रवेश कर अपना प्राणदान दूँगा।''

गुरु के इस प्रकार मृत्यु-वरण से कुमारिल भट्ट को बड़ा आघात पहुँचा। यदि वे स्वयं पराजित हो जाते तो उन्हें स्वयं उस धान की भूसी की अग्नि में जलना पड़ता। परंतु बौद्धों पर यह किसी वैदिक विद्वान की एक निर्णायक विजय थी। इससे कुमारिल भट्ट की ख्याति तीव्रगति से चहुँ ओर फैल गई। कुमारिल तब नालंदा से चलकर भारत के समस्त प्रमुख नगरों में घूम-घूम कर वेदों की सवोच्च सत्ता को प्रतिष्ठित करने हेतु शास्त्रार्थ एवं उपदेश करते घूमे। वे धर्म दिग्विजयी हुए।

परंतु वे गुरु-वध का दोषी स्वयं को मानते आए हैं। इसके अतिरिक्त यह भी सुनने में आया है कि कुमारिल भट्ट स्वयं को दोहरे पाप से ग्रस्त मानते हैं। किसी विद्वान से उन्होंने यह कहा भी कि वे मात्र 'गुरुद्रोही' नहीं 'ईश द्रोही' भी हैं। ऐसा इसलिए कि जिस सनातन धर्म में जन्मे उसे एक बार त्याग कर उन्होंने उस वेद विरुद्ध धर्म को अपनाया जिसमें ईश्वर की सत्ता का ही नकार है। उन्होंने भी बौद्ध धर्म में दीक्षित हो फिर ईश्वर की सत्ता को झूठा कहा। अतः इस तरह ईशनिंदा का पाप किया। फिर जिस बौद्ध गुरु ने उनपर विश्वास कर उन्हें अपने धर्म का सम्पूर्ण ज्ञान दिया, उसे ही धोखा देकर वे उसके सानिध्य में रहे। पश्चात उसे ही शास्त्रार्थ में अपमानित और पराजित कर उसकी मृत्यु का कारण बने।

''अतः लगता है कि उसी घोर अवसाद में परमज्ञानी कुमारिल भट्ट प्रायश्चित स्वरुप आज तूषानल में प्रवेश करने जा रहे हैं।''

घटना स्थल पर आकर आदि शंकराचार्य ने श्रद्धा पूर्वक कुमारिल भट्ट को अपने अनुयायियों सहित प्रणाम किया। एक तरुण संन्यासी को वहाँ आया देखकर वृद्ध कुमारिल को विस्मय हुआ। शंकर का परिचय प्राप्त करने बाद कुमारिल ने कहा—''आज हम पहली बार मिल रहे हैं। आप भी वैदिक हैं मैं भी वेदों का ही अनुयायी हूँ। मैंने आपकी बहुत प्रशंसा सुनी है। किंतु अब इस समय मेरे पास आने का क्या कारण है?...''

उपस्थित भीड़ आँखे फाड़े दूर खड़ी-खड़ी देख रही थी। दो बैलगाड़ियाँ कुमारिल भट्ट के निकट धान की भूसी से लदी खड़ी थीं। एक गाड़ी से भूसी गिरायी जा चुकी थी। दो किसान फावड़े से उसे दो ओर से समेट रहे थे।... दूसरी बैलगाड़ी भूसी से लदी खड़ी थी। पहली वाली को कुछ दूर हटाकर खड़ा कर दिया गया था।... गंगा के किनारे पर चटख धूप निकली हुई थी। दूर-दूर तक वृक्षों का कोई साया न था। फिर भी लोग पसीना बहाते वहाँ तमाशा देखने को एकत्र थे।...

शंकराचार्य ने दोनों कर जोड़कर विनम्रता पूर्वक कुमारिल भट्ट से कहा—''मैंने ब्रह्मसूत्र पर एक भाष्य लिखा है अपने हिमालय प्रवास के दौरान।... मेरी अभिलाषा है कि आप इसपर अपने कर-कमलों से कृपया वार्तिक की रचना कर दें ताकि मेरी कृति निर्दोष प्रमाणित हो सके। जो कमी हो कृपया उसे भी आप सुधारें पूज्य यतिवर!...''

कुमारिल भट्ट इतना सुनकर और भी गंभीर हो गए। बोले–"कहाँ है वह ग्रंथ? लाओ, तनिक देखूँ।"

इसपर शंकर के संकेत पर पद्मपाद ने कंधे से झूलते थैले में से ब्रह्मसूत्र की वह पोथी अपने गुरुदेव को थमाई। शंकर ने उसे लेकर श्रद्धापूर्वक कुमारिल भट्ट के हाथों मे रख दिया।

कुमारिल भट्ट कुछ देर तक उसे उलट-पलट कर देखते रहे। उनके मुख पर परम संतोष के भाव उभरे। कहने लगे–"इस सद्ग्रंथ के विचारों से मैं पूर्ण सहमत हूँ। परंतु अब मेरे पास समय नहीं है। मैं गुरु और ईश्वर दोनों का अपराधी हूँ। यह मेरे प्रायश्चित का समय है। मेरा अंतिम काल आ गया है।"

शंकर बोले–"आप ऐसा न करें पूज्यवर!... मैं आपको अग्निदाह में प्राणांत करने न दूँगा।"–यह कहते उनके नेत्रों में आँसू भर आए।

कुमारिल ने कहा–"आप तो स्वयं परम ज्ञानी पुरुष हैं शंकर!... गुरुद्रोही मैं... ईश निंदक मैं... अब मुझे शास्त्रोक्त-कर्त्तव्य से च्युत कर लोकनिंदा का भी भागी न बनाएं। आपकी यह बात मुझे स्वीकार नहीं।" तब शिष्य पद्मपाद बीच में बोले–

'प्रभु इस संदर्भ में हमारे गुरुदेव पर आप कुछ तो कृपा करें।"

कुमारिल भट्ट ने कहा–"मेरे एक अनन्य शिष्य का नाम है–मंडन मिश्र। विद्वता की दृष्टि से वह मेरे ही समकक्ष है। मीमांसा दर्शन का विशेषज्ञ है। यदि आप उसे शास्त्रार्थ में पराजित कर सके तो वह आपका अनुयायी हो जाएगा। तब आप अपने भाष्य ग्रंथों और अन्य जिन कृतियों पर भी उससे 'वार्तिक' अथवा व्याख्या आदि कराना चाहेंगे मंडन मिश्र उसमें आपका सहायक होगा।"

शंकर ने कहा–"मंडन मिश्र कौन हैं?"

कुमारिल भट्ट बोले–"वह एक धनी परिवार के गृहस्थ विद्वान है। वेदों और शास्त्रों का परम ज्ञाता एक कर्मकाण्डी ब्राह्मण है। माहिष्मती नगर में रहता है। उसकी पत्नी भारती भी एक परम विदुषी महिला है। भारती को गार्गी अथवा लोपामुद्रा आदि से कम नहीं समझना।"

पद्मपाद ने कुमारिल से गिड़गिड़ा कर अंतिम प्रश्न किया–"भगवन्!... ये माहिष्मति कहाँ है?"

कुमारिल बोले–"पश्चिम में उज्जैन के दक्षिण में विंध्य पर्वत के उस पार एक अति-समृद्धिशाली राज्य है जिसकी राजधानी है वह गौरवशाली माहिष्मती नगरी। राज सुधन्वा चौहान वर्तमान में उसका शासक है। पंडित मंडन मिश्र नर्मदा नदी के किनारे बसी उसी माहिष्मती नगरी में निवास करते हैं।"–और यह कहकर आचार्य कुमारिल भट्ट उस सुलगते तूषानल में प्रविष्ट हो गए। भस्म हो गए। वे आदि शंकराचार्य के मना करने से भी नहीं माने और उन्होंने मृत्यु का वरण किया।

2

मंडन मिश्र

श्री शंकराचार्य पंडित मंडन मिश्र से भेंट और शास्त्रार्थ करने के विचार के साथ प्रयागराज से माहिष्मती, मध्य भारत के लिए चल दिए। नर्मदा नदी के तट पर स्थित माहिष्मती नगरी। सुप्रसिद्ध हिन्दू तीर्थ उज्जैन के सन्निकट। विंध्य पर्वत माला के उस पार।

तत्कालीन उज्जयनी में द्वादश ज्योतिर्लिंगों में से एक महाकालेश्वर का सुप्रसिद्ध मंदिर है। नगर में होकर क्षिप्रा नदी बहती हैं। यह पौराणिक मान्यता के अनुसार कुम्भ और अर्द्ध-कुम्भों के पवित्र तीर्थ स्थलों में से भी एक परम पावन स्थान है। यहाँ भैरव मंदिर, श्रीकृष्ण मंदिर सहित अनेक दर्शनीय मंदिर हैं। संदीपनी मुनी का आश्रम व उनका मंदिर भी है। श्रीकृष्ण और सुदामा ने जिन गुरुदेव के आश्रम में रहकर कभी शिक्षा प्राप्त की थी।

श्री आदि शंकराचार्य और उनके चार अनुयायी प्रयाग से चलकर 15 दैनिक पड़ाव डालते हुए सोलहवें दिन उज्जैन (प्राचीन अवन्तिका) पहुँचे।

वहाँ उन्होंने क्षिप्रा नदी के पवित्र जल में स्नान कर सर्वप्रथम शिव शंकर भगवान के सुप्रसिद्ध महाकाल मंदिर में दर्शन-पूजन-अर्चन किया। फिर विभिन्न मंदिरों में शीष नवाया। उद्भ्रांत को श्रीकृष्ण के गुरुदेव संदीपनी मुनिवर के आश्रम में जाकर विशेष रोमांच हुआ। उसने अपने बाल-सखा शंकर की आँखों में आँखें डालकर विशेष भाव से देखा। शंकर अपने मित्र का अभिप्राय समझ गए। मुस्कुराकर उद्भ्रांत से बोले—''अपने गुरुकुल की याद आ रही है?''

उद्भ्रांत ने कहा—''हाँ!... तुझे नहीं आई?''

शंकर बोले—''क्यों नहीं। पूज्य गुरुवर माध्वाचार्य याद आ रहे हैं।''

''मुझे तो कृष्णनकुट्टी अधिक याद आ रहे हैं...''

''क्यों?''

''उन्हीं के कारण तो चार बरस एक ही कक्षा में मैंने चक्की पीसी...''

—मित्र उद्भ्रांत की इस बात पर शंकर ठठाकर हँस पड़े। एक-दो दिन उज्जयनी में रुककर फिर यह छोटा-सा यात्रीदल वहाँ से मंडन मिश्र की कार्यस्थली माहिष्मती नगरी के लिए प्रस्थान कर गया।

एक विशेष बात यह कि वे जो साधुगण रामदेव और कृष्णदेव, अब तक श्री शंकराचार्य के साथ ओंकारेश्वर से चलकर काशी-हिमालय—प्रयागराज और उज्जैन तक आए थे, उन्होंने यहीं से वापस ओंकारेश्वर जाने की आज्ञा मांगी।

श्री शंकर ने उनको आशीर्वाद दिया। कहा—"पूज्यपाद गुरु महाराज के परमधाम के दर्शनों की तो मुझे भी बहुत लालसा है।... इस मध्य कुछ आवश्यक कार्य निस्तारित कर मैं भी कुछ दिन में वहाँ आऊँगा। ओंकारेश्वर यहाँ से पर्याप्त निकट भी है। गुरु स्थान पर मत्था टेककर ही आगे की यात्रा पर जाऊँगा। अभी तुम दोनों जाओ और वहाँ मेरी ओर से भी गुरुगुफ़ा में दण्डवत् अवश्य करना। तुमने मेरा बहुत साथ दिया।..."

यह सुनकर दोनों युवा साधु रो पड़े ओर श्री शंकर के श्रीचरणों में गिर पड़े। उनमें से रामदेव बस इतना ही बोला—

"आइयेगा अवश्य भगवन्!..."

कृष्णदेव ने कहा—"आपकी प्रतीक्षा हम अहर्निश करेंगे। सोते-जागते।..."

साधु-संन्यासी चाहे स्वयं को कितना विरक्त मानें, प्रकृति उन्हें भी मोहग्रस्त किए बिना नहीं मानती। कभी न कभी वे भी भावुक होते हैं। विह्वल होते हैं। दुःख और सुख की अनुभूति करते हैं। किंतु सात्विक अनुभूति। भले ही वे कहते रहें कि—"ब्रह्म सत्यं जगन्मिथ्या" परंतु जगत् उन्हें कुछ देर को अपनी ओर खींच ही लेता है।...

दोनों साधु तो दूसरे दिन ही उज्जयनी से चले गए थे। परंतु शंकराचार्य महाराज, शिष्य पद्मपाद और सखा उद्भ्रांत के साथ उस दिन भी उस पौराणिक तीर्थ पर रुके। उन्होंने एक बार पुनः क्षिप्रा नदी में स्नान किया। महाकालेश्वर के दर्शन किए। शंकर ने वहाँ घंटों बैठकर ध्यान-साधना की। अगले दिन बड़े सवेरे तीनों पदयात्री उज्जयनी से माहेश्वर (तत्कालीन माहिष्मती) के लिए निकल पड़े।

एक रात्रि विश्राम उन्होंने विंध्य पर्वत की ऊँचाइयों पर किसी मनोहर प्राकृतिक स्थल पर किया। अगले दिन फिर बड़े सवेरे वे माहिष्मती की ओर चले।

माहिष्मती नगरी बहुत भव्य और सुंदर नगरी थी। दूर से उसकी अट्टालिकाएं, भवन और मंदिर नर्मदा नदी और उस हरे-भरे अंचल में मन को मोह लेते थे। क्यों न हो राजा सुधन्वा की राजधानी जो थी।

एक कुँए पर कुछ पनिहारिनें अपनी गागरों में पानी भर रही थीं। शंकर और उनके दोनों साथियों को बड़ी प्यास लगी थी। शंकर उनके निकट गए। कहा कि—"माँ!.. . थोड़ा जल मिलेगा?"

उन नागरियों ने शंकर और उनके दोनों अनुयायियों को जल पिलाया। तब शंकर ने उनसे आचार्य मंडन मिश्र के निवास का पता पूछा। इस पर उनमें से एक स्त्री ने शंकर से वार्तालाप करते हुए बताया कि वह आचार्य मंडन मिश्र जी के घर की ही एक सेविका हैं। और कहा कि—समीपस्थ राजमार्ग पर पूर्व दिशा में जाइये। उधर ही उनका सुविख्यात भवन है। वह भवन आपको स्वतः ही विद्वान आचार्य के निवास स्थान का परिचय दे देगा। जहाँ द्वार पर स्थित पिंजड़ों में निबद्ध शुक-सारिकाएं शास्त्रार्थ करती

हुईं ब्रह्म के प्रमाणत्व पर विचार करती दिखें, समझिए वही विद्वान पंडित मंडन मिश्र का धाम होगा—

"स्वतः प्रमाणं परतः प्रमाणं, कीरांगना यत्र गिरं गिरन्ति।
द्वारस्थनीऽन्तरसन्निरुद्ध, जानीहि सन्मण्डनमिश्रधाम।।"

शंकराचार्य अभी आश्चर्य से उस पनिहारिन की ओर देख रहे थे कि दूसरी स्त्री बोल पड़ी—

"जी महात्मन्, वे आचार्य परम विद्वान हैं। उनके निवास पर वेदों, यज्ञ, ब्रह्म, जीव आदि पर चर्चा आए दिन होती रहती है। अतः वहाँ जो भी कुछ दिन रहता है अथवा आता-जाता है वह भी विद्या व्यसनी हुए बिना नहीं रह पाता। उनकी तो पत्नी भी अत्यंत पढ़ी-लिखी एवं गुणी हैं। भारती देवी नाम है उनका।..."

तभी तीसरी स्त्री बोल पड़ी—"अरी ये तो भारती दीदी का ही कमाल है कि उनके पाल्य-पक्षी भी अध्यात्म चर्चा करने लगे हैं।..."

"हाँ... उनकी पिंजड़े में बैठी सारिकाएं परस्पर विचार करती हैं कि यह संसार नित्य है या अनित्य? वेद स्वतः प्रमाण है या परतः प्रमाण? आदि-आदि।"

यह कहती वे पनिहारिनें परस्पर खिलखिलाती हुई अपने सिर पर जल-गागर लेकर एक ओर को चलीं। शंकर और उनके साथी मंडन मिश्र के निर्दिष्ट निवास की ओर।. ..

मंडन मिश्र का वह विशाल भवन। बाहर उसकी ड्योढ़ी। एक रत्न जड़ित बड़ा-सा द्वार, जो कि बंद था। एक ओर एक पहरेद्दार बैठा ऊँघ रहा था। दूसरी ओर चाँदी के दो पिंजड़े टंगें थे। एक शुक-शुकी का दूसरा नर-मादा मैनाओं का। वे वास्तव में विचित्र संभाषण कर रहे थे। तोता अपनी तोती से पूछ रहा था—

"कर्म का शुभाशुभ फल कर्म देता है अथवा ईश्वर?"

तोती कह रही थी—"कर्म देता है... जैसा कर्म वैसा फल।" उधर दूसरे पिंजरे में एक मैना अपने नर से पूछ रही थी—"जगत सत्य है कि मिथ्या?..."नर कह रहा था—"ब्रहम सत्य... उसका रचा जगत सत्य"।

वह पहरेदार द्वार पर आए तीन आगंतुकों को देखकर उठ खड़ा हुआ। शंकर बोले—"हमें आचार्य मंडन मिश्र से भेंट करनी है।"

पहरेदार ने कहा कि—"आज वे श्राद्ध कर्म में व्यस्त हैं। अतः भेंट न हो सकेगी। कल पधारें आप।"

इस पर शंकर बोले—"आप आचार्य जी से भीतर संदेश पहुँचा दें कि हम उनके गुरुदेव पूज्य कुमारिल भट्ट जी के कहे अनुसार उनसे भेंट हेतु प्रयाग से आए हैं।...

इस पर वह पहरेदार तनिक धृष्टता से बोला—"आप कहीं से भी आए हों स्वामी जी। कहा न आज हमारे स्वामी से भेंट न हो सकेगी।"

इसपर पद्मपाद को उस व्यक्ति पर क्रोध आ गया। वे बोले—"अरे कैसी बात करता है रे तू मूढ़! तुझे भीतर संदेशा ले जाने में भी प्रमाद है?"

इस पर वह बोला—"प्रमाद नहीं है महाराज!... आज मुझे भी भीतर प्रवेश की आज्ञा नहीं, जब तक वहाँ श्राद्ध तर्पण चलता है।"

इस पर शंकर ने पद्मपाद और उद्भ्रांत को संकेत से नियंत्रित किया और वहीं उस ड्योढ़ी के समक्ष द्वार की ओर पीठकर पद्मासन की मुद्रा में बैठ गए। बोले—"ठीक है। हम कुछ देर इधर ही प्रतीक्षा कर लेते हैं।" शंकराचार्य ने नेत्र मूंद कर योगमुद्रा धारण कर ली।

फिर वे अपने योगबल से सूक्ष्म शरीर के साथ मंडन मिश्र के घर के आंगन में प्रविष्ट हो गए।

मंडन मिश्र का घर कोई साधारण घर नहीं था बल्कि एक विशाल सुंदर महल सरीखा भवन था। तब शंकराचार्य ने भीतर एक स्थान पर एक सुदर्शन पुरुष को श्राद्ध के लिए तर्पण करते देखा।

शंकर ने उस पुरुष से जाते ही पूछा—"क्या आप ही आचार्य मंडन मिश्र हैं?"

एक संन्यासी का अचानक इस तरह सन्मुख उपस्थित होना उस श्राद्ध कर्म में संलग्न व्यक्ति को अखर गया। क्योंकि श्राद्ध के अवसर पर किसी संन्यासी का आना उन दिनों विद्वान लोग निषिद्ध मानते थे। वे मंडन मिश्र ही थे। बोले—"हाँ... मैं ही हूँ। परंतु आप बिना आज्ञा भीतर कैसे आए?"

शंकर बोले—"बस आ गया वैसे ही।... द्वार तो आपका बंद है। परंतु यदि कोई छोटा-सा गवाक्ष भी खुला मिल जाए, तो पवन के झोंके को भीतर प्रवेश करने से कोई रोक नहीं सकता।..."

इसपर मंडन मिश्र क्रुद्ध हो उठे। बोले—"हे संन्यासी! तुम लोगों को कोई काम-धाम तो है नहीं। भिक्षावृत्ति से अनुदिन पेट पालते हो। अकर्मण्य जीवन जीते हो।... ऊपर से यहाँ तुम चोर की भाँति घुस आए हो।"

इसपर शंकराचार्य तनिक भी उत्तेजित न हुए। वे शांत मन से बोले—

"हे विद्वान आचार्य!... ज्ञानवान होकर भी आप ये कैसे वचन बोले हैं? भिक्षुक मैं हूँ या आप? भिक्षुकों को अन्न दिए बिना जो स्वयं पहले खाता है वास्तविक भिक्षुक

तो वही होता है।... इस तरह संग्रहवृत्ति में पड़कर अन्न खाने वाला ही चोर भी होता है।''

इतना सुनते ही आचार्य मंडन मिश्र जैसे किसी नींद से जागे। उन्हें अचानक ख्याल आया कि इस तरह तो कोई योगी ही बंद द्वारों से भीतर आ सकता है। तब उन्होंने शंकर से उनका परिचय पूछा। शंकराचार्य बोले—

''मेरा नाम शंकराचार्य है। मैं आपके पास प्रयाग से भेंट हेतु आया हूँ। आपके पूज्य गुरुदेव आचार्य कुमारिल भट्ट गुरु-वध जनित पाप का प्रायश्चित करने के लिए तूषाग्नि में आत्मदाह कर गए हैं। उनसे अपने लिखे 'ब्रह्मसूत्र पर भाष्य' पर वार्तिक रचना के अनुरोध सहित मैं प्रयाग गया था। वे बोले कि मैं प्रायश्चित करने जा रहा हूँ। तुम मेरे शिष्य पंडित मंडन मिश्र के पास जाना। उससे शास्त्रार्थ करो। यदि वह चाहेगा तो वार्तिक लिख देगा। मीमांसा दर्शन में वह मेरे ही समान विद्वान है। अतएव आचार्य कुमारिल के निर्देशानुसार मैं आपके निकट आया हूँ।''

मंडन मिश्र ने कहा—''आपका साहस कमाल का है। परंतु इस समय मैं श्राद्ध-कर्म में व्यस्त हूँ। अतः आप आज मेरी अतिथिशाला में विश्राम करें। कल इस संबंध में विचार किया जाएगा।''

शंकराचार्य ने कहा—''जैसा आपका निर्णय। अभी मुझे अनुमति दें। मैं कल प्रातः पुनः उपस्थित होऊँगा।''

इतना कहकर शंकर वहाँ नहीं रुके। वापस अपने दोनों साथियों के पास जा पहुँचे। सूक्ष्म शरीर के समाधिस्थ शंकर के स्थूल शरीर में में प्रविष्ट होते ही उनके नेत्र खुले और वे उठ खड़े हुए। पद्मपाद और उद्भ्रांत से बोले—''मंडन ने अपनी अतिथिशाला में ठहरने को कहा है। परंतु हम वहाँ एक गृहस्थ के आंतरिक भवन में नहीं रहेंगे। आज रात्रि किसी वृक्ष के नीचे आश्रय ले लेंगे।''

उद्भ्रांत बोला—''वृक्ष के नीचे क्यों? मुझे आते समय दूर नर्मदा के तट पर एक बड़ा शिव मंदिर दिखाई दिया था। चलो वहीं चलते हैं।''

तीनों उस शिव मंदिर में गए। नर्मदा में स्नान कर शिव मंदिर में दर्शन किए। उसी के परिसर में ठहरे। प्रातः पुनः स्नान-ध्यान कर शंकर मंडन मिश्र के निवास पर शास्त्रार्थ के लिए चल दिए।

मंडन मिश्र और उनकी पत्नी भारती ने शंकराचार्य का स्वागत किया। शंकर ने कहा कि वे शास्त्रार्थ के विचार से आए है। इस पर मंडन मिश्र उन्हें अपने विशाल सभा भवन में लेकर गए। बोले—

''आप सब यहीं विराजें। कुछ देर में मैं सब प्रबंध करता हूँ। उससे पूर्व मेरी ये अर्धांगिनी भारती आपको कुछ स्वाल्पाहार भेंट करना चाहेंगी।...''

मंडन मिश्र कुमारिल भट्ट के प्रमुख शिष्य थे। वे कुमारिल की भाँति जैमिनी कृत मीमांसा दर्शन के प्रकाण्ड पंडित थे।

वस्तुतः वेदों से ही तीन मार्ग निकले हैं—ज्ञानमार्ग, कर्मकाण्ड तथा उपासना मार्ग ज्ञानमार्ग ही वेदांत दर्शन है, जबकि कर्मकाण्ड मीमांसा दर्शन है। उपासना मार्ग में देवताओं की उपासना का वर्णन है।

वेदाश्रयी आस्थावान दार्शनिकों ने तीनों मार्गों पर गहनता पूर्वक विचार कर अपने-अपने मत स्थापित किए। वस्तुतः तीनों ने ही वेदों को तो प्रामाणिक माना किंतु तीनों पंथ अलग-अलग दिखने के कारण उनमें विवाद, तर्क एवं शास्त्रार्थ की स्थिति बन गई थी। उस युग मे सनातन वैदिक धर्म के सन्मुख, बौद्ध और जैन धर्मों के आविर्भाव और विधर्मी आक्रांताओं के आसन्न ख़तरों के चलते, अनेक संकट थे।

ऐसी स्थिति में वैदिक धर्म में तीनों मार्गों को किसी एक मत में सम्मिलित करना उस युग की सबसे बड़ी आवश्यकता थी। क्योंकि मार्गों, मतों में विभिन्नता भारत की धार्मिक एकता में बाधक सिद्ध हो रही थी।

मंडन मिश्र की ख्याति मीमांसा दर्शन को ही प्रामाणिक मानने के कारण थी। जबकि शंकराचार्य का वेदांत दर्शन में अटूट-विश्वास था। अतः दोनों विद्वानों में मतभेद स्वाभाविक था।

मंडन मिश्र मीमांसक थे जिनका वेदांत से मतभेद था। कर्म के फल के विषय में भी मीमांसा तथा वेदांत में मतभेद था। मीमांसक मानते थे कि फल को देने वाली शक्ति कर्म में हैं जबकि वेदांत के अनुसार कर्म जड़ होने से वे कर्मों का फल स्वयं नहीं दे सकते। 'ब्रह्मसूत्र' के अनुसार वेदांत दर्शन में यह बात स्पष्ट कर दी गई थी कि—कर्मों के फल का दाता ईश्वर है।

कुशाग्रबुद्धि और मनस्वी शंकराचार्य मंडन मिश्र की शुक सारिकाओं के वार्तालाप को सुनकर ही मंडन मिश्र के विचारों की दिशा को वैसे ही भाँप गए थे जैसे बटुली में पकते हुए भात का एक दाना चुटकी में मसल कर उसके कच्चे-पक्केपन का अंदाज़ा पाकशास्त्री को हो जाता है।

मीमांसक जगत को नित्य मानते हैं और ब्रह्म को भी शाश्वत मानते ही हैं। अतः वे कर्मयोग को मुक्ति अथवा मोक्ष का साधन मानते हैं। जबकि वेदांती जगत को मिथ्या और ब्रह्म को एकमात्र सत्य मानते हैं। वे कर्मों को अनित्य मानकर मुक्ति का साधन नहीं मानते। वे ज्ञान को ही आवागमन से मुक्ति का साधन अर्थात् सही मार्ग मानते हैं।

सीधे शब्दों में कहें तो मीमांसक द्वैतवादी थे तो वेदांती अद्वैत की बात कहते थे। इसलिए मंडन मिश्र से शंकराचार्य का शास्त्रार्थ अपरिहार्य था। शंकर जानते थे कि

वैदिक धर्म में द्वैत का विचार एक भ्रामक विचारधारा थी जो कि अज्ञान की उपज थी। वास्तव में अद्वैत ही वास्तविक वेदांत का स्वरुप है।

वस्तुतः शंकर जब कुमारिल भट्ट के पास शास्त्रार्थ और अपने ब्रह्मसूत्र के भाष्य पर 'कारिका' लिखाने—इन दो लक्ष्यों के साथ गए थे, तो वे जानते थे कि कुमारिल बौद्धों को पराजित कर उस समय के वैदिक दिग्विजयी थे। परंतु वे द्वैतवादी मीमांसा दर्शन अर्थात कर्मकाण्डी मार्ग के समर्थक थे। जबकि ब्रह्मसूत्रादि वेदांत ग्रंथों का गहन अध्ययन-मनन और उसपर भाष्य रचकर शंकर की दृढ़ आस्था अद्वैत—वेदांत में हो चुकी थी। अतः दिग्विजयी कुमारिल को पराजित किए बिना अद्वैत-वेदांत की स्थापना और उसकी भविष्य में दिग्विजय संभव न थी।

प्रयाग में जब वे कुमारिल भट्ट से मिले तो वे आत्मोत्सर्ग की ओर अग्रसर हो चुके थे। अतः शंकर ने संकोचवश उनसे शास्त्रार्थ की इच्छा तो नहीं जताई, परंतु अपने भाष्य पर कारिका लिखने का आग्रह अवश्य किया।

इसपर जब कुमारिल ने मंडन मिश्र से उनकी लक्ष्यसिद्धि का सुझाव दिया तो शंकर उसे मान गए और माहिष्मती आए। आकर उन्होंने सर्वप्रथम मंडन को शास्त्रार्थ की ही चुनौती दी। शंकराचार्य की भावी धर्म-दिग्विजय की राह में, एक प्रकार से कुमारिल भट्ट के बाद मंडन मिश्र ही भारत के सबसे प्रमुख वेदज्ञ विद्वान और मार्ग अवरोधक थे, जिन्हें हराए बिना अद्वैत-वेदांत की नींव हिन्दू जनमानस में गहराई से स्थापित नहीं की जा सकती थी। अतः एक बार मंडन मिश्र को अपना अनुयायी बनाने के बाद सनातन धर्म की राह आसान हो जानी थी।...

दोपहर ठीक 12:00 बजे दोनों वेदाचार्य आमने-सामने थे। लगभग अट्ठारह वर्षीय शंकराचार्य। उनसे लगभग दोगुनी आयु के चालीस वर्षीय मंडन मिश्र। अपने-अपने आसनों पर विराजमान। उस सभाकक्ष के मध्य में। उनके सन्मुख एक काष्ठ चौकी पर कुछ दूर बैठी मंडन मिश्र की धर्मपत्नी भारती। शंकराचार्य ने ही उनसे शास्त्रार्थ में मध्यस्थता का निवेदन किया था। परम विदुषी भारती ने तब एक बार अपने पति मंडन मिश्र की ओर देखा था। उन्होंने भी सिर हिलाकर शंकराचार्य के उस प्रस्ताव का अनुमोदन किया था।

सभाकक्ष में मंडन मिश्र के त्वरित बुलावे पर नगर के बीस-पच्चीस विद्वान आ जुटे थे। वे सब उस कक्ष में वादी-प्रतिवादी-मध्यस्थ तीनों को देखते हुए चुपचाप एक ओर

भूमि पर बिछी चादरों पर बैठे थे। शास्त्रार्थ दो दिग्गज विद्वानों के मध्य अभिजित मुहुर्त में प्रारंभ हुआ।

दोनों विद्वानों के मध्य सरस्वती-सम भारती, जो इस ऐतिहासिक शास्त्रार्थ के पश्चात आगे चलकर उभय भारती के नाम से प्रसिद्ध हुईं, ने सर्वप्रथम शास्त्रार्थ के निर्णय हेतु यह व्यवस्था दी कि—''जो भी इस शास्त्रार्थ में पराजित होगा उसे अपना वर्तमान आश्रम त्याग कर विजेता विद्वान का आश्रम ग्रहण करना होगा साथ ही उसका शिष्यत्व भी।''

इसका अर्थ था कि—यदि शंकराचार्य हारते तो उन्हें पुनः गृहस्थ धर्म अपनाना पड़ता, अपने संन्यासी स्वरुप को त्याग कर उन्हें मंडन मिश्र का शिष्यत्व ग्रहण करना होता और उनके मीमांसा-दर्शन की सर्वोच्चता को स्वीकार करना होता।

इसके विपरीत मंडन मिश्र की पराजय का अर्थ था उनका संन्यास ग्रहण, शंकराचार्य का शिष्यत्व और उनके 'अद्वैत-वेदांत' का अनुसरण।

दोनों परम वैदिकों ने भारती के इस अभिनिर्णय प्रस्ताव को समस्त श्रोता मंडली के सन्मुख विनीत भाव से स्वीकार किया।

उसके बाद एक-एक पुष्पमाल भारती ने क्रमशः संन्यासी शंकर और पति मंडल के गले में पहनाई। कहा—''अब आप दोनों विद्वतजन अपने-अपने मत की प्रस्तावना प्रस्तुत करें।... प्रस्तावना सुनकर मैं घर के भीतर चली जाऊँगी। क्योंकि मुझे आपके लिए रसोई में भोजन भी तैयार करना होगा।''

शंकराचार्य ने दोनों हाथ जोड़कर भारती से कहा—''जो आज्ञा माँ''

भारती बोलीं—''और हाँ.. आप दोनों के गले में पड़ी मालाओं में जो पहले कुम्हलाएगी वह उसकी पराजय का प्रतीक होगी।''

माला यदा मलिनभावमुपैति कण्ठे, यस्यापि तस्य विजयेतरनिश्चयः स्यात्।

यह सुनकर मंडन मिश्र हंसे। बोले—''स्वीकार है यह भी देवी!'' फिर वे शंकराचार्य से बोले—''आदरणीय यतिराज शंकर!... आप अतिथि हैं। अतः आप अपने अभिमत और उक्त क्रम में अपनी प्रतिज्ञा पहले कहें।''

इसपर जगद्गुरु शंकराचार्य ने एक पल को दोनों हाथ जोड़कर अपने गुरु भगवान गोविंदपाद जी महाराज का स्मरण किया फिर वे मंडन मिश्र को अपलक निहार कर दृढ़ स्वर में कहने लगे—

''विद्वान आचार्य मंडन!... आप समस्त वेदों और वेदांत के ज्ञाता हैं। अतः जानते ही होंगे कि—'जीव और ब्रह्म एक ही हैं। दोनों में कोई भेद नहीं।' इसे ही मेरा विषय जानें। इसके प्रमाण हैं वेदांत स्वरुप अनेक उपनिषद। छादोग्य उपनिषद में कहा गया है—''एकमेवाद्वितीयं ब्रह्म'—एक ही अद्वितीय ब्रह्म है।

इसी प्रकार तैत्तिरीय उपनिषद् का वाक्य है ''सत्यंज्ञानमनन्तं ब्रह्म''—ब्रह्म सत्य, ज्ञान, अनंत स्वरुप है।

वृहदारण्य उपनिषद् में कहा गया है—''विज्ञानामानन्दं ब्रह्म''—ब्रह्म विज्ञान, आनंदमय है।'' छादोग्य उपनिषद् पुनः कहता है—''सर्वं खल्विदं ब्रह्म''—सबकुछ निश्चय ही ब्रह्म है।...

इस प्रकार जब केवल एकमात्र शाश्वत सत्य ब्रह्म ही है तो यह सब जीव, जगत और माया प्रपंच से भासित सृष्टि आदि भी उसी में अंतर्निहित है, उसी का अभिन्न अंग है। कहीं कोई द्वैत नहीं। ब्रह्म स्वयंमेव एक अद्वैत परम सत्ता है। वही सत्य है। शेष सभी अज्ञानाभासित मिथ्या है। असत्य है।...

हे आचार्य शिरामणि!... मैं अपनी आस्था में स्थिर हूँ कि ब्रह्मवेत्ता ब्रह्म स्वरुप ही होता है। जीव और ब्रह्म की एकता को अनुभव करने वाला तत्त्ववेत्ता मोह और शोक से रहित हो जाता है। हमारी श्रुतियाँ इसका प्रमाण है। जब आप में ''तत्त्वमसि'' और ''अहं ब्रह्मास्मि'' आदि उपनिषद् वाक्यों द्वारा ब्रह्म और जीव की एकता का ज्ञान उत्पन्न होता है तब अज्ञान से उत्पन्न यह समस्त सांसारिक प्रपंच स्वतः नष्ट हो जाता है और आप अपने वास्तविक चिन्मय स्वरुप में प्रतिष्ठित हो मोक्ष को प्राप्त होते हैं। कर्मों से मुक्ति जन्म-मरण के दुष्चक्र से मुक्ति का रास्ता है। वही मोक्ष का मार्ग है जो कि ज्ञानमार्ग है। वही सच्चा मार्ग है। मेरा यही सिद्धांत है।''

इसके बाद उस शास्त्रार्थ सभा में शंकराचार्य ने अपनी प्रतिज्ञा प्रस्तुत की—

''गुरुकृपा से मुझे जो अद्वैत-वेदांत रुपी अमृत प्राप्त हुआ है उससे मुझे पूर्ण विश्वास है कि इस वाद-विवाद-संवाद में अंततः मेरी जय निश्चित है। फिर भी हे महा मनीषी!... यदि आप विजयी हुए तो मैं प्रतिज्ञा करता हूँ कि मैं काषाय वस्त्रों सहित संन्यास त्याग कर आपके समान श्वेत वस्त्र धारण कर लूँगा और आपका शिष्य बनकर आपका पंथ अपना लूँगा।''

इसके बाद की प्रस्तावना-प्रतिज्ञा का अवसर आचार्य मंडन मिश्र का था। उनकी पत्नी भारती अपने पति के मत और उनकी विचारधारा से पूर्व परिचित थीं। अतः बोलीं ''अब मैं सभामध्य से जाती हूँ। आपके कण्ठों में पड़ीं ये पुष्प-माल आगे की गतिविधियों की मुझे जानकारी देंगी।''

तब मंडन मिश्र ने सार्वजनिक रुप से घोषणा करते हुए कहा—

''हे यतिश्रेष्ठ!... आपके ज्ञान की ख्याति ओंकारेश्वर और काशी आदि से चलकर यहाँ माहिष्मती में भी पहुँची है। हमारा सौभाग्य कि अब आपके दर्शन भी हमें सुलभ हैं।...

आपने अभी कहा कि ज्ञान की दृष्टि से जीव और ब्रह्म एक ही हैं। जीव-जगत इत्यादि भ्रान्तिमात्र हैं। इनका वास्तविकता से कुछ लेना देना नहीं। किंतु मैं ऐसा नहीं मानता।...

आपने यह भी बताया कि वेदों में ज्ञान की ही प्रधानता है। ज्ञान होने पर कर्मों का कोई औचित्य नहीं रहता। कर्मों से निवृत्ति ही मुक्ति का मार्ग है। हमारे मीमांसा दर्शन में जो कहा गया है उसी को प्रमाण मानकर हम कर्मों को ही प्रधानता देते हैं।

हमारी यह दृढ़ मान्यता है कि ब्रह्म के प्रतिपादन में वेदांत, उपनिषद् अथवा ब्रह्मसूत्र प्रमाण नहीं है। मुक्ति तो कर्मों से ही होती है, ऐसे प्रमाण हैं। जैमिनी सूत्र में कहा गया है कि वेद यज्ञ आदि क्रिया परक हैं। जो यज्ञ आदि शुभ कर्म नहीं करता वह निष्फल रहता है। स्वर्ग की कामना करने वाले को त्याग करना ही चाहिए, यही नियम है। ईशावास्य उपनिषद् में भी कहा गया है कि व्यक्ति को चाहिए कि वह ''कर्म करते हुए ही सौ वर्ष जीने की इच्छा करे।...''

इस प्रकार श्रुति और भगवत् गीता आदि प्रमाणों के आधार पर तो यही सिद्ध होता है कि जीवात्मा के लिए वेद मंत्रों का तात्पर्य कर्म में निहित है, ब्रह्म में नहीं। मेरा मानना है कि मेरी विचारधारा ही अंततः सर्वोच्च सिद्ध होगी। फिर भी यदि वेदांत के ज्ञान मार्ग की सर्वोच्चता को आप सिद्ध कर सके तो मैं प्रतिज्ञा करता हूँ कि मैं इन श्वेत वस्त्रों अर्थात् गृहस्थ आश्रम को त्यागकर काषाय वस्त्र धारण कर संन्यासी हो जाऊँगा। उस स्थिति में मैं आपका शिष्यत्व ग्रहण कर आपके ज्ञानमार्ग का अनुगामी बन जाऊँगा।''

प्रथम दिवस का शास्त्रार्थ थोड़े से साक्षी-श्रोताओं की उपस्थिति में अब प्रारंभ हुआ। मंडन मिश्र कहने लगे–

''हे यतिश्रेष्ठ!... आप अद्वैत-वेदांती लोग जीव और ब्रह्म की एकता का बखान करते हैं। किंतु इस बारे में कोई अकाट्य प्रमाण नहीं है। प्रमाण के बिना इतने बड़े विषय के जो लौकिक अर्थ लगाए जाते हैं, उनका कोई मतलब नहीं।... जैसे आप लोग मिट्टी के घड़े और मिट्टी के उदाहरण देकर समझाते हैं। सो यह तो प्रत्यक्ष और लौकिक प्रमाण है। किंतु जीव और ब्रह्म के मध्य अलौकिक संबंध में ऐसे प्रत्यक्ष प्रमाणों को कैसे स्वीकारा जाय?''

इसपर शंकराचार्य बोले–''मैं जो कह रहा हूँ उसके लिए उपनिषद् ही प्रमाण है। जैसे छान्दोग्य उपनिषद् में श्वेतकेतु से उसके पिता आरुणि कहते हैं कि–''वह सत्य

है, वह आत्मा है। हे श्वेतकेतु! वह तुम हो।'... इस प्रकार वे अपने पुत्र को परमात्मा का आत्मरुप में बोध कराते हैं। जिस प्रकार जल में डाला गया नमक दिखाई नहीं देता, वैसे ही ब्रह्म सर्वत्र व्याप्त होने पर भी दिखाई नहीं देता। घट और मिट्टी के उदाहरण से तत्त्व को तो समझा जा सकता है। परंतु यह छोटा उदाहरण है। इससे उस परम तत्त्व को भलीभाँति नहीं समझा जा सकता हैं क्योंकि वह तो इन्द्रियातीत है। जिस घट व मिट्टी के प्रत्यक्ष प्रमाण का आपने उल्लेख किया है वह आत्मा और ब्रह्म को समझ पाने में अपर्याप्त है। क्योंकि वैसा प्रत्यक्ष प्रमाण इसमें नहीं है।

मुण्डक उपनिषद् में कहा गया है कि–''वह आत्मा न तो नेत्रों से, न वाणी से और न ही दूसरी इंद्रियों से ग्रहण करने में आता है तथा तप में अथवा कर्मों से भी प्राप्त नहीं होता। उस अवयव रहित को तो विशुद्ध अंतःकरण वाला ही उसे निरंतर ध्यान करता हुआ ज्ञानरुपी प्रसाद से ही देख पाता है।''

तब मंडन मिश्र ने कहा कि–

''वेदांत में जो 'तत्त्वमसि' आदि वाक्य हैं उनका प्रयोजन उपासना से है। इसका जप करने से पापों का क्षय होता है। अतः इस वाक्य से जप आदि विधि के अलावा कोई अन्य प्रयोजन नहीं है।''

शंकराचार्य ने कहा–

''नहीं... 'तत्त्वमसि' का अर्थ स्पष्ट है। वह जपार्थक नहीं है।... 'तत्त्वमसि' अथवा 'अहं ब्रह्मास्मि' आदि वाक्य जीव और ब्रह्म का अभेद संबंध बताने के लिए हैं। वे अद्वैत का ज्ञान कराने के लिए हैं। अतः ये किसी विधि का अंग नहीं है।''

मंडन मिश्र बोले–''जिस प्रकार उपनिषद् कहते हैं कि 'मन ब्रह्म है' ऐसी उपासना करें। 'अन्न की उपासना करें' आदि वाक्य इनको ब्रह्म मानकर उपासना करने का निर्देश करते हैं। इससे उपासना युक्त कर्म का फल अधिक उपादेय होता है। अतः मेरा मानना है कि इन उपासना वाक्यों की भाँति 'तत्त्वमसि' 'अहं ब्रह्मास्मि' आदि वाक्य भी जीव में ब्रह्म दृष्टि का उपदेश देते हैं अभेद का नहीं।...''

इसपर शंकराचार्य ने कहा कि–

''हे प्रिय आत्मन्!... आपका ऐसा विचार त्रुटिरहित नहीं है। इसपर आप पुनः मनन करें।... उपनिषदों के जिन वाक्यों का आपने उदाहरण प्रस्तुत किया है, उनमें 'उपासना करें' जैसे शब्दों का प्रयोग किया गया है।... परंतु 'तत्त्वमसि' वाक्य में ऐसा कोई पद नहीं है इसका उपासना करें, बल्कि 'असि' शब्द वर्तमान काल का बोध कराता है कि 'तू वही है।' इसका अर्थ उपासना से नहीं है। अतः यह किसी कर्मकाण्डीय विधि का अंग कदापि नहीं है।''

मध्याह्न भोज का बुलावा आ पहुँचा। दोनों शास्त्रार्थकर्ता देवी भारती की रसोई में चले गए। सात्विक भोजन प्राप्त करने को। जिसे भारती ने अपने हाथों पकाया था।

शेष अतिथियों और श्रोताओं के दिव्य एवं स्वादिष्ट भोजन का प्रबंध मंडन मिश्र के अतिथि गृह के भोजनालय में था जो निपुण रसोइयों ने तैयार किया था। सब भोजन पाने वहाँ चले गए। पद्मपाद और उद्भ्रांत भी वहीं सबके साथ चले गए।

भोजनावकाश के एक घंटे के उपरांत शास्त्रार्थ फिर चला जिसपर सूर्यास्त के समय विराम लगा। इस प्रकार यह वैदिक ज्ञान, कर्म, उपासना और ब्रह्म चिंतन विषयक गूढ़-गंभीर शास्त्रार्थ जगद्गुरु शंकराचार्य महाराज और पंडित मंडन मिश्र के मध्य सात दिनों तक चलता रहा।...

इस शास्त्रार्थ की चर्चा दूर-दूर तक फैल गई। अगले दिन से ही माहिष्मती नगरवासी बड़ी तादाद में शास्त्रार्थ स्थल पर उमड़ पड़े। आने-वाले दिनों में आस-पास के नगर-देहातों से भी विद्वान और ज्ञान-पिपासु मंडन मिश्र के उस विशाल सभाकक्ष में इस ब्रह्मचर्चा का श्रवण करने हेतु आते गए।...

छः दिनों तक दोनों विद्वानों के गले में भारती देवी ने फूलों की मालाएं स्वयं गूंथकर प्रत्येक सत्रारंभ में पहनाई। परंतु किसी की माला सूखने न पाई क्योंकि मंडन अथवा शंकर के मध्य तर्क-वितर्क उद्धरण प्रति उद्धरण आदि का क्रम उनके कथोपकथनों में जारी रहा। कोई भी हार मानने को प्रस्तुत न था। अपने अध्ययन-मनन-चिंतन का कोष एक-दूसरे के सन्मुख रिक्त किये दे रहा था।...

परंतु सातवें दिन के आरंभ से ही जगद्गुरु शंकराचार्य मंडन मिश्र से शास्त्रार्थ में हावी होने लगे। मंडन बीच-बीच में निरंतर पस्त होने लगे। उनके तर्क ठंडे पड़ने लगे। गर्दन पर स्वेद बिंदु उभरने लगे। उनकी माला मुर्झाने लगी। ऐसा लोगो ने महसूस भी किया। भारती देवी अपनी पाकशाला में, नित्य की भाँति मध्यस्थता की चौकी छोड़ भोजन तैयार करने में जुटी रहीं। यद्यपि विगत रात्रि वे भी शयन कक्ष में पति मंडन को करवटें बदलते देखकर चिंतातुर हो चली थीं।...

सातवें दिन के प्रथम सत्र में मंडन मिश्र कह रहे थे—

"हे यतिवर!... यदि भेद ज्ञान इन्द्रियजन्य नहीं है तो न सही। वह स्वयं साक्षी रुप है। अतः दोनों में भेद तो है ही। फिर 'तत्त्वमसि' आदि वाक्य प्रमाण कैसे हो सकते हैं?

शंकराचार्य इसे स्पष्ट करते हुए कह रहे थे कि—

"प्रत्यक्ष और श्रुति प्रमाण के मध्य कोई विरोध नहीं है। क्योंकि दोनों के विषय भिन्न हैं। वस्तुतः जीव 'अविद्या' उपाधि से युक्त है, इससे उसे 'जीव' कहते हैं। इसी

तरह ईश्वर 'माया' की उपाधि से संयुक्त होने के कारण 'ईश्वर' कहलाता है।... यह भेद उपाधि के कारण विदित होता है। परंतु दोनों ही उपाधियों से जो मुक्त है उस शुद्ध चैतन्य आत्मा तथा परब्रह्म परमात्मा में कोई भेद नहीं रहता हैं अतः भेद की अवधारणा ही मिथ्या है।..."

मंडन बोले—"वह कैसे?"

आदि-शंकर ने इसे उदाहरणों के माध्यम से मंडन मिश्र को समझाया। बोले कि—

"जैसे प्रत्यक्ष में तो सूर्य छोटा-सा दिखाई देता है, किंतु वास्तव में वह कई गुना विशाल है। जैसे प्रत्यक्षतः देखने से तो सीपी, जिसमें मोती पाया जाता है, वह भी चाँदी जैसी दिखाई देती है, परंतु वह चाँदी नहीं है, उसका भ्रममात्र है।... अतएव श्रुति ही प्रमाण है कि जीव और ब्रह्म परस्पर अभिन्न है।"

मंडन ने फिर वितर्क रखा—

"हे यतिश्रेष्ठ! आप यह भी तो विचार कीजिए कि ब्रह्म सर्वज्ञ है जबकि जीव अल्पज्ञ है, वह सर्वज्ञ नहीं। अतः भेद तो इससे भी है दोनों में। फिर श्रुति जो अभेद दोनों में कहती है वह सत्य कैसे हो सकता है? ज्ञातव्य है कि ब्रह्म अनंत सृष्टि का कर्ता तथा समस्त जीवों का नियन्ता है। अतः यह जो जीव है तदनुसार परमेश्वर से भिन्न ही है।..."

इसपर शंकराचार्य अविचलित भाव से बोले—"हे आचार्य!... इस संबंध में आप जो अनुमान से जीव और परमेश्वर में द्वैत देखते हैं वह पारलौकिक है अथवा काल्पनिक?"

मंडन मिश्र बोले—"विषय तो पारलौकिक ही है जिसपर हम विचार कर रहे हैं।"

शंकर ने कहा—"यदि आप इसे पारलौकिक कहते हैं तो आपका कथन युक्ति संगत नहीं है। क्योंकि आपके मत में पृथ्वी आदि परमेश्वर से भिन्न नहीं है। तब आप ही कहें कि उस दशा में परमेश्वर अथवा ब्रह्म से जीव कैसे भिन्न हो सकता है?"

मंडन मिश्र के गले का पुष्पहार मुर्झाना शुरु हो चुका था। बोले—"यदि हम जीव और परमेश्वर के विभेद को काल्पनिक मान लें तो?"

—इसपर शंकराचार्य निर्णायक स्वर में बोले—"तब तो उसे सिद्ध करने को कोई प्रमाण आवश्यक ही नहीं। क्योंकि हम अद्वैत-वेदांती तो जगत को काल्पनिक सत्ता मानते ही हैं। अतः जीव और ब्रह्म में अद्वैत-संबंध पारलौकिक और पारमार्थिक सत्य है। परम सत्य। एकमात्र सत्य।"

मंडन मिश्र ने तब आदि-शंकराचार्य के समक्ष अंतिम जोर लगाया और कहा—

"भगवन्!... परंतु जीव और ब्रह्म के मध्य विभेद तो आप अविद्या रुपी उपाधि से मानते हैं, जबकि आपके अनुसार दोनों एक ही हैं। परंतु ब्रह्म और इस पृथ्वी आदि

का भेद तो उपाधि के बिना है। आप सोच लीजिए कि तब यह एक दृष्टांत बन सकता है।''

इसपर जगद्गुरु शंकराचार्य ने कहा कि–

''हमारा यह निश्चित मत वेदों और उससे जुड़े समस्त शास्त्रों के गहन अध्ययन और उसपर चिंतन के उपरांत यह स्थिर हुआ है कि–हम जीव तथा ब्रह्म में भेद के समान पृथ्वी अथवा सृष्टि तथा ब्रह्म के मध्य भी भेद अविद्या अथवा अज्ञान रुपी उपाधि से ही मानते हैं। क्योंकि जब तक अविद्या है तब तक ही ये सारे भेद हैं। अविद्या से निवृत्त होते ही परम सत्य पर से अज्ञान का आवरण हट जाता है और तब कहीं कोई भेद नहीं रहता।''

दोपहर का भोजनावकाश का समय हो आया। शास्त्रार्थ-सभा उदर पूर्ति हेतु उस सातवें दिन भी एक घंटे के लिए स्थगित हो गई।

जब भोजनावकाश के उपरांत उस सातवें दिन के दूसरे सत्र में उस शास्त्रार्थ स्थल में सभा जुटी तो असंख्य श्रोताओं को इंगित कर हतप्रभ से मंडन मिश्र ने कहा–

''समस्त प्रबुद्धजन!... आचार्य शंकर कहते हैं कि वे वैदिक धर्म का पुनरुत्थान करना चाहते हैं। परंतु मेरा कथन है कि वे स्वयं जिस धर्म का प्रचार कर रहे हैं, वह भी तो वैदिक धर्म नहीं है।... वैदिक धर्म का तो पूर प्रचार तब होगा, जब हवन और अग्निहोत्र से प्रातःकालीन रक्ताभ-आकाश का रंग धूमिल हो जाएगा।... वेदों की ऋचाएं संगीतमय स्वरलहरी के साथ वायुमंडल में सर्वत्र गूँजेगी। अतः आचार्य शंकर के ज्ञान मार्गी वेदांत का वैदिक धर्म की लोकप्रियता की दृष्टि से कर्मकाण्डी मार्ग के सन्मुख कोई स्थान नहीं हो सकता।...''

शंकर बोले–''आचार्य मंडन! आप अपने कर्मकाण्ड को भले ही श्रेष्ठ मानें, परंतु उनमें निर्दिष्ट यज्ञ, हवन, संध्या आदि तो मन को शुद्ध करने के लिए साधन मात्र हैं। ये जीवन के साध्य नहीं हैं। और साधन जीवन नहीं होता। ध्येय जीवन होता है।''

मंडन इसपर कहने लगे–''क्या आदरणीय शंकराचार्य यह कहना चाहते हैं कि यज्ञ-यागादि का प्रचार किए बिना, आर्यों की प्राचीन प्रथाओं का पालन किए बिना, सनातन धर्म का पुनरुद्धार हो जाएगा?''

इसपर शंकर ने दृढ़तापूर्ण स्वर में कहा–''हाँ मैं यह कहता हूँ और विश्वासपूर्वक ऐसा कहने को तैयार हूँ। हमें वह नहीं भूलना चाहिए कि समय परिवर्तनशील है। उसमें साधन तो देश और कालानुसार बदलते रहते हैं। परंतु हमारे ध्येय की नींव मजबूत होनी चाहिए।''

मंडन मिश्र ने अब सजल नेत्रों से शंकराचार्य को देखा। उन सुदर्शन यतिराज का मुखमण्डल अपरिमित ब्रह्मतेज से चमक रहा था। मंडन उनसे विनम्र और सलज्ज भाव से बोले–''क्या वे पुराने दिन लौट नहीं सकते?''

शंकराचार्य ने कहा—''आचार्य मंडन!... समय तो गंगा-यमुना नर्मदा-मंदाकिनी आदि नदियों की धाराओं के समान है। जैसे इन्हें इनके उद्गम स्थल की ओर वापस नहीं मोड़ा जा सकता वैसे ही काल के प्रवाह में हस्तक्षेप संभव नहीं। समय संस्कार डालता है। समय के साथ संस्कार भी बदलते हैं। लेकिन संस्कार वाह्य पदार्थ है। मूल वस्तु है आत्मा। चाहे कितना भी रुप-परिवर्तन हो, पर आत्मा नहीं बदलती। अतः यह जान लो कि यदि वैदिक धर्म की आत्मा नहीं बदली, तो साधनों का रुप चाहे कुछ भी हो, वैदिक धर्म उन्हीं की नींव पर अमर एवं अक्षुण्ण रहेगा। वेद विरोधी धर्म चाहें उसके विरुद्ध जितनी ताकत क्यों न लगा लें।'

यह सुनकर आचार्य मंडन मिश्र परमाचार्य आदि-शंकराचार्य के सन्मुख उनके चरणों में शीष नवाकर बोले—

''मैं कृतार्थ हुआ जगद्गुरु!... आपके द्वारा प्रतिपादित ज्ञान के प्रकाश में अब मेरी समस्त आशंकाएं निर्मूल हो गई हैं। मैं शुद्ध चित्त से अपनी पराजय स्वीकार करता हूं।'

3
उभय भारती

मंडन मिश्र की विदुषी पत्नी भारती पति की इस अकल्पनीय हार को देख-सुनकर विचलित हो गईं। वे अपनी मध्यस्थता की चौकी से उठ खड़ी हुई। बोलीं ''ठहरिये संन्यासी शंकर!.. .. आचार्य मंडन एक गृहस्थ हैं... इनकी पराजय अभी पूर्ण नहीं हुई है। मैं चाहती हूँ कि आप मुझसे भी शास्त्रार्थ करें। क्योंकि जब तक आप मुझे शास्त्रार्थ में पराजित नहीं कर लेते तबतक आप अर्द्ध-विजेता ही रहेंगे। मैं इनकी अर्द्धांगिनी हूँ, अतएव आपको मुझे भी पराजित करना पड़ेगा।''

इस प्रस्ताव को सुनकर शंकराचार्य पहले तो चौंके। फिर उन्होंने कहा—''ठीक है माँ! जैसी आपकी आज्ञा। आप पूर्वपक्ष कीजिए।''

शंकराचार्य और भारती का शास्त्रार्थ प्रारंभ हुआ। मंडन मिश्र की पत्नी को इस द्वंद्व में बीच में पड़ता देख माहिष्मती के विद्वानों ने उन्हें 'उभय भारती' नाम दे दिया। उपस्थित विद्वत् समाज ने नारा लगाया—''देवी उभय भारती की...''

''जय!!''

सभागार में उभय भारती के नाम का वह जय-जयकार देर तक गूँजता रहा। इस बीच कुशाग्र बुद्धि उभय भारती जगद्गुरु शंकराचार्य की परम विद्वत्ता से भलीभाँति इतने दिनों में पूर्णतः परिचित हो चली थीं। वे प्रातःकालीन संवाद सत्र में तो कुछ ही देर

बैठ पाती थी। परंतु मध्याह्न भोज के उपरांत द्वितीय सत्र में पूरा समय बैठकर शास्त्रार्थ सुना करती थीं। उन्होंने शंकराचार्य महाराज को शास्त्रार्थ में आद्योपांत अधिकतर भारी पाया था।

और अब तो वे सशंकित थीं। यह सोचकर कि आदि शंकर के सामने आत्म समर्पण कर चुके उनके पतिदेव को अब तो उन यतिराज का शिष्य बनना ही पड़ेगा। अर्थात् संन्यास धर्म में दीक्षित होना पड़ेगा।

जबकि इन 'ब्रह्मज्ञान' के भंडार' महामनीषी को वैदिक ज्ञान में तो हरा पाना प्रायः असंभव है। ऐसे में आदि-शंकर की अजेयता पर विचार कर उभय भारती के मन में एक विचार आया कि—शंकर ने बाल्यकाल में ही संन्यास ग्रहण कर लिया था। श्रेष्ठ नियमों एवं ब्रह्मचर्य का सदा से पालन करते आए हैं। अतः कामशास्त्र में इनकी बुद्धि प्रवेश नहीं कर सकी होगी। अतः इसी शास्त्र से मैं इन्हें जीत सकूँगी।...

यह सोचकर उभय भारती ने बाल-ब्रह्मचारी शंकराचार्य से प्रश्न किया—''यतिवर! मुझे बताइये कि काम के कितने लक्षण हैं? काम-कलाएं कितने प्रकार की होती हैं? उनका स्वरुप क्या है? स्त्री तथा पुरुष में काम-कलाओं का वास किस प्रकार होता है?''

मंडन मिश्र ने तब पत्नी से आपत्ति जताई—''ये तुम कैसे विचित्र प्रश्न कर रही हो देवी... वो भी एक संन्यासी से?''

उभय भारती ने हाथ के इशारे से पति मंडन मिश्र को रोक दिया। उधर शंकर को भी ऐसे प्रश्नों की आशा नहीं थी। उन्होंने कहा—''आप मुझसे शास्त्रीय प्रश्न पूछें माता। मैं ठहरा संन्यासी। इन प्रश्नों का उत्तर कैसे दे सकता हूँ?''

उभय भारती ने कहा—

''कामशास्त्र भी एक शास्त्र है। क्या आप सर्वज्ञ नहीं हैं?... कामकला की बातों से आपके मन में कोई विकार नहीं आना चाहिए। क्योंकि आप तो यति हैं।''

शंकराचार्य का मस्तक झुक गया। उनके साथियों को चिंता हो आई। सभा में उपस्थित अनेक पंडितों के चेहरों पर मुस्कान लौट आई।

शंकर बोले—''माँ!... आपके प्रश्नों का उत्तर देने के लिए आपसे एक महीने का समय चाहता हूँ। शास्त्रार्थ को कुछ समय तक स्थगित करने का नियम भी है...''

उभय भारती ने कहा—''क्यों? उत्तर अभी क्यों नहीं?''

शंकर बोले—''मैं इन प्रश्नों के उत्तर दे सकता हूँ। परंतु एक संन्यासी होने के कारण मौखिक रुप से कुछ नहीं कह सकूँगा। काम की चर्चा संन्यासियों के लिए मर्यादा विरुद्ध है। भविष्य में मेरा उदाहरण देकर संन्यासी गलत कार्य करेंगे। इससे संन्यास-धर्म कलंकित होगा। मैं ऐसा नहीं चाहता। अतः नियमानुसार आपसे एक माह के समय की प्रार्थना है।...

उभय भारती ने कहा—''ठीक है। दिया आपको एक माह का समय। परंतु उसके बाद शास्त्रार्थ में अगर आप ठीक उत्तर नहीं दे सके तो मेरे पति आपके शिष्य नहीं बनेंगे।''

शंकराचार्य बोले—''तथास्तु'' और वह विद्वत् सभा भंग हो गई।

आदि शंकराचार्य के शिष्य पद्‌मपाद और उद्‌भ्रांत चिंतामग्न हो अपने गुरु के पीछे-पीछे चल पड़े। नगर के बाहर आकर एक जंगल के भीतर विचरण करते एक स्थान पर उन्होंने कुछ स्त्री-पुरुषों को एक शव के निकट बैठे देखा। वे सभी करुण क्रंदन कर रहे थे।

पता चला कि मृतक व्यक्ति अमरुक नामक एक निकट के किसी राज्य का राजा था। वह शिकार खेलने अपनी एक युवा रानी के साथ इस जंगल में आया था। साथ में उसके ये कुछ भृत्य थे। राजा घोड़े पर बैठा किसी शिकार के पीछे यहाँ तक आ पहुँचा था। युवा रानी कुछ दूर शिविर में राजा अमरुक की प्रतीक्षा करती रही थी। अचानक राजा को हृदयाघात-सा कुछ हुआ। वह यहाँ घोड़े से गिरकर अकाल मृत्यु को प्राप्त हुआ। साथ के सैनिकों ने सूचना शिविर में पहुँचाई। अब ये रानी और भृत्य अमरुक के शव को घेरे रोना-पीटना मचाए थे।

आते समय संयोग से शंकराचार्य को एक गुफ़ा उस जंगल में ऊँचे स्थान पर दिखाई दे गई थी। उन्होंने पद्‌मपाद के कान में धीरे से कहा—''तुम दोनों शीघ्र उस गुफ़ा में पहुँचो। मैं थोड़ी देर में वहाँ आकर तुम्हें कुछ बताता हूँ।'' पद्‌मपाद और उद्‌भ्रांत चले गए।

थोड़ी देर बाद शंकराचार्य उस गुफ़ा में पहुँचे। वह गुफ़ा बहुत गहरी और आगे बर्फ़ जैसी ठंडी थी। शंकराचार्य ने अपने दोनों अनुयायियों से कहा—''मैं योगबल से चोला बदल रहा हूँ। उस राजा अमरुक के मृत शरीर में परकाया-प्रवेश करुँगा। उसके राज्य और रनिवास में जाकर एक माह प्रवास करुँगा। कामकला के व्यावहारिक ज्ञान का अनुभव प्राप्त कर इसी गुफ़ा में लौटकर पुनः इस शरीर में वापसी करुँगा। तब तक तुम्हें मेरी इस काया को सुरक्षित रखना होगा।... याद रहे रक्षा-कार्य में कोई त्रुटि न हो। मेरे लिए चिंतित भी मत होना।''

उद्‌भ्रांत ने कहा—''परंतु शंकर इतने समय तेरा शरीर यहाँ कैसे सुरक्षित रह पाएगा? सड़ नहीं जाएगा?''

शंकराचार्य ने कहा—''पद्‌मपादाचार्य का आयुर्वेद ज्ञान और जंगली जड़ी-बूटियों का प्रयोग इस शीतल गुफ़ा में इस शरीर को बचाएगा।''

पद्मपाद ने कहा—''गुरुदेव! इस सबकी क्या आवश्यकता है?... ज़रा सोचिए क्या राजा अमरुक के रनिवास में आपके वे अनुभव व्यभिचार की कोटि में नहीं आएंगे? क्या ऐसे कर्म आपके संन्यास को पापाबद्ध नहीं करेंगे?''

शंकराचार्य ने कहा—''नहीं। क्योंकि वे कृत्य राजा अमरुक के शरीर द्वारा वहाँ होंगे। मेरा संन्यासी शरीर तो तुम्हारे बीच यहाँ रहेगा।''

बहस लंबी चलने का न तो समय था न ही अवसर। शंकराचार्य ने देह त्याग कर सूक्ष्म शरीर से तत्काल उस जंगल में आकाश मार्ग से गमन किया। उन्होंने देखा कि राजा अमरुक के शव को एक रथ में डालकर सारे भृत्य और सैनिक उनके राज्य की ओर चल पड़े थे, ताकि उनकी अन्त्येष्टि की जा सके।

संन्यासी शंकराचार्य का सूक्ष्म शरीर तभी राजा अमरुक के मृत शरीर में प्रवेश कर गया और वह शव एकाएक जीवित हो उठा। उसके बाद कहानी ही बदल गई। अपने राजा को जीवित देखकर सभी लोग पहले तो डरे। फिर प्रसन्नता से उछल पड़े। नाचते-गाते राजा अमरुक को लेकर सभी लोग उनके राज महल में वापस आ गए।

शंकराचार्य ने राज दरबार से लेकर रनिवास में एक माह तक राजकीय और एक गृहस्थ के विविध अनुभव प्राप्त किए। 'अमरुक शतक' नामक एक शृंगारिक ग्रंथ की रचना भी की। इसमें कामकला विषयक अनेक पद भी समाविष्ट थे। लोगों ने इस मध्य राजा अमरुक में अनेक सकारात्मक परिवर्तनों को घटित होते देखा। परंतु वे उस रहस्य को जान न सके।

एक माह पूर्ण होते-होते शंकराचार्य उस राजा अमरुक की देह में ही एक दिन प्रातः एक घोड़े पर सवार हुए और 'अमरुक शतक' की पांडुलिपि को साथ लेकर उसी जंगल की ओर निकल लिए। द्वारपालों ने उन्हें जाता देख लिया। राजा के अंगरक्षकों का राजा के पीछे दौड़ाया।

गुफ़ा में पहुँचते ही शंकर अपने पूर्व शरीर में प्रकट हो गए। उधर राजा अमरुक का पुनः निधन हो गया। गुफ़ा में उनका मृत शरीर छोड़कर पद्मपाद और उद्भ्रांत शंकराचार्य को लेकर तत्काल माहिष्मती नगरी को चल पड़े।

अंगरक्षकों ने अमरुक की मृतदेह को गुफ़ा के भीतर पड़ा देखा और उनके उदास अश्व को भी वहाँ गुफ़ा के बाहर खड़े पाया।...

इधर यह तीनों मंडन मिश्र के निवास पर आकर उनसे मिले। शंकर ने सद्यःलिखित 'अमरुक शतक' की पाण्डुलिपि उभय भारती को सौंपते हुए कहा—''माँ!... मैं अपने मुख से तो इस विषय में कुछ कह नहीं सकता। इस ग्रंथ में उन समस्त बातों का उल्लेख मैंने कर दिया है। आप इस गीतिकाव्य का स्वयं अध्ययन कर लें।''

उभय भारती ने अविश्वास की दृष्टि से उस पाण्डुलिपि के कुछ पृष्ठ पलटकर देखे। कंचन, कामिनी, कामविलास की सौ से अधिक गीतिकाओं से भरा पड़ा था यह 'अमरुक शतक'।...

उभय भारती ने एक जगह जो गीतिका पढ़ी उसका आशय इस प्रकार था–

''जब से मैंने काम-पिपासित होकर उस सुंदरी के अधरों का रसपान किया है तब से मेरी प्यास दोगुनी बढ़ गई है। अब तो अधरामृत का पान किए बिना मुझसे रहा नहीं जाता। मेरा यह मनोभाव घड़ी-घड़ी बढ़ता ही जाता है। काम ज्वर की क्या कहूँ? अब यह सहा नहीं जाता है। इसमें अचंभे की कोई बात नहीं। मुझमें उसके अधरों की लुनाई का निवास हो चला है।''

उभय भारती इसके आगे वह पांडुलिपि पढ़ नहीं सकीं। बोलीं–

''हे ब्राह्मणों में श्रेष्ठ!... मुझे अब आपसे कोई शास्त्रार्थ नहीं करना।... आप समस्त विद्याओं के स्वामी हैं। सभा में मुझे न जीतकर कामशास्त्र में कथित संभोग कलाओं को जानने का आपने जो उद्योग किया, वह मानव चरित्र का अनुकरण मात्र है, अन्यथा आप सर्वज्ञ हैं। साक्षात् सदा शिव हैं।... अतः मेरा यह विनम्र निर्णय है कि जगद्गुरु आज आप सम्पूर्ण रुप से विजयी हुए।... किंतु पति के संन्यास ले लेने पर उसकी पत्नी विधवा मान ली जाती है। इसलिए मेरा कार्य अब यहीं समाप्त हो गया है। अब मैं निर्मल ब्रह्मलोक को जाऊँगी।''

इतना कहने के पश्चात् मंडन मिश्र की पत्नी उभय भारती ने अपने पति एवं यतिश्रेष्ठ दोनों की बारी-बारी से–प्रणाम किया और योग-बल से अपना शरीर त्याग दिया।

4

सुरेश्वराचार्य

उभय भारती देवी के आत्मोत्सर्ग और आकस्मिक निधन से समस्त माहिष्मती नगरी में शोक की लहर दौड़ गई। जिसे सुनाई दिया वह आचार्य मंडन मिश्र के उस महलनुमा-आवास की ओर दौड़ा चला आया। श्रीशंकराचार्य दोबारा वहाँ लौटे थे। इसकी ख़बर किसी को हो नहीं पाई थी।

होती भी तो कैसे? उभय भारती ने उसका अवसर ही प्रदान नहीं किया। महात्मा शंकर द्वारा रचित 'अमरुक शतक' पर एक दृष्टि डालते ही बिना शास्त्रार्थ के अपनी पराजय और आचार्य शंकर की विजय खुले मन से तत्काल स्वीकार कर ली। उभय

भारती का यह अद्वैत वेदान्त एवं ज्ञानमार्ग की दिशा में विवाद रहित समर्पण मंडन मिश्र की पराजय का भी उद्घोष था।

वह शास्त्रार्थ जो एक माह पूर्व ही माहिष्मती के विद्वत्जन और नगरवासी देख-सुन और महसूस कर चुके थे अब जाकर इतिहास बना। मंडन मिश्र नगर के सबसे मेधा-सम्पन्न सर्वोच्च-शिखरस्थ विद्वान के रुप में जाने जाते थे। मगर जिसे एक दक्षिण भारत के युवा दण्डी स्वामी ने न जाने कहाँ से आकर देखते-ही-देखते घुटने टेकने को मजबूर कर दिया था। आज अचानक वह ज्ञान-शिखर एक मिट्टी के ढूह-सा ढहा।

मंडन की सर्वगुण सम्पन्न सुंदर एवं शास्त्रज्ञ पत्नी भारती से लोगों को एक क्षीण आशा अवश्य बंध गई थी कि वे उनके माहिष्मती के संकटग्रस्त मान की रक्षा कर ले जाएंगी। क्योंकि उन्होंने वेदों के मीमांसा-दर्शन को—उनमें प्रचलित कर्मकाण्डों की महत्ता के गिरते ध्वज को—पति मंडन के परास्त होने से पूर्व ही अपने करकमलों में थाम लिया था।

अब अचानक एक माह बाद इस तरह उभय भारती के आकस्मिक देहत्याग और इस परम प्रतापी दम्पति के यूँ अचानक पराभव से नगर की जनता हतप्रभ ही नहीं, शोक संतप्त भी हो उठी। सब नागरिक मंडन मिश्र-सदन की ओर उमड़ पड़े।

जैसे-जैसे भीड़ बढ़ती गई वातावरण में उत्तेजना और हताशा का संचार भी तीव्र होता गया। मगर कहें तो क्या कहें?... कुल की सुहागिन स्त्रियों ने गृह के भीतर उभय भारती के शव को नहला-धुला कर उसे विवाह के वस्त्रों में सजाकर, उसके सोलह-श्रंगार कर एक सुंदर दुशाला ओढ़ा कर तैयार कर दिया था।...

उभय भारती देवी की पार्थिव देह अब मंडन मिश्र के बाहरी उद्यान के मध्य एक प्रस्तर-चबूतरे पर फूलों से सजी सार्वजनिक दर्शन हेतु रखी हुई थी। चिरनिद्रा में सोयी उस विदुषी महिला का तेजोमय मुख-मंडल माथे पर एक गोल बिंदी के साथ इस तरह दमक रहा था, मानों वह अभी किसी भी समय जाग उठेगी।...

शोक विह्वल जन-समूह एक ओर से चलकर कुछ दूरी से दर्शन करता पंक्तिबद्ध हो गुजर रहा था।... मंडन मिश्र और उनके परिजन एक ओर उभय भारती के सन्निकट खड़े थे।... जब अतिथि गृह से निकल कर संन्यासी शंकराचार्य और उनके दो अनुयायियों ने उभय भारती के शव पर पुष्पार्पण किया तो सारा वातावरण और भी शोक विगलित हो उठा। एक-दो धृष्ट मनचलों ने "संन्यासी तुझे धिक्कार है" जैसे कुछ अपशब्द भी उछाले। इसपर आचार्य मंडन मिश्र ने उन लोगों पर रोष जताया। कहा—"खबरदार!... पूजय गुरुदेव को कोई कुछ न कहेगा। भारती और मैं परम सौभाग्यशाली हैं जिन्हें उनके जैसा सद्गुरु मिला। वे जगद्गुरु हैं। हमारे अंतर्चक्षु उन्होंने ही खोले हैं।..."

इसके बाद जनसमूह में सर्वत्र सन्नाटा व्याप्त हो गया।... श्री शंकराचार्य के सन्मुख मंडन मिश्र रोते हुए वास्तव में अब, दोनों हाथ जोड़े, घुटनों के बल बैठ चुके थे। सिर झुकाए।...

शंकर ने उन्हें सिर सहलाकर आशीर्वाद दिया और कहा—"नैनं छिन्दन्ति शस्त्राणि नैनं दहति पावकः... हे प्रिय आत्मन्! तुम तो स्वयं ही परम विद्वान हो। तुमसे क्या कहूँ? पर अब जो यह लौकिक दायित्व तुम्हारे सन्मुख है, इसे तुम भली-भाँति पूर्ण करो।... मैं अब अपने गुरुदेव ब्रह्मलीन गोविंदपाद जी महाराज के आश्रम को जाता हूँ।... ये माँ शारदा तो कब की ब्रह्मलोक को जा चुकी हैं। मुझे भी बहुत वेदना है इस अप्रत्याक्षित-अनुभव से। पर तुम्हें अब एक पति के नाते उस परम सौभाग्यशालिनी की नश्वर काया का अंतिम संस्कार करना है। अन्य आवश्यक कर्म जो तुम करना चाहो, जब उनसे निवृत्त हो लेना तब तुम यदि संन्यास लेना चाहो तो मेरे पास ओंकारेश्वर आश्रम आ सकते हो।... अपने को संभालना वत्स!... तुम्हारा कल्याण हो।"

—इतना कहकर शंकराचार्य माहिष्मती से ओंकारेश्वर को चले गए। पद्मपाद और उद्भ्रांत सदा की भाँति उनके साथ गए। नर्मदा नदी के किनारे-किनारे।...

माहेश्वर से ओंकारेश्वर अधिक दूर नहीं था। आज की भाषा में कहें तो लगभग 70 किलोमीटर की पदयात्रा थी, जिसमें बिना रुके 14 घंटे चलना होता। आदि शंकराचार्य और उनके सहयात्री दोपहर में माहेश्वर (माहिष्मती) से चले थे। वे नर्मदा किनारे-किनारे मंडलेश्वर होते हुए सूर्यास्त के समय धरगाँव जा पहुँचे। वहाँ एक बगिया में तीनों प्राणियों ने रात्रि विश्राम किया। सुबह पुनः चले।

धरगाँव से बड़वाह होते हुए सब उसी दिन अपराह्न में ओंकारेश्वर के निकट जा पहुँचे। एक नाव द्वारा सबने नर्मदा को पार किया। फिर नर्मदा के उस तट पर स्नान कर अपने श्रम का परिहार किया। तत्पश्चात भगवान ओंकारेश्वर ज्योतिर्लिंग-मंदिर में जाकर दर्शन किए। प्रसाद ग्रहण कर सब श्री गोविंद भगवद्पाद गुफ़ा की ओर बढ़े।

अपने परम पूज्य गुरुदेव की गुफ़ा और उनके आश्रम की ओर चलते समय युवा संन्यासी शंकर को जैसे पंख लग गए। उस समय उनके कदमों की चपल गति देखने योग्य थी। अपने गुरु के पीछे भागने में पद्मपाद और उद्भ्रांत दोनों के तब पसीने छूट गए।...

गुरुदेव शंकर के ओंकारेश्वर में अपने गुरु स्थान पर पहुँचने के सोलहवें दिन मंडन मिश्र भी अपने अध्यात्मिक गुरु से दीक्षा लेने नर्मदा तट पर पहुँच गए। उन्हें अपने गुरु की शरण में पहुँचने की शीघ्रता थी इसलिए वे माहिष्मती से अपने रथ से ओंकारेश्वर तक आए थे। नर्मदा तट से उन्होंने अपने रथवान और सेवकों को वापस कर दिया।

दिवंगता पत्नी का अंतिम संस्कार, श्राद्ध कर्मादि सम्पन्न कर, घर-द्वार पुत्र और पुत्रवधू को सौंप, अपनी एकमात्र कुँवारी कन्या के विवाह के दायित्वों को भी उन्हें सुपुर्द कर समस्त सगे-संबंधियों—मित्रों-विद्वतजन को प्रणाम कर संन्यासी बनने हेतु, समस्त मोहमाया त्याग पंडित मंडन मिश्र ओंकारेश्वर आए थे।

रथ को वापस कर उन्होंने एक नाव ली। नर्मदा पार कर भगवान ओंकारेश्वर महादेव के दर्शन किए फिर लोगों से पूछते-पाछते गुरु गोविंदपाद जी के आश्रम को जा पहुँचे। मंडन मिश्र ने जब शंकराचार्य महाराज के दर्शन किए तो उनके चरणों में सिर रखकर उन्हें प्रणाम किया।

मंडन मिश्र को संन्यास धर्म की दीक्षा देने के उपरांत शंकराचार्य ने उन्हें वेदांत का उपदेश दिया—"वत्स मंडन!... तुम देह नहीं हो। जड़ पदार्थ नहीं हो। विशुद्ध चैतन्य आत्मा हो। तुम न देह हो, न इंद्रियाँ हो, न मन हो, न बुद्धि हो, न प्राण और न ही अहंकार हो। क्योंकि ये सब जड़ हैं। वे आत्मा नहीं हैं।... आत्मा शरीर आदि से नितांत भिन्न है। 'तत्त्वमसि' महावाक्य में वही 'त्वं' पद से कहा गया है तथा 'तत्' पद के द्वारा जगत् के कारण ब्रह्म का बोध होता है। दोनों की एकता का बोध होता है।... तुम वही हो।... हे प्रिय आत्मन्! तुम वही परमात्म तत्त्व हो।..."

गुरु शंकराचार्य द्वारा दिए गए उपदेश से मंडन मिश्र अपने द्वैत भाव को त्याग कर अद्वैतमत में प्रतिष्ठित हुए। उन्होंने जाना कि यह सम्पूर्ण दृश्यमान प्रपंच उसी एक मात्र ब्रह्मशक्ति का विस्तार है।

उन्होंने जाना कि यह जगत् उस ब्रह्म से भिन्न नहीं बल्कि उसी का विभिन्न रुप मात्र है और यह जीव भी उससे भिन्न नहीं है।

उन्होंने यह भी समझा कि भिन्नता केवल अज्ञान से ही प्रतीत होती है तथा सच्चा ज्ञान हो जाने पर यह भिन्नता मिट जाती है।

शंकराचार्य ने उन्हें इसका ज्ञान करा दिया जिससे वे अपने अज्ञान को दूर कर आत्मज्ञान में स्थिर हुए।

इस प्रकार आचार्य शंकर से तत्त्वज्ञान उपदेश पाकर मंडन मिश्र उनके श्रीचरणों में नतमस्तक हो कहने लगे—

"हे गुरुदेव!... आज मैं परम सौभाग्यमय हुआ। आज आपकी कृपा से अविधारुपी अंधकार से मुक्त हुआ हूँ। जन्म-जन्मांतर से सोयी मेरी आत्मा जाग चुकी है अब। अंधकार से प्रकाश में आया हूँ। माया का पर्दा हट गया है। वास्तविक आत्म स्वरुप के आनंद का अनुभव करने लगा हूँ।... हे परमदयालु भगवन्! आज मेरे पास मेरे अहंकार के अतिरिक्त और ऐसी कोई वस्तु नहीं जिसे आपको मैं भेंट कर सकूँ। मेरा वह मृतप्रायः अहंकार ही अब आपके श्री चरणों में समर्पित है।"

—ऐसा कहकर मंडन पुनः आचार्यश्री के चरणों में गिर पड़े। आचार्य ने उन्हें सस्नेह उठाकर कहा—"हे विद्वान महाभाग!... आज तुम कृतकृत्य हुए। मैं शंकराचार्य तुम्हें तुम्हारा संन्यास नाम 'सुरेश्वराचार्य' देता हूँ। आज से जगत में तुम इसी नाम से जाने जाओगे।

इसप्रकार पद्मपादाचार्य के बाद दूसरे प्रमुख शिष्य बने सुरेश्वराचार्य। शंकराचार्य की अद्वैत-वेदांत की परंपरा के संवाहक। उसके एक सुदृढ़ स्तंभ। कभी जो कलिकाल में ऋषि जैमिनी को अपना दिग्दर्शक मानते थे। आज वे जगद्गुरु शंकराचार्य के उद्भट अनुयायी बन गए।

इन क्षणों में गदगद कण्ड से गुरु-प्रशंसा में आचार्य सुरेश्वर ने बहुत कुछ कहा। सर्वाधिक महत्त्वपूर्ण यह कि—

"हे संतशिरोमणि! हे द्वितीयोनास्ति परमात्मन्!!... मेरे अपराधों को. मेरी समस्त मूढ़ताओं को, आप क्षमा करें। मैं अब निश्चयात्मक रुप से जान चुका हूँ कि—सतयुग में कपिल मुनिवर ने विद्वानों को ज्ञान दिया। त्रेतायुग में दत्तात्रेय ऋषि ने वही ब्रह्मज्ञान कृपापूर्वक प्रसारित किया। द्वापर युग में अपनी अद्भुत रचनात्मक शक्ति से वेद व्यास जी ने जगत को वह कल्याणकारी ज्ञानामृत बाँटा। अब इस कलिकाल में मेरे अनन्य गुरुदेव के रुप में शंकरावतार प्रभु आप स्वयं ने इस लोक कल्याण का बीड़ा उठा लिया है। अतः कलिकाल के जगद्गुरु आप और एकमात्र आप ही हैं।..."

अध्याय–आठ

⌘

अनादिमायया सुप्तो यदा जीवः प्रबुध्यते।
अजमनिद्रमस्वप्नमद्वैतं बुध्यते तदा।।

—जिस समय अनादि माया से सोया हुआ जीव जागता है अर्थात् तत्वज्ञान लाभ करता है, उसी समय उसे अज अनिद्र ओर स्वप्नरहित अद्वैत आत्मतत्त्व का बोध प्राप्त होता है।

(माण्डूक्योपनिषद्)

1

दक्षिण–यात्रा

मंडन मिश्र जैसे विद्वान द्वारा शास्त्रार्थ में पराजित हो यतिवर शंकराचार्य का शिष्यत्व ग्रहण किए जाने का समाचार सम्पूर्ण भारत में फैलने लगा। आचार्य शंकर की विद्वत्ता की ख्याति प्रबुद्ध समाज में घर-घर व्याप्त हो चली।

इसी समय ओंकारेश्वर में अपने गुरु स्थान से प्रस्थान से पूर्व गुरु गुफ़ा की ओर शीष नवाकर आचार्य शंकर ने यह घोषणा की–''जो भी धर्मप्राण व्यक्ति वेद-विरोधी हो और अद्वैत-वेदांत को न मानता हो अथवा जीव एवं ब्रह्म की एकता को श्रुतिसम्मत नहीं मानता हो उसका शास्त्रार्थ के लिए खुले हृदय से स्वागत है। अन्यथा, आस्थावान नर-नारियों से प्रार्थना है कि वे वेद विहित मार्ग का अनुसरण करें। इसी में लोकहित सन्निहित है।''

आचार्य शंकर की इस घोषणा को सुनकर वेद निंदक धर्मानुयायी तिलमिला उठे और स्वयं को हतप्रभ-सा अनुभव करने लगे। शंकराचार्य महाराज का उत्तर भारत में तो प्रभाव जम ही गया था। अब वे अपने शिष्यों सहित दक्षिण भारत की यात्रा पर निकले।

उनके साथ अब पद्मपादाचार्य, उद्भ्रांत के अतिरिक्त सुरेश्वराचार्य तो जुड़ ही चुके थे। जब वे दक्षिण भारत के लिए निकले तो पंद्रह-बीस साधु-भक्त-श्रद्धालु भी आचार्य शंकर के अनुयायी होकर साथ चले। इनमें सबसे आगे थे साधु रामदेव और साधु कृष्णदेव जो आचार्य शंकर की हिमालय-यात्रा में भी उनके साथ थे।

ओंकारेश्वर लौटकर श्री शंकराचार्य के पुरुषार्थ, चमत्कार, उनके भाष्यों-प्रवचनों और राजा से रंक तक में उनकी व्याप्ति के अनेक किस्से इन युवा साधु-द्वय ने इतने रस ले-लेकर श्रद्धालुओं को सुनाए कि शंकर जन-जन में संत रुप में पूजे जाने लगे। यही कारण है कि जब वे वहाँ अपने गुरु के आश्रम में गए तो जब तक वहाँ दो-तीन सप्ताह रहे, उनके दर्शनों के लिए स्त्री-पुरुष बाल-वृन्द समूहों का तांता लगा रहा।

उन अति व्यस्त दिनों में लोगों को दर्शन देते, उपदेश देते, उनकी समस्याएं सुनते, उन्हें आशीर्वाद देते आचार्य शंकर बड़ी मुश्किल से एक दिन बड़े-सवेरे समय निकाल

कर मंडन मिश्र को संन्यास-धर्म की दीक्षा दे पाए थे और उन्हें 'सुरेश्वराचार्य' घोषित कर पाए थे।...

आदि शंकराचार्य की यह दक्षिण-यात्रा उनकी तीर्थ यात्रा भी थी और उनकी धर्म-दिग्विजय यात्राओं की पूर्व पीठिका भी। वे जहाँ भी पदयात्रा कर जाते लोगों में धार्मिक चेतना जगाते। उनमें वेदों की महत्ता का गुणगान करते। उन्हें नैतिक शिक्षा के साथ-साथ वैदिक सनातन धर्म पर दृढ़ आस्था को प्रख्यापित करते।

वेद विरोधियों और भटके हुए हिन्दुओं से शास्त्रार्थ करते, जिन्हें अधिकतर अब तो गुरुदेव शंकर के प्रबुद्ध शिष्यगण पद्मपादाचार्य और सुरेश्वराचार्य ही प्रायः निबटा दिया करते। उनसे ही प्रारंभिक वाद-विवाद कर वितण्डावादी विद्वान और पाखण्डी पुराहितगण पार न पा-पाते। थोड़ी बहुत बहस के बाद शंकर-शिष्यों के अकाट्य तर्कों के आगे वे बगलें झाँकने लगते।...

कई जगह तो बौद्ध प्रचारक कुमारिल-शिष्य मंडन के विजेता शंकराचार्य महाराज के आगमन की खबर सुनते ही वह इलाका छोड़कर भाग खड़े होते। कौन अपनी किरकिरी कराए।...

श्री शंकराचार्य और उनके अनुयायियों की यह ऐतिहासिक दक्षिण-यात्रा ओंकारेश्वर से पंचवटी, पंढरपुर, श्रीशैल, गोकर्ण, हरिहर, मूकाम्बिका और श्रीबली होकर शृंगेरी तक गई थी।

आज के महाराष्ट्र प्रांत के नासिक जिले में स्थित है—पंचवटी। गोदावरी नदी के निर्मल तट पर कभी हुआ करता था यह वनवासी श्रीराम, सीता, लक्ष्मण का एक अस्थायी प्रवास स्नान, जो कालांतर में श्रद्धालुओं के लिए बन गया एक परम पावन तीर्थ स्थान।...

पंचवटी ही वह स्थान है जहाँ श्रीराम ने पत्नी और अनुज के साथ कुटियाँ छवाकर एक लंबे समय तक निवास किया था। यहाँ पंचवट हुआ करते थे—अश्वथ, आमलक, वट, बिल्व और अशोक। उन्हीं पंच प्रकार के वृक्षों की बहुतायत के कारण यह पुष्पित-कूजित—सुरम्य प्राकृतिक स्थल 'पंचवटी' कहलाता था।—

'पंचानां वटानां समाहार इति पंचवटी।' महर्षि वाल्मीकि कृत 'रामायण' के अनुसार यहीं गृद्धराज जटायु से श्रीराम की मित्रता हुई। यहीं शूर्पणखा आगमन हुआ। रावण द्वारा प्रेषित स्वर्णहिरण रुपी राक्षस मारीच का वध हुआ और छद्मवेशी रावण द्वारा श्रीसीता जी के अपहरण जैसी दुःखद घटनाएं घटित हुई थीं।

कुल मिलाकर पंचवटी-तीर्थ श्रीराम वनगमन यात्रा में श्रीसीता जी सहित उनकी पदयात्रा का अंतिम पड़ाव था। उसके बाद तो विरह विह्वल राम अपहृत पत्नी की खोज में ही अनुज लक्ष्मण के साथ आगे की यात्रा में गए थे।...

गुरुदेव शंकर और अन्य सह-यात्रियों के साथ जब सुरेश्वराचार्य पंचवटी पहुँचे तो संन्यासी होने के बावजूद उन्हें अपनी दिवंगता पत्नी भारती की बहुत याद आई। भारती जिसे वे प्यार से अक्सर शारदा पुकारते थे।...

आखिर क्या एक संन्यासी का हृदय नहीं होता? आचार्य शंकर ने भी जब श्रीसीता-राम-लक्ष्मण मंदिर के दर्शन किए तो माँ सीता के कष्टों का उन्हें स्मरण हो आया। उसी के साथ उन्हें कालड़ी, केरल में बैठी अपनी माँ आर्यम्बा अचानक याद हो आईं।

ऐसे में शंकर के सजल नेत्रों पर उनके सखा उद्भ्रांत की दृष्टि पड़ी। उसने शंकर के कंधे पर एक हाथ रखकर कहा—"मुझे मालूम है सीता मैया के बहाने तू किसे याद कर रहा है रे शंकरा।..." और यह कहकर उद्भ्रांत भी रो पड़ा।

आदि शंकर का दुःख मर्यादा पुरुषोत्तम श्रीराम के दुःख में एकाकार हो उठा। एक ने देश निकाला पाया और वन-जीवन अपनाया। दूसरे ने स्वयं गृह त्याग किया और संन्यास जीवन अपनाया। लोकोपकार की भावना राम में भी थी और शंकर में भी। दोनों के मार्ग भले ही उनके निजी हों।...

इसके बाद अनेक दिन चलते-हुए यह यात्री-दल पंढरपुर पहुँचा। यहाँ एक बड़ा प्राचीन विष्णु मंदिर स्थित था। श्रीशंकराचार्य ने बड़ी श्रद्धा के साथ भगवान विष्णु के उस विट्ठल-विग्रह के दर्शन किए।

पंढरपुर में आचार्य शंकर के कुछ वैष्णव संप्रदाय के आचार्यों से शास्त्रार्थ भी हुए। शंकर उन वैष्णवों को यह समझाने में सफल रहे कि—"ईश्वर आराधन की दृष्टि से ब्रह्माराधन और विष्णु, शिव, अन्य देवी-देवताओं के आराधन में कोई विरोध नहीं है। क्योंकि अंतिम सत्य तो निराकार परमेश्वर ही है। ब्रह्मा, विष्णु, महेश त्रिदेव उसी निराकार परम ब्रह्म से उपजे उसके साकार स्वरुप वाले ईश्वर हैं।... अतः परमेश्वर ईश्वर और सृष्टि में मूलतः कोई भेद ही नहीं है। यदि कोई भेद दिखता है तो वह अज्ञान और अविद्या के कारण। वेदों-उपनिषदों-गीतादि का अध्ययन करने से वह अज्ञान मिट जाता है।..."

आदि शंकराचार्य महाराज अपने शास्त्रार्थ के मध्य अथवा अपने उपदेशों के समय धर्म ग्रंथों से सटीक उदाहरण देकर भी अपने प्रतिद्वंद्वियों और श्रोताओं को अपने रंग में रंग लेने की कला में निपुण हो चुके थे। इस अवसर पर भी उन्होंने महामुनि वेद व्यास कृत 'अध्यात्म रामायण' के अरण्य खण्ड के सप्तम सर्ग से मारीचवध और

सीताहरण प्रसंग सुनाते हुए वैष्णव आचार्यों को इस प्रकार संतुष्ट किया कि—"स्वर्णमृग रुपी मारीच के पीछे जाते हुए श्रीरामचंद्र जी ने लक्ष्मण को सावधान कर प्रस्थान किया।

आचार्य शंकर ने आगे कहा कि—

"इत्युक्त्वा प्रययौ रामो मायामृगमनुद्रुतः।
माया यदाश्रया लोकमोहिनी जगदाकृतिः।।
निर्विकारश्चिदात्मापि पूर्णोऽपि मृगमन्वगात्।
भक्तानुकम्पी भगवानिति सत्यं वचो हरिः।।

—अर्थात् यह विश्व प्रपंच रुपिणी जगत को मोहित करने वाली माया जिनके आश्रित है वे रामचंद्र जी ऐसा कह उस मायामृग के पीछे दौड़ते चले गए। वे निर्विकार चिदात्मा और सर्व व्यापक होकर भी उस मृग के पीछे दौड़े, इससे यह वाक्य सर्वथा सत्य ही है कि—"भगवान हरि बड़े भक्त-वत्सल हैं।"

—इस दृष्टांत के आगे समस्त वैष्णवाचार्यों का निरुत्तर हो जाना तो तब अवश्यंभावी था ही।

पंढरपुर के बाद अनेक दिवसों की कठिन यात्रा तय करके ये पदयात्री आज के आंध्र प्रदेश के कुर्नूल जिले में स्थित श्रीशैलम् देवस्थानम् पहुँचे। कृष्णा नदी के किनारे बसे इस तीर्थ में नल्लमाला पर्वत श्रेणी पर जाकर आदि-शंकर और उनके अनुयायियों ने मल्लिकार्जुन शिव भगवान के दर्शन किये। ये देव स्थान भी बारह ज्योतिर्लिंगों में से एक प्रसिद्ध तीर्थ है। आदि-शंकर ने यहीं 'शिवानंद लहरी' की रचना की। यहीं सभी तीर्थ यात्रियों ने ब्रह्मराम्बा माँ के भी पावन दर्शन किए।

श्रीशैल पर्वत प्राचीनकाल से ऋषि, मुनियों और सिद्ध संतों की तपस्थली रहा है। उस पर्वत से उतरकर सभी सह-यात्री एवं शिष्य गण शंकराचार्य महाराज के पीछे-पीछे अंततः कृष्णा नदी के तट पर पहुँच गए।

कृष्णा नामक उस पुण्य सलिला को देखकर शंकर के प्रथम संन्यासी शिष्य पद्मपादाचार्य को अपने उन बालपन के दिनों की याद हो आई जब वह सनंदन के नाम से जाना जाता था। उनके गाँव को छूती हुई कावेरी नदी बहती थी। इसी कृष्णा की तरह। बालक सनंदन अपने बाल मित्रों के साथ खूब खेलता-कूदता। कावेरी नदी में तैरता।

अचानक एक हादसा उसके जीवन में घटा। अपने एक परम मित्र कृष्णैया के साथ वह एक दिन कावेरी नदी को खेल-खेल में पार कर रहा था। दुर्भाग्य से कृष्णैया एक भंवर में फंस गया और डूब गया। दो दिन तक जब मछुआरों ने उसे खोजा तो आगे बहुत दूर पर उसकी मृतदेह मिल पाई। जिसे जगह-जगह मछलियों ने खा लिया था।

सनंदन के कोमल हृदय में जो वेदना इस दुर्घटना के फलस्वरुप उभरी उसी ने वैराग्य का रुप ले लिया। सनंदन सब कुछ छोड़-छाड़कर उत्तर भारत की ओर निकल

गया। कुछ दिन हिमालय की तलहटी में भटका। वह नेपाल भी गया। पशुपतिनाथ के दर्शन किए। वह अनेक साधुओं, भिक्षुकों और तांत्रिकों के बीच भटका। तब उसे किसी सद्गुरु की तलाश हो आई। अंततः वह काशी आया पहाड़ों से उतर कर। जहाँ उसे सद्गुरु के रुप में परम सौभाग्य से शंकराचार्य महाराज मिले।...

पद्मपाद जानता था कि उसका पैतृक गाँव यहाँ से बहुत दूर था। कृष्णा नदी से सुदूर दक्षिण-दिशा में बहती कावेरी नदी भी बहुत दूर थी जो उसके गाँव की फसलों को सींचती थी। पद्मपाद यह भी जानता था कि श्रीशैलम से चलकर उसके गाँव पहुँचने में दो सप्ताह से भी अधिक लगेंगे। यदि उसके पंख होते तो वह कुछ ही घंटों में वहाँ पहुँच जाता। पर अब सब व्यर्थ है। क्या करेगा गाँव जाकर। माता-पिता—भाई-बंधु सभी को तो छोड़कर संन्यासी बन चुका है अब वह। एक उसका जो सबसे आत्मीय मित्र था कृष्णैया। वह भी इस संसार में नहीं है। अतः जाकर होगा क्या?...

यहाँ पूज्य गुरुदेव हैं उसके साथ। उम्र में किसी छोटे भाई सरीखे। ज्ञान में किंतु पितामह जैसे। और फिर बहुत प्यारा एक मित्र भी है न, एक और, साथ में—उद्भ्रांत। जिससे वह अपने हृदय की हर बात कह-सुन लेता है। पद्मपाद का अब वही संसार था जहाँ गुरुदेव शंकर थे। वही उसका घर था जहाँ गुरुदेव के चरण कमल विश्राम करते थे।... अब ये सुरेश्वर भी गुरुदेव के सानिध्य में आ गए हैं। इनको क्या कहें? जबसे आए हैं गुरुदेव का आधा वात्सल्य न जाने क्यों इनकी ओर ही मुड़ गया है।...

श्रीशैल के निकट कृष्णा नदी के तट पर शंकर और उनके शिष्यादि कुछ दिन को ठहर गए। पास में एक गुफ़ा थी जो आचार्य शंकर को अपनी एकांत साधना के लिए उपयुक्त लगी। ऐसे स्थानों पर शुरु से शंकराचार्य का मन कुछ कालावधि के लिए ठहरने का हो ही जाता था।

यहाँ रहते हुए जिन विभिन्न संप्रदाय के मानने वालों ने शंकराचार्य के ब्रह्मसूत्र के भाष्य आदि पर जो-जो आक्षेप किए उन्हें उनके शिष्य पद्मपाद और सुरेश्वर ने ही खंडन कर उन्हें परास्त कर दिया। इस क्रम में पाशुपत, वैष्णव, वीरशैव, माहेश्वर और कापालिक आदि सभी मतावलंबियों को शंकर-शिष्यों के हाथों, मुँह की खानी पड़ी। शंकराचार्य तक तो पहुँचने की अधिकांश की नौबत ही नहीं आई।

इनमें से अनेक विद्वानों ने तब अपने संप्रदायों के ग्रंथों के अधूरेपन को समझा। जब उन्होंने शंकराचार्य के भाष्यों का विधिवत् अध्ययन किया तो उनके वेदांत ज्ञान की सम्पूर्णता के आगे वे नतमस्तक हुए। उनमें से अनेक आदि-शंकर के शिष्य बन

गए। इस तीर्थाटन के दौरान शंकर के अद्वैत-ब्रह्म सिद्धांत के आगे अनीश्वरवादी बौद्ध और अनेक नास्तिक दर्शन को मानने वाले लोग दक्षिण भारत में निस्तेज और अप्रासांगिक हो चले।

श्रीशैल की उस यात्रा में एक बार शंकराचार्य के छद्‌म शिष्य बने एक दुष्ट कापालिक साधक उग्रभैरव ने उनकी नरबलि लेनी चाही। तब पद्‌मपाद ने ही अपने गुरुदेव की प्राण रक्षा की।

हुआ यों कि कापालिकों का राजा क्रकच शंकराचार्य महाराज की हत्या कराना चाहता था। क्योंकि उनके सात्विक वैदिक धर्म की बढ़ती ख्याति उसे अपने हिंसक एवं भोग विलास युक्त संप्रदाय के मार्ग में एक बड़ी बाधा के रुप में खड़ी दिख रही थी। अतः क्रकच ने एक अपने खास शिष्य उग्रभैरव को शंकराचार्य को मारने के गोपनीय-अभियान पर तैनात किया।

उग्रभैरव ने शंकराचार्य से शास्त्रार्थ करना चाहा। इसपर उन्होंने पद्‌मपाद से वाद-विवाद हेतु उसे निर्देश दिए। उग्रभैरव पद्‌मपादाचार्य के समक्ष शास्त्रार्थ में टिक न सका। उसने अपनी हार स्वीकार कर ली और आचार्य शंकर का शिष्यत्व ग्रहण करने की याचना की। यद्यपि शंकर ने उस छद्‌म शिष्य को अपने अनुयायियों के दल में सरलतापूर्वक सम्मिलित कर लिया। तथापि पद्‌मपाद को उग्रभैरव पर पूरा भरोसा नहीं हो सका। उस नए शिष्य ने अपने कापालिक स्वरुप को एकाएक त्यागकर श्वेत वस्त्र धारण किए और सुबह-शाम आदि शंकर गुरुदेव की सेवा में आने लगा। उग्रभैरव को इस तरह नियमित रूप से आते देख, पद्‌मपाद का मन शंकालु ही रहा।

वह दुष्ट कापालिक मौका देखकर आचार्य पर घात करना चाहता था। किंतु वे हरदम अपने पट्ट शिष्यों से घिरे रहते। इसलिए वे हत्या षडयंत्र का लक्ष्य नहीं बन पा रहे थे। एक बार सुबह सवेरे जब सभी अनुयायी कृष्णा नदी में स्नान को गए थे, उग्रभैरव को उस दिन अवसर मिल गया।

शंकर पास की एकांत गुफ़ा में कुछ दिनों से शिष्य पद्‌मपाद की सतत निगरानी में एकांतवास कर रहे थे। वे समाधिस्थ होकर ध्यान योग में निमग्न थे। उस दिन अचानक पद्‌मपाद लघुशंका के लिए कुछ दूर गुफ़ा से बाहर चले गए। तभी हाथ में त्रिशूल लिए माथे पर त्रिपुंड लगाए, गले में नरमुंडों की माला पहने, शरीर में चिता की भस्म मले, कमर में एक प्राण घातक खंग बाँधे उग्रभैरव शराब के नशे में डगमग करता अपने असली रुप में वहाँ आया।

वह सीधे गुफ़ा में प्रवेश कर वहाँ ध्यान में एकाकी बैठे आदि-शंकर के मस्तक पर अपना खंग तानकर खड़ा हो गया। वह होठों ही होठों में कोई कापालिक-बलि संबंधी मंत्र बुदबुदाने लगा।

संयोग से उग्रभैरव जैसे ही शंकराचार्य को मारने को उद्यत हुआ पद्मपादाचार्य गुफ़ा में उसी समय लौटे। वे तब गुरुदेव की बलि लेने से क्षण भर पूर्व ही उग्रभैरव पर किसी नाहर की भाँति टूट पड़े।

दोनों ही व्यक्ति जमीन पर गिरकर परस्पर गुत्थम-गुत्था हो गए। उग्रभैरव अधिक शक्तिशाली था। जब वह कापालिक संन्यासी पद्मपाद पर भारी पड़ने लगा तब उन्होंने मन ही मन अपने इष्टदेव नरसिंह भगवान का स्मरण एवं जाप किया। तभी एक चमत्कार घटित हुआ। देखते ही देखते उग्रभैरव से लड़ते पद्मपाद एक सिंह के रुप में परिणत हो गए। उस सिंह ने तब दहाड़ते हुए उस आक्रांता उग्रभैरव को चीर-फाड़ डाला।

जब सुरेश्वर, उद्भ्रांत आदि शिष्य स्नानादि के पश्चात कुछ देर बाद लौटे तो उन्हें गुफ़ा के भीतर एक विचित्र नज़ारा दिखाई दिया।–

उन्होंने फर्श पर उग्रभैरव को रक्तरंजित अवस्था में मृत पाया। पद्मपाद को, उसके मानव स्वरुप में ही, फर्श पर एक ओर सिर झुकाकर हाँफते हुए बैठा पाया। और गुरुदेव शंकर...? सबने देखा कि वे शिष्य पद्मपाद के निकट दोनों हाथ जोड़े खड़े नरसिंह भगवान की स्तुति का गान कर रहे हैं।...

इस घटना के बाद शंकर और उनके सह-यात्रियों ने उसी दिन वह स्थान छोड़ दिया। वे श्रीशैल से चलकर आठ दिन में गोकर्ण पहुँचे।

गोकर्ण आधुनिक कर्नाटक प्रदेश का एक समुद्रतटीय तीर्थ है। यहाँ का सुप्रसिद्ध महाबलेश्वर मंदिर शिव-आराधकों के मध्य उसे 'दक्षिण के काशी' की प्रतिष्ठा दिलाता है।

यहाँ जो शिवलिंग स्थापित है उसके बारे में धार्मिक मान्यता है कि कैलाश पर्वत पर रावण की तपस्या से प्रसन्न होकर स्वयं शिवशंभु ने उसे अपना यह आत्मतत्त्व रुपी शिवलिंग लंका में स्थापित करने हेतु प्रदान किया था। मार्ग में गोकर्ण पहुँचकर रावण को शौचादि की तीव्र आवश्यकता महसूस हुई। चिंतित देवताओं की प्रार्थना से तब गणेश जी वहाँ एक चरवाहे लड़के के भेष में रावण के सन्मुख उपस्थित हुए।

रावण ने कुछ देर के लिए वह लिंग-विग्रह उस गउएं चराते लड़के के हाथ में थमा दिया और किसी भी दशा में उसे भूमि पर नहीं रखने की हिदायत भी दी। ...

रावण नित्यकर्म को गया। इधर वह शिवलिंग भारी होता गया। तब गणेश जी ने तीन बार महाबली रावण को उसके नाम से पुकारा। जब वह नहीं आया तो वह शिवलिंग उन्होंने वहीं पृथ्वी पर धर दिया।

लोक मान्यता है कि रावण जब शुद्ध होकर वहाँ वापस आया तो वह महाबल लगाने पर भी धरती पर रखे हुए उस शिवलिंग को उठा नहीं सका। रावण जितना बल लगाता वह लिंग उतना ही धरती में गड़ता जाता। तभी से उसे उस शिवलिंग-विग्रह का नाम महाबलेश्वर पड़ गया।

अंततः रावण ने खीझकर गणेश जी के मस्तक पर अपना पाद-प्रहार किया। गणेश जी लड़खड़ाकर चालीस पग दूर जा खड़े हुए। निराश रावण लंका को खाली हाथ चला गया। तब गोकर्ण में उस जगह शंकर भगवान प्रकट हुए। उन्होंने पुत्र गणेश को आश्वासन दिया कि यहाँ मेरे मंदिर के अतिरिक्त तुम्हारा भी मंदिर स्थापित होगा। यह भी कहा कि जो भी व्यक्ति तुम्हारा दर्शन किए बिना मेरा दर्शन-पूजन करेगा, उसे उसका पुण्य-फल प्राप्त न होगा। ...

आदि शंकर और उनके अनुयायियों ने गोकर्ण में गणेश और महाबलेश्वर मंदिरों के दर्शन किए। फिर वे उस सागर-तट पर भी गए जो 'ॐ ' के आकार का आज भी दिखाई देता है।

गोकर्ण से चले। शंकर और यात्रियों का दल हरिहर से कुडालि होता हुआ मूकाम्बिका पहुँचकर कुछ दिन रुका।

हरिहर कर्नाटक प्रांत में तुंगभद्रा नदी के तट पर बसा एक रमणीक तीर्थस्थल है। 'हरिहर' हिन्दू धर्म में विष्णु (हरि) तथा शंकर (हर) का सम्मिलित देव-स्वरुप कहलाता है। यहाँ आज विष्णु और शिव की बहुत सुंदर मूर्ति है। वह मूर्ति शंकराचार्य जी के समय में किसी न किसी रुप में अवश्य विद्यमान रही होगी।

मूर्तियाँ बनती हैं, टूटती हैं, फिर बनती हैं। मूर्तिभंजक वर्ष-दर-वर्ष कीट पतंगों की तरह पैदा होते और मरते हैं। परंतु मानव आस्था को वे नश्वर जीवधारी कभी तोड़ नहीं पाते हैं। उसी आस्था को सुदृढ़ करने का काम ऋषि-मुनि-संतगण और आदि-शंकराचार्य जैसे जगद्गुरु एवं अनेक सद्गुरु अपने-अपने जीवनकाल में करते रहते हैं।

हरिहर में विष्णु और शिव के अर्द्धांगों को जोड़कर यह अद्भुत मूर्ति ऐसी ही थी, जैसे शिव-पार्वती का सम्मिलित अर्द्धनारीश्वर विग्रह।

मान्यता यह है कि जब वैष्णव मतावलंबियों और शैव मतावलंबियों में मतभेद और वैमनस्य बहुत अधिक बढ़ गया तो उनमें युद्ध की स्थिति उत्पन्न हो जाने पर यह दोनों देवेश्वर एक साथ प्रकटे और इस तरह हरिहर की एकाकार मूर्ति के रुप में उन्होंने हिन्दू श्रद्धालुओं को दर्शन दिये और उन्हें मनोविकार रहित किया।

आदि शंकर तो ब्रह्मवादी होने के साथ ही सर्व संप्रदाय समन्वयवादी भी थे। अतः उन्हें हरिहर में विष्णु और शिव का यह एकीकृत स्वरुप बहुत भाया और उन्हें उनके भविष्य के उपदेशों के लिए उससे बहुत विशिष्ट प्रेरणा भी मिली।

हरिहर से चले तो आदि-शंकराचार्य कुडालि आदि अनेक नगर-ग्राम क्षेत्रों में अपनी चरण रज गिराते मूकाम्बिका पहुँचे। आज की भाषा में कहें तो हरिहर से मूकाम्बिका लगभग 187 किलोमीटर दूर है, जहाँ किसी चौपहिए याँत्रिक वाहन से तीन चार घंटों में पहुँचा जा सकता हैं पर आज से लगभग 2500 वर्ष पूर्व संन्यासी शंकर और उनके शिष्यगण एक सप्ताह बाद ही पदयात्रा करते पहुँच सके।

मार्ग में रात्रिविश्राम, स्नानादि के पश्चात मंदिर दर्शन, भोजन-भजन, उपदेश आदि में जो समय लगना था, वे सब तो स्वाभाविक रुकावटें थीं ही। मूकाम्बिका में देवी की प्रेरणा से आदि शंकराचार्य ने वहाँ स्थित पर्वत की तलहटी में मूकाम्बिका माँ की एक नवीन मूर्ति की स्थापना एक मंदिर में की क्योंकि देवी का प्राचीन मंदिर उस पर्वत के शिखर पर था, जहाँ वृद्ध, अशक्त भक्तगण का पहुँच पाना बहुत कठिन था। इन देवी में माँ शक्ति, सरस्वती और महालक्ष्मी तीनों का वास माना जाता है।

मूकाम्बिका में प्रवास के दौरान श्रीशंकराचार्य का यह तो था एक आध्यात्मिक पक्ष। एक अन्य घटना ने उनके जीवन के साथ एक चमत्कारिक पक्ष को भी यहाँ जोड़ा। जिसकी ख्याति दूर-दूर तक फैली।

वह घटना इस प्रकार थी। जब आचार्य शंकर मौनाम्बिका गाँव के निकट पहुँचे। वे अभी मौनाम्बिका अथवा मूकाम्बिका गाँव में प्रवेश कर ही रहे थे कि तभी एक शोकाकुल दम्पति ने उन संन्यासी को देखकर अपने मृत पुत्र के शव को उनके पैरों के पास रख दिया और लगे पछाड़ खाकर रोने। आचार्य का हृदय करुणा से द्रवित हो उठा। वे वहीं भूमि पर बैठकर उस बालक के शव पर हाथ फेरने लगे।

थोड़ी देर बाद उस मृत बालक के शरीर में स्पंदन होने लगा और उसकी आँखें खुल गईं। अपने बच्चे को जीवित देखकर उसके माता-पिता के आश्चर्य और प्रसन्नता की सीमा न रही। वे दोनों भाव-विभोर होकर नृत्य करने लगे। तब वहाँ उपस्थित ग्रामीणों में आचार्य शंकर के चरण-स्पर्श करने की होड़ लग गई। उन्होंने सोचा कि ऐसे ऊँचे महात्मा का आशीर्वाद उनके जीवन के लिए भी सौभाग्यवर्द्धक होगा।

इस घटना का प्रचार आसपास के क्षेत्र में बड़ी तेज़ी से हुआ। आचार्य के श्रीबली पहुँचने से पूर्व ही वह चमत्कारिक समाचार जन-जन में चर्चा का विषय बन गया।

2

हस्तमलकाचार्य

दक्षिण भारत की यात्रा का अगला मुख्य पड़ाव था श्रीबली इस गाँव में अधिकतर ब्राह्मण निवास करते थे। गाँव में एक शिव मंदिर था। श्रीबली में आते ही शंकर और उनके शिष्य

उस शिव मंदिर में दर्शन करने गए और शंकराचार्य वहाँ भक्ति-भाव से शिव-स्तुति करने लगे। आचार्य के आगमन का सुसमाचार गाँव में फैल गया।

श्रीबली, जिसे वर्तमान समय में 'शिवाल्ली' नाम से जाना जाता है, वास्तव में एक ब्राह्मण-बहुल ग्राम था। एक आदर्श ग्राम। जहाँ घर-घर वेद मंत्रों की ऋचाएं गूँजती थीं। भागवत् पाठ होते थे। यज्ञवेदी का सुगंधित धूम्र प्रातःकाल ब्राह्मणों के घरों से उठकर व्योम तथा आस-पास के वातावरण को सुवासित करता था। अधिकांश ग्रामवासी ईश्वर भक्त थे। रोग रहित थे। झगड़े-फसादों से कोसों दूर थे।

श्रीबली ग्राम के यज्ञकर्ता और वेदपाठी ब्राह्मण प्रातःकाल का स्वागत देवताओं और नव ग्रहों की स्तुति के साथ ही करते थे—

''ब्रह्मा मुरारिस्त्रिपुरान्तकारी
भानुः शशी भूमिसुतो बुधश्च।
गुरुश्च शुक्रः शनिराहुकेतवः
कुर्वन्तु सर्वे मम सुप्रभातम्।।''

घर के बड़े-बूढ़े अपने पौत्र-पौत्रियों, नातियों-नातिनों को राम-कृष्ण-शिव और पार्वती आदि की कहानियाँ उनके बाल्यकाल में ही सुनाते थे। वे सप्तपुरियों में स्थित तीर्थों का स्मरण करते। पवित्र नदियों का स्मरण करते और तीर्थ यात्राओं पर जाने के लिए सदैव प्रयत्नशील रहते।—

''अयोध्या मथुरा माया काशी कांची
अवन्तिका द्वारवती ज्ञेयःसप्तैता मोक्ष दायिका।
गंगे च यमुने चैव गोदावरी सरस्वती
नर्मदा सिंधु कावेरी जलेस्मिनेसंनिधि कुरु।।''

—जो व्यक्ति निर्धनता, शारीरिक अशक्तता अथवा अन्य किसी कारणवश इन तीर्थों अथवा पवित्र नदियों में स्नान हेतु ना भी जा पाते हों, तो भी प्रातः स्नान-ध्यान करते समय अपने स्नान के जल और हृदय में इन सबका इस प्रकार आह्वान कर उनकी कल्पना कर लिया करते थे। आखिर मानसिक-पुण्य भी तो कोई भाव होता है?

इस गाँव के ब्राह्मण कुलों और अन्य आस्थावान घरों की स्त्रियों का तो कहना ही क्या? उनकी समस्त दिनचर्या पुण्यमयी और धर्ममयी होती थी। वे अपने नित्यकर्म करते हुए लोकगीत भी गातीं तो उनमें यदि शृंगार होता तो दूसरी और सात्विक विचार भी होते। वे कुलांगनाएं सती-सावित्री और सीता आदि को स्मरण करतीं। 'पंच कन्याओं' की चर्चा करती—

''अहल्या द्रौपदी तारा
कुंती मंदोदरी तथा।

पंचकन्या स्मरेतन्नित्यं
महापातकनाशनम् ।।"

यही गृहणियाँ जब श्रीबली के उस ग्राम्यांचल में सूर्यास्त होते देखतीं तो अपने घरों में दिया-बाती के समय दीपक की ज्योति को तो नमन करतीं ही, जो अंधकार के समय घर को प्रकाशित करता है, वे उससे अनेक प्रकार के कल्याणों की सिद्धि की भी प्रार्थना करतीं—

"शुभं करोति कल्याणं
आरोग्यं धनसंपदः ।
शत्रुबुद्धि विनाशाय
दीपज्योतिर्नामोस्तुते ।।"

इस प्रकार उस श्रीबली नामक सभ्य एवं धर्मनिष्ठ ग्राम के वेदपाठी ब्राह्मण परिवार परमेश्वर की पूर्णता उसके भगवत् स्वरुप के अतिरिक्त उसके अद्वैत स्वरुप में भी स्वतः विश्वास रखते थे और उसका गुणगान करते नहीं थकते थे।

वे ऐसे लोग थे जो शंति के पुजारी थे। जो 'अहिंसा परमोधर्मः' में विश्वास रखते थे। जो अंतरिक्ष से लेकर पृथ्वी तथा इस चराचर जगत के समस्त अंगों की शांति की कामना किया करते थे। इसी कारण से उनके बीच ऋषि-परंपरा से चली आ रही प्रार्थनाओं में सर्वोच्च मानव मूल्यों का स्वर निनादित हुआ करता—

"ऊँ द्यौः शान्तिरन्तरिक्ष (गुं) शान्तिः
पृथ्वी शान्तिरापः शान्तिरोषधयः शान्तिः ।
वनस्पतयः शान्तिर्विश्वे देवाः शान्तिर्ब्रहम शान्तिः
सर्व (गुं) शान्तिः, शान्तिरेव शान्तिः, सा मा शान्तिरेधि ।।
।। ॐ शान्तिः शान्तिः शान्तिः ।।"

आदि शंकराचार्य के इस ग्राम में पधारने पर स्थानीय पंडित वर्ग को बड़ी प्रसन्नता हुई। उनको उन्हें सुनने और उनसे शास्त्रार्थ करने की प्रबल इच्छा थी। परंतु अब तो आचार्य अकेले नहीं थे। उनके सुयोग्यतम शिष्य पद्मपाद और सुरेश्वर भी उनके साथ थे, जिनकी विद्वत्ता का डंका सम्पूर्ण भारत में बज रहा था।

दरअसल यहाँ के विद्वान आचार्य के अन्य शिष्यों से ही शास्त्रार्थ करना चाहते थे। परंतु जब उन लोगों ने शंकराचार्य पूज्यपाद की शिष्य मंडली के मध्य सनंदन और मंडन मिश्र जैसे धुरंधर विद्वानों को देखा तो सभी सहम गए।

आचार्य शंकर यहाँ के लोगों को उपदेश देने लगे। उपदेश के समय प्रभाकर शास्त्री नामक एक ब्राह्मण नियमित रुप से आता और कुछ कहने को जैसे उत्सुक रहता। उसका एकमात्र बालक गूंगा था। उसने सुन रखा था कि श्रीबली आने से पूर्व इन्हीं महात्मा ने एक मृत बालक को जीवित कर दिया था। अतः प्रभाकर के मन में यह

विश्वास हो चला था कि जो व्यक्ति किसी मृत बालक को जीवन-दान दे सकता है, वह मेरे गूंगे बालक को भी वाणी तो दे ही सकता है।

आखिर एक दिन आचार्य शंकर के प्रवचन समापन के बाद उस ब्राह्मण को मौका मिल गया। उसने उनसे विनती की—"प्रभु! मुझपर कृपा करें। ईश्वर का दिया घर में सबकुछ है। बस मुझे एक ही भारी कष्ट है। भगवान ने ले-देकर मुझे एक ही पुत्र दिया है और वह भी गूंगा। तेरह वर्ष की अवस्था पार कर चुका है। आज तक एक शब्द उसके मुख से नहीं निकला है। विचित्र बालक है भगवन्!... खिलाने पर खाता है। लिटाने पर लेटता है। बिठाने पर बैठ जाता है।... यूँ समझिये कि पूरा जड़ भरत है मेरा पुत्र।... आप तो अंतर्यामी हैं जगद्गुरु! आपसे हाथ जोड़ कर इस पिता की विनती है कि आपने जिस प्रकार मूकाम्बिका में उस परिवार पर उनके बालक को प्राणदान देने की कृपा की थी, उसी प्रकार मुझ पर भी कृपा कीजिए। मेरे मूक-बालक को वाणी प्रदान कर दीजिए महाराज!..."

दूसरे दिन प्रभाकर शास्त्री अपनी पत्नी और उस किशोर वय बालक के साथ उस शिव मंदिर में पुनः आया, जहाँ आदि-शंकर कई दिनों से ठहरे हुए थे।

प्रभाकर आचार्य जी के सन्मुख दण्डवत् कर बोला—"भगवन्!... यही है वह बालक। इसका नाम है पृथ्वीधर। इसे अपना आशीर्वाद दीजिए। कम से कम यह कुछ पढ़-लिख ले। ब्राह्मणोचित कर्म कर सके। अपने साथियों के साथ भी कुछ खेल-कूद सके।"

परम दयालु शंकराचार्य भगवान उन मात-पिता-पुत्र को एक साथ देखकर करुणा विगलित हो उठे। उन्होंने उस गूंगे बालक को पास बैठाकर उसके सिर पर हाथ फेरा और पूछा—

"वत्स, तुम कौन हो? अपना नाम बोलो। कहाँ से आए हो? कहाँ जाओगे?"

आदिगुरु शंकर के मुख से इतना सुनना था कि उपस्थित तमाम लोगों और अपने माता-पिता को आश्चर्य चकित करता हुआ वह गूंगा किशोर बोल पड़ा। शुद्ध संस्कृत में किसी स्तोत्र का पाठ करते हुए वह अपना धाराप्रवाह-आत्म परिचय देने लगा। जिसका सारांश यह था कि—"न मैं कहीं से आया हूँ। न ही मुझे कहीं जाना हैं मैं तो उस परम-ज्योति उस परम-सत्य का एक अंश मात्र हूँ। उसी में समाहित हूँ। उसी आनंद सागर में निमग्न हूँ।...

यदि कोई कहे कि मैं पृथ्वी, जल, अग्नि, वायु और आकाश के संयोग से जन्मा हूँ तो वह भी मैं नहीं हूँ। न तो मैं कोई एक इंद्रिय हूँ, और न ही इंद्रियों का समूह हूँ। मैं तो सुषुप्ति के एकमात्र अनुभव में सिद्ध हूँ।...

भगवन्!... मैं भला आपको अपना परिचय कैसे दे सकता हूँ? जब माता, पिता, देवता, लोक, वेद, यज्ञ और तीर्थादि कोई भी मेरा समग्र वर्णन कर पाने में समर्थ नहीं।

प्रलयकाल में वे सब भी शून्यरुप हो जाते हैं। फिर भी जो बचता है वह परम-ब्रह्म ही एकमात्र शेष रहता है। अतः मैं उसी का एक अणुवत् अंशमात्र हूँ। न मेरा कोई नाम है, न ही रुप।...''

—इतना कहकर वह तेरह वर्षीय सद्यः किशोर पुनः चुप हो गया और उसने अपने नेत्र श्री शंकराचार्य के चरणों में गड़ा दिए। सम्पूर्ण वातावरण में इस अलौकिक घटना से सनसनी-फैल गई। उस अद्भुत-व्यक्तित्व को सन्मुख पाकर स्वयं शंकराचार्य भी परम आनंद से गदगद हो उठे।

आचार्य ने अपने शिष्यों से कहा—''यह हस्तामलक-स्तोत्र था। इसका सम्यक ज्ञान होने पर ब्रह्मज्ञान प्राप्त होता है। निर्गुण ब्रह्मोपासकों के लिए यह अत्यंत महत्त्वपूर्ण स्तोत्र है। तुम लोग भी इसका अभ्यास करो।''

कुछ देर बाद चिंतन करके शंकराचार्य उस बालक के पिता प्रभाकर से बोले—

''आप इस बालक को लेकर क्या करिएगा? यह गृहस्थी योग्य नहीं है। यह ब्रह्मज्ञानी है। इसके द्वारा आपका कोई कार्य पूरा नहीं होगा। आप यह बालक मुझे दान में दे दीजिए।''

यह सुनकर वे ब्राह्मण दम्पति व्याकुल हो उठे। पुत्र भले ही विकलांग हो, माता-पिता के लिए अत्यंत प्रिय होता है। प्रभाकर ने कहा—''हे प्रभु!... मैं इसका पिता, भले ही पुत्र का अभाव उतना अनुभव न करूँ, पर इसकी माँ पुत्र-वियोग को सह न सकेगी।''

इसपर आचार्य ने हँसकर कहा—''आप दोनों को एक बात बता दूँ। शरीर से यह आपका पुत्र अवश्य है, पर मन से नहीं। वास्तव में इसके भीतर एक परम सिद्ध पुरुष की आत्मा है।''

प्रभाकर की पत्नी ने अश्रुपात करते हुए कहा—''ऐसा कैसे संभव है? मैं इसके जन्म से लेकर आज तक इस बात के लिए तरसती रही कि एक बार यह मुझे माँ कहकर पुकारे।... अब जब यह बोलने लगा है तो आप इसे हमसे छीन लेना चाहते हैं महाराज?''

इसपर आचार्य शंकर ने मात्र इतना कहा—''कोई बात नहीं माँ!... आपकी जैसी इच्छा।'' इसके पश्चात वे दोनों पति-पत्नी अपने उस पुत्र का हाथ पकड़े वहाँ से अपने घर को चले गए।

अगले दिन वे दोनों ब्राह्मण पति-पत्नी पुनः रोते-कलपते उस बालक को लेकर आचार्य शंकर के इस ठिकाने पर आ पहुँचे। दोपहर का समय था।

उस समय मंदिर के पुजारियों के अलावा उस शिव मंदिर में कोई भक्त न था। शंकर के अनुयायी भी इधर-उधर भ्रमण पर गए हुए थे केवल पद्मपाद और सुरेश्वर को छोड़कर। उद्भ्रांत भी मंदिर के आस-पास ही कहीं था। जब उसने मंदिर से रोने-धोने की आवाज़ें सुनीं तो वह भी अपने मित्र शंकर के पास आ गया।

उस बालक की माँ अपना सिर धुनते हुए कह रही थी—"हे महात्मा जी! मेरा ये बालक पृथ्वीधर तो फिर से गूंगा हो गया। आपके पास रहा तो बोला भी और चैतन्य भी हुआ। पर कल घर आते-आते फिर से इसको जिह्वा पर ताला लग गया।"

पंडित प्रभाकर शास्त्री ने कहा—"इतना ही नहीं भगवन्!... तब से न खाता है न पीता है। बस बिल्कुल चुप है। अब आप ही कुछ करिए।..." तब आदि-शंकर ने नेत्र मूँद कर ध्यान लगाया। उन ब्राह्मण दम्पति ने फिर से कुछ कहना चाहा। सुरेश्वर ने संकेत से उन्हें मौन धारण करने को कहा। कुछ देर बाद आचार्य शंकर ने नेत्र खोले और उन ब्राह्मण दम्पति से बोले—

"आप दोनों उस समय की एक घटना को याद करें। आपका यही पुत्र एक वर्ष का था और उसे लेकर आप दोनों तीर्थ यात्रा पर गए थे। तब मथुरा में यमुना किनारे अपनी कुटिया में एक वृद्ध संन्यासी ध्यानमग्न थे। आप लोग बच्चे को किनारे अकेला छोड़कर स्नान करने जाना नहीं चाहते थे। इस भय से कि कहीं ये बालक रेंगता हुआ नदी में न गिर जाए। डूब न जाए।

अतः अपने शिशु को उन वृद्ध संन्यासी के पास बैठाकर कहा था कि—"महाराज!—इसका ध्यान रखिएगा। हम स्नान करके अभी आते हैं।" मगर वे संन्यासी तो घोर तपस्वी थे। उस समय गहन-ध्यान में रत थे। उन्होंने आपकी बातें नहीं सुनीं।

स्नान करने के बाद जब आप उन सिद्ध-संत की कुटिया में पधारे तो आपका बच्चा वहाँ से गायब था। तभी आपकी दृष्टि कुछ दूर पर यमुना जल में पड़ी। आपका बालक औंधे मुँह तैर रहा था। वह मर चुका था। वास्तव में उसकी अब मृत-देह ही पानी पर तैर रही थी।

प्रभाकर पंडित!... आप उस बच्चे की देह को संन्यासी के पास लाए और रोने लगे। और माता!... आप तो उन महात्मा को न जाने क्या-क्या बुरा-भला कहने लगीं।

वृद्ध संन्यासी का ध्यान भंग हुआ। उन्हें यह समझते देर नहीं लगी कि क्या अनहोनी घट चुकी है, जिसके लिए उन्हें उत्तरदायी समझा जा रहा है। वे साधु-महात्मा अत्यंत सरल और भावुक थे। अपनी गलती न होते हुए भी वे आत्म ग्लानि से भर उठे।

वे पुनः ध्यानस्थ हो गए। आपको उस घोर दुःख से उबारने के लिए योगबल से उन्होंने अपना शरीर छोड़ दिया और वे अपने सूक्ष्म शरीर से आपके इस मृत पुत्र के शरीर में आ गए।

आपने चाहे तब जो भी सोचा हो। अपने पुनः चैतन्य हुए उस शिशु को लेकर आप मथुरा से श्रीबली खुशी-खुशी लौट आए। जानते हैं यह बालक, जो अब किशोर हो चला है, कौन है?''

—शंकराचार्य द्वारा इस रहस्योद्घाटन के बाद उन दोनों माता-पिता को अतीत की वह घटना याद हो आई। प्रभाकर ने कहा—''कौन है तब ये?''

शंकर बोले—''ये वही सिद्ध महात्मा हैं। तुम्हारे पुत्र के भीतर उन्हीं की जीवात्मा है। चारों वेदों और समस्त शास्त्रों के ज्ञाता हैं ये। ब्रह्मज्ञान इनके लिए 'हथेली पर रखे आमले' के समान है। तभी 'हस्तामलक' स्तोत्र की रचना की इन्होंने कल, हम सबके सामने... और अपना कितना सुंदर आत्म-परिचय दिया।''

इसपर पंडित प्रभाकर शास्त्री तो कुछ न बोले। मगर उनकी पत्नी कहा—''हाँ महाराज!... आपके कहने से वह घटना मुझे भी याद आ गई। पर मेरी इच्छा है कि आप कुछ ऐसा करें कि मेरा ये पुत्र मुझे वापस मिल जाए। मैं एक माँ हूँ। अपनी संतान के बिना नहीं रह सकती।''

तब आचार्य ने कहा—''माँ!... मैं तुम्हारी ममता को समझ सकता हूँ। परंतु सत्य तो यह है कि इस ब्रह्मज्ञानी की इस शरीर पर कोई ममता नहीं है। क्योंकि यह जानता है कि यह शरीर उसका नहीं है। इसलिए मैंने पहले भी कहा है, फिर कहता हूँ कि ये बालक आप लोगों के लिए किसी काम का नहीं। हमारे साथ रहेगा तो शायद बातें भी करे और मानव जीवन में कुछ सार्थक योगदान भी कर सके। विश्वास न हो तो आप इसी से पूछ लीजिये कि—ये कहाँ रहना पसंद करेगा?''

माता ने अपने पुत्र को अंक में कसके भेंट लिया। बोली—''बोल मेरे लाल!... तू अपनी माँ के साथ रहेगा ना... हमें छोड़कर चला तो न जाएगा?''

ब्रह्मज्ञानी ने सोचा यही सबसे उपयुक्त अवसर है जब उसे इस माया प्रपंच से मुक्ति मिल सकती है। बालक पुनः बोल पड़ा—

''हे माते! मेरी आशा छोड़ दो। पूज्य आचार्य का कथन पूर्णतः सत्य है। अब मैं इनके साथ ही रहना चाहता हूँ। मेरे विषय में सारी बातें सुनने के पश्चात भी अपनी ममता मुझपर व्यर्थ में क्यों लुटा रही हो? मैं आपको वरदान देता हूँ कि मेरे जाने के बाद शीघ्र ही आपको पुनः पुत्र-लाभ होगा।... पिता जी! अब इसके आगे आप ही कृपया माता जी को समझाएं।''

इसपर दुःखी मन से प्रभाकर ने अपनी मोहग्रस्त पत्नी को समझाया—''देवी!... अब तुम ममता के पाश से स्वयं को मुक्त करो।... हमारा पुत्र इन महात्मा के संरक्षण में सुरक्षित रहेगा। इन्होंने हमारी आँखें खोल दी हैं। आओ घर चलें।''

इसके बाद दोनों पति-पत्नी ने पहले परमाचार्य आदि-शंकर को प्रणाम किया। फिर उन्होंने अपने पुत्र के भीतर विराजमान उन ब्रह्मज्ञानी को क्षमा याचना सहित प्रणाम

किया। और वे उस शिव मंदिर से सिर झुकाए सिसकते हुए अपने घर को चले गए।

कुछ ही देर में यह समाचार पूरे गाँव में फैल गया। लोगों की भीड़ प्रभाकर के इस ब्रह्मज्ञानी पुत्र को देखने के लिए आने लगी।—''अरे!... ये तो चमत्कार हो गया। कहाँ तो यह बालक इतने वर्ष एक शब्द नहीं बोला। पर जब इन परमाचार्य की कृपा-छाया में आया तो सीधे-सीधे वेद मंत्रों का उच्चारण करने लगा?...

किसी ने कहा—''ऐसा कैसे संभव है?'' तो दूसरा बोला—''संतों की कृपा से सब संभव है।''

उद्भ्रांत उनमें से कईयों को बोलते सुन रहा था। 'सौ सुनार की तो एक लुहार की' करता हुआ वह बोला कि—''यह ज्ञान इस बालक में अनेक पूर्व जन्मों के संस्कारों से सुलभ है महानुभावो!''

आगे चलकर शंकराचार्य महाराज ने जब इसी बालक पृथ्वीधर को संन्यास की दीक्षा दी तो इसका नाम रखा—'हस्तामलकाचार्य'। इतना ही नहीं अपने अन्य शिष्यों को शिक्षा देने के लिए आचार्य शंकर ने उसके द्वारा उच्चारित हस्तामलक-स्तोत्र पर एक टीका भी लिखी।

3

शृंगेरी मठ

श्रीबली अथवा आज के शिवाल्ली (उडुपि जिला, प्रांत कर्नाटक) ग्राम में कुछ दिन रहने के बाद आचार्य शंकर शृंगगिरी-अथवा-शृंगेरी आए। वही शृंगेरी जहाँ अपने ग्राम कालड़ी से अध्यात्म गुरु गोविंदपाद जी की खोज में जब पहली बार निकले थे आचार्य शंकर तो उन्हें तुंगा नदी के तट पर नाग और मेढकों की मैत्री का एक अद्भुत दृश्य दिखाई दिया था।

वही शृंगेरी जहाँ आम और चंदन के वृक्षों की भरमार थी। जहाँ के घने जंगलों के बीच से बहती हुई निर्मल तुंगा नदी इस प्राकृतिक स्थल को अद्भुत शोभा प्रदान करती थी। यह तुंगा नदी देश के पश्चिमी घाट में स्थित वराह पर्वत नामक एक पहाड़ी में गंगामूला नामक स्थान से निकल कर प्रवाहित होती शृंगेरी और अन्य अनेक ग्राम-नगरों से होकर आगे बहती भद्रा नदी में मिलकर तुंगभद्रा बनती है। फिर तुंगभद्रा का संगम आगे जाकर कृष्णा नदी में हो जाता है।

वही शृंगेरी जहाँ के एक पर्वत की चोटी में एक गुफ़ा के बाहर एक साधु बाबा का दर्शन शंकर-सखा उद्भ्रांत और आचार्य शंकर को हुए थे। जहाँ उस गुफ़ा के भीतर और शृंगगिरि के जंगलों में शंकर अनेक बार ध्यान में लीन होने का आनंद प्राप्त कर चुके थे।

उस बार जब आचार्य शंकर शृंगेरी आए थे। तब केवल उनके साथ उनका एकमात्र मित्र उद्भ्रांत ही था। इस बार जब वे दोबारा इस पवित्र भूमि पर पधारे थे तो अनेक अनुयायी उनके साथ थे। साथ ही तीन प्रमुख शिष्य भी उनके साथ आए थे। पद्मपाद, सुरेश्वर और हस्तामलक। हस्तामलक को शृंगेरी आने के अगले दिन ही समस्त औपचारिकताओं के उपरांत आचार्य ने संन्यास धर्म की दीक्षा दी और उन्हें नाम दिया—हस्तामलकाचार्य।

इस प्रकार शृंगेरी आते-आते आचार्य शंकर के साथ उनके तीन आज्ञाकारी और प्रकाण्ड वैदिक विद्वान शिष्य उनकी कीर्ति को विस्तार देने वाले और उनका गुणगान करने वाले हो गए थे। शृंगेरी में ही पद्मपाद ने आचार्य को यह सुझाव दिया कि—"ऐसा शांत, सुरम्य और पवित्र स्थल पूरे दक्षिण भारत में आसानी से खोजे नहीं मिलेगा।... गुरुदेव! कम से कम मैंने तो कहीं नहीं देखा।... शृंगेरी संतों और साधकों के लिए पृथ्वी पर स्वर्ग जैसा है।... हिमालय में पूज्यवर! आपका एक आश्रम उत्तरांचल के ज्योतिर्धाम में स्थापित हो चुका है। क्यों न हम दक्षिणांचल में इस स्थान पर आपका दूसरा आश्रम बनाएं?"

आचार्य शंकर को पद्मपाद की यह युक्ति बहुत भाई और उनके मन का पुराना बीज फिर से हरा हो गया। उन्होंने शृंगेरी में अपना दूसरा आश्रम निर्मित करने की अनुमति सहर्ष प्रदान कर दी।

इसके बाद तुंगा नदी के किनारे एक उपयुक्त स्थान खोजकर सभी शिष्यगण पर्णकुटियाँ बनाने में जुट गए। आचार्य शंकर की पर्ण कुटी उनके तीन शिष्यों ने स्वयं अपने हाथों से बनाई। उद्भ्रांत ने भी उत्साहपूर्वक सबका साथ दिया। सभी शिष्यों और अनुयायियों ने अलग-अलग छोटी-छोटी झोंपड़ियाँ अपने लिए बनाई जिनमें वे रह सके और एकांत साधना कर सकें। परंतु साधु रामदेव और कृष्णदेव तो शुरु से जुड़वा भाई सरीखे थे। उन्होंने अपने निवास के लिए एक संयुक्त कुटिया का ही निर्माण किया।

उद्भ्रांत ने अपने लिए अलग से कोई कुटी नहीं बनाई। उसके लिए तो जहाँ शंकर थे वहीं उसका सर्वस्व था।... उसने निश्चय किया था कि वह आचार्य के साधना कक्ष के बाहर जो थोड़ा बड़ा सा सम्मेलन कक्ष था, उसी के किसी कोने में रात में पड़ा रहेगा।... मेरे शंकरा को रात-बिरात कब किस बात की आवश्यकता पड़े?" उसे किसी तरह का कष्ट नहीं होना चाहिए। अन्यथा उसका शंकर के साथ होना व्यर्थ है।...

इस प्रकार आचार्य शंकर और उनके शिष्यों द्वारा शृंगेरी के जंगलों में इस तरह घास-फूस के झोंपड़े डालकर एक आश्रम के निर्माण की खबर जब स्थानीय राजा तक पहुँची तो उन्होंने अपने राज कर्मचारियों को उनके पास भेजा। इस निवेदन के साथ

कि—"अगर शंकराचार्य महाराज अनुमति दें तो उनके आश्रम हेतु वहीं पक्के भवन बनवा दिए जाएं?"

आचार्य ने राजा को सधन्यवाद कहलवाया कि—"संन्यासियों के लिए भवन की जरुरत नहीं होती। उन्हें तो प्रायः वृक्षों के नीचे अथवा गुफ़ाओं में रहना चाहिए। आश्रम के लिए पर्णकुटियाँ ही ठीक हैं।"

यह सुनकर राजा ने फिर भी शंकराचार्य जी के आश्रम तक जाने वाले मार्ग को सुव्यवस्थित करा दिया और निकट ही तुंगा नदी के तट पर एक स्नानघाट का निर्माण अपनी ओर से करा दिया। आश्रम के आस-पास उगे कटीले झाड़ों की सफाई भी करा दी। राजकीय मालियों को भेजकर कुछ सुंदर-फूल-पौधों की क्यारियाँ भी बनवा दीं।...

उद्भ्रांत ने पद्मपाद से एक दिन पूछा—"ये आचार्य जी ने राजा को यहाँ पक्के भवन बनवाने से क्यों रोका? ज्योतिर्धाम में तो नहीं रोका था?..."

पद्मपाद ने कहा—"वहाँ बर्फ़ गिरती थी। पत्थर लुढ़कते थे। यहाँ इस दक्षिण के मैदानों में कैसा भय?"

और इस तरह बहुत दिनों की दौड़ भाग के बाद शृंगेरी आश्रम में आचार्य शंकर और उनके अनुयायियों का जीवन कुछ अवधि के लिए सुस्थिर हुआ। अब यह आचार्य के अध्ययन, लेखन, प्रवचन, साधना का आनंदमय काल था।

ब्रह्म मुहूर्त में उठना। योग, साधना, स्नान और ध्यान। फिर सात्विक स्वाल्पाहार, कुछ देर तुंगा नदी के किनारे अथवा आस-पास के वन्य क्षेत्रों में भ्रमण। पक्षियों के कलरव और वन्य पशुओं के जीवन को निकट से निरखना। आश्रम में लौटना और अपने प्रार्थना कक्ष में पधारे अतिथियों और श्रद्धालुओं से भेंट करना। उन्हें उपदेश देना।—यही सब आचार्य शंकर का नित्य पूर्वाह्न का नियम था।

दिनभर आचार्य अपनी कुटिया में एकांतवास करते। कुछ लिखते-पढ़ते, चिंतन मनन करते। सायंकाल भोजनोपरांत अपने शिष्यों से कुछ सत्संग करते। उन्हें ज्ञान-ध्यान की बातें बताते। कभी-कभी कोई कथा-काव्यादि भी सुनाते।...

शृंगेरी में वे दिन बड़े सुखद थे। दिन महीनों में बदले और महीने कुछ सालों में। इस बीच चतुर्दिक फैली ख्याति को सुनकर अनेक धर्मप्राण व्यक्ति शंकराचार्य महाराज के आश्रम में उनके दर्शनों को आते-जाते रहे।

माहिष्मती राज्य के राजा सुधन्वा चौहान भी एक बार अपनी राजधानी से शृंगेरी आए। उन्होंने आचार्य शंकर से क्षमा प्रार्थना करते हुए कहा—"पूज्य महात्मन्!... आप जिन दिनों माहिष्मती और ओंकारेश्वर पधारे थे मैं अपने कुल के सदस्यों सहित बदरी-कैलाश-गंगोत्री आदि धामों की यात्रा पर गया हुआ था। अतः आपके दर्शनों के, अपने ही राज्य के भीतर, सौभाग्य से वंचित रह गया।... अपने मित्र ज्योतिर्धाम नरेश

सोमदत्त सुधर्मा से मैंने आपकी उस हिमालय यात्रा की बड़ी प्रशंसा सुनी। आपके उस पावन ज्योतिर्मठ आश्रम के भी दर्शन किए। अब इस शृंगेरी आश्रम में बड़े भाग्य से मेरा आना हुआ है। मेरे लिए आपका कोई भी आदेश हो तो उसका पालन करना मैं अपना धर्म समझूँगा।''

इसपर आचार्य शंकर ने विहँस कर राजा सुधन्वा से कहा—''राजन्!... आप जैसे धर्मज्ञ शासकों को देखकर मन अति-प्रसन्नता का अनुभव करता है। आप यहाँ तक आए यही पर्याप्त है।''

इस पर सुधन्वा नरेश बोले—

''नहीं भगवन्!... आपकी इतनी-सी बात से मुझे संतोष न होगा—जब तक आप मुझे किसी कार्य हेतु निर्देश न देंगे।''

तब आचार्य ने कहा—''भविष्य में भारत के पूर्वी और पश्चिम भू-सीमांतों पर भी मुझे धर्महित में दो अन्य आश्रम स्थापित करने की इच्छा है। आप उज्जैन में हैं। अतः यदि संभव हो तो पश्चिम में द्वारकापुरी में एक शारदापीठ की स्थापना का मेरा विचार है।''

सुधन्वा ने कहा—''अहोभाग्य गुरुदेव! मुझे बताइये कि उसके लिए मुझे क्या करना होगा?'' आदि-शंकराचार्य ने कहा—''यह मेरे शिष्य हैं सुरेश्वराचार्य। इन्हें तो आप जानते ही होंगे?''

''इन्हें कौन नहीं जानता भगवन्!... हमारे पूज्य आचार्य मंडन मिश्र जी ही तो हैं। हमारी माहिष्मती नगरी की दिव्य पहचान रहे हैं यह।''

''ठीक बात है राजन!... तो कुछ दिन को सुरेश्वराचार्य जी आपके साथ जाएंगे। मैंने इनसे द्वारका में आश्रम और पीठ स्थापन की कार्ययोजना पर विचार-विमर्श कर रखा है। आप कृपया इनके मार्गदर्शन में वहाँ सब निर्माण कार्य सम्पादित कराइयेगा।''

''जो आज्ञा!—'' राज सुधन्वा ने कहा। उसके बाद वे सुरेश्वर को साथ लेकर शृंगेरी से उज्जयनी और द्वारका के लिए अपने रथों और सैनिकादि के साथ प्रस्थान कर गए।

इस प्रकार जैसे ज्योतिर्धाम आश्रम की स्थापना में शिष्य पद्मपाद को देखभाल का दायित्व आचार्य शंकर ने सौंपा था। उसी तरह द्वारका में आश्रम निर्माण का प्रभार उन्होंने शिष्य सुरेश्वर को सौंपा। जहाँ तक शृंगेरी आश्रम का प्रश्न था उसे आदि-शंकर की देख-रेख में उनका दक्षिण का शांकर मठ बनने का सौभाग्य मिल ही चुका था। हिन्दू सभ्यता और संस्कृति यहीं से एक नया मोड़ लेने जा रही थी।

उद्भ्रांत एक दिन साधु रामदेव और साधु कृष्णदेव को साथ लेकर उसी पर्वत की चोटी पर गया जहाँ उसने विगत शृंगेरी की पहली यात्रा में मित्र शंकर के साथ एक रहस्यमय

साधु के दर्शन किए थे। पत्थर की सीढ़ियाँ चढ़कर तीनों व्यक्ति उस ऊँचे स्थान पर पहुँचे। उद्भ्रांत को वह गुफ़ा तो दिखी, किंतु वे वृद्ध साधु बाबा वहाँ नहीं दिखे।

उद्भ्रांत उस गुफ़ा के भीतर प्रविष्ट हुआ। यह सोचकर कि शायद साधु महाराज भीतर हों। रामदेव और कृष्णदेव भी उसके पीछे-पीछे गुफ़ा में प्रविष्ट हुए।

साधु बाबा गुफ़ा में भी नहीं थे। गुफ़ा गहरी थी। वे आगे तक गए। एक जगह जाकर गुफ़ा का वह हिस्सा उन्होंने भीतर से बंद पाया। आगे जाने का कोई अन्य रास्ता न था। तीनों गुफ़ा से बाहर आ गए।

उद्भ्रांत ने सोचा कि बाबा कहीं आस-पास विचरण करने को गए होंगे। वह दोनों युवा साधुओं के साथ गुफ़ा के बाहर एक चट्टान पर बैठ गया। तीनों व्यक्ति ऊँचाई से नीचे गहराई में जंगलों के मध्य से बहने वाली सुंदर बलखाती तुंगा नदी की जलधारा को देखने लगे।

कुछ देर में उन्हें एक ओर से उसी पहाड़ी पर एक भेड़ों का झुंड आता दिखाई दिया। जिसके पीछे-पीछे एक वृद्ध गड़रिया भी एक लाठी लिए, कंधे पर काला कम्बल और सिर पर एक मटमैली पगड़ी धरे उन्हें आता दिखाई दिया। सफेद दाढ़ी-मूछों वाला वह बूढ़ा गड़रिया अपनी भेड़ों के झुंड के साथ निकट आया। वह बोला–

''ठहरो सब जनीं।''

और वे भेड़ें उसकी आवाज पर वहीं रुक गईं। वह गड़रिया अर्थात् चरवाहा और नज़दीक आया। उद्भ्रांत ने उससे पूछा–''बाबा!... यहाँ एक साधु महाराज रहते थे? वे कहाँ गए?''

चरवाहा बोला–''कौन साधु?''

उद्भ्रांत ने कहा–''इसी गुफ़ा में तो रहते थे। आज से कोई 10-12 बरस पहले हमने उन्हें यहाँ देखा था।''

चरवाहा यह सुनकर ज़ोर से हँसा। फिर अपनी भेड़ों से बोला–''तुम सब भीतर जाओ।'' चरवाहे के आदेश पर उसकी दो दर्जन भेड़ें उसी गुफ़ा में यंत्रचालित-सी भीतर चली गईं। फिर वह बोला–'भइया किस जमाने की बातें कर रहे हो? मैं तो पिछले सौ बरस से यहाँ भेड़ें चरा रहा हूँ। मैंने तो यहाँ कोई साधु-वाधू इससे पहले यहाँ नहीं देखा। आज ये तुम्हारे साथ आए इन दो साधु महाराज को जरुर देख रहा हूँ।''

–उस वृद्ध गड़रिये ने रामदेव और कृष्णदेव की ओर इशारा किया। उद्भ्रांत मुँह फाड़े उस अजनबी वृद्ध को देखने लगा। तभी उसने अपनी जगह खड़े-खड़े एक सीटी मारी। उसकी सारी भेड़ें भर-भराकर उस गुफ़ा से बाहर निकल आईं। बूढ़े गड़रिये ने अपनी लाठी कंधे पर धरी और आगे जाकर उन्हीं पत्थरों की सीढ़ियाँ उतरने लगा और वह उतरता चला गया।

उसके पीछे-पीछे वे सारी भेड़ें भी, जिनके शरीर पर भारी ऊन लदा हुआ था, चित्रलिखित सी भागती हुई वे भेड़ें भी सीढ़ियाँ उतरती गईं।

—लौटकर यह सारा किस्सा उद्भ्रांत ने आचार्य शंकर को सुनाया। वे हँसे। बोले—"मत जाया कर उधर।... क्यों जाता है बारबार...अगली बार जाएगा पगले तो तुझे और भी विचित्र अनुभव होंगे।"

तभी उद्भ्रांत को ख्याल आया कि भले ही इस बार वे साधु बाबा उसे नहीं मिलें किंतु वह जो गड़रिया आज मिला था उसकी भी शक्ल बहुत कुछ उन बाबा से मिलती-जुलती ही थी।

शृंगेरी में आश्रम स्थापना के बाद श्रीशंकराचार्य ने माँ शारदा के मंदिर का निर्माण कराया। माता की मूर्ति की प्राण प्रतिष्ठा की और वहाँ एक श्रीयंत्र की भी स्थापना की। अपने शिष्यों से कहा कि साधकों और पठन-पाठन करने वाले व्यक्तियों को माँ शारदा की उपासना अवश्य करनी चाहिए। इससे उनके ज्ञान की अभिवृद्धि तो होती ही है, उनकी अभिव्यक्ति भी सशक्त होती है।

शृंगेरी आश्रम के प्रवास के दौरान स्वयं आचार्य शंकर ने अनेक मार्गदर्शक ग्रंथों की रचना की। उनके द्वारा रचित इन मौलिक ग्रंथों में विवेकचूड़ामणि, उपदेशसाहस्त्री, दक्षिणामूर्तिस्तोत्रम, शारदा भुजंग प्रयाताष्टकम्, अपरोक्षानुभूति, सौंदर्य लहरी तथा सर्ववेदांत सिद्धांत आदि प्रमुख हैं।

केरल के राजा राजशेखर को जब यह समाचार मिला कि आचार्य शंकर ने शृंगेरी के वन्यांचल में अपना आश्रम निर्मित किया है तो वे भी उनसे भेंट करने शृंगेरी आए। आचार्य से प्रणाम निवेदन कर बोले—"हे परमाचार्य! आप तो हमारे केरल राज्य के गौरव हैं। आपके दर्शनों की अभिलाषा तो मन में कई वर्षों से थी, परंतु वह आज पूरी हुई।... आपका यशगान अनेक माध्यमों से प्राप्त होता रहा है। आप वैदिक धर्म के उद्धार के महनीय कार्य में अपनी सम्पूर्ण ऊर्जा के साथ लगे हुए हैं। यह बड़ी बात है। जब वेद विरोधी धर्मों और विभिन्न मत-मतांतरों ने हिन्दू सभ्यता और संस्कृति के हृदय को विदीर्ण कर रखा है ऐसे में एक महा औषधि के रुप में अद्वैत-वेदांत का दर्शन आपने प्रचारित-प्रसारित कर महान लोकोपकार किया है।... हे यतिश्रेष्ठ!... मैंने आपके कुल गौरव आपके पितामह पंडित विद्याधर जी का सानिध्य लाभ किया था। आपके पिता शिवगुरु की विद्वत्ता की चर्चा भी सुनी थी। परंतु उनसे सत्संग लाभ न कर सका। आपकी कीर्ति के झंडे तो आपने अपने गुरुकुल के समय से ही गाड़ दिए थे। परंतु जब तक आपसे मिल पाता आप अल्पायु में ही संन्यासी होकर अपने गृह-ग्राम कालड़ी से उत्तर भारत को चले गए।... अब आज जाकर मेरा सौभाग्य जागृत हुआ कि यहाँ इस ऋष्यशृंग के तीर्थ स्थल पर मैं आपके दर्शन-लाभ कर पा रहा हूँ।"

इसपर श्री आदि शंकराचार्य ने राजा राजशेखर से कहा—"हे राजन! आज आपसे भेंट कर मुझे भी बड़ी प्रसन्नता हो रही है। मुझे विदित है कि मेरे पूज्य पितामह पं. विद्याधर

महाराज को आप ही ने कालड़ी के स्वयंभू शिवमंदिर का प्रधान अर्चक नियुक्त किया था।... आपको जानकर प्रसन्नता होगी कि नम्बूदरी ब्राह्मणों को अब हिमालय स्थित भगवान बद्रीनाथ के मंदिर में भी प्रधान अर्चक की भूमिका निर्वाह करने की भूमिका प्राप्त हुई है।..."

राजा राजशेखर ने कहा—"अरे पूज्यवर! वह तो आपकी ही कृपा का प्रतिफल है। मुझे पता चला है।... अब मेरी प्रार्थना है कि आप कभी समय निकाल कर मेरे साथ केरल राज्य में भी तीर्थाटन करें। अपने उपदेशामृत का पान अपनी जन्मभूमि से जुड़े क्षेत्र के वासियों को भी करने का सौभाग्य प्रदान करें।"

आचार्य शंकर ने हँसकर कहा—"आप हमारे राजाधिराज हैं। आपके आदेश का तो अनुपालन इस अकिंचन को करना ही पड़ेगा।" राजा राजशेखर ने तब आचार्य शंकर को दण्डवत् कर कहा—"ऐसा न कहें भगवन्! एक संतशिरोमणि के सन्मुख भला किसी राजा की क्या बिसात। आप जब भी आज्ञा देंगे यह दासानुदास आपकी सेवा में पुनः उपस्थित होगा।"

तब राजा राजशेखर के साथ आए उनके राज पुरोहित ने एक कपड़े में बंधी कुछ पांडुलिपियाँ आचार्य शंकर के चरणों में रखकर निवेदन किया "भगवन्!... हमारे महाराज के लिखे ये कुछ संस्कृत नाटक हैं। यह तो संकोचवश आपसे कहेंगे नहीं। अतः मैं ही आपके समक्ष प्रस्तुत कर रहा हूँ।... यदि आप समय निकालकर एक दृष्टि इन्हें देख लेंगे तो इनमें त्रुटियों का निवारण आपसे अधिक अच्छा और कौन कर सकेगा?"

आचार्य बोले—"अरे, साधु-साधु!... राजन आप साहित्य प्रेमी भी हैं। यह तो बड़ी उत्तम बात है।"

आचार्य शंकर उस पोटली को खोलकर पांडुलिपियों को निरखने-परखने लगे। वे तीन नाटक थे। संस्कृत भाषा में निबद्ध। आचार्य ने कहा—"बहुत सुंदर... आप इन नाटकों को मेरे पास एक माह के लिए छोड़ दें। फिर राज पुराहित जी इन्हें कभी-भी आकर मुझसे ले जाएं।"

केरल-नरेश ने इस पर दोनों हाथ जोड़कर आचार्य से कहा—"बड़ी कृपा आपकी अब हमें आज्ञा दीजिए। कोई आदेश हो तो कहिएगा।"

जाड़े की रात थी। आचार्य शंकर अपनी कुटिया में नित्य की भाँति जल्दी सो गए थे। उनकी कुटी से कुछ दूर एक अलाव जलाए कुछ आश्रमवासी आग ताप रहे थे।

समय काटने के लिए कथा-वार्ता का क्रम चल रहा था। लोग बारी-बारी से कोई न कोई रोचक लोककथा दूसरों को सुना रहे थे। कथा रस में डूबे लोग जाड़े की रात में अलाव में आलू और शकरकंदी भूनते हुए आनंद मगन थे।

साधु-द्वय रामदेव, कृष्णदेव ने उस दिन लोक कथाओं का वाचन किया। सबसे पहले रामदेव ने एक 'घण्टीवाले गीदड़' की कथा सुनाई—"एक बार की बात है... किसी किसान के खेत में गन्ने की खूब बढ़िया फसल हुई। गीदड़ों अर्थात् सियारों को मीठी ईख बहुत पसंद है।... अतः उस किसान के खेत में रात में गीदड़ लगने लगे। वे फसल को बहुत नुकसान पहुँचाने लगे।... किसान ने सोचा कि इस तरह तो ये गीदड़ मेरी गन्ने की सारी फसल खा जाएगें। अतएव उसने अपने खेत के चारों ओर एक गहरी खाई खुदवा दी।...

एक दिन एक किस्मत का मारा एक गीदड़ बेचारा उस खाई में गिर गया। उसकी दूर्दशा देखकर बाकी गीदड़ तो वहाँ से भाग गए। अतः वह गीदड़ अगली सुबह पकड़ा गया।...

उस किसान ने हाथ आए उस गीदड़ को खाई में से निकलवाकर, उसके कान और पूंछ काटकर उसपर एक व्याघ्र की खाल उढ़ा दी। उसके बाद उसके गले में एक घंटी बांधकर जंगल में छोड़ दिया।...

गीदड़ जंगल में भाग गया। जब उसके साथियों ने उसे देखा तो वे भय के मारे इधर-उधर भागने लगे। रास्ते में उन गीदड़ों को भेड़िए मिले। भेड़ियों ने पूछा—"क्यों भाग रहे हो भाई लोग?" उन्होंने कहा—"विचित्र शब्द करता कोई अद्‌भुत प्राणी दौड़ा आ रहा है, भागो।"...

भेड़िये भी भागने लगे। आगे चलकर उन्हें व्याघ्र मिले। उन्हें भी जब ऐसा कुछ पता चला तो वे भी डर के मारे उनके साथ भागने लगे। कुछ दूर पर चीते मिले। वे भी इन सबों के साथ भाग लिए।...

मार्ग में एक सिंह बैठा हुआ था। सबको उस जंगल में भागते देख उसने भागने का कारण पूछा। उन जानवरों ने बताया कि—"कोई अद्‌भुत प्राणी हम लोगों का पीछा कर रहा है। उससे बचने का कोई उपाय नहीं है।"...

तभी घंटी वाला गीदड़ वहाँ से गुजरा। सिंह ने उसे पास बुलाया। पूछा—"कौन है बे?" गीदड़ थरथर काँपने लगा। जब मालूम पड़ा कि ये तो मात्र एक गीदड़ है व्याघ्र की खाल ओढ़े तब सिंह ने उस ईखखोर गीदड़ को दबोच कर मार डाला।"

—कहानी ख़त्म होने पर अलाव के इर्द-गिर्द बैठे लोग ताली पीटकर हो हो कर हँसे।

इस पर कृष्णदेव ने रामदेव को मुँह चिढ़ाते हुए कहा—"बस हो गई गुरु तुम्हारी कहानी?... इसमें क्या खास बात थी? असली कहानी तो मैं सुनाता हूँ।" यह कहकर कृष्णदेव ने 'पानी पर चलने' की एक चमत्कारिक लघु कथा सुनाई। वह कहने लगा—

"एक मेरे जैसा साधु नदी के किनारे ध्यान कर रहा था। एक दूसरा साधु था इस बाबा रामदेव जैसा।... उसे अपनी सिद्धियों का बड़ा गुमान था। वह इस नदी किनारे बैठे साधु को प्रभावित करने के लिए नदी के पानी पर चलते हुए उस पार से इस पार आया। वह इस साधु से बोला—

"देखा-मेरा चमत्कार?"

इस पर पहला साधु बोला—"तुमने पानी पर चलकर नदी पार की। यही ना? हाँ भाई देखा पर यह तुमने कहाँ सीखा?"

वह साधु बोला—"बारह बरस मैंने हिमालय में तपस्या की और हठयोग का अभ्यास किया।... बारह बरस मैं एक पाँव पर खड़ा रहा और सप्ताह में छः दिन उपवास रखा। तब कहीं मैं ये सीख पाया।"

पहले साधु ने कहा—"सच? किंतु यह सीखने के लिए तुम्हें इतने कष्ट उठाने की क्या आवश्यकता थी?... नाव वाला तो केवल दो पैसे में नदी पार करा देता है।"

—कहानी ख़त्म होते ही कृष्णदेव पुनः दाँत चियार कर रामदेव साधु को देखकर हँसा। बोला—"क्यों गुरु? ठीक है न।"

इसपर उसका मित्र बाबा रामदेव अपनी जगह से उठा और उसने कृष्णदेव की पीठ पर दो मूचे रसीद किए। सभी अग्नि-तापक एक बार फिर से हंस पड़े।...

चार माह बाद सुरेश्वराचार्य द्वारका से लौट आए। उन्होंने आचार्य शंकर को बताया कि—"गुरुदेव!... आपकी कार्ययोजना के अनुसार वहाँ शारदा मठ का निर्माण प्रारंभ करा दिया गया है। राजा सुधन्वा के आदमी लगे हैं। आशा है अगले एक वर्ष में वह निर्माण कार्य पूर्ण हो जाएगा। आश्रम में अतिथिगृह और मंदिर की भी सुचारु व्यवस्था हो रही है। द्वारकाधीश रणछोड़ जी के मंदिर से एकदम सन्निकट है यह अपना स्थान।..."

शिष्य सुरेश्वर से यह प्रगति आख्या सुनकर आदि-शंकर बहुत प्रसन्न हुए। बोले—"ऐसी ही व्यवस्था भविष्य में हमें जगन्नाथपुरी में भी करनी होगी।"

नम्बूदरी ब्राह्मणों का एक दल कालड़ी से शृंगेरी आया। सब आचार्य शंकर से मिले। बद्रिकाश्रम में प्रधान पुजारी पद की नव-व्यवस्था से बड़े आशान्वित थे सब के सब। आचार्य ने उन्हें पद्मपाद से मिलने को कहा। पद्मपाद ने उन्हें एक पत्र देकर सुझाव दिया कि वे ज्योतिर्मठ जाएं। वहाँ के राजदरबार में संपर्क कर अपने नाम, पता, शैक्षिक योग्यता आदि दर्ज करा दें।

4

त्रोटकाचार्य

शृंगेरी आश्रम में प्रवास करते हुए आचार्य शंकर ने चार वर्ष बिताए। पाँचवा वर्ष आरंभ हुआ। एक नव-युवक उन्हीं दिनों आचार्य शंकर की सेवा में आया। आनंदगिरी नाम था उसका। वह निरक्षर था। परंतु उसकी संन्यासी बनने की प्रबल इच्छा थी।...

गिरी बहुत दूर कहीं से चलता-फिरता शृंगेरी पहुँचा था। वह एक पर्वत पुत्र ही था। बहुत दिनों एक बूढ़े किसान ने उसे अमरकंटक में अपने घर पाला-पोसा था। वह एक अनाथ की दशा में उस कृषक को किसी मेले में एक छोटे बालक के रुप में मिला था, जो कि किसी भगदड़ में अपने माता-पिता से बिछड़ गया था। वह बस अपना नाम भर बताने की स्थिति में था। मात्र तीन बरस का एक छोटा बच्चा। अपना नाम गिरी बताता था। उस कृषक ने, जिसकी कोई संतान न थी, उस अनाथ बालक को आश्रय दिया। साथ ही उसे नाम दिया—आनंदगिरी। दो बरस पूर्व गिरी के आश्रयदाता पिता गुजर गए। उनकी खेती पानी उनके भाई-बंधुओं ने हड़प ली। गिरी वैराग्य भाव से घर से निकल पड़ा।

अब जब आनंदगिरी आचार्य शंकर की शरण में आया उस समय उसकी आयु लगभग 18 वर्ष रही होगी। गिरी बहुत ही सरल स्वभाव का अत्यंत आज्ञाकारी और सज्जन नव-युवक था। उसे आचार्य शंकर किसी संत रुप में देवता सरीखे महापुरुष लगे। वह पहले ही दिन से जी-जान से उनकी सेवा में जुट गया।...

गिरी भी संन्यास ग्रहण करने और शंकराचार्य जी का शिष्य बनने की गहरी लालसा मन में संजोए था। परंतु आचार्य के आश्रम में रहते हुए वह आचार्य और उनके प्रमुख शिष्यों के मध्य होने वाली उच्च कोटि की बातों को सुनकर कुछ ही दिनों में हताश हो चला। वह तो निरक्षर प्रायः था। उसके पालक-पिता ने किसी भाँति गाँव के विद्यालय में उसे केवल थोड़ी बहुत गिनती और अक्षर ज्ञान करा दिया था। बहुत कुशाग्र बुद्धि नहीं होने के कारण गिरी दो कक्षाओं से आगे नहीं पढ़ सका था। जिसका अब उसे भारी पश्चाताप था।...

एक से एक विद्वान शिष्य थे आचार्य शंकर के—सबसे ज्ञानवान तो आचार्य सुरेश्वर, फिर आचार्य पद्मपाद। उनके बाद आचार्य हस्तामलक भी जो आयु में तो गिरी से छोटे थे परंतु वह जानता था कि विद्या में भी कोई कम न थे। जब कभी आचार्य हस्तामलक संस्कृत के किन्हीं श्लोकों का अपनी साधना के दौरान धारा प्रवाह उच्चारण करने लगते तो सुनने वालों को रोमांच हो आता।...

और इन सबके ऊपर पूज्य गुरुदेव श्री शंकराचार्य महाराज का तो कहना ही क्या? उनके ज्ञान की गहनता की तो कोई सीमा ही नहीं थी। पर सबसे संतोष की बात गिरी

के लिए एक ही था। और वह भी बहुत बड़ी। कुछ ही दिन में उसकी सेवा से आचार्य इतने प्रसन्न हुए कि वे उन्हें अपने स्वर्गीय पालक-पिता से भी अधिक बढ़चढ़ कर अनुग्रह प्रदान करने लगे।

गिरी मन ही मन समझ गया कि गुरुदेव के इन दिग्गज शिष्यों के ज्ञान के निकट तो पहुँच पाना असंभव है। अतः उसने निश्चय किया कि वह यहाँ रहते हुए केवल आचार्य की पूरे मन से सेवा करेगा।

स्वभाव से युवक आनंद गिरी मृदुभाषी, विनीत और कर्मठ था। यही कारण था कि गिरी की उपस्थिति में आचार्य शंकर का एक भी शिष्य उनकी कुछ भी सेवा नहीं कर पाता था। गिरी ने आचार्य के अभिन्न-सखा उद्भ्रांत को भी बहुत प्रेम से समझा दिया था कि—"दादा!... अब मैं जब तक यहाँ हूँ आपको भी जब किसी बात की जरुरत हो मुझसे कहें। आपका मैं एक अनुज ही तो हूँ।"

इस तरह गिरी ने परमाचार्य के साथ उनके परम-मित्र का भी हृदय आते-ही-आते जीत लिया था।

गिरी ब्रह्म मुहुर्त में ही आचार्य के जागने के साथ ही उठ जाता। वह उनके लिए जल, दातून आदि का प्रबंध करता। बड़े सवेरे ही नहाकर स्वयं भी शुद्ध हो जाता। ताकि भलीभांति स्वच्छता से आचार्य की सेवा में लग सके। उनके वस्त्रादि का प्रबंध करता। मैले वस्त्रों को धोता। पूजन-अर्चन के लिए पुष्प, चंदन, कुमकुम आदि तैयार करता।

आचार्य के लिए दूध, फलाहार आदि को समय से जुटाता। उनकी एक आवाज पर उपस्थित होता। उपस्थित क्या होता, आचार्य जब ध्यान मग्न होते तो भी दूर खड़ा रहकर चुपचाप उनपर दृष्टि रखता। कब आचार्य जी को क्या आवश्यकता पड़ जाए।...

दिन में आचार्य से मिलने वाले आगंतुकों के लिए भी जल इत्यादि का ध्यान रखता। आचार्य की कुटिया को सदा चमका कर साफ़-सुथरा रखता।

रात्रि में जब आचार्य सोने चलते तो बिना उनकी चरण सेवा किए गिरी सोने नहीं जाता। आचार्य भी कभी-कभी उसे सोते-समय—कुछ ज्ञान-ध्यान की बातें, कुछ पौराणिक कथाएं इत्यादि बहुत प्रेम पूर्वक सुनाते। उस समय वे उसके गुरु, अग्रज, पिता सब एक साथ हो जाते।... एक रात्रि सोने से पूर्ण जब गिरी आचार्य शंकर के शयन कक्ष में उनके पैर दबा रहा था, आचार्य उसे 'महाभारत' की एक कथा सुनाने लगे—

"प्रिय वत्स आनंदगिरी!

मैं तुम्हारी सेवा से बहुत प्रसन्न हूँ। अतः आज मैं तुम्हें महर्षि वेद व्यास जी द्वारा रचित महाभारत की एक कथा सुनाता हूँ।... यह कथा महाभारत में 'वन पर्व' में यक्ष-प्रश्नों के रुप में आई है।...

वनवास की अवधि में पांडव उस समय द्वैतवन में थे। एक ब्राह्मण उनके पास एक दिन सहायता की याचना करता पहुँचा। उसे यह कष्ट था कि उसका अरणि-मंथन-काष्ठ,

जिससे अग्निसंधान किया जाता है वह उपकरण एक हिरण अपने सींग में फँसाकर भाग गया था। ब्राह्मण उस उपकरण के बिना अब यज्ञ कैसे हो? इस बात से दुःख में था। उसे ही वापस दिलाने की याचना लेकर वह आया था।

उस याचक का निवेदन सुनकर पाँचों पांडव युधिष्ठिर, भीम, अर्जुन, नकुल और सहदेव उस जंगल के बहुत भीतर तक चलते चले गए। परंतु वह भागा हुआ हिरण उनकी पकड़ में नहीं आया।

इस भाग दौड़ में सभी पांडव थक गए थे। उन्हें घोर प्यास लगी थी। पानी कहीं आस-पास नहीं था। युधिष्ठिर के आदेश से नकुल पानी की खोज में निकले। वे खोजते-खोजते एक सरोवर के निकट पहुँचे। अभी वे जल लेने को आगे बढ़े ही थे कि एक आवाज़ कहीं से आई—"रुको। यदि इस सरोवर का जल चाहते हो तो पहले मेरे प्रश्नों का उत्तर दो।"

प्यासे नकुल ने उस आदेश की कोई परवाह नहीं की। उन्होंने सरोवर का जल पिया। पीते ही वे मूर्च्छित होकर धरा पर गिर पड़े।

देर हुई तो नकुल को खोजने के लिए सबसे छोटे भाई सहदेव निकले। उनके साथ भी यही घटना घटी। अब युधिष्ठिर द्वारा धनुर्धारी अर्जुन भेजे गए। परन्तु सरोवर पर पहुँचकर उनकी भी यही गति हुई। तीनों भाइयों के लापता होने पर क्रोध में भीमसेन भी निकले। किंतु उन्होंने भी उस आवाज की परवाह नहीं की जो कह रही थी—"पहले मेरे प्रश्नों के उत्तर दो। पीछे इस सरोवर का जल पीना। अन्यथा तुम्हारी भी वही गति होगी जो तुम्हारे भाइयों की हुई।"

भीम चिल्लाए—"कौन है रे दुष्ट तू! सामने आ। यूँ छिपकर क्यों ललकारता है।"

तभी एक हंस तैरता हुआ उस सरोवर की जलराशि के मध्य प्रकट हुआ। वह बोला—"मैं इस सरोवर का स्वामी। एक यक्ष हूँ। पहले मेरे प्रश्नों का उत्तर देना अनिवार्य है।"

यह सुनकर क्रोधित भीम उस तालाब में गदा लेकर उस हंस की ओर झपट कर घुस पड़े। ज्यों ही उनका पहला पैर सरोवर के जल में पड़ा वे वहीं बेहोश होकर तट पर गिर पड़े।

इस तरह अपने चारों कनिष्ठ भ्राताओं के एक-एक कर गायब हो जाने पर युधिष्ठिर बहुत चिंतित हुए। उन्होंने यह अनुमान लगा लिया कि अवश्य इसके पीछे यक्षों अथवा गंधर्वों की माया का हाथ हो सकता है। भाइयों की खोज में युधिष्ठिर भी उसी दिशा में आगे बढ़े। उस सरोवर के निकट पहुँचकर उन्होंने निज-भ्राताओं को इधर-उधर धरती पर अचेतावस्था में पड़ा पाया। वे अचेत थे कि मृत, ये नहीं जान सके।

उन्हें भी यक्ष की वही आवाज़ सुनाई पड़ी—"ठहरो युधिष्ठिर!... मेरे प्रश्नों का उत्तर देकर ही तुम आगे बढ़ो। नहीं तो अपने अन्य भाइयों की तरह तुम भी मारे जाओगे।..."

युधिष्ठिर तो धर्मराज कहे जाते थे। उन्होंने कहा—"महानुभाव!... आप जो कोई भी हों मैं आपके अधिकार को चुनौती नहीं दूँगा। आप प्रश्न पूछिए।"

इसके बाद उस अज्ञात यक्ष ने युधिष्ठिर से अनेक प्रश्न पूछे। युधिष्ठिर सबका समुचित उत्तर देते गए। उदाहरण के लिए उनमें से सात प्रश्नोत्तर तुम्हें बताता हूँ—

1. प्रश्न— सूर्य को कौन उदित करता है और उसके साथ चलने वाला कौन है? वह अस्त कैसे होता है ओर प्रतिष्ठित किसमें है?

उत्तर— सूर्य को उदित करता है ब्रह्म और उसके चारों ओर चलते हैं देवता। वह अस्त होता है धर्म से और प्रतिष्ठित है सत्य में।

2. प्रश्न— इंद्रिय सुलभ विषयों का अनुभव करते, श्वांस-प्रश्वांस लेते और लोक में सम्मानित स्थान रखते हुए भी किस मृतक मानना चाहिए?

उत्तर— जो व्यक्ति देवता, अतिथि, सेवक और माता-पिता का भरण-पोषण नहीं करता वह श्वांस लेते हुए भी मृतक है।

3. प्रश्न— पृथ्वी से भारी, आकाश से ऊँचा, हवा से तेज़ और संख्या में तिनकों से भी बढ़कर कौन?

उत्तर— पृथ्वी से भारी माता, आकाश से ऊँचा पिता, हवा से तेज़ मन और तिनकों से भी संख्या में बड़ी होती है चिंता।

4. प्रश्न— सबका अतिथि कौन है? सनातन धर्म क्या है? अमृत क्या है? यह सम्पूर्ण जगत क्या है?

उत्तर— सबका अतिथि है—अग्नि। सनातन धर्म है—अविनाशी नित्य धर्म। अमृत होता है—दूध। सम्पूर्ण जगत है—वायु।

5. प्रश्न— मनुष्य का दुर्जय शत्रु कौन है तथा उसकी सबसे बड़ी व्याधि क्या है? साधु कौन है तथा असाधु किसे कहते हैं?

उत्तर— दुर्जय शत्रु होता है क्रोध तथा सबसे बड़ी व्याधि होता है लोभ। साधु समस्त प्राणियों का हितैषी होता है तथा दयाशून्य मनुष्य असाधु कहलाता है।

6. प्रश्न— वार्ता क्या है? आश्चर्य क्या है? मार्ग क्या है? और सुखी कौन है?

उत्तर— वार्ता अर्थात् विचारणीय बात तो एक ही है। हम प्रतिदिन यह देखते हैं कि महामोह रुपी कड़ाहे में मास और ऋतु रुपी करछुल द्वारा उलट-पुलट कर सूर्य रुपी अग्नि और दिन-रात रुपी ईंधन की सहायता से किस प्रकार काल देवता जीवों को अपना आहार बनाने में लगे हैं।

आश्चर्य यह है कि रोज़-रोज़ लोगों को काल के गाल में जाता देखकर भी बचे हुए लोग यह भ्रम हमेशा पाले रहते हैं कि वे जैसे कभी मरेंगे ही नहीं।

मार्ग सरल नहीं है। क्योंकि तर्क काम नहीं करता और वेदों, स्मृतियों तथा ऋषियों द्वारा सुझाए गए रास्तों में भिन्नता है। धर्म-तत्त्व वस्तुतः बहुत गूढ़ है। ऐसी स्थिति में मार्ग यही है कि 'महापुरुष जिस 'महापथ' पर जाते हों उसी का अनुसरण किया जाए–

''तर्कोऽप्रतिष्ठः श्रुतयो विभिन्ना
नैको ऋषिर्यस्य मतं प्रमाणं।
धर्मस्य तत्त्वं निहितं गुहायाम्
महाजनों येन गतः स पन्थाः।।''

और सुखी मनुष्य वह है जो किसी प्रकार के ऋण से ग्रस्त नहीं है, परदेशी नहीं है और अपने घर में रहते हुए साग-पात भी यदि सुलभ है तो उन्हें वह संतोष के साथ ग्रहण कर लेता है।

इसके बाद युधिष्ठिर से उस यक्ष का प्रश्न इस प्रकार था–

7. प्रश्न– सबसे धनवान व्यक्ति कौन होता है?

उत्तर– सबसे धनी वह होता है जिसके पुण्यकर्मों की यशोगाथा सर्वत्र फैली हो और जिसकी दृष्टि में सुख-दुःख आदि द्वंद्व भेद उत्पन्न नहीं करते हों।

इन उत्तरों से युधिष्ठिर यक्ष की परीक्षा में सफल हुए। तब यक्ष ने कहा–''धर्मराज! तुम्हें साधुवाद। मैं इस सरोवर का यक्ष अब तुम्हारे चार भाइयों में से किसी एक को जीवित कर सकता हूँ। अतः बताओ मैं किसे जीवित कर दूँ?''

इसपर युधिष्ठिर बोले–हे यक्ष!... यदि तुम प्रसन्न हो तो मेरे भाई नकुल को जीवित कर दो।''

युधिष्ठिर का यह उत्तर सुनकर यक्ष चकित हो गया। उसने आश्चर्य के साथ पूछा–''राजन!... एक भाई को जीवित करने का अवसर था तो बलशाली भीम अथवा पराक्रमी अर्जुन को छोड़कर नकुल का चुनाव आपने क्यों किया?''

इसपर युधिष्ठिर बोले–''धर्म की रक्षा मनुष्य को हर परिस्थिति में करनी चाहिए। धर्म की रक्षा की जाए तो धर्म अपने पालनकर्ताओं की रक्षा करने में समर्थ होता है। परंतु यदि मनुष्य में से धर्म का लोप हो गया तो उसका नाश निश्चित है।...

नकुल को जीवित देखना मेरा प्राथमिक धर्म है। क्योंकि कुंती और माद्री दोनों ही हमारी माताएं हैं। एक का ज्येष्ठ पुत्र मैं जीवित हूँ तो वे पुत्रवती हैं। दूसरी माता का ज्येष्ठ पुत्र भी यदि जीवित हो जाए तो स्वर्ग में वे भी प्रसन्न होंगी।''

यक्ष इस प्रकार से युधिष्ठिर के धार्मिक न्याय को उनके मुख से सुनकर अति-प्रसन्न हुआ और उसने समस्त पांडवों को जीवित कर दिया।..."

शृंगेरी में प्रातःकालीन जलपान के पश्चात जगद्गुरु शंकराचार्य की मुख्य कुटी में स्थित सत्संग कक्ष में प्रार्थना, प्रवचन, उपदेशादि का दूसरे शब्दों में भगवत् चर्चा का नित्य का क्रम था।

यह सत्र एक-दो घंटे चला करता। अधिकतर तो आचार्य शंकर स्वयं ही अपने शिष्यों को संबोधित करते। कभी-कभी वे अपने प्रमुख शिष्यों को भी बोलने का अवसर प्रदान करते।

समस्त आश्रमवासी इस सत्संग में श्रवण का आनंद लेते। अपने मन की जिज्ञासाओं को शांत करते। जो कोई श्रद्धालु-अतिथिगण बाहर से आते वे भी यहाँ इस प्रातःकालीन सत्र में बैठकर सत्संग लाभ लेते।

एक दिन पद्मपाद ने आचार्य शंकर से सत्संग के दौरान निवेदन किया—"पूज्य गुरुदेव! इधर आपने इस आश्रम में अनेक ज्ञान-ग्रंथों की रचना की है। कृपया हमें भी उनमें से किसी का रसपान कराएं।"

आचार्य शंकर ने कहा—"ठीक है... आज मैं, तुम्हें 'विवेकचूड़ामणि' के विषय में बताता हूँ।...

प्रिय आत्मन!... विवेक चूड़ामणि का अर्थ है विवेक का सर्वोच्च आभूषण। यह 580 श्लोकों का एक ग्रंथ है। इसमें विवेक की आवश्यकता पर प्रकाश डाला गया है।. ..

आप सभी ज्ञानीजन और गुणीजन हैं। यह तो समझते ही हैं कि हमारे जीवन में विवेक का कितना महत्त्व है। विवेक ही वास्तविक और अवास्तविक, शाश्वत और क्षणिक, स्थायी और अस्थायी उपादानों में अंतर करने की बुद्धि हमें प्रदान करता है। किसी परमहंस के नीर-क्षीर विवेक वाली बात तो आपने सुनी ही होगी।

समझ लीजिए कि 'विवेकचूड़ामणि' भी अद्वैत दर्शन के महत्त्वपूर्ण तत्त्वों का सारांश है। इस पवित्र ग्रंथ के पारायण से हमारे मन-मस्तिष्क पर माया का जो आवरण पड़ा है उसे हटाने में किंचित सहायता मिल सकती है।...

जन्तूनां नरजन्म दुर्लभमतः पुंसत्वं ततो विप्रता
तस्माद्वैदिक धर्ममार्गपरता विद्वत्त्वमस्मात्परम।

आत्मानात्मविवेचनं स्वनुभवों ब्रह्मात्मना संस्थितिर्मुक्तिर्नो
शतजन्मकोटिसुकृतैः पुण्यैर्विना लभ्यते।।

अर्थात्—सभी प्राणियों के लिए मानव योनि में जन्म लेना कठिन है और उससे भी कठिन है पुरुष शरीर, उससे दुर्लभ है ब्राह्मणत्व; और उससे भी दुर्लभ है वैदिक धर्म के मार्ग से लगाव, इससे ऊपर है शास्त्रों में पाण्डित्य। आत्म और अनात्म के अंतर का विवेक, ब्रह्म की अनुभूति और उस अवस्था में बने रहना; ऐसी मुक्ति सौ करोड़ जन्मों की योग्यता अर्जित करने के अतिरिक्त और किसी प्रकार से नहीं आ सकती है।. ..

भले ही लोग शास्त्रों का पाठ करें और देवों के लिए यज्ञ करें, भले ही वो देवताओं की पूजा-अर्चना करें, जब तक आत्मबोध की अनुभूति नहीं होगी मुक्ति नहीं मिल सकती। यहाँ तक कि सौ ब्रह्माओं के जीवनकाल को एकसाथ जोड़ दें, तो भी नहीं।. ..

संसार के वृक्ष का बीज है अज्ञान, इसका अंकुर है शरीर के साथ इसका संबंध, मोह इसके पल्लव हैं, कर्म इसका जल, शरीर इसका तना, जीवन शक्तियाँ इसकी शाखाएं, इंद्रियाँ इसके पुष्प, विभिन्न कर्मों के कारण उत्पन्न दुःख इसके फल हैं, और व्यक्ति की आत्मा इस पर बैठा हुआ पक्षी है।...

वेदांत पर सारी चर्चाओं का निष्कर्ष यही है कि जीव और सम्पूर्ण ब्रह्मांड ब्रह्म के अतिरिक्त कुछ नहीं है एवं मुक्ति से आशय ब्रह्म से जुड़ाव है जो अविभाज्य सत्ता है। श्रुतियाँ भी यही कहती हैं कि ब्रह्म एक है और अद्वितीय है।...

वह व्यक्ति जो पवित्र क्षण में सर्वोच्च सत्ता का अनुभव करता है, गुरु के निर्देशानुसार, शास्त्र सम्मत सत्ता एवं तर्कानुसार; वह शांत इंद्रियों एवं एकाग्र मस्तिष्क सहित अचल अवस्था में आत्मनिष्ठ हो जाता है।...

वह व्यक्ति जिसे सत्य बोध हो चुका है, वह भिक्षा द्वारा अपना भोजन बिना किसी चिंता या अपमान के प्राप्त करता है, नदियों का जल उसका जल है। वह स्वतंत्र और मुक्त रहता है, बिना किसी भय के श्मशान अथवा वन में शयन करता है। पृथ्वी उसका बिछौना है। वह वेदांत की वीथिका में रमण करता है, सर्वोच्च ब्रह्म में लीन रहता है।...''

—आचार्य शंकर अपने शिष्यों को इस प्रकार अपने सद्यः रचित विचारों से अवगत कराते रहे। सभी लोग उन्हें सुनते रहे। आचार्य शंकर का भक्त और परम सेवक गिरी भी नित्य की भाँति इस सत्संग में उपस्थित था। वह आज भी आचार्य के द्वारा श्रोताओं को उपदेश के समय उनके सन्निकट एक ओर हाथ जोड़े सारे समय खड़ा था, जैसा कि हर दिन खड़ा रहता। असल में शंकराचार्य महाराज के उपदेशों को ठीक से समझ नहीं पाने पर भी आनंद गिरी उनकी वार्ता को बराबर ध्यान लगाकर सुनता था। अत्यंत श्रद्धाभाव से।

एक दिन गिरी तुंगा नदी के घाट पर अपने गुरुदेव के मैले वस्त्र धो रहा था। इस कार्य में उसे आश्रम में लौटने में कुछ विलम्ब हो गया।

उसी समय आचार्य के दैनिक प्रवचन का समय हो आया। उनके शिष्यगण एकत्र हो गए। आचार्य ने अपना संबोधन प्रारंभ किया। फिर वे इधर-उधर देखकर चुप हो गए।

यह देखकर उनके प्रधान शिष्यों में पद्मपाद ने कौतुहलवश प्रश्न किया—"गुरुदेव!.. क्या बात है? किसकी प्रतीक्षा है आपको?"

शंकर बोले—"वह गिरी नहीं दिख रहा..."

पद्मपाद बोले—"भगवन् वह तो नदी किनारे गया है वस्त्र धोने... वैसे भी निरक्षर है वह... आपके उपदेशामृत को समझने में समर्थ भी कहाँ है।"

इसपर आचार्य पुनः बोले—"यह सत्य है कि वह बेचारा तुम लोगों जैसा बुद्धिमान नहीं। परंतु बड़ी लगन से मेरे उपदेश सुनता है। उसकी निष्ठा और श्रद्धा में रंचमात्र भी कमी नहीं है। उसे आ जाने दो।..."

—आदि-शंकर का इतना कहना भर था कि गिरी पर भगवान की उसी क्षण असीम कृपा हो गई। अपनी गुरुभक्ति के कारण वह चमत्कारिक ढंग से एकाएक सर्वविद्या में निष्णात हो उठा। उसका अंतःकरण दिव्य—

उसका अंतःकरण दिव्य-ज्ञान से उद्भासित हो उठा।

गिरी ने गुरुदेव के वस्त्र धोकर निचोड़े। उन्हें समेट कर नदी से वापस चला। आश्रम के रास्ते चलते हुए मन में ऐसे भाव उमड़े कि उसकी चिंतन की धारा छंद-लय-युक्त गायन में बदल गई।

गिरी गुरुभक्ति में डूबकर उनकी छवि को नेत्रों में बसाकर भावुक हृदय से गुरु वंदना गाने लगा। उस समय उसे अपने तन-मन की जैसे कोई सुधि नहीं रही। वह तो यह भी नहीं जानता था कि जिन शब्दों में जिस छंद में वह गुरु-महिमा का गान कर रहा था वे शब्द कहाँ से आ रहे थे? और उस छंद को 'त्रोटक-छंद' कहा जाता है।

प्रवचन कक्ष के द्वार से प्रवेश कर एक टोकरी में गुरु के गीले वस्त्र सिर पर उठाए जब उच्च एवं मधुर स्वर में गाते-गाते उस नव-युवक आनंद गिरी ने प्रवचन कक्ष में अपने पैर धरे तो सारी शिष्य मंडली उसे देखकर दंग रह गई। जो व्यक्ति संस्कृत का एक शब्द नहीं बोल पाता था, आज अचानक वह स्तुति-पाठ कर रहा था?

हस्तामलक ने उठकर गिरि के सिर से वह कपड़ों की डलिया ले ली।

सुरेश्वर उठे और सुध-बुध खोए गिरी का हाथ पकड़कर श्रोताओं के बीच से उसे गुरुदेव के सन्निकट ले गए। पद्मपाद ने सिर झुका लिया जब देखा कि गुरुदेव शंकर ने नेत्रों से झर-झर आँसू बह निकले हैं। मानों वे स्वयं नहीं जानते थे कि परमेश्वर की यह अहैतुकी कृपा उनके किस महान पुण्य के फलस्वरूप आज यूँ अकस्मात् बरस

पड़ी थी? सबके सामने उनका प्रिय सेवक गिरी गा रहा था। माँ शारदा जैसे कि साक्षात् उसमें प्रवेश कर गई थीं।

पद्मपाद ने चोर दृष्टि से दूसरी ओर दीवार से टिके मित्र उद्भ्रांत की तरफ़ देखा, तो पाया कि वह भी उधर बैठा हुआ रो रहा है। और वह क्यों न रोता? उद्भ्रांत ने अपने शंकर को अध्यात्म की एक और सीढ़ी चढ़ते हुए प्रत्यक्ष देखा था।

वास्तव में जिस शिष्य पर सद्गुरु की परम कृपा हो जाए उसे स्वयं परमेश्वर को भी वरदान देने पर विवश होना पड़ता है।

ललित 'त्रोटक-छन्द' में अपने लिए स्तुति सुनकर आचार्य शंकर ने गिरी को चरणों से उठाकर हृदय से लगा लिया। देखते ही देखते गिरी के ज्ञानकोष में जो लेश मात्र की भी कमी रही होगी वह भी पूरी हो गई। उसे उसी क्षण उन्होंने नया नाम दिया 'त्रोटकाचार्य' और उसी दिन उन्होंने उसका क्षौर कर्म स्नानादि उपरांत, उनका उपनयन संस्कार किया। उसे काषाय वस्त्र, धर्मदण्ड आदि प्रदान कर संन्यास धर्म की दीक्षा दी और कहा—''आज से तुम मेरे चतुर्थ प्रमुख शिष्य हो। मेरे द्वारा प्रतिपादित अद्वैत-वेदांत भवन के चौथे स्तंभ।''

त्रोटकाचार्य की दीक्षा के उपरांत अगले दिन से ही शंकराचार्य प्रभुपाद ने एक माह के लिए मौन व्रत धारण कर लिया। उन्होंने मौन पर जाने से पूर्व यह व्यवस्था दी कि चारों शिष्य बारी-बारी से सत्संग समय में उनकी जगह उपदेश, कथामृत आदि जारी रखेंगे। प्रत्येक दिन एक शिष्य इस कार्य को करेगा। शेष सभी सुनेंगे और अन्य आवश्यक व्यवस्थाएं भी देखेंगे।

उन्होंने मित्र उद्भ्रांत से कहा कि पद्मपाद, सुरेश्वर, हस्तामलक की भाँति अब त्रोटक आचार्य भी उनके ज्ञान मार्ग के संवाहक हैं। अतः अब वे अपनी देखभाल के लिए मित्र उद्भ्रांत पर ही पहले की भाँति आश्रित रहेंगे। उद्भ्रांत के लिए इससे अधिक सुखद स्थिति और क्या हो सकती थी? धीरे से इतना ही बोला—''अहोभाग्य आचार्य जी!... आप निश्चिंत रहें।''

शृंगेरी आश्रम में शिष्यों के उद्बोधन का सिलसिला पुनः चल निकला। मौन व्रत पर गए आचार्य शंकर ने पहले दिन आचार्य सुरेश्वर को संकेत दिया कि वे सत्संग में कुछ कहें। शंकर के प्रथम शिष्य पद्मपादाचार्य यद्यपि यह आशा कर रहे थे कि गुरुदेव सर्वप्रथम उन्हीं से शुभारंभ करवाएंगे। परंतु यह सोचकर अपने मन को समझा ले गए कि सुरेश्वराचार्य आयु और अध्ययन में उनसे वरिष्ठ हैं। अतः गुरुदेव ने उनसे ही सत्रारंभ करवाया। कोई बात नहीं।

गुरुदेव अपनी चौकी पर एक ओर विराजमान थे। उनकी बाईं ओर की व्यासपीठ से सुरेश्वराचार्य उस दिन सन्मुख उपस्थित श्रोता समुदाय से शांत स्वर में कहने लगे—

"उपस्थित प्रबुद्ध जन!... आपको सुरेश्वर का प्रणाम। परम पूज्य गुरुदेव की आज्ञा हुई है। अतः आज आपको मैं बौद्ध जातक कथाओं में से एक कथा सुनाता हूँ। आप कहेंगे कि ऐसा क्यों?... वह इसलिए कि हमारे गुरुदेव का ही कहना है कि व्यक्ति को ज्ञानार्जन के लिए विशद अध्ययन करना चाहिए। ज्ञान और अनुभव को अपनी विवेक बुद्धि से ग्रहण कर सार तत्त्व को प्राप्त करना चाहिए और त्याज्य को छोड़ देना चाहिए।...

बौद्ध जैन आदि ग्रंथों का अध्ययन इसलिए भी आवश्यक है जिससे कि हम अपने वैदिक धर्म का रक्षण और संरक्षण सम्यक रुप से कर सकें। अवैदिक विचारों को जान समझ कर उनका सामना भी कर सकें और पगबाधाओं का निवारण भी।...

"जो जातक कथा आपके समक्ष प्रस्तुत है वह इस प्रकार है—

गंगा के किनारे एक वन में एक खरगोश रहता था। उसके तीन मित्र थे—बंदर, सियार और ऊदबिलाव।...

चारों ही मित्र दानवीर बनना चाहते थे। एकदिन बातचीत के क्रम में उन्होंने 'उपोसथ' के दिन परमदान करने का निर्णय लिया क्योंकि बौद्ध मान्यतानुसार उस दिन दान का संपूर्ण फल प्राप्त होता है।"

—एक श्रोता ने पूछा—"आचार्य जी!... यह 'उपोसथ' क्या होता है?"

सुरेश्वर ने कहा—"उपोसथ बौद्धों का एक धार्मिक महोत्सव का दिवस होता है।.
..

तो जब उपोसथ का दिन आया तो प्रातःकाल सारे मित्र भोजन की तलाश में उस वन में अपने-अपने ठिकानों से बाहर निकले। घूमते-घामते ऊदबिलाव की दृष्टि जब गंगा तट पर रखी हुई सात लोहित मछलियों पर पड़ीं तो वह उन्हें अपने घर ले आया।

उसी समय सियार भी कहीं से दही की एक हाँडी और माँस का एक टुकड़ा चुराकर अपनी माँद में लौट आया।

उधर उछलता-कूदता बंदर भी किसी बगिया से पके आमों का एक गुच्छा तोड़कर अपने निवास के वृक्ष पर ले आया।

तब तीनों मित्रों ने सलाह कर उन्हीं वस्तुओं को दान में देने का निर्णय लिया।

परंतु उनका चौथा मित्र खरगोश कोई साधारण प्राणी नहीं था। उसने सोचा यदि वह अपने भोजन अर्थात् घास-पात का दान करे तो दान पाने वाले को उससे शायद ही कुछ लाभ होगा। अतः उसने 'उपोसथ' के अवसर पर याचक को परम संतुष्ट करने के उद्देश्य से स्वयं को ही दान में देने का संकल्प लिया।

खरगोश द्वारा स्वयं के त्याग का यह अपूर्व संकल्प सम्पूर्ण ब्रह्माण्ड को दोलायमान करने लगा और 'सक्क' के आसन को भी तप्त करने लगा।"

इसपर एक दूसरा श्रोता बोला–"पूज्य आचार्य!... कृपया बताएं कि 'सक्क' कौन?"

आचार्य सुरेश्वर ने कहा कि–"वैदिक परंपरा में जिन्हें शक्र अथवा इंद्र कहते हैं, उन्हें ही बौद्ध लोग सक्क कहते हैं।...

हाँ तो कथा आगे इस प्रकार चलती है। सक्क ने जब इस अप्रत्याशित घटना का कारण जानना चाहा तो एक संन्यासी के रुप में वे उन चारों मित्रों की दान-परायणता की परीक्षा लेने स्वयं ही उनके घरों पर पहुँचे।

ऊदबिलाव, सियार और बंदर ने संन्यासी सक्क को अपने घरों से क्रमशः मछलियाँ, दही और माँस, पके आम के फल दान में देने चाहे। किंतु सक्क ने उन्हें स्वीकार नहीं किया।...

फिर वे उस खरगोश के पास पहुँचे और उससे दान की याचना की। खरगोश ने दान का वह उपयुक्त अवसर जान याचक को अपने सम्पूर्ण शरीर के माँस को अंगीठी में सेंक कर देने का प्रस्ताव रखा।

जब अंगीठी जलाई गई तो खरगोश ने दूर हटकर तीन बार अपने शरीर को झिटका, ताकि उसके रोमों में बसे नन्हें जीव-जंतु उस आग में जल न जाएं। फिर वह खरहा बड़ी शालीनता के साथ जलती हुई आग में कूद पड़ा।

सक्क उसकी दानवीरता पर स्तब्ध हो उठे। चिरकाल से उसने ऐसी दानवीरता कहीं नहीं देखी-सुनी थी।...

परंतु आश्चर्य यह भी कि अग्नि ने उस खरगोश को नहीं जलाया। क्योंकि वह आग एक दृष्टिभ्रम मात्र थी। सक्क के द्वारा किए जा रहे परीक्षण का एक मायाजाल मात्र।

सम्मोहित सक्क अर्थात् इंद्र ने तब उस दानवीर खरगोश का प्रशस्तिगान किया और चंद्रमा पर स्थित एक पर्वत को अपने हाथों से मसलकर उसपर खरगोश की एक मुखाकृति बना दी और कहा–

"जब तक इस चंद्रमा पर खरगोश का ये निशान रहेगा, तब तक हे खरगोश!.. .. सारा जगत तुम्हारी दानवीरता को याद रखेगा।"

सभी श्रोताओं ने सुरेश्वराचार्य की इस जातक-कथा का आनंद लिया फिर सब श्रीशंकराचार्य की ओर देखने लगे। वे मौन रहकर जपमाली में माला के मनके फिरा रहे थे।

पद्मपाद ने सोचा कि गुरुदेव अब उनकी ओर सत्संग को जारी रखने का संकेत करेंगे। परंतु उन्हें यह देखकर बहुत धक्का लगा जब आचार्य ने उनसे ही नहीं बल्कि आयु में सभी शिष्यों से छोटे शिष्य हस्तामलक को बोलने के लिए, उनकी जगह, संकेत दिया।

आचार्य सुरेश्वर व्यासपीठ से उतर कर अपने आसन पर विराजमान हो चुके थे। तब आचार्य हस्तामलक गुरु आज्ञा से व्यास पीठ पर जाकर बैठ गए। पद्मपादाचार्य के मन में आया कि यह गुरुदेव की आखिर हो क्या गया है? उनके रहते पहले हस्तामलकाचार्य?... मन किया कि उठकर प्रवचन कक्ष से बाहर चल दिया जाए। परंतु गुरुदेव के समक्ष ऐसा करना धृष्टता होती और अन्य श्रोतागण भी उसका कहीं अन्यथा-अर्थ न लगा बैठते। अस्तु मन मारकर पद्मपाद सिर झुकाए अपने आसन पर जड़वत् बैठे रहे।...

हस्तामलकाचार्य ने अपने सम्बोधन से पूर्व पूज्य गुरुदेव शंकराचार्य को प्रणाम किया। फिर गला खँखार कर कहने लगे।—

"अखण्ड कोटि ब्रह्माण्ड के नियामक परब्रह्म परमेश्वर को सर्वप्रथम मैं प्रणाम करता हूँ।... उनकी कृपा से इस नश्वर जीवन को पुनः मोक्ष मार्ग पर प्रवृत्त करने वाले शिवस्वरूप परमाचार्य सद्गुरु भगवान श्रीशंकराचार्य जी महाराज के श्रीचरणों में कोटि-कोटि नमन करता हूँ।... आप सभी पुण्यात्माओं को भी नतशीष प्रणाम निवेदित करता हूँ।

गुरुदेव के समक्ष कुछ बोलते हुए परम संकोच का अनुभव कर रहा हूँ। फिर भी उनकी आज्ञा हुई तो कुछ न कुछ कहना तो पड़ेगा ही।...

हम सबके आदरणीय अग्रज आचार्य सुरेश्वर जी ने एक बहुत सुंदर बोधि-कथा अभी सुनाई। वास्तव में महादान तो सर्वस्व दान ही हो सकता है। परंतु हममें से कितने उसके लिए तत्पर होंगे? कह नहीं सकते। हम मनुष्यों से तो वह खरगोश ही भला था जिसने देवराज इंद्र को अपदस्थ भले ही न किया हो, परंतु अपना इंद्रासन छोड़कर उस तक आने और अंततः उसका गुणगान करने पर बाध्य कर दिया। वास्तव में सतोगुण, रजोगुण और तमोगुण में सतोगुण संपन्नता का सर्वोच्च उदाहरण प्रस्तुत किया था उस साधारण से दिखने वाले वन्य जीव ने। बहुत प्रेरणास्पद कथा थी वह।...

अब समय कम है। अतः एक छोटी-सी कथा 'श्रीमद्भागवत्' से उद्धृत कर मैं भी आपके समक्ष कहूँगा।...

श्री वेदव्यास के परम ज्ञानी पुत्र शुकदेव जी का प्रसंग बहुत रोचक है।...

गर्भावस्था में भगवत कथा के श्रवण के कारण शुकदेव मुनि जन्म से ही आत्मज्ञानी, निर्विकार और निर्लिप्त थे। किशोरावस्था आते-आते भी वे माता के गर्भ से बाहर नहीं आए। वे इस मायामय संसार में जन्म ही नहीं लेना चाहते थे। संसार से पूर्णतः विरक्त। पिता व्यास जी महाराज ने जब बहुत अनुनय-विनय की तो शर्त रखी कि जन्मते ही गृह त्याग करुँगा। संन्यासी हो वनगमन कर जाऊँगा। उन्हें फिर रोका न जाए।

माता-पिता मान गए। तब जन्म लेते ही शुकदेव मुनि आँवल-नाल सहित उसी हालत में घर से निकल लिए।

विह्वल अवस्था में पिता वेद व्यास बोले—"पुत्र! सुन तो... अरे सुन तो..." कहते-कहते उनके पीछे भागे। पर शुकदेव जी तो जन्मजात संन्यासी... किसका पुत्र?... कौन पिता? वे तेज़ी से चलते गए। चलते गए।

शुकदेव आगे-आगे... व्यास जी पीछे-पीछे। वही व्यास, जिन्होंने महाभारत, भागवत्, ब्रह्मसूत्र, अध्यात्म रामायण और हमारे अनेक धर्मग्रंथों की रचना की। विश्व के सर्वश्रेष्ठ कथावाचक जिनकी इस पीठ पर हम जैसे तुच्छ-वक्ता कुछ क्षण को यदि बैठ जाते हैं, तो मन ही मन फूले नहीं समाते।

और वही शुकदेव, उनके अद्वितीय मेधा सम्पन्न महात्मा शुकदेव मुनि जिन्होंने परीक्षित को श्रीमदभागवत् की कथा उसे तक्षक नाग द्वारा डसे जाने से पूर्व इस कलिकाल की संधिवेला में सुनाई थी। जिनके 'शुक सागर' महाग्रंथ का भी अमृतपान सारा संसार बड़े भाग्य से आज करता है।...

तो महाराज!... वे ही शुकदेव मुनिवर सद्यःजात किशोर आगे-आगे और उनके वयोवृद्ध पिता महर्षि व्यास—"बेटा! बेटा!!" की पुकार लगाते पीछे-पीछे चले जाते थे।

उसी मार्ग पर एक सरोवर में कुछ ग्रामीण स्त्रियाँ स्नान कर रही थीं। नंग-धड़ंग चले जाते शुकदेव को देखकर उन स्त्रियों की जलक्रीड़ा में कोई व्यवधान नहीं आने पाया। वे पूर्ववत् जल विहार में रमी रहीं।

परंतु शुकदेव जी का पीछा करते जैसे ही बूढ़े व्यास उधर से गुजरे तो वे ही स्त्रियां लज्जित होकर अपने वस्त्रादि सहेजने लगीं।

यह देख व्यास जी से रहा नहीं गया। उन्होंने उनसे पूछा—"उस नग्न किशोर को देखकर तुम्हें लज्जा नहीं आई और मुझ बूढ़े के सन्मुख तुम शील-संकोच में गड़ी जा रही हो। ऐसा क्यों?

उन स्त्रियों में से तब किसी युवती ने बहुत मार्मिक बात कही कि—"भगवन्!... आपका वह पुत्र तो स्त्री-पुरुष का भेद जानता ही नहीं। वह तो शिशु-सरीखा है। परंतु आप तो इस भेद से अवगत हैं और सांसारिकता से सुपरिचित हैं। भला बताइए कि अबोध शिशु से कौन स्त्री पर्दा करती है? उससे कैसी लज्जा?"

—यह सुनकर व्यास जी महाराज वहाँ से सिर झुकाए वापस चले गए। अतः गुणीजन! प्रायः महान बुद्धिजीवियों को सर्वसाधारण व्यक्ति भी प्रबोध कराने में सक्षम होते हैं। हममें चाहे कितना भी ज्ञान हो, उस ज्ञान का अभिमान हममें नहीं होना चाहिए।"

—इस दिन का सत्संग समय इसी के साथ सम्पन्न हुआ। सभी आश्रमवासी अपनी-अपनी कुटियों की ओर चले गए। जो कुछ अतिथिगण पधारे हुए थे वे भी अतिथिगृह की ओर प्रस्थान कर गए।

आने वाले अनेक दिन व्यस्तता भरे थे। इधर आचार्य शंकर की मौन साधना चल रही थी। एक माह की अवधि के लिए। उधर शृंगेरी आश्रम में उनके दर्शनार्थियों का संयोग से तांता लगने लगा। फलतः प्रातःकालीन सत्संग सत्र मात्र श्रद्धालुओं के निमित्त दो घंटे का शंकराचार्य गुरुवर के दर्शन मात्र का सत्र बनकर रह गया। श्रद्धालुओं के जत्थे आते। उस प्रार्थना कक्ष में बैठते और आदि शंकराचार्य महाराज को प्रणाम कर चुपचाप चल देते। चार में से दो शिष्य सदा ही परमाचार्य को घेरे रहते।

वे दूर से ही लोगों को गुरुदेव को प्रणाम करने देते और उनका चरण-स्पर्श नहीं करने का सबसे आग्रह करते। एक तख्ती पर पीछे दीवार पर लिखकर टांग भी दिया गया था—''पूज्यपाद मौन व्रत की अवस्था में हैं। कृपया चरण न छुएं। कक्ष में शांति बनाए रखें। पंक्तिबद्ध हो आएं। कृपया दूसरों को भी भेंट का अवसर प्रदान करें।''

—आदि-आदि। इसी प्रकार से एक माह का समय व्यतीत हो गया। जिस दिन शंकराचार्य जी ने अपना मौन व्रत तोड़ा वे स्वयं अधिक न बोले। उन्होंने सबसे पहले उस दिन पद्मपादाचार्य को ही बोलने का अवसर प्रदान किया। पद्मपाद इतने दिनों में लोगों को भीड़ के आवागमन, उनकी जिज्ञासाओं के उत्तर दे-देकर पक चुके थे। अब उनकी बोलने की इच्छा जैसे मर चुकी थी।

परंतु जब गुरुदेव ने आज आदेश दिया तो उसका अनुपालन तो उन्हें करना ही था। वे सुरेश्वर, हस्तामलक, त्रोटक आचार्य, उद्भ्रांत, रामदेव और कृष्णदेव के अतिरिक्त 15-20 अन्य आश्रमवासियों की उपस्थिति में गुरुदेव की चौकी से थोड़ा हटकर खड़े हुए। व्यासपीठ पर बैठे भी नहीं। बस यों ही खड़े-खड़े बेमन से बोलने लगे—

''परम पूज्य गुरुदेव!... प्रिय विद्वत्जन... इधर हमने अपने साथियों के श्रीमुख से अनेक प्रेरक कथाओं का श्रवण विगत दिवसों में किया था। उन दिनों जो एक कथा मेरे मन में थी वह समय के अंतराल में विस्मृत हो चुकी है। आज एक कथा प्रसंग याद आ रहा है—अनागत विधाता, प्रत्युत्पन्नमति और दीर्घसूत्री नामक तीन मत्स्य-मित्रों का।...

कथा कुछ यों है कि—'महाभारत' के शांति पर्व में युधिष्ठिर को संबोधित कर भीष्म पितामह ने बताया कि—संकट के समय व्यक्ति को क्या करना चाहिये?

भीष्म के कथानानुसार तीन प्रकार के लोग होते हैं। एक होते हैं—अनागत विधाता, अर्थात् ऐसे दूरदर्शी व्यक्ति जो पहले से ही संकट की स्थिति को भांपकर बचाव का उपाय कर लेते हैं। जैसे हमारे अग्रज-आचार्य सुरेश्वर।

दूसरी श्रेणी में होते हैं—प्रत्युत्पन्नमति, जो संकट की स्थिति आ जाने के बाद अपनी कुशाग्र बुद्धि से बचाव का उपाय खोज निकालते हैं। जैसे हमारे अनुज—आचार्य हस्तामलक।

और तीसरे होते हैं मेरे जैसे व्यक्ति। जिन्हें दीर्घसूत्री कहा जाता हे, जो किसी विषय में शीघ्र निर्णय लेने में समर्थ नहीं होते और अंततः संकट में फंस ही जाते हैं।''

—श्रोतागण पद्मपादाचार्य के इस वक्तव्य पर एकाएक खूब हँसे। फिर वे गंभीर हो गए। आचार्य शंकर किंतु मंद-मंद आधोपांत मुस्कुराते रहे। जैसे कोई शिशु अपनी कोई रंग-बिरंगी पतंग आकाश में उड़ता हुआ देख आहलाद पूर्वक मुस्कान छोड़े।...

पद्मपाद कह रहे थे—यहाँ पर तीन मत्स्यों की कहानी कही गई है। एक गहरे तालाब में बहुत-सी मछलियाँ थीं। उन्हीं के बीच ये तीन बड़े मत्स्य-मित्र भी थे। मछलीमार मल्लाह ने सारी मछलियों को एक साथ पकड़ने के लिए उस तालाब का पानी कई नालियाँ खोदकर बहाना शुरु कर दिया। ताकि पानी कम हो जाने पर सारी मछलियाँ उनकी पकड़ में आ जाएं।

उसदिन तीनों मत्स्य एकत्र हुए तो इस विषम स्थिति पर चर्चा हुई। पहले वाले मत्स्य ने प्रस्ताव किया कि संकट आने से पहले नाली के प्रवाह के साथ हम अन्यत्र निकलकर सुरक्षित हो जाएं। उसके उस तात्कालिक प्रस्ताव को शेष दो मित्रों ने एक स्वर में निरस्त कर दिया। तब वह—'अनागतविधाता' उसी समय अकेले वह तालाब छोड़कर एक नाली के रास्ते अन्यत्र चला गया।

तालाब का पानी कम होने में देर न लगी। मछुआरों ने जाल फेंका। अब मछलियों का फंसना सुनिश्चित था। ऐसे संकट के समय भी दूसरे मत्स्य 'प्रत्युत्त्पन्नमति' ने बुद्धि से काम लिया। उसने जाल में फंसने से पूर्व ही तड़पकर एक उछाल भरी और उस तालाब के बाहर वहाँ गिरा जहाँ तालाब का बाहर को बहता पानी जमा था। वहाँ से वह भी किसी तरह तैरता हुआ बच के निकल लिया।

इस प्रकार से अनागतविधाता और प्रत्युत्त्पन्नमति दोनों मत्स्यों की जान बच गई। लेकिन तीसरा 'दीर्घसूत्री' अपनी ही उधेड़बुन में पड़ा रहा और मारा गया।...

—कथा कहकर पद्मपाद श्रोताओं के मध्य अपने आसन पर बैठ गए। इसके बाद त्रोटकाचार्य ने खड़े होकर आचार्य शंकर से करबद्ध निवेदन किया कि—

''पूज्य गुरुदेव!... बहुत दिन हो गए आपकी अमृतवाणी को सुने हुए। कृपया आज आप हमें कुछ आशीर्वाद अवश्य दें।''

इसपर आचार्य शंकर ने विहँसकर त्रोटक से कहा—“बैठो वत्स! सुनना तो आज हम तुम्हें चाहते थे। पर तुम्हारा आग्रह है तो एक छोटी-सी कथा आज हम भी सुनाए देते हैं। लेकिन कल तुम्हें हम पेट भरकर सुनना चाहेंगे। बोलो मंजूर है अपने गुरु की यह शर्त।”

इसपर अग्रिम पंक्ति में बैठे त्रोटकाचार्य ने भूमि पर माथा रखकर श्रीशंकराचार्य को प्रणाम किया और कहा—

“गुरु महाराज का तो आदेश ही विधान है। भगवन् भला एक दास की क्या गिनती जो गुरुदेव से शर्त करने की कल्पना भी कर सके।”

आचार्य शंकर तब किसी बालक की तरह उत्साही स्वर में बोले—“ये ना हुई कोई बात। तो फिर सुनो यह कथा।... वह कहा है न कि—‘विद्या ददाति विनयं’—मनुष्य हो चाहे देवता। किसी को भी चाहे वह कितना भी महान अथवा ज्ञानवान क्यों न हो जाए, विनम्रता का गुण नहीं छोड़ना चाहिए।...

‘विष्णु पुराण’ में एक प्रसंग आता है। एक बार की बात है नारद जी घूमते-घामते गंगा तट पर जा पहुँचे।...

नारद ने देखा कि गंगा जी के भीतर से एक असाधारण कछुआ निकल रहा है। कछुए के अभूतपूर्व आकार को देखकर नारद ने उद्‌गार व्यक्त किया कि—‘आप धन्य हैं जो बेरोक-टोक नदी में विचरण करते हैं।”

इसपर कछुए ने कहा—“मुनिवर! धन्य मैं नहीं। धन्य तो गंगा माँ हैं जो मेरे जैसे असंख्य जीवों की शरणदात्री हैं।”

नारद जी अब गंगा के पास पहुँचे। बोले—“देवी आप धन्य हैं जो इतने जीवों को आश्रय देती हैं।”

इसपर गंगा जी ने उत्तर दिया—“देवर्षि! आप मुझे धन्य क्यों कहते हैं? धन्य तो हैं सागर जिसमें मेरे जैसी सैंकड़ों सरिताएं जा मिलती हैं।”

अब नारद समुद्र के पास गए। उससे बोले—“आप धन्य हैं जो असंख्य नदियों का जल अपने भीतर समा लेते हैं, फिर भी शांत बने रहते हैं।”

इसपर समुद्र बोला—“मुनिवर!... मैं किस बात के लिए स्वयं को धन्य मानूँ? धन्य तो है यह पृथ्वी, जिसका आधार लेकर मेरा स्वयं का अस्तित्व है।”

अब नारद नारायण! नारायण! गाते सागर तट से वापस हुए और पृथ्वी को संबोधित कर कहने लगे—“हे माता! आप धन्य हैं।...”

अभी वह आगे कुछ कह पाते कि पृथ्वी बोल पड़ी—“मैं धन्य कहाँ मुनिश्रेष्ठ!... धन्य तो है पर्वतराज हिमालय जिन्हें भूधर कहा जाता है, जो मेरे भी धारणकर्ता हैं।”

तब हिमालय ने भी नारद जी की प्रशंसा स्वीकार नहीं की। उन्होंने कहा—“हे विष्णुप्रिय नारद!... आप तो सर्वज्ञ हैं। फिर भी हमें श्रेष्ठ कहते हैं।... धन्य तो है जगत

विधाता ब्रह्मा, इस समस्त सृष्टि के रचयिता।''

अब नारद ब्रह्म के पास पहुँचे। उनसे बोले—''महाराज!... आप धन्य हैं कि जिन्होंने ऐसी विविध सृष्टि बनाई।''

तब ब्रह्मा जी का भी उत्तर था कि—

''नारद!... इसमें मेरा कोई श्रेय नहीं। मैं तो एक कार्यकर्ता मात्र हूँ। स्वामी तो हैं भगवान विष्णु जिनकी इच्छा से मैं कार्य करता हूँ। वे ही प्रभु हैं। वे मेरी ही नहीं, सारे संसार की परमगति हैं।''

प्रिय आत्मन्!... यह वाद-संवाद का क्रम यहीं जाकर थम गया। यदि नारद जी भगवान विष्णु से भी इस संबंध में पूछते तो वे श्रेय लेने से मना कर देते और वे सबके कारणभूत परमेश्वर की ओर ही संकेत करते। ॐ शांति।...''

—श्री आदि शंकराचार्य महाराज ने यह कह कर अपनी वाणी को विराम दिया। श्रोता समुदाय बहुत प्रमुदित हुआ। पद्मपाद देर तक सोचता रहा कि गुरुदेव ने यह कहानी कहीं उसे ही लक्ष्य करके तो नहीं कही है?

आदि शंकराचार्य के अब चार पार्षद-सम शिष्य थे। पद्मपादाचार्य सर्वप्रथम उन्हें काशी में मिले थे। वे उन्हें खोजते हुए उन तक आए थे। और तब उन्होंने उन्हें गुरुदेव के रुप में पाया था।

दूसरे थे सुरेश्वराचार्य जिन तक गुरुदेव स्वयं चलकर गए थे। उन्हें शास्त्रार्थ में पराजित किया था और अपनी धारा में मिलाकर शिष्य बनाया था, जिन्होंने उनके समक्ष सम्पूर्ण-समर्पण भी कर दिया था। इसे आचार्य जानते थे।

तीसरे थे—हस्तामलकाचार्य जो संयोग से उन्हें मिले थे। वे जन्मनः ब्रह्मज्ञानी थे परिस्थितियों वश विवश थे फिर भी गुरुकृपा से आत्मस्वरूप को पाकर वे संसार के झंझटों से मुक्त हो सके थे। अतः वे आदि-शंकर का अनंत उपकार मानते थे।

चौथे त्रोटकाचार्य पर तो श्रीगुरुदेव की अहैतुकी-कृपा हुई थी और वे अनपढ़ से अकस्मात् ब्रह्मज्ञानी बन गए थे। जैसे किसी भिखारी को रातों-रात स्वर्ग का सिंहासन प्राप्त हो जाए। ऐसी असंभव उपलब्धि उन्हें गुरुपद के प्रति अनन्य निष्ठा और सेवाभाव के फलस्वरूप प्राप्त हुई थी।

इस प्रकार से चारों शिष्यों को क्रमशः सौभाग्य से, संवाद से, संयोग से और सेवा से सद्गुरु की शरण मिली। इन सबमें पद्मपाद सबसे पुराने थे और श्रीगुरु के प्रारंभिक संघर्षकाल से अबतक के जीवन के साक्षी और साथी थे। अतएव उनके गुरु-शिष्य के

अनुभव उनके साथ-साथ चल रहे थे। तर्कबुद्धि ने उनका साथ नहीं छोड़ा था। उन्होंने सुरेश्वर की भाँति आचार्य के समक्ष न तो पूर्ण समर्पण किया था, न ही अभी कुछ ही समय पूर्व जुड़े हस्तामलक और त्रोटक की भाँति अंध-भक्ति का चोला धारण कर लिया था। पद्मपाद की तर्कबुद्धि श्रीगुरु के कथनों को निरखने-परखने से भी कहीं आगे कभी-कभी उनकी मीमांसा तक पर उतारु हो जाती। वे कुछ-कुछ विद्रोही और हठी स्वभाव के होते जा रहे थे।

परंतु सद्गुरु की नज़रों से तो कुछ नहीं छिपता। वे तो अनंत उपकारी होते हैं। उस कुम्हार की तरह जो घट निर्माण के दौरान भले ही घट को ऊपर-ऊपर से थपकियाँ देता रहे, भीतर से सदैव सहारा दिये रहता है।

सद्गुरु उस पिता की भाँति भी होता है जो भले ही अपने पुत्रों में जिसे सर्वाधिक चाहता हो, उसे भले ही न जताए, पर उसकी हरदम चिंता करता है। क्योंकि कदाचित् एक पिता ही जानता है कि उसका सबसे सक्रिय और सुयोग्य पुत्र यदि भावुक भी है तो उसे सिर चढ़ाना उचित नहीं। क्योंकि पिता हमेशा अपने पुत्र के व्यक्तित्व का विकास चाहता है। उसका शुभ चाहता है। उसे उत्तरोत्तर ऊँचा उठता देखना चाहता है। इसी से प्रायः वह मौन रहता है।...

मौन खुलने के दूसरे दिन जब शंकराचार्य महाराज की सन्निधि में शृंगेरी आश्रम में सत्संग सभा जुटी तो समस्त आश्रमवासी बड़े व्यग्र थे कि आज उन्हें पहली बार त्रोटकाचार्य का उद्बोधन सुनने को मिलेगा।

वे त्रोटकाचार्य जो रातों-रात शंकराचार्य प्रभुपाद की कृपा से निरक्षर से वेद-शास्त्रों के प्रकाण्ड ज्ञाता बन गए थे। माँ शारदा जिनके कंठ में विराजमान हो गईं थीं। जो देखते ही देखते परमाचार्य के प्रधान सेवक से उनके प्रधान शिष्यों में से एक बन गए थे।

क्या बोलेंगे त्रोटकाचार्य आज? उस दिन तो उनके मुख से केवल श्रीगुरु की सुमधुर वंदना और वह संस्कृतनिष्ठ स्वर लहरी-मात्र सबने अचानक सुनी थी। पर गुरुदेव का कहना है कि अब वे चारों वेद, समस्त पुराणों ओर ग्यारहों उपनिषदों के ज्ञाता हैं। ब्रह्म विद्या उन्हें अन्य समस्त शिष्यों की भाँति सहज-सुलभ है।...

अतः अपने प्रथम-प्रवचन में क्या बोलते हैं त्रोटकाचार्य? शेष सभी ने तो विगत सत्र में विभिन्न प्रेरक कथाएं सुनाई थीं? त्रोटक कौन-सी गूढ़-गंभीर बातें कहेंगे? क्या वे गुरुदेव शंकराचार्य के समक्ष भी अपना ज्ञान बघारेंगे? अथवा उनका संबोधन कुछ हट कर होगा?... सारा श्रोता समुदाय सत्संग कक्ष में साँस रोके त्रोटकाचार्य के प्रवचन को सुनने को एकत्र था। त्रोटकाचार्य ने अपने सद्गुरु का चरण-स्पर्श किया। फिर थोड़े संकोच से व्यास गद्दी पर विराजमान हुए।

पहले तो पद्मपादाचार्य जी की भाँति खड़े-खड़े ही वे अपनी बात कहना चाहते थे। परंतु जब श्रीगुरुदेव ने स्वयं उन्हें संकेत कर बैठने को कहा—

''बैठो वत्स!... तुम्हें व्यासपीठ पर बैठकर ही आज बोलना है। यह मेरा आदेश है।''

—तब आचार्य त्रोटक अपने गेरुए वस्त्रों को समेट कर व्यास आसन पर धीरे से विराजमान हुए और कहने लगे—

''पूज्य गुरुदेव और परमेश्वर में कोई विभेद नहीं। अनंतकोटि पुण्य जाने कहाँ से उदय हो गए जो मुझे आपकी शरण मिली।... हे विद्वान श्रोता बंधुओ आपके समक्ष मैं क्या कहूँ? पूज्य गुरुदेव के सामने तो और भी क्या कहूँ? जो कुछ हमारे शास्त्रों में लिखा है उसका ही पृष्ठ-प्रेषण करने का प्रयत्न करुँगा। अभी कल ही यम और नचिकेता के संवाद का एक बड़ा चित्ताकर्षक प्रसंग मैंने 'कठोपनिषद्' में पढ़ा है, उसका ही वर्णन करता हूँ।...

प्राचीन काल में वाजश्रवा नामक एक महान ऋषि हुआ करते थे। वे वेदों के ज्ञाता थे। परम विद्वान और चरित्रवान। उनका एक पाँच वर्ष का बहुत समझदार पुत्र था। उसका नाम था—नचिकेता।

एक दिन उन महर्षि ने विश्वजीत यज्ञ किया। उसमें उन्होंने यह प्रतिज्ञा की कि इस यज्ञ में उपस्थित समस्त पुरोहितों में अपनी सारी संपत्ति वे दान कर देंगे।

कई दिन तक यज्ञ चला। यज्ञ की समाप्ति पर महर्षि ने अपनी सारी गायों को भी अन्य भौतिक संपत्ति केसाथ-साथ यज्ञ करने वालों को दक्षिणा में दान दे दिया। दान देकर महर्षि वाजश्रवा बड़े संतुष्ट हुए।

उनके पाँच वर्षीय पुत्र नचिकेता को किंतु गायों को दान में देने का अपने पिता का निर्णय सही नहीं लगा। क्योंकि उसके मतानुसार दान की गई बहुत-सी गाएं ऐसी भी थीं जो बहुत बूढ़ी, निर्बल और असहाय थीं और वे दूध भी नहीं देती थीं। ऐसी गायों को दान में पाकर किसी प्राप्तकर्ता को क्या लाभ था? उल्टे वे गउएं उस याचक पर भार ही होतीं। दानदाता का भी कैसा पुण्यलाभ?

नचिकेता पिता के पास गया और बोला—''पिता जी! आपने जिन वृद्ध गायों को दान में दिया है उनकी अवस्था ऐसी नहीं थी कि वे किसी को दान में दी जाएं।''

महर्षि बोले—''हे पुत्र! मैंने यह प्रतिज्ञा की थी कि मैं इस यज्ञ में अपनी सारी संपत्ति दान में दे दूँगा। गाएं भी मेरी संपत्ति हैं। यदि मैं इन्हें भी दान न करता तो मेरी प्रतिज्ञा अधूरी रह जाती। फलतः यह यज्ञ भी अधूरा रह जाता।''

बालक नचिकेता ने कहा—''परंतु पिता जी!... मेरे विचार में दान वही वस्तु देनी चाहिए जो हमें प्रिय हो और जो दूसरों के लिए भी उपयोगी हो। जो उनके काम आ सके।... तो मुझे बताइये मैं आपका प्रिय पुत्र हूँ। आप मुझे किसे दान करेंगे?''

यह सुनकर महर्षि ने नचिकेता को कोई उत्तर नहीं दिया और वे मौन हो गए। इसपर नचिकेता ने बार-बार वही प्रश्न पिता से दोहराया।—"बोलिये पिता जी! आप मुझे किसे दान करेंगे?"

महर्षि को क्रोध आ गया। वे पुत्र को आग्नेय नेत्रों से देखकर बोले—

"जा मैं तुझे यमराज को दान करता हूँ।"

नचिकेता परम आज्ञाकारी बालक था। उसने मन ही मन अपने पिता के वचन को सत्य सिद्ध करने का निश्चय कर लिया। क्योंकि उसने सोचा कि यदि वह ऐसा नहीं करेगा तो भविष्य में मेरे पिता का सम्मान नहीं होगा।

नचिकेता ने पिता से कहा—"पिता जी! मैं यमराज के पास जा रहा हूँ। कृपया मुझे जाने की आज्ञा दें।"

यह सुनकर महर्षि असमंजस में पड़ गए। काफी सोच-विचार किया। अंत में अपने हृदय को कठोर कर पुत्र नचिकेता को यमराज के पास जाने की अनुमति दे दी।

हे विद्वत्‌जन! देखा जाए तो—

नचिकेता कदाचित् विश्व के प्रथम जिज्ञासु थे। परम निर्भीक। परम नीतिवान भी।... वे अपने आत्मबल से सशरीर यमलोक पहुँच गए। परंतु यमराज तब वहाँ अपने लोक में नहीं थे।...

यमराज के दूतों ने जब नचिकेता को वहाँ आया देखा तो यह भी जानकारी उन्हें हुई कि नचिकेता का जीवनकाल अभी समाप्त नहीं हुआ हैं। उन्होंने उसे वापस पृथ्वीलोक पर लौट जाने को कहा। नचिकेता ने कहा कि—"मैं यमराज से भेंट करने आया हूँ। उनसे मिल कर ही जाऊँगा। कहाँ हैं वे?"

यमदूतों ने कहा कि तीन दिन के लिए अन्यत्र गए हैं। यह कहकर उसके बाद उन्होंने नचिकेता की ओर से ध्यान हटा लिया। नचिकेता मृत्यु के देवता की प्रतीक्षा में यमलोक के द्वार पर ही तीन दिन तक पड़ा रहा।

चौथे दिन जब यमराज लौटे तब उन्होंने पाँच वर्ष के उस बालक को अपने द्वार पर बैठा पाया। उन्होंने उससे उसका परिचय पूछा। नचिकेता ने निर्भय होकर बड़ी विनम्रता से अपना परिचय दिया और बताया कि वह अपने पिता की ही आज्ञा से यहाँ आया है।

यमराज ने यह सोचा कि यह पितृभक्त बालक मेरे द्वार पर बिन बुलाए आया है। अतः यह हमारा अतिथि है और मेरे दूतों ने घर आए अतिथि का स्वागत भी नहीं किया। यह सोचकर यमराज भी भावुक हो उठे। उन्होंने नचिकेता से कहा—"हे ऋषि कुमार! तुम मेरे द्वार पर तीन दिनों तक भूखे-प्यासे पड़े रहे। इसका मुझे दुःख है। ऐसा करो कि तुम मुझसे इसके बदले में कोई तीन वर माँग लो।"

इसपर नचिकेता ने यमराज को प्रणाम करके कहा—"यदि आप मुझे वरदान ही देना चाहते हैं तो पहला वरदान यह दीजिए कि—

वापस जाने पर मुझे, पिता करें स्वीकार।
क्रोध शांत हो जाए उनका, करें फिर से प्यार।।"

यमराज बोले—"तथास्तु!... अब तुम दूसरा वर माँगो वत्स!"

नचिकेता ने सोचा कि पृथ्वी पर बहुत से दुःख हैं। दुःख दूर करने का क्या उपाय हो सकता है? इसलिए नचिकेता ने तब दूसरा वरदान यह माँगा कि—

"स्वर्ग मिले किस रीति से, मुझको दें यह ज्ञान।
मानव के सुख के लिए, माँगू यह वरदान।।"

इसपर यमराज ने नचिकेता से कहा कि "एक विधि है जिससे देवताओं की भाँति पुरुष स्वर्गलोक को प्राप्त कर सकते हैं।... हे नचिकेता! तुम इस 'अग्निविद्या' को ध्यान से सुनों। स्वर्ग को प्राप्त कराने वाली यह विद्या अत्यंत गोपनीय है।"

उसके बाद यमराज ने एक यज्ञ, उसे करने की विधि, उसमें बोले जाने वाले मंत्रों का ज्ञान बालक नचिकेता को दिया। फिर उसकी परीक्षा भी ली कि जो विधि नचिकेता को बताई वह उसे दोहराए। नचिकेता ने वह विद्या यथावत् यमराज को अपनी स्मृति के आधार पर सुना दी। मृत्यु के देवता नचिकेता की कुशाग्र बुद्धि पर बहुत प्रसन्न हुए और कहा कि—"वत्स!... मेरे द्वारा कही गई विद्या आज से तुम्हारे नाम से जानी जाएगी।" तब से उस विद्या का नाम 'नचिकेताग्नि' पड़ा। इस प्रकार नचिकेता द्वारा इच्छित दूसरा वरदान भी पूरा हुआ।

जब तीसरे वरदान का अवसर आया तब नचिकेता ने 'मृत्यु के बाद जीवात्मा का क्या होता है?' 'वह कहाँ जाता है?'—वह सारा रहस्य जानना चाहा। उसने यमराज से कहा कि—

"मृत मनुष्य के बारे में, संदेह मध्य हम रहते हैं
कुछ ज्ञानी कहते हैं 'अस्ति'
'नास्ति' दूसरे कहते हैं
बाद मृत्यु के क्या होता?
स्पष्ट मुझे बस समझाएं
हे मृत्यु के देवता!
तनिक मुझे इतना बतलाएं।"

—यह सुनकर यमराज बड़ी दुविधा में पड़ गए। मृत्यु के बाद जीवात्मा का क्या होता है?—इस प्रश्न का उत्तर बहुत कठिन है। इस बालक को कैसे बताऊँ? यह रहस्यमय भी है।... वे सोचने लगे। फिर यमराज ने नचिकेता को समझाया कि—

"तू शतायु, बहु पशु, हाथी-घोड़ा, सोना-चाँदी बड़ी भूमियों वाला राज्य माँग ले, संतान-संपत्ति-वैभव यथेच्छ माँग ले। तू चाहे तो रथ में बैठी, वाद्ययंत्र बजाने में निपुण अनेक रमणियाँ—जो कुछ भी चाहे मुझसे माँग... बस मरण के विषय में कोई प्रश्न मुझसे मत कर।...

परंतु नचिकेता इन भौतिक समृद्धियों के प्रलोभन के आगे अपनी जिज्ञासा से टस-से-मस नहीं हुआ। वह अपने इन्हीं प्रश्नों पर अड़ा रहा।

नचिकेता की दृढ़ता और लगन को देखकर अंततः यमराज को झुकना पड़ा। तब उन्होंने उसे जीवन और मृत्यु के रहस्य समझाए।

उन्होंने नचिकेता से कहा कि—यह सम्पूर्ण विश्व उस प्राण-रुप ब्रह्म से ही प्रकट होता है और निरंतर गतिशील रहता है। जो मनुष्य उस ब्रह्म को जान जाते हैं वे ही मोक्ष को प्राप्त करते हैं।...

इस परब्रह्म परमेश्वर के भय से ही अग्निदेव तपते हैं, सूर्यदेव तपते हैं। इंद्र, वायु आदि भी इन्हीं के भय से सक्रिय रहते हैं।...

मृत्यु से पूर्व जो व्यक्ति ब्रह्म का ज्ञान प्राप्त कर लेता है, वह जीवधारी समस्त भव बंधनों से मुक्त हो जाता है, अन्यथा जन्म-जन्मांतर तक विभिन्न योनियों में भटकता हुआ अपने कर्मों का फल प्राप्त करता रहता है।...

यह अन्तःकरण विशुद्ध दर्पण के समान है। इसमें ही ब्रह्म के दर्शन किए जा सकते हैं। जब मन के साथ सभी इंद्रियाँ आत्म तत्त्व में लीन हो जाती हैं तब इसे जीव की 'परमगति' कहा जाता है। इंद्रियों का संयम करके आत्मा में लीन होना ही 'योग' है। हृदय की समस्त ग्रंथियों के खुल जाने से मरणधर्मा मनुष्य अमृत्व अर्थात् 'मोक्ष' को प्राप्त कर लेता है।...

यमराज ने इस प्रकार जीवन और मृत्यु के रहस्यों की बालक नचिकेता को विस्तृत जानकारी देकर तीसरा वरदान पूर्ण किया। अंत में कहा कि और अधिक गूढ़ ज्ञान और तुम्हारी हर जिज्ञासा का समाधान विद्या-अध्ययन से ही प्राप्त हो सकता हैं। क्योंकि विद्या वह महान धन है जिसकी बराबरी संसार की कोई दूसरी वस्तु नहीं कर सकती।

—इसके पश्चात यमराज ने बालक नचिकेता को आशीर्वाद देकर उसके पिता के पास धरती पर वापस भेज दिया। वहाँ से लौटकर उसने अपने पिता का स्नेह पुनः प्राप्त किया। अध्ययन में गहन रुचि दिखाई। क्योंकि वह जीवन की सही राह प्राप्त कर चुका था। अब उसे संसार में दूसरों को भी सही राह दिखानी थी।..."

—यह कहकर त्रोटकाचार्य ने अपनी वाणी को विराम देने से पूर्व मुड़कर गुरुदेव शंकराचार्य की ओर देखा। उन्हें दोनों हाथ जोड़कर प्रणाम निवेदन कर उठने की अनुमति चाही।

समस्त श्रोता समुदाय त्रोटकाचार्य के धाराप्रवाह संभाषण को मंत्रमुग्ध हो सुन रहा था। सब बड़े आश्चर्यचकित थे कि यह नवयुवक जो कल तक आचार्य का एक साधारण सेवक मात्र था अचानक इसके व्यक्तित्व का यह कैसा अद्‍भुत और अकल्पनीय विकास हुआ है?

पद्‍मपादाचार्य भी हक्के-बक्के थे। परंतु अन्य शिष्य शांत थे। मानो उन्हें अपने महान गुरुदेव की अपार क्षमताओं और उनकी कृपाओं पर अटूट विश्वास था। अधिकतर श्रोताओं की प्यास जैसे अभी पूर्णतः शांत नहीं हुई थी। वे त्रोटकाचार्य को अभी कुछ और सुनना चाहते थे। कई आश्रमवासी जो उनके नाम का सही उच्चारण न कर पाते उन्हें 'टोटकाचार्य' कहते थे। और कुछ लोग 'तोटकाचार्य' भी कहते।

गुरुदेव शंकर ने सत्संग प्रेमियों के मन की वह बात जैसे ताड़ ली। वे अपने नये शिष्य त्रोटक से बोले—"प्रिय वत्स!... कुछ और कहो अभी।..."

"गुरुदेव का आदेश हुआ है। क्या कहूँ? कुछ समझ नहीं पा रहा हूँ। फिर भी इस अवसर पर मुझे उन्हीं की एक बात याद आ रही है। उसे आपसे साझा करता हूँ।...

प्रिय प्रबुद्ध जन!... गुरुदेव का कहना है कि अध्ययन में कभी प्रमाद मत करना। कभी किसी ग्रंथ पर या किसी के कहे पर अंधभक्ति से विश्वास मत करना।... तुम्हें अनेक भ्रमित करने वाले पंथ, साधु-संत-पाखंडी और धर्मशास्त्र मिलेंगे जो तुम्हें भ्रमित भी करेंगे और तुम्हारे सही मार्ग से तुम्हें च्युत भी करने का प्रयास करेंगे।... ऐसे में तुम्हें अपने विवेक का साथ नहीं छोड़ना है। तुमको ऐसे भ्रमित करने वाले शास्त्रों और उनमें व्यक्त विचारों से सावधान रहना होगा। जहाँ आशंका हो वहाँ वेदों को ही प्रमाण मानना होगा। क्योंकि निरंतर नए-नए पुराण, नए-नए उपनिषद गढ़े जा रहे हैं। परंतु उन सबमें निहित विचारों की अंतिम कसौटी हमारे वेद ही हैं।"

मैंने इस संबंध में ग़ौर किया तो पाया कि वास्तव में वेदों की परंपरा में से विकसित उपनिषद ग्यारह ही हैं, जिन्हें हमारे पूज्य गुरुदेव ने मान्यता प्रदान की है। उनमें भी नौ ही सर्वाधिक महत्त्वपूर्ण हैं—केन उपनिषद, कठोपनिषद्, प्रश्न उपनिषद्, मुंडक उपनिषद, मांडूक्य उपनिषद, तैत्तिरीय उपनिषद्, ऐतरेय उपनिषद्, छान्दोग्य उपनिषद् और वृहदारण्यक उपनिषद्।...

श्रीगुरुकृपा से उपनिषदों का अध्ययन करने से एक बात तो समझ में आती है कि मूल रुप से उपनिषदों का सिद्धांत निराशावादी नहीं है। हाँ, यह संसार की अवास्तविकता तथा संसार के प्रति वैराग्य के मध्य का एक छोटा-सा सोपान अवश्य है।...

इसे हम यों समझें कि प्राचीन 'वैदिक' उपनिषदों में, जिनका उल्लेख अभी मैंने किया, निराशावाद केवल बीज-रुप में 'संसार की अवास्तविकता के सिद्धांत' में मिलता

है। जैसा कि कहा गया है कि—वास्तविक केवल ब्रह्म है और यह आत्मा है जो कि "भूख और प्यास दुःख और भ्रांति, जरा एवं मृत्यु से परे है।" वृहदारण्यक उपनिषद को स्मरण करें, जिसमें कहा गया है कि—"अतोऽन्यदार्त्तम्" अर्थात्—"जो इस आत्मा से भिन्न है, वह कष्ट से पूर्ण है।" परंतु देखा जाए तो इस "अतोऽन्यदार्त्तम्" की वास्तव में सत्ता है ही नहीं, इसलिए संसार के कष्ट और दुःख भी वास्तविक नहीं है। जिस ज्ञानी को एकता की सत्ता का सिद्धांत समझ में आ जाता है, वह न तो किसी भय का अनुभव करता है और न ही किसी कष्ट का।...

जो ब्रह्म के आनंद को जानता है उसके लिए न कोई भय है, न कोई मोह, न कोई शोक।...

गुणीजन!... पूज्य गुरुदेव हमें बहुत कुछ बताते हैं, उनसे हम जितना भी ग्रहण कर सकें वह कम है।..."

त्रोटकाचार्य ने कहा—"अंत में तैत्तिरीय उपनिषद् के एक कथन की ओर आपका ध्यान आकर्षित करते हुए मैं अपनी वाणी को विराम दूँगा। इस उपनिषद् के ये शब्द आशावाद के विजय-गीत के समान हैं कि—

"आनंद ब्रह्म है। सब प्राणी आनंद से उत्पन्न होते हैं। उत्पन्न हुए वे आनंद में जीते हैं और अंत में आनंद में ही विलीन हो जाते है।"

अध्याय—नौ

⌘

ॐ आत्मा वा इदमेक एवाग्र आसीत्।
नान्यत्किंचन मिषत्। स ईक्षत लोकान्नु सृजा इति।।

—पहले यह जगत् एकमात्र आत्मा ही था। उसके अतिरिक्त और कोई सक्रिय वस्तु नहीं थी। उसने यह सोचा कि—लोकों की रचना करूँ।

(ऐतरेयोपनिषद्)

1

मठाम्नाय महानुशासन

एक दिन दोपहर का समय था। गुरुदेव शंकराचार्य अपनी कुटिया में बैठे कुछ लिख रहे थे। शिष्यगण त्रोटक और हस्तामलक उनकी देखभाल हेतु वहीं थे। आचार्य सुरेश्वर आश्रम के भोजनालय में अतिथियों के भोजन प्रबंध में उपस्थित थे।

ऐसे में आचार्य पद्मपाद मित्र उद्भ्रांत के साथ शारदा मंदिर से निकले और तुंगा नदी की ओर चल दिए।

पद्मपाद मन ही मन काफ़ी उद्विग्न थे। वे उद्भ्रांत के कंधे पर हाथ रखे नदी के किनारे-किनारे चले जा रहे थे। सोच रहे थे कि बहुत दिनों से उनके मन में जा चल रहा है उसे मित्र से कहूँ या न कहूँ। वे अपने विचारों को मन ही मन तौल भी रहे थे।

उद्भ्रांत समझ गया। चलते-चलते बोला—"क्या बात है? कुछ परेशान लग रहे हो?"

पद्मपाद ने कहा—"नहीं... सब ठीक ही तो है।"

"ठीक होता तो यों गुमसुम न दिखते गुरु तुम!... मुझसे कहो क्या बात है?"

अब पद्मपादाचार्य से न रहा गया। बोले—

"क्या कहूँ मित्र!... मुझे लगता है गुरुदेव अब पहले जैसे नहीं रहे।"

"क्यों?"

"देखते नहीं उनका व्यवहार कितना बदल गया है? खासकर जब से ये गिरी उनके जीवन में आया है वे अपने इस सनंदन को जैसे भूल ही गए हैं।..."

-कहकर पद्मपाद गर्दन मोड़कर दूसरी ओर देखने लगे। अनुभवी उद्भ्रांत मित्र की आँखें तो नहीं देख सकता था, परंतु उसके स्वर की भर भराहट से समझ गया कि उन नेत्रों में पानी आ चुका है।

उद्भ्रांत ने हाथ पकड़कर पद्मपाद को एक चट्टान पर अपने साथ बैठा लिया। कुछ देर दोनों मित्र मौन बैठे नदी की कलकल-छलछल बहती जलधारा को देखते रहे। फिर उद्भ्रांत ने ही उस मौन को तोड़ा। वह बोला—

''देखो प्रिय!... मेरे शंकर ने गिरी को त्रोटकाचार्य बनाया। उसे गुरुज्ञान दिया। उसकी सेवा के बदले प्रसन्न होकर उसे अपार-स्नेह दिया। उसका उत्थान किया। इसका अर्थ यह नहीं कि उनका स्नेह या सम्मान अन्य शिष्यों के प्रति घट गया।... किसी को उठाने का अर्थ अपने अन्य प्रियजन को गिराना नहीं होता। और अपने शंकर तो अब परम-गुरु हैं... कब किस शिष्य को किस बात की आवश्यकता है? यह तो एक 'सद्‌गुरु' ही जानता है।''

''यह तो तुम उचित ही कह रहे हो मित्र उद्‌भ्रांत!... पर मुझे लगता है जाने क्यों पूज्य गुरुदेव मेरी जानबूझ कर उपेक्षा करने लगे हैं।''

''वह कैसे?''

''अब देखो। तुम तो उस बात के साक्षी हो। बदरी क्षेत्र की उस व्यास गुफ़ा में जब गुरुदेव में प्रस्थानत्रयी पर भाष्य रचना कर रहे थे, तब वहाँ उनके साथ कौन था? या तो तुम थे या मैं था?''

''हाँ... ठीक बात है... पर उसमें क्या?''

''वह यह मित्र!... कि उनके लिखे को तब सम्भालने-सहेजने का काम कौन करता था?''

''तुम''

''उसे हरदम अपने सीने से पोटली में दबाए गुरुदेव के पीछे-पीछे कौन चलता था?'

''तुम... और कौन?''

''यही तो बात है। गुरुदेव की सुंदर-हस्तलिपि में लिखे गए उन भाष्यों की अभी स्याही भी सूख नहीं पाती थी कि उनको पहली बार पढ़ने का परम सौभाग्य भी इस सनंदन को ही मिलता था। और आज... आज...''

''आज क्या? हाँ-हाँ कहो।''

''आजकल सुना है गुरुदेव उन मंडन मिश्र जी महाराज से कह रहे हैं कि—सुरेश्वर! मैं चाहता हूँ तुम मेरे लिख 'ब्रह्मसूत्र' पर 'कारिका' लिखो?''

इसपर उद्‌भ्रांत ने उठकर पद्‌मपाद को एक हाथ बढ़ाकर अपनी ओर खींचा और कहा—

''बस इतनी-सी बात?''

''इसे इतनी-सी बात कहते हो तुम?...''

—पद्मपाद ने उल्टे प्रतिप्रश्न किया। उद्भ्रांत ने तनिक हँसकर कहा—''अरे मित्र!... भूल गए क्या? ब्रह्मसूत्र-भाष्य पर कारिका लिखाने का प्रस्ताव आचार्य शंकर ने पहले-पहले उन कुमारिल भट्ट के समक्ष रखा था। फिर जब उन्होंने ही अपने शिष्य मंडन मिश्र से 'कारिका' लिखवाने का सुझाव दिया, तब शंकर उसे मानकर ही माहिष्मती गए थे?''

''चलो ठीक है। तुम्हारी यह बात भी माने लेता हूँ। परंतु गुरुदेव को यह तो सोचना चाहिए कि जो सुरेश्वर जैमिनी के मीमांसा दर्शन के विद्यार्थी रहे हैं जो कर्मकाण्डी कुमारिल के शिष्य रहे और जिनसे इसी बात को लेकर गुरुदेव का शास्त्रार्थ हुआ क्या वही सुरेश्वर गुरुदेव की विशुद्ध अद्वैत-वेदांती विचारधारा के साथ पूरी तरह न्याय कर सकेंगे? उनके भाष्य पर टीका-टिप्पणी करते समय ...''

''पद्मपाद!... तुम इतना शंकालु क्यों हो इस बात को लेकर? शंकर ने अगर इस कार्य के लिए सुरेश्वर जी को चुना है तो कुछ सोचकर ही चुना होगा?''

''वह कैसे?''

''अब देखो भई!... मैं तुम्हारे जैसा विद्वान तो नहीं। पर मेरी मोटी बुद्धि यही कहती है कि भले ही सुरेश्वर जब मंडन थे तब मीमांसावादी थे परंतु आचार्य शंकर के शिष्य होने के बाद अब वे विशुद्ध-अद्वैतवादी हैं। उनका रहन-सहन, उठना-बैठना, कर्मकाण्ड रहित ध्यान-उपासना आदि सब उसी का परिचायक है। वे आचार्य शंकर का आँख मूँदकर अनुसरण करते हैं।...''

पद्मपाद ने इस बात का कोई प्रतिवाद नहीं किया। वे चुप लगा गए।

इतने में पर्वतीय क्षेत्र में पहुँचकर उस जंगल में वही जगह आ गई जहाँ उद्भ्रांत के पैर उन प्रस्तर सीढ़ियों पर चढ़ने के पहले से आदी थे, जो उस रहस्यमय-गुफ़ा की ओर उसे ले जाते थे।

दोनों ही मित्र बात की बात में वे पहाड़ी शिखर की ओर उठती सीढ़ियाँ चढ़ने लगे। उद्भ्रांत ने पद्मपाद से कहा—

''अच्छा यह बताओ...''

''क्या?''

''आचार्य शंकर तुमसे और भी तो कोई काम ले सकते हैं?''

''वो कैसे?''—पद्मपाद ने कहा—''मै कुछ समझा नहीं।''

''अरे... इधर तो उनका स्वयं का प्रचुर लेखन भी हुआ है ना?''

“तो उसके लिए हस्तामलक और त्रोटक है ना? मेरा भला उन्हें क्या काम?”

—दोनों व्यक्ति सीढ़ियाँ चढ़ते गए। उद्भ्रांत ने तब पद्मपाद को हल्का-सा उपालम्भ दिया—

“अब मित्र तुम!... मेरे शंकरा के साथ थोड़ा पूर्वाग्रह कर रहे हो।”

पद्मपाद फिर चुप लगा गए।

कुछ देर बाद दोनों मित्र उस पर्वत के शिखर के निकट के ऊँचे भू-भाग पर जा पहुँचे। कुछ दूर पर सामने वह गुफ़ा थी। उद्भ्रांत ने पद्मपाद को उंगली के संकेत से वह गुफ़ा दिखायी।

“वह रही वो गुफ़ा... इसी का ज़िक्र किया करता था मैं तुमसे। वो बाबा, वो गड़रिया, वो भेड़ें, कभी कुछ-कभी कुछ।...”

दोनों मित्र आगे बढ़े। अभी वे उस गुफ़ा के निकट पहुँचे ही थे कि अचानक एक बड़ा-सा लंगूरी बंदर उसमें से निकल कर बाहर आया।

काला मुख, लंबी दुम, शरीर पर सफेद-सफेद बाल। एक बलिष्ठ लंगूर। गुफ़ा से निकल कर वह बंदर उसी बाहरी चट्टान पर बैठ गया। किसी परम योगी-सा। धीर-गंभीर-शांत।

उद्भ्रांत उसे देखकर अपनी जगह ठिठक गया। उसे लगा मानों कि वह लंगूर कह रहा हो कि—“तुम फिर आ गए?”

अभी वह ऐसा सोच रहा था कि वह लंगूर वाकई बोल पड़ा। आदमियों की भाषा में—“कैसा है तुम्हारा शंकर?” पद्मपाद के भी मुँह से अविश्वास भरा शब्द निकला—“हैं?”

लंगूर फिर बोला—“और ये कौन है आज तुम्हारे साथ?”

उद्भ्रांत ने हकलाते हुए कहा—“म... म... महाराज... इसका नाम है पद्मपाद। उसी... मेरे उसी शंकर का शिष्य है ये।”

लंगूर बोला—“शिष्य है तो यहाँ क्या कर रहा है? इसका गुरु इसे याद कर रहा है। वहाँ जाए तुरंत...”

—और यह कहकर वह लंगूर मुड़ा। ऊपर को उछला। उछलकर उस गुफ़ा के बराबर उभरी चट्टानों को पकड़ता-थामता अपनी लंबी पूँछ लहराता ऊपर शिखर की ओर चढ़ता-चला गया। ऊपर और ऊपर जाकर इन दोनों व्यक्तियों के देखते-देखते नेत्रों से वह ओझल हो गया।

—दोनों में से किसी को एकाएक विश्वास नहीं हुआ कि अभी दो-पल पहले देखा हुआ वह दृश्य क्या यथार्थ था अथवा कोई कल्पना? दोनों अपने इस परिभ्रमण से तुरंत वापस आश्रम को लौट चले। तब वास्तव में त्रोटकाचार्य ने गुरुधाम से बाहर निकलकर

पद्‌मपाद से कहा—"दादा!... आप कहाँ थे?... गुरुदेव बड़ी देर से आपको याद कर रहे हैं।"

पद्‌मपाद को इस बार भी अपने कानों पर विश्वास न हुआ। उन्होंने मुड़कर उद्‌भ्रांत की ओर देखा। उद्‌भ्रांत ने तब दोनों हाथ फैलाकर अपने कंधे उचकाए।...

आदि शंकराचार्य अपनी चौकी पर विराजमान थे। कुछ भोजपत्र उनके सामने रखे थे। जिनपर उन्होंने कुछ लिख रखा था। उनके समक्ष उनके तीन शिष्य पहले से उपस्थित थे। पद्‌मपाद अब उपस्थित हुए। उन्हें लेकर त्रोटक भीतर आए। उद्‌भ्रांत सबसे अंत में आया।

इस समय शंकराचार्य, चारों प्रमुख शिष्यों और उद्‌भ्रांत के अलावा अन्य कोई व्यक्ति उपस्थित नहीं था। आदि-शंकर ने कहा—

"आओ पद्‌मपादाचार्य... बस तुम्हारी ही कमी थी।"

पद्‌मपाद ने कहा—"आदेश करें गुरुदेव।"

आदि-शंकर बोले—"तुम सब शांति से बैठ जाओ और मेरी बात ध्यान से सुनो।.. आज मैंने बहुत चिंतन-मनन के उपरांत एक कार्ययोजना तैयार की है। एक सुदीर्घकालीन योजना। इन भोजपत्रों में मैंने उसे लिपिबद्ध कर दिया है। मेरे तुम चारों प्रधान शिष्य इस योजना के प्रथम क्रियान्वयन कर्ता होगे।... योजना क्या है? इसे तुम मेरा अपने उत्तराधिकारियों को 'इच्छा पत्र' ही समझो।...

यह कहकर आदि-शंकराचार्य रुके। फिर उन्होंने अपना कमण्डलु ऊँचा उठाकर उससे कुछ जल अपने मुख में गिराया। जल पीकर वे पुनः बोलने लगे और सभी शिष्य अपने गुरुदेव के एक-एक शब्द को ग़ौर से सुनने लगे।

गुरुदेव का कहना था कि—"देश इस समय विषम परिस्थितियों से गुज़र रहा है। राजनीतिक दृष्टि से देखें तो यह साम्राज्यवाद का युग है। इसमें शासक प्रमुख है प्रजा गौण। हमारे सनातन धर्म, समाज ओर संस्कृति पर अनेक प्रकार से संकट आसन्न है। वैदिक धर्म को अपने भीतर से ही निकले विभिन्न धर्मों, सम्प्रदायों और मत-मतांतरों से तो जूझना पड़ ही रहा हैं। विदेशी आक्रमणों से भी सीमाओं पर भारत को प्रायः जूझना पड़ता है।

धार्मिक एकता के अभाव में लोकशक्ति का बिखराव स्वाभाविक है। हिन्दू धर्म को बचाने के लिए इसके मूल उद्‌गम चारों वेदों की रक्षा अनिवार्य है। अन्य धर्मावलंबी अपने आश्रम, मठ और विहार आदि बनाने में जितने सक्रिय और सचेष्ट हैं वैदिक धर्म के अनुयायी इस कार्य में उतने गंभीर नहीं।

इसलिए भारत भूमि के चारों सिरों पर हमें अपने भी ऐसे धर्मपीठ स्थापित करने होंगे जहाँ हम अपने चारों वेदों को, अपने समस्त शास्त्रीय ज्ञान को, अपनी आस्था और विश्वास को सुदृढ़ता पूर्वक सुरक्षित रख सकें। अतः मैंने उत्तर में ज्योतिर्मठ, दक्षिण में श्रृंगेरी में दूसरा मठ, पश्चिम में द्वारका में तीसरा मठ और पूर्व में जगन्नाथपुरी में चौथे मठ को निर्मित करने का संकल्प लिया है। इनमें से किसी न किसी मठ का उत्तरदायित्व शीघ्र ही तुम में से प्रत्येक को सौंपा जाएगा। उसके लिए तुम अभी से मानसिक रुप से तैयार हो जाओ।

मैंने अपने 'इच्छा पत्र' में इसी सबको लेकर एक सुचिंतित कार्ययोजना तैयार की है।... मैं बड़ी देर से पद्मपाद तुमको खोज रहा था। मैं तुमसे इसपर थोड़ा विचार विनिमय भी करना चाहता था।... पर कोई बात नहीं सुरेश्वर थे यहाँ। अतः उनसे विचार-विमर्श हो गया है। अब मैं चाहूँगा कि इस धर्म-योजना को आचार्य सुरेश्वर ही सबको पढ़कर सुना दें।''

आचार्य सुरेश्वर गुरुमहाराज आदि शंकराचार्य के बराबर में सन्मुख मुख होकर खड़े हुए। उन्होंने आदि शंकराचार्य द्वारा सद्यःरचित उस पांडुलिपि को अपने हाथों में उठाया। फिर एक-एक भोजपत्र सावधानी पूर्वक उठाकर कहने लगे—

''पूज्य गुरुदेव ने इस योजना को शीर्षक दिया है—'मठाम्नाय महानुशासन'।... इसे मैं पूरा पढ़ चुका हूँ। गुरुदेव की आज्ञा हो तो इसके सारांश को आपके समक्ष रख दूँ। शेष आप स्वयं पढ़ लीजिएगा तो अधिक उत्तम रहेगा।...

यह कहकर सुरेश्वर ने गुरुदेव शंकर की ओर देखा। उन्होंने सहमति से अपना सिर हिलाया। इसके बाद आदि शंकर ने 'मठाम्नाय महानुशासन' में जो व्यवस्थाएं दी थीं सुरेश्वराचार्य उन्हें बताने लगे—

''चार पीठों की स्थापना का लक्ष्य और उसके उद्देश्य पर तो गुरुदेव ने थोड़ा प्रकाश डाला है अभी। आगे वे जो भी निर्देश हमें देंगे हम तन-मन-धन से उनका अनुपालन सुनिश्चित करेंगे।...

'मठाम्नाय महानुशासन' पूज्य गुरुदेव द्वारा विरचित यह ग्रंथ, एक प्रकार से, सनातन धर्म संरक्षण के उनके महान संकल्प का एक संविधान है। इसमें उन्होंने निकट भविष्य में स्थापित किए जाने वाले चारों शंकराचार्य-मठों की व्यवस्थाओं से संबंधित विधान और सिद्धांतों को निबद्ध कर दिया है। उस हेतु इसमें 73 श्लोक है।...

'आम्नाय' का अर्थ है—(1) पवित्र प्रथा अथवा रीति, (2) वेदों इत्यादि का अध्ययन, अभ्यास और पाठ (3) वेद (4) अध्ययन के उद्देश्य से किया जाने वाला अभ्यास।

अब इन अर्थों पर यदि आप विचार करेंगे तो जान जाएंगे कि चारों धर्म-पीठों का मुख्य दायित्व किन बातों पर केंद्रित होगा? और उनमें हमारे गुरुदेव की परिकल्पना का प्रारुप क्या है? उन मठों का वातावरण कैसा होगा?...

गुरुदेव ने इस ग्रंथ में यह बिल्कुल स्पष्ट कर दिया है कि उनके उत्तराधिकारी शिष्यों का स्वरूप और मठ के 'शंकराचार्य' पद पर चयन की अर्हताएं क्या होंगी।

दूसरे शब्दों में कहें तो यह स्पष्ट विधान कर दिया है कि कौन व्यक्ति शंकराचार्य पद का अधिकारी हो सकता है? और अयोग्य व्यक्ति के लिये क्या व्यवहार होना चाहिए? इसका भी प्रावधान उन्होंने किया है।

जैसा कि हम सब जानते हैं कि संन्यासियों में भी 10 प्रकार के नामधारी सम्प्रदाय हैं। गिरी, पर्वत, सागर, पुरी, भारती, सरस्वती, वन, अरण्य, तीर्थ और आश्रम। वैसे सम्प्रदाय तो बहुतेरे हैं। पर अनमें आचरण और संन्यास धर्म के विशुद्ध स्वरूप के दृष्टिकोण ने हमारे गुरुदेव ने केवल इन दस सम्प्रदायों के संन्यासीगण को 'दशनामी' संन्यासियों के वर्ग में रखकर उन्हें वैदिक धर्म के ध्वजावाहक के रुप में स्वीकारा है। पाखंडियों और दुष्चरित्रों की खेती करने वाले संप्रदायों की 'दशनामी-सम्प्रदाय' में कोई जगह नहीं।

प्रिय गुरुभाइयो !... अभी थोड़ी देर पूर्व हमारे मनीषी बंधु पद्मपाद जी के आने से पहले पूज्य गुरुदेव जो हमें बता रहे थे उसका क्रमवार उल्लेख इस 'मठाम्नाय महानुशासन' में लिपिबद्ध है।

तदनुसार 'दशनामी' संन्यासी को संसार में रहते हुए भी उसमें लिप्त न हो जाने का कठोर निर्देश है। गुरुदेव ने इसमें निर्देशित किया है कि—मठों को संपत्ति का संयम करना चाहिए। उनमें इतना अन्न होना चाहिए कि असहाय, पीड़ित और दरिद्रजन को आश्रय दिया जा सके। मठों में दरिद्रता का नाम भी दिखाई नहीं देना चाहिए। आचार्य और संन्यासी उस वैभव का उपयोग धर्म-संस्कृति की रक्षा के लिए करें। स्वयं निर्वाह के लिए जितना आवश्यक हो, उतना ही ग्रहण करें।

हमारे गुरुदेव शंकराचार्य आचार्य शंकर भगवन् द्वारा इस 'महानुशासन' में मठों की पीठ का भार ग्रहण करने वाले शंकराचार्यों के लिए अनेक धर्माज्ञाएं दी गई हैं।—

तदनुसार मठपति अपने राष्ट्र की प्रतिष्ठा के लिए तथा धर्म की प्रतिष्ठा हेतु आलस्य त्यागकर परिश्रम करें।

वे अपने-अपने अधिकार क्षेत्र में सदैव भ्रमण कर लोगों को वर्णाश्रम के कर्त्तव्यों का उपदेश दें, सदाचार बढ़ाएं।

एक मठपति दूसरे मठपति के अधिकार क्षेत्र में न जाए।

सभी चारों मठपति अर्थात् अपनी-अपनी पीठ के शंकराचार्य—बीच-बीच में एक स्थान पर एकत्रित होकर धर्म-चर्चा करें और देश में धार्मिक सुव्यवस्था बनाए रखने के लिए प्राणपण से प्रयत्न करें।

सभी शंकराचार्यों का यह सर्वोच्च दायित्व है कि वे स्वयं इतने दक्ष रहें कि उनके संरक्षण में वैदिक धर्म प्रगतिशील एवं अखंडित रहे।

हमारे दूरदृष्टा गुरुदेव ने अपनी इस अभूतपूर्व कार्ययोजना में—अपने इस मठों के महा-अनुशासन विधान में—देश की विद्वत् मंडलियों को भी एक जिम्मेदारी सौंपी है। आचार्य का यह मानना है कि विद्वान व्यक्ति ही धर्म के प्रति नियामक हो सकते हैं। अतः वे इन धर्मपीठों पर दृष्टि रखें, समय-समय पर मठपतियों के आचरण को भी परखें। अवसर आने पर विद्वान, चरित्रवान, कर्त्तव्यदक्ष, सद्गुणी किसी दशनामी संन्यासी को ही पीठ के शंकराचार्य पद पर अधीष्ठित करें। इसमें पूज्य गुरुदेव ने एक बहुत कठोर व्यवस्था भी दी है। वह यह कि यदि कोई पीठाध्यक्ष अथवा मठाध्यक्ष कर्त्तव्यच्युत सिद्ध हो तो ऐसे विद्वान उसे शंकराचार्य के पद से मुक्त कर दें।''

—इस प्रकार आदि-शंकराचार्य ने चार शांकर-मठों की स्थापना से पूर्व ही उसके संविधान की विधिवत् व्यवस्था की और उससे अपने सभी प्रमुख शिष्यों को भली-भाँति अवगत कराया। यह भविष्य में हिन्दू सनातन धर्म की सुदृढ़ नींव के पुनर्संयोजन की दीर्घकालीन योजना थी। एक ऐसी भौतिक योजना जिसके चार प्रमुख स्तंभ, शंकराचार्य मठों के रुप में, राष्ट्र के चार कोनों में गहराई तक गड़ने थे। उससे भी अधिक यह एक ऐसी आध्यात्मिक योजना थी जिसका प्रभाव हिन्दू जनमानस में युगों-युगों तक जम जाना था।

2
अभिषेचन

यह युधिष्ठिर संवत् के वर्ष 2654 की बात है। या यों कहें कि ईसा मसीह के जन्म से 484 वर्ष पूर्व की बात। या फिर यूँ कहें कि इस्लाम धर्म के प्रवर्त्तक पैग़म्बर साहब के जन्म से से भी 1054 वर्ष पूर्व...

आचार्य शंकर अब 23 वर्ष के हो चुके थे। उनकी आयु का चौबीसवाँ वर्ष आरंभ हो चुका था। श्रृंगेरी आश्रम में विगत कुछ वर्षों से रहते-रहते जो जीवन-गंगा उनमें मंथर गति से प्रवाहित थी, अचानक उसकी गति में जैसे फिर से वेग का संचार हो गया।

उस जीवन-गंगा ने ऐसी तेज़ी पकड़ ली मानो गतिविधियों के घोड़े अस्तबल तुड़ाकर एक साथ चार दिशाओं में दौड़ पड़ें। चार मठों की व्यवस्था; अपने लिखे पर अपने शिष्यों से व्याख्याएं, समीक्षाएं, भूमिकाएं, कारिकाएं, टीकाएं लिखवाने का आग्रह; शिष्यों को मठों के शंकराचार्य पदों का ज़िम्मेदारी सौंपने हेतु उनका अभिषेचन; धर्म-दिग्विजय का अभियान आदि जिसका सीधा अर्थ था फिर से लंबी पदयात्राएं—भगवान वामन की तरह तीन पग में पूरी धरती को नाप लेने जैसा कुछ असाधारण अद्वितीय उपक्रम।...

अभी अपने शिष्यों को चार शंकराचार्य मठों की कार्य योजना समझाए दो दिन भी नहीं बीते थे कि गुरुदेव शंकराचार्य ने उस दिन प्रातःकाल अपने समस्त शिष्यों और अनुयायियों को आश्रम के खुले प्रांगण में एकत्र किया।

स्वयं एक आम्रवृक्ष की छाया में उसके चबूतरे बैठे। सभी आश्रमवासियों के लिए सामने खुले में चटाइयाँ बिछी। फिर सब बैठे। सुबह का अत्यंत सुंदर वातावरण था। मंद-मंद समीर बह रही थी। पक्षियों का कलरव मन को बहुत भा रहा था। ऐसे में गुरुदेव ने सर्वप्रथम माँ शारदा की सामूहिक स्तुति का गान समस्त आश्रमवासियों से कराया। शिष्य त्रोटकाचार्य से कहा कि–

''वत्स त्रोटक! माँ शारदा की स्तुति गाओ। आज हम सब तुम्हारा अनुसरण करेंगे।''

त्रोटकाचार्य खड़े होकर दोनों हाथ जोड़कर स्तुतिगान करने लगे। उनके द्वारा गाई गई प्रत्येक पंक्ति को आश्रमवासी भक्तिपूर्वक दोहराने लगे। आचार्य शंकर भी सभी की तरह उस गान में सम्मिलित हुए। त्रोटक आश्रम के सदस्यों की मुखछवि निहार रहे थे। आश्रमवासी मानों गुरुदेव में ही माँ सरस्वती का स्वरुप खोज रहे हों। जबकि गुरुदेव त्रोटक की प्रत्येक पंक्ति का अनुसरण किसी गुरुकुल के छात्र जैसा ही कर रहे थे। यह देख त्रोटकाचार्य बहुत आह्लादित भी हो रहे थे और कुछ-कुछ विस्मित-लज्जित भी।

शारदाम्बा की स्तुति सम्पन्न हुई। त्रोटक भी बैठ गए। तब शंकराचार्य बोले–

''समस्त प्रिय आत्मन्!

आज अत्यंत शुभ दिवस है। ज्योतिर्मठ और इस शृंगेरी मठ में निर्माण कार्य मेरी दृष्टि में पूर्ण हैं। उधर प्रभास क्षेत्र में स्थित द्वारकापुरी में भी मठ निर्माण कार्य लगभग पूर्ण होने की सूचना मिली है। अतः हम अब से प्रत्येक सप्ताह क्रमशः ज्योतिर्मठ, शृंगेरी मठ और द्वारकामठ के शंकराचार्य पद पर आसीन करने के लिए अपने सुयोग्य शिष्यों का मठपति के रुप में अभिषेचन करेंगे। आप सब उनका उसी भाँति अभिषेक करेंगे, जिस प्रकार से हम शिवाराधन के समय भगवान शिव के लिंग-विग्रह का दुग्ध, घी, शहद, गंगा जलादि से अभिषेक करते हैं। इसके बाद मनोनीत मठपति स्नानोपरांत भगवान शिव के समक्ष दण्डवत् हो उनको समर्पित होंगे। तत्पश्चात मैं उनका धर्म तिलक करुँगा।...''

यह सुनकर समस्त आश्रमवासी प्रसन्नता से झूम उठे। वे पूज्य गुरुदेव शंकराचार्य महाराज की जय-जयकार करने लगे। गुरुदेव ने दोनों हाथ उठाकर उस तुमुल नाद को शांत किया। फिर कहा–

''आज सबसे पहले ज्योतिर्मठ, बदरीनाथधाम के लिए शंकराचार्य पीठ हेतु मैं प्रिय शिष्य त्रोटकाचार्य को मनोनीत करता हूँ। आज उनका अभिषेचन होगा।...''

इतना सुनते ही आश्चर्यचकित आचार्य त्रोटक श्रीगुरुदेव के सन्मुख हाथ जोड़कर खड़े हो गए। फिर वे गुरु-चरणों में गिर पड़े। तदुपरांत घुटनों के बल पर बैठे और गिड़गिड़ाकर बोले—

"त्राहिमाम गुरुदेव! त्राहिमाम!!... मेरी धृष्टता क्षमा करें जो मैं आपकी बात को काटूँ। मैं तो अपने गुरुभाइयों में सबसे कनिष्ठ हूँ। आप... आप..."

आदि-शंकर निर्विकार भाव से बोले—

"हाँ-हाँ कहो वत्स!... भयभीत न हो। मेरे आश्रम में पूरा लोकतंत्र है। तुममें से प्रत्येक को अपने गुरु से स्पष्ट-संभाषण का पूर्ण अधिकार है। तुम अपनी बात कह सकते हो।"

इसपर त्रोटकाचार्य रोने लगे। रोते-रोते उनकी हिचकियाँ बंध गईं। सुरेश्वराचार्य ने आगे बढ़कर उन्हें संभाला। उठाकर वापस अपने साथ लाकर बैठाया। अपने अंगवस्त्र से त्रोटक का मुँह पोछा।

सारा वातावरण, जो कुछ क्षण पूर्व हर्षोल्लास में डूबा हुआ था, अचानक उदास हो गया। हस्तामलक ने अपने कमण्डलु से त्रोटक को थोड़ा जल पिलाया वे कुछ शांत हुए। तब गुरुदेव ने पुनः उस आम्रवृक्ष के चबूतरे पर बिछे अपने आसन पर बैठे-बैठे मुस्कुराकर त्रोटकाचार्य को आज्ञा दी—"अरे वत्स!... तुमने अभी अपनी बात पूर्ण नहीं की। अपने इस आचार्य से क्या उसे गोपनीय रखोगे?"

—तब त्रोटकाचार्य दोनों हाथों से नेत्र पोंछकर पुनः खड़े होने को हुए। तो गुरुदेव ने हाथ का संकेत कर इनसे बैठने को कहा—"वहीं अपने आसन पर बैठकर कहो, जो भी कहना चाहो।"

तब आचार्य त्रोटकाचार्य ने कहा—"भगवन्!... बस दो बातें कहना चाहूँगा। एक तो मेरा निवेदन है। दूसरी मेरी आशंका।"

"हाँ-हाँ कहो... निश्चित होकर कहो।" आचार्य शंकर बोले।

"भगवन्!... मेरे से इतने वरिष्ठ एवं प्रौढ़ और ज्ञान में मुझसे कहीं अधिक श्रेष्ठ एवं अग्रणी गुरुभाइयों आचार्य सुरेश्वर और आचार्य पद्मपाद के रहते मेरा ही अभिषेचन सर्वप्रथम करने के अपने निर्णय पर कृपया पुनर्विचार करें। दूसरी बात यह कि ऐसा न हो कि अभिषेचन उपरांत पूज्य गुरुदेव आपके चरणों का साथ छूट जाए।"

"वह कैसे?"—यह कहकर शंकराचार्य प्रभुपाद मुस्कुराए।

त्रोटकाचार्य बोले—"गुरुदेव! आप तो मुझे यहाँ अभिषिक्त कर देंगे ज्योतिर्मठ के प्रभारी के रुप में और तत्काल फिर यहाँ से हिमालय को भेज देंगे। तब मैं आपके नित्य दर्शनलाभ से आपकी प्रत्यक्ष-कृपाछाया से वंचित होकर क्या वहाँ अनाथ-सा नहीं हो जाऊँगा?

कहते-कहते त्रोटकाचार्य का गला फिर से रुँध गया। तब आदि-शंकराचार्य भगवान ने उन्हें आश्वस्त किया।—

"तुम चिंता न करो त्रोटक वत्स!... अभिषेचन के बाद भी अभी तुम मेरे साथ यहीं रहोगे। तुम्हारा आज केवल 'सांकेतिक-अभिषेक' होगा। ज्योतिर्मठ पीठ पर तुम्हें हम तभी विराजमान कराएंगे जब मैं और तुम्हारे गुरुभाई स्वयं वहाँ जाएंगे।... हाँ, जहाँ तक तुम्हारे इस निवेदन का प्रश्न है कि किस शिष्य का अभिषेचन पहले होना चाहिए और किसका बाद में? उस सबका निर्णय तुम मुझपर छोड़ दो। आख़ीर मैं तुम सबका गुरु हूँ। अतः गुरु जब जिसे प्रसाद दे, शिष्य को उसे तत्काल ग्रहण करना चाहिये। पहले इसे दे कि पहले उसे दे? ये सब करना-कहना चेलों का अधिकार नहीं होता। समझ गए गिरिवर गुरु?..."

ये बात आचार्य शंकर ने कुछ इस प्रकार मनोविनोद के साथ सिर हिलाकर कही कि उपस्थित समस्त आश्रमवासी ठठाकर हँस पड़े। त्रोटक झेंप गए।

और फिर उसके पश्चात एक काष्ठ चौकी पर धूप में बिठाकर, जैसे गुरुदेव ने निर्दिष्ट किया था, वेद मंत्रोचारों के बीच सभी आश्रमवासियों ने एक बार पुनः तुंगातट पर जाकर स्नान करके त्रोटकाचार्य का बारी-बारी से जलाभिषेक किया। फिर अंत में स्वयं आदि-शंकर ने अपने प्रिय शिष्य त्रोटक का अपने हाथों दूध, दही-घृत, शहद, शर्करा फिर शुद्ध गंगा-यमुना-कृष्णा-कावेरी-नर्मदा आदि समस्त पवित्र नदियों का आह्वान, तुंगा नदी से लाए गए जल में करते हुए, उससे जलाभिषेक किया।

स्नानोपरांत अपनी कुटिया से नए वस्त्र धारण कर, जो गुरुदेव ने पहले से मंगवाए थे, जब त्रोटकाचार्य बाहर आए तब गुरुदेव शंकर ने शिष्य त्रोटक को एक नए-स्वच्छ आसन पर अपने बराबर में बैठने की आज्ञा दी।

जब त्रोटकाचार्य बैठ गए तब शंकराचार्य महाराज ने अपने अन्य शिष्यों की सहायता से उनके मस्तक, दोनों स्कंध और सीने पर श्वेत-चंदन से त्रिपुंड बनाए और मस्तक पर एक गोल टीका लगाकर उन्हें एक धर्म-दण्ड पकड़ाया, ठीक वैसा ही जैसा कि वे स्वयं धारण करते थे। फिर वे उन्हें दोनों हाथों से आशीर्वाद दे पल्टे और ज़ोर से स्वयं नारा लगाया, अपना दाहिना भुजदंड उठाकर—

"बोलिए ज्योर्तिपीठाध्यक्ष शंकराचार्य महाभाग त्रोटकाचार्य की जय!"

समस्त आश्रमवासी अपने स्थान पर खड़े-खड़े बोले—"जय!जय!!जय!!!"

सब अपनी-अपनी जगह बैठे। आचार्य शंकर भी प्रसन्न वदन .त्रोटकाचार्य—के बराबर अपने आसन पर पुनः विराजमान हुए और कहने लगे—

"पूज्य ब्रह्मलीन गुरुदेव भगवान गोंविंदपाद जी महाराज और परम दयालु परमेश्वर की कृपा से आज यह एक बहुत बड़ा कार्य आप सबके सामने सम्पन्न हुआ है। आप सब इन दुर्लभ क्षणों के साक्षी हैं। मैं पुनः कहूँगा कि शंकराचार्य की प्रथम पीठ पर

आचार्य त्रोटक का यह अभिषेचन यद्यपि पूर्ण है, परंतु सांकेतिक है। अभी वे पर्याप्त समय तक मेरे साथ बने रहेंगे।...

इस अवसर पर, भारत की उत्तर दिशा में बद्रीनाथ क्षेत्र में स्थित इस ज्योतिर्मठ पीठ के लिए प्रथम शंकराचार्य के रुप में प्रिय आत्मन् .त्रोटकाचार्य की नियुक्ति उपरांत मैं यह व्यवस्था देता हूँ कि वे कुछ काल उपरांत अपनी गद्दी को सुशोभित करेंगे। उस पीठ का वेद-महावाक्य होगा—''अयं आत्मानं ब्रह्म''... वहाँ चारों वेदों की शिक्षा का प्रचार-प्रसार, अध्ययन-अध्यापन होगा। परंतु 'अथर्ववेद' का विशेष अनुसंधान एवं पाठ नित्य प्रति हुआ करेगा। इस पीठ का प्रधान दायित्व 'अथर्ववेद' के संरक्षण का ही होगा। इस ज्योतिर्मठ में दीक्षित संन्यासी गिरी, पर्वत और सागर की उपाधि से विभूषित किए जाएंगे।''

इतना कहकर आचर्य शंकर ने शिष्य पद्मपाद को संकेत से अपने निकट बुलाया और कहा कि—''अब सभी को भोजनालय में ले जाओ। मैं त्रोटक को लेकर अपने कक्ष में जाता हूँ। उसे अभिषेचन के उपरांत कुछ आशीष-वचन करुँगा। पश्चात् हम पाँचों तथा उद्भ्रांत मेरे स्थान पर आज एकसाथ भोजन करेंगे। कुछ आवश्यक विचार-विमर्श भी होगा।... मित्र उद्भ्रांत से कहना कि वह भी तुम्हारे साथ वहाँ भोजनालय की व्यवस्थाएं और भंडारगृह की वस्तुस्थिति देख लेगा।''

पद्मपाद ने कहा—''जो आज्ञा।''

इसके बाद शंकराचार्य महाराज त्रोटकाचार्य को, किसी नए दुल्हे की भाँति, उसके कंधे पर हाथ रखकर अपनी कुटिया में ले गए। उसे आशीष-वचन कहने को। अन्य शिष्य भी समस्त आश्रमवासियों और अतिथियों के साथ गए। पद्मपाद ने आचार्य सुरेश्वर, हस्तामलक और उद्भ्रांत से गुरुदेव के निर्देश साझा किए। उस दिन आश्रम के भोजनालय में कुछ विशेष पकवानों और मिष्ठान की व्यवस्था हुई थी। सभी लोग प्रेमपूर्वक वह स्वादिष्ट भोजन प्रसाद पाने के लिए चल पड़े।

उधर आदि शंकर ने ज्योतिर्मठ के प्रथम शंकराचार्य को उसके कर्त्तव्यों के विषय में अनेक गोपनीय निर्देश दिए और कहा कि हे आचार्य त्रोटक !... जब भी मेरे किसी निर्देश या उपदेश को लेकर तुम्हारे मन में कोई शंका हो तो मठपति शंकराचार्य के रुप में तुम मेरे द्वारा प्रतिपादित 'मठाम्नाय महानुशासन' की व्यवस्थाओं को ध्यान से पुनः पढ़ना। तुम्हें अपनी शंका का समाधान उसमें निर्दिष्ट शंकराचार्य के कर्त्तव्यों में मिल जाएगा। स्मरण रहे कि शंकराचार्यों की यह मठ-परंपरा तुम्हारे बाद भी माँ भारती की इस धरती पर सहस्त्रों वर्षों तक जारी रहनी है। मेरे ये आशीष-वचन तुम सदा याद रखना कि—

''गुरुचरणाम्बुज निर्भरभक्तः संसारादचिराद्भव युक्तः।
इन्द्रियमानसनियमादेवं द्रक्ष्यसि निजहृदयस्थं देवम्।।''

—तुम स्वयं को अपने गुरु के चरण कमलों में समर्पित कर दो और सांसारिक दासता से तत्क्षण मुक्त हो जाओ। अपनी इंद्रियों और विचारों पर नियंत्रण रखो और अपने हृदय में ही ईश्वर का अनुभव करो।

अगले दो सप्ताहों में आदि-शंकराचार्य भगवान ने ठीक इसी प्रकार क्रमशः हस्तामलक और सुरेश्वर का अभिषेचन कार्य सम्पन्न किया। वही प्रक्रिया क्रम सब कुछ। और पद्मपाद ठगे-से अपनी आँखों के सामने एक बार फिर, अपने हिसाब से, अपने प्रति गुरुदेव द्वारा किया जा रहा उपेक्षापूर्ण बर्ताव देखते रहे।

उन्हें लगा कि पहले त्रोटक फिर हस्तामलक... दोनों उनसे आयु में भी, अनुभव में भी और अध्ययन में हर दृष्टिकोण से इतने पीछे... फिर भी गुरुदेव ने सबसे पहले अपनी अध्यात्म परंपरा में प्रथम और द्वितीय स्थान दिया उन्हें...

... अब फिर उत्तर और दक्षिण के बाद जब पश्चिम में दायित्व सौंपने का अवसर आया जो वहाँ भी आचार्य प्रवर ने उनकी जगह इन सुरेश्वर को ही प्राथमिकता दी?. ..

क्या गुरुदेव का हृदय उनके लिए एकदम स्नेह-शून्य हो चुका है?... यह सारा अनुराग उन सबके लिए क्यों जो उनके बाद बहुत बाद आए... उनसे कम गुरुदेव के पीछे छाया-सम चले... उनसे कहीं कम कष्ट साध्य पदयात्राएं कीं... न ही उन्होंने कभी अपने प्राण जोखिम में डाले... न ही...

—सोचते-सोचते पद्मपाद को लगा कि वे कुछ अधिक भावुक हो गए हैं। गुरुसेवा में किए अपने कर्त्तव्यों का मूल्यांकन भी स्वयं ही करके नाहक पाप के भागी बन बैठे हैं।

अतः उनके विचारों के क्रम को अचानक एक झटके से पूर्ण विराम लग गया। वे आत्म-ग्लानि से सिहर उठे—"शिव!... शिव!!—यह मुझे क्या होता जा रहा है? मेरी बुद्धि में आखिर ये कौन-सा राक्षस घुस आया है? क्षमा करें... हे गुरुदेव...!"

आदि-शंकराचार्य महाराज ने शिष्य हस्तामलकाचार्य को शृंगेरी मठ का प्रथम शंकराचार्य बनाया। इस आश्रम एवं मठ के लिए उन्होंने यह व्यवस्था दी कि—इस पीठ का वेद-वाक्य होगा—

"अहं ब्रह्मास्मि"। यहाँ समस्त वेदों की शिक्षा का प्रबंध होगा, परंतु 'यजुर्वेद' के पाठ, अनुसंधान और संरक्षण पर विशेष बल दिया जाएगा। इस शृंगेरी मठ में दीक्षित संन्यासी सरस्वती, भारती और पुरी की उपाधि प्राप्त करेंगे।

गुरुदेव शंकराचार्य प्रभुपाद ने नवाभिषिक्त शृंगेरीमठाधिपति अपने शिष्य हस्तामलकाचार्य को इस अवसर पर निम्न उपदेश दिया—

हे आचार्य हस्तामलक!... जो गोपनीय निर्देश मैंने अभी तुम्हें दिए उनके अतिरिक्त यह ध्यान रखना कि—

"सुरमन्दिरतरुमूलनिवासश्शय्या भूतलमजिनं वासः।
सर्वपरिग्रहभोगत्यागः कस्य सुखं न करोति विरागः।।"

—मंदिर या वृक्ष को अपना निवास बनाओ, मृगछाल को अपना वस्त्र बनाओ और सोने के लिए जमीन को अपना बिछौना बनाओ। उपहार या पारितोषिक को स्वीकार करना छोड़ दो और आनंद की अनुभूति करो। सांसारिक वस्तुओं से विरक्त होकर ही आत्मा तृप्त हो सकती है।

इस तरह दूसरे सप्ताह में हस्तामलकाचार्य ने शृंगेरी मठ के शंकराचार्य की गद्दी आदि शंकराचार्य की देख-रेख में संभाल ली। तब तीसरे सप्ताह में गुरुदेव आदि-शंकर ने मंडन मिश्र से सुरेश्वर बने अपने परम विद्वान शिष्य सुरेश्वराचार्य को द्वारका के शारदा मठ का प्रथम शंकराचार्य मनोनीत किया। शारदा मठ, द्वारकापुरी के लिए वेद वाक्य निर्धारित किया—'तत्त्वमसि'। अध्ययन-अध्यापन-अनुसंधान और संरक्षण के लिये यहाँ के शंकराचार्य को 'सामवेद' का दायित्व मुख्य रुप से दिया गया। द्वारका के इस शारदा मठ में दीक्षित संन्यासी तीर्थ और आश्रम नामक उपाधियों के पात्र बनाए गए।

गुरुदेव आदि-शंकराचार्य ने नव-नियुक्त शंकराचार्य आचार्य सुरेश्वर को भी आवश्यक निर्देशों के बाद यह गुरु आशीष दी कि—

"का ते कान्ता कस्ते पुत्रस्संसारोऽयमतीव विचित्रः।
कस्य त्वं कः कुत आयातः तत्त्वं चिन्तय तदिह भ्रातः।।"

—हे आचार्य सुरेश्वर!... आप तो स्वयं परम ज्ञानी है। जो श्लोक मैंने अभी आपसे कहा कि—तुम्हारी पत्नी कौन है? तुम्हारा पुत्र कौन? तुम कौन हो? और कौन तुम्हारा अपना है? तुम कहाँ से आए हो? यह नश्वर संसार वास्तव में विचित्र है।... हे बंधु इन सब पर विचार करो... मुझे विश्वास है कि आप मुझसे जुड़ने से पूर्व जिन भारी दुःखों से गुज़रे हैं, संन्यासोपरांत आपको इन प्रश्नों के उत्तर स्वतः मिल चुके होंगे। और भी मन में उठने वाले अनेक प्रश्नों के उत्तर मिले होंगे।—न भी मिले तो भी ब्रह्मज्ञान की दिशा में प्रवृत्त संन्यासी इन बातों की परवाह नहीं करता।...

"आचार्य सुरेश्वर! मैं जानता हूँ कि सभी शंकराचार्यों में आपकी स्थिति सबसे अलग है और आगे भी अलग रहने वाली है। मुझसे भी अलग।... क्योंकि हममें केवल एक आप ही हैं जिन्होंने गृहस्थ आश्रम से संन्यास आश्रम में कदम रखा है।... शेष सभी लोग बाल बह्मचारी रहे हैं और ब्रह्मचर्य आश्रम से सीधे संन्यास में आए हैं। एक गृहस्थ संत को अपने भक्तों और अनुयायियों के सन्मुख स्वयं का और भी कठोर उदाहरण प्रस्तुत करना पड़ता है।... पर मुझे पूर्ण विश्वास है कि ज्ञान, आचरण और विद्याव्यसन में आप शंकराचार्य परंपरा के सबसे बड़े ध्वजवाहक सिद्ध होंगे। आपका कल्याण हो।"

—इतना सुनकर सुरेश्वराचार्य ने आदि शंकराचार्य गुरुदेव के श्रीचरणों में अपना शीष रखकर उन्हें साष्टांग दंडवत् किया। मुख से केवल इतना ही बोले—''मेरे लिए क्या आज्ञा है गुरुदेव!''

आदि-शंकर ने कहा—''कुछ दिन अभी आप शृंगेरी में ही ठहरिये। फिर आपको द्वारकापुरी जाना होगा। शारदा पीठ को संभालने। आपकी संन्यास-पूर्व सहचरी माँ भारती को स्मरण कर मैंने द्वारका मठ को 'शारदा पीठ' की संज्ञा दी है। क्योंकि वे माँ शारदा का ही तो प्रतिरुप थीं। आप माँ शारदाम्बा के मंदिर में एक चित्र उनका अवश्य सुसज्जित करियेगा।...''

''किंतु भगवन्?''—सुरेश्वराचार्य ने कुछ कहना चाहा। आचार्य शंकर ने कहा—

''किंतु-परंतु कुछ नहीं... यह मेरा आदेश है।... माँ भारती का चित्र आपको द्वारका पीठ में सदैव आपके कर्त्तव्यों की याद दिलाता रहेगा और आपको अजस्त्र शक्ति प्रदान करेगा।... मैं जानता हूँ कि आप अब एक संन्यासी हैं। अब आपकी वास्तविक परीक्षा यही होगी कि उनमें आप पूर्व—जीवनसंगिनी की जगह मातृस्वरूप के दर्शन का अभ्यास कर एक महासंन्यासी में कैसे रुपांतरित होते हैं?''

यह वह समय था जब आचार्य पद्मपाद के मन में बैठा असंतोष का कीट उन्हें पल-पल काट कर बेचैन करता रहता। वे उद्विग्न दिशा में अकेले आश्रम से निकल जाते और घंटों आस-पास के घने जंगलों में भटकते रहते।... कभी-कभी अकेले में विचरण करते हुए वे सनंदन हो जाते... अपने पुराने दिनों को भी याद करने लगते... संन्यासी होने से पहले के दिन।

3

विजयडिंडिम

शृंगेरी में रहते आचार्य शंकर अपने तीन प्रमुख शिष्यों का क्रमशः ज्योतिर्मठ, शृंगेरी मठ और द्वारका मठ के शंकराचार्य पदों पर सर्वप्रथम—बार का अभिषेक कर चुके थे।

आचार्य शंकर का सबसे पुराना और प्रथम शिष्य पद्मपाद जो उनसे काशी से जुड़ा और एक लंबी जीवनयात्रा तय करता उनके साथ शृंगेरी तक पहुँचा था अभी तक किसी विशेष उपलब्धि से वंचित था। न तो उसे अभी तक आचार्य शंकर ने शंकराचार्य की पदवी दी थी, न ही कोई साहित्यिक दायित्व।

आचार्य सुरेश्वर जो अभी कुछ वर्ष पूर्ण शास्त्रार्थ में उनके प्रतिद्वंद्वी रहे थे, उन्हीं को द्वारका का शंकराचार्य बनाया था आदि-शंकर ने। आचार्य सुरेश्वर को ही फिर एक दिन स्वरचित 'व्यासकृत ब्रह्मसूत्र भाष्य' पर कारिका लिखने का भी दायित्व सौंप दिया आचार्य शंकर ने।

इस संबंध में अब तक जो बात पद्मपादाचार्य एक अफवाह के रुप में सुनते आए थे, वह भी सच साबित हुई थी। आचार्य शुरु से अपने भाष्य पर सुरेश्वर से ही 'कारिका' अर्थात्-पद्यात्मक रचना की गद्यात्मक व्याख्या लिखवाना चाहते थे और आखिर उन्होंने यह सौभाग्य सुरेश्वराचार्य—पूर्वनामा—मंडन मिश्र को ही प्रदान किया। एक बार भी यह नहीं सोचा कि पद्मपादाचार्य—पूर्वनामा—सनंदन भी कोई व्यक्ति है जो इस कार्य को अधिक निष्ठापूर्वक और निर्विवाद रुप से उनकी कृपा से कर सकता है।...

पद्मपाद ने एक दिन अपनी यह कुण्ठा एक बार पुनः अपने मित्र उद्भ्रांत से कही। उद्भ्रांत ने पुनः पद्मपाद को समझाया कि वह आचार्य शंकर के बारे में गलत सोच रहा है। वे अब भी उसे बहुत चाहते हैं।...

दोनों घनिष्ठ मित्रों की ये बाते संयोग से आचार्य त्रोटक ने सुन लीं। उन्होंने अवसर देखकर एकांत में यह बात परमाचार्य को बताई और कहा कि—''दादा पद्मपाद की कुण्ठा इस समय चरम पर है। पूज्य आचार्य कुछ करें।...''

आचार्य शंकर समय के फेर को समझ गए। वे अपने जीते जी अपने शिष्यों में कोई मनमुटाव अथवा बिखराव नहीं देखना चाहते थे। अतः उन्होंने सुरेश्वर को एकांत में अपने पास बुलाया और उनसे सीधी बात की। कहा कि—

''आचार्य सुरेश्वर!... आप अभी मेरे भाष्य पर कारिका ना लिखें।''

''क्यों गुरुदेव? क्या मुझसे कुछ भूल हुई?''

''नहीं बिल्कुल नहीं। आप समझदार हैं। मैं नहीं चाहता कि आश्रम का वातावरण जरा सी बात को लेकर अनावश्यक रुप से प्रभावित हो।...

''जी गुरुदेव!... पर मुझे बताएं कि हुआ क्या है?''

''आप तो जानते हैं पद्मपाद को। वह प्रारंभ से मेरे साथ जुड़ा रहा है। अतः कभी-कभी बालकों की तरह रुठ जाता है। उन दिनों इस बात को लेकर विक्षुब्ध है कि ब्रह्मसूत्र भाष्य पर 'कारिका' अथवा 'वार्तिक' लिखने के लिए उससे क्यों नहीं कहा गया?... कुछ आपके गुरुभाइयों को इस बात का भी संदेह है कि पूर्व समय में एक कर्मकाण्डी एवं गृहस्थ विद्वान होने के नाते आपके पूर्वाग्रह अब तक पूर्णतः तिरोहित हुए होंगे अथवा नहीं? ऐसे में उनका मानना है कि आप प्रश्नगत भाष्य जो अद्वैत-वेदांत आधारित है उसके साथ कदाचित् पूर्ण न्याय नहीं कर सकेंगे।...''

''परंतु गुरुदेव!... आपने ही ब्रह्मसूत्र भाष्य पर पहले मुझसे 'कारिका' लिखने को कहा। मैंने आपसे तभी निवेदन किया था कि आपके लिखे पर कोई व्याख्या लिखने

में स्वयं को सक्षम नहीं पा रहा हूँ। आपे कहें तो 'कारिका' के बजाय उसपर 'वार्तिक' अर्थात्-वार्ता शैली में एक ग्रंथ रचने का प्रयत्न करुँ। क्योंकि 'वार्तिक' लिखना मेरे हिसाब से सरल है। आप तो जानते ही हैं कि उसमें मूल-ग्रंथ में कही हुई बात और कठिन बातों की चिंता मुख्य रुप से करनी होती है, उसी को व्याख्यायित करना होता है।... हाँ कहीं-कहीं ने कही बात को भी व्यक्त करना होता है। वैसा करते समय निःसंदेह अतिरिक्त सावधानी बरतनी पड़ती है। वह भी मैं करता। पर लगता है मेरे गुरु भाइयों को कदाचित् इस बात की अधिक चिंता होगी कि मैं आपके अनकहे को भी अपने किसी पूर्वाग्रह के अनुसार वेदों के कर्मकाण्डीय पक्ष के अनुसार व्यक्त कर मैं अर्थ का अनर्थ न कर डालूँ।... आह!..."

—कहकर सुरेश्वर एक पीड़ामिश्रित हँसी हँसे। पुनः बोले—"पर गुरुदेव आप तो ऐसा न सोचते होंगे?"

आचार्य शंकर बोले—"बिल्कुल नहीं!... आचार्य सुरेश्वर! मुझे आप पर पूरा भरोसा है। नादान है वह जो ऐसा सोचता हो। पर समय सब ठीक करेगा।"

इसपर सुरेश्वराचार्य ने कहा—"कोई बात नहीं भगवन्!... आप जो भी उचित समझें, मुझे आदेश दें।"

शंकर बोले—"मैं सोचता हूँ कि यह वार्तिक लिखने का कार्य फिलहाल मैं आचार्य पद्मपाद को सौंप दूँ। आप मेरे द्वारा 'तैत्तरीय उपनिषद्' और 'वृहदारण्यक उपनिषद्' पर लिखे गए भाष्यों पर वार्तिक की रचना करें।"

"जैसी आज्ञा..."

"और इतना ही नहीं।... आप इन दोनों उपनिषदों पर रचित मेरे भाष्यों पर कार्य करने से पूर्व एक अपने स्वयं के अद्वैत-ज्ञान परक ऐसे ग्रंथ की रचना कर मुझे भेंट करें, कि आप पर संदेह करने वालों के मुख इस आश्रम के भीतर और बाहर हर जगह सदा के लिए बंद हो जाएं।"

इस प्रकार आचार्य शंकर ने शिष्यों के मध्य उभरते असंतोष को कुशलतापूर्वक हल किया। फलस्वरूप उन्होंने अपने ब्रह्मसूत्र विषयक भाष्य पर 'वार्तिक' लिखने का कार्य सुरेश्वराचार्य से लेकर पद्मपादाचार्य को सौंपा।

पद्मपादाचार्य ने अगले छः माह में तद्विषयक एक सारगर्भित ग्रंथ रचा जिसका नामकरण किया—'विजयडिंडिम'—जिसका अर्थ था विजय दुंदुभी। पद्मपाद जानते थे कि शीघ्र ही भविष्य में गुरुदेव शंकराचार्य महाराज की धर्म-दिग्विजय यात्रा प्रारंभ होने जा रही हैं अतः उन्होंने इस साहित्यिक ग्रंथ में एक तरह से पूज्य गुरुदेव की विजय की दुंदुभी पहले ही बजा दी थी।

'विजयडिंडिम' यदि देखा जाए तो, एक साहित्यिक एवं आध्यात्मिक ग्रंथ होने के साथ-साथ एक ऐतिहासिक ग्रंथ भी होता, यदि इसकी असमय भ्रूण हत्या न हो गई

होतीं वह एक अलग करुण कहानी है, जिसका उल्लेख आगे...

आचार्य पद्मपाद कृत इस ग्रंथ विजयडिंडिम में दो भाग थे। पहले भाग में उनके समकालीन युग पुरुष गुरुदेव आदि शंकराचार्य की अब तक की क्रमबद्ध जीवनी, जिसे पद्मपाद अगले संस्करणों में भी पूर्ण करते। दूसरे भाग में आदि शंकर के 'ब्रह्मसूत्र भाष्य' पर स्वरचित वार्तिक। कभी-कभी क्रूर काल की कोई घड़ी किसी महत् कार्य का श्रेय आपके हाथों से इस तरह छीन लेती है जैसे कोई चील किसी दूसरी निरीह चिड़िया के मुख का छूटा ग्रास झपट लेती है।...

इधर आचार्य सुरेश्वर ने वह पूर्वप्रदत्त कार्य छोड़कर गुरुदेव की प्रेरणा से फिर एक स्वतंत्र ग्रंथ की रचना की। उनका यह अद्वैत-वेदांत आधारित दार्शनिक ग्रंथ—'नैष्कर्म्य सिद्धि' बहुत प्रसिद्ध हुआ। इसमें आत्मा के स्वरुप और उसके ब्रह्म से अंतर्सम्बन्ध का अत्यंत मौलिक एवं प्रभावशाली वर्णन हुआ है। उनके द्वारा आदि-शंकराचार्य के दो उपनिषद भाष्यों पर लिखी वार्तिक रचनाएं 'ब्रह्मसिद्धि' और 'इष्टसिद्धि' भी विद्वत समाज में बहुत आदर से पढ़ी जाती रही हैं। इन दोनों ग्रंथों में भी सुरेश्वराचार्य ने वेदांत के अद्वैत मार्ग का बड़ी कुशलता से निरुपण किया है। आदि-शंकराचार्य, उनके गुरुदेव को समर्पित ये सभी ग्रंथ आज भी उपलब्ध हैं।...

जब पद्मपाद ने अपना 'विजयडिंडिम' नामक ग्रंथ पूर्ण कर लिया तब एक दिन उसे बड़े संकोच के साथ पूज्य गुरुदेव को सुनाया। आचार्य शंकर उस दिन कुछ अस्वस्थ थे। उन्हें हल्का ज्वर था। पद्मपाद ने उनके निकट बैठकर जीवनी वाला भाग तो उन्हें नहीं सुनाया। परंतु दूसरे भाग में उनके भाष्य पर वार्तिक के चार प्रारंभिक सूत्र ही सुनाए। गुरुदेव ने उनकी प्रशंसा की। इसके पश्चात् उस पांडुलिपि को सहेजकर और अपने कुछ वस्त्रादि बांध-बूंधकर संन्यासी पद्मपाद गुरुवर आदि शंकराचार्य के समक्ष अगले ही दिन खड़े हो गए। पद्मपादाचार्य ने गुरुदेव से कहा कि वे रामेश्वरम तीर्थ के दर्शन हेतु जाना चाहते हैं, जो उनकी बड़ी पुरानी अभिलाषा है।

गुरुदेव बोले—"ऐसी भी क्या जल्दी है। कुछ दिन रुको। मैं भी निकलूँगा। मुझे भी कन्याकुमारी, मदुरई, रामेश्वरम, कांची और पुरी इत्यादि तीर्थों के दर्शन करने हैं। साथ चलेंगे।..."

इसपर पद्मपाद ने कहा कि—"वह तो जब आप धर्म-यात्रा पर निकलेंगे तब यह सेवक आपके साथ चलेगा ही। पर अभी मुझे आज्ञा दीजिए। मेरा मन जाने क्यों इस समय तीर्थयात्रा पर निकलने को व्यग्र हो रहा है। बस मैं श्रीरंगम होकर रामेश्वरम तक जाऊँगा, दर्शन करके यथाशीघ्र वापस लौट आऊँगा।"

आचार्य शंकर नहीं चाहते थे कि पद्मपाद इस समय जाएं। उन्होंने ज्योतिष विद्या द्वारा उनकी तत्कालीन गृहदशा पर भी विचार किया था जिसमें अच्छे योग उस समय परिलक्षित नहीं हो रहे थे। परंतु होनी को कौन टाल सकता है? गुरु इच्छा का उल्लंघन

का भी दण्ड अवश्यंभावी होता है। पद्मपाद एकाकी तीर्थ यात्रा पर जाने लगे। तब रामदेव और कृष्णदेव साधुओं ने भी गुरुदेव शंकर से उक्त तीर्थ यात्रा पर आचार्य पद्मपाद के साथ जाने की आज्ञा माँगी। शंकर ने भारी मन से उन्हें भी अनुमति प्रदान कर दी। पद्मपाद ने इस तीर्थ यात्रा में कई दिन चलते-रुकते अनेक मंदिरों के दर्शन किए। रामेश्वरम जाते हुए श्रीरंगम में उनके मामा का घर पड़ा। वह मामा दुष्ट प्रकृति का व्यक्ति था। कालनेमि सम रावन राहू।...

भांजे पद्मपाद को इतने वर्षों बाद संन्यासी रुप में घर आया देख मामा बड़ा प्रसन्न हुआ। फिर उनकी उसने खूब आवभगत की। उसके अन्य नाते-रिश्तेदार और पड़ोसी भी आचार्य पद्मपाद को देखने को मामा के उस घर में जुटे। क्योंकि एक सुप्रसिद्ध विद्वान एवं आदि-शंकराचार्य जैसे सुविख्यात मनीषी के शिष्य होने के नाते, पद्मपाद हर प्रकार से आस्थावान लोगों में पूजनीय हो चले थे। शास्त्रार्थ ही उन दिनों किसी विद्वान की विद्वत्ता की परख का पैमाना हुआ करता था। यहाँ भी मामा के परिचित एक दो पंडितों ने पद्मपाद से शास्त्रार्थ का प्रयत्न किया। परंतु थोड़ी ही देर में वे परास्त होकर चारों खाने चित हो गए।

धूर्त मामा जान गया कि उनका भतीजा अद्वैत-वेदांत का पुरोधा है। जबकि मामा स्वयं एक घोर कर्मकाण्डी पंडित था, जिसकी दूर-दूर तक अनेक ग्रामों और नगरों में जिजमानी फैली हुई थी। कोढ़ में खाज वाली बात यह हुई कि जब सबलोग शाम के समय मामा-भांजे का पिंड काटकर अपने-अपने घरों को चले गए, तो उस मामा की दृष्टि भांजे पद्मपाद के सामान और उसमें भी एक कपड़े में बंधी पोथी पर पड़ गई। भांजे से पूछा—

''यह क्या कोई ग्रंथ है?''

पद्मपाद बोले—''नहीं यह अभी तो एक पांडुलिपि मात्र है।''

मामा बोला—''ऐसी कौन-सी पुस्तक है वत्स? क्या तुमने रची है?''

अब सनंदन अर्थात् संन्यासी पद्मपाद को मजबूर होकर बताना ही पड़ा—

''जी मामा जी!... मैंने ही लिखा है इसे। यह 'ब्रह्मसूत्र शांकर भाष्य' की टीका है।''

''अच्छा टीका? आहा-हा-क्या नाम है?''

''विजयडिंडिम''

''जरा लाओ मैं भी तो देखूँ क्या है तुम्हारी विजयडिंडिम?''

—और वह पांडुलिपि मामा के हाथ पहुँच गई। खोलकर उसे पढ़ा तो अद्वैत ब्रह्म की सत्ता की सुदृढ़ स्थापना वाले उस महाग्रंथ की बड़ी प्रभावशाली व्याख्या के सूत्र। जगह-जगह उन सूत्रों की बड़ी सुंदर टीका पद्मपादाचार्य ने रच रखी थी। आदि शंकर के अब तक के जीवन-चरित्र के साथ-साथ। मामा ने सोचा कि अरे! यदि ये ग्रंथ

प्रकाशित हो गया तो वह स्वयं और उसका कर्मकाण्डी ज्ञान ढक्कन बनकर रह जाएगा और उसका यह भांजा अपने अद्वैत-ब्रह्मज्ञान के बल पर संसार भर में शंकराचार्य की दुंदुभी बजाता फिरेगा। मामा ने भांजे से तब कपट किया और कहा कि—''यह तो तुमने बहुत बहुमूल्य ग्रंथ रचा है। इसे तीर्थ यात्रा पर कहाँ लिए-लिए फिरोगे? लाओ इसे मैं सुरक्षित रख लेता हूँ। वापसी पर मुझसे इसे ले लेना।''

—सनंदन मामा को वह पांडुलिपि सौंप श्रीरंगम से सेतुबंध रामेश्वरम् के दर्शनों को चले गए। उनके जाने के अगले ही दिन ही दुष्ट मामा ने सोचा कि यह ग्रंथ तो उनके भविष्य के लिए बड़ा घातक है। तमाम मतांतरों के साथ यह उसके गुरु प्रभाकर पंडित के विचारों का भी खण्डन करता है। इसलिए इसे क्यों न आग लगाकर भस्मीभूत कर दिया जाए। न रहेगा बाँस न रहेगी बाँसुरी। पर भांजा लौटकर आएगा तो पांडुलिपि जल जाने का क्या उत्तर और वह भी कैसे उसे दे पाएगा? मामा बेहद चालाक था। बहुत सोच समझकर उसने अपने घर को ही आग लगा दी। घर के साथ-साथ पद्मपाद की 'विजयडिंडिम' भी जलकर राख हो गई।...

पद्मपाद कुछ दिन बाद जब रामेश्वरम तीर्थ के दर्शन करके लौटे तो उन्होंने पाया कि उनकी दुनिया लुट चुकी थी। उन्हें जब मामा ने बताया कि घर में आग लग गई और उनकी पांडुलिपि भी उसमें स्वाहा हो गई तो उन्हें भारी आघात पहुँचा। वे मूर्छित हो गए। वह तो भला हो रामदेव और कृष्णदेव का जो उनके सह-यात्री और शुभचिंतक थे। पद्मपादाचार्य को उन्हीं दोनों साधुओं ने संभाला। किसी रचनाकार के लिए उसकी रचना किसी संतान से कम नहीं होती। और यदि वह कोई गंभीर रचना हुई तो उसका मूल्य उसके लिए हीरे-जवाहरात से भी कहीं अधिक होता है। रोते-गाते आचार्य पद्मपाद जब श्रृंगेरी आश्रम लौटे तो उन्हें विदित हुआ कि पूज्य गुरुदेव शंकर तो अभी कल ही अपने जन्म स्थान कालड़ी चले गए हैं।

4

मातृ शोक

उस दिन आचार्य शंकर अपने शिष्यों को उपदेश दे रहे थे। आज सुबह से उनका मन बहुत उदास था। विगत सारी रात वे चैन से सो नहीं पाए थे। शैय्या पर बेचैनी में करवटें बदलते रहे थे।

पद्मपाद को आश्रम के दो साधुओं के साथ गए हुए आज पूरे एक महीना दस दिन होने के आए थे। आचार्य शंकर को अपने उस प्रिय शिष्य की भी बहुत याद आती

थी। जब से वह गया था कोई दिन न था जब कभी न कभी पद्मपाद उन्हें याद न आया हो।

शिष्य भले ही गुरु से दूर चला जाए परंतु गुरु उससे कभी भी दूर नहीं हो पाता है। यह पिता-पुत्र से भी कहीं बड़ा नाता है। एक तरह से देखा जाए तो भगवान और भक्त से भी बड़ा। भगवान को तो भक्त वत्सल कहा जाता है, क्योंकि वह पुकारने पर भक्त की जरुर सुनता है। परंतु शिष्य जब एक बाद अपने सद्गुरु से मन से जुड़ता है तो गुरु उसके मन की बात बिना पुकारे ही सुनने लग जाता है।

गुरुदेव शंकर उस दिन अपने शिष्यों को अपने प्रार्थना कक्ष में बैठे, आज भारत के प्राचीन षड्दर्शनों के विषय में बता रहे थे। वे कह रहे थे कि—''हिन्दू धर्म में दर्शन की अत्यंत प्राचीन परंपरा रही है। वैदिक दर्शनों में 'षड्दर्शनों' को सर्वाधिक प्रमुख माना जाता है। ये छः दर्शन हैं—न्याय, वैशेषिक, सांख्य, योग, मामांसा और वेदांत। गीता का कर्मवाद भी इनका समकालीन है। ये समस्त छः दर्शन 'आस्तिक दर्शन' कहलाते हैं। ये वेदों की सत्ता को मानते हैं। हिन्दू दार्शनिक परंपरा में कई नास्तिक, अनीश्वरवादी और भौतिकतावादी दर्शन भी हैं। यथा—चार्वाक दर्शन...''

आदि शंकर का उपदेश उस दिन उनके उपस्थित शिष्यों को पर्याप्त नीरस और उखड़ा-उखड़ा सा लग रहा था। आचार्य सुरेश्वर को तो शंकर अभी कुछ ही दिन पूर्व शारदा मठ, द्वारका का कार्यभार संभालने के लिए रवाना कर चुके थे। उनके साथ शृंगेरी आश्रम से उनके पाँच शिष्य भी द्वारका को चले गए थे। उधर आचार्य पद्मपाद रामेश्वरम् की तीर्थयात्रा पर गए हुए थे।

उस दिन त्रोटकाचार्य, हस्तामलकाचार्य, अन्य कुछ आश्रमवासी और उद्भ्रांत ही उस प्रार्थना कक्ष में उपस्थित थे, जिन्हें आचार्य यहाँ सम्बोधित कर रहे थे।

उपदेश के मध्य ही अचानक आचार्य शंकर ने अपनी जीभ पर मातृदुग्ध का आस्वाद-सा कुछ अनुभव किया। शंकर समझ गए कि उनकी माँ उन्हें स्मरण कर रही हैं।

अपना उपदेश अचानक रोकते हुए आचार्य आदि शंकर ने कहा—''प्रिय शिष्यगण!.. .. लगता है मेरी माता का अंतिम समय आ गया है। इस समय मेरी आर्यम्बा स्मरण कर रही हैं मुझे।... उद्भ्रांत!... तुम्हें तो याद होगा मैंने माँ से कहा था कि जहाँ कहीं भी रहूँगा, तुम्हारे अंतिम-संस्कार हेतु अवश्य आऊँगा।... इसी शर्त पर माँ आर्यम्बा ने अपने इस निर्मोही पुत्र को संन्यास ग्रहण करने की आज्ञा दी थी। मैं तत्काल माँ के दर्शन हेतु यहाँ से प्रस्थान कर रहा हूँ। आचार्य हस्तामलक! आप संभालिए अपने आश्रम को। मैं शीघ्र शृंगेरी लौटूँगा।...''

उद्भ्रांत ने कहा—''शंकर!... मैं भी तो चलूँगा तेरे साथ।''

आचार्य शंकर ने कहा—''तेरे सिवा माँ भला मुझे घर में घुसने देगी?''

—और दोनों मित्रों के नेत्रों से आँसू छलक पड़े। उन्होंने तत्काल अपने-अपने स्थान छोड़कर चलने की तैयारी शुरु कर दी। एक संन्यासी और एक ब्रह्मचारी की कैसी यात्रा? और कैसी तैयारी?

कुछ ही देर में दोनों मित्र आश्रम से देखते ही देखते प्रस्थान कर गए। कुछ अन्य शिष्य भी साथ चलने को बोले। परंतु आचार्य शंकर ने सबको मना कर दिया।

आचार्य शंकर और उद्भ्रांत शृंगेरी मठ से निकल कर अभी मुख्य मार्ग पर आए ही थे कि उन्हें सामने एक काले रंग की खुली हुई बग्घी खड़ी दिखाई दी। वे दोनों उस घोड़ागाड़ी के निकट से गुज़रे तो पीछे से किसी ने आवाज़ दी—

''कालड़ी जा रहे हो तुम लोग?''

उद्भ्रांत ने पलट कर देखा। अरे बाप रे... ये तो वही बूढ़ा गड़रिया है। बग्घी के चालक की जगह पर बैठा हुआ दो घोड़ों की रास संभाले। शंकराचार्य किंतु अपनी ही धुन में आगे बढ़े चले जा रहे थे। उद्भ्रांत लपक कर आगे गया। बोला—

''श... शंकरा!... वो-वो बग्घीवाला।''

तबतक वह बग्घीवाला बूढ़ा वाकई उस सूनी सड़क पर बग्घी आगे बढ़ाकर ले आया और शंकर एवं उनके सखा के बराबर चलने लगा। फिर वह बोला—

''आओ बैठो। मैं भी कालड़ी ही जा रहा हूँ। उसके पास मेरा भी गाँव है।''—वह बूढ़ा मलयालम में वार्ता कर रहा था।

उद्भ्रांत ने सोचा कि शंकर अभी उस गाड़ीवान से मना कर देंगे। परंतु आश्चर्य? वे तो बिना कुछ कहे उस बग्घी पर सवार हो गए। उद्भ्रांत भी पीछे-पीछे बग्घी पर चढ़कर बैठा। और देखते ही देखते वह बग्घी हवा से बातें करने लगी।...

उद्भ्रांत ने ग़ौर किया कि बग्घी एकदम काले रंग की थी। उसमें जुते हुए दोनो घोड़े भी काले रंग के ही थे। परंतु शुक्र है उस बूढ़े गाड़ीवान के वस्त्र एकदम श्वेत थे। झख-सफ़ेद रंग के। उस दिन की तरह मटमैले नहीं, जिस दिन वह बूढ़ा उसे उस पहाड़ी पर भेड़ें चराता दिखा था।

उद्भ्रांत के मुँह से निकला—

''बाबा!... आपकी वे भेड़ें कैसी हैं?''

''बेच दीं।''—बाबा ने कहा।

''क्यों?''

''भेड़े बेचकर ये घोड़ागाड़ी खरीद ली।... मेरे नाती-पोतों के काम आएगी।''

इतना कहकर बूढ़े ने घोड़ों पर चाबुक सटकारी। घोड़े और तेज़ी से दौड़ने लगे। सटापट... सटापट...

शंकर ने तब इतना ही कहा—''इन्हें मारो मत।''

वह बूढ़ा बोला—''अच्छा जगद्गुरु!''

—उद्भ्रांत के लिए यह सब कुछ तात्कालिक था। अप्रत्याशित था और रहस्यमय भी। उसने सोचा कि ये कौन आदमी है? जो अचानक घोड़ा गाड़ी लेकर शंकर की सेवा में इस तरह प्रकट हो गया। किसी अहैतुक सहायक-सा? ये आदमी है या भूत??...

शृंगेरी से लेकर कालड़ी तक की यात्रा, आज की भाषा में कहें तो 500 किलोमीटर का सफ़र, बिना रुके हवा से बातें करते 16 घंटे में पूरा हो गया।...

काली बग्घी में जुते वे काले घोड़े भी विचित्र थे। न रुकते थे न थमते थे। न उन्हें भूख-प्यास सताती थी। वे घोड़े भी असली थे या वे भी कोई भूत-प्रेत थे? उद्भ्रांत समझ नहीं सका।

कालड़ी ग्राम से एक कोस पहले ही उस बूढ़े ने संन्यासी शंकराचार्य और उनके मित्र उद्भ्रांत को बग्घी रोक कर बड़े सवेरे उतार दिया। बोला—''अब मैं यहीं से अपने पैतृक गाँव को जाता हूँ। मेरे नाती-पोते मेरी प्रतीक्षा कर रहे होंगे।'' उसने उस बग्घी पर बैठे-बैठे आचार्य शंकर को प्रणाम किया। फिर हाथ की चाबुक हवा में लहराई। वे दोनों घोड़े उस गाड़ी को एक-दूसरे मार्ग पर ले दौड़े। पल भर में वह घोड़ा गाड़ी उस जगह से इस तरह आँखों से ओझल हुई, मानों अंतर्धान हो गई हो। मानों कभी उसका अस्तित्व ही न रहा हो। उद्भ्रांत को ये सबकुछ स्वप्न-सा प्रतीत हुआ। उसने मित्र से पूछा—

''ये सब क्या था शंकरा?...''

शंकर ने कोई सीधा उत्तर नहीं दिया।

बोले—''चल... अब घर चलें।''

—उद्भ्रांत समझ गया कि अब इन आचार्य जी से कुछ पूछना व्यर्थ है। ये अब अपने-आप में जा चुके हैं। वह मित्र शंकर के पीछे-पीछे गठरी-थैला संभाले कालड़ी ग्राम के मार्ग पर पग बढ़ाता चल पड़ा।

शंकर और उद्भ्रांत दोनों पैदल चलते-चलते घर आए। घर का द्वार खुला हुआ था। बाहर कोई नहीं था। घर का सहन भी सूना था। फिर शंकर ने सूने सहन से घर में प्रवेश किया। पीछे-पीछे उनके मित्र ने।

भीतर के प्रारंभिक कक्ष में ही शैय्या पर लेटी थीं माँ आर्यम्बा। कृष्काय, बाल बिखरे, रुग्ण। चिनम्मा उनके पैर दबा रही थी। उस नीरस वातावरण में दो स्वस्थ युवाओं के अचानक प्रवेश ने जैसे अंधकार में प्रकाश की सृष्टि कर दी। मानों सूर्य और चंद्रमा एक साथ व्योम में प्रकट हो गए हों।

''माँ!... मैं आ गया''—जैसे ही कक्ष में प्रवेश कर सुदर्शन संन्यासी पुत्र शंकराचार्य बोले उसी क्षण सेविका चिनम्मा ने धोती का आंचल मुख पर धरा और भलभल कर

उनके नेत्रों से आँसू बहने लगे। कमरे के द्वार से तनिक झुककर शंकर को भीतर आना पड़ा था, क्योंकि अब वे एक काफ़ी लंबे युवा व्यक्ति थे।

माँ ने पुत्र की आवाज़ सुन आँखें खोलीं। एक तेईस-चौबीस वर्षीय संन्यासी नव-युवक उनके सामने खड़ा था जो जब आठ वर्ष की आयु में गया था, तब से अब वह पहली बार घर आया था।

"आ गया तू... मेरे लाल!–" आर्यम्बा ने धीरे से कहा। उनकी आँखों में आनंद की एक चमक कौंधी। बोलीं–"अरे!... कितना बड़ा हो गया रे मेरा शंकर।"

–कहकर माँ आर्यम्बा ने उठने का एक क्षीण प्रयत्न किया। चिनम्मा उठकर एक ओर खड़ी हो गईं।

शंकर ने माँ को दोनों करों से कंधों से झुककर पकड़ा। कहा–

"बस-बस माँ! लेटी रहो। आराम करो।"

पुत्र के हाथों का स्पर्श होते ही माँ की बूढ़ी काया एकाएक चैतन्य हो उठी। उन्होंने हर्षातिरेक में पुत्र को कसकर पकड़कर हृदय से लगा लिया। देर तक दोनों बिछुड़े माँ-बेटे उस स्नेहालिंगन में आबद्ध रहे। दोनों के नेत्रों से कृष्णा-कावेरी बहती रहीं। गेरुआ वस्त्रधारी उनका प्यारा पुत्र शंकर। आख़िर आज आ ही गया था।

माता-पुत्र जब अलग हुए तो आर्यम्बा की दृष्टि श्वेत वस्त्रधारी दूसरे युवक पर पड़ी। "अरे–बेटा तू भी..."

उद्भ्रांत ने झुककर आर्यम्बा के पाँव छुए।

"हाँ काकी!... मैं भला कैसे न आता? इस शंकर ने मुझे बंदी थोड़े ही बना रखा था।..."

माँ आर्यम्बा के नेत्र के आँसू शंकराचार्य ने अपने उत्तरीय से पोछें। उसके बाद अपने। माँ उस पीड़ा में भी शंकर-सखा को देखकर मुस्कुराईं। बोलीं–

"पगले!... तेरी विनोद करने की आदत गई नहीं अब तक।"

शंकर ने घर की बुरी हालत देखी। जर्जर दीवारें। जिनपर वर्षों से चूने की पुताई तक नहीं हुई थी। उखड़ी-उखड़ी सी छत। माँ की सेवा बस वही वृद्ध परिचारिका चिनम्मा ही कर रही थीं। जबकि शंकर पड़ोस में स्थित एक पट्टीदार को यह सेवा-भार सौंप गए थे। जाते समय उनसे यह कह गए थे कि–"माँ के निधन के बाद सारी जायदाद आपको सौंप दी जाएगी। मैं संन्यासी हूँ। मुझे अपनी सम्पत्ति का कोई उपभोग नहीं करना।..."

उन सज्जन वज्रस्वामी ने तब शंकर को आश्वस्त किया था–"निश्चिंत रहो तुम शंकर। मैं हूँ ना। जाओ और जाकर भजन करो।..."

शंकर ने चिनम्मा से पूछा–

"माँ चिनम्मा!... आप यहाँ अकेली? उन वज्रस्वामी के घर का कोई नहीं?"

चिनम्मा ने बताया कि उस घर से कोई नहीं आता। एक-दो बार वज्रस्वामी स्वयं अवश्य आए। शुरु-शुरु में घर में अनाज रखवा गए। फिर अनाज लेने के लिए खेतों पर स्वयं जाना पड़ता था। वहाँ के पुराने एक-दो कृषक थोड़ा बहुत अन्न दे दिया करते थे। शेष वज्रस्वामी के घर चला जाता था। अभी पाँच वर्ष पहले वह घर आया और आर्यम्बा से किन्हीं पत्रकों पर हस्ताक्षर करा ले गया। उसने सामने की नारियल-वृक्षों की बगिया की आधी जमीन बेंच दी और आज तक एक फूटी कौड़ी नहीं दी। देखते नहीं उस बगिया में कितने नए घर बन चुके हैं?...

चिनम्मा अभी अपनी बात समाप्त कर रही थी कि वे सज्जन वज्रस्वामी अधनंगे बदन घर में घुसे। एक लुंगी लपेटे। संन्यासी शंकर घर आया है, यह समाचार गाँव में आस-पास फैल चुका था। उस पट्टीदार को मालूम चला तो दिखावे के लिये चला आया। शंकर के कुछ कहने से पहले ही वह चतुर और लालची इंसान कहने लगा—

"तुम्हारी माँ बड़ी लापरवाह हैं। हम लोगों की कोई बात ही नहीं सुनती। कोई हठ पकड़ लेगी तो पकड़े रहेगी। अच्छा हुआ जो तुम आ गए। अब अपनी माँ की सेवा करो।"

उस पट्टीदार के जाने के बाद माँ आर्यम्बा ने कहा—"यह बहुत झूठा और स्वार्थी है। इसने कभी मेरी खोज-खबर नहीं ली। अगर ये चिनम्मा मेरी सेवा न करती तो मैं कभी की मर गई होती। तू उस पट्टीदार को सब कुछ देना चाहता है?... शंकर उसे कुछ मत दे। बल्कि सारी संपत्ति इस गरीब को दे दे।"

आचार्य शंकर ने कहा—"चिंता न करो माँ, मैं वही करुँगा जो तुम्हारी आज्ञा होगी। इस समय तुम केवल परमेश्वर का ध्यान करो।"

माँ बोली—"अच्छा-अच्छा। जा पहले स्नान और भोजन कर ले। चिनम्मा... इन दोनों के भोजन का प्रबंध कर।"

मानव चिरकाल से स्वार्थी रहा है। सम्पत्ति के मोह से कभी मुक्त नहीं हो पाया। आचार्य शंकर के आगमन के कारण पड़ोस के दो परिवार उन्हें प्रसन्न करने के उद्देश्य से अपने घरों में भोजन की व्यवस्था करने लगी। जायदाद प्राप्त करने की लालसा रखने वाला वह पट्टीदार वज्रस्वामी भी अपने यहाँ भोजन बनवाकर उनके आने की प्रतीक्षा करने लगा। इस प्रकार तीन घरों से भोजन का न्योता आया। शंकर कहीं नहीं गए। उन्होंने घर में लौकी-साग-रोटी जो भी चिनम्मा ने रुखा-सूखा बनाया, अपने मित्र के साथ बैठकर, वही खा लिया।

इधर शंकर को आने में देर होते देख पट्टीदार वज्रस्वामी और दो अन्य पड़ोसी उनके घर आए। चिनम्मा से उन्हें पता लगा कि शंकर तो भोजन कर चुके हैं। तब एक पड़ोसी ने वज्रस्वामी के कान में कहा—

"ये बुढ़िया बड़ी चालाक है..."

दूसरे ने दूसरे कान में कहा—"सुना है कि माँ की इच्छानुसार शंकर ने सारी संपत्ति इसी चिनम्मा को देने का निर्णय लिया है।" इस बात पर वह पट्टीदार जलकर खाक हो गया।

उस रात्रि दोनों मित्रों ने सारी रात जागकर रूग्ण माँ के पास बिताई। चिनम्मा अनेक दिवस बाद अपने घर सोने को गई। शंकर सारी रात जागृत अवस्था में माँ के लिए परमेश्वर से प्रार्थना करते रहे। मंत्रों का जाप करते रहे। उद्भ्रांत तो बीच-बीच में उँघने भी लगता।

फिर एक बार शंकर ने मित्र उद्भ्रांत से कहा कि वह भीतर के कमरे में जाकर विश्राम कर ले। उद्भ्रांत भीतर चला गया।

ब्रह्ममुहूर्त निकल जाने पर प्रातः प्राची में जैसे ही आदित्य नारायण की पहली पौ फूटी और चिड़ियों का कलरव आरंभ हुआ और आर्यम्बा की आँखें खुल गईं।

माँ ने शंकर को पास बैठे देखा तो कहा—"बेटा!... थोड़ा जल पिला दे।" शंकर उठे। माँ को हाथों का सहारा देकर थोड़ा उठाया। फिर अपने कमंडलु से उन्हें जल पिलाया। माँ उस पीड़ा में भी वात्सल्य से पुत्र को देखकर मुस्कुराईं। फिर बोलीं—"बेटा!.. .. अब मुझे तू भगवान के दर्शन करा दे। सुना है बहुत बड़ा महात्मा बन गया है तू।"

शंकर बोले—"लज्जित न करो माँ। मैं तो अभी-भी तेरा वही छोटा-सा शंकर हूँ।"

माँ बोलीं—"जानती हूँ। जानती हूँ। पर अंत समय में मैं ईश्वर के स्वरूपों को देखना चाहती थी।..."

तब पुत्र शंकराचार्य ने कहा—"तथास्तु!" और वे योग समाधि में ध्यानस्थ हो गए। कुछ ही देर बाद माँ आर्यम्बा, उन विशिष्टा देवी ने देखा कि उसी कक्ष में एक दिव्य प्रकाश हुआ।... फिर देखा कि सामने भगवान शिव प्रत्यक्ष खड़े हैं अपने संपूर्ण गणवेष में। जरा-जूटधारी, मस्तक पर त्रिपुंड के बीच तीसरा नेत्र, गले में सर्प, मस्तक पर चंद्रमा, हाथ में त्रिशूल, कमर में बाघम्बर लपेटे, डमरूधर देवाधिदेव महादेव।

संन्यासी शंकर भूमिष्ठ अपने आसन पर पूर्ववत् ध्यानस्थ बने रहे। तब आर्यम्बा को अभय-दान देते हुए भगवान आशुतोष ने कहा—"तुम्हारी मोक्ष की मनोकामना पूर्ण होगी।" यह कहकर देखते ही देखते वह दिव्य श्यामल मूर्ति ग़ायब हो गई।

फिर उस नेत्र चौंधियाने वाले प्रकाश में, कुछ ही क्षण बाद, दोनों हाथ जोड़े आचार्य शंकर की माता ने देखा—शंख, चक्र, गदा, पद्म लिए गौरांग चतुर्भुज नारायण उपस्थित हैं। शेषनाग की शय्या है। उनकी नाभिकमल में ब्रह्मा जी लघुरुप में विराजमान हैं। और देवी लक्ष्मी उनके चरण दबा रही हैं।...

—यह दृश्य देखते ही माँ आर्यम्बा आत्मविभोर हो उठीं। ठीक इसी समय उनका चोला छूट गया।

बातों ही बातों में यह समाचार पूरे कालड़ी ग्राम में फैल गया कि विशिष्टा देवी का निधन हो गया। संवेदना प्रकट करने वालों की भीड़ आने लगी। पट्टीदार वज्रस्वामी ने घड़ियाली आँसू गिराते हुए शंकराचार्य महाराज से कहा—''आप ठहरे संन्यासी। अतः आप शव के पास से हट जाइये। आप तो अन्त्येष्टि-क्रिया कर ही नहीं सकते। जो कुछ करना है मुझे ही करना होगा।''

इस पर शंकर ने कहा—''आप चिंता न करें। पार्थिव शरीर को मुखाग्नि मैं ही दूँगा। क्योंकि उसके लिए मैंने माँ को वचन दिया था।''

पट्टीदार वज्रस्वामी ने कहा—

''मैं आपकी इच्छा को समझ रहा हूँ। संन्यास-जीवन कितना कठिन होता है... इसका अनुभव करने के बाद अब गृहस्थ बनने की इच्छा हो रही होगी?... अतः माता का दाह कर कदाचित् गृह-संपत्ति आदि पर अधिकार करने की इच्छा बलवती हो आई होगी।...

परंतु हमारे रहते इस गाँव में यह अनाचार नहीं हो सकता।...

तब एक दूसरा पड़ोसी बोला—''ओ शंकर!... कभी सुना नहीं तुमने? नम्बूदरी ब्राह्मण कभी केरल प्रदेश से बाहर नहीं जाते। तुमने इस नियम को भंग किया है। एक प्रकार से तुम म्लेच्छ हो गए हो। चिर पुरातन प्रथा तोड़ने के कारण तुम जातिभ्रष्ट हो गए हो। अतएव अब तुम्हारा अपने पूर्वजों की सम्पत्ति से अधिकार भी जाता रहा।''

इसपर शंकर का मित्र उद्भ्रांत अपना आपा खो बैठा। उस नम्बूदरी ब्राह्मण से बोल पड़ा—''क्यों काका?... वह तुम्हीं थे ना जो कुछ वर्ष पूर्व शृंगेरी मठ पधारे थे अपने कुछ चेले-चपाटों के साथ... यह कहने के लिए कि बदरी विशाल मंदिर में पूजा-सेवा दिलवा दो।...''

यह सुनकर वह ब्राह्मण बगलें झांकने लगा। वज्रस्वामी बोला—

''क्यों रे?... ऐसी बात??''

तब वह व्यक्ति गर्दन नीची करके बोला—''गया तो था। पर इस अहंकारी शंकर ने सीधे मुँह बात ही नहीं की। अपने एक किसी शिष्य से बात करने को कहा।''

''फिर''

"फिर उस शिष्य ने एक पत्र लिखकर ज्योतिर्धाम के राजा के पास भेजा। राजा के पास गए तो राज दरबारियों ने बैरंग वापस कर दिया।"

इसपर तीसरा पड़ोसी बोला–

"तुझे देखते ही वे लोग समझ गए होंगे कि कितना लंपट है तू... कभी सूरत देखी है अपनी?" इस बात पर उस जन-समुदाय में कई लोग खी-खी करके हँस पड़े।

इसपर वह दुष्ट पट्टीदार वज्रस्वामी पैर पटक कर गुर्राया–"खामोश!... जो भी हो...–ये शंकर जाति भ्रष्ट हो चुका है। अब यदि यह सम्पत्ति पर अधिकार जमाएगा तो सारा नंबूदरी समाज कलंकित हो जाएगा।... अतः कान खोलकर सुन लो शंकर!.. .. हम तुम्हें मुखाग्नि नहीं देने देंगे।"

इसपर उस पट्टीदार के कुछ हिमायती भी चिल्लाए–"हाँ-हाँ नहीं देने देंगे... नहीं देने देंगे।"

आचार्य शंकर ने तब शांत स्वर में उपस्थित गाँव वालों के सामने कहा–"मैं इस सम्पत्ति इत्यादि पर अधिकार करने के लिए माँ का दाह संस्कार नहीं कर रहा। क्योंकि मैंने संन्यास के समय माँ को इसका वचन दिया था, मात्र उसी का पालन करूँगा। आप इस ओर से निश्चिंत रहें। मैं सम्पत्ति पर दावा नहीं करूँगा। हाँ... माँ अपने अंतिम समय में यह इच्छा अवश्य व्यक्त कर गईं हैं कि ये सब कुछ इस गरीब सेविका को दे दिया जाए, इन महाशय को नहीं। वह इसलिए कि... माँ की सेवा उनके अंतिम समय तक ये चिनम्मा ही करती रही हैं, हमारे पट्टीदार सज्जन अथवा उनके परिवार के लोग नहीं। मुझे सब पता चल चुका है।"

यह कहकर शंकर उस वाचाल वज्रस्वामी की ओर घूमे और बोले–"और आप महाशय!... आपको कोई कष्ट नहीं करना है... अब जो कुछ करना है मैं इस वृद्धा स्त्री और अपने मित्र की सहायता से कर लूँगा।"

इतना सुनते ही वज्रस्वामी महाशय आपे से बाहर हो गए। क्रोधाविष्ट हो चिल्लाकर बोले–"मेरे रहते देखता हूँ कौन तुम्हारी सहायता करता है? शवदाह करके तुम ये सम्पत्ति कैसे दूसरों को देते हो, यह भी देखूँगा। तुम खुद क्या हो? एक कुल्टा की संतान हो। अपने पिता की वृद्धावस्था में तुमने जन्म लिया था शायद यह बात जानते होंगे?. .. तुम विशिष्टा को आग आज भले ही दे दोगे, पर याद रहे कि तुम संन्यासी हो और जाति-भष्ट भी हो। अतः शिवगुरु की सम्पत्ति तुम्हें हरगिज़ नहीं मिलेगी। वह हम लोगों के कब्ज़े में है। अगर किसी ने तुम्हारी मदद की तो हम उसे बिरादरी से बाहर कर देंगे।

यह सब वितण्डावाद देख-सुनकर संवेदना प्रकट करने को आए लोग वहाँ से खिसकने लगे। कुछ लोग इस झगड़े को सुलझाने लगे। क्योंकि उद्भ्रांत बहुत उत्तेजित हो गया था। यदि शंकराचार्य ने उसे स्वयं बढ़कर पकड़ा न होता, तो वह वहाँ व्रजस्वामी

को मार बैठता। इस विवाद में बूढ़ी चिनम्मा डर कर वहाँ से भाग गई। बाद में लोगों के वहाँ से चले जाने के बाद शंकर चिनम्मा को आश्वासन देकर बुला लाए।

आचार्य ने कहा—"डरो मत चिनम्मा! आप लकड़ी लाकर बाग में इकट्ठा करो। मैं उद्भ्रांत को आपकी सहायतार्थ भेजता हूँ। थोड़ी देर में मैं बाग में ही माँ का अंतिम संस्कार करुँगा।

इसके बाद शंकर अपने नातेदारों से आग माँगने गए। पर जाति-बहिष्कृत होने के भय से किसी ने अपने घर से उन्हें आग नहीं दी। ऐसा भीषण तिरस्कार देखकर वे क्षुब्ध हो गए और अरणि-काष्ठ लेकर उन्होंने स्वयं मंथन कर अग्नि प्रज्ज्वलित की।

क्रोध और अपमान से काँपते हुए वही शंकर, जो सदैव शांत रहते थे, आज अपने मित्र उद्भ्रांत से कहने लगे—"हे सखा! अब ये सब मेरे लिए असहनीय है। तुम्हीं देखो... मैं इस नीच को अपनी सारी सम्पत्ति का भार इसलिए दे गया था कि यह और इसका परिवार मेरी माँ की देखभाल करेगा। परंतु इसने कुछ नहीं किया। जब तक इसे जमीन-जायदाद की आशा थी, तबतक इसका मुँह नहीं खुला। आज जब इसे मालूम हुआ कि मैं सम्पत्ति दूसरे को दे रहा हूँ तब इसने मेरी मरी हुई माता पर कलंक लगाया।..."

इसके बाद एक संन्यासी के भीतर का धैर्य किसी सुषुप्त ज्वालामुखी-सा फटा। जैसे कभी महर्षि वाल्मीकि ने क्रौंचवध करने वाले निषाद पर क्रोध किया था। अथवा विश्वामित्र, दुर्वासा आदि ऋषियों ने किसी को श्राप दिया था।

वेदना, हताशा और क्रोधावेश में आचार्य शंकर के मुख से निकली आह तब इन शब्दों में परिवर्तित हो गई—"ये नीच और इसका साथ देने वाले सभी लोग आज से वेद-विहीन हो जाएंगे। कोई भी संन्यासी इनके दरवाजे पर भिक्षा ग्रहण नहीं करेगा। जिस प्रकार आज मैं अपनी माता का दाह-संस्कार अपने घर के आगे कर रहा हूँ, उसी प्रकार से भविष्य में इन लोगों को भी अपने घर के मृतक संबंधियों का अन्त्येष्टि कार्य अपने घर के आगे ही करना पड़ेगा।"

चिनम्मा ने माँ के शव को नहलाया-धुलाया। उन्हें कफ़न में लपेटा। फिर उनपर पुष्पार्पण कर शंकर अपने मित्र की सहायता से माता की देह की यूँ ही उठाकर घर से चिता तक जाए।

पश्चात् उन तीन प्राणियों ने ही अकेले आर्यम्बा की अन्त्येष्टि सुनिश्चित की। संन्यासी शंकर ने जब माँ को मुखाग्नि दी तब रोने के लिए उनके पास अपने बाल सखा का ही एकमात्र कंधा मौजूद था।

प्रत्येक युग में मनुष्यता जितनी उच्च-मूल्यों से संयुक्त रही है, उतनी ही निम्न-मानसिकता से ग्रस्त भी रही है। इस प्रकरण का सबसे दुःखद पक्ष यह है कि आज जिन श्री आदि शंकराचार्य को हम भारतीय संस्कृति में पूजते हैं, उन्हें अपनी माँ

की अंतिम यात्रा के लिए उन्हीं के ग्राम में अपने युग में चार-कंधे भी नहीं मिल पाए थे।

आदि शंकराचार्य के साथ हुए इस घोर दुर्व्यवहार का समाचार केरल के राज-दरबार तक जा पहुँचा। राजा राजशेखर ने तुरंत अपना एक विशेष दूत घोड़े पर रवाना किया। उन्होंने कहलाया कि आचार्य से जाकर कहना मैं कल दिन में कालड़ी पहुँच रहा हूँ। मेरे आने तक वे वहाँ अवश्य रुके रहें।

दूसरे दिन आचार्य और उनके मित्र घर के बाहरी सहन में शोकग्रस्त आवस्था में अकेले बैठे थे। चिनम्मा वहाँ बैठी हुई थीं जहाँ कल आर्यम्बा की अंत्येष्टि हुई थी और उनकी देह राख हो चुकी थी। अब अस्थियाँ चुनी जानी थीं।

दोपहर में राजा राजशेखर का आगमन हुआ। उन्होंने स्वयं देखा कि शंकराचार्य के घर पर कालड़ी ग्राम का एक भी व्यक्ति उपस्थित नहीं था। शंकराचार्य और उद्भ्रांत ने राजा का आवास से निकलकर नमस्कार कर स्वागत किया। राजा राजशेखर और उनके साथ आए लोगों ने भी उन्हें झुककर प्रणाम किया। फिर वे सब कुछ देर बगिया में अन्त्येष्टि स्थल पर जाकर खड़े हुए और दिवंगता मातृशक्ति को मौन श्रद्धांजलि दी।

फिर वे सब उस बगिया से हटकर आर्यम्बा माँ के आवास पर आए। राजा के द्वारा प्रश्न करने पर आचार्य शंकर ने कल की घटना का विवरण सुनाया।

राजा ने तब अपने गृहमंत्री की ओर देखते हुए कहा—"इस घटना की तत्काल प्रभाव से न्यायिक जाँच की जाएगी। आप उस पक्ष के लोगों को साक्षियों सहित उपस्थित होने का आदेश दें और आचार्य जी!... आप भी अपने साक्षियों को लेकर ग्राम मंच पर उपस्थित हों।"

यह कहकर राजा अपने पार्षदों सहित पूर्णा नदी के तट पर उस स्थान पर चले गए जहाँ उनके कर्मचारियों ने एक रिक्त स्थान पर एक बैठक स्थल कुछ देर पहले ही तैयार किया था। तख़्त से तख़्त जोड़कर। एक न्याय-मंच के सामने दो अलग-अलग तख़्त भी बिछाए गए थे। वादी-प्रतिवादीगण को अपनी-अपनी बात बैठकर कहने को।

राजा आए हैं और वे कल की घटना का निर्णय करेंगे। यह सुनकर पट्टीदार वज्रस्वामी ने धन का लालच देकर अपने पक्ष में कई साक्षी तैयार कर लिए। आचार्य की ओर से केवल दो ही साक्षी थे—उद्भ्रांत और चिनम्मा।

न्याय सभा में कई घंटे सवाल-जवाब करने के बाद यह प्रमाणित हो गया कि पट्टीदार वज्रस्वामी के आरोप असत्य हैं, उल्टे वह स्वयं आचार्य शंकर की पैतृक सम्पत्ति हड़पने के लिए प्रयत्नशील है।

तब राजा राजशेखर ने आचार्य से पूछा कि वे अपनी पैतृक सम्पत्ति की कैसी व्यवस्था चाहते हैं?

आचार्य ने कहा कि—''माँ की अंतिम इच्छा माता चिनम्मा और उनके परिजन को सारी सम्पत्ति दान में देने की थी।... अतः तदनुसार सम्पत्ति का निस्तारण कर दिया जाए।''

इसपर चिनम्मा हाथ जोड़कर खड़ी हो गई। रोते-सुबकते बोलीं—''सारी सम्पत्ति लेकर मैं क्या करुँगी? अकेली जान हूँ। एक ही बेटा था जो अल्पायु में परलोक चला गया। मेरी पुत्रवधू और उसके दो-छोटे बच्चों को छोड़कर। मेरे गुज़ारे को महाराज! बस खेती की जमीन ही बहुत होगी... बाकी सब शंकर बेटा जाने।''

राजा ने नतशीष आचार्य शंकर से कहा—''आचार्य!... आपके दुःख को मैं समझ सकता हूँ। इतनी सलाह परंतु मैं भी दूँगा कि इस घर और इससे लगी बगिया को आप किसी को नहीं दें।... इसे हम राज्याधीन कर आपका ही भविष्य में एक स्मारक बनवाने में उपयोग करेंगे। उसपर एक संचालक मण्डल की नियुक्ति कर समुचित देखभाल और आवश्यक रख-रखाव का प्रबंध किया जाएगा।''

उद्भ्रांत ने मित्र शंकराचार्य के कंधे पर हाथ रखकर उत्साहपूर्वक कहा—''जी राजन! बहुत उत्तम विचार है। ऐसा ही करें।''

इसपर आचार्य शंकर कुछ न बोले। तब उनके मौन को उनकी स्वीकृति मान लिया गया।

इसके बाद राजा राजशेखर ने आचार्य शंकर से पूछा—''इस वज्रस्वामी और इसके सहदोषी साथियों को कौन-सा दण्ड देना उचित होगा? इस बारे में कृपया अपन सुझाव दीजिये।''

आचार्य ने कहा—''राजन! दण्ड देने वाला मैं कौन होता हूँ? मैं तो स्वयं एक पक्ष हूँ। यह अधिकार तो आपका है। आप जो उचित समझें।''

—आचार्य की बात सुनने के बाद सभी संबंधित लोग राजा से दया की भीख माँगने लगे। राजा ने कहा—''मैं दया करने वाला कौन होता हूँ? मैं न्याय कर सकता हूँ। दया तो आचार्य ही कर सकते हैं।''

राजा का मन्तव्य सुनने के बाद सभी लोग शंकराचार्य महाराज के चरणों में गिर पड़े। आचार्य बोले—''मुझे जो सजा देनी थी, वह तो अकस्मात् कल मेरे मुँह से निकल गई थी। अब महाराज जो चाहें न्याय करें।''

राजा ने कहा—''आपने कल क्या कहा था आचार्य?''

इसपर आचार्य ने अपने अभिशाप की चर्चा की। राजा ने कहा—''यदि आप इस दण्ड को पर्याप्त समझते हैं तो आगे मुझे कुछ नहीं कहना है।''

—आचार्य मौन हो गए। ब्राह्मणों को संतोष हुआ कि चलो सस्ते में छूटे। लेकिन दूसरे ही क्षण वे पुनः आचार्य शंकर के चरणों में गिर पड़े और गिड़गिड़ाकर कहने लगे—

''महात्मन्!... कृपया हमें वेद-विहीन न बनाएं। क्योंकि वेदपाठ के बिना हम ब्राह्मण जीवित न रह सकेंगे। हमारी आजीविका ही नष्ट हो जाएगी। हम आत्म हत्या करने को विवश हो जाएंगे।... आपके... आपके शेष दोनों अभिशाप हमें स्वीकार हैं।''

आचार्य ने तब कहा—''तथास्तु।'' तब से यह तय हुआ कि—

1. शंकर की पैतृक सम्पत्ति में उनकी खेतिहर भूमियाँ चिनम्मा के नाम दर्ज होंगी।

2. उनका पैतृक आवास राजकीय सम्पत्ति घोषित होगा जो भविष्य में उन्हीं का स्मारक बनाने के काम आएगा।

3. कालड़ी ग्राम के नम्बूदरी ब्राह्मणों को किसी संन्यासी अथवा भिक्षुक को दानकर्म से अयोग्य माना जाएगा।

4. इन ब्राह्मणों के घर मृत्यु होने पर शव को अन्त्येष्टि किसी श्मशान में न ले जाकर इनके घर के सामने ही करने की परंपरा स्थापित होगी।

—इसके बाद उपस्थित ग्रामीण लोग राजा और आचार्य दोनों की जय-जयकार करते न्याय-स्थल से चले गए। राजा ने पूछा—''आचार्य! आपका आगे का क्या कार्यक्रम है?''

आचार्य बोले—''कल प्रातः माँ की अस्थियाँ चुनकर पूर्णा नदी में विसर्जित करूँगा। फिर हम तुरंत बाद शृंगेरी मठ को वापस प्रस्थान कर जाएंगे।''

राजा ने कहा—''मेरे एक पार्षद यहीं रुकेंगे। वे रथ पर आपको शृंगेरी छोड़कर आएंगे।''

आचार्य बोले—''उसकी कोई आवश्यकता नहीं।'' तब राजा राजशेखर ने दोनों हाथ जोड़कर कहा—

''भगवन्!... ऐसा न करिये। इस शोक की घड़ी में इतनी-सी बात तो आपको मेरी मान लेनी चाहिए। आपके पितामह की न सही, कम से कम, आपके पिता की आयु का तो मैं हूँ ही।''

यह सुनकर आचार्य द्रवित हो गए। उन्होंने राजा को इसकी अनुमति प्रदान कर दी। जब वे वहाँ से जाने लगे तो आचार्य ने सहसा उनसे प्रश्न किया—

''कहिये राजन!... इधर किसी नवीन ग्रंथ की रचना की आपने?''

राजा राजशेखर ने खेद प्रकट करते हुए कहा—''विगत वर्ष महल के पुस्तकालय में आग लग जाने के कारण मेरे वे तीनों नाट्य ग्रंथ भस्म हो गए... वे नाटक जिनकी

पांडुलिपि पर कभी आपकी कृपा दृष्टि पड़ी थी। अब तक मैं चाह कर भी उनका पुनर्लेखन नहीं कर सका हूँ।''

इसपर आचार्य मुस्कुराकर बोले—''कृपा दृष्टि अथवा शनि दृष्टि?''

राजन बोले—''क्यों लज्जित करते हैं आचार्य?''

शंकराचार्य महाराज एकाएक गंभीर होकर बोले—''आपको इसके लिए दुःखी होने की आवश्यकता नहीं है। यदि आपको अपने उन नाट्य ग्रंथों से प्रेम है तो मैं बोलता चलूँगा और आप उन्हें लिपिबद्ध करा लीजिएगा। मुझे वे कंठस्थ हैं।''

इसके बाद आचार्य ने राजशेखर लिखित 'प्रेम मंजरी' 'शृंगार शतक' और 'धर्म कीर्ति' नाटकों के नाम लिए और 'प्रेम मंजरी' के प्रारंभिक संवादों का संस्कृत में श्लोकबद्ध पाठ करने लगे। धाराप्रवाह... आँखें मूँदकर...

—जिसे सुनकर राजा आनंद से उछल पड़े। बोले—''भगवन्! आपकी स्मरण शक्ति तो विलक्षण है। जब यह हाल है तो मैं शीघ्र ही कुछ लेखकों को लेकर शृंगेरी आऊँगा और अपने ग्रंथों की प्रतिलिपि आपके वाचन-निर्देश पर पुनः करवाऊँगा। आपकी बड़ी कृपा।...''

राजा राजशेखर का काफ़िला कालड़ी से चला गया सिवाय एक पार्षद और उनके एक रथ और दो घुड़सवार अंगरक्षकों के।

सब लोग तब माँ आर्यम्बा के सूने आवास की ओर लौटे।

अगले दिन अस्थिविसर्जन के पश्चात् ये सब लोग कालड़ी छोड़ शृंगेरी चले। उसके अगले दिन शृंगेरी मठ पहुँचे। वहाँ सबने आचार्य को घेर लिया। तीर्थयात्रा से लौटे पद्मपादाचार्य भी बेहाल अवस्था में अपने गुरुदेव से मिले। उन्होंने अपने महत्त्वाकांक्षी ग्रंथ 'विजयडिंडिम' के स्वाहा होने का दुःखद समाचार आचार्य को सुनाया। आचार्य ने कहा—''कोई बात नहीं। मुझे तुम्हारे उस ग्रंथ के चार पद तो स्मरण हैं, जो तुमने मुझे तीर्थ यात्रा पर जाते समय सुनाए थे। मैं बोलूंगा तुम लिख लेना। आगे शारदा माई कल्याण करेंगी।''

इसपर बिलखते हुए पद्मपाद गुरु चरणों में गिर पड़े। बोले—

''मुझसे बहुत बड़ी भूल हो गई गुरुदेव! जो मैं इन चरणों को छोड़कर गया।... कैसा तीर्थ? कैसी तीर्थयात्रा?... श्री गुरुचरणों में ही सारे तीर्थ बसते हैं। यह मैं अब जान पाया।''

—आचार्य शंकर ने शिष्य पद्मपाद को उठाकर अपने हृदय से लगा लिया। उन्हें प्रेमपूर्वक सान्त्वना दी। एक संन्यासी पुत्र जो अपनी जन्मदात्री माँ को खोकर आया था। दूसरा संन्यासी साधक जिसने अपनी एक अमर संभावना वाली रचना को हाल ही में खोया था।

—यही जीवन है, जो बहुत कुछ देता है। और अंत में, सब कुछ छीन लेता है।

अध्याय–दस

⌘

यस्माज्जातं जगत्सर्वं यस्मिन्नेव प्रलीयते।
येनेदं धार्यते चैव तस्मै ज्ञानात्मने नमः।।

—जिससे सारा जगत् उत्पन्न हुआ है, जिसमें ही यह लीन होता है और जिसके द्वारा यह धारण भी किया जाता है, उस ज्ञानस्वरूप को मेरा नमस्कार।

(तैत्तिरीयोपनिषद्)

1
शंकर दिग्विजय

भारत में उन दिनों वैदिक धर्म काफ़ी दबाव झेल रहा था। उसमें द्वैत और अद्वैत का विवाद लंबे समय से चल रहा था। उत्तर भारत में तो शंकराचार्य और मंडन मिश्र के मध्य हुए निर्णायक शास्त्रार्थ के बाद से आदि-शंकर के अद्वैत-वेदांत का डंका बज चुका था। परंतु भारत एक विशाल देश है। दक्षिण भारत के बहुत से इलाकों में स्थिति अभी भी बहुत उलझी हुई थी। वहाँ अब भी जैमिनी कृत मीमांसा दर्शन का प्रभाव बढ़ जाने से अनेक पंडित-पुरोहित कर्मकाण्ड को ही अध्यात्म का मुख्य आधार मानकर द्वैत मत का प्रचार कर रहे थे। पद्मपाद के मामा द्वारा अपने ही भांजे के साथ किया गया छलावा इस बात का ताज़ा उदाहरण था।

बहुत से मतावलंबी भेदाभेद का प्रचार कर रहे थे। कापालिक आदि तंत्र-मंत्र को मुख्य मानकर अमानवीय कार्य भी करने लगे थे। ऐसी स्थिति में श्री आदि शंकराचार्य ने अद्वैतमत की प्रतिष्ठा के लिए दिग्विजय अभियान चलाया जिसके द्वारा वे सम्पूर्ण देश के विभिन्न मत-मतांतरों को एक ही सूत्र में बांधना चाहते थे, जिससे भारत की धार्मिक एकता स्थापित हो सके।

इस कार्य में उनको कर्मकाण्डी, मीमांसक, कापालिक, जैन एवं बौद्ध धर्मों से कड़ा संघर्ष करना पड़ा। श्री शंकराचार्य महाराज उनके मतों का खण्डन कर पुनः वैदिक मत को अब भारत के दक्षिण से उत्तर और पूर्व से पश्चिम तक स्थापित करना चाहते थे। इसके लिए व्यापक धर्म-यात्रा और शास्त्रार्थ, यही उनका दिग्विजय-अभियान था। सनातन धर्म की दिग्विजय का अभियान।

कालड़ी से लौटने के कुछ ही दिन बाद केरल नरेश राजशेखर अपने साथ तीन प्रतिलिपिकारों को लेकर शृंगेरी मठ पधारे। वे कुछ दिन गुरुदेव शंकर के आश्रम की धर्मशाला में रुके। सुबह-शाम उनके लिखैया आचार्य शंकर के सामने बैठते और वे उन्हें केरल नरेश के कण्ठस्थ नाटकों को क्रमशः बोलकर लिखवाते। यह प्रक्रिया जब समाप्त हुई तो अपने पुनर्जीवित ग्रंथों को देखकर कृतज्ञ राजा राजशेखर ने गुरुदेव शंकर का शिष्यत्व ग्रहण करने की प्रार्थना की। आचार्य शंकर ने सहर्ष उन्हें अपना गृहस्थ शिष्य स्वीकार कर लिया, जैसे कि ज्योतिर्धाम नरेश सोमदत्त सुधर्मा को स्वीकारा था।

उस अवसर पर उन्होंने राजा राजशेखर से कहा—"आपके साहित्य प्रेम और धर्मोन्मुखी स्वभाव की चर्चा मेरे भौतिक पिता पूज्य शिवगुरु मेरे बालपन में किया करते थे। अब इधर मुझे स्वयं प्रत्यक्ष अनुभव हुआ। राजन!... आप हर प्रकार से मेरे शिष्य होने योग्य हैं। बस इसी भाँति अपनी प्रजा का वात्सल्य एवं कल्याणकारी भाव से आप पालन-पोषण करते रहियेगा।... बस यही मेरी गुरुदक्षिणा है।"

राजशेखर बोले—"पूज्य गुरुदेव! आज मैं धन्य हुआ आप जैसी आध्यात्मिक विभूति को अपने गुरु रूप में पाकर। सचमुच मेरे जीवन का वास्तविक भाग्योदय आज हुआ है। मुझे विदित है कि शीघ्र ही आपकी दिग्विजय-यात्रा शुरु होगी। इस धर्म अभियान में आपके साथ पदयात्रा करने की मन में बड़ी अभिलाषा थी, परंतु क्या करूँ आयु और शारीरिक अवस्था अब उस लायक नहीं है।"

शंकर बोले—"कोई बात नहीं! आपकी शुभकामनाएं हमारे साथ रहेंगी। हमारे लिये वे ही पर्याप्त हैं।"

राजन बोले—"भगवन्! ऐसा नहीं है। भले ही मैं पदयात्रा न कर सकूँ पर आपकी यात्रा के अनेक पड़ावों पर आप मुझे अगवानी करता पाएंगे।"

"वह कैसे?"

"मेरे एक पार्षद यहीं उपस्थित रहेंगे। अपने रथ सहित।"

"रथ का प्रयोग तो मैं करुँगा नहीं राजन।"

"मुझे ज्ञात है गुरुदेव... आपकी यह धर्म-यात्रा पदाति यात्रा ही होगी। परंतु मेरे पार्षद के यहाँ रहने से आपके चलने की सूचना मुझे सही समय पर मिल जाएगी। इधर आपका दल प्रस्थान करेगा। उसी समय रथ से मेरे प्रतिनिधि यहाँ से रवाना होकर दो दिन बाद मुझे सूचना दे देंगे। कालड़ी के त्रिचूर आते-आते पदयात्रा में आपको 10-12 दिन तो लग ही जाएंगे।"

"अच्छा तो आपने मेरा यात्रामार्ग भी निर्धारित कर दिया राजन?"—कहकर आचार्य हँसे।

राजा राजशेखर बोले—"क्षमा करें गुरुदेव! आपके इस अकिंचन शिष्य का इतना-सा अधिकार तो बनता है कि आप शृंगेरी से चलें तो इस दास की राजधानी त्रिचूर सबसे पहले पधारें। वहाँ एक-दो दिन अपनी चरण रज गिराइयेगा। उसके बाद मैं स्वयं अपने नगर से अधिक दूर नहीं आपको गुरुवायूर ले चलूँगा। आज से लगभग ढाई हज़ार वर्ष पुराना कृष्ण मंदिर है वहाँ। आपको स्वयं चलकर दर्शन कराऊँगा।"

"बहुत सुंदर। गुरुवायूर तो वास्तव में बहुत प्राचीन और पवित्र और धर्मस्थल है हिन्दुओं का। कहा जाता है कि भगवान कृष्ण की एक मूर्ति द्वारका में आई एक बाढ़ में बहकर समुद्र के रास्ते इधर पहुँची थी। तब उसपर देवगुरु वृहस्पति की सर्वप्रथम दृष्टि पड़ी। तब उन्होंने वायुदेव की सहायता से उस मूर्ति को निकालकर गुरुवायूर में

एक मंदिर निर्माण कर उसे स्थापित किया। इसी से गुरु वृहस्पति और वायु के द्वारा स्थापित उस कृष्ण मंदिर के कारण वह स्थान गुरुवायूर के नाम से प्रसिद्ध हुआ।''

''बिल्कुल सही कहा भगवन आपने! आप जब त्रिचूर आएंगे हम गुरुवायूर के सर्वप्रथम दर्शन करेंगे। फिर जब आपकी यात्रा तिरुवनंतपुरम् की ओर बढ़ेगी तब आप मुझे वहाँ पद्मनाभ मंदिर पर पाएंगे। उसके बाद आगे जाने पर आप कन्याकुमारी जब पहुँचेंगे वहाँ भी यह दास आपका वहाँ स्वागत करेगा।...''

''हाँ राजन... ये यात्रा तो अभी बहुत लंबी चलनी है। आप जहाँ तक अपना सानिध्य लाभ देंगे वह मेरे लिए आनंद का विषय होगा।''

—राजा राजशेखर अपने एक पार्षद को शृंगेरी मठ में छोड़कर राजकीय रथ द्वारा अपनी राजधानी त्रिचूर के लिए प्रस्थान कर गए। शृंगेरी में दिग्विजय-यात्रा की तैयारियाँ होने लगीं।

जिन शिष्यों और अनुयायियों को गुरुदेव के साथ इस लंबी पदयात्रा पर निकलना था, वे अपने वस्त्रादि धोने-तैयार करने लगे।

भंडार गृह से यात्रीदल के लिए अन्न, घी, तेल, मसाले, बर्तनादि एकत्र किए जाने लगे। ईंधन के लिए गोधन के उपले, लकड़ियाँ इत्यादि, उन्हें ढोने के लिए कुछ बैलगाड़ियाँ भी आश्रम में एकत्र की गई।

आचार्य शंकर ने शृंगेरी के नवनियुक्त शंकराचार्य हस्तामलक को मठ में ही रुकने का निर्देश दिया था। कहा कि जब उनकी आवश्यकता होगी उन्हें वे संदेशवाहक भेजेंगे।

उधर सुरेश्वराचार्य को बतौर शंकराचार्य, शारदा मठ पहले ही द्वारका भेजा जा चुका था। आदि-शंकर गुरुदेव ने अपनी इस ऐतिहासिक दिग्विजय-यात्रा के दौरान उनसे वहीं मिलने का विचार बनाया था।

गुरुदेव ने पद्मपाद, त्रोटक, उद्भ्रांत, रामदेव, कृष्णदेव के अतिरिक्त मात्र ग्यारह अन्य प्रतिबद्ध एवं प्रबुद्ध अनुयायियों को ही शृंगेरी आश्रम से साथ चलने की अनुमति प्रदान की थी। उसके अतिरिक्त आश्रम के भोजनालय से दो रसोइये और दो सहायक भंडारियों को खाद्य-सामग्री के साथ चलना था। चार बैल गाड़ियाँ और उनके गाड़ीवान भी साथ जाने ही थे। कुल मिलाकर भगवान् आदि शंकराचार्य के अतिरिक्त दो दर्जन व्यक्तियों का एक समूह।...

इस समूह में अप्रत्याशित वृद्धि तब हुई जब यात्रा से ठीक एक दिन पूर्व गाजे-बाजे के साथ युवा राजा सुधन्वा चौहान आचार्य शंकर से उत्साहपूर्वक शृंगेरी आन मिले।

तुरही, ढोल, नगाड़े, दुंदुभि, शंख ध्वनि करते हुए। उनके साथ बाकायदा दस रथों का लाव-लश्कर था। सुबह के प्रवचन सत्र से अभी आचार्य शंकर और उनके शिष्य उठे ही थे कि आश्रम द्वार पर अनेक वाद्ययंत्र मंगल ध्वनियाँ करने लगे। यह किसी

बड़े भक्त के आने का संकेत था। आश्रम के कुछ सदस्यों ने गुरुदेव को सूचना दी कि माहिष्मती नरेश महाराज सुधन्वा पधारे हैं।

कुछ ही देर में राजा सुधन्वा ने अपने सहयोगियों को बाहर ही छोड़कर आचार्य के प्रार्थना कक्ष में प्रवेश किया। शंकराचार्य महाराज सामने अपनी गद्दी पर ही विराजमान थे। राजा सुधन्वा ने गुरुदेव के चरण छुए। आचार्य शंकर ने कहा—''स्वागत है राजन!... माहिष्मती से कब चले?''

''गुरुदेव!... बस आज से तीन दिन पूर्व। रथ यात्रा में यदि घोड़ों को विश्राम न देना होता तो दो ही दिन में आपतक पहुँच जाता।''

उद्भ्रांत बाहर से भीतर आया। बोला—''मगर आपके साथ तो आठ-दस रथों का आगमन हुआ है राजन! इतने रथ क्यों?''

सुधन्वा बोले—''गुरु महाराज की धर्मयात्रा होने वाली है। इसलिए...'' फिर कुछ सोचकर बोले—''क्यों क्या कम हैं?... कुछ और की व्यवस्था की जाए?''

इसपर शंकर-सखा ने हँसकर कहा—''लगता है महाराज आप हमारे आचार्य जी को अभी जानते नहीं हैं।''

''क्यों क्या कुछ मुझसे भूल हो गई?''

''नहीं राजन! आपसे कोई भूल नहीं हुई। किंतु हमारे आचार्य संन्यास धर्म का कठोरता से पालन करते हैं। सवारी और सुस्वादु भोजन दोनों इनके लिए त्याज्य है। अतः हमारी ये दिग्विजय-अभियान यात्रा मात्र पदयात्रा होगी। केवल चार बैलगाड़ियाँ भोजन-सामग्री आदि ढोने के लिए पीछे चलेंगी।''

इसपर सुधन्वा बहुत प्रसन्नता और उत्साह से बोले—''कोई बात नहीं। अपने दो रथ रोककर शेष सारे रथ मैं वापस किए देता हूँ। वे दो रथ भी महराजश्री के पीछे-पीछे चलेंगे। चार घुड़सवार अंगरक्षक मात्र और साथ रहेंगे। गुरुदेव यदि आज्ञा देंगे तो मैं भी उनके साथ पदयात्रा कर पुण्यलाभ अर्जित करुँगा। क्यों गुरुदेव?''

तब शंकराचार्य ने हँसकर कृपापूर्वक कहा—

''राजा सुधन्वा!... अवश्य। परंतु उसके लिए आपको इस संन्यासी से गुरु दीक्षा लेनी होगी।...''

इतना सुनना था कि राजा सुधन्वा गुरुदेव शंकर के चरणों में दण्डवत् हो गए। बोले—''मेरा परम सौभाग्य!... आप वास्तव में कृपा निधान हैं परमाचार्य भगवन्!... जिस बात को कहने का मैं साहस नहीं जुटा पा रहा था वह साध आपने इस तुच्छ मनुष्य के बिना कहे ही पूरी कर दी। वास्तव में बिना माँगे भगवत्कृपा से मोती भी मिल जाता है और यदि माँगो तो कई बार भीख भी नहीं मिलती।...''

पद्मपाद ने पूछा कि—''राजन!... आपके साथ ये इतने वादक क्यों आए हैं?''

राजा सुधन्वा ने कहा कि—"परम पूज्य महाराज शंकराचार्य दिग्विजय पर निकलेंगे तो उनकी विजय दुंधुभी भी तो बजनी चाहिए। बिना ढोल-ताशों के नाद के विधर्मी कैसे जानेंगे कि उनकी अब कुशल नहीं।... और गाँव-गाँव श्रद्धालुओं को भी तो पता चलना चाहिए कि सनातन धर्म-यात्रा उनके क्षेत्र से... मुख्य मार्ग से गुजर रही है।"

पद्मपाद थोड़ा झेंप गए। वे कुछ कहने की स्थिति में नहीं थे। हस्तामलक वैसे ही बहुत कम बोलते थे। अधिकतर आत्मलीन रहते थे।

इसपर रामदेव और कृष्णदेव एक साथ बोल दिये—"वादकों को ले चलिए गुरुदेव!"

"हम दोनो अकेले आखिर कितना भगवत् कीर्तन करेंगे?"

—यह सुनकर उस प्रार्थना कक्ष में सब हँस पड़े। आदि-शंकर भी हँस दिए। लोगों को उनकी सहमति मिल गई। लोग समझ गए। गुरुदेव की ना का अर्थ होता था-ना। उनकी हाँ का अर्थ होता था-हाँ। और यदि वे प्रत्युत्तर में कुछ न कहें तो उसका अर्थ होता—जैसा उचित समझो।

तुरडुक तुरडुक तुरडुक... डिमडिमा... डिम डिम... डिमडिमा डिम डिम... झम्म झम्म झम्म... झम्म झम्म झम्म... डिम डिमा डिम डिम...

संन्यासी आदि-शंकराचार्य के सनातन धर्मध्वज की अगुवाई में गाजे-बाजे के साथ उनके अनुयायियों के साथ महाराजा सुधन्वा और उनके अनेक सहयोगी भी जुड़ गए थे। सनातन धर्म की दिग्विजय यात्रा बड़ी धूमधाम से शृंगेरी मठ से निकली।...

सबसे आगे धर्म ध्वज भगवे रंग का। जिसे साधु रामदेव और कृष्णदेव बारी-बारी से थाम कर चल रहे थे।

उनके पीछे राजा सुधन्वा के द्वारा अपनी राजधानी से लाए गए वादक। तुरही बजाने वाले। दुंदुभी-नगाड़े बजाने वाले और झमाझम-ताशे वाले। ढोल वादक भी। इनके पीछे राजा के चार पार्षद और राजा सुधन्वा स्वयं। उनके साथ चलते उनके वृद्ध राजपुरोहित, जो राजा सुधन्वा के साथ विशेष आग्रह करके इस धर्मयात्रा में आए थे। राजपुरोहित जी ने यात्रा प्रारंभ में शंखनाद किया और स्वस्तिवाचन भी किया।

इनके पीछे अपने शिष्यों और आश्रमवासियों से घिरे संन्यासी शंकराचार्य महाराज प्रसन्नवदन चले। चिर युवा। चिर उत्साही। चिर ऊर्जावान। अमित मेधा सम्पन्न। धर्मगुरु। धर्म संरक्षक। मार्गदर्शक। जगद्गुरु।...

पीछे राजचिह्न एवं राजपताका धारण किए माहिष्मती नरेश के दो रथ। उनके पीछे अंत में वे आश्रम की कुछ बैल गाड़ियाँ, जिनमें रसद सामग्री चल रही थी। वैसे राजसी रथों में भी फलाहार और पर्याप्त मिष्ठान्न संग्रहीत होकर राजा सुधन्वा की राजधानी से आया था।...

उद्‌भ्रांत ने मार्ग में अवसर देखकर वयोवृद्ध राजपुरोहित जी से कान में कह दिया था—

"आप पूज्यवर! जब थक जाएं तो कृपया पीछे चल रहे रथों में बैठ लीजिएगा। संकोच न करियेगा।... ये शंख तब मुझे दे दीजिएगा। पड़ाव निकट आने पर मैं बजा लूँगा।..."

राजपुरोहित जी ने एक बाद अविश्वास भरी दृष्टि के साथ उद्‌भ्रांत को देखा। तब राजा सुधन्वा ने मुस्कुराकर उनसे कान में कहा—"गुरुदेव शंकर के अनन्य सखा हैं।"

तब राजपुरोहित जी प्रसन्न वदन होकर बोले—"अच्छा-अच्छा।" पदयात्रा जारी रही।

डिम डिमाडिम डिम... झमझम झम्म झमझम झम्म... ढमढम ढम्म... ढमढम ढम्म... आगे-आगे धर्मध्वज थामे साधु-द्वय शंकर रचित भजन गाते चलते रहे—"भज गोविंदं भज गोविंदं गोविंदं भज मूढ़ मते!..."

दिग्विजय यात्रा आगे बढ़ती गई। आज की भाषा में कहें तो, शृंगेरी से 450 कि. मी. की दूरी इन पदयात्रियों के समूह में 15 दिन में तय की। आचार्य शंकर के साथ चलने वाले उनके शिष्य और अनुयायी इस बार धीमी गति से चल रहे थे। क्योंकि यात्रा के आगे धर्मध्वज चल रहा था। गाजे-बाजे बजाते वादक चल रहे थे। उनके पीछे चल रहे थे दो रथ और तीन बैल गाड़ियाँ।

इतना ही नहीं ये समूह जिधर से भी गुज़रता आस-पास के ग्रामीणों की भीड़ लग जाती। लोग कहीं-कहीं उनपर पुष्पवर्षा करते। किसी-किसी ग्राम के नर-नारी उनकी आरती उतारते। वे कुछ देर अपने गाँव में रुक कर यात्री दल से विश्राम और सेवा का अवसर भी माँगते। शंकर हर जगह नहीं रुकते। परंतु कहीं-कहीं रुक भी जाते। जहाँ के पुरवासियों को अत्यधिक आग्रह करता पाते। अब जब रुकते तो जनमानस को कुछ देर उन्हें उपदेश भी देना होता।

आचार्य शंकर लोगों से कहते कि—उन्हें सीधा-सरल और हिंसा रहित जीवन अपनाना चाहिए। अपने परिवार और पड़ोसियों के हितों का ध्यान रखना चाहिए। माता-पिता और गुरु की सेवा करनी चाहिए। क्योंकि उनकी सेवा ईश्वर सेवा से भी बढ़कर है।...

वे चाहे जिस देवी-देवता की पूजा करे, परमेश्वर को न भूलें।... ईश्वर से भी ऊपर है परमब्रह्म परमेश्वर। उसी से यह सारा संसार प्रकाशित है। हम सबके भीतर की

आत्माएं प्रकाशित हैं। ये सारी आत्माएं और वह परमेश्वर एक ही हैं। अभिन्न हैं। माया के कारण ही संसार की सारी विभिन्नता दिखाई देती है... सदा सत्य बोलो... धर्म पर चलो... अधर्म के आगे झुको मत... वेदों का अध्ययन करो अपनी संतानों को कराओ... उन्हें शिक्षित अवश्य करो... अशिक्षा अनेक कष्टों-कुरीतियों को जन्म देती है... प्रिय आत्मन्!... माँस-मदिरा-मिथ्याचार-व्यभिचार से दूर रहो। ये कुरीतियाँ तुम्हारे शरीर और आत्मा दोनों की शत्रु हैं।... भजन करो सत्संग करो सभी प्राणियों से प्रेम करो। अपने जीवन के स्वयं तुम्हीं पहरेदार हो कोई दूसरा नहीं। आत्मसंयम से जीवन जीने का अभ्यास करो। मोक्ष तुम्हारा अंतिम लक्ष्य है।...

—अब इतना कुछ बोलने में भी समय लगता था। आचार्य शंकर जब किसी वृक्ष के नीचे रुककर अथवा किसी कुंए की जगत पर बैठकर मार्ग चलते कहने लगते तो पदयात्री दल उतनी देर वहाँ रुका रहता। शंकर के चलने पर जब पुनः उनकी जय-जयकार होती यात्रीदल पुनः चल पड़ता। मार्ग में रात्रि विश्राम का अवसर आने पर केरल नरेश ने यात्रियों के पड़ाव की व्यवस्था की थी। कहीं किसी धर्मशाला में अन्यथा किसी उपयुक्त स्थल पर तंबू इत्यादि लगवाकर।

पंद्रह दिन बाद यह तीर्थयात्री दल यह धर्म-दिग्विजय दल त्रिचूर पहुँचा। केरल नरेश राजा राजशेखर की राजधानी। राजा और उनकी रानी अपने सभासदों सहित आदि-शंकराचार्य गुरुदेव की अगवानी करने नगर के प्रवेश द्वार पर उन्हें उपस्थित मिले।

पुष्पवर्षा हुई। शंखनाद हुए। मंगल ध्वनियाँ हुई। नर्तकों ने आगे बढ़कर नृत्य किया। नर-नारियों ने इन यात्री सदस्यों के स्वागत में मधुर लोकगीत गाए। भगवान आदि-शंकर की आरती उतारी गई। उसके बाद उन्हें समीप के अतिथि गृह में ले जाया गया।

अगले दिन राजा राजशेखर आदि-शंकर और उनके सह-यात्रियों को लेकर दक्षिण के सुप्रसिद्ध श्रीकृष्ण मंदिर गए। इस गुरुवायूर मंदिर में श्रीकृष्ण को गुरुवायुरप्पन पुकारा जाता है। ''ओम नमो नारायण'' के जाप के मध्य सबने मंदिर के पूरी श्रद्धा और आत्मानंद के साथ दर्शन किए।

गुरुवायूर जो आज सुप्रसिद्ध नाट्य-नृत्य कथकली के लिए भी खूब जाना जाता है आचार्य शंकर के समय भी बहुत सुंदर स्थान था। उसे दक्षिण के द्वारका अथवा दक्षिण के बैकुण्ठ का दर्जा प्राप्त था। सबसे महत्त्वपूर्ण बात यह कि राजा राजशेखर वृद्ध होने के बावजूद त्रिचूर से दो घंटे की पदयात्रा करके आदि-शंकर को इस तीर्थ स्थल का दर्शन कराने आए और उन्हें छोड़कर तब अपने रथ में अपनी राजधानी वापस गए। वह रात्रि शंकर और यात्री दल ने गुरुवायूर में ही व्यतीत की।

उसके बाद शंकराचार्य दो दिन और त्रिचूर में, जिसे अब त्रिशूर कहा जाता है और जो अब केरल की सांस्कृतिक राजधानी भी कहलाता है, रुके। वहाँ के निवासियों को उपदेश दिए। उसके बाद यह यात्रीदल तिरुवनंतपुरम् के लिए प्रस्थान कर गया।

10 दिन की पदयात्रा के पश्चात् पूर्व की भाँति रुकते चलते, हज़ारों नर-नारियों को दर्शन-उपदेश देता, यह धर्म यात्री दल तिरुवनंतपुरम नामक एक बड़े नगर में पहुँचा। राजा राजशेखर अपने दल-बल सहित वहाँ भी गुरुदेव शंकर के स्वागत में पहले से मौजूद मिले।

तिरुवनंतपुरम् आज अपने पद्मनाभ स्वामी मंदिर के लिए प्रसिद्ध है। जब आदि-शंकर वहाँ गए तो आज की तरह शेषनाग की शैय्या पर विश्राम मुद्रा में भगवान विष्णु की विशाल स्वर्ण मूर्ति तब न थी। परंतु मंदिर तब भी था, अपने छोटे आकार में। शेष शैय्या पर चतुर्भुज नारायण तब भी वहाँ थे, अपने छोटे और एक पत्थर की मूर्ति के आकार में। यह नगर तब भी देवताओं का नगर कहलाता था। तब भी हरा-भरा था। आज से कई गुना हरीतिमा संयुक्त। सागर इस देवताओं के नगर के चरण तब भी पखारता था। केरल की अब तो ये राजधानी है। आदि-शंकर के समय में यह चेर साम्राज्य का एक स्वर्ग तुल्य प्राकृतिक भू-भाग था। आदि-शंकर यहाँ पूरे तीन दिन रुके। पद्मनाभ मंदिर में गए तो उनकी ध्यान समाधि ऐसी लगी जो 24 घंटे तक नहीं खुली। शिष्यगण पद्मपाद और त्रोटक उनके अगल-बगल अविचलित बैठकर बारी-बारी से अपने गुरु की देखभाल करते रहे।...

इसके बाद कन्याकुमारी पहुँचने में उन्हें 2-3 दिन लगे। भारत के धुर दक्षिण में स्थित कन्याकुमारी। उसका चरण पखारता जलनिधि। अद्भुत सूर्योदय और अद्भुत सूर्यास्त के तटीय परिदृश्य। आचार्य शंकर ने माता कन्याकुमारी मंदिर और कुछ अन्य मंदिरों के दर्शन किए। पूरे पाँच दिन कन्याकुमारी में व्यतीत किए। पाँचों दिन सागर तट की चट्टानों पर बैठ कर घंटों ध्यान योग में समय सार्थक किया।...

कन्याकुमारी से चले तो सब तीसरे दिन थिरुचेन्दुर पहुँचे। हरियाली भरे उस मार्ग पर चलते हुए यात्रियों को अपनी दाहिनी ओर लगभग हर जगह भारत महोदधि के नील विस्तार के दर्शन होते रहे। एक स्वप्न लोक में पदयात्रा-सा था यह अनुभव। थिरुचेन्दुर में एक रात्रि विश्राम कर प्रातः स्नान ध्यान पूजन के बाद यह धर्म यात्रा ब्रह्म-संकीर्तन करती रामेश्वरम् महातीर्थ के लिए रवाना हुई।

रामेश्वरम् पहुँचने में लगभग एक सप्ताह का समय लगा। उसके बाद भगवान श्रीराम द्वारा स्थापित प्रमुख रामेश्वरम् मंदिर के ज्योतिर्लिंग दर्शन सभी ने गुरुदेव के पीछे-पीछे चलकर किये और उनका अभिषेक किया। विधि-विधान से यह पूजन सम्पन्न करने से पूर्व सभी श्रद्धालुओं ने मंदिर के सामने ही कुछ दूर पर समुद्र में श्रद्धापूर्वक स्नान किया।...

आदि-शंकराचार्य की ध्यान समाधि रामेश्वरम् तीर्थ में रह-रहकर अनेक बार लगने लगी। पद्मपाद ने उद्भ्रांत से कहा—''लगता है हमें इस क्षेत्र में लंबा प्रवास करना पड़ेगा।''

जब गुरुदेव सहज होते, पूर्ण चैतन्य अवस्था को प्राप्त करते तभी कहीं आगे बढ़ा जा सकता था। रामेश्वरम् क्षेत्र के अनेक मंदिरों के दर्शन करते समय लगभग 15 दिन बाद सब धनुषकोडि पहुँच सके। धनुषकोडि रामेश्वरम् जनपद का वह अंतिम भू-भाग वह रेतीला सिरा है जहाँ जाकर धरती तीन ओर से सागर की लहरों से घिर जाती हैं।

धनुषकोडि ही वह जगह है जब लंका अभियान से पूर्व श्रीराम की वानर सेना ने लंका तक पहुँचने के लिए समुद्र पर एक पत्थरों के सेतु का निर्माण किया था। श्रीराम सेतु धनुषकोडि से सागर जल में डूबा हुआ श्रीलंका तक चला गया है।

आचार्य शंकर घंटों श्रीराम सेतु के पास बैठे नीली-नीली सागर लहरों को निर्निमेष निहारते रहे। समय जैसे वहाँ थम गया। सभी तीर्थ यात्रियों को रामसेतु पर पहुँचने से परम रोमांच का अनुभव हुआ। एक ऐसा अविस्मरणीय अनुभव जिसे कोई जीवनपर्यन्त भूल नहीं सकता।...

रामेश्वरम् की जिस धर्मशाला में शंकराचार्य महाराज ठहरे हुए थे। वहाँ एक दिन शैव साधकों का एक असंतुष्ट दल आया। उसने पद्मपाद से कहा कि—''हमारे गुरु महाराज आपके शंकराचार्य से शास्त्रार्थ करना चाहते हैं।''

पद्मपाद ने कहा—''मैं आचार्य पद्मपाद हूँ। गुरुदेव शंकराचार्य जी का शिष्य हूँ। आप अपने गुरु महाराज से मुझे मिलवा दें। मैं यथा योग्य शंकाओं का समाधान करुँगा।''

एक मोटे उदर और भारी बदन वाले उनके वे गुरुदेव उन शैव साधकों के मध्य ही थे। बोले—

''हम शिष्यों से बात नहीं करते। सीधे आचार्य शंकर से ही शास्त्रार्थ करेंगे।''

पद्मपाद को क्रोध तो बहुत आया उन आगंतुकों के व्यवहार से। परंतु उसने उन्हें धर्मशाला के केंद्रीय कक्ष में बैठा दिया और फिर शंकराचार्य महाराज को लाकर उन शैवों से मिलवाया।

आचार्य शंकर बाहर आए। उन लोगों से सौम्य एवं शिष्ट तरीके से मिले और कहा—''कहिये क्या सेवा कर सकता हूँ?'' तब उस दल के वे गुरु महाराज बोले—

''मेरा नाम विजयशंकर पाण्ड्य है। मैं पाण्ड्य राजवंश का कुल पुरोहित भी हूँ। आपके अद्वैत-वेदांत पर हम शैव साधकों को अनेक आपत्तियाँ हैं। इसलिए आपसे शास्त्रार्थ करने की इच्छा है।...''

आदि शंकर बोले—''ठीक है विजयशंकर महाराज! आप अपना पक्ष रखें।''

इसपर विजयशंकर बोला—आपने अद्वैत का उस निराकार ब्रह्म का ऐसा हउवा खड़ा किया है जबकि उसकी सत्ता का कोई प्रमाण नहीं। और फिर यदि एक क्षण को हम उसकी अदृश्य सत्ता को मान भी लें तो फिर क्यूँ आए हैं आप रामेश्वरम्? क्या आवश्यकता है दूसरे मंदिरों में जाने की वहाँ दर्शन और दण्ड प्रणाम करने की। एक तरफ़ तो अद्वैत मत का प्रचार दूसरे ये भक्त और भगवान के बीच द्वैत भाव से पूजन क्यों?"

शंकराचार्य बोले—"किसने आपसे कहा कि हम मंदिर में देव विग्रहों का द्वैत भाव से पूजन करते हैं। हम तो कण-कण में उसी परमेश्वर का दर्शन करते हैं। उसी की सत्ता को मनुष्य, पशु-पक्षी, अन्न-जल-वायु-आकाश-मंदिर और विग्रह हर जगह अनुभूत करते हैं। हमारा किसी की भी पूजा-पद्धति, आस्था से विरोध नहीं। बल्कि हम तो प्रत्येक जीवधारी की आस्था में ही अपनी उस परमसत्ता को समाहित पाते हैं। पंडित जी, जब तक यह हाड़-माँस का शरीर है तब तक यह सारी यात्रा है। यह द्वंद्व आस्था और अनास्था का है। और हाँ अद्वैत और द्वैत का। हमारा शैव, शाक्त, वैष्णव, बौद्धों किसी से भी झगड़ा नहीं है। हम तो वेदों को अंतिम दर्शन मानते हैं। आप भी मानते होंगे?"

"हाँ चारों वेदों को हम भी मानते हैं।"

"और भगवान शिव की सर्वोच्च सत्ता में विश्वास रखते हैं?"

"हाँ आचार्य... बिल्कुल।"

"तो त्रिदेव में भी आपको विश्वास होगा?"

"ब्रह्मा विष्णु महेश की अवधारणा पुराणों में व्यक्त हुई है। इससे उनके अस्तित्व में अविश्वास का कोई कारण नहीं।"

"पुराणों से पूर्व क्या थे?"

"मतलब?"

"मतलब वे कौन से धर्म ग्रंथ थे हमारे?"

"उपनिषद्, आरण्यक, उनसे पहले हमारे वेद"

"तो उनमें परम सत्ता का निरुपण हुआ है अथवा अन्य किन्हीं सत्ताओं का?"

विजय शंकर कुछ देर को चुप लगा गया। सोचने लगा बात लंबी चलेगी। अध्ययन उतना गहन है नहीं। ऐसा न हो कि शिष्यों के सामने किरकिरी हो जाए। बोले—"आप ही इस विषय में कुछ कहें। तब शंकराचार्य ने कहा—

"वेदों को आप भी मानते हैं महाराज। मैं भी। आप जानते ही होंगे कि वेद का अर्थ है पवित्र ज्ञान या विवेक। वेद चार हैं—ऋग, यजुर, साम और अथर्व... एक

साथ मिलकर वे संहिता का निर्माण करते हैं... जो हिन्दू धर्म प्रणाली का शाब्दिक आधार है। इन संहिताओं के साथ तीन अन्य प्रकार के ग्रंथ विकसित हुए। पहले थे ब्राह्मण... जो मूलतः पुरोहित वर्ग के लिए प्रथाओं के विस्तृत वर्णन की नियमावली है।...

दूसरे थे आरण्यक। अरण्य का अर्थ है जंगल अथवा वन। अतः ये वन नियमावली के अंतर्गत प्रथाओं, मंत्रों और जादू टोने वाली बातें नहीं बल्कि उनसे हटकर अध्यात्म की व्यापक परिकल्पनाओं की बातें करते थे।...

इन आरण्यकों से ही निकले तीसरे प्रकार के हमारे परम दार्शनिक ग्रंथ जिन्हें उपनिषद् कहा जाता है। उपनिषद् अपने विचारों की ऊँचाई के कारण और स्वयं वेदों को सरस ढंग से व्याख्यायित करने के कारण हिन्दू दर्शन और अध्यात्म के आधारभूत ग्रंथ माने जाते हैं। उपनिषद् तो पढ़े होंगे आपने?''

शैव गुरु बोले—''बिल्कुल पढ़े हैं। पर इस समय हम आपको ही सुनना चाहेंगे।''

आदि शंकर ने कहा—'''मुंडक उपनिषद्' में कहा गया है—ब्रह्माण्ड ब्रह्म से निकलता है और ब्रह्म में लौट जाएगा। वस्तुतः सब कुछ ब्रह्म है। तो महाराज!... जब सब कुछ उसी 'एकोऽहम द्वितीयोनास्ति' से उपजा है तो फिर क्या ब्रह्मा, क्या विष्णु, क्या शिव, क्या सृष्टि, क्या माया या क्या अन्य जीवात्माएं सभी की सत्ता उस एक परम सत्ता से ही है। सभी उससे जन्मते हैं और उसी में समा जाते हैं। यह जो द्वैत है उसका कारण है माया रुपी अज्ञान। अज्ञान हटते ही अद्वैत का स्वरूप स्वतः स्पष्ट हो जाता है।...

'कठ उपनिषद्' में ब्रह्म की व्याख्या और भी विस्तार से की गई है। कहा गया है कि—इंद्रियों से श्रेष्ठ है मन। मन से श्रेष्ठ है बुद्धि। बुद्धि से श्रेष्ठ है अहम। अहम से श्रेष्ठ है अव्यक्त कारण और उससे परे है ब्रह्म, सर्वव्यापी, गुणातीत।... इसका अनुभव कर व्यक्ति जन्म और मृत्यु के चक्र से मुक्त हो जाता है।''

इसपर विजयशंकर पाण्ड्य बोल पड़ा—''वो सब तो ठीक है। पर मैंने सुना है कि आप एक ओर तो कर्मकाण्डों को हेय बताते हैं। परंतु दूसरी ओर यज्ञ में आहुति भी देते हैं।''

''पूर्णाहुति... किसी भी आस्थावान याज्ञिक के संतोष के लिए। मैं स्वयं यज्ञादि की जगह ध्यान साधना कर ब्रह्माराधन में विश्वास रखता हूँ। यूँ तो आप शैव साधक महादेव भगवान के शिवलिंग पर दुग्ध, गंगाजल आदि से अभिषेक कराते हैं तो मैं उसमें भी श्रद्धापूर्वक प्रतिभाग करता हूँ। क्योंकि आपकी आस्था के प्रति मैं सदा-सर्वदा नत मस्तक हूँ।''

''फिर तो हम और आप में कोई विरोध नहीं।''

—शैव गुरु बोले। शंकराचार्य ने उन्हें प्रणाम किया। और वे महाराज विजयशंकर अपने शिष्यों के साथ आचार्य शंकर से बिना उलझे तब उल्टे पाँव लौट लिए।

कुछ दिन सेतुबंध रामेश्वरम् के प्रवास के पश्चात शंकर-दिग्विजय की वह अभूतपूर्व पदयात्रा पुनः आरंभ हुई।

ढोल-ताशे तुरही-नगाड़े और दुंदुभी की विजय-ध्वनि के साथ आदि शंकर के धर्म-योद्धा पुनः चले, अध्यात्म के अहिंसक पथ पर।

भारत के धुर दक्षिण-पूर्व के उस भू-भाग से सब उत्तर मुखी हो चल पड़े। अब यह यात्रा भारत के उस दक्षिण भू-भाग में प्रायः उत्तर-पूर्वी सिरे और उसके आस-पास की यात्रा थी। गाँव-गाँव, नगर-नगर, डगर-डगर होता यह पदयात्रियों का काफ़िला आदि शंकराचार्य और सनातन धर्म की जय बुलाता हुआ चल पड़ा।

भारी भीड़ रास्ते के दोनों ओर जुटती। लोगों के समूह इन धर्म यात्रियों के साथ जुड़ते जाते। वे उनके पीछे-पीछे अपने धार्मिक लोक गीत और भजन गाते-गाते मीलों दूर तक जाते और फिर वापस लौटते। आगे दूसरे सैंकड़ों-हजारों नर-नारी इस धर्म-जुलूस में जुड़ जाते और साथ-साथ कुछ दूर आगे जाते।

इस तरह जिन-जिन क्षेत्रों से ये चालीस-पचास लोगों का दल गुज़रता वह फिर वहाँ उतना ही नहीं रहता, हज़ारों श्रद्धालुओं और सह भागियों में परिवर्तित हो जाता।

यह यात्रा अबाध गति से चलती रही। कर्नाटक, चेर, पाण्ड्य और चोल राज्यों से गुज़री। शृंगेरी से चलकर, त्रिचूर-गुरुवायूर—तिरुवनंतपुर-कन्याकुमारी-थिरुचेन्दूर होते हुए रामशेवरम् पहुँची। उसके बाद जब रामेश्वरम् से चली तो मदुरई, श्रीरंगम होती हुई मध्यार्जुन और फिर कांची पहुँची।

मदुरई में आदि-शंकराचार्य ने मीनाक्षी देवी के पावन दर्शन किये। यहाँ माँ पार्वती की मछली की आँख वाली मूर्ति को मीनाक्षी अम्मन भी कहा जाता है। उनके दर्शन कर शंकर और उनके शिष्य भाव विभोर हो गए। राजा सुधन्वा भी साथ थे। वे भी मीनाक्षी अम्मन के दर्शन-पूजन में बढ़-चढ़ कर सम्मिलित हुए।

यात्री दल जब श्रीरंगम से गुजरा तो उद्भ्रांत ने धीरे से शंकराचार्य महाराज के कान में कहा—"ये वही जगह है जहाँ पद्मपाद का दुष्ट मामा रहता है। मेरा तो मन करता है कि चलकर उसे मज़ा चखा दिया जाए।"

शंकराचार्य बोले—"चुप करो। इस जगह से शीघ्र आगे बढ़ते चलो। मैं अपने प्रिय शिष्य को और अधिक दुःखी नहीं देखना चाहता।"

धर्म-दिग्विजयी दल बिना किसी आक्रामकता के श्रीरंगम के बीच से होता हुआ आगे गुजरता रहा। उद्भ्रांत सोचता रहा कि आचार्य पद्मपाद की आँखे जनता-जनार्दन की भीड़ में अपने मामा को अवश्य खोज रही होंगी। मगर वो चोरवा होगा तभी न मिलेगा... भाग गया होगा कायर...

श्रीरंगम होकर कई दिन चलते, पड़ाव डालते सबके-सब मध्यार्जुन पहुँचे। भगवान शंकर का एक अत्यंत पूज्य मंदिर वहाँ स्थित था, जिसकी बड़ी मान्यता थी। मध्यार्जुन शिवलिंग की इन सभी तीर्थ यात्रियों ने पूजा अर्चना की। उसके बाद आचार्य शंकर ने हाथ जोड़कर प्रार्थना की—''हे भगवन्! ''मेरी आपसे यह विशेष प्रार्थना है... वेदों में निहित ज्ञान का लक्ष्य द्वैत भाव है? अथवा अद्वैत भाव? कृपया भक्तों के इस संशय का निवारण करें।''

इसपर मंदिर के उस गर्भग्रह में एक चमत्कार-सा घटित हुआ। आदि-शंकर की इस प्रार्थना पर मध्यार्जुन शिवलिंग एक आकस्मिक स्वर्णाभा से चमक उठा। उसमें से गुरुगंभीर ध्वनि आई—

''सत्यमद्वैतं, सत्यमद्वैतं, सत्यमद्वैतं''

वहाँ उपस्थित सभी लोगों ने और आचार्य शंकर के अनुयायियों ने तीन बार अपने कानों से वह आकाशवाणी जैसा स्वर सुना कि—अद्वैत सत्य है, अद्वैत सत्य है, अद्वैत सत्य है। यह देख सुनकर मध्यार्जुन में भक्तों के आश्चर्य का ठिकाना न रहा। आचार्य शंकर की इस अद्भुत शक्ति के आगे सभी नत मस्तक हुए। वहाँ बहुत से लोग अद्वैत मत में दीक्षित हो गए। उस दिन रात्रि विश्राम मध्यार्जुन मंदिर के प्रांगण में ही हुआ। लोगों को शंकराचार्य पूज्यपाद के उपदेशामृत का भी पान करने का वहाँ सुअवसर प्राप्त हुआ।

आगे की यात्रा में स्वामी मलाई में स्वामीनाथ स्वामी मंदिर के दर्शन किए। यह हिन्दू मंदिर भगवान मुरुगन को समर्पित है। भगवान शिव के पुत्र मुरुगन, जिन्हें उत्तर भारत में कार्तिकेय कहा जाता है। मुरुगन ने ही पौराणिक आख्यानुसार एक बार अपने पिता शिव और ब्रह्मा को प्रणव अक्षर—ॐ—का अर्थ समझाया था। अ, उ, म के संयोग से बना यह वेदों का महामंत्र कहता है—वह—अर्थात् ब्रह्म।... आदि शंकर ने अपने शिष्यों को सरल भाषा में समझाया।

स्वामी मलाई से चले तो सब मायावरम्, चिदम्बरम् होते हुए अनेक दिवसों की पद यात्रा करते-करते कांची तक जा पहुँचे। माग्र में मंदिरों का दर्शन करते। लोगों में वेदाध्ययन और सात्त्विक जीवन का उपदेश देते।

चिदम्बरम् में शंकर जब एक बगिया में ठहरे हुए तो दोपहर के समय कुछ ढीठ किस्म के पंडितों का वहाँ आगमन हुआ। यह ब्राह्मण समुदाय, अपने को शैव मतावलंबी

बताता था, परंतु उनका आचरण शाक्तों जैसा था और कुछ-कुछ कापालिकों जैसा। वे दिग्भ्रमित लोग वास्तव में क्या थे? ये तो वे ही जानें। वे खुलकर मदिरापान अपनी साधना के दौरान करते थे।

आचार्य शंकर उन मद्यप ब्राह्मणों के आचरण से बहुत खिन्न हुए। उनके मना करने पर भी वे आगंतुक उनसे शास्त्रार्थ करने की ज़िद पर अड़ गए। तब शंकर के अकाट्य तर्कों के आगे उनके मुख्यिा को मुँह की खानी पड़ी।

जब उनका मुखिया आदि शंकर के आगे निरुत्तर हो गया तो उसने उनके आगे आत्म-समर्पण कर दिया। तब उन सारे ही लोगों ने भी आदि शंकराचार्य के अद्वैत-मत को स्वीकार कर लिया। चिदम्बरम् में भगवान शिव के नटराज स्वरूप के दर्शन होते हैं। उस दर्शन ने आचार्य शंकर सहित सबका मन मोह लिया।

एक लंबी पद यात्रा तय करता इस प्रकार से यह धर्म-दल शृंगेरी से चलता-रुकता लगभग तीन माह में कांचीपुरम् पहुँचा।

कांची में यह आदि शंकराचार्य का अत्यंत विशिष्ट और भावनात्मक प्रवास था। यहाँ पर विराजमान त्रिपुर सुंदरी रूप में देवी कामाक्षी अम्मन के जब आदि शंकर ने प्रथम दर्शन किये तो वे भाव-विभोर हो गए। क्योंकि उन्हें माँ कामाक्षी की मुखछवि में अपनी स्वयं की माँ आर्यम्बा की छवि नज़र आई। उन्हें देखते ही उनके दोनों नेत्रों से अश्रुधार बह निकली। गला अवरुद्ध हो गया। वे तब एक बार जब धरती पर बैठे उन्हें अपने तन मन की कोई सुधि नहीं रही।

यह विचित्र स्थिति थी। संन्यासी शंकर निढाल थे। वे ध्यानावस्था में भी नहीं गए। केवल उनके जीवन का इतिवृत्त जैसे उनके चित्त में घूमता रहा गोल-गोल... जिसके केंद्र में कभी माँ आर्यम्बा की छवि उभरती तो कभी इन कामाक्षी अम्मन की जो अपने मंदिर के गर्भगृह में स्वयं आत्मस्थ सी, कुछ चिंतन की मुद्रा में, विराजमान थीं।...

कांचीपुरम् स्थित यह माँ कामाक्षी का मंदिर एक ऐसा शक्तिपीठ है, जहाँ शक्ति रुप में माँ कामाक्षी के विग्रह को एकसाथ लक्ष्मी और सरस्वती के रुप में पूजा जाता है। यहाँ माँ कामाक्षी की एक आँख में धन की देवी लक्ष्मी और दूसरी में विद्या की देवी सरस्वती का वास बताया जाता है। इस प्रकार कांची कामाक्षी अम्मन मंदिर में माँ भगवती की एक ही प्रतिमा में लक्ष्मी, सरस्वती और दुर्गा, उनके तीनों रुपों की पूजा की जाती है।

शंकराचार्य कांची में दो महीने रुके रहे। वे नित्य प्रातः माँ कामाक्षी के दर्शन और उनके सन्मुख ध्यान करने के लिए पद्मासन में देर तक मंदिर में बैठते। उनके शिष्य पद्मपाद और त्रोटक उनके साथ अनिवार्य रुप से उपस्थित रहते। उस समय किसी को आचार्य के निकट आने की अनुमति न थी। दिन के समय वे किसी न किसी मंदिर के दर्शन करते। संध्या काल में अपनी धर्मशाला में श्रद्धालु जन के मध्य शंकराचार्य भगवन् का सत्संग चलता।

पूज्य शंकराचार्य के कांची आगमन का समाचार सुनकर पल्लव वंश के राजा नंदीवर्मन ने वहाँ आकर उनका स्वागत और अभिनंदन किया। राजा ने गुरुदेव शंकराचार्य सहित उनके समस्त शिष्यों और सह-यात्रियों के एकांत में ठहरने की उत्तम व्यवस्था करा दी।

शंकराचार्य ने शिवाकांची में भवानीपति अमरेश के मंदिर के दर्शन किए। विष्णुकांची में वरदराज विष्णु के प्राचीन मंदिर के भी दर्शन किए। ये दोनों मंदिर अच्छी अवस्था में नहीं थे। शंकराचार्य ने चोल नरेश से कहकर इन मंदिरों का जीर्णोद्धार प्रारंभ कराया।

चोल नरेश कांची पधारे थे। कांची तो उन्हीं के अधिकार क्षेत्र में आता था। उन्होंने शंकराचार्य महाराज के अवस्थान स्थल पर पर्याप्त सुरक्षा व्यवस्था और साफ़-सफ़ाई का प्रबंध सुनिश्चित किया। तब राजा सुधन्वा इन व्यवस्थाओं से संतुष्ट होकर तीन दिन बाद गुरुदेव शंकराचार्य से अनुमति लेकर अपनी राजधानी माहिष्मती को लौट गए थे।

आदि शंकराचार्य का मन कांचीपुरम् स्थिति माँ कामाक्षी में ऐसा रमा कि वे वहाँ से कहीं जाने को प्रस्तुत ही नहीं दिखते थे। उनकी जन्मदात्री माँ भी उन्हें इस तरह बंदी नहीं बना पाई थीं, जिसप्रकार वे कामाक्षी अम्मन के उस विग्रह के मोहपाश में जकड़ गए। संसार को विरक्ति का संदेश देने वाला एक संन्यासी आज स्वयं एक मंदिर की देवी के श्रीचरणों का बंदी था।

दो माह होने को आए। अभी आचार्य कांची से आगे की यात्रा की सोच ही रहे थे कि भारी वर्षा प्रारंभ हो गई। एक बार वर्षा होनी शुरु हुई तो एक माह तक वर्षा-क्रम नहीं थमा। अतः श्री आदि शंकराचार्य और उनके अनुयायी कांची नगर में ही पूरे तीन माह रुके रहे।

इस मध्य शंकर ने माँ कामाक्षी की मूर्ति के समक्ष जो पद्मासन में विराजमान है, एक श्रीचक्रम की स्थापना की। वे तांत्रिक विधि से माता की पूजा करते थे। जगत् के कल्याण वाली तंत्रपूजा। वह तंत्र पूजा नहीं जो किसी के अनिष्ट के लिए अथवा किसी निजी स्वार्थ की पूर्ति के लिए वाममार्गियों द्वारा की जाती है।

इतने सुदीर्घ समय तक कांची में आदि-शंकराचार्य ठहरे, वहाँ भक्तों का दर्शनार्थियों का ताँता लगा रहता। यह देखते हुए वहाँ के पुरोहित वर्ग ने और धनिक समाज ने

चोल नरेश से प्रार्थना कर वह स्थान, शंकराचार्य की दिग्विजय-यात्रा के प्रस्थान उपरांत उनके आश्रम के नाम पर प्राप्त कर उसे गुरुदेव आदि शंकर के एक मठ के रुप में स्वतः विकसित किया।

आगे चलकर यह कांची के शांकर मठ के रुप में विख्यात हुआ। देखा जाय तो यह मठ स्वयं शंकराचार्य ने नहीं स्थापित किया था। उनके अनन्य अनुयायियों ने उनके सम्मान में उसे स्वयं कांचीपुरम् के उस पवित्र तीर्थ स्थान पर उनके नाम से स्थापित कर, उसे शनैः शनैः भव्य रुप प्रदान किया।

इसे यों भी कहा जा सकता है कि स्वयं कामाक्षी अम्मन ने अपने लाल आदि शंकर पर अपना वात्सल्य बरसाते हुए उसके लिए एक भवन अपने आँचल के नीचे निर्मित कराया, जहाँ उसकी स्मृतियाँ अनंतकाल तक सुवासित होनी थीं।...

श्री आदि शंकराचार्य की भव्य यात्रा तीन माह बाद कांची से जगन्नाथपुरी के लिए रवाना हुई।

2
गोवर्द्धन मठ

पद्मपादाचार्य इन दिनों बहुत उदास और बुझे-बुझे से रहते थे। जब से वे अपनी निजी तीर्थ यात्रा से लौटे थे। जब से उनके साथ उनके सगे मामा द्वारा वह धोखा किया गया था। जब से उनका वह ग्रंथ 'विजयडिंडिम' भस्मीभूत हुआ था। पद्मपादाचार्य गुरुदेव की सान्त्वना और उनके सानिध्य में इस धर्म-यात्रा में चलते हुए थोड़ा स्वस्थमनः तो हुए थे, परंतु पूरी तरह उस हादसे से उबर नहीं सके थे।

अब जब एक बार फिर रामेश्वरम् से कांची के मध्य यात्रा के दौरान दोबारा वे मामा के शहर श्रीरंगम से गुज़रे तो उन्हें पुनः अवसाद ने घेर लिया। कांची पहुँचकर जैसे-तैसे वे पुनः गुरुसेवा में लगे। अन्यथा सारे रास्ते आचार्य शंकर का ध्यान मुख्यतः त्रोटकाचार्य ने ही रखा।

कांची से चली पदयात्रा ने चोल प्रदेश से निकल कर आंध्र प्रदेश में प्रवेश किया। वहाँ चलते हुए मार्ग में धर्म-प्रचार पदयात्री किसी देवालय के बाहर अथवा वृक्षों की छाया में विश्राम करते तो शंकराचार्य के दर्शन हेतु श्रद्धालु मनुष्यों की भीड़ एकत्र हो जाती।

शंकराचार्य उन्हें उपदेश देते, शास्त्रों में निहित ज्ञान को सरल शब्दों में लोगों को समझाते। उन्हें वेदों और उपनिषदों के पठन-पाठन की प्रेरणा देते। सादा-सरल-शुद्ध

जीवन अपनाने की सीख देते। उपस्थित नर-नारी एक इतने बड़े संत-महात्मा के मुख से निकले प्रत्येक शब्द को बड़े ध्यान से सुनते। कुछ समझते और कुछ ना भी समझते हुए भी वे स्वयं को धन्य मानते।

कहीं-कहीं निष्छल ग्रामीण स्त्रियाँ अपने नवजात शिशुओं को अचानक आचार्य शंकर की गोद में डाल देतीं और उनसे प्रार्थना करतीं कि—''स्वामी जी! इस बच्चे को आशीर्वाद दीजिए कि इसकी लंबी आयु हो और ये बड़ा आदमी बने। खूब कमाए खाए।''

—इसपर शंकराचार्य हँसकर उस बालक के सिर पर हाथ रखकर उसे लौटाते और कहते—''माँ! तेरा लाल चिरंजीवी हो। इसके बड़े आदमी बनने का तो नहीं, पर यह आशीर्वाद अवश्य देता हूँ कि यह एक श्रेष्ठ धर्मप्राण और उत्तम आचरण वाला मनुष्य बने और तुम्हारी एवं इस अनित्य संसार की भरपूर सेवा करे।...''

यात्री दल आदि शंकर की कृपा-छाया में चलता हुआ अनेक दिन बाद जब कांची से कई नगर-ग्रामों को पार करता तिरुपति बाला जी पहुँचा तो वहाँ कुछ दिन पड़ाव डाल दिया। तिरुपति में तिरुमला की पहाड़ियों पर स्थित भगवान वेंकटेश्वर मंदिर में सबने पावन दर्शन किए। भगवान विष्णु के भक्त भारत के कोने-कोने से विभिन्न संसाधनों से यात्रा कर आज यहाँ हजारों-लाखों की संख्या में पहुँचते हैं। जबकि आदि शंकराचार्य और उनके समर्पित अनुयायी अपने समय में यहाँ एक लंबी पदयात्रा करके पहुँचे थे और भगवान वेंकटेश्वर की उन्होंने पूजा अर्चना की थी। वे कई दिन तिरुमला की उन सुंदर पहाड़ियों में रुके। सत्संग किया। भजन किया और जगत के पालनहार देवता के नित्य दर्शन किए।

वहाँ से जब चले तो उन्होंने कई दिन बाद कलिंग देश में प्रवेश किया। तिरुपति से पुष्पगिरि, राजमुंदरी, रामचंद्रपुरम् होते हुए दिग्विजयी-यात्री पैदल चलते-चलते अंततः जगन्नाथपुरी पहुँचे। कांची से पुरी तक, धर्म-पताका लहराती इस यात्रा को, पहुँचने में लगभग डेढ़ महीने का समय लगा।

इस धर्म-यात्रा की गूंज कान-दर-कान होती हुई पदयात्रियों से पहले ही आगे जाने वाले द्रुतगामी रथ वाहनों और व्यक्तियों द्वारा पहुँच जाती थी। शंकराचार्य सनातन धर्म के प्रचार के लिए, वितण्डावादियों से शास्त्रार्थ के लिए निकले हैं, यह बात भारत के कोने-कोने में अब तक फैल चुकी थी।

जैसे-जैसे यह पदयात्री दल आगे बढ़ता मार्ग में जन-साधारण द्वारा उसका स्वागत इतने उत्साहपूर्वक होता चलता कि उसके आगे विशिष्ट व्यक्तियों द्वारा बनवाए गए तोरण द्वारों की भव्य व्यवस्थाएं भी फीकी लगने लगतीं। शंकर-दिग्विजय यात्रा-मार्ग में उमड़ते नर-नारियों का वह उत्साह देखते ही बनता था।...

कलिंग देश में आने के बाद आचार्य शंकर ने अनुभव किया कि इस प्रक्षेत्र में बौद्धों का व्यापक प्रभाव और दबाव है। पुरी के जगन्नाथ मंदिर में पूजा तो होती है, पर कोई विग्रह अर्थात् मूर्ति नहीं है। विधर्मियों के भय से स्थानीय लोगों ने चिल्का झील के पास विग्रह को गाड़ दिया था। बाद में पुजारी लोग उस स्थान को भूल गए कि कहाँ गाड़ा था? बहुत खोज करने पर वह प्राचीन विग्रह नहीं मिला था। फलतः बिना विग्रह के ही जगन्नाथ मंदिर में भगवान के विराजने के स्थान का ही पूजन हुआ करता था।

शंकराचार्य महाराज के आगमन का सुनकर अनेक सनातनी विद्वान आए। उन्होंने उनसे निवेदन किया कि—"हे महात्मन्! हम आपकी कीर्ति सुन चुके हैं। आप कृपया अपने योगबल से हमें यह बताएं कि हमारे देवता को कहाँ छिपाकर रखा गया है? हम उन्हें खोजकर पुनः प्राण प्रतिष्ठा कर उनकी विधिपूर्वक नित्य पूजा-अर्चना करना चाहते हैं।"

जगन्नाथ पुरी के श्रद्धालु महानुभावों के आग्रह पर प्रसन्न होकर आचार्य ने कहा—"यह अत्यंत उत्तम विचार है। मैं प्रयत्न करता हूँ।"

शंकराचार्य जगन्नाथ धाम में उन्हीं के मंदिर प्रांगण में रुके हुए थे। वे ध्यान-मगन होकर स्तोत्रपाठ करने लगे। कुछ देर बाद आँखें खोलते हुए बोले—"चिल्का झील के किनारे एक विशाल वटवृक्ष है। उसी की जड़ों के निकट एक पेटी में विग्रह भूमि में दबा है।"

यह जानकारी प्राप्त कर नगर के कुछ लोग और मंदिर के प्रधान पुजारी चिल्का झील की ओर गए। निर्दिष्ट स्थान पर खुदाई करने पर वह विग्रह-पेटिका मिल गई। मूर्ति को लेकर वे लोग वापस आए। बड़े धूम-धाम के समारोह के साथ उसकी स्थापना मंदिर के गर्भगृह में शंकराचार्य महाराज के कर-कमलों द्वारा कराई गई। पश्चात् विधिपूर्वक पूजन कर भगवान जगन्नाथ की प्राण प्रतिष्ठा का कार्य सम्पन्न किया गया।

इस अवसर पर कलिंग नरेश भी पधारे उन्होंने भगवत्पाद आदि शंकराचार्य महाभाग की चरण वंदना की। उनके आश्रम निर्माण हेतु जगन्नाथ मंदिर के निकट ही भूमि उपलब्ध कराई। हर प्रकार का सहयोग प्रदान किया।

इस प्रकार आदि शंकराचार्य ने अपने चतुर्थ मठ का निर्माण प्रारंभ कराया। उसे नाम दिया—गोवर्द्धन मठ और तब अपने परम प्रिय शिष्य पद्मपादाचार्य का उन्होंने मठ के प्रथम शंकराचार्य के रुप में अभिषेचन भी लगे हाथों सम्पन्न किया। पद्मपाद इस अवसर पर अपने पूर्व के विचारों को सोच-सोचकर गुरुदेव आदि शंकर के श्रीचरणों के नीचे मानो गड़े जाते थे।

आदि शंकर ने गोवर्द्धन मठ, जगन्नाथ पुरी के लिए वेद वाक्य निर्धारित किया—"**प्रज्ञानं ब्रह्म**" और यहाँ के मठाध्यक्ष शंकराचार्य को 'ऋग्वेद' के पठन-पाठन,

संरक्षण आदि का मुख्य दायित्व सौंपा। यहाँ दीक्षित होने वाले संन्यासी अरण्य और वन नामक उपाधियों के अधिकारी बन सकते थे। ऐसी व्यवस्था उन्होंने दी।

अभिषेचन के उपरांत आचार्य शंकर प्रत्येक शिष्य को शंकराचार्य की गद्दी पर बिठाने के बाद उन्हें कोई-न-कोई सूक्ष्म उपदेश अवश्य देते थे। उन्होंने ऐसा सर्वप्रथम त्रोटकाचार्य के साथ किया। फिर हस्तामलकाचार्य के साथ किया। जब सुरेश्वराचार्य का द्वारका के शारदा मठ के लिए अभिषेचन सम्पन्न किया तो उन्हें भी कुछ सूक्ष्म उपदेश दिया था।

आज परम प्रिय शिष्य पद्मपादाचार्य को एकांत में बैठाकर कृपानिधान श्री आदि शंकराचार्य ने उनके सिर पर हाथ फिराकर उन्हें भी पुत्रवत् उपदेश दिया—

''नलिनी दलगत जलमतितरलं
तद्वज्जीवितमतिशयचपलम्।
विधि व्याध्यभिमानग्रस्तं
लोकं शोकहतं च समस्तम्।।''

—जिस प्रकार कमल के पत्ते पर वर्षा की बूंदें अस्थायी होती हैं, ठीक उसी प्रकार मनुष्य का जीवन भी अनिश्चित होता हैं मनुष्य सदैव अपने दुःख, अहंकार और रोगों से घिरा रहता है। इस सत्य वचन को सदैव स्मरण रखना चाहिये।''

इसपर आचार्य पद्मपाद दोनों हाथ जोड़कर सिर झुकाकर गुरुदेव शंकर से बोले—''पूज्य गुरुदेव मैंने आपके प्रति जो भी कायिक, वाचिक अथवा मानसिक पाप किए हों, कृपापूर्वक उन सबके लिये अपने इस मूढ़ शिष्य को क्षमा करें। आप अंतर्यामी हैं। सबकुछ तो जानते हैं। आपसे मैं क्या कहूँ?''

इसपर आचार्य शंकर ने कहा—''नहीं वत्स! तुमने कभी कोई पाप नहीं किया। मेरी सदैव तन-मन-धन से सेवा की है। तुम्हारे भीतर जो तर्क बुद्धि है वह तुम्हारी शक्ति है।

यह विलक्षण गुण मेरे शिष्यों में केवल तुममें है। हर सद्गुरु यह चाहता है कि उसका अनन्य शिष्य उसके अभिकथनों को पहले ध्यानपूर्वक श्रवण करे, फिर मनन करे और आवश्यकता पड़ने पर व्यक्त विचारों को तर्क की कसौटी पर परखे, तभी उसका अनुसरण करे। इस दृष्टि से तुमने कभी कोई पाप नहीं किया।''

—यह सुनकर पद्मपादाचार्य ने शंकराचार्य के श्रीचरणों में गिरकर उन्हें अश्रुपूरित नेत्रों के साथ प्रणाम किया।

गोवर्द्धन मठ का निर्माण चल रहा था। कलिंग के राजा उसमें एक मंदिर और धर्मशाला का पक्का निर्माण आदि शंकर से अनुमति लेकर करवा रहे थे। परिसर में

दोनों ओर आचार्य शंकर और उनके अनुयायियों के आवास बांस और फूस के झोपड़ों के रुप में ही आदि शंकर के निर्देशानुसार बन रहे थे। सभी आश्रम निर्माण में जुटे शिष्यगण और अनुयायी इन कुटियों के निर्माण में श्रमदान कर रहे थे। कलिंग नरेश ने कुछ श्रमिक भी उनकी सहायतार्थ लगाए थे। आचार्य ने पहले तो मना किया। फिर वे कलिंग नरेश की मनुहार पर मान गए।

शिष्य, श्रमिक सभी मिलकर श्रमदान कर रहे थे। निर्माण कार्य कुछ ही दिन में पूर्ण हो गए। आश्रमवासी उनमें निवास करने लगे। शांकर मठ के एक कोने में एक खुला हुआ बड़ा-सा प्रार्थना कक्ष भी बांस की बल्लियों और घास-फूस की छत वाला ही बनाया जा रहा था। जो अभी पूर्ण नहीं हुआ था। लोग दिन निकलने के बाद नित्य क्रियाओं से निवृत्त हो जलपान आदि लेकर उक्त निर्माण कार्य में जुटते थे। इस निर्माण कार्य के लिए श्रमिकों की सेवा लेने से गुरुदेव ने इनकार कर दिया था। इसमें आश्रमवासियों का ही श्रमदान वे करा रहे थे।

एक दिन बहुत सवेरे का समय था। अभी सूर्योदय नहीं हुआ था। पद्मपाद की आँख जल्दी खुल गई। वे अपनी कुटिया से बाहर आए तो उन्होंने उस झुटपुटे में किसी व्यक्ति को निर्माणाधीन प्रार्थना कक्ष की ओर जाते हुए देखा, सिर पर हरे बाँसों का एक गट्टर लिए हुए।

वे अभी जानने का प्रयत्न ही कर रहे थे कि ये कौन मानव? इतने सवेरे सवेरे...? पद्मपादाचार्य ने उसे आवाज़ दी, पर वह व्यक्ति तेज़ कदमों से आगे बढ़ गया। पद्मपाद को कुछ अंदेशा-सा हुआ। वे लपककर उस व्यक्ति के पीछे गए। बोले—

"सुनो भाई कौन हो तुम?"

वह व्यक्ति प्रार्थना कक्ष की ओर बढ़ता गया। तब तक पद्मपाद तेज पग धरते उस व्यक्ति तक पहुँचे। देखा तो काटो तो खून नहीं।

"अरे गुरुदेव आप?..." पद्मपाद के मुख से निकला। वे वास्तव में आदि शंकराचार्य ही थे। पद्मपाद ने गुरुदेव के सिर से वह गट्टर लेना चाहा। परंतु वे नहीं माने। निर्माण स्थल पर जाकर स्वयं ही उसे भूमि पर डाला।

पद्मपाद तब गुरुदेव से गिड़गिड़ा कर बोले—त्राहिमाम गुरुदेव... धिक्कार है मुझपर। आपने पहले मेरा कोई पाप नहीं माना। परंतु अब क्यों पाप लगाते हैं प्रभु?"

—कहते-कहते वे घुटनों के बल शंकराचार्य के समक्ष बैठ गए। उनके चरण पकड़ कर। शंकर बोले—"तो क्या हुआ?... मेरे प्रिय सनंदन का उपासना कक्ष बन रहा है। सोचा मैं भी थोड़ा श्रमदान कर लूँ।... वैसे भी यह मठ तेरे लिए वत्स!... सबसे बाद में बना पाया मैं।"

गुरुदेव ने अपने शिष्य को उठाया। शिष्य गुरुदेव के कांधों पर सिर रखके पश्चाताप के आठ-आठ आँसू रोया। पद्मपाद को आज गुरु का वह अनुग्रह और सम्मान प्राप्त हुआ था, जिसे विरले ही पाते हैं।

आदि शंकराचार्य जगन्नाथ पुरी में गोवर्द्धन मठ के निर्माण के साथ ही वहाँ लगभग एक वर्ष तक रहे। प्रार्थना सभाकक्ष भी निर्मित हो गया था। तीन ओर से खुला हवादार उन दिनों। दिन में तो बंगाल की खाड़ी की ओर से सागर का शोर उतना न सुनाई देता। लेकिन रात्रि की नीरवता में सागर की लहरों का गर्जन-तर्जन गोवर्द्धन मठ वासियों को ठीक-ठाक सुनाई देता।

प्रवचन सभाकक्ष में एक साथ सौ-सवा सौ श्रोताओं के बैठने का प्रबंध था। प्रातःकालीन सत्संग में पद्मपादाचार्य, गोवर्द्धन मठ के प्रथम शंकराचार्य व्यासपीठ के आश्रमवासियों और बाहर से आए भक्तों के सन्मुख प्रवचन देते।

आदि शंकर अपने पूजन-अर्चन जप-ध्यान में अधिकतर व्यस्त रहते। इन्हीं दिनों उन्होंने 'तत्त्वबोध' नामक एक दार्शनिक पुस्तक की भी रचना की।

कभी-कभी गुरुदेव भी उस सभाकक्ष में पधारते और उपदेश देते। एक दिन आदि शंकर के समक्ष पद्मपादाचार्य ने निवेदन किया कि—"इधर आपने एक बहुत तत्त्वबोधक ग्रंथ का प्रणयन किया है। भगवन्, कृपया हमें कुछ उसके विषय में बताएं।"

इसपर शंकराचार्य प्रभुपाद ने विहँसकर श्रोताओं ने कहा कि—"हमारे प्रिय पद्मपादाचार्य अनेक अवसरों पर गूढ़ वैदिक ज्ञान के ऊपर हमसे खोद-खोदकर प्रश्न करते रहे हैं। उसी के परिणाम स्वरूप इस 'तत्त्वबोध' ग्रन्थ की रचना हुई।... इसके विषय में विस्तार से व्याख्या तो ये ही कभी करेंगे। मैं आज संक्षेप में इसे इसके मूल स्वरुप में आपसे कहता हूँ।... वस्तुतः यह प्रश्नोत्तर रुप में ही प्रायः रचित है। सुनिये..."

इसके पश्चात आदि शंकर सभाकक्ष में दत्तचित्त होकर एकत्र श्रोताओं के समक्ष 'तत्त्वबोध' के विषय में बोलने लगे—"यह तत्त्व-बोध नामक ग्रन्थ मुमुक्षजनों के कल्याणार्थ रचा गया है। जो मोक्ष प्राप्ति की तीव्र इच्छा रखते हैं वे ही इसका लाभ उठा सकते हैं।...

प्रिय आत्मन्!... भोग और मोक्ष दो अतियाँ हैं। मुमूक्षु अर्थात् मोक्ष की इच्छा रखने वाले को भोगों से विरत होना ही पड़ेगा। अन्यथा मोक्ष प्राप्ति संभव नहीं है। इसकी साधना ज्ञानी गुरु ही बता सकता है, जिसे स्वयं इसका ज्ञान हो चुका हो।...

ज्ञान के चार साधनों से युक्त अधिकारियों के लिए मोक्ष साधना स्वरुप अद्वितीय सत्‌वस्तु के विचार को प्रारंभ करते हैं।...

ये साधना चतुष्टय क्या हैं?

नित्य और अनित्य वस्तु का पृथक-पृथक निश्चय हो जाना। इस लोक और परलोक के भोगों की इच्छा न होना। शम-दम आदि छः सम्पत्ति चतुष्टय हैं।—

साधना चतुष्टय किम्?

नित्यानित्यवस्तुविवेकः इहामुत्रार्थभोग विरागः,
शमादि-षट्क-सम्पतिः, मुमुक्षुत्वं चेति।।...''

—और इसके बाद गुरुदेव शंकराचार्य क्रमबद्ध ढंग से विषय पर उपदेश देते गए।—

''नित्य और अनित्य वस्तु का पृथक-पृथक विवेक क्या है? केवल एक अद्वितीय ब्रह्म ही नित्य है। उससे अतिरिक्त अन्य भी अनित्य है। इसका निश्चय हो जाना ही नित्यानित्य वस्तु विवेक है।...

विराग क्या है? इस लोक और परलोक में भोगों की इच्छा न होना।...

शम आदि छः सम्पत्तियाँ क्या हैं? शम, दम, उपरति, तितिक्षा, श्रद्धा और समाधान ये छः सम्पत्तियाँ हैं।...

शम क्या है? मन को वश करना ही 'शम' है।...

दम क्या है? चक्षु आदि वाह्य इंद्रियों को वश में करना ही 'दम' है।...

उपरति क्या है? अपने धर्म का पालन करना ही 'उपरति' है।...

तितिक्षा क्या है? सर्दी, गर्मी, सुख, दुःख आदि को समान भाव से सहन करना 'तितिक्षा' है।—

श्रद्धा किसे कहते हैं? गुरु और वेदांत-वाक्यों पर विश्वास रखना ही 'श्रद्धा' है।

समाधान क्या है? चित्त की एकाग्रता ही 'समाधान' है।...

मुमुक्षुत्व क्या है? मेरा मोक्ष हो, ऐसी इच्छा 'मुमुक्षुत्व' है।...

प्रिय आत्मन्!... ये चार साधन है—विवेक, वैराग्य, षटसम्पत्ति और मुमुक्षुत्व। इनके सम्पन्न होने पर ही मुमुक्षु तत्त्व-विवेक के अधिकारी बनते हैं।...

तत्त्व-विवेक क्या है? एक आत्मा सत्य है, जिससे भिन्न अन्य सभी मिथ्या है।...

आत्मा क्या है? स्थूल, सूक्ष्म, कारण शरीर से भिन्न, पाँच कोशों से अतीत, तीनों अवस्थाओं का साक्षी होकर सच्चिदानंद रुप में जो सदा एक रस विराजमान रहे, वह आत्मा है।...

स्थूल शरीर क्या है?

परस्पर मिले हुए पाँच भूतों द्वारा तथा शुभाशुभ कर्मों से उत्पन्न होने वाला; सुख-दुःख के भोगों का घर; उत्पन्न होना—रहना-बढ़ना-परिणाम होना-क्षय और नाश होना, इन छः विकारों वाला यह स्थूल शरीर है।...

सूक्ष्म शरीर क्या है?

परस्पर बिना मिले पाँच महाभूतों से तथा शुभाशुभ कर्मों से निर्मित सुख-दुःखादि भोागें के साधन, पाँच ज्ञानेन्द्रियाँ, पाँच कर्मेन्द्रियाँ, पाँच प्राण, एक मन और एक बुद्धि इस प्रकार सत्रह कलाओं का समुदाय रुप सूक्ष्म शरीर है।...

पाँच ज्ञानेन्द्रियाँ क्या हैं?

श्रोत, त्वचा, चक्षु, रसना और घ्राण ये पाँच ज्ञानेन्द्रियाँ हैं।... श्रवण इन्द्रिय के देवता दिशा हैं। त्वचा के देवता वायु हैं। नेत्रों के देवता सूर्य हैं। रसना अर्थात् जीभ के देवता वरुण हैं। और नासिका के देवता अश्विनी कुमार हैं।... श्रवण इन्द्रिय का विषय शब्द ग्रहण करना, त्वचा का विषय स्पर्श ज्ञान, चक्षु का विषय रुप ग्रहण, रसना का विषय रस ग्रहण तथा घ्राणेन्द्रिय का विषय गंध ग्रहण करना होता है।...

पाँच कर्मेन्द्रियाँ क्या होती हैं?

वाक् (वाणी), पाणि (हाथ), पाद (पाँव), पायु (गुदा) और उपस्थ (लिंग) ये पाँच कर्मेन्द्रियाँ हैं।... वाक् के देवता हैं अग्नि। हाथों के देवता हैं इन्द्र। पाँवों के देवता हैं विष्णु। गुदा के मृत्यु और लिंग के प्रजापति ब्रह्मा देवता होते हैं।... वाणी का विषय बोलना, हाथों का वस्तु ग्रहण करना, पाँवों का चलना, गुदा का मल त्याग और लिंग का विषय आनंद प्राप्त करना है।...

कारण शरीर क्या है?

सत् असत् आदि रुप से प्रतिपाद्य न होता हुआ अनादि, अज्ञानरुप, स्थूल और सूक्ष्म दोनों शरीरों का कारण मात्र बीजरुप जो तत्त्व है, जोकि अपने आत्म स्वरुप ज्ञान और रुप की कल्पना से रहित है, वह कारण शरीर है।...

तीन अवस्थाएं क्या हैं?

जाग्रत, स्वप्न और सुषुप्ति ये तीन अवस्थाएं हैं।''

पाँच कोष कौन हैं?

अन्नमय, प्राणमय, मनोमय, विज्ञानमय और आनंदमय ये पाँच कोष हैं।...

अन्नमय कोष से क्या तात्पर्य है?

जो अन्न के रसों से उत्पन्न होकर उसी अन्न से बढ़ता और उसी अन्नरुप पृथ्वी में समा जाता है, वह स्थूल शरीर अन्नमय कोष है।...

प्राणमय कोष क्या है?

प्राण आदि पाँच वायु (प्राण, अपान, व्यान, उदान और समान) और पाँच कर्मेन्द्रियों (वाणी, हाथ, पैर, गुदा और लिंग) को मिलाकर प्राणमय कोष बनता है।...

मनोमय कोष क्या होता है?

मन और पाँच ज्ञानेन्द्रियाँ मिलकर मनोमय कोष होता है।...

विज्ञानमय कोष किसे कहते हैं?

बुद्धि तथा पाँच ज्ञानेन्द्रियाँ (कान, आँख, नाक, जिह्वा और त्वचा) मिलकर विज्ञानमय कोष होता है।...

आनंदमय कोष क्या है?

पूर्व प्रतिपादित कोषों के समान ही कारण शरीर रुप अविद्या में सत्वगुण, रजस और तमोगुण से युक्त होकर प्रिय मोद-प्रमोद वृत्ति सहित आनंद भोग काल में प्रतीयमान आनंदमय कोष है।...

ये पाँच कोष मेरा शरीर, मेरे प्राण, मेरा मन, मेरी बुद्धि, मेरा ज्ञान इस प्रकार आत्मा के द्वारा स्वयं जाने-जाते हैं। उसी प्रकार मेरे मन से ज्ञान के विषय में कंकण, कुण्डल, गृह आदि स्वयं से भिन्न हैं। मैं मेरापन से जाने जाते हुए पाँच कोष भी आत्मा नहीं हो सकते, अर्थात् वे सभी आत्मा से भिन्न है। इसे जानने की योग्यता इस चेतन आत्मा में ही है। अन्य सब जड़ प्रकृति हैं, जिनमें जानने की योग्यता नहीं है।...

तब आत्मा क्या है?

आत्मा सत्-चित् तथा आनंद स्वरुप है।...

सत् क्या है?

जो तीनों काल में समान एकरस रहे वह सत् है।...

चित् क्या है?

ज्ञानस्वरूप ही चित् है।...

आनंद क्या है?

सुख स्वरूप ही आनंद है।...

पूर्व प्रतिपादित सच्चिदानंद स्वरूप अपने आत्मा को जानना चाहिए।...

आत्मा सत्, चित्, आनंद स्वरूप है। जिसने उसे सच्चिदानंद स्वरूप न जानकर कर्ता, भोक्ता, मरणधर्मा आदि जाना उसने कौन-सा पाप छोड़ा? उसने सभी पाप कर लिये। ऐसा व्यक्ति तो आत्मधन की चोरी करने वाले के समान है।...

प्रिय साधको!... मैंने आपको अपने लिखे 'तत्त्व-बोध' का पूर्वार्द्ध बताया। अब यदि इसमें और गहरे जाना हो तो इसका उत्तरार्द्ध पढ़कर आपको पद्मपादाचार्य जी कल सुनाएंगे।... ओम शांति।"

यह कहकर आदि गुरु शंकराचार्य महाराज ने अपना गुरुगंभीर प्रवचन समाप्त किया। इसमें तत्त्व-ज्ञान की बातें उन्होंने श्रोताओं के सन्मुख यथासंभव सरलतम शब्दों में व्यक्त की थीं।

आदि शंकर ने अपने जीवन का एक बहुमूल्य वर्ष जगन्नाथ पुरी में गोवर्द्धन मठ के निर्माण में और वहाँ रहकर उसकी व्यवस्था में दिया। उन्होंने वहाँ पद्मपाद को प्रथम शंकराचार्य के रुप में आसीन किया। उसके बाद एक दिन उनसे कहा—"प्रिय पद्मपाद!... अब मैं अपनी आगे की यात्रा पर प्रस्थान करता हूँ।"

"और मैं गुरुदेव!"

"अब तुम्हारा यही स्थान है। यहाँ रहकर तुम्हें मेरी वैदिक ज्ञान परंपरा को आगे बढ़ाना है। मठाम्नाय में दिए अनुशासन के अनुसार अपने समस्त कर्त्तव्यों का निष्पादन करना है। यहाँ के शंकराचार्य अब तुम्हीं हो वत्स?"

"तब गुरुदेव आपसे भेंट और संपर्क कैसे होगा?"

"मेरा तुम्हारा आत्मिक संवाद होता रहेगा। और जब भी मुझे तुम्हारी आवश्यकता होगी, संदेश भेजकर तुम्हें बुलवा लूँगा।"

उस दिन सागर तट तक अपने शिष्यों के साथ गुरुदेव गए। सागर को प्रणाम किया। जगन्नाथ मंदिर में दर्शन लाभ कर कृष्ण, सुभद्रा और बलदेव के विग्रहों को प्रणाम किया। इसके पश्चात् सुदीर्घकाल से रुकी ही शंकर दिग्विजय-यात्रा पुनः प्रारंभ हुई।

3

शारदा मठ

लगभग 26 वर्ष की अवस्था को प्राप्त हो चले आचार्य शंकर ने अब अपने अनुयायियों सहित पुरी से काशी के लिए प्रस्थान किया। उनकी धर्म-प्रचार यात्रा डिमडिमाडिम.... डिम करती हुई, शंखनाद करती हुई, तुरही के स्वर में किसी रणभेरी-सी भावना का संचार करती हुई पूर्व से उत्तर भारत की ओर इस बार बढ़ चली। ज्यों-ज्यों तरुण-तपस्यियों का यह दल आगे बढ़ता गया मार्ग में असंख्य ग्रामवासी उनके दर्शनों को जुटते गए। आचार्य शंकर के उपदेशामृत का पान कर वे तृप्त भी होते और धर्म का सही मार्ग भी पाते। शंकर

जन-समुदाय के सामने जब बोलते लोगों से कहते—"सभी देवी-देवता एक ही परम् ब्रह्म परमेश्वर के भिन्न-भिन्न स्वरुप हैं।...

श्रीराम जिन्हें हम भगवान विष्णु का अवतार मानते हैं, रामेश्वरम् में शिव की प्रतिष्ठा और पूजा करने के बाद सागर पार गए और अन्यायी रावण पर विजय प्राप्त की। वहीं शिव विष्णु को शीष झुकाते हैं और सृष्टि के हित में सागर मंथन से निकले हलाहल, विष का पान करते हैं। फिर विष्णु और शिव की आराधना में विरोध कैसा?

शैव और शाक्त ये दोनों मत भी परस्पर विरोधी क्यों किसलिए? सती के शव को कंधों पर रखकर विक्षिप्तों की भाँति उनके शोक में डूबे संसार भर में भटके थे शिव। वहीं सती दूसरे जन्म में भी पार्वती बनकर उन्हीं शिव का वरण करने की इच्छा से घोर तपस्या करती थीं। फिर उनमें कैसा अंतर? ये सब एक ही हैं।...

स्मरण रहे जो वैष्णव है, वह शैव है और वही शाक्त भी है। एक की पूजा और दूसरे का विरोध? ऐसा करना उचित नहीं। सभी देवी-देवता समान है। सभी ब्रह्म का साकार स्वरूप है। वह ब्रह्म जो सर्व शक्तिमान और निराकार है। आप जिसे भी अपना इष्ट देव मार्ग, वह अलग बात है।"

थकान भरी पदयात्रा के बाद यह यात्रीदल पुरी से काशी पहुँचा। काशी में आचार्य शंकर ने गंगा स्नान कर सर्वप्रथम काशी-विश्वनाथ मंदिर में दर्शन पूजन किया। फिर उन्होंने अपने रहने के ठिकाने की तलाश की। वे इस बार भी मणिकर्णिका घाट की उसी जगह ठहरे जहाँ आज से लगभग 12-13 वर्ष पूर्व ठहरे थे। उनके सह-यात्री आस-पास की धर्मशालाओं में ठहर गए।

काशी में इस बार शंकराचार्य का प्रवास लगभग दो-सप्ताह का ही रहा। अब तक उनकी प्रसिद्धि दिग-दिगंत व्यापी थी। अतः वे निर्विरोध काशी में रहे। बिना किसी शास्त्रीय-चुनौती के। एक परमज्ञानी महात्मा के रुप में। जिनका दर्शन करने जिन्हें सुनने आमजन और काशी का विद्वत् समाज समान श्रद्धा भाव से नित्य आता, भेंट करता, उनके वचनामृत का पान कर स्वयं को धन्य मानता।

आदि शंकराचार्य काशी के इस संक्षिप्त प्रवास के बाद अपने सह-यात्रियों के साथ दक्षिण घूमकर अमरकंटक के लिए चल पड़े। अमरकंटक हजारों वर्षों से प्रकृति की गोद में विराजमान असंख्य ऋषि-मुनियों की तपस्थली रहा है। इस तीर्थ स्थान के भ्रमण की बड़ी पुरानी साध थी शंकराचार्य जी के मन में, जो अब जाकर पूर्ण हो रही थी। वे पदयात्रा करते बीहड़ जंगलों और विभिन्न मार्गों से गुजरते एक माह की यात्रा के बाद काशी से अमरकंटक पहुँच सके।

अमरकंटक का वह सुंदर प्राकृतिक अंचल आदि शंकर को इतना भाया कि वे पूरे एक महीने वहाँ रहे। नित्य प्रातः से सायं तक इसमें परिभ्रमण करते ही रहे। हरी-भरी पहाड़ियों पथरीली गुफ़ाओं, पवित्र तालाबों, झरनों तथा टीक और महुआ सहित अनेक

वृक्षों की प्रजातियों से सम्पन्न जंगलों से घिरा यह सुरम्य प्रदेश कैसे ऋषि-मुनियों के मन को भी मोह लेता होगा यह वहीं पहुँचकर आचार्य शंकर को समझ में आया। नर्मदा नदी का तो उद्गम स्थान ही था यह।

अमरकंटक में शंकराचार्य ने नर्मदा का उद्गम स्थल देखा। वहाँ माँ नर्मदा मंदिर के दर्शन किए। अनेक मंदिरों के दर्शनार्थ वे गए। अनेक गुफ़ाओं में सैंकड़ों वर्षों से तपस्यारत सिद्ध पुरुषों के उन्होंने दर्शन किए। घंटों स्वयं भी एकांत साधना की। अनेक योगियों से एकांत वार्ता की। ब्रह्मचर्चा में बहुमूल्य समय बिताया।

ऐसे अवसरों पर जब शंकर वन्य प्रान्तरों, पहाड़ियों और गुफ़ाओं में तपस्यारत महात्माओं की खोज में निकलते तो प्रायः अकेले ही निकलते। किसी को उनके साथ जाने की अनुमति नहीं थी। एक उद्भ्रांत ही था। वह तो शंकर की प्रतिछाया सम था। उसे वे कैसे मना करते? उद्भ्रांत आचार्य के पीछे अवश्य जाता। परंतु वह ध्यान रखता कि आचार्य जब किसी गुफ़ा अथवा एकांत कुटिया में किसी सिद्ध अथवा दक्ष साधु-संन्यासी से मिलते तो वह उनसे काफ़ी दूर रहता। वह दो दिव्य आत्माओं के इस एकांत सम्मेलन में किसी भाँति विघ्न न बनता।

कभी-कभी त्रोटकाचार्य यदि शंकर के साथ होते तो वह उस सत्संग-लाभ में अवश्य सम्मिलित होता। ऐसे अवसर किंतु दो ही तीन बार आए। अधिकतर शंकराचार्य के सिद्ध साधकों से भेंटें गोपनीय और परम आध्यात्मिक एकांत वाली ही रहीं।

अमरकंटक को यदि नदियों का जनक स्थल कहें तो कोई अतिश्योक्ति न होगी। यहाँ केवल नर्मदा नदी का उद्गम स्थान ही नहीं है, जो यहाँ एक कुंड से प्रकट होकर बहती हुई पश्चिम दिशा को जाती हैं, वही नर्मदा जो माहिष्मती, ओंकारेश्वर में भी पवित्र सलिला की भाँति बहती हैं। अमरकंटक के आस-पास सोन नदी और जोहिला नदी के भी उद्गम स्थल विद्यमान हैं। यह वह अनोखा प्राकृतिक भू-भाग है जहाँ मध्य भारत की विंध्य और सतपुड़ा पहाड़ियों का मिलन होता है।

शंकर और उनके तीर्थ यात्रियों ने इस प्रक्षेत्र में दूर-दूर तक घूम कर दूधधारा का प्रवाह और कपिलधारा का प्रपात जैसे अनेक शीतल जल के स्त्रोतों को देखा। उनमें स्नान किया। उन्होंने एक जगह अमरकंटक में धुनीपानी नामक स्थान पर गर्म-पानी का एक झरना भी देखा। इस झरने के औषधियुक्त पानी में नहाने से अनेक असाध्य रोग दूर हो जाते थे। सभी धर्म प्रचारकों ने यहाँ विशेष रुप से स्नान किया।

उद्भ्रांत किंतु नहीं नहाया। वह उस धुनी पानी के स्नान स्थल को दूर से ही बैठा देखता रहा। जब बाबा रामदेव और बाबा कृष्णदेव साधु बंधु नहाकर निकट आए तो उद्भ्रांत ने उनपर एक आँख दबाकर कटाक्ष किया—

"क्यों महाराज!... तुम लोगों को कोई चर्मरोग है क्या?"

बाबा रामदेव बोला—"है तो नहीं... बस आनंद के लिए नहाए हम तो।"

उद्भ्रांत ने कहा—"और बाबा कृष्णदेव तुम?"

बाबा कृष्णदेव ने कहा—"हम तो इस मारे नहाए कि इस रामदेव के साथ रहने से चर्मरोग होता भी हो तो होने न पाए।"

इतना सुनते ही रामदेव कृष्णदेव को मुक्का तानकर मारने को दौड़ा।...

उद्भ्रांत चिल्लाया—"मार-मार-मार..." और फिर ताली पीटकर हँसने लगा। दोनों युवा साधु एक दूसरे को छकाने लगे।

एक महीने बाद यात्रा अमरकंटक से आगे बढ़ी। इस बार पश्चिम दिशा में। नर्मदा के किनारे-किनारे। दो दिन की यात्रा के बाद आगे मिले राजमार्ग पर और भी सुगमता पूर्वक चलने लगे पदयात्री।

अगली मंजिल थी उज्जैन की। सबको उज्जैन पहुँचने की शीघ्रता थी। इसलिए पदयात्री केवल जहाँ आबादी दिखती वहीं शिथिलता से पग धरते। गाते-बजाते चलते। बस्ती पार होते ही उनकी गति फिर से तेज़ हो जाती।

राजमार्ग आधे से अधिक तय हो जाने पर उन्हें आगे से दो राजसी रथ आते दिखाई दिए। निकट आने पर उनमें से दो पार्षद उतरे। उन्होंने आदि शंकराचार्य को प्रणाम किया। कहा कि उन्हें राजा सुधन्वा चौहान महाराज ने भेजा है, दिग्विजय-यात्री दल की खोज खबर लेने के लिए। अवन्तिका नरेश अपनी राज्य-राजधानी महिष्मती से आकर अपनी धार्मिक-राजधानी उज्जयनी में उनके स्वागत में स्वयं उपस्थित रहेंगे।

उन पार्षदों ने यह भी पूछा कि यदि यात्री दल में से कोई उनके साथ चलना चाहे तो उन्हें वे अपने साथ ले जा सकते हैं। कोई तैयार नहीं हुआ। तब त्रोटकाचार्य ने कहा कि दो पदयात्री काफ़ी अस्वस्थ हैं। उन्हें चलने में कठिनाई है। यदि गुरुदेव आज्ञा दें तो?...

शंकराचार्य महाराज ने आज्ञा दे दी। वे दोनों पदयात्री ना-नुकुर करते रहे। परंतु आपातकाल और चिकित्सा का वास्ता देकर उन्हें एक रथ में चढ़ा दिया गया। दोनों रथ चले गए।...

आदि शंकर और उनका धर्म विजयी दल लगभग बीस दिन में अमरकंटक से चलता-रुकता उज्जैन पहुँच गया। नगर की बाहरी सीमा पर बने एक तोरण द्वार पर उन्हें अवंतिका-नरेश सुधन्वा चौहान अपनी पटरानी और सम्पूर्ण मंत्रीमंडल के साथ प्रतीक्षारत दिखे। उन्होंने और उनकी धर्मपत्नी ने आचार्य शंकर को माल्यार्पण किया। उनकी आरती उतारकर उनका भव्य स्वागत किया।

इतना ही नहीं राजा सुधन्वा ने अपने राजसी रथ के आगे एक खुले रथ पर अत्यंत आग्रह पूर्वक श्री आदि शंकराचार्य गुरुदेव को बैठाया और स्वयं उनका रथ हाँका, सारथी को हटाकर। शेष सभी पदयात्री भी अन्य रथों में सवार होकर ही उज्जैन नगरी में आगे बढ़े।

नगर के दोनों ओर नर-नारियों की स्वागतोत्सुक भीड़ एकत्रित थी जो शंकराचार्य महाराज की जय के नारे लगाती हुई उनके जुलूस पर फूलों की पंखुड़ियाँ बरसा रही थी।

अद्भुत दृश्य था। ऐसा स्वागत आचार्य शंकर का उज्जयनी तीर्थ में सात बरस बाद आज ऐसा हुआ हुआ, मानो राजा रामचंद्र चौदह वर्षों के वनवास उपरांत अयोध्या लौट रहे हों। सात वर्ष पूर्व शंकर इसी नगर से जब गुज़रे थे तब यहाँ उन्हें कोई नहीं जानता था। जब यहाँ से जाकर उन्होंने माहिष्मती में पंडित मंडन मिश्र को शास्त्रार्थ में हराया उसके बाद उनकी ख्याति रातों-रात फैल गई। उज्जैन का धार्मिक तीर्थ भला शंकराचार्य के नाम से अब अपरिचित कैसे रह सकता था? अब तो वे ही पंडित मंडन मिश्र इन्हीं आचार्य शंकर महाभाग के शिष्य थे जिन्हें उनके इन परमज्ञानी गुरुदेव ने अब द्वारकापुरी स्थित शारदा मठ का शंकराचार्य भी नियुक्त कर दिया था। इतना ही नहीं अवन्ति-नरेश स्वयं इन्हीं पूज्यपाद शंकराचार्य महाराज के शिष्य बन गए थे। और आज तो हद हो गई। राजा सुधन्वा स्वयं अपने इन गुरुदेव के सारथी बने अपना ही रथ हाँक रहे थे। ऐसे में उज्जयनी की सड़कों पर अपार जनसमूह उत्तेजना से भरकर गगन भेदी जय-जयकार कर रहा था।

परन्तु यह जय-जयकार सुनकर उज्जैन के पंडित भट्ट भास्कर का खून उबलने लगा। मंडन मिश्र के कभी सहपाठी रहे इन विद्वान को कभी मंडन मिश्र ने ही एक शास्त्रार्थ में हरा दिया था। भट्ट भास्कर को अपने शास्त्रीय-ज्ञान पर बहुत अभिमान था। जब उनके ही विद्वान सहपाठी मंडन ने उनका मानमर्दन कर दिया, तब से वे प्रतिशोध की अग्नि में मन ही मन सुलगते रहे। अपने अध्ययन को उन्होंने तब से और धार देनी शुरु की। एक दो शोध ग्रंथ भी रचे। देशाटन कर अनेक ग्रंथागारों में वे गए। वर्षों गंभीर अध्ययन किया। उनकी जीवन की एकमात्र अभिलाषा मंडन मिश्र को पुनः शास्त्रार्थ की चुनौती दे हराने की थी।

परंतु जब एकदिन शंकराचार्य ने उनके प्रतिद्वंद्वी मंडन को ही पटकनी दे दी तो प्रसन्न तो बड़े हुए वे, किंतु यह सोचकर उदास हो गए कि अब उन्हें नियमानुसार दिग्विजयी होने के लिए मंडन के बजाए आदि शंकर को हराना होगा। यतिवर शंकर के अद्वैत-वेदांत को चुनौती दे पाना आसान न था। फिर भी पंडित भट्ट भास्कर एक न एक दिन उन्हें भी चुनौती देने का स्वप्न मन में संजोए रहे। आखिरकार अब वह अवसर भी आ ही गया। लेकिन अपने राज्य के राजा सुधन्वा को इस प्रकार शंकराचार्य

के सन्मुख दण्डवत् देखकर भट्ट भास्कर मन मसोसकर और भीतर ही भीतर किलसकर रह गए।

आदि-शंकराचार्य उज्जैन में पूरे 15 दिन रुके। प्रारंभिक पाँच दिन एक स्थानीय धर्मशाला में निवास कर उन्होंने महाकाल के मंदिर के दर्शन किए। क्षिप्रा स्नान किया। अन्य मंदिरों के दर्शन किए। संदीपनी गुरु के आश्रम में भक्तों को उपदेश दिया।

इसके पश्चात् महाकाल के मंदिर में सायंकाल शंकराचार्य महाराज के उपदेश सत्रों का क्रम प्रारंभ हुआ। भारी संख्या में श्रद्धालुगण आचार्य शंकर को सुनने महाकाल मंदिर के प्रवचन मंडप में आने लगे।

एक दिन आचार्य ने अपने प्रिय शिष्य त्रोटकाचार्य को पास बुलाकर कहा कि—"मैंने सुना है उज्जैन में भट्ट भास्कर नाम के एक वेदज्ञ विद्वान निवास करते हैं। उनका पता लगाओ और मेरा संदेश उनसे कहो कि हम उनका दर्शनलाभ चाहते हैं।

त्रोटक आचार्य जाकर भट्ट भास्कर से मिले। उनसे अपने गुरुदेव का संदेश दिया। वे महाशय शंकराचार्य की इस विनम्रता के आगे सातवें आकाश पर जा चढ़े। उनपर अनुकूल के बजाए प्रतिकूल प्रतिक्रिया हुई। बोले—"मुझे मालूम है कि शंकराचार्य धर्म दिग्विजय यात्रा पर निकले हुए हैं। उन्हें कदाचित् यह भ्रम है कि उन्हें इस समय शास्त्रार्थ की चुनौती देने का साहस किसी में नहीं है। अब तो अनेक भूपाल उन्हें शीष नवाते हैं तो विद्वानों का उनके सामने क्या मूल्य?"

त्रोटक को यद्यपि भट्ट भास्कर का बात करने का ढंग बहुत अखरा परंतु वे गुरु आज्ञा से उन तक आए थे। अतः उन्होंने उस अहंकारी विद्वान से इतना ही कहा—

"ऐसा नहीं है। हमारे गुरुदेव ने बहुत अध्ययन, परिश्रम, मनन-चिंतन और साधना से अध्यात्म जगत में अपना स्थान बनाया है। यदि आज तक कोई भी उनका शिष्य बना है तो वह अपनी स्वेच्छा से बना है। फिर चाहे वह कोई राजा हो या रंक। पूज्य गुरुदेव किसी परिचय की लालसा नहीं रखते। हम जैसे शिष्यों का भाग्योदय उन्हें गुरुरुप में पाकर हुआ है। गुरुदेव ने वेदव्यास रचित ब्रह्मसूत्र पर भाष्य रचा है और वेदांत विरोधी सभी मतों का कुशलतापूर्वक खण्डन किया है। और भी अनेक ग्रंथों का प्रणयन किया है।... इसे आप भी जानते होंगे।..."

"हाँ हाँ जानता हूँ। तो क्या करुँ?"

"कुछ न करें विद्वान शिरोमणि!... गुरुदेव आपसे भेंट के इच्छुक हैं। नित्य सायंकाल सूर्यास्त समय पर उनका महाकाल मंदिर में सत्संग शिविर होता है। यदि आप भी वहाँ पधारेंगे तो हमें प्रसन्नता होगी।"

"वहाँ आकर क्या करुँगा?... तुम्हारे गुरु महाराज अपने अद्वैत-सिद्धांत पर प्रवचन देंगे। जगत और प्रकृति को माया का भ्रमजाल बताकर स्वयं भी उलझेंगे और श्रोताओं को भी उलझाएंगे।"

यह सुनकर सीधेसादे त्रोटकाचार्य को भी क्रोध आ गया। यह सीधा-सीधा गुरुनिंदा सुनने के समान था। तब रोष में त्रोटक बोले—

"सुनिये ब्राह्मण शिरोमणि! मैं तो आपको पूज्य गुरुदेव शंकराचार्य महाराज का न्योता देने आया था। आप मेरे सामने व्यर्थ की बातें करके क्या पाएंगे? यदि आपको मेरे गुरु से समस्या हो तो आप वहाँ न आएं। यदि उनके अद्वैत-सिद्धांत से समस्या हो तो आप पधारें और गुरुदेव से शास्त्रार्थ कर अपना जो भी मत हो उसकी महत्ता सिद्ध करें।"

भट्ट भास्कर को यह चुनौती खल गई। वे तमतमाए मुख से बोले—"ठीक है जाओ। जाकर शंकराचार्य से कह दो कि कल सायंकाल आ रहा हूँ मैं। महाकाल के मंडप में वे मुझे शास्त्रार्थ के लिए तैयार रहें।"

त्रोटक ने कहा—"स्वागत है आपका।" और यह कहकर वे वहाँ से चले आए। इस चुनौती भरे शास्त्रार्थ की ख़बर सारे उज्जैन नगर में फैल गई। अनेक विद्वान और धर्मप्राण श्रद्धालुओं की भीड़ उस शाम महाकाल मंदिर में एकत्र हो गई। राजा सुधन्वा भी उस शास्त्रार्थ सभा में अपने कुछ पार्षदों और राजपुरोहित के साथ उपस्थित हुए।

भट्ट भास्कर ने पहले तो आत्म तत्त्व और ब्रह्म तत्त्व दोनों के विषय में शंकराचार्य से छोटे-मोटे प्रश्न किए। आचार्य शंकर ने सबके समुचित उत्तर दिये। जिन बिंदुओं के परिभाषित अर्थों से आगे भट्ट भास्कर ने उनकी व्याख्या चाही, आचार्य ने विस्तार से उनपर भी प्रकाश डाला। फिर भट्ट भास्कर ने जब आचार्य के अद्वैत-सिद्धांत के भवन की भित्तियों को सुदृढ़ पाया तो वे उसकी नींव पर ही चोट करने लगे।

भट्ट भास्कर ने कहा—"हे परमाचार्य! आप छान्दोग्य उपनिषद् द्वारा प्रतिपादित वाक्य—'तत्त्वमसि' पर बड़ा बल देते हैं। ऐसा मैंने सुना है।"

"जी... निश्चय ही।"

"परंतु आपने जो उसमें जीव और ईश्वर के मध्य ऐक्य की स्थापना को माना है वह उपयुक्त नहीं है। क्योंकि जीव और ईश्वर परस्पर विरोधी गुण वाले हैं। जीव अल्पज्ञ है और ईश्वर सर्वज्ञ। अल्पज्ञता और सर्वज्ञता दोनों परस्पर विरोधी हैं। इस विरोध को देखते हुए भी मात्र इसलिए ईश्वर और जीव में एकता को स्वीकार कर लिया जाए कि दोनों ही चैतन्य स्वरूप हैं, ये कहाँ का यथार्थ है? अतः अद्वैत-सिद्धांत की सार्थकता क्या है? वह तो स्वयमेव संदिग्ध हुआ ना?..."

इसपर आचार्य शंकर ने भट्ट भास्कर के तर्क का खंडन करते हुए कहा—"हे विद्वान शिरोमणि! आपका तर्क युक्तिसंगत नहीं है, क्योंकि परम चैतन्य स्वरूप ब्रह्म, जो सबका अधिष्ठान है और जिससे सारी सृष्टि, माया, जीवधारी उत्पन्न हुए हैं, उसमें जीव का अल्पज्ञत्व और ईश्वर अथवा ब्रह्म का सर्वज्ञत्व कल्पित है। ज्ञानीजन इस दृश्यमान देह आदि को जड़ मानते हैं। यदि इस जड़ अंश को त्याग दिया जाए, तो जो बचता है

वह शुद्ध चैतन्य स्वरूप आत्मा ही है। वही शुद्ध चैतन्य स्वरूप ब्रह्म अथवा आपका ईश्वर भी है।... अब आप इसे सम्यक रुप से समझ लें कि देह, अन्न, प्राण, मन, बुद्धि, चित् और अहंकार इत्यादि जीव के वास्तविक स्वरूप नहीं हैं। ये सब तो उसके आवरण मात्र हैं।... जिस प्रकार हमें सीपी में रजत का और कभी-कभी रस्सी में सर्प का भ्रम हो जाता है, उसी प्रकार ब्रह्म और जीव में भेद की अनुभूति मिथ्या ज्ञान के कारण होती है। भ्रम, मिथ्या ज्ञान अथवा इस अज्ञान के मिट जाने पर जीव और ब्रह्म में कोई भेद नहीं रह जाता।''

उज्जैनवासी दोनों विद्वानों के शास्त्रार्थ को बहुत ध्यान से सुन रहे थे किंतु जिन विद्वानों ने शंकराचार्य और मंडन मिश्र के शास्त्रार्थ को कभी सुना था, उनमें से कुछ विद्वान यहाँ इस सभा मंडप में भी उपस्थित थे, वे परस्पर आँखों में आँखें डालकर भट्ट भास्कर के लिए सांकेतिक भाषा में जैसे कह रहे थे—आज आया है ऊँट पहाड़ के नीचे।

शंकराचार्य अपने तर्क की पुष्टि में धारा प्रवाह बोल रहे थे और वेदों एवं उपनिषदों से एक से एक उदाहरण प्रस्तुत कर रहे थे। 'ब्रह्मसूत्र' और उसपर रचित अपने भाष्य से भी कुछ उद्धरण प्रस्तुत कर रहे थे।...

शंकराचार्य आत्मा के जन्म-जन्मांतर में भटकाव और मोक्ष की अवधारणा की ओर ध्यान आकृष्ट करते हुए कह रहे थे—

''हे मनीषी श्रेष्ठ!... आप तो बहुविज्ञ हैं। आपने शास्त्रों का गहन अध्ययन किया है। अतः मैं आपका ध्यान इस ओर आकर्षित करना चाहूँगा कि यदि आपके कथनानुसार हम मान लें कि भेद बुद्धि यथार्थ है, तो भेद दर्शी व्यक्ति के लिए श्रुतियाँ बारंबार एक भय का प्रतिपादन क्यों करती हैं?... उदाहरण के लिए 'कठोपनिषद्' में कहा गया है—'मृत्योः स मृत्युमाप्नोति य इहं नानेव पश्यति।'—अर्थात् वह मनुष्य मृत्यु को प्राप्त होता है जो इस जगत् में उस परब्रह्म को अनेक की भाँति देखता है।... इसी प्रकार 'तैत्तरीय उपनिषद्' में भी कहा गया है कि—'यदा ह्येवैष एतस्मिन्नुदरमन्तरं कुरुते। अथ तस्य भयं भवति।'—अर्थात् क्योंकि जब तक वह उस परब्रह्म से ज़रा भी अंतर किए रहता है, तब तक उसको जन्म-मृत्यु का भय प्राप्त होता रहता है।''

आचार्य शंकर की प्रबल उक्तियों को सुनकर भट्ट भास्कर असहज हो गए। उन्हें लगा कि वे अधिक देर तक उनके सामने टिक न पाएंगे। तब उन्होंने शास्त्रार्थ की दिशा परिवर्तन करने की चेष्टा की और कहा—''हे यतिवर!... आप जो भी कहें कपिल, कणाद आदि ऋषियों ने ब्रह्म और जीव का निरुपण द्वैत भाव के ही दृष्टिकोण से किया था। इतने महान चिंतकों के सिद्धांतों का विरोधी होकर आपने अद्वैत-सिद्धांत को ही ग्रहण क्यों किया? महापुरुषों के मार्ग पर चलने से आपको क्या आपत्ति है?''

इसपर आदि शंकराचार्य ने दृढ़ता पूर्वक उत्तर दिया कि—''स्मृति-वाक्य श्रुति विरोधी होने पर मान्य नहीं हो सकते। यदि उनमें परस्पर विरोध न हो तो श्रुति

आधारित स्मृति-वाक्य भी स्वीकार्य हैं। श्रुतियाँ ही किसी सिद्धांत की सच्ची कसौटी हैं। क्योंकि वेद अपौरुषेय हैं, उन्हें केवल श्रेष्ठजन ने कालक्रम में संहिताबद्ध किया है। उनमें प्रदत्त ज्ञान में कोई हेर-फेर संभव नहीं। क्योंकि वे उपनिषदों इत्यादि द्वारा अकाट्य सिद्ध हो चुके हैं।... वितण्डावादी संप्रदायों के लोग उनमें चाहे जितना घालमेल कर लें परंतु वे अंतिम सत्य को न तो झुठला सकते हैं और न, यदि तर्कसंगत दृष्टि से समग्र शास्त्रों का अध्ययन करें तो, श्रुतियों में प्रतिपादित ज्ञानधारा को विच्छिन्न ही कर सकते हैं।... अतः कपिल, कणाद आदि ऋषियों के वेद विरुद्ध वचन प्रमाण की कोटि में नहीं रखे जा सकते, क्योंकि फिर कहूँगा कि श्रुति प्रमाण सर्वोपरि है। इसी कारण मैंने कपिल, कणाद आदि ऋषियों के मार्ग का अनुसरण नहीं किया।... वास्तव में आत्मा तो मुक्त स्वरुप ही है। किंतु अज्ञान की निवृत्ति से ही मोक्ष संभव है।... अतएव एकमात्र ब्रह्म का चिंतन और उसमें आत्मतत्त्व का अभेद स्वीकारना ही मुक्ति का एकमात्र मार्ग है—विद्वान शिरोमणि!"

अब शंकर के आगे भास्कर निरुत्तर हो गए। वे उस शास्त्रार्थ सभा से एकाएक उठे और उठकर बाहर निकल लिए। उनका पक्ष खंडित होने पर आचार्य शंकर की विजय की घोषणा उस सभा में उपस्थित सभी विद्वान पंडितों ने एकस्वर से कर दी।

देखा जाय तो परमाचार्य शंकर के पास खोने को क्या था? सर्वत्यागी थे वे। लोक कल्याण का भाव मन में न होता तो कब के किसी हिमाच्छादित कन्दरा में चले गए होते।

जिस आयु में मनुष्य ब्रह्मचर्य त्याग कर गृहस्थ जीवन का वरण करता है, वे एक संन्यासी परिव्राजक की भाँति भारत भूमि के अनेक भू-भागों को अपनी अथक-पदयात्रा द्वारा नाप चुके थे। स्थिति यह थी कि उनके पीछे सैंकड़ों-हज़ारों लोगों की भीड़ अब चलती थी। वे जिधर बैठ जाते उन्हें देखने-सुनने को असंख्य नर-नारी एकत्रित हो जाते।

ऐसी दशा में यदि कोई व्यक्ति उनकी संन्यास वृत्ति को देखकर कहना भी चाहे कि वे संसार से भागे हुए व्यक्ति हैं? तो भी कैसे कह सकता था? परमाचार्य ने भौतिक सुखों का त्याग किया था, पर उन लाखों-करोड़ों दुखियारों का त्याग नहीं किया था जो अभावों का जीवन जीते थे, परंतु फिर भी आस्थावान थे।

मनुष्यों की आस्था को भुनाने वाले, उन्हें ठगने वाले अनेक थे। पाखंडी, धूर्त, भटकाने वाले अथवा स्वतः भ्रमित नाना मतावलंबी, वेद विरोधी, सनातन धर्म द्रोही। आचार्य का मुकाबला उनसे था। उद्भ्रांत ये जानता था।...

वह मार्ग में चलते हुए ये बातें त्रोटकाचार्य से कर रहा था। सनातन धर्म-यात्रा दो दिन पूर्व उज्जैन से निकल चुकी थी। राजा सुधन्वा ने अपने संदेश वाहकों के माध्यम से यह सूचना द्वारका में शारदा पीठ पर वहाँ के शंकराचार्य श्री सुरेश्वराचार्य को भिजवा दी थी।...

उज्जैन से लगभग 800 कि.मी. की दूरी उस युग में इन पदयात्रियों ने प्रतिदिन सूर्योदय से सूर्यास्त के मध्य चलकर, दोपहर में दो-तीन घंटा मार्ग विश्राम और भोजनादि सहित, लगभग 20 दिन में तय की। जहाँ कहीं रुके वहाँ प्रमुख मंदिर या प्राकृतिक स्थल के दर्शन किए और धर्मशाला, बाग-बगीचे, सरोवर अथवा नदी तट पर रात्रि विश्राम करते चलते रहे।

सभी जन शंकराचार्य महाभाग की अगुवाई में प्रभास क्षेत्र पहुँचे। यहाँ आचार्य शंकर ने 10 दिन के लिए डेरा डाल दिया। प्रभास क्षेत्र सौराष्ट्र में दो बातों के लिए प्रसिद्ध है। एक तो यह श्रीकृष्ण और बलराम के लीलासंवरण अथवा निर्वाण का स्थान है। जहाँ श्रीकृष्ण ने बहेलिये का तीर अपने पैर के तलवे में झेलकर अपने प्राण तजे थे। वहीं एक दूसरे स्थल पर बलराम, उनके बड़े भाई शेषनाग रुप में वापस जाने को धरती में समा गए थे। इन स्मृतिस्थलों पर कृष्ण निर्वाण मंदिर और पाताल गमन मंदिर के दर्शन सर्वप्रथम धर्म-यात्रियों ने किए।

प्रभास में दूसरा जगत प्रसिद्ध स्थान है सोमनाथ मंदिर। बारह ज्योतिर्लिंगों में से सोमनाथ को आद्य-ज्योतिर्लिंग माना जाता है। अर्थात् यह भारत का सबसे प्राचीन स्वयंभू शिवलिंग है। आदि शंकर ने इस मंदिर के 10 दिन तक प्रतिदिन दर्शन किए। नित्य प्रातः वहीं जाकर ध्यान लगाया। नित्य सायं वहीं भक्तों को मंदिर प्रांगण में वैदिक धर्म से संबंधित उपदेश दिए। लोगों को अपनी जड़ों से जुड़ने के लिए परमाचार्य उपनिषद्, महाभारत, भागवत् आदि से रोचक कथाएं सुनाते। ब्रह्म-जीव-मोक्षादि के रहस्यों को भी बीच-बीच में अनावृत करते। प्रभास के उस क्षेत्र में पहुँचने का सुसमाचार तीर्थ यात्रियों के माध्यम से तीनों दिशाओं में फैला। सोमनाथ मंदिर के पीछे की चतुर्थ दिशा में महासागर की लहरें भी मानों शंकराचार्य महाराज के इधर पधारने से पर्याप्त मन मुदित थीं।...

सोमनाथ से द्वारका की दूरी लगभग 250 कि.मी. की थी, जिसे तय करने में दिग्विजय-यात्रा को लगभग सात दिन लगे। सभी अनुयायियों सहित जब आदि शंकराचार्य द्वारका के शारदा मठ पहुँचे तो वहाँ के प्रभारी शिष्य सुरेश्वाराचार्य ने अत्यंत भाव-विभोर हो अपने गुरुदेव का स्वागत किया। उस आश्रम के सारे सदस्य आचार्य शंकर के श्रीचरणों में जैसे एक साथ बिछ गए।

थोड़ा विश्राम करने के उपरांत आदि शंकर अपने मठ से पहले वहाँ की गोमती नदी में स्नान करने गए। उसके बाद वे भगवान श्रीकृष्ण के रणछोर स्वरूप के सुप्रसिद्ध

द्वारकाधीश मंदिर में दर्शन करने को गए। जगत को गीता का ज्ञान देने वाले जगतद्गुरु श्रीकृष्ण के पावन विग्रह के दर्शन बाद जैसे ही शंकराचार्य महाराज उस मंदिर परिसर के एकांत कोने में बैठे, तत्काल उनकी समाधि लग गई। दोपहर को लगी उनकी समाधि सायंकालीन आरती के समय जब मंदिर में घंटे-घड़ियाल बजे, तभी टूटी। सुरेश्वर, त्रोटक, उद्भ्रांत सभी उन साधना की अनिश्चित घड़ियों में निरंतर गुरुदेव शंकर के आस-पास बने रहे।...

एक दिन शंकराचार्य अपने शिष्यों सहित बेट-द्वारका भी गए। तब उन दिनों सागर में पाल के जहाज चलते थे। बेट द्वारका में श्रीकृष्ण के मंदिर में उन्होंने पूजन किया और वे सागर तट पर उस स्थल तक भी गए, जहाँ महाभारत काल के अंत में तत्कालीन द्वारका जो समुद्र में डूबी हुई थी, उन्होंने वह स्थल भी देखा। कृष्ण का वह धरती छोड़ने का काल एक युगांत था। उसके कुछ ही वर्षों बाद तक ही पांडवों का राज चल सका था। अंततः युधिष्ठिर को भी पांचाली और चारों भाइयों सहित भारत-भ्रमण उपरांत हिमालय गमन कर स्वर्गारोहण हेतु सत्य-पथ पर जाना पड़ा था।...

महाराज युधिष्ठिर महाभारत के युद्ध के उपरांत जब भारत सम्राट बने तब से युधिष्ठिर संवत् चला। युधिष्ठिर संवत के 2631 वर्ष पूर्ण होने पर आदि शंकराचार्य का जन्म हुआ। आज वे 2657 वर्ष पूरे होने पर 26-27 वर्ष की अवस्था में उसी समुद्र में समाई द्वारकापुरी, श्रीकृष्ण की स्वर्णमयी राजधानी, के निकट खड़े समुद्र की उठती-गिरती उत्ताल तरंगों को भावपूर्ण ढंग से निहार रहे थे। एक जगद्गुरु आज अपने से ढाई सहस्त्र वर्षों से भी पूर्व हुए उन आदि जगद्गुरु भगवान श्रीकृष्ण को मौन श्रद्धांजलि दे रहा था।...

सदैव की भाँति आदि शंकर की दिनचर्या शारदा मठ में भी चलती रही। वे गोवर्द्धन मठ की भाँति शारदा मठ में भी एक वर्ष रहे। शारदाम्बा की मूर्ति के साथ यहाँ शारदा-सम उभय भारती की पावन स्मृति भी जुड़ी थी। आचार्य सुरेश्वर अब उन्हें संन्यास जीवन में मातृरुप में श्रद्धा के साथ कभी-कभार याद कर लिया करते थे। आदि शंकराचार्य ने भी जब प्रथम बार शारदा पीठ में नमन किया उन्हें विदुषी उभय भारती माँ की याद आई।

प्रातःकालीन प्रवचन सत्र में अधिकतर तो शारदा पीठाध्यक्ष शंकराचार्य आचार्य सुरेश्वर ही बोलते। परंतु कभी-कभी श्रद्धालुओं और आश्रमवासियों को जगद्गुरु आदि शंकराचार्य के अमृत वचनों के भी श्रवण का सौभाग्य प्राप्त हो जाता।

ऐसी ही एक सुबह आचार्य शंकर उपदेश दे रहे थे। उपस्थित श्रोताओं से उन्होंने कहा कि—''अभी कुछ दिन पहले मैंने यहाँ द्वारका प्रवास के ही अनंतर एक ग्रंथ—'आत्म-बोध' की रचना की है। मेरी इच्छा है कि आज उसके कुछ अंश आपको सुनाऊँ?''

आचार्य सुरेश्वर ने तब उनसे करबद्ध निवेदन किया—"अहोभाग्य भगवन्!... आपकी परम उदारता होगी यदि हम आपके श्रीमुख से उसे सुन सके।"

आचार्य शंकर कहने लगे—

"प्रिय आत्मन्!...

तपोभिः क्षीणपापानां शान्तानां वीतरागिणाम्।

मुमुक्षूणामपेक्ष्योऽयमात्मबोधो विधीयते।।

—तप के अनुष्ठान से जिनके पाप नष्ट हो गए हैं, जो विरक्त तथा शांत हैं, ऐसे मुमुक्षुओं के लिए यह 'आत्म-बोध' लिखा है।... अन्य साधनों—अर्थात् जप-तप, पूजा-पाठ, भजन-कीर्तन, यज्ञ-योग आदि की अपेक्षा हृदय में उत्पन्न आत्म-बोध ही मोक्ष का एकमात्र साधन है। जिस प्रकार ईंधन द्वारा प्रदीप्त अग्नि पाक का साधन है, वैसे ही आत्मज्ञान के बिना मोक्ष सिद्ध नहीं हो सकता।...

इतना जान लो कि—कर्म अज्ञान का नाश नहीं कर सकते क्योंकि ये उसके विरोधी नहीं हैं। जैसे प्रकाश घोर अंधकार को नष्ट कर डालता है, वैसे ही विद्या (ज्ञान) से अविद्या (अज्ञान) का नाश होता है।...

अज्ञान के कारण ही आत्मा परमात्मा से विभक्त प्रतीत होता है। किंतु जिस प्रकार बादलों के हट जाने पर सूर्य स्वयं ही प्रकाशित हो जाता है उसी प्रकार अज्ञान का नाश हो जाने पर आत्मा स्वयं ही प्रकाशित हो जाता है।...

जिस प्रकार फिटकरी का चूरा गंदले जल को साफ करने के बाद स्वयं ही बैठ जाता है, उसी प्रकार ज्ञान का निरंतर अभ्यास अज्ञान से कलुषित जीव को शुद्ध करके स्वयं भी नष्ट हो जाता है।...

राग-द्वेष इत्यादि से परिपूर्ण यह संसार एक स्वप्न के समान है जो अपने समय में सत्य की भाँति प्रतीत होता है, किंतु आत्म-बोध होने पर यही संसार असत् हो जाता है।...

सोने में चाँदी के भ्रम के समान यह जगत तभी तक सत्य प्रतीत होता है जब तक कि अद्वय और सर्वाधिष्ठान ब्रह्म का अनुभव नहीं होता।...

जल में बुदबुदों की भाँति सबके उपादान कारण और आधार परमेश्वर में ही यह जगत् उत्पत्ति, स्थिति और लय को प्राप्त होता है।...

पंचीकृत पंचमहाभूत से स्थूल शरीर उत्पन्न होता है जिसमें संचित कर्म निमित्त कारण है। यह स्थूल शरीर ही सुख-दुःख रुपी भोगों के अनुभवों का साधन अथवा भोगायतन कहलाता है।..

अपंचीकृत सूक्ष्म भूतों से उत्पन्न पंचप्राण, दस इन्द्रियाँ, मन और बुद्धि से मिलकर बना यह सूक्ष्म शरीर भोग का साधन है।...

अनिर्वचनीय और अनादि अविद्या ही कारण शरीर है। यह निश्चित जानो कि आत्मा इन तीनों शरीरों अथवा उपाधियों से अन्य है।...

जिस प्रकार से स्वच्छ दर्पण में ही प्रतिबिम्ब दिखाई देता है उसी प्रकार आत्मा यद्यपि सर्वव्यापक है फिर भी सभी पदार्थों में उसका आभास नहीं होता। इसका अनुभव शुद्ध बुद्धि में ही होता है।

जिस प्रकार से राजा अपनी प्रजा से भिन्न एवं विलक्षण होता है, उसी प्रकार यह आत्मा शरीर, इन्द्रियों, मन, बुद्धि तथा प्रकृति से विलक्षण तथा इनके कार्यों का साक्षी है, ऐसा समझना चाहिये।...

बुद्धि के रहने पर राग, इच्छा, सुख, दुःख आदि होते हैं। सुषुप्ति अवस्था में बुद्धि के विलय हो जाने पर रागादि नहीं रहते। इसलिए ये रागादि बुद्धि के धर्म हैं। आत्मा के नहीं।...

जिस प्रकार सूर्य का स्वभाव प्रकाश, जल का शीतलता और अग्नि का ऊष्णता है, उसी प्रकार आत्मा का स्वभाव सच्चिदानंद, नित्यता और निर्मलता है।...

प्रिय भक्तगण, साधक गण और समस्त प्रिय आत्मन्!!!...

इतना स्मरण रहे कि आत्मा और परमात्मा कभी भी दो भिन्न तत्त्व नहीं हैं। बल्कि वे एक ही चेतना शक्ति के दो नाम मात्र हैं। इसको जानकर मनुष्य निश्चय ही भय मुक्त हो सकता है और ब्रह्म आराधन में लीन हो सकता है।...

कई धर्मों ने जीव को ही मनुष्य का वास्तविक स्वरूप बताकर उसे भ्रमित एवं भयभीत करके उसे विभिन्न प्रकार के कर्मकाण्डों में उलझा कर उसका शोषण किया है। नाना प्रकार की उल्टी-सीधी साधनाओं में फँसाकर उसे और अधिक दुःखी कर दिया है। अतः वेदांत ही वह सीधा सरल मार्ग है जो भ्रम निवारक है। वही मोक्ष प्राप्ति का एक मात्र साधन है जिसका अनुसरण करने से मनुष्य सुखी हो जाता और शांत होकर झूठे बंधनों से मुक्त हो जाता है। वेदों का मार्ग ही सत्य सनातन मार्ग है। इससे कोई श्रेष्ठ मार्ग न तो कोई है न होगा।

आने वाले सैंकड़ों वर्षों में नए-नए धर्म आएंगे। आपको अर्थ से लुभाएंगे। या फिर हिंसा और सत्ता के बल पर दबाएंगे। साम-दाम—दण्ड-भेद की नीतियों का उपयोग करेंगे। आपसे धर्म परिवर्तन की अपेक्षा रखेंगे। परंतु हमारे ऋषि-मुनियों द्वारा बताये वैदिक मार्ग का कोई विकल्प वास्तव में है नहीं। एक दिन हमारा राष्ट्र ही नहीं सारा विश्व इस सनातन धर्म और सभ्यता की ओर लौटेगा। आज हमें अपनी जड़ों को सुदृढ़ करना है। अपनी आस्था के दीपक को निष्कम्प रखना है और अपने सनातन वैदिक

धर्म को अपने प्राणपण से बचाना है। राम, कृष्ण, शिव, शक्ति आदि की आराधना करते हुए उस परमब्रह्म परमेश्वर से अपने को एकाकार करने के अंतिम लक्ष्य पर चलना है।...''

एक वर्ष शारदा मठ पर बिताकर आदि-शंकर ने सुरेश्वराचार्य से एक दिन कहा—''प्रिय वत्स! अब आगे की यात्रा की आज्ञा दो मुझे।...''

सुरेश्वर बोले—''पूज्य गुरुदेव! आप भी विनोद करते हैं। भला मैं आपको प्रस्थान की अनुमति देने वाला कौन होता हूँ? आपको कुछ दिन और द्वारका में रुकने के लिए प्रार्थना अवश्य कर सकता हूँ।''

श्री आदि शंकराचार्य बोले—''नहीं अब बहुत हुआ। यहाँ तुमने शारदा मठ की व्यवस्थाएं अति उत्तम ढंग से सुनिश्चित कर ही ली हैं।...''

सुरेश्वर बोले—''वह तो आपकी कृपा का प्रताप है भगवन्!... परंतु एक अनुरोध अवश्य करना चाहूँगा।''

''बोलो वत्स!''

''इधर आपसे पूरे दो वर्ष दूर रहा। आपके चरण यहाँ पड़ने पर कुछ आश्वस्त हुआ। अतः इस बार आगे की धर्म-यात्रा में आप मुझे भी अपनी कृपाछाया में चलने की अनुमति प्रदान करें तो स्वयं को धन्य समझूँगा।''

इसपर दो पल आचार्य शंकर ने सोचा और कहा—''तब यहाँ शारदा मठ की व्यवस्था कौन देखेगा?''

''शृंगेरी के आचार्य हस्तामलक को यदि चाहें तो मेरे लौटने तक यहाँ का भी प्रभारी बना सकते हैं गुरुदेव आप। वे शृंगेरी मठ के साथ-साथ इसे भी आते-जाते देख लेंगे।...''

''ठीक है परंतु इतनी दूर से दोनो जगह कैसे आना-जाना होगा?''

''भगवन्! विशेष परिस्थितियों में कर्त्तव्य निष्पादन में वे रथ द्वारा दोनों जगह आ-जा सकते हैं, यदि आपत्ति की कोई बात न हो।''

''हूँ... आपत् धर्म में इसपर विचार किया जा सकता है।...''

परमाचार्य की अनुमति मिलने पर सुरेश्वराचार्य ने अपने प्रधान शिष्य आचार्य चिन्सुख को शारदा मठ का दैनिक कार्य प्रभार सौंपा और उन्हें निर्देश दिए कि प्रभारी मठाध्यक्ष अग्रिम आदेशों तक शृंगेरी पीठाधीश्वर हस्तामलकाचार्य जी रहेंगे।'' तब उन्हें संदेश वाहक द्वारा इस अस्थायी-व्यवस्था का अनुरोध पत्र गुरुदेव आदि-शंकर के आशीर्वाद के संदेश सहित भिजवा दिया गया। इसके बाद आगे की दिग्विजय-यात्रा में आचार्य सुरेश्वर भी गुरुदेव के सहयात्री बन उनके साथ हो लिए।

4

तक्षशिला

आचार्य शंकर ने पुष्कर होकर तक्षशिला जाने का निश्चय किया। उसके बाद उनकी अगली मंज़िल कश्मीर थी।

द्वारका से आचार्य सुरेश्वर अपने चार शिष्यों के साथ गुरुदेव आदि शंकराचार्य के साथ चले। उनसे पहले त्रोटकाचार्य अपने दो शिष्यों के साथ शृंगेरी से चले आ रहे थे। पद्मपादाचार्य स्वयं तो गुरु-आज्ञा के कारण जगन्नाथ पुरी से आगे नहीं जा पाए। परंतु अपने दो शिष्यों को उन्होंने भी भेजा था। आचार्य शंकर के साथ उद्भ्रांत, बाबा रामदेव और बाबा कृष्णदेव तो निरंतर साथ थे ही। शृंगेरी, कांची, पुरी, काशी, उज्जैन, द्वारका से धीरे-धीरे कोई पचास-एक लोग और जुड़ गए थे।

यह दिग्विजय-यात्री समूह जिन मार्गों और आबादियों से गुजरता उनके स्वागत और दर्शन हेतु सैंकड़ों लोग कुछ दूर तक उस जुलूस में जुड़ जाते। कहीं-कहीं तो हज़ारों श्रद्धालुओं की भीड़ जुट जाती। जगद्गुरु शंकराचार्य अब केवल एक संन्यासी-संत-अथवा–विद्वान नहीं थे, एक संसार प्रसिद्ध नाम बन चुके थे। उन्हें देखने को उनके नाम से ही जन-समूह उमड़ पड़ते थे। अरे शंकराचार्य आ रहे हैं?... हाँ शंकराचार्य महाराज ही आ रहे हैं... तो चलो भई चलो हम भी चलें... उनके दर्शन कर पुण्य के भागी बने...

लगभग तीन सप्ताह की पदयात्रा के बाद यह धर्म-विजय जुलूस पुष्कर पहुँचा। आज के जनपद अजमेर, राजस्थान के पास बसा पुष्कर तीर्थ। उसी के नाम से सारा जनपद और प्रक्षेत्र तब जाना जाता था। पुष्कर में एक विशाल स्नानकुण्ड है और ब्रह्मा जी का एकमात्र मंदिर है। उसकी अपनी अलग कथा है।...

आचार्य शंकर और उनके सहयात्री एक सप्ताह पुष्कर तीर्थ में रुके। उन्होंने अरावली की पहाड़ियों से घिरे इस पावन तीर्थ में स्थित पुष्कर झील में नित्य स्नान कर ब्रह्मा जी के मंदिर में उनके विग्रह के दर्शन किए।

भगवान ब्रह्मा त्रिदेवों में एक देव हैं। त्रिदेव-ब्रह्मा, विष्णु, महेश भी उसी परम ब्रह्म परमेश्वर के द्वारा उत्पन्न हैं। उनमें से ब्रह्मा जी को सृष्टि का रचयिता माना गया है।

मान्यता है कि–"पृथ्वी के लोग कभी उनकी पूजा नहीं करेंगे"–ऐसा श्राप एक बार सरस्वती जी ने उन्हें दे दिया था। बाद में जब उन्हें अपनी भूल का अहसास हुआ तो सरस्वती ने ही यह वरदान भी दिया कि पृथ्वी पर केवल एक स्थान पर ब्रह्मा जी पूजे जाएंगे, जहाँ उनका एकमात्र मंदिर होगा। और वह स्थान होगा पुष्कर। यही कारण है कि पुष्कर तीर्थ के अतिरिक्त और कहीं ब्रह्मा-मंदिर नहीं है।

पहले दिन पुष्कर झील में स्नान करते समय एक घाट का पंडा भक्त लोगों को बता रहा था—"पदम पुराण में पुष्कर झील का उल्लेख मिलता है महाराज!... हाँ कि ब्रह्मा जी के हाथ से कमल का फूल यहाँ गिरा था। उससे तीन बूँदें भी झरीं, जिससे कि इस पुष्कर झील का निर्माण हुआ। पुष्कर का अर्थ भी यही होता है—कर से गिरा हुआ फूल... सो महाराज!... पुष्कर झील बनी... इसके निकट भक्तों ने ब्रह्मा जी का मंदिर उनकी प्रेरणा से बनाया। यहाँ स्नान और दर्शन करने से महाराज!... सौ जन्मों का फल मिलता है।"

इस अंतिम बात को सुनकर पास ही स्नान करते हुए परमाचार्य मुस्कुराए। बोले—"सौ जन्म क्यों? एक ही जन्म क्या पर्याप्त नहीं?"

वह पंडा उन्हें देखकर हकबकाकर बोला—"जी?" उसे कुछ समझ में नहीं आया। परंतु एक युवा संन्यासी को उसके अनेक अनुयायियों के साथ उस ब्रहम-सरोवर में नहाता देखकर वह पंडा आगे कुछ न बोला। सभी जन स्नानोपरांत ब्रह्मा-मंदिर के दर्शन हेतु चल दिये थे।...

आज की भाषा में कहें, तो पुष्कर से तक्षशिला की दूरी लगभग 1000 किलोमीटर है, जिसे यांत्रिक वाहन से लगभग 24 घंटों में आज तय किया जा सकता है। यदि रात-दिन पदयात्रा अनवरत की जाए तो आठ दिन लगेंगे, जो कि किसी हाड़माँस के शरीर वाले मनुष्य के लिए संभव नहीं। एक दिन में 6 से 8 घंटा ही पदयात्रा संभव है। अतः यह दिग्विजय-पदयात्रा लगभग एक माह में रुकती-चलती पुष्कर से तक्षशिला पहुँची। गांधार प्रदेश का वह सुप्रसिद्ध स्थान जो उस काल में विद्या का गढ़ माना जाता था। जहाँ दूर-दूर से काशी, राजगृह, मिथिला, उज्जयनी तक से भारतवर्ष के विद्यार्थी वहाँ के तक्षशिला विश्वविद्यालय में पढ़ने आते थे।...

तक्षशिला एक विद्या के केंद्र के रुप में वैदिक काल की अंतिम शताब्दियों से ही विख्यात हो चला था। भारत ही नहीं, चीन, यूनान, फ़ारस और मिस्र आदि से प्रबुद्ध विद्यार्थी उच्चशिक्षा के लिए तक्षशिला विश्वविद्यालय आने लगे थे। बौद्ध युग में इसकी ख्याति बहुत बढ़ गई। इसका पुस्तकालय और भी समृद्ध होता गया। वैदिक ग्रंथों, विभिन्न शास्त्रों, बौद्ध पिटकों-जातकों आदि की असंख्य पुस्तकों और पांडुलिपियों से यह पुस्तकालय भरा पड़ा था। वैदिक युग के उपरांत, मौर्यों के युग में कालांतर में जिन-जिन धर्मावलंबी शासकों का साम्राज्य रहा यहाँ की शिक्षा-दीक्षा में भी उसका प्रभाव रहा, जो कि परिवर्तनशील रहा। इसलिए यहाँ से निकले विद्वान विद्यार्थी पर्याप्त व्यापक दृष्टिकोण वाले और बहुविध प्रतिभा सम्पन्न होते आए थे।...

संस्कृत साहित्य के सर्वश्रेष्ठ व्याकरण ज्ञाता पाणिनी, कोसलराज प्रसेनजित, वह ब्राह्मण लुटेरा अंगुलीमाल जिसे गौतम बुद्ध ने शांत कर पुनः लोककल्याण में प्रवृत्त किया, चंद्रगुप्त मौर्य का गुरु चाणक्य, जिसने 'अर्थशास्त्र' की रचना की थी और

नंदवंश का समूल नाश कर अपने शिष्य चंद्रगुप्त को पाटलिपुत्र के सिंहासन पर आरुढ़ कराया था... एक से एक व्यक्तित्व तक्षशिला से विद्याध्ययन कर निकले थे।...

आदि शंकराचार्य ने अपने तमाम अनुयायियों सहित उसी तक्षशिला में लगभग दो या तीन सप्ताह प्रवास किया होगा। उन्होंने वहाँ के विश्वविद्यालय को भी देखा और उस क्षेत्र में आस-पास बिखरे अनेक गुरुकुलों में भी वे अपने भ्रमण में गए। देव मंदिरों की अपेक्षा यहाँ के शिक्षा मंदिरों में आचार्य की अधिक दिलचस्पी थी।

एक दिन कुछ बौद्ध मतानुयायी आचार्य शंकर के रुकने के स्थान पर तक्षशिला में आए। वे आचार्य सुरेश्वर से मिले। उन्होंने आचार्य शंकर से मिलने की इच्छा प्रकट की। आदि-शंकर उस दिन अपने विश्राम कक्ष में ध्यान योग में व्यस्त थे।

सुरेश्वराचार्य ने कहा कि—"आज तो भेंट न हो सकेगी। गुरुदेव ध्यान में हैं। आप मुझे आज्ञा करें।"

उन बौद्धों में जो उनका प्रमुख था बोला—"आपके वैदिक धर्म में अनेक भ्राँतियाँ हैं। अनेक मत-मतांतर हैं। अतः 'बुद्धं शरणं गच्छामि' ही श्रेयस्कर है। हमारे बोधि सत्व ने जो सीधा सरल ज्ञान संसार को दिया है वही श्रेष्ठ है।"

इसपर आचार्य सुरेश्वर मुस्कुराए। बोले—"आपका शुभ परिचय जान सकता हूँ?"

तब उन बौद्ध आचार्य ने कहा—"मेरा नाम भद्रक है। स्थानीय विश्वविद्यालय के धर्मशास्त्र अनुभाग का प्राचार्य एवं विभागाध्यक्ष हूँ।"

सुरेश्वर बोले—"स्वागत है आचार्य भद्रक!... मेरा नाम आचार्य सुरेश्वर है। मैं द्वारकापुरी में स्थापित शांकर मठ का अध्यक्ष हूँ।"

भद्रक बोले—"जी आचार्य!... तो मैं कह रहा था कि वैदिक हिन्दू धर्म में मतभेद के कारण हमारे बौद्ध धर्म ने ही विश्व को सन्मार्ग दिखाने का बीड़ा उठाया।...

इसपर सुरेश्वर ने फिर भी स्वयं को संयत रखने के उद्देश्य से मुस्कुराकर इतना ही कहा—"तभी तो भगवान गौतम बुद्ध को हम प्रणाम करते हैं। हमारे वैष्णव संप्रदाय में तो बुद्ध देव को भगवान विष्णु का दसवाँ अवतार ही मान लिया गया है।"

इसपर चिढ़कर भद्रक ने कहा—"किंतु हम ये नहीं मानते। हमारे पूज्य धम्मगुरु का यह महिमा मंडन भी आपके हिन्दू धर्म के पंडितों का एक षड्यंत्र है। वह भी एक सोचा-समझा जाल, जिससे कि भोलीभाली जनता फिर से पाखंडी ब्राह्मणों के झाँसे में आ जाए।"

अब पंडित मंडन मिश्र उर्फ़ सुरेश्वराचार्य की दुःखती रग फड़की। बोले—"साफ़-साफ़ कहिए क्या कहना चाहते हैं आचार्य प्रवर? शास्त्रार्थ के इच्छुक हों तो शास्त्रार्थ कर लें। वाद-विवाद करना चाहते हों तो वह भी सही।..."

आचार्य भद्रक ने कहा—"शास्त्रार्थ तो हम किसी दिन आपके शंकराचार्य से ही करेंगे। बड़ा नाम सुना है। पर आप महोदय तो इतना जान लें कि—जब हमारे गौतम बुद्ध कैवल्य ज्ञान के उपरांत परिभ्रमण पर निकले तो उन्होंने देखा कि हिन्दुओं का दार्शनिक चिंतन बहुत कुछ निरंकुश-सा हो चला था। विभिन्न देवी-देवताओं के उपासक पुजारीगण कर्मकाण्ड के बदले लोगों को ठग रहे थे। उन्होंने ईश्वर, मूर्तिपूजा और पशुबलि आदि का मायाजाल रच रखा था। हमारे धम्म-संस्थापक गौतम बुद्ध ने इन सबको नकार दिया। वेदों को भी नकार दिया। हमारे भुरिदत्त जातक में ईश्वर, वेदों और पशुबलि की आलोचना आप पढ़ सकते हैं।..."

इस पर सुरेश्वराचर्य ने कहा—

"मालूम है। वेद विमुख आप लोग इसलिए हैं क्योंकि उनका अध्ययन श्रमसाध्य है। वेदों के ज्ञान को पूर्णतः समझने के लिए अन्य शास्त्रों, विशेषकर ग्यारह उपनिषदों का भी अध्ययन अनिवार्य है। अच्छा ये बताइये कि मूर्तिपूजा का यदि बौद्ध धर्म में विरोध है तो आप अपने तथागत की प्रतिमाओं की पूजा क्यों करते हैं?"

"वह तो हमारी श्रद्धा का विषय है। हमारे तथागत ने ऐसा थोड़े ही कहा था कि मेरी मूर्ति निर्माण कर उसकी पूजा करो।"

"अच्छा तो आप लोग अपने मन से मूर्तिपूजन करते हैं। इसमें आपको अपने पूज्य धर्म-प्रवर्त्तक की शिक्षाओं का उल्लंघन नहीं प्रतीत होता? फिर यह बताइये कि तथागत ने आपके बौद्ध संघों में स्त्रियों के प्रवेश को वर्जित किया था। आपने उनके इन अनुदेशों को भी नहीं माना?"

इस पर वे बौद्ध आचार्य थोड़ा सकपकाए। फिर संभल कर कहा—"ऐसा है... वह हमारे ही एक संप्रदाय के कुछ मूर्ख लोगों ने भूल की है, जिससे उनका संप्रदाय टूट रहा है।..."

"संप्रदाय टूट रहा है कि पूरे बौद्ध संघ को आघात पहुँच रहा है।"

"आघात संघ को क्या होगा? उन्हें ही होगा जिन्होंने तथागत भगवान बुद्ध के निर्देशों की अवहेलना का पाप किया है। वे भटके हुए लोग हैं।... आप तो यहाँ अपनी बात कीजिए आचार्य सुरेश्वर।..."

भद्रक ने वार्ता के क्रम को पुनः मोड़ने की चेष्टा करते हुए कहा—"आपके तो ईश्वरवादी हिन्दू दर्शन में जो ब्रह्म की अवधारणा है वही दोषपूर्ण है..."

"वह कैसे?" सुरेश्वराचार्य ने पूछा।

"गौतम बुद्ध ने आपके तथाकथित ब्रह्म अथवा ईश्वर को नहीं माना। हमारे खुदुका निकाय के भुरिदत्त जातक में ही उल्लेख है कि—यदि वह ब्रह्म सब लोगों का 'ईश्वर' है और सब प्राणियों का स्वामी है तो उसने लोक में ये माया, असत्य, दोष और मद

क्यों उत्पन्न किये? यदि वह ब्रह्म सब लोगों का ईश्वर और स्वामी है तो वह स्वयं अधार्मिक है, क्योंकि उसने 'धर्म' के रहते 'अधर्म' उत्पन्न किया? क्यों?''

सुरेश्वर बोले—''सृष्टि में संतुलन स्थापित करने के लिए आचार्य भद्रक!... हिन्दू दर्शन अत्यंत विशाल है। उसका गंभीर अध्ययन किए बिना उसे पूरी तरह समझा नहीं जा सकता।... 'कर्म का सिद्धांत' इसका मूल कारण है। हमारा निर्विकार ब्रह्म सच्चिदानंद स्वरूप है। वह कुछ भी अच्छा या बुरा नहीं करता। धर्म-अधर्म से भी वह परे है। माया के वशीभूत जीवात्मा ही कर्म बंधनों में जकड़ा रहता है। वही सत्कर्म अथवा दुष्कर्म करता हुआ, अपनी नश्वर देह के माध्यम से जन्म-जन्मांतर में भटकता है। पुनर्जन्म तो मान्यवर आप बौद्ध भी मानते हैं। कर्मबंधन युक्त आत्मा पुनर्जन्म लेती है। कर्ममुक्त विशुद्ध आत्मा मोक्ष को प्राप्त होती है। ब्रह्ममय हो जाती है। उस विशुद्ध आत्मा का पुनरागमन नहीं होता।''

भद्रक बोले—''तथागत ने तो आत्मा को भी नकार दिया था और कहा कि एक जीव पाँच स्कन्धों से मिलकर बनता है और आत्मा नाम की कोई चीज़ नहीं है।''

''तो फिर आपकी जातक कथाओं में भगवान बुद्ध के अनेक जन्मों की कथा क्यों कही जाती है? बिना आत्म तत्त्व के एक ही जीव बार-बार विभिन्न जन्मों में कैसे प्रकट होता है?''

भद्रक सुरेश्वर के इस प्रश्न का कोई उत्तर नहीं दे सके। वे बोले कि—''आत्मा और परमात्मा की अवधारणाओं की देन आपके वेदों की है। हमारा बौद्ध धर्म वेदों को नहीं मानता।''

''ना मानिये। न मानने से सूर्य और चंद्रमा का प्रकट स्वरूप विलीन तो न हो जाएगा।''

''कुछ भी हो हमारे तेविज्ज सुत्त और भुरिदत्त जातक में बुद्ध ने अरिट्ठ को सम्बोधित करके कहा था कि—वेदाध्ययन धैर्यवान पुरुषों का दुर्भाग्य है और मुर्खों का सौभाग्य। वेद त्रयी मृग मारीचिका के समान है। सत्यासत्य का विवेक न करने से मूर्ख इन्हें सत्य मान लेते हैं। इत्यादि।''

इसपर सुरश्वेराचार्य ने कहा—''हे महाभाग! इसमें बुद्ध की शिक्षाओं का दोष नहीं, आप लोगो की समझ का दोष है। तथागत ने जो कहा उसे लिपिबद्ध करने वालों ने बहुत कुछ हेर-फेर उसमें कर दिया है।... इसे आप यों पढ़ें कि—वेदाध्ययन न करना मूर्खों का दुर्भाग्य है और धैर्यवान पुरुषों का सौभाग्य। क्योंकि हमारे यहाँ तो ज्ञानमार्ग में विशद अध्ययन की परंपरा है। हमारे तो गुरुदेव शंकराचार्य महराज सदैव कहते हैं कि तुम मेरे अथवा किसी के कहे को प्रमाण न मानो। वेदों को ही प्रमाण मानो। यदि किसी शास्त्र में कहीं किसी बात में शंका हो तो उसकी पुष्टि वेद से करो। पुष्टि होने

पर ही वह बात शास्त्र सम्मत होगी।... और वह जो आपने कहा कि वेदत्रयी मृग मारीचिका है, वह मृगमारीचिका नहीं बल्कि मनुष्यता के लिए मार्गदर्शिका है। रही सत्यासत्य का विवेक करने की बात... तो सत्यासत्य का विवेक सही ढंग से न करने वाले मूर्ख ही वेदत्रयी को असत्य मान लेने की भूल कर बैठते हैं।''

इसपर वह बौद्धाचार्य बिगड़ गया। बोला—''ये कैसी अनर्गल बातें करते हैं आप?''

तब सुरेश्वराचार्य बिना उत्तेजित हुए, हँसते हुए भद्रकाचार्य से बोले—''विद्वान शिरोमणि! मैं कोई अनर्गल संभाषण नहीं करता। मैंने गुरुकृपा से समस्त वेद शास्त्रों का अध्ययन किया है। जैनाचार्यों के ग्रंथ भी पढ़े हैं और आपके बौद्ध धर्म के त्रिपटक, समस्त जातक आदि का भी सम्यक अध्ययन कर रखा है।.. आप यदि चाहें तो उनपर मुझसे शास्त्रार्थ कर सकते हैं। चाहे आज-चाहे कल।...''

इसपर वे सभी चारों-पाँचों बौद्ध मतावलंबी अचानक उठ खड़े हुए और बोले—''हम जाते हैं अभी। देख लेंगे तुम्हे भी और तुम्हारे शंकराचार्य को भी।''

शोर सुनकर वहाँ त्रोटकाचार्य, उद्भ्रांत और रामदेव और कृष्णदेव भी आ गए। उन्होंने पलायन करते बौद्धों की ओर हाथ उठाकर निर्भीक सुरेश्वराचार्य को यह कहते सुना—''देख लेना भद्रक! इस बार पूरी तैयारी के साथ आना। विशेषकर वेदांगों का सम्यक अध्ययन करके।''

उसके बाद तक्षशिला में जितने भी दिन आदि शंकर रहे, एक भी बौद्ध उनके अथवा उनके शिष्यों के आस-पास नहीं फटका।

अध्याय–ग्यारह

⌘

किं कारणं ब्रह्म कुतः स्म जाता
जीवाम केन क्व च सम्प्रतिष्ठाः ।
अधिष्ठिताः केन सुखेतरेषु
वर्तामहे ब्रह्मविदो व्यवस्थाम् ।।

–जगत् का कारणभूत ब्रह्म कैसा है? हम किससे उत्पन्न हुए हैं? किसके द्वारा जीवित रहते हैं? कहाँ स्थित हैं? और हे ब्राहमविद्गण! हम किसके द्वारा सुख-दुःख में प्रेरित होकर संसारयात्रा का अनुवर्तन करते है।

(श्वेताश्वतरोपनिषद्)

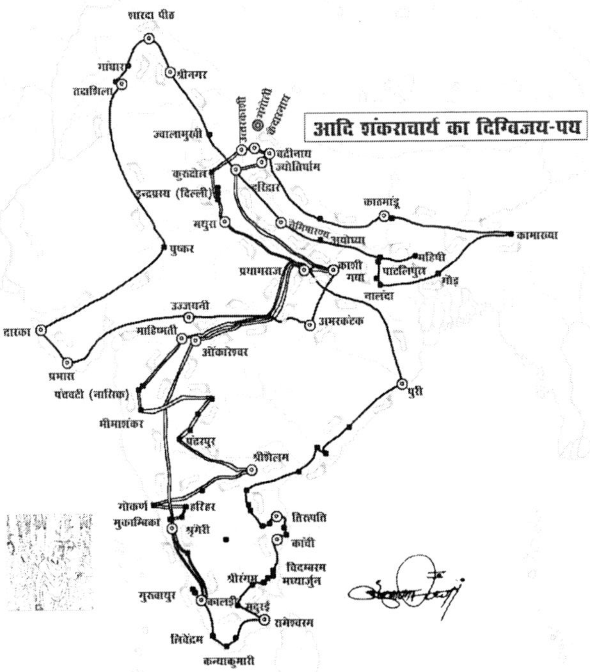

1

कश्मीर

तक्षशिला से आदि-शंकर का अगला मुख्य गंतव्य कश्मीर था। धरती का वह घोषित स्वर्ग कश्मीर जिसे दो-तीन सहस्त्र वर्ष पूर्व कश्यप ऋषि ने बसाया था। आचार्य शंकर वहाँ विशेषकर कश्मीरी ब्राह्मणों द्वारा पूजित प्रसिद्ध सिद्धपीठ, जिसे शारदा पीठ कहते थे, उसका सर्वप्रथम दर्शन करना चाहते थे।

शारदा पीठ के चार दिशाओं में बने प्रवेशद्वारों में से सैंकड़ों वर्षों से उत्तर, पूर्व, पश्चिम के द्वार साधकों और भक्तों के आवागमन हेतु खुले हुए थे, परंतु पीठ का दक्षिणी प्रवेशद्वार आज तक बंद था। उसे शारदा पीठ की स्थापना के बाद से आज तक खोला नहीं जा सका था। क्यों पीठ का नियम यह था कि उसके किसी भी द्वार को खोलने और उधर से प्रवेश कर माँ शारदा की अभ्यर्थना का प्रथम अधिकार किसी सर्वज्ञ शास्त्रज्ञ विद्वान को ही प्राप्त था। उस दक्षिणी द्वार को कोई दक्षिण दिशा से आया सर्वज्ञ आचार्य ही खुलवा सकता था, जिसके लिए उसे पीठ के ब्राह्मणों से शास्त्रार्थ कर उन्हें हराना होता।

सैंकड़ों वर्षों से तक कश्मीर की इस सिद्ध पीठ को दक्षिणी द्वार को खुलवाने वाला कोई सर्वज्ञ दक्षिण भारतीय ब्राह्मण अभी तक नहीं मिल पाया था। आदि शंकराचार्य को पीठ का तो पता था, परंतु इस चुनौती का पता नहीं था जो उनके वहाँ पहुँचने से पूर्व ही उनकी प्रतीक्षा कर रही थी।

आदि शंकर अपने अनुयायियों के साथ तक्षशिला से चले। उन्होंने मैदानों को पार करते हुए, दुर्गम पर्वतीय मार्गों पर चलते हुए, उस कठिन पदयात्रा में अनेक कष्ट सहकर लगभग 10 दिन में किशन गंगा की उस सुंदर घाटी में प्रवेश किया। जब वे किशनगंगा नदी के किनारे बसे उस पर्वतांचल में पहुँचे तो वहाँ का विहंगम दृश्य देखकर उनका सारा श्रम जाता रहा।

आचार्य शंकर शारदा पीठ पहुँचे। विद्या की अधिष्ठात्री देवी सरस्वती का स्थान। उनका सुप्रसिद्ध मंदिर। अपने सम्पूर्ण वैभव में जागृत। जिसका दक्षिणी द्वार बंद था। अन्य सभी द्वार भक्तों के लिए दर्शनार्थ खुले थे।

यदि आचार्य शंकर चाहते तो उनमें से किसी भी खुले द्वार से प्रवेश कर माँ शारदा के दर्शन कर सकते थे। परंतु उन्हें जब दक्षिणी प्रवेश द्वार के बंद होने की कहानी वहाँ के एक पंडित से विदित हुई तो दक्षिण पीठ के आरोहण के लिए शंकराचार्य के सभी शिष्य उनसे अनुनय-विनय करने लगे।

गुरुदेव मान गए। उन्होंने मंदिर के पुरोहितों से दक्षिण द्वार खोलने का आग्रह किया। पुरोहितों ने उनका परिचय जानना चाहा। जैसे ही आचार्य के शिष्यों ने अपने गुरु का नाम और परिचय बताया, वहाँ कश्मीरी ब्राह्मणों और दूर-दूर से आए दर्शनार्थियों की भीड़ लग गई। शंकराचार्य के नाम को तब कौन भारतवासी नहीं जानता था, जिसका विद्या से तनिक भी वास्ता अथवा सरोकार हो।

शंकराचार्य महाराज स्वयं शारदा शक्तिपीठ, कश्मीर पधारे हैं। हल्ला मच गया...

अनेक शास्त्रार्थ के इच्छुक विद्वान थोड़ी ही देर में जुट गए। दक्षिणी द्वार पर खड़े आदि शंकर ने कहा—''माँ का यह द्वार खोलिए। मुझे उनके दर्शन करने हैं।''

वहाँ के अधिवासियों ने कहा कि कोई सर्वज्ञ विद्वान ही, वह भी दक्षिण भारत से आया इस दक्षिण द्वार को खुलवा सकता है, अपनी सर्वज्ञता का परिचय देकर।

''हाँ-हाँ पता है, आप हमारे गुरुदेव से प्रश्न करें—'' सुरेश्वराचार्य बोले। अपने गुरु की ओर से।

उसके बाद वहाँ एकत्र विभिन्न विद्वानों ने शंकराचार्य महाराज के समक्ष प्रश्नों की बौछार प्रारंभ कर दी। वे एक प्रश्न का उत्तर पूर्ण न कर पाते दूसरा विद्वान उनसे अपने मतलब का नवीन प्रश्न कर बैठता। दूसरे का उत्तर पूर्ण होता कि तीसरा और चौथा प्रश्न आ जाता।...

त्रोटकाचार्य ने लोगों को टोका भी। आप धैर्यपूर्वक एक-एक कर प्रश्न करें। परंतु वहाँ के अधीर पंडित लोग कब मानने वाले थे? सबको प्रश्न पूछने की शीघ्रता थी। अनेक पंडित तो वह दक्षिणद्वार खुल जाने पर अपना वित्तीय लाभ भी आँक रहे थे। दर्शनार्थियों का दबाव अलग था जो कश्मीर की शारदा पीठ आए थे। उन्हें बड़े भाग्य से आज अकस्मात् यहाँ जगद्गुरु शंकराचार्य के दर्शन हो रहे थे। वे उन्हें निकट से देखना-सुनना चाहते थे।...

पंडित समुदाय शंकराचार्य से हिन्दू दर्शन परंपरा में प्रचलित षड्दर्शनों के बारे में उनके ज्ञान की परीक्षा कर रहा था। अपने-अपने विशिष्ट ज्ञान अथवा अध्ययन के अनुसार। बहुविज्ञ शंकर सबको अविचलित स्वर में उत्तर दे रहे थे।

''महाराज! न्याय दर्शन क्या होता है?...'' ''महर्षि गौतम द्वारा रचित इस दर्शन में पदार्थों के तत्त्वज्ञान से मोक्ष प्राप्ति का वर्णन है। इससे मिथ्याज्ञान की निवृत्ति होती है। फिर अशुभ कर्मों से छुटकारा, मोह से मुक्ति और दुःखों से निवृत्ति की बात इसमें कहीं गई है। न्याय दर्शन में परमात्मा को सृष्टिकर्ता, निराकार, सर्वव्यापक कहा गया

है। जीवात्मा को शरीर से अलग, प्रकृति को अचेतन तथा सृष्टि का उपादान कारण माना गया है और...''

''आचार्य जी! वैशेषिक धर्म के बारे में कुछ बताइये?...'' ''महर्षि कणाद रचित इस दर्शन में सांसारिक उन्नति तथा निश्श्रेय सिद्धि के साधन को धर्म माना गया है। इसके अनुसार मानव के कल्याण हेतु धार्मिक अनुष्ठान करना परमावश्यक कहा गया है। वैशेषिक धर्म के अनुसार द्रव्य, गुण, कर्म, सामान्य, विशेष और समवाय इन छः पदार्थों के साधर्म्य और वैधर्म्य के तत्त्वावधान से मोक्ष प्राप्ति मानी जाती है। इसके अनुसार चार पैर होने से गाय-भैंस एक नहीं हो सकती। उसी प्रकार जीव और ब्रह्म दोनों ही चेतन हैं, किंतु इस साधर्म्य से दोनों एक नहीं हो सकते।...''

''अरे महाराज! तो सांख्य दर्शन तो स्वयं में पूर्ण हैं। इस पर आप क्या कहेंगे?. ..'' ''कोई भी दर्शन अद्वैत-दर्शन की भाँति पूर्ण नहीं है। जहाँ तक महर्षि कपिल द्वारा प्रतिपादित सांख्य दर्शन का प्रश्न है, इसमें सत्कार्यवाद के आधार पर इस सृष्टि का उपादान कारण प्रकृति को माना गया है। इसका प्रमुख सिद्धांत है कि अभाव से भाव या असत् से सत् की उत्पत्ति कदापि संभव नहीं है। सत्कारणों से ही सत्कर्मों की उत्पत्ति हो सकती है। सांख्य दर्शन प्रकृति से सृष्टि रचना और संहार के मत का प्रतिपादन करता है। इसके अनुसार प्रकृति समस्त कार्य पदार्थों का कारण तो है, परंतु प्रकृति का कारण कोई नहीं हैं, क्योंकि उसकी शाश्वत सत्ता है। पुरुष प्रकृति का भोक्ता है, जबकि प्रकृति स्वयं भोक्ती नहीं है और...''

एक चौथे विद्वान बीच में बोल पड़े-''महर्षि पतंजलि का योग दर्शन तो सुविख्यात और बड़ा लोकप्रिय है। इस पर क्या कहेंगे आचार्य श्री आप?...'' ''इसमें ईश्वर, जीवात्मा और प्रकृति का स्पष्ट रुप से वर्णन किया गया है। इसके अतिरिक्त योग क्या है, जीव के बंधन का कारण क्या है, चित्त की वृत्तियाँ कौन-सी हैं, इसके नियंत्रण के उपाय क्या हैं—तदनुसार यौगिक क्रियाओं के विस्तृत उल्लेख हैं। योग दर्शन कहता है कि परमात्मा का ध्यान आंतरिक होता है। जब तक हमारी इंद्रियाँ बहिर्गामी होती हैं तब तक ध्यान कदापि संभव नहीं। इसमें एक बहुत अच्छी बात कही गई है कि परमात्मा के मुख्य नाम 'ॐ' का जाप न करके अन्य नामों से परमात्मा की स्तुति और उपासना अपूर्ण है। इसमें मैं यह कहना चाहूँगा कि...

''वह सब छोड़िये महात्मन्! आप तो यह बताइये कि मीमांसा दर्शन पर आपके क्या विचार हैं?...'' ''महर्षि जैमिनी प्रणीत मीमांसा सूत्र इस दर्शन का मूल ग्रंथ है। इसमें वैदिक यज्ञों में मंत्रों का विनियोग तथा यज्ञों की प्रक्रियाओं का वर्णन हुआ है। मीमांसा दर्शन में मानव के पारिवारिक और सामाजिक जीवन के कर्त्तव्यों और अकर्त्तव्यों को व्याख्यायित किया गया है। जिस प्रकार से संपूर्ण कर्मकाण्ड मंत्रों के विनियोग पर

आधारित है, मीमांसा दर्शन उसका समर्थन करता है और यह आत्मा और परमात्मा के संबंधों के मध्य द्वैत भाव...''

''आपका वेदांत दर्शन क्या कहता है शंकराचार्य! सुना है आप तो अद्वैत-सिद्धांत के...'' ''हाँ मैं अद्वैत-वेदांत दर्शन में प्रबल आस्था रखता हूँ विद्वान शिरोमणि!...'' शंकराचार्य बोले।

उन्हें यह शास्त्रार्थ की जगह एक अनोखा-सा धर्म-साक्षात्कार सत्र बड़ा विचित्र-सा लग रहा था। परंतु वे इतना समझ रहे थे कि कश्मीर श्रेष्ठ सारस्वत ब्राह्मणों की अत्यंत विद्या सम्पन्न देव भूमि है। यहाँ के विद्वानों की अधीरता उनके गहन अध्ययन और पाण्डित्य की भी एक प्रकार से परिचायक थी और थोड़े ही उत्तर से अर्थ ग्रहण कर संतुष्ट हो जाना उनकी स्वयं की परिपक्वता का भी एक दृष्टांत हो सकता था।...

शंकराचार्य कहने लगे—''हे विद्वत्जन!... आप सब के विशद अध्ययन एवं ज्ञान को मैं नमन करता हूँ।... वेदांत का अर्थ है वेदों का अंतिम सिद्धांत। महर्षि बादरायण व्यास द्वारा रचित 'ब्रह्मसूत्र' इस दर्शन का मूल ग्रंथ है। इस दर्शन को अब हम उत्तर मीमांसा भी कहते हैं। इस दर्शन के अनुसार ब्रह्म ही जगत की उत्पत्ति का कारण और उसके संहार का निमित्त कारण है। उपादान अथवा अभिन्न नहीं। ब्रह्म सर्वज्ञ, सर्वशक्तिगान, आनंदमय, नित्य, अनादि और अनंत है। वह जन्म-मरण आदि क्लेशों से रहित है। जगत और जीवात्मा का कारण भूत है। आत्मा भी ब्रह्म का ही स्वरूप है। अद्वैत-सिद्धांत वेदों का सार है। तदनुसार परमात्मा अर्थात् ब्रह्म एवं आत्मा में कोई भेद नहीं। वे अभिन्न और एक ही तत्त्व हैं। केवल माया अथवा अज्ञान के आवरण के कारण परस्पर भिन्न होते हैं। उपनिषदों में वेदों का सार सन्निहित है। वेद वाक्य—'अहं ब्रह्मास्मि' 'तत्त्वमसि' 'अयं आत्मानं ब्रह्म' 'प्रज्ञानं ब्रह्म' आदि स्वयं अद्वैत ब्रह्म की अवधारणा, सिद्धांत, दर्शन—जो भी आप कहें—उसे पुष्ट करते हैं। ब्रह्म ही एकमेव सत्य है। शेष सब मिथ्या है।...''

—अंततः कश्मीर के वे सभी सुविज्ञ ब्राह्मण समाज के लोग आदि-शंकराचार्य की सर्वज्ञता का लोहा मान गए। दक्षिणी द्वार खोला गया। उसका ताला खोलकर सारे विद्वान आदरपूर्वक आचार्य को शारदा पीठ में ले गए। वहाँ दक्षिण पीठ पर उन्हें विराजमान कराया। फिर अपनी शास्त्रीय पद्धति से वहाँ के पुरोहितों ने आदि शंकराचार्य महाराज के कर-कमलों से पद्म, पुष्प, नैवैद्यादि से माँ शारदा की पूजा अर्चना सम्पन्न की। माँ शारदा के कण्ठ से उतार कर श्वेत-कमलों का एक बड़ा पुष्पहार आचार्य शंकर के गले में डाला। उनका सारस्वत तिलक किया। उन्हें माँ का प्रसाद दे सभी पंडित जन अत्यंत प्रमुदित हुए।

शारदा पीठ से आचार्य शंकर के अनुयायी उन्हें लेकर अत्यंत गर्व एवं हर्षोल्हास के साथ लौटे। निकट की धर्मशालाओं में सब ठहरे। कुछ दिन वे सब किशनगंगा घाटी में ही रुके।

उन्होंने वहाँ की विशाल विद्यापीठ देखी। उसमें लगभग 5000 छात्र देश-विदेश से आकर कभी शिक्षारत रहते थे। जब आचार्य शंकर वहाँ गए तब भी लगभग 2000 विद्यार्थी वहाँ उच्च शिक्षा प्राप्त कर रहे थे। विद्यापीठ का ग्रंथागार भी बहुत समृद्ध और विशाल था। उसमें हजारों पुस्तकें और ग्रंथ, पांडुलिपियाँ उपलब्ध थीं। पाणिनी, पतंजलि, चाणक्यादि विद्वानों के ग्रंथ तो थे ही। चारों वेद, ब्राह्मण, आरण्यक, उपनिषद्, पुराण, रामायण, महाभारत, भागवतादि समस्त महान ग्रंथ और भी असंख्य पुस्तकें वहाँ संग्रहीत दिखीं।

शारदा पीठ पर प्रतिदिन दर्शन, ध्यान, प्रवचन के क्रम में व्यस्त रहकर आचार्य शंकर ने अपने अद्वैत वेदांत की महत्ता का वहाँ प्रचार किया। कश्मीरी लोगों को नित्य-सत्संग से जोड़ा।

इसके बाद आदि शंकराचार्य की दिग्विजय-यात्रा वहाँ से श्रीनगर के लिए प्रस्थान कर गई। पर्वतों, प्रपातों, भूमि के गर्भ से निकलकर धरती पर उन्मुक्त बहते जलस्त्रोतों, पर्वत शिखरों पर जमी धवल हिमराशि, देवदार, चिनार, सेब, अखरोट आदि के हरे-भरे अथवा फलदार वृक्षों, मैदानों की गर्म वायु के स्थान पर कश्मीर का शीतल वातावरण शंकर और उनके सह-यात्रियों के लिए अत्यंत मनमोहक एवं सुखद था। कश्मीर की इस चित्रमय प्रकृति ने शंकर के दार्शनिक मन को इतना आत्मस्थ किया कि उन्हें हर यात्रा पड़ाव पर समाधि लगने लगी। वे पूरे-पूरे दिन जब कभी-समाधि से बाहर न आते तो यात्रीगण उन्हें उनके परम शिष्यों की देख-रेख में छोड़कर आस-पास के प्राकृतिक आंचल में निर्द्वंद्व विचरण हेतु निकल पड़ते और जिस दिन शंकर चैतन्य रहते धर्म-यात्रा तत्काल आगे बढ़ती, बिना एक क्षण का विलम्ब किए।

लगभग दो सप्ताह की पदयात्रा के बाद शंकर-दिग्विजय धर्म-यात्रा कश्मीर की राजधानी श्रीनगर के सीमावर्ती प्रक्षेत्र में जा पहुँची।...

कश्मीर में ब्राह्मणों में शैवदर्शन का प्राधान्य था। यह दर्शन श्री आदि शंकराचार्य के अद्वैत-दर्शन से काफ़ी मिलता-जुलता था। अंतर केवल यह था कि कश्मीरी शैव दर्शन में शिव को ब्रह्म के ज्ञानातीत और निराकार स्वरूप का लौकिक प्रतीक माना जाता था। इसके अनुसार सभी व्यक्ति शिव के ही अंशावतार हैं, केवल उनकी अज्ञानता ही उनकी वास्तविक पहचान से उन्हें अनिभिज्ञ रखती है।

जब आदि शंकर श्रीनगर का सीमान्त क्षेत्र में पहला पड़ाव पड़ा तो वहाँ एक अलौकिक घटना घटित हुई। गुरु-शिष्य आदि सभी लंबी यात्रा के बाद भूखे और थके हुए थे। परंतु भोजन पकाने हेतु आग जला पाने में नाकाम हो रहे थे। तभी वहाँ उनकी

सहायता के लिए एक अत्यंत सुंदर कश्मीरी युवती आई, अपने विशिष्ट कश्मीरी परिधान में। उस युवती ने आचार्य शंकर के सन्मुख लकड़ी के दो टुकड़ों को लेकर एक मंत्र पढ़ते हुए उन्हें परस्पर रगड़ा और उससे उत्पन्न हुई चिंगारी से सूखी घास और लकड़ियों के मध्य आग जला दी।

उस अज्ञात युवती ने शंकराचार्य को बताया कि—"जगद्गुरु!... आप तो ब्रह्म ज्ञानी हैं। किंतु इतना जान लीजिए कि ये लकड़ी यदि ब्रह्म है तो इससे पैदा हुई अग्नि वह शक्ति है, जो ब्रह्म में निहित है।"

यह कहकर वह कश्मीरी लड़की वहाँ से तत्काल गायब हो गई। तब शंकर को बोध हुआ कि आद्याशक्ति आज दूसरी बार साक्षात् उनके समक्ष प्रकट हुई थीं, जैसे प्रथम बार उन्होंने वर्षों पूर्व काशी में एक शव के साथ उन्हें दर्शन देकर यह बोध कराया था कि शक्ति के बिना शिव अधूरे हैं।...

शंकर मन ही मन शक्ति स्वरूपा माँ का ध्यान कर पुनः उनके आज के कहे पर मनन करने लगे।...

कश्मीर में शैववाद ने शिव की पूजा के साथ शक्ति की पूजा के विचार को अनिवार्य बना दिया था।... यह अनिवार्यता ब्रह्माराधन में भी सार्थक महत्ता रखती है।...

आदि-शंकराचार्य जब इसके बाद मौर्य सम्राट अशोक द्वारा बसाए गए नगर श्रीनगर की सतीसर झील के निकट स्थित उस पहाड़ी पर जाकर टिके और वहाँ उन्होंने कुछ सप्ताह प्रवास किया तो वहाँ स्थित एक शिव-मंदिर में शिवाराधन तो किया ही, माँ जगदम्बा को पूजते हुए 'आनंद लहरी' नामक एक ग्रंथ का भी प्रणयन किया।

श्रीनगर में स्थिति वह गोपाद्रि पहाड़ी पर स्थित शिवमंदिर कालांतर में शंकराचार्य मंदिर कहलाया। क्योंकि कालांतर में कश्मीर के एक हिन्दू नरेश गोपादित्य (426-365 ई.पू.) ने इस छोटे से मंदिर को आदि-शंकराचार्य की स्मृति स्वरूप भव्य रुप से पुनः निर्मित कराया। उस मंदिर की बाहरी दीवार में उस राजा ने एक आले में शंकराचार्य की एक छोटी-सी प्रतिमा भी स्थापित की, जिनके ललाट पर चंदन का लेप था, उसके मध्य एक छोटी-सी बिंदी भी लगी थी। उस प्रतिमा की आँखें दूर कहीं निहारती सी दिखती थीं।...

जो भी हो, जब शंकराचार्य लगभग 30 वर्ष की अवस्था में ईसा मसीह के जन्म से 477 वर्ष पूर्व श्रीनगर की इस पहाड़ी पर आए होंगे तब उन्होंने यह नहीं सोचा होगा कि यह स्थान कश्मीर में भविष्य में उनके नाम से जाना जाएगा।

शंकराचार्य तो उसी शिव मंदिर के पास, उस पर्वत में थोड़ा नीचे जाकर, जो एक गुफ़ा है उसमें ठहरते थे और उसी में घंटों ध्यानस्थ रहते थे।

उस शंकराचार्य पहाड़ी से श्रीनगर का मोहक दृश्य दिखाई देता था। दूर-दूर तक फैली घाटी, चारों तरफ़ बर्फ़ से ढकी ऊँची चोटियाँ, सतीसर झील के स्वच्छ जल कर

विस्तार, उन पर तिरती छोटी-छोटी नावें, देवदार के वृक्षों से भरी पहाड़ी ढलाने। कश्मीरी हिन्दुओं के अनेक घर उस सुंदर वादी में यत्र-तत्र छिटके हुए। यज्ञ-धूम्र से सुवासित।

केसर मिश्रित दूध, फल आदि लेकर अनेक श्रद्धालु शंकराचार्य की पहाड़ी पर आते और आदि शंकर के दूर से दर्शन कर उनके अनुयायियों को वे छोटी-मोटी भेंटे प्रेमपूर्वक प्रदान करते।

2
नैमिषारण्य

कश्मीर में आदि शंकराचार्य लगभग दो माह रुके। वहाँ से चलने के 15-20 दिन पूर्व ही अधिकांश सह-यात्री, जो क्रमशः श्रृंगेरी, पुरी और द्वारका से साथ आए थे, गुरुदेव आदि-शंकर से आज्ञा लेकर अपने-अपने आश्रमों को लौट गए।

अब आदि शंकर के साथ गिनती के आठ लोग बचे। सुरेश्वराचार्य, त्रोटकाचार्य, उद्भ्रांत, बाबा रामदेव, बाबा कृष्णदेव और श्रृंगेरी-पुरी-द्वारका तीनों मठों के एक-एक सदस्य। इन्हें आचार्य शंकर ने जान-बूझकर रोक लिया था। यह सोचकर कि यदि कभी-किसी मठ में कोई आवश्यक संदेशा भेजना पड़ जाए तो वहाँ के इन सदस्यों की सेवाएं ली जा सके।

श्रीनगर से 15 दिन की पदयात्रा करके यह सभी नौ सनातनी हिन्दू शंकराचार्य के नेतृत्व में हिमांचल प्रदेश के ज्वालामुखी नामक नगर पहुँचे। वहाँ सबने 15 दिन प्रवास किया।

कांगड़ा जिले के ज्वालामुखी शक्तिपीठ मंदिर में आदि शंकराचार्य ने वहाँ देवी की अहर्निश जलने वाली ज्योतियों का दर्शन किया। यहाँ कोई मूर्ति नहीं थी, बल्कि ज्वाला देवी के इस मंदिर में सात जगह पवित्र ज्योतियाँ, जो धरती से प्रकट हैं, उनके दर्शन होते हैं। उद्भ्रांत आदि सभी अनुयायियों के लिए यह मंदिर बहुत आश्चर्य एवं कौतूहल का विषय रहा। यहाँ शंकराचार्य ने नित्य घंटों ध्यानयोग में मंदिर प्रांगण में अपना समय व्यतीत किया। वे आस-पास के पहाड़ी स्थलों में भी एक यायावर की भाँति घूमे। अन्य अनेक मंदिरों के दर्शन किए। जहाँ भी कहीं वे विश्राम हेतु ठहरे तीर्थयात्री लोगों ने उन्हें प्रणाम किया। उनसे आशीर्वाद लिया। उनसे बातें कीं। शंकराचार्य सबसे प्रेमपूर्वक घुले-मिले। उन्हें उपदेश दिए। उन्हें सन्मार्ग दिखाया।...

उसके बाद ज्वालामुखी से उतार वाली पहाड़ी यात्रा में प्रकृति का आनंद लेते यह सभी नौ पदयात्री गण 15 दिन में रुकते-चलते हरिद्वार पहुँचे। माँ गंगा का पावन

मैदानी तीर्थ। यहाँ इस बार शंकराचार्य पूरे एक माह रुके। नित्य गंगा स्नान, दर्शन, साधना में मन खूब रमा। वे चंडीदेवी के उस पहाड़ी मंदिर भी गए, जहाँ कुछ वर्ष पूर्व उन्होंने एक देवी प्रतिमा स्थापित की थी। देवी स्तवन द्वारा आचार्य शंकर ने उन मातृशक्ति का पूजन किया। वे हरिद्वार कनखल ऋषिकेश आदि क्षेत्रों में घूमे। माता मनसा देवी के भी दर्शन किए। गंगा तट के किसी एकांत में बैठकर गंगा के तीव्र प्रवाह के शोर के मध्य अपने मन को ध्यान में एकाग्र करना औरों के लिए असंभव होगा परंतु शंकर के लिए नितांत सहज था। उस समय उनके शिष्य उन्हें दूर से घेरे बैठे रहते। वास्तव में उनके गुरुदेव जैसा संसार में दूसरा कोई नहीं था।...

श्रीनगर से ज्वालामुखी और फिर ज्वालामुखी से हरिद्वार का पहाड़ी रास्ता जितना-जितना लंबा था, लगभग उतना ही लंबा था हरिद्वार से नैमिषारण्य का मैदानी मार्ग। ये दोनों रास्ते, आज की भाषा में कहें तो 400 किलोमीटर के आस-पास के थे।

हरिद्वार से पदयात्रा करता आदि-शंकर का यह दिग्विजयी दल नैमिषारण्य के लिए चला। यह धर्म यात्री दल, जो अब बहुत छोटा-सा था, मगर जहाँ जाता था, विद्वानों में हलचल मचा देता था। अब लोग इन्हें सुनते थे। इनसे जिज्ञासा वाले प्रश्न करते थे। शास्त्रार्थ की कोई चुनौती देने का इन्हें कोई दुस्साहस नहीं करता था। कश्मीर की सर्वज्ञपीठ पर शंकराचार्य के विराजमान होने का किस्सा उनके नैमिषारण्य पहुँचने से पूर्व नैमिषारण्य महातीर्थ तक और उसके भी आगे तक जा पहुँचा था।

वह बात यह थी कि आचार्य शंकर और उनके शिष्य तो पदयात्रा करते। जहाँ मन रमता वहाँ वे साधु-संन्यासी कई दिन ठहर जाते। जब चलते तो फिर पैदल-पैदल। परंतु साधन संपन्न तीर्थयात्री और पर्यटकगण द्रुतगति के अश्व-वाहनों और रथों से चलते अथवा बैलगाड़ी का सफ़र करते, थोड़े दिन में ही घूम-फिर कर वे यात्री अपने घरों को चल देते। कामकाज, व्यापार आदि में गृहस्थों को भला कहाँ अधिक दिन परिव्राजन की फुर्सत? फलतः वे लोग इन संतो की कीर्ति को उनके आगे की यात्रा में उनसे पहले लेकर पहुँचते। परस्पर चर्चाएं करते।

चर्चाएं समाज में एक मुख से दूसरे मुख चमत्कारिक दौड़ लगातीं। उन दिनों, हजारों बरस पहले, न घरों में टी.वी. थे, न बाजार में फ़िल्में। हाँ नाटक तब भी खेले जाते थे। लोगों के व्यक्तिगत अनुभव दिलचस्प किस्सों में तब्दील होते। अच्छी बुरी सारी बातें समाज में अपना असर छोड़तीं। पर प्राकृतिक-प्रदूषण की भाँति वैचारिक-प्रदूषण भी आज की अपेक्षा बहुत कम था। लोगों का सोच का दायरा अपेक्षाकृत काफ़ी खुला हुआ था। अतएव उच्च स्तनीय मानव मूल्य, विचार, आध्यात्मिक चर्चाएं घर-परिवारों एवं समाज में अधिक रुचि एवं आदर के साथ कही-सुनी जातीं।

नैमिषारण्य पहुँचने से कुछ पहले ही आदि शंकर और अन्य पदयात्रियों के मार्ग में दधीचि कुंड नामक दधीचि ऋषि की तपस्थली पड़ी। वह स्थान मिश्रिख तीर्थ

कहलाता था। वहाँ एक पक्के कुंड में, जिसमें सीढ़ियाँ चारों तरफ से उस पवित्र जलकुंड में नीचे को गई हैं श्रद्धालुजन स्नान कर पुण्यलाभ करते हैं और उसी कुंड के घाट पर बने हुए एक छोटे से मंदिर में महर्षि दधीचि की प्रतिमा के दर्शन करते हैं।

जब स्नानोपरांत शंकर उस मंदिर में महर्षि की प्रतिमा के दर्शनार्थ गए, तो उसे देखकर बहुत भावुक हो गए। अपने अनुयायियों से बोले—''पूज्य ऋषिवर दधीचि से बड़ा दानी संसार में कौन?...''

तभी वहाँ बैठा एक पुरोहित बोल पड़ा—''हाँ स्वामी जी!... आप ठीक कहते हैं। इस स्थान का बड़ा महातम है। प्राचीनकाल में वृत्तासुर के अत्याचारों और हमलों से 33 करोड़ देवता जब बहुत त्रस्त हुए तो वे भागे-भागे ब्रह्मा जी और विष्णु भगवान के पास गए।... तब उन दोनों ने देवताओं से कहा कि वृत्तासुर को पराजित करने के लिए यदि महर्षि दधीचि की हड्डियों से एक अस्त्र बनाया जाए तो उसी से वृत्तासुर का संहार संभव है। इंद्र उस वज्र नामक अस्त्र से तब उस असुर का वध कर सकेंगे।... देवता इस दधीचि आश्रम में पहुँचे। ऋषिवर दधीचि यहाँ तपस्यारत थे। देवताओं ने उनसे अपनी समस्या बताई। सर्वत्यागी महादानी दधीचि महाराज अपनी अस्थियों का दान देने हेतु सहर्ष तैयार हो गए। परंतु उन्होंने कहा कि इस कार्य से पूर्व वे समस्त तीर्थों के पवित्र जल से स्नान करने के बाद ही अपना प्राणोर्त्सग करेंगे।... देवता इस पर भी तैयार हो गए। उन 33 कोटि देवताओं ने धरती के साढ़े तीन कोटि तीर्थों को यहीं दधीचि आश्रम में बुलवा लिया। वे समस्त तीर्थ स्वयं यहाँ अपने-अपने स्थल की नदियों और पवित्र कुंडों के जल का कलश लिए प्रकट हुए महाराज!... सभी ने तब देवताओं की सहायता से यह दधीचि कुंड खोदकर उसमें अपने-अपने पवित्र जल को गिराया। तब उस मिश्रित पवित्र तीर्थ जलराशि में उतर कर ऋषिवर दधीचि ने स्नान किया।... पश्चात् महा तपस्वी दधीचि अपने शरीर पर नमक मलकर ध्यानस्थ हो गए। अपने शरीर को उन्होंने असंख्य गायों से चटवा कर अस्थियों से माँसपिंड पृथक करा डाला। योगबल से वे स्वयं ब्रह्मलीन हो गए। दधीचि की हड्डियों से बना वह वज्रास्त्र तब वृत्तासुर के संहार में काम आया।... अतः स्वामी जी! इस कुंड को दधीचि कुंड के नाम से पुराकाल से जाना जाता है। क्योंकि इसमें देवताओं का लाया सभी तीर्थों का पवित्र जल मिश्रित है इसीलिए इसे मिश्रिख तीर्थ भी कहा जाता है।''

मिश्रिख से आगे बढ़े तो एक घंटे की पदयात्रा के बाद गोमती नदी के किनारे स्थित नैमिष तीर्थ आया। शंकर ने उस तीर्थ में सोमवती अमावस्या से एक दिन पूर्व प्रवेश किया। इस दिन नैमिषारण्य में एक मेला लगता है। हिन्दू भक्तों की अपार भीड़ उमड़ती है। मुख्य मेला दिवस कल था। परंतु इस तीर्थ स्थल पर श्रद्धालुओं के आगमन का तांता लगा हुआ आज ही सबने देखा।

लोगों की भीड़-भाड़ में कठिनाई से विचरण करते आचार्य शंकर और उनके साथी किसी तरह नैमिषारण्य के सुप्रसिद्ध 'चक्रतीर्थ' पहुँचे। यहाँ एक सरोवर है। उसके भीतर के भूमिगत जल-स्रोतों से निरंतर जल निकलता है। तीर्थ यात्री इस सरोवर में स्नान कर स्वयं को पवित्र करते हैं। इस सरोवर का मध्य भाग पक्का और गोलाकार है, जल उसी के बीच से निकलता रहता है। उस मध्य के घेरे के बाहर स्नान करने का सुरक्षित घेरा है। यही नैमिषारण्य का मुख्य तीर्थ है। चक्रतीर्थ की बड़ी महिमा है। एक घाट के पंडे ने शंकराचार्य महाराज के अनुयायियों को तिलक चंदन लगाते समय बताया कि—''एक बार 88 सहस्त्र ऋषि-मुनियों ने ब्रह्मा जी से निवेदन किया कि जगत के कल्याण के लिए तपस्या हेतु विश्व में किसी शांत एवं पवित्र भूमि का निर्देश करें। तब प्रजापति ब्रह्मा ने अपने हृदय से एक चक्र उत्पन्न करके उन ऋषिगण से कहा कि इस चक्र के पीछे-पीछे चलकर इसका अनुसरण करो। जिस धरातल पर इस चक्र की 'नेमि' अर्थात्—मध्य भाग स्वतः गिर जाए समझ लेना कि पृथ्वी का तपस्या योग्य महा पावन भाग वही है, वहीं तुम तपस्या और सत्संग करना।... तो महाराज! यही वो पवित्र भूमि है, जहाँ ब्रह्मा जी का चक्र गिरा और उससे इस दिव्य जलस्त्रोत की उत्पत्ति हुई जिसमें स्नान कर मनुष्य अपने पापों का शमन करते हैं। इसी से इसे चक्रतीर्थ कहते हैं। इस अरण्य भूमि में ब्रह्म चक्र की 'नेमि' गिरी। इससे यह महातीर्थ 'नैमिषारण्य' कहाया महाराज!''

शंकराचार्य महाराज इस संवाद के अनंतर चक्रतीर्थ के घाट पर ध्यान मग्न थे। अविचल परम योगी की अवस्था में।...

सभी जन ने तब चक्रतीर्थ से शंकराचार्य के पीछे चलकर 'ललिता देवी' के दर्शन किए। इस मंदिर की ख्याति सती के अंगों से स्थापित शक्तिपीठों में शामिल है। यहाँ सती माँ का हृदय गिरा था। हृदये ललिता देवी...

अनेक मंदिरों के दर्शन करते अंत में आदि-शंकर 'व्यास गद्दी' नामक पवित्र कथा-धाम पहुँचे। वहीं उन्होंने अपना डेरा डाल दिया। यही वह स्थान है जहाँ महर्षि वेदव्यास ने तपस्या कर अनेक ग्रंथों की रचना की थी। अट्ठारह पुराण रचे गए थे यहाँ। यह ऋषि-मुनियों की साधना स्थली और रचना स्थली है। यहीं शौनक ऋषि को सूत जी ने अट्ठारह पुराणों की कथा सुनाई थी।

'व्यास गद्दी' नामक अपने विश्राम स्थल पर जब आदि शंकराचार्य पधारे तो उनका नाम सुनते ही अनेक संत-महात्माओं-पंडितों इत्यादि ने उन्हें घेर लिया। सब आचार्य शंकर की ख्याति से परिचित थे। उन्हें निकट से देखकर सभी भगवत् प्रेमी अति प्रसन्न हुए।

अगले दिन मौनी अमावस्या के दिन नैमिष क्षेत्र में लगे मेले में श्रद्धालुओं की प्रचंड भीड़ थी। अतः दिन भर व्यास गद्दी के मंदिर में भी भक्तों के आवागमन का तांता लगा

रहा। शंकराचार्य उल्टे उन आस्थावान लोगों का आवागमन देखते रहे। उनके दर्शन करते रहे। अपनी जपमाली से जाप करते रहे। उद्भ्रांत, सुरेश्वर, त्रोटक, रामदेव, कृष्णदेव आदि अपने गुरु को घेरे उनके तख़्त के सन्निकट बैठे उनकी देखभाल करते रहे। प्रचंड भीड़ थी। भीड़ का कोलाहल था। कई 'जय सिया राम' तो कोई 'जय श्रीकृष्ण' के नारे लगा रहा था। अनेक कनफटे साधु 'बम-बम शंकर' और 'हर-हर महादेव' के भी नारे लगा रहे थे। सारा दिन उसी आपाधापी में व्यतीत हो गया।

सायंकाल व्यास गद्दी के निकट वहाँ के प्रबंधक एवं महंत ने आदि-शंकराचार्य के प्रवचन की व्यवस्था की। व्यास गद्दी आश्रम का वह प्रांगण श्रद्धालु श्रोताओं के समूहों से खचाखच भर गया। तब पूज्यपाद श्री शंकराचार्य इस प्रकार उपदेश देने लगे–

''भगवद्प्रेमी भक्तजन! आप सबके मध्य आकर इस नैमिषारण्य की पुण्य भूमि पर आप सब अभिन्न आत्माओं के दर्शन कर मुझे अपार हर्ष का अनुभव हो रहा है। आपकी भक्ति और श्रद्धा देखकर मुझ संन्यासी का ब्रह्मज्ञान भी आपके सन्मुख नत मस्तक होने लगा है। सचमुच आप जैसे आस्थावानों के ही बल पर हमारा सनातन धर्म इतना सशक्त है।...

''प्रिय आत्मन्!... अभी कल ही आते हुए हमने मिश्रिख तीर्थ में पवित्र दधीचि कुंड के दर्शन किए। वहाँ के मंदिर के प्रधान अर्चक ने हमें महादानी महर्षि दधीचि द्वारा देवताओं के कल्याण हेतु दिए गए उनके आत्म-बलिदान के बारे में बताया। कथा उतनी ही नहीं होती जितनी हम सुनते हैं। प्रत्येक घटना से संयुक्त जो दूसरी कथाएं होती हैं वे कम महत्त्व की नहीं होतीं। भारतीय वांग्मय तो ऐसी असंख्य कथाओं का अक्षय कोष है। मैं आपको महादानी दधीचि के बलिदान से आगे की कथा सुनाता हूँ।.
..

श्मशान में जब महर्षि दधीचि के माँसपिंड का दाह संस्कार हो रहा था तो उनकी पत्नी अपने पति का वियोग सहन नहीं कर पाईं और पास में ही स्थित एक विशाल पीपल वृक्ष के कोटर में अपने अबोध शिशु को रखकर स्वयं उनकी चिता में बैठकर सती हो गईं।...

इस प्रकार महर्षि दधीचि और ऋषि-पत्नी का बलिदान हो गया, किंतु पीपल कोटर में रखा उनका नन्हा बालक भूख-प्यास से तड़प-तड़प कर चिल्लाने और रोने लगा। उसे जब कोई वस्तु नहीं मिली तो कोटर में गिरे पीपल के पत्तों और उनके गोदों के रुप में उपलब्ध फलों को ही खाकर वह किसी तरह बड़ा होने लगा।...

काल क्रम में वह बालक येन-केन-प्रकारेण पीपल के पत्तों और फलों को खाकर जीवित रहा।...

एक दिन देवर्षि नारद उधर से गुजरे। नारद ने पीपल के कोटर में बैठे उस बालक को देखकर उसका परिचय पहुँचा।

नारद बोले—"बालक! तुम कौन हो।"

बालक ने कहा—"यही तो मैं भी जानना चाहता हूँ।"

नारद—"तुम्हारे जनक कौन हैं?"

बालक—"यही तो मैं भी जानना चाहता हूँ।"

तब नारद ने ध्यान लगाकर देखा। नारद ने आश्चर्य के साथ उसके बाद कहा—"बालक!... अरे तुम तो महान दानी पिता महर्षि दधीचि के पुत्र हो। तुम्हारे पिता की अस्थियों का वज्र बनाकर ही देवताओं ने असुरों पर विजय पाई थी। तुम्हारे पिता की मृत्यु मात्र 31 वर्ष की आयु में ही हो गई थी। उनके पीछे तुम्हारी माता ने भी आत्मोत्सर्ग कर लिया।"

उस बालक ने पूछा—"मेरे पिता की अकाल मृत्यु का कारण क्या था?"

नारद बोले—"तुम्हारे पिता पर शनिदेव की महादशा थी।"

बालक ने कहा—"तो मेरे ऊपर आई विपत्ति का क्या कारण था?"

नारद बोले—"वही... शनि की महादशा। इसी से तुम्हारी माता ने तुम्हें त्याग किया।"

इतना कहकर देवर्षि नारद ने पीपल के पत्तों और गोदों को खाकर जीने वाले बालक का नाम 'पिप्पलाद' रखा और उसे संन्यास धर्म में दीक्षित किया।

नारद के चले जाने के बाद बाल-संन्यासी पिप्पलाद ने नारद के बताए अनुसार ब्रह्मा जी की घोर तपस्या कर उन्हें प्रसन्न किया। ब्रह्मा जी ने जब बालक पिप्पलाद से वर माँगने को कहा तो पिप्पलाद ने अपनी दृष्टि मात्र से किसी भी वस्तु को जलाने की शक्ति माँगी।...

ब्रह्मा जी ने वह वरदान उन्हें दे दिया। वर मिलने पर सर्वप्रथम पिप्पलाद ने शनिदेव का आह्वान किया। शनिदेव उपस्थित हुए। उन्हें सामने खड़ा पाकर पिप्पलाद ने आँखें खोलकर उन्हें दहन करना शुरु किया।...

शनिदेव सशरीर जलने लगे। सम्पूर्ण ब्रह्मांड में हाहाकार मच गया। सूर्य पुत्र शनि की रक्षा में सारे देवता दौड़कर आए। परंतु बाल-संन्यासी पिप्पलाद को ब्रह्मा से मिले वरदान के सन्मुख सब विफल रहे।...

सूर्य देव भी अपनी आँखों के सन्मुख अपने पुत्र को जलता देखकर ब्रह्मा जी से उन्हें बचाने की प्रार्थना करने लगे।...

अंततः ब्रह्मा जी स्वयं पिप्पलाद के सन्मुख पधारे और शनिदेव को छोड़ने का अनुरोध करने लगे। परंतु दधीचि पुत्र पिप्पलाद तैयार नहीं हुए। तब ब्रह्मा जी ने एक के बदले दो और वर माँगने की बात कही।

तब पिप्पलाद, जो आगे चलकर पिप्पलाद मुनि के नाम से प्रसिद्ध हुए, उन्होंने प्रसन्न होकर यह दो वर माँगे—

1. जन्म से पाँच वर्ष तक की आयु में किसी बालक की कुंडली में शनि का स्थान नहीं रहेगा। जिससे कि कोई अन्य बालक उस कारण से मेरे जैसा अनाथ न हो।

2. मुझ अनाथ को शरण पीपल वृक्ष ने दी है। अतः जो भी व्यक्ति सूर्योदय के पूर्व पीपल वृक्ष पर जल चढ़ाएगा उस पर शनि की महादशा का प्रभाव नहीं होगा।

ब्रह्मा जी ने 'तथास्तु' कहकर पिप्पलाद को वे दोनों वरदान दिए। तब पिप्पलाद ने जलते हुए शनिदेव को अपने ब्रह्मदण्ड से उनके पैरों पर आघात करके उन्हें मुक्त कर दिया। जिससे शनि के पैर क्षतिग्रस्त हो गए और वे पहले जैसी तीव्र गति से चलने योग्य नहीं रहे।

तभी से शनि "शनैः चरति यः शनैश्चरः" अर्थात्—जो धीरे चले वही शनैश्चर-कहलाए। पिप्पलाद की क्रोधाग्नि में जलने के फलस्वरूप शनिदेव की काया काली हो गई। उनके आशीर्वाद से पीपल वृक्ष की पूजा व्यापक हुई।

3
अयोध्या

ऋषि-मुनियों की उस तपस्थली नैमिषारण्य में श्री आदि शंकराचार्य ने सुख पूर्वक पूरे एक माह निवास किया। आदि-शंकर को ध्यान, योग, सत्संग के लिए नैमिष तीर्थ जैसा कोई अनुपम अनुभव अभी तक नहीं हुआ था।...

इसके बाद वे अयोध्या के लिए निकल पड़े। भगवान श्रीराम की नगरी अयोध्या। विष्णु के अवतार प्रजावत्सल जननायक प्रभु श्रीराम के कौशल राज्य की पावन राजधानी अयोध्या। उनकी जन्मभूमि अयोध्या।...

आदि शंकराचार्य अपने अनुयायियों के साथ नैमिषारण्य से पैदल चलकर अयोध्या आए। वहाँ उन्होंने श्रीराम जन्मभूमि मंदिर, नागेश्वरनाथ मंदिर और कुछ अन्य मंदिरों के दर्शन किए। वे स्वर्गद्वार के एक शिव मंदिर में ठहरे। वहीं से उन्होंने घाट पर सुबह-शाम पावन सरयू नदी में स्नान किया। सरयू में स्नान करने का पुण्यलाभ गंगा स्नान के बराबर ही माना जाता है। आदि शंकर अयोध्या में चार-पाँच दिन ठहरे।...

एक रात्रि में, उद्भ्रांत अपने साथियों से सरयू तट पर एकांत वार्ता कर रहा था। वह कह रहा था—"देखो अयोध्या से गुरुदेव अब कब प्रस्थान करते हैं?... वैसे इधर

उन्होंने भविष्य की अनेक विस्मयजनक बातें बताई हैं मुझे।...''

वहाँ खुले में एक अलाव जल रहा था जिसके इर्द-गिर्द बैठे थे उद्भ्रांत, रामदेव और कृष्णदेव। वे उस ठंडी रात में उस आग के इर्द-गिर्द बैठे हाथ ताप रहे थे। उनके साथ के सभी सदस्य गुरुदेव शंकर सहित, अपने-अपने स्थान पर सो रहे थे।

रामदेव बोला—''हमें भी वे भविष्यवाणियाँ बताइये...''

उद्भ्रांत ने इधर-उधर देखकर कहा—''एक शर्त पर... पहले तुम लोग वायदा करो कि तुम लोग उन्हें किसी से न कहोगे।''

कृष्णदेव बोल पड़ा—''आज तक हमने आपकी कोई बात क्या किसी से कही है महाराज?''

''तुम तो किसी से नहीं कहोगे मैं जानता हूँ... पर ये बाबा रामदेव का कोई भरोसा नहीं।''

इसपर बाबा रामदेव अपने गले पर चिमटी काट कर बोले—''शपथ है बंधु मुझे इस कृष्णदेव की... जो कभी आपकी यह गोपनीय बातें मैंने अपने पेट से निकालीं।''

इसपर उद्भ्रांत ने कहा—''तो फिर ठीक है। ध्यान से मेरी बात सुनो।... गुरुदेव ने बताया है—आने वाले सैंकड़ों वर्षों में अनेक दुर्दांत विधर्मियों के भारत भूमि पर आक्रमण होंगे। भीषण रक्तपात होगा। हिन्दुओं के धर्म को नष्ट करने के अनेक उपक्रम होंगे। धर्म परिवर्तन, हिंसा, विध्वंस, धार्मिक-करा रोपण आदि साम्राज्यवादी शक्तियों द्वारा देश में स्थान-स्थान पर घटित होंगे।...''

रामदेव और कृष्णदेव विस्फारित नेत्रों से उद्भ्रांत के अलाव की अग्नि की रोशनी में दमकते रक्ताभ मुख को देखते एक साथ बोले—''फिर?''

उद्भ्रांत ने कहा—''गुरुदेव ने कहा है कि हिन्दू धर्म इन तमाम संकटों और झंझावातों को झेल जाएगा। वह न झुकेगा न घुटने टेकेगा। वह प्रतिवाद भी करेगा और जहाँ रणसमर में शक्तिहीन हुआ वहाँ पीछे भी हटेगा, परंतु अपने आस्था और परमेश्वर-ब्रह्म में विश्वास से कभी पीछे नहीं हटेगा।

अत्याचारों के आगे जो कायर और कमज़ोर होंगे वे ही लोग झुकेंगे और वे ही धर्म-परिवर्तन के शिकार होंगे। परंतु बहुलांश सनातनी हिन्दू अपने धर्म-ध्वज को भक्तिमार्ग के सहारे प्रत्यक्ष न सही तो अप्रत्यक्ष ढंग से उन असंख्य झंझावातों में भी अपने हृदय में धारण किये रहेगा।...''

''और क्या कहा गुरुदेव ने?''—रामदेव ने पूछा।

''ऐसे में गुरुदेव का कथन था कि भक्तिमार्गी संत-कविगण का अभ्युदय होगा। वे तो अपना कार्य करेंगे ही, हम ज्ञानमार्गी ब्रह्म-उपासकों को भी अपनी जगह दृढ़ रहकर सनातन धर्म की रक्षा में जुटे रहना होगा।... उन्होंने मार्ग में अनेक बातें मुझसे अलग से कहीं।... आचार्य शंकर ने यह भी कहा कि इसी अयोध्या में रामजन्मभूमि पर

आधिपत्य के अनेक कुत्सित प्रयास विधर्मियों द्वारा होंगे। सनातनियों द्वारा उनका अनेक अवसरों पर विरोध और प्रतिरोध भी होगा। बहुत रक्तपात होगा।... परंतु राम की जन्मभूमि अंततः उन्हीं की होकर रहेगी। उसे कोई छीन नहीं सकेगा।...''

कृष्णदेव ने पूछा—''और क्या-क्या कहा गुरुदेव ने?''

उद्भ्रांत बोलता गया—''बहुत कुछ कहा। कहा कि सात समुंदर पार से भी कई विदेशी लोग व्यापार और अपना धर्म प्रचार करने भारत आएंगे। फिर वे इसपर अपना शक्ति और कूटनीति के बल पर साम्राज्य स्थापित करेंगे। वे अपने से पहले वाले विधर्मियों को धीरे-धीरे सत्ता से बाहर कर देंगे।...

ये साम्राज्यवादी भारत भूमि की सभ्यता और संस्कृति से खिलवाड़ करने के लिए इसकी प्राचीन शिक्षा प्रणाली, प्राचीन ग्रंथ और साहित्य को और यहाँ तक कि इसके प्राचीन इतिहास तक को प्रदूषित करेंगे। जानबूझकर। उनके चाटुकार अनेक भारतीय विद्वान भी तब उन्हीं की धारा में बहकर लोगों को बहुत लंबे समय तक भ्रमित करेंगे।...''

''फिर क्या?''

''फिर यह होगा कि राष्ट्र में नवीन चेतना का संचार आज से दो ढाई हजार वर्ष बाद प्रारंभ होगा। जिसे फिर कोई आतताई थाम न सकेगा। सनातन धर्म की अहिंसक दिग्विजय अंततः सुनिश्चित है। हिंसा का प्रतिकार हिंसा से भी यथावश्यक होगा। परंतु भारतीय संस्कृति अपने मूल अहिंसक मूल्यों के बल पर ही अंततः विश्व संस्कृति बनेगी।...''

—उद्भ्रांत की बात समाप्त होने पर यह तीनों सदस्य भी अयोध्या के स्वर्गद्वार स्थित शिवाले के भीतर रात्रि विश्राम हेतु चले गए।

अयोध्या से चले तो एक लंबी दूरी तय करके पाटलिपुत्र पहुँचने को हुए। पाटलिपुत्र के रास्ते से पूर्व ही सुरेश्वराचार्य सभी सह-यात्रियों सहित आदि-शंकर को आग्रहपूर्वक अपनी जन्म भूमि, वर्तमान में बिहार के सहरसा ज़िला के एक ग्राम महिषी में लिवा ले गए। मथिलांचल स्थित ग्राम महिषी वेद-विद्वान मंडन मिश्र की जन्म भूमि रहा है। वहीं से चलकर मंडन मिश्र अपने युवाकाल में उज्जैन के निकट माहिष्मती नगर आए थे, जिसे उन्होंने अपनी कर्म भूमि बनाकर अपने पाण्डित्य के बलपर ख्याति अर्जित की थी।

अब शंकराचार्य महाराज की यात्रा की गति काफ़ी तेज़ थी और उनके पड़ावों की अवधि अत्यल्प थी। वे कहीं भी एक-दो दिन से अधिक नहीं रुकते थे। बहुत अधिक रुके तो चार या पाँच दिन।

शिष्य सुरेश्वराचार्य के ग्राम महिषी में शंकराचार्य तीन ही दिन रुके। वहाँ उनके शिष्य ने स्थानीय जनता के लाभार्थ दो दिन अपने गुरुदेव के प्रवचन का आयोजन

किया। मंडन मिश्र के सहपाठी रहे कुछ विद्वान मित्रों ने संन्यासी आचार्य सुरेश्वर से भी बोलने का अनुरोध किया। परंतु वे अपने गुरु के आगे वहाँ अधिक कुछ न बोले।...

महिषी से वापस होकर पदयात्रा करते शंकराचार्य महाराज और सुरेश्वराचार्य पाटलिपुत्र पहुँचे। महिषी से ही बहुत से उत्साही हिन्दू अनुयायियों की भीड़ उनके साथ हो ली। वे बिहार क्षेत्र में, या यों कहें कि पाटलिपुत्र राज्य में जहाँ-जहाँ भी गए हज़ारों हिन्दू धर्मावलंबियों की भीड़ उनका अनुसरण करती गई। सनातनी विद्वानों के जत्थे आदि शंकराचार्य के कदम से कदम मिलाते उनके साथ चलते गए।

एक तो जगद्गुरु जैसे ख्यातिनामा शंकराचार्य। दूसरे संन्यासी रुप में इसी क्षेत्र के मंडन मिश्र। लोगों की धार्मिक उत्तेजना अपने चरम पर थी।

पाटलिपुत्र से सभी दिग्विजयी-यात्री बोधगया पहुँचे। वहाँ से चले तो नालंदा होते हुए गौड़ प्रदेश में उन्होंने कदम रखा। पाटलिपुत्र, गया, नालंदा सभी जगह शंकराचार्य के पदयात्री दल का पड़ाव प्रायः प्रत्येक स्थान पर कुछ ही दिनों का रहा।

गया में शंकरचार्य के आगमन का समाचार सुनकर वहाँ के अनेक बौद्ध भिक्षु भाग खड़े हुए। उन्होंने शंकराचार्य से भिड़ने के बजाय पलायन का मार्ग उचित समझा।

नालंदा में भी कमोबेश यही स्थिति हुई। नालंदा के सुप्रसिद्ध विश्वविद्यालय में जब शंकराचार्य और उनके शिष्य परिभ्रमण को गए तो वहाँ विद्यार्थी तो नज़र आए। परंतु कोई शिक्षक आगे बढ़कर उनके सामने नहीं आया।

नालंदा का विशाल पुस्तकालय और वहाँ संग्रहीत सैंकड़ों ग्रंथों को आदि-शंकराचार्य ने अपनी आँखों से देखा। वहाँ के पुस्तकालयाध्यक्ष ने आचार्य शंकर को अवश्य मान-सम्मान सहित वह विशाल ग्रंथालय दिखाया।

शंकराचार्य ने साथ चल रहे जुलूस को उस दिन नालंदा विश्वविद्यालय परिसर के बाहर ही रोक दिया था, ताकि अधिक भीड़-भाड़ और कोलाहल के कारण वहाँ के शैक्षिक वातावरण में कोई व्यवधान न पहुँचे। केवल साथ के आठ अनुयायी और दो-तीन स्थानीय सनातनी विद्वान ही नालंदा विश्वविद्यालय परिसर में उनके साथ गए थे।...

इस पूरी सनातन धर्म यात्रा के दौरान अनेक स्थलों पर बौद्ध मंदिरों, स्तूपों आदि के अतिरिक्त शंकराचार्य महाराज ने जो भी सुप्रसिद्ध जैन अथवा हिन्दू मंदिर मार्ग में पड़े, उनके भी दर्शन किए। जैन मतावलंबियों में से प्रायः किसी विद्वान ने शंकराचार्य के सन्मुख शास्त्रार्थ की चुनौती प्रस्तुत नहीं की। वे अधिकतर मौन ही रहे। एक-आध जगह परस्पर सौहार्दपूर्ण संवाद के साथ ही यात्रा-समय व्यतीत हो गया। नालंदा के पड़ाव के पश्चात बिहार क्षेत्र के उत्साही समर्थकों की भीड़ पीछे छूट गई। अब यह नौ धर्म-ध्वजा रोहियों का दल आगे के यात्रा-पत्र पर बढ़ा। वे सब नालंदा से लंबी दूरी

तय करके लगभग दो सप्ताह बाद गौड़ प्रदेश पहुँचे। गुरुदेव शंकर का नैमिषारण्य के बाद यहाँ पहला सबसे लंबा प्रवास हुआ। पूरे एक महीने का।

इस प्रकार नैमिषारण्य से गौड़ तक की पदयात्रा और बीच के पड़ावों में कुल मिलाकर चार-पाँच महीने का समय व्यतीत हुआ। गौड़ में आदि शंकर पुनः आत्मस्थ हुए और कई दिन एकांत साधना में तल्लीन रहे।

4

गौड़

गौड़ प्रदेश में मुरारी मिश्र नामक एक प्रसिद्ध मीमांसक थे। उनकी चर्चा उस उत्तरी बंगाल क्षेत्र में दूर-दूर तक फैली हुई थी। उन्होंने आदि शंकराचार्य का बड़ा नाम सुना था। वे कभी अवसर मिलने पर आचार्य से शास्त्रार्थ करना चाहते थे। जब आचार्य का गौड़ आगमन हुआ तो मुरारी मिश्र उनके साथ अपने समय के सुप्रसिद्ध मीमांसक मंडन मिश्र को उनके शिष्य सुरेश्वराचार्य के रुप में पाकर ठंडे पड़ गए।

एक दिन मुरारी मिश्र आचार्य शंकर से भेंट करने आए। उन्होंने आचार्य को अपना परिचय देते हुए उन्हें भक्तिपूर्वक प्रणाम किया। मुरारी मिश्र शंकराचार्य महाराज से विनम्रता पूर्वक बोले—''भगवन्! मैंने आपके अनेक ग्रंथो को अध्ययन किया है। कृपया मेरा समाधान एक प्रश्न पर करने की कृपा करें।''

शंकराचार्य बोले—''अवश्य विद्वान शिरोमणि! आप पूछिए।''

मुरारी मिश्र बोले कि—''वेदों से ही मीमांसा दर्शन और अद्वैत दर्शन दोनों की ही निष्पत्ति हुई है। ऐसे में दोनों में विरोध कहाँ है?''

तब शंकराचार्य ने कहा—''आप तो परम ज्ञानी हैं। आपने वेद-शास्त्रों का गहन अध्ययन किया है। अतः मैं इस विषय में बहुत संक्षेप में अपनी बात कहूँगा।...

मीमांसा दर्शन में कर्मकाण्डों का प्रधान्य है। कर्मकाण्ड अनित्य हैं। जबकि वेदांत में अद्वैत ज्ञान के द्वारा अज्ञान की निवृत्ति होती है। फलस्वरूप साधक को आत्मज्ञान की प्राप्ति होती है। आत्मज्ञान स्वयं वह माध्यम है जो ब्रह्म का सामीप्य सुलभ कराता है। वही मोक्षकारक है।...

कर्म त्याज्य नहीं है, उसके सही प्रयोजन को यदि समझा जाए। सकाम कर्म अवश्य त्यागने योग्य है। क्योंकि सकाम कर्म से इच्छित लोकों और भोगों की प्राप्ति होती है। पुण्यों के क्षीण होने पर फिर विभिन्न लोकों में लौटकर आना पड़ता है। इस प्रकार आवागमन का चक्र निरंतर चलता रहता है। ज्ञान प्राप्ति के बिना मोक्ष-प्राप्ति संभव नहीं होती।...

जबकि निष्काम कर्म स्वयं में श्रेष्ठ है और यह जीवात्मा को मोक्ष मार्ग की ओर प्रवृत्त करता है। क्योंकि निष्काम कर्म करने से अंतःकरण की शुद्धि होती है। साधक तब साधन-संपन्न होकर ज्ञान मार्ग से चलकर आत्म ज्ञान प्राप्त करता है और अंततः मोक्ष गति को भी प्राप्त करता है...''

मुरारी मिश्र पर जगद्गुरु शंकराचार्य के विचारों ने प्रभावशाली अनुकूलता उत्पन्न की। परंतु उनके मन पर पड़े अनुष्ठानिक संस्कार ज़ोर मार रहे थे। वे बोले—''तो क्या यज्ञ-हवन आदि हिन्दू समाज में बिल्कुल ही समाप्त हो जाने चाहिए परमाचार्य?''

इसपर आचार्य शंकर ने कहा—''हम संन्यासियों के लिए यज्ञादि का क्या प्रयोजन? किंतु गृहस्थ जीवन में इनका जो स्थान और महत्त्व है वह आवश्यक सीमा तक बना रहेगा। ये यज्ञ-हवन आदि यज्ञोपवीत, विवाह, कथा-पूजन आदि के समय साधनरुप संस्कारों के निमित्त व्यवहृत होते रहेंगे। हाँ, कर्मकाण्डों के अतिरेक से गृहस्थों को भी बचना चाहिए। सात्विक 'पंचयज्ञ' का व्यवहार उचित है।''

मुरारी मिश्र उसके बाद आदि-शंकराचार्य के अद्वैत मत के तर्कों से पूर्णतः सहमत हो गए और उन्होंने प्रसन्नता पूर्वक आचार्य से शिष्यत्व ग्रहण किया। उनके समस्त शिष्य और अनुयायी भी अद्वैत-वेदांत के समर्थक बन वैदिक धर्म में पूर्ण आस्थावान बने।

उन दिनों गौड़ में वैदिक धर्म का ह्रास हो गया था। बौद्ध धर्म के प्रभाव से लोग अपने सूर्य, विष्णु, शिव, शक्ति, राम और कृष्ण आदि देवी-देवताओं की पूजा और हिन्दुत्व से विमुख हो चले थे। धर्मगुप्त नामक एक बौद्ध साधक उस क्षेत्र में बौद्ध धर्म का निरंतर प्रचार कर रहा था। अनेक वेद मार्गियों का वह धर्म परिवर्तन कराकर बौद्ध बना चुका था। धर्मगुप्त ने जब शंकराचार्य का उस क्षेत्र में आने का समाचार सुना तो वह सतर्क हो गया। वह शंकराचार्य की गतिविधियों पर नज़र रखने लगा।

एक दिन गौड़ प्रदेश के स्थानीय राजा शंकराचार्य महाभाग के दर्शन को पधारे। उन्होंने जब आचार्य शंकर के मुखारविंद से उनकी ओजस्वी वाणी में वैदिक धर्म की व्याख्या सुनी तो वे अत्यंत प्रभावित हुए। राजा ने न केवल स्वयं वैदिक धर्म में आचार्य से दीक्षा ली, वरन वे धर्म उत्थान के लिए भी संकल्पबद्ध हो गए।

इस प्रकार गौड़ नरेश को आदि शंकर के सन्मुख समर्पित हुआ जानकर वह बौद्ध धम्म प्रचारक धर्मगुप्त गौड़ प्रदेश छोड़कर अन्यत्र पलायन कर गया।

आचार्य शंकर अपने अनुयायियों के साथ पूरे एक माह गौड़ प्रदेश में ठहरे। वे उस क्षेत्र में विभिन्न नगर-ग्रामों में अनेक दिन तक घूम-घूम कर वेदांत मत का प्रचार करते रहे।

अंत में एक दिन आचार्य शंकर भ्रमण करते हुए गंगातट पर गए।

शिष्यों की मंडली भी साथ में थी। सब गंगा तट पर दूर-दूर बैठे पश्चिम में गंगा पार सूर्य के अस्त होने का आकर्षक दृश्य देख रहे थे। इधर रेत में अकेले बैठे आदि-शंकर ब्रह्म चिंतन में लीन थे।

उसी मध्य उन्हें ध्यान में अपने गुरुदेव के योगीराज गौड़पाद महाराज का स्वरूप दिखलाई पड़ा। उनके कांतिमान मुख के पीछे एक अलौकिक आभा भासित हो रही थी।

शंकराचार्य के नेत्र खुल गए। उन्हें तब गंगा तट की ओर से वही दिव्यमूर्ति महात्मा गले में रुद्राक्ष धारण किए, एक हाथ में विश्राम लकुटि दूसरे हाथ में कमण्डलु लिए अपनी ओर ही आते दिखे। आचार्य शंकर ने उठकर यतिराज गौड़पाद को दण्डवत् प्रणाम किया। फिर वे उनके समक्ष किसी आज्ञाकारी शिष्य की भाँति दोनों हाथ जोड़कर खड़े हो गए।

गौड़पादाचार्य ने हाथ उठाकर आचार्य शंकर को आशीर्वाद दिया। फिर बोले—''वत्स शंकर! सांसारिक जगत के लिए कल्याणमयी और हृदय को प्रिय लगने वाली जिस ब्रह्मविद्या की शिक्षा तुम्हें मेरे प्रिय शिष्य गोविंदपाद ने दी है, उसमें तुम पूर्ण रुप से निष्णात हो चुके हो, यह मुझे विदित है।... तुमने यम, नियम, आसन, प्राणायाम, प्रत्याहार, धारणा, ध्यान और समाधि इन आठों अंगों से संयुक्त योग भी सिद्ध कर लिया है, यह भी मैंने जाना है।... अब तुम स्वयं मुझे बताओ कि क्या तुम्हारा चित्त चैतन्य स्वरूप ब्रह्म के चिंतन में क्या सदैव निमग्न रहता है?''

इसपर शंकराचार्य भाव-विभोर होकर बोले—''परम पूज्य भगवन्!... जिस पर आप जैसे अद्वितीय परम गुरु का आशीर्वाद हो वह भला ब्रह्मचिंतन से विलग कैसे हो सकता है। आप तो मेरे पूज्य गुरुदेव के भी गुरुदेव हैं। इस नाते मुझ अकिंचन के दादागुरु महाराज हैं।... आज आपका इस प्रकार प्रकट होकर मुझे दर्शन देना आपका अनंत कोटि उपकार है।... हे भगवन्! आप तो अंतर्यामी हैं। फिर भी पूछते हैं तो कहता हूँ। ब्रह्म के चिंतन में निमग्न रहने का मन तो बहुत होता है। अनेक घड़ियों ब्रह्मानंद भी सौभाग्यवश प्राप्त करता हूँ। परंतु आप तो जानते ही हैं कि मेरे गुरुदेव ने मुझे जीवनपर्यंत वेदों के प्रचार और अद्वैत मत की सुदृढ़ स्थापना का जो दायित्व सौंपा है, उसके कारण मैं अभी भी आधा संन्यासी हूँ और आधा सामाजिक।''

यह सुनकर आचार्य गौड़पाद का वह वयोवृद्ध स्वरूप हँस पड़ा। वे बोले—

''प्रिय शंकर!... मैंने सुना है तुमने महर्षि वेद व्यास के 'ब्रह्मसूत्र' पर सुंदर भाष्य की रचना की है। अनेक अन्य भाष्यादि भी रचे हैं। उनमें मेरी 'माण्डूक्य कारिका' पर भी एक भाष्य लिखा है। तनिक सुनाओगे क्या मुझे?''

इसपर शंकराचार्य अपने दादा गुरु को आँख मूँद कर स्मृति के अनुसार वह भाष्य सुनाने लगे। अभी वे दो पृष्ठ ही उन्हें बोलकर बता पाए होंगे कि गौड़पाद प्रसन्नता

से झूम उठे और बोले—"साधु-साधु वत्स!... कितना सुंदर भाष्य रचा है तुमने मेरी रचना पर। मैं तुमसे अतिप्रसन्न हूँ। तुम मुझसे कोई वर माँगो।"

तब पुनः दण्डवत् कर आचार्य शंकर बोले—"हे अद्वैत-वेदांत के प्रणेता पूज्य भगवन्!... आपने 'गौड़पाद-कारिका' जैसा अद्वैत-वेदांत पर अनुपम ग्रंथ रचकर हम सभी प्राणियों पर महान उपकार किया है। अतः आपकी कृपा दृष्टि ही मेरे जैसे के लिए वरदान सरीखी है।... फिर भी आप कहते हैं तो आपसे एक वरदान अवश्य प्रार्थनीय है कि वैदिक धर्म की सुस्थापना और उसके सृष्टि में नैरन्तर्य के प्रति जो योगदान का लक्ष्य मेरे पूज्य गुरुदेव ने मुझे सौंपा है, मैं उसकी पूर्ति कर सकूँ और वैदिक धर्म मेरे बाद भी युग-युगांतर तक विश्व में स्थिर एवं सुस्थापित रहे।"

गौड़पादाचार्य ने कहा—'तथास्तु' और वे उसी क्षण वहाँ से अंतर्धान हो गए। आचार्य शंकर ने तब उस गंगा तट पर अपने शिष्यों को निकट बुलाया और उन्हें अपना यह दिव्य अनुभव सहर्ष सुनाया।

इसी के अगले दिन शंकर दिग्विजय यात्रा ने गौड़ प्रदेश से पूर्व दिशा में भारत के कामरुप प्रदेश में स्थित कामाख्या शक्ति पीठ स्थल की ओर प्रस्थान किया।

5

कामरूप

गौड़ से कामरूप राज्य की राजधानी प्राग्ज्योतिषपुर में स्थित माँ कामाख्या के मंदिर तक पहुँचने में आदि-शंकर और उनके शिष्यादि को 30 दिन से भी कुछ अधिक अवधि का समय लगे। क्योंकि गौड़ से प्राग्ज्योतिषपुर की दूरी, आज की भाषा में कहें तो, लगभग 700 किलोमीटर की थी। आज का गुवाहाटी तब प्राग्ज्योतिषपुर कहलाता था और आज का असम प्रदेश तब कामरूप था। बौद्ध और हिन्दू दोनों प्रकार के तंत्र साधक तथा शक्ति के उपासक वहाँ पाए जाते थे। देवी की दक्षिणमार्गी तंत्र साधना भी वहाँ होती थी और वाममार्गी आसुरी तंत्र साधना का भी प्रचलन था।

तरह-तरह की किंवदंतियाँ कामरूप के उन लोगों के बारे में प्रचलित थीं जो जादू-टोना, तंत्र-मंत्र में विश्वास रखते थे। यहाँ तक किंवदंतियाँ थीं कि कई तांत्रिक पुरुष ऐसे हैं जो अपनी मारण शक्ति से किसी को भी अकाल मृत्यु का ग्रास बना दें। अथवा मनुष्य को मंत्र शक्ति से भेड़ बना दें। कई स्थानीय स्त्रियाँ ऐसी भी जादूगरनी बताई जाती थीं कि वे यदि किसी पुरुष पर आसक्त हो जाएं तो उसे वशीकरण उपचार से तोता बनाकर अपने घर के पिंजरे में टांग लेती हैं। वास्तविकता जो भी हो। परंतु

इतना तो तय था कि कामरूप की अधिकांश जनता सीधी-सरल ईमानदारी और विनम्रता का जीवन जीने वाली थी। परंतु तांत्रिकों और ओझाओं की भी एक अपनी दुनिया थी, जो लोगों की अज्ञानता का लाभ उठाकर, उनसे धन ऐंठती थीं और बदले में उन्हें उनकी समस्याओं से छुटकारा दिलाने का वायदा करके नाना-प्रकार के तांत्रिक उपाय और झाड़-फूंक का जाल रचा करती थी।...

ऐसे में आचार्य शंकर अपने वैदिक धर्म के शुद्ध ब्रह्मज्ञान और शुचिता पूर्ण निष्कपट उपदेशों के साथ कामरूप की विभ्रमित धरा के क्षितिज पर अचानक एक प्रखर सूर्य की भाँति उभरे। वे जहाँ ब्रह्मपुत्र नदी के सन्निकट अपना पहला पड़ाव डालकर कुछ देर को रुके, वहाँ उनका विख्यात-नाम सुनकर धर्मप्राण हिन्दुओं के परिवार उनके दर्शनों को आने लगे। अपने आगमन के तीसरे दिन ही शंकराचार्य महाराज ने लोगों की एक एकत्रित सभा को अपना प्रथम उपदेश दिया। वह प्रवचन वहाँ के लोगों को बहुत शांतिकारक एवं सुखद लगा।

क्यों न लगता? जिस जगह तांत्रिकों ने मारण, मोहन, वशीकरण और उच्चाटन अभिचारों को जन-साधारण में प्रचलित कर उनके शोषण का क्रम अनेक शताब्दियों से चला रखा हो, वहाँ कोई महात्मा आकर बिना किसी दान-दक्षिणा के सबसे राम, कृष्ण, गीता, आत्मा, परमात्मा, सत्य, अहिंसा, प्रेम और परोपकार की बातें करे। उन्हें मुक्ति का सच्चा मार्ग दिखाने का आश्वासन दे तो श्रोतागण कैसे उस संन्यासी के तेजस्वी मुख और ओजस्वी संभाषण की ओर आकर्षित न होते?

एक ओर पहाड़ियों तथा दूसरी ओर विशाल ब्रह्मपुत्र नदी से घिरे उस अत्यंत सुंदर प्राकृतिक स्थल पर पश्चिम दिशा से आदि शंकर प्रभुपाद जैसे किसी स्वस्थ वायु के झोंके की भाँति आए थे। उनके शुभागमन का समाचार पाकर प्राग्ज्योतिषपुर के राजा प्रसेनजित अपने दरबारियों के साथ आए और उन्होंने शंकराचार्य पूज्यपाद का भव्य स्वागत किया। आचार्य ने भी राजा को आशीर्वाद दिया।

तब राजा ने उन्हें बताया—"पूज्य यतीन्द्र!... मैं अभी कुछ ही दिन पूर्व जगन्नाथ पुरी की तीर्थ यात्रा से वापस लौटा हूँ। वहाँ मेरा सौभाग्य से आप द्वारा स्थापित गोवर्द्धन मठ में भी जाना हुआ। आपके शिष्य वहाँ के शंकराचार्य जी के भी मैंने दर्शन किए।"

यह सुनकर आचार्य अत्यंत आह्लादित हुए। वे प्रसन्न वदन हो बोले—

"अच्छा... यह तो बहुत सुंदर बात है राजन!... कैसा है मेरा पद्मपादाचार्य?"

राजा बोले—"वे बहुत कुशल से हैं। आपके शांकर मठ को उन्होंने अत्यंत सुंदर स्वरूप प्रदान कर दिया है। स्वच्छता ऐसी कि आश्रम के काने-कोने में सर्वत्र दिखाई दे। शुचिता ऐसी कि मन का सारा कलुष वहाँ प्रवेश करते ही द्वार के बाहर ही छूट जाए। और वहाँ के आचार्यों और वेदपाठी विद्यार्थियों के मध्य अनुशासन और उनकी विनम्रता तो हर किसी आगंतुक का मन मोह लेती है।..."

यह सुनकर आचार्य शंकर और भी प्रसन्न हुए। बोले—"मेरा पद्मपाद है ही ऐसा। मुझे गर्व है उसपर।"

उद्भ्रांत ने जब आचार्य को यह कहते सुना तो उनके नेत्र सजल हो आए। यह सोचकर कि कितना अनुराग कितनी चिंता है शंकर के हृदय में हर एक के प्रति।... वे जो कुछ कहते हैं हृदय से कहते हैं।... इस समय भी उनके हृदय में उमड़ता प्रेम और वात्सल्य का सागर पद्मपाद कदाचित् इस समय देख पाता।...

राजा प्राग्ज्योतिषपुर ने जब आचार्य शंकर से विदा ली तो शंकर ने माँ कामाख्या के दर्शनों की इच्छा व्यक्त की।

नगर क्षेत्र में नीलांचल पर्वत पर विराजित है कामाख्या धाम। यह देवी का एक सिद्ध शक्ति पीठ है। राजा ने आचार्य से कहा कि वे दो दिन का समय उन्हें दें। वे स्वयं कामाख्या माँ के दर्शन हेतु उनके साथ चलेंगे।

आचार्य ने कहा कि वे नंगे पाँव पैदल माँ के दर्शन को जाएंगे। राजा ने अनुरोध किया कि—"मैं आपका शिष्यवत हूँ। आपको मैं आपके इस अवस्थान तक नगर में रथ पर लेकर चलूँगा ताकि नगरवासी भी आपका दर्शन लाभ कर लें। फिर नीलांचल पर्वत की चढ़ाई जहाँ से प्रारंभ होगी, रथ त्यागकर मैं आपके चरणों के पीछे-पीछे पैदल भी चलूँगा भगवन्!-—इसपर हँसकर आदि शंकर महाराज ने अपनी स्वीकृति राजा प्रसेनजित को प्रदान कर दी। नगर में रथ यात्रा। देवी माँ के दर्शन हेतु आगे पर्वत की पदयात्रा।

दो दिन बाद आदि शंकराचार्य जब नगर के मार्गों से राजा प्रसेनजित के साथ राजसी रथ पर बैठकर उनके साथ निकले तो दोनो ओर पंक्तिबद्ध जन-समूह 'महाराज शंकराचार्य की जय' के नारे लगा रही थी। "जै माँ कामाख्या" आचार्य कहते तो नर-नारी माता की जय-जयकार की गगन भेदी ध्वनियों से आकाश गुंजा देते।... अनेक स्थलों पर श्रद्धालुओं ने इस धर्म-जुलूस पर पुष्प वर्षा भी की।

यह सारा अभूतपूर्व स्वागत-सत्कार आदि-शंकर और उनके शिष्यों का होता देख अनेक स्थानीय वेद विरोधी संप्रदायवादी, तांत्रिक और बौद्ध मतावलंबी आदि मन ही मन जल-भुन गए। परंतु वे अपने इस मतिभ्रष्ट राजा को क्या कहें?... मन ही मन वे यह सब सोचकर कसमसाकर रह गए।... जबकि आम हिन्दू समाज में वहाँ सर्वत्र आनंद की लहर दौड़ गई।...

आचार्य कामरूप के राजा और उनके राज दरबारियों के साथ, अपने शिष्यों की संगत में योजनानुसार ही नीलांचल पर्वत के निकट भूतल से ऊँचाई वाले रास्ते पर पैदल ही गए।...

आचार्य शंकर ने पर्वत की ऊँचाई पर विराजमान माँ कामाख्या के उस शक्ति पीठ में विधिवत् पूजा-अर्चना की। वे वहाँ घंटों ध्यान मग्न होकर समाधिस्थ हो गए। उन्हें उस रूप में अविचल योग मुद्रा में पाकर सभी आस-पास के भक्त और दर्शकगण मंत्रमुग्ध हो गए। शंकराचार्य के दिव्य व्यक्तित्व के समक्ष सभी अभिभूत थे। नतमस्तक थे।

सायंकाल नीलांचल पर्वत के एक रिक्त स्थान पर राजा प्रसेनजित ने शंकराचार्य महाभाग के प्रवचन हेतु एक अस्थायी मंच का निर्माण करा रखा था। सामने खाली भू-भाग पर उस खुले वातावरण में ही श्रोताओं के बैठने का प्रबंध था। वहाँ पाँच-छः सौ श्रोता-समुदाय बिछावन पर बैठकर आराम से उपदेशामृत का पान कर सकता था। प्रवचन प्रारंभ होने पर इतने ही लोग यदि धरती पर बैठे तो इतने ही लगभग आस-पास खड़े रहे। राजा और उनके सभासद मंच पर व्यासपीठ के बाँई ओर नीचे अपने आसनों पर बैठे। जबकि शंकराचार्य महाराज के शिष्यगण उनके दाहिनी ओर अपने आसनों पर विराजमान हुए।

व्यासपीठ से सूर्यास्त से काफ़ी पहले आदि शंकराचार्य का सार्वजनिक उद्‌बोधन प्रारंभ हुआ—

"प्रिय आत्मन्!

कामरूप क्षेत्र के समस्त परम भागवत बंधुगण!!

मेरा परम सौभाग्य जो आज मैंने चिर प्रतीक्षित माँ जगत-जननी के यहाँ पावन दर्शन प्राप्त किए। उससे भी बड़ा सौभाग्य ये कि आप जैसे माँ के अनन्य भक्तों और सद्‌पुरुषों के दर्शनों का भी मुझे लाभ मिल रहा है।...

हम सभी इस संसार में किसी न किसी देवी अथवा देवता की उपासना करते हैं। यह हमारा धार्मिक संस्कार भी है और अधिकार भी। प्रायः सभी हिन्दू भारत के चाहे किसी भू-भाग में बसते हों स्थानीय देवता, ग्राम देवता और प्रकृति के नाना रूपों में देवों का वास मानकर उनकी पूजा-अर्चना तो करते ही हैं, हम 'पंचदेवों' की उपासना प्रायः सभी जगह करते हैं। हमारे घरों और हमारे मंदिरों में हम इसको करते आए हैं। पंचदेवों में माँ भवानी और विघ्नहर्ता गणेश का पूजन तो प्रमुखतः होता ही है—त्रिदेव ब्रह्मा, विष्णु, महेश में हमारी प्रबल आस्था है। हम अपने गृहस्थ जीवन में इस उपासना मार्ग पर चलते हैं।

उपासना मार्ग के अंतर्गत हमारे हिन्दू संस्कार हमें 'पंच यज्ञ' द्वारा भी धर्म की ओर प्रवृत्त करते हैं। अब ये पंच यज्ञ क्या हैं? इन्हें भी हमें समझना होगा। 'पंच यज्ञ' पाँच

प्रकार के यज्ञ होते हैं–(1) ब्रहम यज्ञ–अर्थात् वेद-वेदांग-शास्त्रों इत्यादि का अध्ययन और स्वाध्याय। (2) पितृ यज्ञ–अर्थात् पूर्वजों का श्राद्ध, तर्पण आदि। (3) देव यज्ञ–अर्थात् हम जो कथा-पूजन आदि के उपरान्त यज्ञ-हवन आदि देवताओं की तृप्ति के लिए ''स्वाहा-स्वाहा'' करके करते हैं, उससे तात्पर्य है। (4) भूत यज्ञ–अर्थात् अपने भोजन आरंभ से पूर्व जो गौ-ग्रास, कौए, श्वान आदि हेतु भोजन-ग्रास अलग निकालते हैं, वह भी एक प्रकार का यज्ञ भाग है। (5) मनुष्य यज्ञ अर्थात् हम जो यह मानकर कि 'अतिथि देवो भवः' अपने घर पर आए अतिथि का स्वागत-सत्कार करते हैं वह भी हमारा एक शुभ संस्कार स्वरूप पाँचवा यज्ञ है। ऐसा जानें आप सभी आत्मीय जन।

दूसरा मार्ग वह है जो गीता में भगवान कृष्ण का बताया निष्काम कर्मयोग का मार्ग है। यह मार्ग भी हमें वेदों के बताए परमेश्वर अर्थात् ब्रह्म के मार्ग की ओर ले जाता है। जो मोक्ष का मार्ग है। आवागमन के चक्र से मुक्ति का मार्ग है।

परंतु समस्त देवी-देवताओं-प्रकृति-सृष्टि-संसार और प्राणियों के कारण भूत परमेश्वर अथवा ब्रह्म तक पहुँचने का जो साधना मार्ग है वह है वैदिक धर्म में बताया गया ज्ञानयोग का मार्ग। वैदिक धर्म हमारा मूल धर्म है। ये सारे धर्म-संप्रदाय-मत इत्यादि उसी वैदिक धर्म से हमारे अनादि आस्था के सनातन धर्म से विकसित हुए है। अतः मोक्ष के लिए हमें वेदों की ओर लौटना होगा।...

प्रिय आत्मन्!... ब्रह्म का वर्णन केवल उसके अस्तित्व के रुप में ही किया जा सकता है। क्योंकि वह सब विशेषणों से परे है। विशेष रूप से वह परमात्मा, जिसके हम सभी जीवात्मा अंशभूत वही आंतरिक प्रकाश स्वरूप हैं, वह परमात्मा कर्ता, कर्म और ज्ञान इन सब भेदों से भी ऊपर है। इसलिए उसे व्यक्ति-रूप में नहीं माना जा सकता। वह निर्गुण, निराकार, अविनाशी हैं और वही परम सत्य है।

परंतु संसार में फिर भी हम कर्म किये बिना नहीं रह सकते। कर्म यदि सकाम होता है तो वह हमें मुक्ति प्रदान नहीं करता। यदि हम निष्काम कर्म करते हैं तो हमारा वह कर्म हमें कर्म बंधन में नहीं बांधता। यह भी एक सत्य है।...

यह भी एक वास्तविकता हम कह सकते हैं कि जहाँ मन को शुद्ध करने के लिए साधन रूप में कर्म आवश्यक है, वहाँ ज्ञान प्राप्त हो जाने पर कर्म छूट जाता है। ज्ञान और कर्म देखा जाए तो एक-दूसरे के ठीक वैसे ही विरोधी हैं, जैसे कि परस्पर प्रकाश और अंधकार।...

मुझसे मेरे व्यक्तिगत विचार यदि आप जानना चाहें तो ज्ञान-कर्म समुच्चय के दृष्टिकोण को मैं स्वीकार नहीं करता हूँ। क्योंकि वैदिक विधियाँ केवल उन लोगों के लिए हैं जो अज्ञान और लालसा में डूबे हुए हैं। मोक्ष की इच्छा रखने वालों को कर्मकाण्ड की विधियों का परित्याग कर देना चाहिये। मेरे मतानुसार तो भगवत् गीता का उद्देश्य इस बाह्य संसार का पूर्ण त्याग ही है, जिसमें ये सारे कार्य व्यापार होते हैं।

परंतु मैं जब अपनी ओर देखता हूँ तो आप कह सकते हैं कि ये संन्यासी शंकर अपने जीवन में वैदिक धर्म को आत्मसात कर, इसमें निहित ब्रह्मज्ञान को प्राप्त करने के बाद भी अभी तक कर्म किये जा रहा है। ये व्यक्ति ऐसा क्यों कर रहा है?... ये जो मैं संन्यास ग्रहण करने के बाद भी निरंतर ग्राम-नगर-डगर-डगर घूमता फिर रहा हूँ... आज यहाँ आप सबके बीच बैठा बोल रहा हूँ... कल कहीं और घूमता-घामता प्रवचन कर रहा होऊँगा... ये सब क्या है? ज्ञान प्राप्ति के बाद ये सांसारिक जन-जीवन में विचरण करना क्या कर्म करते जाने का उदाहरण नहीं?... क्या मेरी कथनी और करनी का यह विरोधाभास नहीं?...''

—कुछ पल को उस अध्यात्म सभा में एक सन्नाटा-सा व्याप्त हो गया। आचार्य भी चुप हो गए। उन्होंने अपना कमंडलु उठाकर उसे ऊँचा करके कुछ जल पिया। इस बीच सभी प्रबुद्धजन और अन्य आचार्य गण भी सोचने लगे कि आचार्य खाई में जाने वाले मार्ग से किस प्रकार बचते हैं? अब वे क्या कहेंगे? तभी आचार्य शंकर अचानक उस मार्ग से वापस घूमे और निश्चित और सुविचारित भाव से बोले—

''इस पर मेरा कहना है कि प्रिय आत्मन्! मैं तो जन्म का संन्यासी हूँ। कब का हिमालय की कंदराओं में निकल गया होता। परंतु मुझे मेरे गुरु महाराज का आदेश है कि इस अल्पजीवन में जितना हो सके मैं जन-कल्याण की चिंता करुँ। स्वधर्म की सुरक्षा के विषय में प्रयत्नशील रहूँ। हमारा यह जो वैदिक धर्म है उसकी नींव को सुदृढ़ करने के लिए अपने जीवन के अंतिम दिन तक सचेष्ट रहूँ। अतः लोकोपकारी कर्म में मेरी गति मेरे परम पूज्य गुरुदेव गोविंदपाद भगवान के आदेशानुसार ही बनी हुई है।...

अब प्रिय बंधुओ! आप सोचेंगे कि अपने लिए तो ये संन्यासी अपने गुरु का आदेश बताकर कर्म करते हुए भी ब्रह्माराधन का औचित्य बताकर बच निकला। ऐसे में आप कहेंगे कि ज्ञाननिष्ठा के साथ-साथ हमारे लिए क्या कर्मनिष्ठा गलत है?

इसपर मैं आपसे कहता हूँ कि—'कर्मनिष्ठया ज्ञाननिष्ठाप्राप्ति हेतुत्वेन पुरुषार्थहेतुत्वं न स्वातंत्रयेण'—भले ही 'कर्म' मुक्ति अथवा मोक्ष का तात्कालिक कारण न भी हो, तो भी यह रक्षा करने वाला और 'ज्ञान' को प्राप्त करने का एक आवश्यक साधन अवश्य है।...

आज के लिए बस इतना ही। मेरे इस अंतिम कहे पर मनन अवश्य करियेगा। सामान्यतः मैं आप सभी पुण्यात्माओं के बीच इतना गंभीर वाचन प्रारंभ में ही नहीं करता। किसी ज्ञानकथा से अपनी बात शुरु करता हूँ। पर माँ कामाख्या ने आज न जाने क्यों यह क्रम उलट दिया। कल इसी समय हम फिर मिलेंगे तो इस कलियुग की महत्ता पर कुछ रोचक चर्चा करेंगे। ऊँ शांति।...''?

आदि शंकराचार्य का उपदेश समाप्त हुआ। राजा प्रसेनजित ने आदि शंकर और उनके सह-यात्रियों के रात्रि विश्राम और भोजनादि की व्यवस्था इस नीलांचल पर्वत पर ही स्थित एक मंदिर के निकट की धर्मशाला में कर रखी थी। आचार्य को उनके अवस्थान स्थल पर छोड़कर राजा और इनके सहकर्मी आज्ञा लेकर अपने रथों से अपने महल-भवनों के लिए नगर क्षेत्र में लौट गए।...

अगले दिन प्रातः शंकराचार्य अपने शिष्यों सुरेश्वर और त्रोटक के साथ कामाख्या मंदिर में स्नानोपरांत माँ भगवती के दर्शन हेतु गए। आचार्य वहाँ माता के विग्रह के सन्मुख स्तुति कर अपने साधारण सात्विक ढंग से पूजन करने लगे। मंदिर के पुजारियों ने उनसे वहाँ प्रचलित तांत्रिक पद्धति से माँ का पूजन-अर्चन कराना चाहा। आचार्य ने उसे स्वीकार नहीं किया। आज उनके साथ स्थानीय राजा अथवा उनका कोई प्रतिनिधि भी नहीं आया था। अतः वहाँ के पुजारी लोग और भी शेर हो गए। उनमें एक तांत्रिक विद्या का माना हुआ पुजारी अभिनव गुप्त आचार्य शंकर से बहस करने लगा। आचार्य ने उससे कहा कि वह माँ के दरबार में उनके पुत्रसम आए हैं, अतः उन्हें किसी विशेष पूजा-पद्धति की आवश्यकता नहीं है। उन्हें विश्वास है कि माँ पुत्र की बात सीधे सुनेंगी। वह सुन रही हैं।...

इस पर अभिनव गुप्त ने आचार्य को शास्त्रार्थ की चुनौती दे डाली। वह शाक्त तांत्रिक जिस धृष्टता पूर्वक आचार्य से मंदिर में बोला उसपर आचार्य सुरेश्वर ने उसे चुनौती दी कि–'आचार्य से तो बाद में करने की सोचना। पहले तुम मुझसे ही शास्त्रार्थ कर के संतुष्ट हो लो ब्राह्मण देवता!''

अभिनव गुप्त ने कहा–''ना ना... मैं तो तुम्हारे गुरु महाराज से ही दो-दो हाथ करना चाहूँगा।''

आचार्य शंकर ने सुरेश्वराचार्य को शांत किया और कहा कि आज के बाद कभी भी शास्त्रार्थ के लिए उन्हें बुलाया जा सकता है। आज सायंकाल वे स्थानीय जनता के मध्य प्रवचन हेतु वचनबद्ध हैं।

सायंकाल सूर्यास्त से पूर्व पुनः सत्संग उसी स्थान पर प्रारंभ हुआ, जहाँ कल पहले दिन हुआ था। राजा अपने राज प्रतिनिधियों सहित पधारे। आज उनके साथ उनकी महारानी भी थीं। महारानी ने भी आचार्य के श्री चरणों में प्रणाम किया ओर वे भी सत्संग मंच पर राजा के बराबर में बैठीं। नियत समय पर आचार्य शंकर ने बोलना आरंभ किया। अपने पूज्य गुरुदेव का ध्यान कर वे बोलने लगे–

''प्रिय आत्मन्!

आज मैं आपको 'विष्णुपुराण' की एक कथा सुनाता हूँ।...

एक बार की बात है। कुछ मुनियों की एक गोष्ठी जुटी। वे सभी मुनिगण परस्पर मिलकर विचार करने लगे कि किस काल में थोड़ा-सा पुण्य भी महान फलदायक होता है और कौन लोग उसका सुख पूर्वक अनुष्ठान कर सकते हैं?...

मुनिगण जब पर्याप्त विचार-विमर्श कर इसपर कोई निर्णय नहीं कर सके तो वे व्यास जी के पास पहुँचे। महर्षि व्यास उस समय गंगा जी में स्नान कर रहे थे। मुनिजन उनकी प्रतीक्षा में गंगा तट पर स्थित एक वृक्ष के निकट बैठ गए।

वृक्ष के निकट बैठे मुनियों ने देखा कि व्यास जी ने गंगा जी में डुबकी लगाई और जब जल की सतह से ऊपर उठे तो उन्होंने कहा—''शूद्रः साधु, कलिः साधुः' उसके बाद उन्होंने पुनः डुबकी लगाई औरऊपर उठकर बोले—''योषितः साधु धन्यास्तास्ताभ्यो धन्यतरोऽस्ति कः''—कहकर व्यासजी ने फिर से डुबकी लगाई।...

वे मुनिगण इसे सुनकर संदेह में पड़ गए। व्यास जी द्वारा कहे गए मंत्र नदी स्नान के समय पढ़े जाने वाले मंत्रों में से नहीं थे। वे जो कह रहे थे, उनका अर्थ था कि—''कलियुग प्रशंसनीय है, शूद्र साधु हैं, स्त्रियाँ श्रेष्ठ हैं, वे ही धन्य हैं, उनसे अधिक धन्य और कौन है?''

मुनिगण जो अपने एक संदेह का समाधान प्राप्त करने महर्षि व्यास के पास आए थे, परंतु उनके श्रीमुख से ये उद्गार सुनकर पहले से भी विकट संदेह में पड़ गए और अविश्वास से एक-दूसरे का मुख देखने लगे।... कुछ देर बाद स्नान कर लेने पर ध्यान आदि के पश्चात व्यास जी अपने आश्रम में पधारे तो वे मुनिगण भी उनके समीप पहुँचे।

वे सभी जब यथायोग्य अभिवादन आदि के उपरांत आसनों पर बैठ गए तब व्यास जी ने उनके आगमन का कारण पूछा। मुनियों ने कहा कि—''हम लोग आपसे एक संदेह का निवारण कराने आए थे किंतु आप पहले यह बतलाएं कि—कलियुग प्रशंसनीय है, शूद्र साधु है, स्त्रियाँ श्रेष्ठ और सर्वाधिक धन्य हैं—ऐसा आप गंगा स्नान के समय कह रहे थे। सो ये सब क्या बात है? यह बात यदि गोपनीय न हो तो हमें भी कृपा करके बताएं। यह जानकर हम जिस आंतरिक संदेह के समाधान के लिए आपके पास आए थे, उसे कहेंगे।''

इसपर व्यास जी ने कहा—''मैंने कलियुग, शूद्र और स्त्रियों को जो बार-बार साधु-साधु कहा उसका कारण आप लोग सुनें। जो पुण्य फल सतयुग में दस वर्ष जप-तप और ब्रह्मचर्य आदि का पालन करने से मिलता है, उसे मनुष्य त्रेता में एक वर्ष में, द्वापर में एक मास में और कलियुग में केवल एक दिन में प्राप्त कर लेता है।

इतना ही नहीं, जो फल सतयुग में ध्यान, त्रेता में यज्ञ और द्वापर में देवार्चन करने से प्राप्त होता है, वही फल कलियुग में केवल भगवान के नाम-संकीर्तन से ही मिल जाता है। कलियुग में थोड़े से परिश्रम से ही लोगों को भगवत कृपा की प्राप्ति हो जाती है। इन्हीं कारणों से मैंने कलियुग को श्रेष्ठ कहा है।

शूद्र को श्रेष्ठ कहने का कारण बताते हुए व्यास जी ने कहा कि द्विज को पहले ब्रह्मचर्य का पालन करते हुए वेदाध्ययन करना पड़ता है और तब गृहस्थ आश्रम में प्रवेश करने पर स्वधर्माचरण से उपार्जित धन के द्वारा विधि पूर्वक यज्ञ-दानादि करने पड़ते हैं। इसमें भी व्यर्थ वार्तालाप, व्यर्थ भोजन और व्यर्थ यज्ञ उनके पतन के कारण होते हैं, इसलिए उन्हें सदा संयमी रहना आवश्यक होता हैं। सभी कार्यों में विधिविधान का ध्यान रखना पड़ता है। विधि-विपरीत करने पर उन्हें दोष लगता है।

द्विज भोजन पान आदि भी अपनी इच्छानुसार नहीं कर सकता। उसे देखा जाए तो सम्पूर्ण कार्यों में परतंत्रता ही रहती है। वह अत्यंत क्लेशों से पुण्यलोकों को प्राप्त करता है। परंतु जिसे केवल मंत्रहीन पाकयज्ञ करने का ही अधिकार है, वह शूद्र द्विज-सेवा से ही सद्गति प्राप्त कर लेता है। इसलिए शूद्र द्विज की अपेक्षा धन्यतर है। शूद्र के लिए भाक्ष्याभक्ष्य अथवा पेय-अपेय का नियम द्विज जैसा कड़ा नहीं है। इन कारणों से मैंने शूद्र को श्रेष्ठ माना है।

स्त्रियों को श्रेष्ठ कहने का भी कारण बतलाता हूँ। पुरुष जब धर्मानुकूल उपायों द्वारा प्राप्त धन से दान और यज्ञ करते हैं एवं अन्य कष्टसाध्य व्रतोपवास आदि करते हैं, तब पुण्य लोक को प्राप्त कर पाते हैं। परंतु स्त्रियाँ तो तन-मन-वचन से पति की सेवा करने से ही उनकी हितकारणी होकर पति के समान शुभलोकों को अनायास ही प्राप्त कर लेती हैं, जो कि पुरुषों को अत्यंत परिश्रम से सुलभ होते हैं। इसलिए मैंने स्त्रियों को श्रेष्ठ माना है।

इसके बाद व्यास जी ने उन मुनियों से कहा कि अब आप लोग जिस उद्देश्य से आए हैं, वह कहिये। मुनियों को तो व्यास जी की इन्हीं बातों से अपनी समस्या का समाधान मिल चुका था। अतः उन्होंने कहा कि "हे महर्षि! हम लोग आपसे पूछने आए थे कि किस समय में थोड़ा-सा पुण्य महान फल देता है और कौन उसका सुखपूर्वक अनुष्ठान कर सकते हैं? इनका उचित उत्तर आपने अपनी इसी वार्ता में दे दिया है। इसलिए अब हमें कुछ नहीं पूछना है।"

—यह कहकर वे मुनिगण व्यास जी का पूजन कर अपने-अपने स्थानों को लौट गए। इस प्रकार 'विष्णु पुराण' की इस कथा में कहा गया है कि जिन लोगों ने गुण-रुप जल से अपने समस्त दोष धो डाले हैं, उनके थोड़े-से प्रयत्न मात्र से कलियुग में धर्म सिद्ध हो जाता है। शूद्रों को द्विज-सेवा से और स्त्रियों को पति-सेवा से धर्म की सिद्धि

अनायास हो जाती है। जबकि सतयुग, त्रेतायुग और द्वापर युग तीनों युगों में ब्राह्मण को ही धर्म सम्पादन में अपार प्रयत्न करने पड़ते हैं। कलियुग का सबसे महान गुण कहा गया कि इस युग में श्रीराम अथवा श्रीकृष्ण नाम के कीर्तन से ही कोई भी व्यक्ति परमपद को प्राप्त कर लेता है।...

प्रिय आत्मन्!

अब मैं आपको वेदों के बताए धर्म मार्ग का सारांश समझाता हूँ। विशेषकर अद्वैत ब्रह्म की निष्ठा का रहस्य।...

हिन्दू धर्म में अध्यात्म विद्या का लक्ष्य भगवत् प्राप्ति है। उसी की प्राप्ति के लिए कर्मयोग, भक्ति, उपासना तथा योगाभ्यास आदि उपाय बताए गए हैं।...

जब साधक आत्मा और परमात्मा में, जीव और जगत में, मनुष्य और मनुष्य का भेदभाव तो छोड़िये मनुष्य और पशु-पक्षियों तक में विभेद अथवा द्वैत का भाव त्यागकर अद्वैतनिष्ठ हो जाता है तो हर क्षुद्रता से ऊपर उठ जाता है। अद्वैतनिष्ठ साधक के समक्ष कोई भी भेदभाव, ऊँच-नीच, जाति भेद और वर्णाश्रम कृत्यों का कोई विचार शेष नहीं रह जाता। क्योंकि ये सारे भेद अविद्या से बने हुए हैं।...

जैसे प्रकाश हो जाने से अंधकार नष्ट हो जाता है, इसी प्रकार अद्वैत विद्या की प्राप्ति होने पर द्वैत के फलस्वरूप दृश्यमान सारे भेद सारे प्रपंच नष्ट हो जाते हैं। ऐसा साधक कृतकृत्य हो जाता है। ऐसे महापुरुषों को ही 'सिद्ध' पुरुषों की संज्ञा प्रदान की जाती है।

अतः परमब्रह्म परमेश्वर की प्राप्ति के लिए, इस नश्वर जगत से मुक्ति हेतु, बारंबार जन्म-मरण से हटकर मोक्ष प्राप्ति के लिए हमारे वेदों द्वारा बताया मार्ग ही सर्वश्रेष्ठ है। अद्वैत-वेदांत का सिद्धांत सर्वहितकारी है। अपने जीवन में इसे अपनाना ही बुद्धिमानी है। यही सच्चा मार्ग है। आज के सत्संग की जय हो। आप सब पवित्र आत्माओं की विजय हो। ओम शांति शांति शांति।''

—यह कहकर आदि शंकर ने अपनी वाणी को विराम दिया।

वह सभा विसर्जित हुई। राजा कामरूप और उनकी अनिंद्य सुंदरी महारानी ने आदि शंकराचार्य को उनकी धर्मशाला तक छोड़ा। उनसे शिष्य बनाने का आशीर्वाद माँगा। आचार्य ने उन्हें धर्माचरण के नियम बताए और दो दिन बाद अपने पास आने को कहा।

प्राग्ज्योतिषपुर नरेश भी तदनन्तर शंकराचार्य महाराज से वैदिक धर्म में दीक्षित हुए। उसके बाद अनेक लोगों ने आकर आचार्य का शिष्यत्व ग्रहण किया। वैदिक धर्म की प्रतिष्ठा इस प्रकार कामरुप में अल्पकाल में प्रतिष्ठित होने लगी। वैदिक धर्म का

प्रचार-प्रसार तेजी पकड़ने लगा। आचार्य के व्यक्तित्व और उनके उपदेशों के प्रभाव से तांत्रिकों का प्रभुत्व कमज़ोर होने लगा। तब अपने कारोबार पर हानि पहुँचता देख वामाचारी तांत्रिकों ने अभिनव गुप्त को अपना नेता बताकर आचार्य शंकर को एकदिन शास्त्रार्थ हेतु बुलाया।

आचार्य वहाँ गए। अभिनव गुप्त ने आचार्य के साथ जमकर शास्त्रार्थ किया। उसने अपनी समस्त ऊर्जा लगाकर अपनी शाक्त पूजा में तांत्रिक पक्ष की सार्थकता को सिद्ध करने की चेष्टा की। परंतु आचार्य की असामान्य मेधा और विशद अध्ययन के समक्ष उसकी एक न चली। अभिनव गुप्त और उनके सहयोगी पंडित-पुजारी बुरी तरह पराजित हुए। तांत्रिकों की इस पराजय के कारण जन-साधारण में उनकी साख बहुत गिर गई और वैदिक धर्म का महत्त्व बहुत बढ़ गया।

स्थानीय तांत्रिक अपनी विफलता और घटते महत्त्व को देखकर बहुत क्षुब्ध और विकल हो उठे। नागरिकों में आचार्य शंकर की धाक इतनी जमी कि वे कामरुप में तांत्रिकों की आँख की किरकिरी बन गए।

इन तांत्रिकों में अभिनव गुप्त तो पराजित होने के बाद से इतना क्षुब्ध हुआ कि उसने आचार्य से बदला लेने के लिये अभिचार-क्रिया की। उनपर मारण प्रयोग किया। कुछ ही दिनों में आचार्य शंकर बवासीर के बाद भगंदर रोग से पीड़ित हो गए। रोग धीरे-धीरे बढ़ता गया। मलद्वार से रक्त स्त्राव होने लगा। शिष्य-मंडली चिंतित हुई। शिष्यों ने चिकित्सा के लिए आचार्य से प्रार्थना की। आचार्य ने कहा कर्मफल भोग लेने में ही भलाई होती है। वैद्य की चिकित्सा उन्होंने ठुकरा दी। बाद में असह्य पीड़ा होने पर उन्हें शिष्यों का आग्रह स्वीकार करना पड़ा। राजवैद्यों की सहायता ली गई। उपचार चला। कामरुप राज्य में रहते तीन माह बीत गए। आचार्य का शरीर क्षीण होता चला गया। रोग का निदान वैद्य की चिकित्सा से भी संभव होता दिखाई नहीं पड़ा।

राजा, राजवैद्य, आचार्य के शिष्य और अनेक अनुयायी सभी चिंतातुर थे। उच्चकोटि की चिकित्सा होने पर भी आचार्य की पीड़ा का उपशम नहीं हो पा रहा था। उधर वह दुष्ट वाममार्गी तांत्रिक अभिनव गुप्त आचार्य के विरुद्ध अभिचार-क्रिया में गोपनीय ढंग से निरंतर संलग्न था।

त्रोटकाचार्य दिन-रात आचार्य की देखभाल और सेवा में संलग्न थे। परंतु आचार्य के मित्र उद्‍भ्रांत उनकी नितांत निजी सेवा अपने ही हाथों करते। उनके वस्त्र बदलते। उनके रक्त और पीब से सने अधोवस्त्र स्वयं धोते। वे उन दिनों सर्वाधिक मर्माहत थे।

अपने अभिन्न मित्र शंकर की वह दशा उनसे देखते हुए भी देखी नहीं जाती थी। वे एकांत में मुँह छिपाकर अनेक बार रोते थे। ऐसे में सुरेश्वराचार्य और अन्य सभी उन्हें सहारा देते।

अंततः उद्भ्रांत ने ही सुरेश्वर को सुझाया कि पद्मपाद और हस्तामलक को बुलवा लिया जाए। उन्होंने कहा कि उनका मन कहता है कि पद्मपाद कदाचित इस समस्या का कोई हल निकाल सकें। उन्होंने पहले भी आचार्य की प्राणरक्षा की है। उन्हें नरसिंह भगवान की सिद्धि प्राप्त है।...

सुरेश्वर ने पद्मपादाचार्य को गोवर्द्धन मठ, पुरी से और हस्तामलकाचार्य को शृंगेरी मठ से बुलवाने में सहायता हेतु राजा प्रसेनजित से अनुरोध किया। इसके लिए राजा तत्काल सहमत हुए। उन्होंने दो द्रुतगामी अश्वारोही रथ उपलब्ध करा दिए। उनसे वहीं के शिष्यों को दोनों मठों के शंकराचार्यों को लिवा लाने के लिए तत्काल रवाना किया गया।

सातवें दिन आचार्य पद्मपाद का आगमन हो गया। उन्हें देखते ही उद्भ्रांत उनके कंधे पर सिर रखकर बच्चों की भाँति बिलखकर रो पड़े। पद्मपाद ने आशंकित स्वर में कहा—''सब कुशल तो है?''

उद्भ्रांत बोले—''कहाँ कुशल है? पड़े हैं उधर। अब तुम ही उन्हें बचा सकते हो दादा!...''

इसके बाद उस तनावपूर्ण वातावरण में जैसे क्षीण सी आशा का संचार हुआ। आचार्य का चरण स्पर्श करने के बाद जब पद्मपाद ने उन्हें कृष्काय हालत में सोते हुए देखा तो वे भी उद्विग्न हो उठे। नरसिंह भगवान की सिद्धि तो थी ही। उन्हें ही याद किया। उनका ध्यान कर उनका आह्वान किया। ध्यान में प्रकट हुए नरसिंह देव पद्मपाद से बोले—''इनके रोगोपचार की जानकारी तुम्हें अश्विनी कुमार दे सकते हैं।''

फिर उसी रात्रि अश्विनी कुमार पद्मपादाचार्य के स्वप्न में आए। उन्होंने बताया कि—''यह रोग स्वतः नहीं हुआ है। किसी की अभिचार-क्रिया के कारण हुआ है। बदले में अभिचार करना होगा। अन्यथा यह रोग ठीक नहीं होगा।''

सुबह पद्मपाद ने अपने साथियों से बताया—''यह किसी दुष्ट तांत्रिक की मारण विद्या के प्रयोग का परिणाम है। तंत्रशास्त्र को ऐसे ही लोगों ने बदनाम किया है। यह तंत्र विद्या मुझे भी जिन साधु बाबा ने मेरी किशोर-वय में काठमांडु भ्रमण के दौरान सिखाई थी उनका कहना था कि—''भारतीय वांग्मय का इतिहास यह प्रमाणित करता है कि हमारे प्राचीन ऋषि-मुनि महर्षि वशिष्ठ, विश्वामित्र और भारद्वाज आदि तंत्र साधनाओं के सिद्ध साधक थे। पुराण आदि ग्रंथों की सहायता से इस संबंध में पर्याप्त प्रमाण जुटाए जा सकते हैं।... तंत्रशास्त्र सुविधा की दृष्टि से 'आगम' और 'निगम' वर्गों में विभाजित किया जा सकता है। आगम से तात्पर्य उन तंत्र ग्रंथों अथवा पद्धतियों

से है जिनकी व्याख्या स्वयं भगवान शिव ने की है। निगम से अभिप्राय उन तंत्र ग्रंथों अथवा पद्धतियों से है जिनकी व्याख्या आदि शक्ति महामाया पार्वती ने की है।–

आगतं शिव वक्त्रेभ्यो, गतं च गिरजामुखे।
मतं च वासुदेवस्य, तत आगम उच्यते।।

तंत्र विद्या के अंतर्गत संबंधित तंत्र में प्रतिष्ठित देवी अथवा देवता के रुप, स्वरूप, गुण और चिंतन की प्रक्रिया का उल्लेख पंच अंगों–पटल, पद्धति, कवच, सहस्त्रनाम और स्तोत्र द्वारा निर्दिष्ट किया गया है... ये तो रही वेद सम्मत तंत्र साधना जो लोक कल्याण कारक होती है। साधक के हितलाभ के लिए होती है, किसी अन्य को हानि पहुँचाने के लिए नहीं होती।

इसके विपरीत अवैदिक श्रेणी के भी मंत्र-तंत्र होते हैं जो कल्याण की सर्जना नहीं करते हैं। अपितु इनके द्वारा अभिचार कृत्य जैसे–मारण, मोहन, उच्चाटन और शत्रु पीड़न आदि वाममार्गी क्रियाएं संपादित की जाती हैं। ये नितांत हानिप्रद साधना के परिणाम होते हैं।... अतः जिस भी पतित व्यक्ति ने पूज्य गुरुदेव के विरुद्ध अभिचार तंत्र साधना कर रखी है, मैं उसे छोड़ूंगा नहीं। उस नरकगामी तांत्रिक का विनाश निश्चित है।...''

पद्मपाद को इतना क्रोधित जानकर मरणासन शैय्या पर पड़े उनके गुरुदेव शंकर ने उन्हें पास बुलाया। उन्हें समझाया कि वह स्वयं किसी प्रति अभिचार की क्रिया में न लगें और किसी की हत्या के पाप के भागी न बनें। इसपर पद्मपाद का कहना था कि ''यदि मेरे गुरुद्रोही के सर्वनाश से मुझ पर सौ ब्रह्म-हत्याओं के बराबर पाप लगना भी हो तो उसका समस्त दण्ड भुगतने को मैं तैयार हूँ। परंतु उस दुष्ट व्यक्ति को मैं छोड़ूँगा नहीं।''

पद्मपाद नहीं माने। उद्भ्रांत और पद्मपाद को इस बात का भय था कि आचार्य शंकर के बत्तीसवें वर्ष में मारकेश योग लगने वाला है। आचार्य की अवस्था तीस पार की हो ही चुकी थी। इकत्तीसवाँ वर्ष चल रहा था। फलतः पद्मपाद की ज़िद का सभी सदस्यों ने समर्थन किया।

आचार्य शंकर ने इन्हीं दिनों माँ कामाख्या को सुनाते हुए आठ श्लोकों का एक मार्मिक स्तोत्र 'भवान्यष्टकम्' रचा था। भवानी को समर्पित। आज उसी का वे अंतिम श्लोक बारंबार दोहराने लगे–

''अनाथो दरिद्रो जरारोग युक्तो
महाक्षीण दीनः सदा जाड्यवक्त्रः।
विपत्तौ प्रविष्टः प्रणष्टः सदाहम्
गतिस्त्वं गतिस्त्वं त्वमेका भवानी।।''

—उधर अभिनव गुप्त शंकराचार्य का जीवन समाप्त करने के लिए अपने तांत्रिक यज्ञ अभियान में जी-जान से जुटा हुआ था। इधर से उसकी काट और शत्रु को विनष्ट करने का महा-तांत्रिक यज्ञ पद्मपाद ने प्रारंभ कर दिया।

दोनों ओर से तंत्र-मंत्र शक्तियों का संग्राम होने लगा जो कई सप्ताह चला। अंत में पद्मपादाचार्य विजयी हुए। प्रथम सप्ताह में ही अभिनव गुप्त भी भगंदर रोग से पीड़ित हुआ। दूसरे सप्ताह में उसका रोग बढ़ता गया ओर इधर आचार्य शंकर स्वस्थ होने लगे। तीसरे सप्ताह में दोनों ओर क्रमशः रोगवृद्धि और स्वास्थ्य लाभ में तीव्रता आई। चौथे सप्ताह में तांत्रिकाचार्य अभिनव गुप्त का प्राणांत हो गया। आचार्य शंकर रोग मुक्त हो गए।

एक माह इस तरह बीतते ने बीतते शृंगेरी से हस्तामलकाचार्य भी इन सबसे आन मिले। पूज्य गुरुदेव को स्वस्थ होता पाकर उन्हें बहुत संतोष हुआ।

चार माह इस तरह प्राग्ज्योतिषपुर में बीत गए। परंतु आदि शंकराचार्य इस भयंकर मारणक्रिया और रोग के कारण पर्याप्त कमजोर हो चले थे। उन्हें पूर्ण रुप से स्वस्थ और सबल होने में दो माह और लग गए।

इस घटनाक्रम से कामाख्या वासी पंडित समुदाय पर्याप्त भयभीत हो उठा। उनमें से अधिकांश पंडितों और पुजारियों ने आचार्यश्री का लोहा मान लिया। अब उनमें से अधिकांशतः देवी माँ की सरल-सात्विक विधियों से पूजा अर्चना करने लगे। पशुबलि को भी रुकवाने हेतु शंकराचार्य ने प्रयास किया। पर अब और अधिक दिन उनका गुवाहाटी (कामरुप) में रुकना संभव नहीं था।

अध्याय–बारह

⌘

ॐ पूर्णमदः पूर्णमिदं पूर्णात्पूर्णमुदच्यते।
पूर्णस्य पूर्णमादाय पूर्णमेवावशिष्यते।।
ॐ **शान्तिः ! शान्तिः !! शान्तिः !!!**

–ॐ वह (परब्रह्म) पूर्ण है और यह (कार्यब्रह्म), भी पूर्ण है, क्योंकि पूर्ण से पूर्ण की ही उत्पत्ति होती है। तथा (प्रलय काल में) पूर्ण कार्यब्रह्म का पूर्णत्व लेकर अर्थात् उसे अपने में लीन कर अंत में पूर्ण परब्रह्म ही शेष रह जाता है। त्रिविध ताप की शान्ति हो।

(ईशावास्योपनिषद्)

1

काठमांडु

आदि शंकराचार्य को कामाख्या दर्शन हेतु आने वाले एक भक्त परिवार ने बताया कि वे लोग अनेक तीर्थ स्थानों का दर्शन कर यहाँ तक आए हैं। जो हिन्दू मंदिर जहाँ-तहाँ बौद्ध धर्म के दबाव में प्रभावित हुए थे, उनमें से अब अधिकांश में सनातन परंपराओं के साथ पूजा-अर्चना बिना किसी अवरोध अथवा बाह्य हस्तक्षेप के हो रही है। किंतु नेपाल में पशुपतिनाथ के प्राचीन मंदिर की हालत अब भी बुरी है।

आदि शंकराचार्य ने इसपर विस्तार से जानना चाहा तो उन्हें बताया गया कि नेपाल की राजधानी काठमांडु में बौद्ध भिक्षुकों ने पूरी अराजकता फैला रखी है। नगर क्षेत्र से उन्होंने धर्म परिवर्तित करके बहुत से दबंगों को भी नागरिकों के अतिरिक्त बौद्ध धर्म में सम्मिलित कर लिया है।

वहाँ बौद्ध और हिन्दू मतावलंबियों के मध्य आए दिन हिंसक झगड़े होते रहते हैं। नेपाल का राजा प्रायः शक्तिहीन-सा हो गया है।

पशुपतिनाथ मंदिर पर भी बौद्ध अनुयायियों ने दो-तीन बार पथराव कर वहाँ के पुजारियों को भयभीत कर दिया है। राजा के सिपाही यद्यपि वहाँ सुरक्षा हेतु तैनात हैं। परंतु मंदिर की पूजा-व्यवस्था प्रायः छिन्न-भिन्न है। श्रद्धालु भी अब शिवरात्रि महापर्व और सप्ताह में सोमवार के दिन के अतिरिक्त नित्य-प्रति उस मंदिर में जाने से कतराते हैं।

पशुपतिनाथ मंदिर की विगत कई वर्षों से देखभाल भी नितांत उपेक्षित है, जिससे उसकी इमारत अनेक जगह से जीर्ण-शीर्ण दिखने लगी है।

यह सब सुनकर आचार्य का मन अत्यंत व्यथित हुआ। उन्होंने अपने शिष्यों से कहा कि पहले तो उन्होंने प्राग्ज्योतिषपुर (गुवाहाटी) से भारत के कुछ उत्तरी भागों से होकर सीधे ज्योतिर्मठ जाने की सोची थी। उसके बाद बद्री-केदार के दर्शन की योजना बनाई थी। अब उनका पशुपतिनाथ दर्शन और वहाँ हिन्दू धर्म के हित में नेपाल जाना अनिवार्य हो गया है।

आदि शंकर ने धर्म रक्षार्थ अब अपेक्षाकृत कष्ट साध्य मार्ग का चयन किया। लोगों ने उन्हें बताया कि उन्हें सिलीगुड़ी होकर कष्टप्रद यात्रा करते हुए काठमांडु पहुँचना

होगा। इसमें एक से डेढ़ माह का समय पदयात्रा करते लगेगा। क्योंकि सिलीगुड़ी में एक-दो सप्ताह रुक कर लंबा विश्राम भी आवश्यक होगा।

पहाड़ों का मौसम और वहाँ की बरसात में भूस्खलन भी खतरनाक होता है। नेपाल के जंगलों में हिंसक जीव-जंतुओं से भी सावधान रहना होगा। सूर्यास्त के बाद तो किसी भी दशा में पहाड़ी मार्गों और जंगलों के मध्य से यात्रा श्लाघनीय न होगी।

सारी बाधाओं सारे कष्टों को पार करते-सहते आदि शंकराचार्य काठमांडु पहुँचे। अब उनके साथ उनके द्वारा नियुक्त चारों पीठों के शंकराचार्य अर्थात् उनके चारों प्रधान शिष्य चल रहे थे—पद्मपादाचार्य, सुरेश्वराचार्य, हस्तामलकाचार्य और त्रोटकाचार्य। उद्भ्रांत तथा दोनों साधु मित्र और आठ-दस व्यक्ति और भी साथ थे। इनमें कामरुप के ही उनके नए जुड़े आठ अनुयायी उनके साथ चल रहे थे। उन सब की भी पशुपतिनाथ, बद्रीनाथ और केदारनाथ तीर्थों के दर्शन की तीव्र अभिलाषा थी।

काठमांडु पहुँचकर आचार्य सीधे पशुपतिनाथ के दर्शन हेतु गए। महादेव के बहुमुखी-शिवलिंग के समक्ष आचार्य ने उच्च स्तर से आशु-कवि की भाँति स्तोत्र रचना कर उनकी स्तुति की।

जैसे ही मंदिर के पुजारियों को पता चला कि सुप्रसिद्ध जगत्गुरु आदि शंकराचार्य महाराज का साक्षात् पदार्पण पशुपतिनाथ मंदिर के गर्भगृह में हुआ है, उनमें उत्साह और नवीन आशा की लहर का किसी क्रांति-सा समावेष हुआ। हिन्दुओं में जिसने यह समाचार सुना वह मंदिर की ओर दौड़ पड़ा।

आदि शंकर और उनका धर्म-दल उसी मुख्य मंदिर के प्रांगण में ठहरा। पुजारियों ने आचार्यश्री के लिए विशेष कक्ष खोल दिया। सायंकालीन आरती बड़ी धूम-धाम से हुई उस दिन। घंटे-घड़ियाल अपने पूरे नाद के साथ बजे। उस नाद को सुनकर वितण्डावादी बौद्ध भिक्षुकों के कलेजे दहल गए।

मंदिर के ठीक सामने की खुली चौक पर उस शाम सनातनी हिन्दुओं की भारी भीड़ को एक तख़्त पर खड़े-खड़े शंकराचार्य महाराज ने संबोधित किया। यह पहला अवसर था जब उन्होंने कहीं पर श्रोता समुदाय को संन्यासी वेष में बैठकर नहीं बल्कि खड़े होकर उच्च स्वर में संबोधित किया था। किसी महात्मा से अधिक एक किसी क्रांतिदूत वक्ता की भाँति। गुरुदेव शंकर का ऐसा ऊर्जावान एवं मुखर स्वरूप उनके शिष्यों ने आज से पहले कभी नहीं देखा था। वे सभी भी अत्यंत आश्चर्य चकित थे। विशेषकर यह सोचकर कि अभी कुछ ही माह पूर्व गुरुदेव कितने क्षीण और मरणासन थे और आज यह किसी बीस वर्षीय युवा की भाँति देखो कैसे गरज रहे हैं? आदि शंकर ने कहा—

"देवाधिदेव महादेव की पावन धरती पर यह मैं क्या देख रहा हूँ? पशुपतिनाथ महाराज जो हम-आप सबके प्राणदाता और अन्नदाता हैं, स्वयं आपकी श्रद्धा के

जलपात्र की एक-एक बूँद को तरस रहे हैं? ये विधर्मी अब हमें सिखाएंगे कि हम अपने देवी-देवता की कब और कितनी पूजा करें? करें अथवा न करें? ये हमारी आस्था पर हमारी उपासना पर चोट करेंगे और हम कायरों की भाँति देखते रहेंगे?... यह सत्य है कि हमारे संस्कारों में हिंसा नहीं है। हम प्रेम और अहिंसा के सहस्त्रों वर्षों से पुजारी हैं। परंतु यदि हमारे धर्म और हमारे आत्म सम्मान हमारे माता-पिता-गुरु-जन्मभूमि किसी पर भी जब-जब कोई संकट आता है तो हम अवश्य एकजुट होकर खड़े होते हैं। यदि हम सज्जनों को फूल देना जानते हैं तो आवश्यकता पड़ने पर शूल का प्रयोग भी करना जानते हैं।... हम ही 'ॐ' हैं तो हम ही शिव का तीसरा नेत्र भी हैं। बोलिए आप मेरी बातों से सहमत हैं कि नहीं?''

जनसमूह ने एक स्वर में हुंकार भरी—''सहमत हैं। सहमत हैं स्वामी जी।''

तब शंकराचार्य ने उस स्वतः स्फूर्त जनसभा में कहा—''तो ठीक है। मैं अब कई दिन आपकी इस राजधानी में डेरा डालूँगा। देखता हूँ कि कोई विधर्मी कैसे हमारे धार्मिक कार्य-कलापों में बाधा डालता है? मुझे वचन दीजिए कि आप बिना उत्तेजित हुए, बिना हिंसा किए, अब से अपने धर्म और दिनचर्या का दृढ़ता पूर्वक पालन करेंगे। बोलिए करेंगे ना?''

भीड़ में से आवाज़ आई—''करेंगे-करेंगे।''

शंकर बोले-''पशुपतिनाथ महाराज का नित्य पूजन-दर्शन कल से होगा। आपको जब भी समय मिले, एक-घड़ी आधी-घड़ी आधी की भी-आधी घड़ी का समय निकालकर बाबा भोलेनाथ का दर्शन आप अवश्य करेंगे। रोज़ न सही तो सप्ताह में एक-दो बार अवश्य। बोलिए दर्शन हेतु अपने घरों से निकलेंगे?''

लोगों ने कहा—''निकलेंगे... अवश्य निकलेंगे।''

वह दिन और उसके बाद पूरे एक माह शंकराचार्य और उनका दिग्विजयी दल जब तक काठमांडु में रुका और आस-पास के क्षेत्रों में घूमा, सदैव सैंकड़ों उत्साही हिन्दुओं से घिरा रहा। उनमें नव-रक्त की, नेपाली युवक-युवतियों की, उपस्थिति सर्वाधिक थी। प्रायः प्रत्येक दिन सायंकाल एक घंटा शंकराचार्य का औपचारिक प्रवचन-सत्र भी चलता रहा।

उस दौरान राजा नेपाल भी भेंट प्रणाम हेतु पधारे। उनके लिए आदि शंकराचार्य एक अनोखा व्यक्तित्व थे। जो एक संन्यासी होकर भी किसी सम्राट से अधिक शक्तिशाली थे। हिन्दू धर्म की रक्षार्थ, पशुपतिनाथ मंदिर की व्यवस्था को सुचारु रखने और बौद्धों के दबाव से उबरने में जो सफलता नेपाल नरेश को वर्षों से नहीं मिल पा रही थी, उस सारे कुचक्र को आचार्य शंकर की अचानक उपस्थिति मात्र ने, कुछ ही दिन में छिन्न-भिन्न कर दिया था। नेपाल ने उन निःसंतान राजा और रानी को पुत्र

प्राप्ति का आशीर्वाद आचार्य शंकर ने दिया और पशुपतिनाथ मंदिर का जीर्णोद्धार उन्हें समुचित निर्देश देकर प्रारंभ कराया।

हिन्दू धर्म का पुनः जागरण समूचे नेपाल में फैल गया। काठमांडु और आस-पास के बौद्ध मठाधीश जनता के बदले रुख को देखकर निस्तेज हो गए। शंकराचार्य महाभाग से शास्त्रार्थ का तो किसी में साहस ही नहीं था।

इसके बाद नेपाल के मठों और विहारों में सन्नाटा पसर गया। मंदिरों में भक्तगण की आवाजाही बहुत बढ़ गई। शंकराचार्य तब अपने अनुयायियों के साथ आगे की यात्रा पर चल पड़े। काठमांडु से उनका अगला मुख्य गंतव्य ज्योतिर्मठ था।

जब गुरुदेव शंकर काठमांडु से चले तो वे पूरे इकत्तीस वर्ष के हो चले थे। उद्भ्रांत के मन में उन्हें लेकर चिंता और आशंका की खायी गहराती जा रही थी।...

2
ज्योतिर्मठ

आचार्य उद्भ्रांत के मन के भीतर बैठे अवसाद को समझते थे। अतः वे अपने मित्र से अब ऐसी कोई बात नहीं करते थे, जिससे उसको और दुःख पहुँचे। अब वे जो कहना चाहते उसे बस पद्मपाद से एकांत में साझा करते।

काठमांडु से जब आदि शंकर की यात्रा चली तो उन्होंने पद्मपादाचार्य से कहा—

"वत्स!... अब मेरे पास समय बहुत कम रह गया है। बहुत यात्रा-वात्रा हो गई। अब मैं शीघातिशीघ्र ज्योतिर्धाम पहुँचना चाहता हूँ। वहाँ पहुँचकर ज्योतिर्मठ में त्रोटक को उसके पद पर आसीन कर देता तो संतोष की साँस लेता।"

पद्मपाद यद्यपि अपने गुरु की अल्पायु के बारे में जानते थे फिर भी उन्होंने कहा—"क्यों गुरुदेव! ऐसी शीघ्रता क्यों?... अभी तो आपको बहुत कार्य करने हैं। सारा जीवन पड़ा है।"

आचार्य बोले—"तुम नहीं समझोगे।... मैंने तुम चारों शिष्यों को आखिर किसलिए तैयार किया है?..."—फिर कुछ रुककर स्वयं चलते-चलते बोले—"अपने अधूरे कार्य पूर्ण करने के लिए ही तो ना?..."

मार्ग में गुरु-शिष्य की यह बात भी अधूरी रह गई। शंकराचार्य और उनके नेतृत्व में यात्रा करता हुआ डेढ़ दर्जन लोगों का यात्रीदल काठमांडु से चला तो दुर्गम पहाड़ी रास्तों पर चलता चला गया। इन यात्रियों ने काठमांडु से पैदल

चलते-चलते बुटवल, बनकटवा, प्रतापपुर, चौमाला, भीमदत्ता, खटीमा, हल्द्वानी, भीमताल, कैंची, रामगढ़ और रानीखेत को पार किया। फिर ये यात्रीगण द्वारहाट होते हुए कर्ण प्रयाग पहुँच गए।

कर्ण प्रयाग अलकनंदा और पिंडर नदियों के संगम पर बसा आदि शंकर का परिचित एवं सुंदर प्राकृतिक स्थल था। आचार्य शंकर उसी मंदिर में जाकर ठहरे जहाँ पिछली बार ठहरे थे। जहाँ उन्होंने कुछ दिन रुककर प्रवचन भी दिए थे। जहाँ उनसे पहली बार ज्योतिर्धाम नरेश सोमदत्त सुधर्मा की भेंट हुई थी।

आचार्य शंकर और उनके अनुयायी चार-पाँच दिन उसी मंदिर में ठहरे। उन्होंने कर्ण प्रयाग के संगम में नित्य प्रातः स्नान किया। नित्य सायं भगवत् भक्तों को उपदेश दिये। जगद्गुरु शंकराचार्य इस बार भारत प्रसिद्ध आध्यात्मिक विभूति थे। अतः प्रतिदिन सैंकड़ों हजारों की तादाद में उनके उपदेशामृत का पान करने नर-नारी उस सत्संग सभा में आए। यह समाचार राजा सुधर्गा की राजधानी ज्योतिर्धाम तक जा पहुँचा।

जिस दिन कर्ण प्रयाग में आदि शंकर के प्रवचन का अंतिम दिन था, राजा सुधर्मा गुरुदेव को प्रणाम करने चार-पाँच अतिरिक्त रथ-वाहनों सहित सत्संग स्थल पर पधारे। वे अगली सुबह गुरुदेव शंकर और अपने समस्त गुरुभाइयों को लेकर कर्ण प्रयाग से ज्योतिर्मठ के लिए चल दिए। राजा सुधर्मा के साथ रथ-वाहनों द्वारा यात्रा का अनुनय-विनय भरा प्रस्ताव आचार्य शंकर टाल नहीं सके।

अब राजा सुधर्मा की अगवानी में आचार्य शंकर का विजय-जुलूस धर्म पताकाएं लहराता कर्ण प्रयाग से बड़े सवेरे जो चला तो सबसे पहले नंद प्रयाग पहुँचा। आचार्य शंकर ने यहाँ संगम में स्नान-ध्यान की इच्छा पहले ही प्रकट कर दी थी।

अतः उस दिन सभी यात्रीगण ने आदि शंकर के साथ नंद प्रयाग पहुँचकर वहाँ नंदाकिनी और मंदाकिनी नदियों के पवित्र संगम में स्नान किया। राजा सुधर्मा ने सबके लिए जलपान की व्यवस्था कर रखी थी। यात्रीदल नंद प्रयाग में दो-ढाई घंटे रुका।

उसके बाद वह धर्म-जुलूस आगे बढ़ा। सबके सब अपराह्न में दो बजे के आस-पास पीपलकोटि पहुँचे। वहाँ ज्योतिर्धाम नरेश ने यात्रियों के लिए भोजन की व्यवस्था कर रखी थी। भोजन और अल्पविश्राम के बाद उसी दिन यात्रीगण रथों के द्वारा ज्योतिर्मठ के लिए प्रस्थान कर गए।

सूर्यास्त के आस-पास सारे अनुयायी अपने जगद्गुरु शंकराचार्य महाराज को आगे कर उन्हीं के प्रथम आश्रम ज्योतिर्मठ पहुँच गए। वहाँ स्थानीय नागरिक समाज और राजा सुधर्मा के सभासदों ने आचार्य शंकर का भव्य स्वागत किया। आश्रम वासियों ने अपने संस्थापक आचार्य का विशेष स्वागत वेद मंत्रों के उच्चारण एवं शंखध्वनि के साथ

किया। इस शुभ अवसर आचार्य शंकर के पीछे संकोच से सिकुड़े खड़े त्रोटकाचार्य को आचार्य ने अत्यंत स्नेह से उनके कंधे पकड़कर आगे किया। अपने गले का पुष्पहार उतारकर शिष्य त्रोटकाचार्य के गले में अपने हाथों से पहनाया। फिर एक और बड़ा-सा हार लेकर त्रोटक को पहनाया। सबसे कहा–

''लो तुम सब!... तुम्हारे प्रथम शंकराचार्य इस मठ के अध्यक्ष त्रोटकाचार्य जी महाराज!...''

इसके बाद तो सारे आश्रम वासियों और वहाँ के गुरुकुल के विद्यार्थियों में त्रोटकाचार्य को मालाएं पहनाने और उनके चरण स्पर्श करने की होड़ लग गई।

अगले दिन दोपहर में ज्योतिर्मठ में उपदेश सत्र प्रारंभ हुआ। आदि शंकराचार्य महाराज के सिंहासन के बराबर ही इस मठ के पीठाधीश्वर त्रोटकाचार्य अपने उच्चासन पर सुंदर संन्यासी वेश में दण्ड-कमंडलु सहित विराजे।

उन्होंने उपस्थित श्रोताओं के सन्मुख अपने पूज्य गुरुदेव आचार्य शंकर की प्रशस्ति में अपने प्रथम संबोधन में उस ज्योतिर्मठ के सभाकक्ष में कहना प्रारंभ किया–

''श्रीमद्परमहंस परिव्राजकाचार्य, पदवाक्य-प्रमाणपारावारपारेण, यमनियमआसन-प्राणायाम प्रत्याहार, धारणाध्यानसमाधिष्टांगयोगानुष्ठाननिष्ठ, वैदिक-दर्शनमतस्थापनाचार्य, सकलनिगमागम सारहृदयवैदिकमार्ग प्रवर्त्तक, सर्वतन्त्र स्वतंत्रचातुर्वर्णसंरक्षक, जगद्गुरु शंकराचार्य महाराज महाभाग!... मेरे परम पूज्य गुरुदेव भगवान!

हमारा यह परम सौभाग्य है, और मेरे तो अनंत कोटि जन्मों के पुण्यों का फल है जो आज आपके संरक्षण में आपकी छात्र-छाया में आपके इस सत्संग का लाभ इस ज्योतिर्मठ में हम सबको प्राप्त होने जा रहा है।...

पूज्य गुरुदेव के रहते कुछ बोल पाना वैसा ही है जैसे सूर्य के समक्ष किसी दीपक का प्रदर्शन। अतः मेरा पूज्यपाद गुरुदेव से करबद्ध निवेदन है कि वे हमें अपने अमूल्य उपदेश से ऊर्जस्वित करें।''

तब भगवान आदि शंकराचार्य ने कहा–

''प्रिय आत्मन्!

जहाँ तक मुझे स्मरण है इसी ज्योतिर्मठ में अनेक वर्ष पूर्व मैंने श्रीमद्भगवत गीता पर कुछ चर्चा की थी। आज मैं आपसे एक उतने ही महत्त्वपूर्ण आध्यात्मिक ग्रंथ 'योग वासिष्ठ' का उल्लेख करना चाहूँगा।...

'योग वासिष्ठ' एक अनुपम ग्रंथ है। यह भारतीय मनीषा की उच्चता के परिचायक सर्वोत्कृष्ट ग्रंथों में से एक है।... इसकी महत्ता 'भगवद्गीता' से कम नहीं है।...

गीता में तो नारायण के अवतार श्रीकृष्ण नर अर्जुन को उपदेश देते हैं, जबकि योग वासिष्ठ में नर गुरुवसिष्ठ नारायण के अवतार श्रीराम को उपदेश करते हैं।

दोनों ही उपदेशात्मक ग्रंथों में दिए गए उपदेश सम्पूर्ण मानवता के लिए कल्याणकारी हैं। ये मनुष्य को निराशा और अवसाद से उबार कर उसे उसके कर्त्तव्य की ओर प्रवृत्त करते हैं।...

'योग वासिष्ठ' अनेक ऋषि-मुनियों के अनुभवों और अनेक मनोहारी कथाओं से संयुक्त एक ऐसा ज्ञानवर्द्धक एवं महत्त्वपूर्ण दार्शनिक ग्रंथ है जिसे हर किसी जिज्ञासु को हर किसी आस्थावान मनुष्य को पढ़ना चाहिए। इसमें वेदों का सार सन्निहित है। सुख और दुःख, जरा और मृत्यु, जीवन और जगत, जड़ और चेतन, लोक और परलोक, बंधन और मोक्ष, ब्रह्म और जीव, आत्मा ओर परमात्मा, अज्ञान और आत्मज्ञान, सत और असत, मन एवं इन्द्रियाँ, धारणा एवं वासना आदि चिंतन-जगत के प्रायः समस्त पहलुओं की व्याख्या और विश्लेषण यह महान ग्रंथ 'योग वासिष्ठ' करता है।...

वाल्मीकि कृत 'योग वासिष्ठ' में प्रारंभ में ही महर्षि वाल्मीकि कहते हैं–

'अहं बद्धो विमुक्तः स्याम् इति यस्यास्ति निश्चयः।
नात्यन्तम् अज्ञो नो तज् ज्ञः सोस्मिन् चास्त्रेधिकारवान्।।''

–राम और वसिष्ठ की वार्ता संबंधी इस धर्म ग्रंथ के अध्ययन का वही अधिकारी है जो यह अनुभव करे कि मैं बंधन में पड़ा हूँ और मुझे इस बंधन से अपने को मुक्त करना है। ऐसा व्यक्ति न तो पूर्ण रुप से अज्ञानी होता है और न ज्ञानी ही।...

इसी ग्रंथ में वाल्मीकि आगे कहते हैं–

'ब्रह्मस्य जागतस्यास्य जातस्याकाश वर्णवत्।
अपुनः स्मरणं मन्ये साधो विस्मरणं वरम्।।'

–संसार का स्वरूप भ्रम में डालने वाला है। यहाँ तक कि नीला दिखलाई पड़ने वाला आकाश भी दृष्टि-भ्रम ही है। मेरा विचार है कि संसार से मन न लगाया जाए, बल्कि उसकी उपेक्षा की जाए।

राम के मन में अनेक जिज्ञासाएं थी। वे जब से अपने पिता की आज्ञा से भारत भ्रमण करके अयोध्या वापस आए थे संसार की दशा देखकर अत्यंत दुःख और अवसाद से घिरे थे। ऐसे में जब विश्वामित्र मुनि दशरथ के दरबार में ताड़का एवं अन्य राक्षसों के वध हेतु, अपने यज्ञकार्य के रक्षार्थ, राम को लेने अयोध्या दरबार में पधारते हैं, उस समय राम के मन की स्थिति का अच्छा चित्रण 'योग वासिष्ठ' में हुआ है। उनके गुरुदेव वसिष्ठ तब राम को प्रबोधन देते हैं। वे जो-जो प्रश्न उठाते हैं उनके गुरु उसी राजदरबार में सबके समक्ष उनका समाधान करते हैं।...

वसिष्ठ ने राम से उनकी एक जिज्ञासा का उत्तर इस प्रकार दिया कि–

'मोक्षद्वारे द्वारपालश्चत्वारः परिकीर्तिताः।
शमो विचारः संतोषस् चतुर्थः साधुसंगमः।।'

—हे राम! मोक्ष के राज्य के द्वार पर चार द्वारपाल हैं। वे हैं—आत्मसंयम, अनुसंधान, संतोष और सत्संग। बुद्धिमान साधक को इनसे प्रयत्नपूर्वक मित्रता करनी चाहिये। कम से कम एक से तो करनी ही चाहिये।

वसिष्ठ ने मोक्ष के पहले द्वारपाल आत्मसंयम की विशेषता बताई कि यद्यपि वह सबके बीच रहता है तो भी उनसे प्रभावित नहीं होता। किसी को देखकर न तो वह हर्ष से फूल उठता है और न किसी के प्रति उसके मन में घृणा ही होती है। ऐसा व्यक्ति आत्म नियंत्रित या आत्मनिग्रही होता है।...

उन्होंने आगे बताया कि मोक्ष के द्वार का दूसरा द्वारपाल है अनुसंधान। अनुसंधान का कार्य निरंतर चलना चाहिए। धर्म ग्रंथों का गहराई से अध्ययन करने पर जब बुद्धि निर्मल होती है तभी अनुसंधान में गति आती है। अनुसंधान से बुद्धि में प्रखरता आती है और इस प्रकार वह परमसत्ता का बोध प्राप्त करने में सफल होती है।...

वसिष्ठ कहते हैं मोक्ष के द्वार का तीसरा द्वारपाल है—संतोष। जिसने संतोष के अमृत के घूंट का पान कर लिया हो उसे फिर इंद्रियों से मिलने वाले सुखों की चाह नहीं रहती। इस संसार में कोई ऐसा सुख नहीं जो संतोष की उपलब्धि से प्राप्त होने वाले सुख के समान मधुर हो। यह सभी पापों का शमन करने वाला है।...

अंत में इस विषय में गुरु वसिष्ठ ने अपने प्रिय शिष्य राम से कहा—मोक्ष का एक और द्वारपाल है—सत्संग। सत्संग व्यक्ति की बौद्धिक क्षमता बढ़ाता है, अज्ञान को दूर करता है और उसकी मनोवैज्ञानिक व्यथाओं को नष्ट करता है। चाहे जितना व्यय हो, चाहे जितना कष्ट उठाना पड़े, मार्ग में कितनी ही बाधाएं क्यों न आएं, सत्संग की कभी उपेक्षा नहीं करनी चाहिए। जीवन-पथ को प्रकाशित करने वाली यह एकमात्र ज्योति है। दान, तप, तीर्थयात्रा और धार्मिक कर्मकांड की तुलना में सत्संग निश्चय ही सर्वश्रेष्ठ है।...

अतः हे प्रिय आत्मन्! श्रेष्ठ ग्रंथों का पारायण भी उतना महत्त्वपूर्ण है जितना कि साधना, स्वाध्याय और आत्मनिग्रह। ऊँ शांति।''

—यह कहकर ज्योतिर्मठ के अपने इस बार के प्रथम उपदेश के उपरांत आदि शंकर मौन हो गए।

आदि शंकराचार्य ने अन्य तीन मठों की भाँति ज्योतिर्मठ को भी बहुत महत्त्व दिया। यहाँ की दिनचर्या, कठोर, अनुशासन, वेदों के पठन-पाठन और वैदिक धर्म के प्रचार हेतु यहाँ पूरे एक वर्ष रहकर हर संभव कार्य किया। राजा सुधर्मा ने गुरुदेव शंकर का हर संभव

सहयोग और सेवा की। वे गुरु आगमन से धन्य हो गए। आचार्य के इतने लंबे समय तक रुकने से ज्योतिर्धाम का वातावरण एकदम आध्यात्मिक हो गया।

उत्तराखण्ड के विभिन्न क्षेत्रों से ब्राह्मण और विद्वान ज्योतिर्धाम नित्यप्रति आते-जाते आचार्य शंकर के उपदेश और उनका मार्गदर्शन ग्रहण करने लगे। अनेक लोगों ने जगद्गुरु आदि शंकराचार्य से वेदांत-सिद्धांत की दीक्षा ग्रहण की और उनका शिष्यत्व ग्रहण कर स्वयं को कृतकृत्य समझा।

इन दिनों ज्योतिर्मठ में धर्मचर्चा और धर्मानुष्ठान उत्सव का रुप ले चुके थे। लोगों ने जितना निकट से आचार्य शंकर को देखा और सुना उन्होंने उनके ज्ञान और तेजस्वी स्वरूप के ताप को प्रत्यक्ष अनुभव किया।

ज्योतिर्धाम में एक वर्ष से कुछ अधिक ही निवास किया आचार्य शंकर ने। अब उनकी आयु 32 वर्ष हो चली थी। उद्भ्रांत के मन का तनाव अब चरम पर था। एक दिन आचार्य शंकर के मुख से उसके सामने यह निकल ही गया–

"मित्र!... अब तू अपना घर बसा ले। विवाह कर। संतान सुख ले। कब तक मुझ संन्यासी के सहारे रहेगा?"

यह सुनकर उद्भ्रांत जैसे जड़ हो गया। आचार्य से कुछ न बोला। उठा और कक्ष से बाहर चला गया। निविड़ एकांत में वह उसी कल्पवृक्ष के नीचे फूट-फूटकर रोया। मगर उद्भ्रांत का वह रोदन किसी आश्रमवासी ने देखा। मात्र ज्योतिर्मठ की मिट्टी, जल, आकाश और हवाएं उसके साक्षी थे। मित्र शंकर ने ऐसा क्यों कहा कि कब तक मेरे सहारे रहेगा?... ये सोच-सोचकर एक विचित्र मनोदशा हो गई थी उद्भ्रांत की। अब वह केवल रो ही नहीं था, भिंचे-भिंचे स्वर में कुछ गा भी रहा था, अपने शंकर का ही लिखा कुछ–

"न तातो न माता न बन्धुर्न दाता
न पुत्रो न पुत्री न भृत्यो न भर्ता।
न जाया न विद्या न वित्तिर्ममैव
गतिस्त्वं गतिस्त्वं त्वमेका भवानि।।"

–हे भवानी!... अब केवल आप ही मेरा सहारा हैं... आप ही एकमात्र मेरी गति हैं...

आचार्य शंकर प्रायः मौन और पर्याप्त अंतर्मुखी स्वभाव के हो चले थे। वे भोजन, निद्रा और विश्राम भी बहुत कम लेते। हरदम एकांत में ध्यान-साधना, योगाभ्यास और अपने गुरुमंत्रों के जाप में ही लीन रहते। वे थोड़ा अस्वस्थ भी रहने लगे थे।

एक दिन उन्होंने अपने शिष्यों से बद्रीनाथ धाम और केदारनाथ धाम के दर्शनों की इच्छा जताई तो उनके शिष्यों के हर्ष का ठिकाना न रहा।

3
बद्रीनाथ

राजा सुधर्मा को उनके राजमहल में जब यह समाचार मिला कि गुरुदेव शंकर अपने शिष्यों सहित बद्रीनाथ-केदारनाथ यात्रा पर जाने को हैं तो वे ज्योतिर्मठ आए। गुरुदेव से भेंटकर प्रसन्नता पूर्वक उनसे यात्रा के लिए रथों का तथा अन्य प्रबंध के लिए आग्रह करने लगे।

परंतु गुरुदेव शंकर इस बार रथ-सेवा के लिए हरगिज़ तैयार नहीं हुए। उन्होंने कहा कि—''आप मेरे साथ के आश्रम वासियों को भले ही वाहनों द्वारा ये दोनों तीर्थ करा दें, परंतु मैं और मेरे चारों शंकराचार्य प्रत्येक दशा में ज्योतिर्मठ से पैदल और नंगे पाँव ही 'बदरी विशाल' और 'बाबा केदारनाथ' के दर्शनों को निकलेंगे।''

''और मैं भी...''—सखा उद्‌भ्रांत गंभीर स्वर में धीरे से सबके बीच बोला।

''हाँ, हम सब पूज्य गुरुदेव से सहमत हैं—''पद्‌मपादाचार्य ने कहा।

''जय गुरुदेव''—बाकी सभी प्रमुख शिष्य भी बोले।

इतना सुनकर राजा सोमदत्त सुधर्मा ढीले पड़ गए। वे हाथ जोड़कर आचार्य के समक्ष खड़े हो गए। बोले—''ठीक है गुरुदेव!... जो आज्ञा।... परंतु एक अधिकार से आप अपने इस शिष्य को कृपया वंचित न करें।... मार्ग में आपकी सेवा का अधिकार। मेरा तात्पर्य है यात्रीगण के अवस्थान और भोजन का प्रबंध।...''

गुरुदेव शंकर ने इसकी अनुमति प्रदान कर दी। कहा कि—''हमारे सभी आश्रमवासी, जो इस यात्रा पर साथ जाना चाहें, उन्हें आप अपने साथ आगे रथों पर ले जाएं। क्योंकि हम पाँच और सखा उद्‌भ्रांत यात्रा मार्ग पर पूर्ण शांति के साथ धीरे-धीरे पदयात्रा करना चाहेंगे।''

—व्यवस्था बन गई। राजा सुधर्मा, आश्रमवासी गुरुदेव शंकर की मंशा और उनका आदेश समझ गए। तय हुआ कि अब से ठीक दो दिन बाद यह तीर्थ यात्रा प्रारंभ होगी। शंकर अंत में मित्र उद्‌भ्रांत को देखकर मुस्कुराए। बोले—''ठीक?''

उद्‌भ्रांत बोला—''बड़ी कृपा महाराज!... मैं एक छोटा-सा सनातन धर्मध्वज लेकर आपसे सौ कदम आगे हनुमान की तरह चलूँगा। ताकि आप संन्यासियों को कोई कष्ट न हो।''

—यह सुनकर पद्मपादाचार्य, सुरेश्वराचार्य, हस्तामलकाचार्य और त्रोटकाचार्य सभी हँस पड़े। राजा सुधर्मा पहले ही आचार्यश्री के प्रार्थना कक्ष से जा चुके थे। क्योंकि उन्हें अनेक आवश्यक व्यवस्थाएं करनी थीं।...

आदि शंकराचार्य ज्योतिर्मठ से उस प्रातः बद्रीनाथ के लिए अग्रसर हुए। आगे-आगे मित्रवर उद्भ्रांत एक भगवा झंडा कंधे पर गदा की भाँति धारण किए चलने लगे। उनसे दस-बीस कदम की दूरी पर आदि शंकर और उनके चारों शिष्य अपने गुरु के पीछे-पीछे चल पड़े।...

राजा सुधन्वा और अन्य तीर्थ यात्री रथों के एक काफिले में एक घड़ी पूर्व ही ज्योतिर्मठ से प्रस्थान कर गए।...

अब हम इस महापथ की दूरी और समय का उल्लेख नहीं करेंगे। क्योंकि यह लेखनी उसका वर्णन करने में नितांत असमर्थ है। क्योंकि जगद्गुरु शंकराचार्य की इस अध्यात्म-यात्रा का अंतिम एक-एक क्षण अमूल्य है।...

बद्रिकाश्रम में पदार्पण हुआ आचार्य का। उनके आंतरिक आनंद में अभिवृद्धि हुई। उस पवित्र भूमि के सात्विक प्रभाव ने आचार्य को और अधिक अंतर्मुखी बना दिया। वे भाव-विह्वल होते गए। भगवान बद्रीनाथ के सन्मुख खड़े हुए तो उन्हें जैसे उनके अतिरिक्त मंदिर के शेष वातावरण का आभास शून्य होता प्रतीत हुआ। आचार्य भगवान बद्रीनाथ की आराधना में मधुर कंठ से एक स्तुति गाने लगे। वह स्तोत्र 'हरिमीडे' स्तोत्र के नाम से विख्यात हुआ।...

बद्रीनाथ मंदिर में दर्शन कर आदि शंकराचार्य अपने चारों शिष्यों सहित व्यास गुफ़ा भी गए। वहाँ सबने उस गुफ़ा में घुसकर वह पावन स्थल देखा जहाँ हजारों पूर्व महर्षि वेद व्यास ने ब्रह्मसूत्र से भी पूर्व अनेक धर्मग्रंथों की रचना की थी। जहाँ अब से कुछ ही वर्ष पूर्व जगद्गुरु शंकराचार्य ने उसी ब्रह्मसूत्र पर महाभाष्य रचा था। गीता और अनेक उपनिषदों के भी भाष्य रचे थे।

पद्मपादाचार्य और उद्भ्रांत तो उस सबके पूर्व साक्षी थे। इस बार की यह गुफ़ा-यात्रा आदि शंकर के अन्य तीन परम शिष्यों-आचार्य सुरेश्वर, आचार्य हस्तामलक और आचार्य त्रोटक के लिए सर्वाधिक कौतूहल का विषय थी। इसलिए विशेष थी।...

व्यास गुफ़ा से निकलकर जब सभी पाँचों-छः जन बद्रिकाश्रम से केदारनाथ धाम के लिए चले तो परमाचार्य की अन्तर्मुखता चरम सीमा पर पहुँच गई।

उस लंबी पदयात्रा पर प्रत्येक पग बहुत बड़ा होते हुए भी अत्यंत लघु था। आदि शंकर के सामान्य-से कद के समक्ष भी पर्वतों की ऊँचाइयाँ बौनी दिखती थीं। सरिताओं की गहराई न्यूनतम थी। जल प्रपातों की जलराशि मानो बूंद समान थी। मार्ग के वृक्ष

झुक-झुककर उस महामानव का अभिनंदन कर रहे थे। आकाश मानो पुष्पों की वर्षा कर रहा था। एक अजीब-सा समां था।

उद्भ्रांत जिन-जिन मार्गों से गुजरता उसे अनेक जगह पर्वत—पुत्र और हिम-पुत्रियाँ खड़े दिखाई देते। वे उस पर और उसके पीछे चले आ रहे पाँच संन्यासियों पर फूल बरसाते। पहाड़ी गीत गाते वे भक्तजन निरंतर उन पदयात्रियों के मन को सहलाते। उद्भ्रांत सोचता कि वे उसके शंकर की यदि स्तुति कर रहे हैं तो वे उसे भी मानो एक सान्त्वना-सी दे रहे हैं।

4

अंतिम पदयात्रा

चलते-रुकते और फिर चलते आदि शंकर और उनके चार संन्यासी शिष्य अपने ध्वजवाहक उद्भ्रांत सहित बद्रीनाथ से चले तो ज्योतिर्मठ, गोपेश्वर, ऊखीमठ, गुप्तकाशी होकर अंततः सोन प्रयाग पहुँचे। यह वही मार्ग था जिसपर आज से 15 वर्ष पूर्व कभी पहली बार चले थे आदि शंकर। आज सोन प्रयाग पहुँचते-पहुँचते वे 32 वर्ष और 5 माह के हो चले थे।...

जिस दिन सोन प्रयाग पहुँचे भारी वर्षा हुई। उसके बाद ओले भी पड़े। यह पहाड़ों पर बर्फ़ गिरने का संकेत था। दो दिन आचार्य शंकर को सोन प्रयाग की धर्मशाला में ही रुकना पड़ा हल्की-हल्की बर्फ़ गिरनी शुरु हो चुकी थी। राजा सुधर्मा और अन्य तीर्थ यात्री पहले से ही गुरुदेव शंकराचार्य और उनके सह-पदयात्रियों की प्रतीक्षा में वहाँ रुके हुए थे।

उनके आ जाने के तीसरे दिन बर्फ़ गिरने के दौरान उस बिगड़ते मौसम में सब केदारनाथ के लिए निकले। हिमपात होता देख यात्री कुछ सशंकित थे।

राजा सुधर्मा ने कहा कि—"ये हिमपात का प्रारंभ है। यह आगे के दिनों में तीव्रतर होता जाएगा। फिर केदार यात्रा में आवागमन अत्यंत कठिन हो जाएगा। वैसे भी कुछ ही दिन बाद भगवान केदारनाथ मंदिर के पट इस शीतकाल में हमेशा की तरह छः माह के लिए बंद हो जाएंगे। वहाँ से "हर हर महादेव" के जयकारों का उनका चल विग्रह ऊखीमठ ले जाया जाएगा।... अतः अब हमें शीघ्र प्रस्थान करना चाहिये।..."

यात्रा प्रस्थान कर गई। सोन प्रयाग से गौरीकुंड और रामबाड़ा होकर अब तो सभी को केदारनाथ धाम तक पैदल यात्रा ही करनी थी। जगद्गुरु, संन्यासीगण, राजा और गृहस्थ, साधु श्रद्धालु सभी चल पड़े। हाथों में एक-एक छड़ी लिए। गर्म कपड़े गर्म कंबल लपेटे।

केवल पाँच संन्यासी शंकराचार्य—एक गुरु और चार शिष्य ही ऐसे थे जो गेरुए वस्त्रों में थे और शरीर पर मामूली चादर लपेटे थे।

आदि शंकर ने तो कोई चादर भी लेनी आवश्यक न समझी। परंतु उनका अनन्य मित्र उद्भ्रांत मार्ग में जब कहीं यात्री रुकते तो अपने बाल-सखा शंकर पर अपने शरीर का ओढ़ा हुआ कंबल भी उनपर डाल देता।

मित्र की किसी भी हरकत का आचार्य शंकर कभी विरोध न करते। न ही उनका कोई शिष्य कभी उस दीवाने से कुछ बोल पाता।... गिरती हुई बर्फ़ की चादर चारों ओर बिछने लगी थीं। वृक्षों पर भी हिम की परतें दृष्टिगोचर होने लगी थीं। जिस कठिन मार्ग पर तीर्थ यात्री चले जा रहे थे वह भी हिमाच्छादित होने लगा था।

जब जगद्गुरु और उसके अनुयायी केदारनाथ पहुँचे तो वह भव्य मंदिर चारों ओर बरसती श्वेत बर्फ़ के मध्य अविचल खड़ा जैसे स्वयं कैलाश पति महादेव का प्रतिरुप जेसा दिखने लगा था। पूरा केदारनाथ मंदिर परिसर चारों और हिम की धवलता से अत्यंत विशिष्ट दृश्य समुपस्थित कर रहा था।

कुछ दूर पर खड़े केदार पर्वत एवं अन्य पर्वत ऊपर से नीचे तक बर्फ़ की चादर ओढ़े किन्हीं विराट योगियों की भाँति मौन दिख रहे थे।

निकट ही बहती मंदाकिनी नदी ही प्रवाहमान भौतिक जीवन का सबसे जीती-जागती प्रतीक थी। श्रद्धालुओं की संख्या केदारनाथ मंदिर के आस-पास अपेक्षाकृत काफ़ी कम हो चली थी। आदि शंकर ने वहाँ पहुँचकर बाबा केदारनाथ मंदिर के गर्भगृह में जाकर बहुत देर तक वहाँ बैठकर उनके दर्शन किए। पूजन किया और फिर ध्यान मग्न हो गए।...

जिस समय भगवत्पाद शंकराचार्य महाभाग अपने शिष्यों सहित केदारनाथ मंदिर के भीतर प्रविष्ट हुए, बाहर खड़े-खड़े उद्भ्रांत ने उस मंदिर के शिखर के निकट शांत बैठे एक नितांत अकेले नीलकण्ठ पक्षी को देखा। कृछ समय बाद वह नीलकण्ठ उड़ा और उड़ते-उड़ते केदार पर्वत की दिशा में जाकर दृष्टिपथ से ओझल हो गया।... उसके बाद जाने क्यों उद्भ्रांत की दृष्टि केदारनाथ मंदिर के मुख्य द्वार पर बने भैरव के मुखमंडल पर जाकर देर तक टिक गई।...

5

अंतिम उपदेश

वह युधिष्ठिर संवत का वर्ष 2663 था। दिन था कार्तिक पौर्णमासी का, जिस दिन जगद्गुरु आदि शंकराचार्य ने केदारनाथ मंदिर के प्रांगण में एक शिला पर बैठकर अपने

शिष्यों को अंतिम उपदेश दिया था। उस दिन उनकी आयु थी मात्र 32 वर्ष 6 माह और 10 दिन। यह था उस महान दिव्यात्मा के लीला संवरण का अविस्मरणीय दिन। ईसा से 475 वर्ष पूर्व का एक बेहद बोझिल दिन।...

राजा ज्योतिर्धाम, चारों पीठ के उनके शिष्य शंकराचार्य, सभी अनुयायी आदि शंकर के उस अंतिम उपदेश को बहुत ग़ौर से सुन रहे थे। सफ़ेद बर्फ़ रुई के फाहों जैसी उन तेज़ी से भागते पलों में भी आकाश से निरंतर गिर रही थी। आदि शंकर के समस्त शिष्य उदास थे। हाँ... वे भारी हृदय से अपने गुरु के श्रीमुख से निकलता एक-एक शब्द सुन रहे थे। नेत्रों से अपने पूज्य गुरुदेव की उस करुणामयी मुख छवि की आभा को जैसे पी रहे थे।...

"प्रिय आत्मन!...

जो वह है, वही मैं हूँ। वही तुम हो।... भारतवर्ष में तत्त्वज्ञान संबंधी विचार अत्यंत प्राचीन काल से चले आ रहे हैं। वैदिक काल में इसके पर्याप्त प्रमाण उपलब्ध थे। वैदिक संहिता ग्रंथों से लेकर उपनिषदों तक अध्यात्म विषय के उल्लेख रहस्यमय रुप से किए गए हैं। पुराण, इतिहास और भाष्य ग्रंथों में इसका निरुपण तथापि कुछ सरल रुप में हुआ है।...

इस तत्त्वज्ञान की प्राप्ति निवृत्ति मार्ग से ही प्रधानतः की जाती है। अभी तक साधु-संन्यासियों की जो परंपरा प्रचलित है, उससे त्याग वैराग्य की भावना सहित वेदांत का संबंध अविच्छेद रुप से ज्ञात होता है।...

इन नियमों के कुछ अपवाद भी है। बहुत से लोग गृहस्थ मार्ग का पालन करते हुए भी ब्रह्मनिष्ठ स्वीकार किए गए हैं। इस विषय में गुरु वशिष्ठ, राजा जनक और श्रीकृष्ण के उदाहरण हमारे सन्मुख हैं।...

जब से बुद्धदेव के उपदेशों का प्रचार हुआ, तब से निवृत्ति मार्ग अर्थात् भिक्षुकों और संन्यासियों के मार्ग का प्रचार संसार में प्रधान रुप से हो गया और अध्यात्म के अंतर्गत ब्रह्म को प्राप्त करने का एकमात्र साधन निवृत्ति मार्ग ही माना जाने लगा। मेरा तो यही मार्ग है। मेरे मठों में विराजित होने वाले तुम चारों शिष्यों का भी यही मार्ग रहेगा। तुम्हारे शिष्यों ओर उनके उत्तराधिकारियों का भी।...

परंतु गृहस्थों के लिए ब्रह्म तक पहुँचने अथवा मोक्ष का मार्ग निष्काम कर्म स्पष्ट रुप से भगवद्गीता में निर्दिष्ट है। यह यद्यपि प्रवृत्ति मार्ग है, फिर भी इसका लक्ष्य परमात्मा को प्राप्त करना ही है। प्रवृत्ति मार्ग में यदि कोई बाधक है तो वह है सकाम कर्म, जो जीव को कर्म बंधनों में बांधकर, पाप-पुण्य के झमेले में उलझाकर उसे आवागमन के चक्र से मुक्त नहीं होने देता। इसीलिए गीता में निष्काम कर्म पर बल दिया गया है, जो आत्मा के लिए बंधन कारक नहीं है।...

“प्रिय शिष्यों!...

वेदों को तुम अंतिम प्रमाण मानो। वेदों का ज्ञान साररुप में हमारे उपनिषदों में सन्निहित है। वे ही वास्तविक वेदांत हैं। ऐसा जानो। उपनिषदों से बढ़कर ब्रह्मविद्या कहीं न मिलेगी। उपनिषद् कहते हैं—“”मानव-जीवन का उच्चतम उद्देश्य ब्रह्म के साथ ऐकात्म्य है”, और यह ऐकात्म्य विद्या की प्राप्ति तथा अविद्या के त्याग से ही सम्भव है।... उपनिषद् यह भी कहते हैं कि—“ जिसने उस दिव्य आत्मा की एकता का साक्षात्कार कर लिया है उसे ही मोक्ष अर्थात् ब्रह्म के साथ पूर्ण-ऐकात्म्य की प्राप्ति हो सकती है...”

इसके लिए संन्यासियों के लिए ज्ञानमार्ग और सद्गृहस्थों के लिये निष्काम कर्म मार्ग ही अनिवार्य विकल्प है। उस शाश्वत एकमात्र परम सत्य तक पहुँचने का और कोई साधन नहीं।...

जिस प्रकार कमल-पत्र पर जल श्लिष्ट नहीं होता, उसी प्रकार जो इस तत्त्व को जानता है उससे पाप श्लिष्ट नहीं होता।..

तुम सबने मेरा बहुत साथ दिया। इसके लिए मैं तुम सबको हृदय से आशीर्वाद देता हूँ कि तुम सब अपने शुभ मनोरथों में सदैव सफल हो।... याद रहे, तुम्हें जीवनपर्यंत सनातन वैदिक धर्म का प्रचार करते रहना है। जिस ब्रह्मात्म विज्ञान का उपदेश ऋषि-मुनियों तथा मैंने तुम्हें दिया है, वह गुरु परंपरा से ही प्राप्त होता है। तुम्हें भी विशुद्ध मन, वचन और कर्म से इसे अपने योग्य शिष्यों में बाँटना होगा।...

मेरी यह पंच भौतिक काया अब अपने मूल तत्त्वों में विलीन होना चाहती है। यह ब्रह्मानंद में लीन होने का मेरा समर्पण समय है। अब मैं इसके लिए आत्मस्थ होने एक कंदरा में जाता हूँ।...

“मेरे बच्चों! मेरे जाने पर मेरा शोक मत करना। तुम ज्ञान के आलोक का उत्सव मनाना। तुम मुझे मेरे पीछे आकर अब मत खोजना। मुझे खोजना है तो ब्रह्मानंद में खोजना... मेरे उपदेशों में खोजना... मेरे लिखे साहित्य में खोजना... जहाँ मैं तुम्हें सदा मिलूँगा।”

—यह कहकर आदि शंकराचार्य उठे। उन्होंने दाहिना हाथ अभय-मुद्रा में उठाकर अपने शिष्यों और समस्त उपस्थित अनुयायियों को आशीर्वाद दिया और वे मुड़कर केदारनाथ मंदिर के पृष्ठभाग में चलते हुए उन हिमाच्छादित पहाड़ियों की ओर चलते चले गए।

●●●